Das Betreuerbüro

Erfolgreiche Unternehmensgründung und -führung

AF898283

Das Betreuerbüro

Erfolgreiche Unternehmens-gründung und -führung

von

Jürgen Thar, Betreuer, Erftstadt

Barbara Wardermann, Steuerberaterin, Köln

Klaus Kollbach, Rechtsanwalt, Köln

3. aktualisierte Auflage

Reguvis

Bibliografische Information der Deutschen Nationalbibliothek
Die Deutsche Nationalbibliothek verzeichnet diese Publikation in der Deutschen Nationalbibliografie; detaillierte bibliografische Daten sind im Internet über http://dnb.d-nb.de abrufbar.

Reguvis Fachmedien GmbH
Amsterdamer Str. 192
50735 Köln

www.reguvis.de

Beratung und Bestellung:
Tel.: +49 (0) 221 97668-229
Fax: +49 (0) 221 97668-236
E-Mail: familie-betreuung@reguvis.de

ISBN (Print): 978-3-8462-1211-0
ISBN (E-Book): 978-3-8462-1212-7

© 2023 Reguvis Fachmedien GmbH, Amsterdamer Str. 192, 50735 Köln

Alle Rechte vorbehalten. Das Werk einschließlich seiner Teile ist urheberrechtlich geschützt. Jede Verwertung außerhalb der Grenzen des Urheberrechtsgesetzes bedarf der vorherigen Zustimmung des Verlags. Dies gilt auch für die fotomechanische Vervielfältigung (Fotokopie/Mikrokopie) und die Einspeicherung und Verarbeitung in elektronischen Systemen. Hinsichtlich der in diesem Werk ggf. enthaltenen Texte von Normen weisen wir darauf hin, dass rechtsverbindlich allein die amtlich verkündeten Texte sind.

Herstellung: Günter Fabritius
Lektorat: Jana Neeser
Satz: Cicero Computer GmbH, Bonn
Druck und buchbinderische Verarbeitung: Plump Druck & Medien GmbH, Rheinbreitbach

Printed in Germany

Vorwort

Die Geschäftsidee, freiberuflich als rechtlicher Betreuer tätig zu sein, habe ich für mich in den Jahren 1990 und 1991 entwickelt. Schon im Gesetzgebungsverfahren wurde vom Gesetzgeber erkannt, dass die Verwirklichung der Ziele der am 1.1.1992 in Kraft getretenen Reform des Vormundschaftsrechts zum Betreuungsrecht nur möglich sein würde, wenn es gelänge, eine ausreichende Zahl qualifizierter – vornehmlich ehrenamtlich tätiger – rechtlicher Betreuer*innen zu finden. Aber auch beruflich tätige rechtliche Betreuer*innen wurden gesucht. Eine Chance, die ich ergreifen wollte.

Sie passte in meine damalige Lebenssituation. Nach der Geburt meines Sohnes kam mir eine berufliche Tätigkeit, die es mir ermöglichte, meine Zeit weitgehend frei einzuteilen, gerade recht. So konnte ich neben meiner Elternzeit meine freiberufliche Tätigkeit als rechtlicher Betreuer schrittweise aufbauen. Neben meinen persönlichen Gründen hat es mich in besonderer Weise gereizt, die Praxis des neuen Rechts mitzugestalten.

Seit den Anfängen sind 30 Jahre vergangen. An dieser Stelle möchte ich allen Richterinnen und Richtern, Rechtspflegerinnen und Rechtspflegern, Mitarbeiterinnen und Mitarbeitern der Betreuungsbehörden und der Einrichtungen des psychosozialen Netzwerkes für die gute Zusammenarbeit danken.

Von Anfang an waren Barbara Wardermann als Steuerberaterin und Rechtsanwalt Klaus Kollbach (immer dann, wenn ich mit meinen Rechtskenntnissen am Ende war) dabei. Die Erfahrung aus 30 Jahren erfolgreicher Zusammenarbeit stellen wir Ihnen gern zur Verfügung.

Anlass der 2. Ausgabe war die mit Wirkung zum 27.7.2019 neu geregelte Vergütung für rechtliche Berufsbetreuerinnen und -betreuer.

Warum kommt jetzt die 3. Auflage?

Das Betreuungsrecht ist seit seiner Einführung in insgesamt neun sich jeweils auf Teilbereiche beziehenden Änderungsgesetzen stetig weiterentwickelt worden. Die Ergebnisse der beiden in den Jahren 2015 bis 2017 im Auftrag des Bundesministeriums der Justiz und für Verbraucherschutz (BMJV) durchgeführten Forschungsvorhaben[1] haben gezeigt, dass das Gebot größtmöglicher Selbstbestimmung von Menschen mit Behinderungen[2] im Vorfeld und innerhalb der rechtlichen Betreuung nicht durchgängig zufriedenstellend verwirklicht wurde. Festgestellt wurden zudem Qualitätsmängel bei der praktischen Umsetzung der gesetzlichen Vorgaben, die auch Änderungen der gesetzlichen Rahmenbedingungen erforderlich gemacht haben.

Von Juni 2018 bis Ende 2019 fand der vom BMJV initiierte Diskussionsprozess zur Verbesserung von „Selbstbestimmung und Qualität im Betreuungsrecht" statt. Die Diskussion

---

1 „Qualität in der rechtlichen Betreuung" Matta/Engels/Brosey/Köller u.a., Abschlussbericht, Bundesanzeiger Verlag 2018; und zur „Umsetzung des Erforderlichkeitsgrundsatzes in der betreuungsrechtlichen Praxis im Hinblick auf vorgelagerte andere Hilfen" Nolting/Zich/Tisch/Braeseke, Abschlussbericht, Band I und II, Bundesanzeiger Verlag 2018

2 Artikel 12 UN-Behindertenrechtskonvention

fand im Wesentlichen in vier thematisch gegliederten Facharbeitsgruppen und einem ganztägigen Workshop für Selbstvertreter statt.

Im Ergebnis wurde das Betreuungsrecht umfassend modernisiert und neu strukturiert. Die Änderungen sind darauf ausgerichtet, die Selbstbestimmung und die Autonomie unterstützungsbedürftiger Personen im Vorfeld und innerhalb einer rechtlichen Betreuung im Sinne von Artikel 12 der UN-Behindertenrechtskonvention zu stärken. Es wird zudem klarer geregelt, dass die rechtliche Betreuung in erster Linie eine Unterstützung der rechtlich betreuten Person bei der Besorgung ihrer Angelegenheiten durch eigenes selbstbestimmtes Handeln gewährleistet. Rechtliche Betreuer*innen dürfen das Mittel der Stellvertretung nur einsetzen, soweit es erforderlich ist.

Zur Sicherstellung einer einheitlichen Qualität und als erster Schritt zu einem Berufsbild für die beruflich geführte rechtliche Betreuung ist ein formales Registrierungsverfahren mit persönlichen und fachlichen Mindesteignungsvoraussetzungen eingeführt worden.

Diese Änderungen erforderten, das Konzept des Buches neu zu erstellen. Als roter Faden durch die einzelnen Abschnitte zieht sich die zentrale Ausrichtung des Betreuungsrechtes auf die Selbstbestimmung und die Autonomie unterstützungsbedürftiger Personen. Dabei wird das Spannungsverhältnis zwischen Selbstbestimmung und dem gesetzlich bestimmten Schutz vor erheblichen Schäden zu diskutieren sein. Von besonderer Bedeutung ist auch das Wissen zum Erwerb und der Erhaltung der beruflichen Registrierung.

Erftstadt, Februar 2023

Jürgen Thar

Inhaltsverzeichnis

Literatur

Aufgenommen wurden die für die Bearbeitung verwendete Literatur sowie weitere themenbezogene Fachbücher (auch vorangekündigte Fachbücher). Fachzeitschriftenbeiträge und Internetfundstellen sind innerhalb des Textes in den Fußnoten genannt.

I. Kommentare

Bienwald/Sonnenfeld/Harm/Felix/Reh/Reinfarth, Betreuungsrecht, Kommentar, 7. Auflage, Gieseking Verlag, Bielefeld 2022

Bauer/Klie/Lütgens (Hrsg.), Heidelberger Kommentar zum Betreuungs- und Unterbringungsrecht, Loseblattwerk, Verlag C.F. Müller, Heidelberg 2021 (zitiert: HK-BUR/*Bearbeiter*)

Dodegge, Georg/Roth, Andreas, Systematischer Praxiskommentar Betreuungsrecht, 6. Auflage, Reguvis, Köln 2023

Jox, Rolf (Hrsg.), Praxiskommentar Betreuungs- und Unterbringungsverfahren, 4. Auflage, Reguvis, Köln 2020 (Neuauflage in Vorbereitung)

II. Lehrbücher, Monografien, Sammelbände und Handbücher

Besche, Andreas/Vieweg, Kristina, Die Pflegeversicherung, 9. Auflage, Reguvis, Köln 2022

Brosey (Hrsg.), Unterstützte Entscheidungsfindung in der Betreuungspraxis, Reguvis, Köln 2023

Deinert, Horst/Lütgens, Kay, Die Vergütung des Betreuers, 7. Auflage, Reguvis, Köln 2019 (Neuauflage in Vorbereitung)

Deinert, Horst/Lütgens, Kay/Meier, Sybille M., Die Haftung des Betreuers, 3. Auflage, Reguvis, Köln 2017 (Neuauflage in Vorbereitung)

Dethlefsen/Dahlke, Krankheit als Weg, Goldmann Verlag, München 2000

Fröschle/Pelkmann, Studienbuch Betreuungsrecht, Reguvis, Köln 2023

Gehrmann, Gerd/Müller, Klaus D., Aktivierende soziale Arbeit mit nicht motivierten Klienten, 4. Auflage, Walhalla Verlag, Regensburg 2016

Hecker/Kieser, Praxishandbuch Vorsorgevollmacht und Patientenverfügung, 2. Auflage, Reguvis, Köln 2023 (in Vorbereitung)

Loer/Seidel/Joecker, Handbuch Gesundheitssorge in der betreuungsrechtlichen Praxis, Reguvis, Köln 2023 (in Vorbereitung)

Meier, Sybille M./Reinfarth, Alexandra, Handbuch Vermögenssorge und Wohnungsangelegenheiten, 3. Auflage, Reguvis, Köln 2016 (Neuauflage in Vorbereitung)

Mazur, Szymon, Genehmigungen bei Betreuung und Bevollmächtigung, Reguvis, Köln 2023

Richter, Horst, Flüchten oder Standhalten, 4. Auflage, Psychosozial-Verlag, Gießen 2001

Rieth, Eberhard, Alkoholkrank?, Blaukreutz-Verlag, Lüdenscheid 1981

Schulz von Thun, Friedemann, Miteinander reden: 1, Rowohlt Verlag, Reinbek b. Hamburg 1981

Thar, Jürgen/Raack, Wolfgang, Leitfaden Betreuungsrecht, 8. Auflage, Reguvis, Köln 2022

III. Zeitschriften

Betreuungsrechtliche Praxis (BtPrax), Zeitschrift für soziale Arbeit, gutachterliche Tätigkeit und Rechtsanwendung im Betreuungsrecht, Reguvis, Köln 1992 ff.

IV. Informations-Pool/Datenbank

BT-Recht.de Online-Datenbank, Reguvis, Köln

V. Forschungsergebnisse

Köller, Regine/Engels, Dietrich, Rechtliche Betreuung in Deutschland, Evaluation des Zweiten Betreuungsrechtsänderungsgesetzes, Reguvis (ehemals Bundesanzeiger Verlag), Köln 2009

Matta, Vanita u.a., Qualität in der rechtlichen Betreuung – Abschlussbericht, Reguvis (Bundesanzeiger Verlag), Köln 2018

Nolting/Zich/Tisch/Braeseke, Umsetzung des Erforderlichkeitsgrundsatzes in der betreuungsrechtlichen Praxis im Hinblick auf vorgelagerte „andere Hilfen" Abschlussbericht: Band I – Band II, Reguvis (ehemals Bundesanzeiger Verlag), Köln 2018

1 Einführung

Sie interessieren sich für die nebenberufliche oder vollberufliche Führung rechtlicher Betreuungen, wissen aber nicht genau, ob diese Idee für Sie passt. Eine Anstellung ist Ihnen nicht genug und Sie haben sich entschlossen, selbstständig tätig zu sein. Mit dieser Entscheidung haben Sie die Chance, Ihr Berufsleben in die eigene Hand zu nehmen.

Dieses Fachbuch bietet Ihnen Hilfestellung bei der Entscheidung, ob die berufliche Führung rechtlicher Betreuungen für Sie passt.

Zu Beginn des Jahres 1992 haben viele Kollegeninnen und Kollegen mit dem Wissen aus alter Vormundschaftszeit, mit Vorkenntnissen aus anderen Arbeitsgebieten oder auch ohne spezielle Kenntnisse den Einstieg in die Führung rechtlicher Betreuungen gefunden. Das damalige Prinzip war „learning by doing". Einheitliche Zugangsvoraussetzungen für Personen, die rechtliche Betreuungen beruflich führen wollen, hat es nicht gegeben. Erstmals regelte der Gesetzgeber mit Wirkung zum 1.1.2023 mit dem Gesetz zur Reform des Vormundschafts- und Betreuungsrechts zentral die Zugangsvoraussetzungen und die Registrierung für Personen, die beruflich rechtliche Betreuungen führen wollen. In das Gesetz sind sowohl persönliche Voraussetzungen als auch Anforderung an das Fachwissen der zukünftigen rechtlichen Betreuer*innen aufgenommen worden.

Dieses Fachbuch informiert über die Voraussetzungen der Registrierung.

Das Rechtsinstitut der rechtlichen Betreuung wurde durch das am 1.1.1992 in Kraft getretene Betreuungsgesetz geschaffen. Im Bereich der professionell ausgeübten Vormundschaft und Pflegschaft sollten hohe Fallzahlen und „die Verwaltung der betroffenen Personen vom Schreibtisch aus" durch die persönliche rechtliche Betreuung und die Achtung des Willens der rechtlich betreuten Person ersetzt werden. Im Verlauf der Gesetzgebung wurde immer wieder diskutiert, ob die Fallzahlen der beruflich tätigen rechtlichen Betreuer*innen zu begrenzen ist. Im Ergebnis kommt der Gesetzgeber auch im Rahmen der zum 01.01.2023 in Kraft getretenen Reform zu dem Schluss, dass die Höhe der Fallbelastung angesichts der Vielgestaltigkeit der Anwendungsfälle kaum seriös bestimmt werden kann, Es bleibt Ihnen somit überlassen unter Berücksichtigung der von Ihnen vorgehaltenen Infrastruktur die eigene Belastungsgrenze zu finden.

Dieses Fachbuch greift die Diskussion über Fallzahlen auf und bietet eine Grundlage zur Einschätzung der eigenen Belastungsgrenze.

Mit der am 1.7.2005 in Kraft getretenen 2. Änderung des Betreuungsrechts wurde unter anderem die pauschale Vergütung als Grundlage für eine Mischkalkulation eingeführt. Als Vorteile sind die Beendigung der meisten Vergütungsstreitigkeiten und die Grundlage für eine verlässliche Kalkulation des Einkommens (brutto) gesehen worden.[3] Mit Wirkung zum 27.7.2019 hat der Gesetzgeber die Vergütung des rechtlichen Berufsbetreuers erneut geregelt. Ziel war es, die seit mehr als 13 Jahren unverändert gebliebene Vergütung zu erhö-

3 BT-Drucks. 15/2494, S. 31 ff.

hen und das System zu modernisieren. Die zum 1.1.2023 wirksam gewordene Reform passt die Regelungen zur Vergütung der neu geregelten Pflicht zur Registrierung an.

Das Fachbuch informiert über die Regelung der Vergütung für Personen, die beruflich rechtliche Betreuungen führen. Es beschreibt die Grundlagen der als Mischkalkulation ausgelegten pauschalen Vergütung. Es werden unterschiedliche Möglichkeiten diskutiert, durch Spezialisierung die Wirtschaftlichkeit des Unternehmens zu stärken.

Im Verfahren zur Registrierung sind zu Anfang und fortlaufend Angaben zur eigenen Organisationsstruktur und zur Belastungsgrenze zu machen. Betriebswirtschaftlich sind die Rechtsform sowie die personelle und materielle Ausstattung des eigenen Unternehmens zu entscheiden. Kosten, Steuern und Gewinnerwartungen sind zu kalkulieren.

Dieses Fachbuch bietet Hilfestellung die eigene Organisationstruktur zu entwickeln und eine Kalkulation zu erstellen.

Sie sind bereits registriert und suchen nach Lösungen für Schwierigkeiten, die Ihnen im Alltag begegnet sind? Sie suchen nach Anregungen, Ihre freiberufliche Tätigkeit effektiver zu gestalten?

Dieses Fachbuch enthält eine Fülle an Informationen und praktische Tipps, die Sie auf Ihrem beruflichen Weg unterstützen werden.

Das Betreuungsrecht ist seit seiner Einführung 1992 in insgesamt neun sich jeweils auf Teilbereiche beziehende Änderungsgesetze stetig weiterentwickelt worden. Aus dem Vormundschaftsrecht erwachsen, hat es auch nach 1992 vor allem zur Vermögenssorge und zur gerichtlichen Aufsicht auf die Regelungen für die Vormundschaft verwiesen. Dies war unübersichtlich und führte zu etlichen Problemen in der Anwendung.

Das zum 1.1.2023 in Kraft getretene Gesetz zur Reform des Vormundschafts- und Betreuungsrechts wurde maßgeblich durch die Diskussion rund um den 1. Staatenbericht zum „Übereinkommen der Vereinten Nationen über die Rechte von Menschen mit Behinderungen (UN-Behindertenrechtskonvention – BRK) initiiert. Im Rahmen seiner abschließenden Bemerkungen über den ersten Staatenbericht Deutschlands hat der Ausschuss für die Rechte von Menschen mit Behinderungen 2015 die Unvereinbarkeit des im deutschen Bürgerlichen Gesetzbuches (BGB) festgelegten und geregelten Instrumente der rechtlichen Betreuung mit dem Übereinkommen beschrieben und empfohlen:

- alle Formen der ersetzenden Entscheidung abzuschaffen und ein System der unterstützten Entscheidung an ihre Stelle treten zu lassen,
- professionelle Qualitätsstandards für Mechanismen der unterstützten Entscheidung zu entwickeln,
- in enger Zusammenarbeit mit Menschen mit Behinderungen auf Bundes-, Länder- und Kommunalebene für alle Akteure, Schulungen zu Artikel 12 des Übereinkommens anzubieten.

Die Notwendigkeit einer Reform wurden durch die Ergebnisse der beiden in den Jahren 2015 bis 2017 im Auftrag des damaligen Bundesministeriums der Justiz und für Verbraucherschutz (BMJV) durchgeführten Forschungsvorhaben[4] unterstützt. Die Forschungen stellten unter anderem fest, dass das Gebot zur Unterstützung der größtmöglichen Selbstbestimmung von Menschen mit Behinderungen im Vorfeld und innerhalb der rechtlichen Betreuung nicht durchgängig zufriedenstellend verwirklicht wurde. Festgestellt wurden Qualitätsmängel bei der praktischen Umsetzung der gesetzlichen Vorgaben, die auch Änderungen der gesetzlichen Rahmenbedingungen erforderlich gemacht haben.

Von Juni 2018 bis Ende 2019 fand der vom BMJV initiierte Diskussionsprozess zur Verbesserung von „Selbstbestimmung und Qualität im Betreuungsrecht" statt. Die fachliche Beratung erfolgte in vier Facharbeitsgruppen, die sich mit den folgenden Themenfeldern beschäftigt haben:

1. „Stärkung des Selbstbestimmungsrechts bei der Betreuerauswahl, der Betreuungsführung und der Aufsicht",
2. „Betreuung als Beruf und die Vergütung des Berufsbetreuers",
3. „Ehrenamt (einschl. Verbesserung der finanziellen Situation der Betreuungsvereine) und Vorsorgevollmacht",
4. „Rechtliche Betreuung und „andere Hilfen" (Schnittstelle zwischen rechtlicher und sozialer Betreuung)".

Beteiligt waren neben unabhängigen Experten*innen auch Vertreter*innen von Behindertenorganisationen und des Deutschen Instituts für Menschenrechte, der Berufs- sowie weiterer Fachverbände, ebenso wie Repräsentanten der Länder, der kommunalen Spitzenverbände, des Bundesbeauftragten für die Belange von Menschen mit Behinderungen und der betroffenen Bundesressorts.

Zudem gab es einen ganztägigen Workshop für Selbstvertreter unter der Überschrift „Menschen mit Betreuung sprechen miteinander". Der Workshop bot den teilnehmenden, von rechtlicher Betreuung betroffenen Personen die Gelegenheit ihre Erfahrungen und Erwartungen zu äußern.

Mit dem zum 1.1.2023 in Kraft getretenen Gesetz zur Reform des Vormundschafts- und Betreuungsrechts wurden die entsprechenden Vorschriften insgesamt modernisiert und neu strukturiert. Die Vorschriften des geltenden Vormundschaftsrechts zur Vermögenssorge, zu Aufsicht des Gerichts sowie zum Aufwendungsersatz und zur Vergütung, die bisher auch für das Betreuungsrecht angewendet wurden, sind an das Betreuungsrecht angepasst und dorthin eingeordnet worden.

Dieses Fachbuch bietet Ihnen Hilfestellung beim Verinnerlichen der neuen Nummerierung und geänderten Inhalte der Vorschriften und der Anwendung in der Praxis.

Entsprechend des festgestellten Regelungsbedarfs sind die Änderungen darauf ausgerichtet, die Selbstbestimmung und die Autonomie unterstützungsbedürftiger Personen im

4 „Qualität in der rechtlichen Betreuung" (Matta/Engels/Brosey/Köller u.a., Abschlussbericht, Bundesanzeiger Verlag 2018) und „Umsetzung des Erforderlichkeitsgrundsatzes in der betreuungsrechtlichen Praxis im Hinblick auf vorgelagerte „andere Hilfen" (Nolting/Zich/Tisch/Braeseke, Abschlussbericht, Band I und II, Bundesanzeiger Verlag 2018)

Vorfeld und innerhalb der rechtlichen Betreuung zu stärken. Die größtmögliche Autonomie erfordert den kleinstmöglichen betreuungsrechtlichen Eingriff. Durch verschiedene Maßnahmen will die Reform für eine effektive Umsetzung des Erforderlichkeitsgrundsatzes im Vorfeld, aber auch im Verlauf der rechtlichen Betreuung sorgen.

Dieses Fachbuch informiert über vorgelagerte „andere Hilfen".

Es ist nun klarer geregelt, dass die rechtliche Betreuung in erster Linie die Aufgabe hat, die rechtliche betreute Person bei der eigenverantwortlichen und selbstbestimmten Besorgung der eigenen Angelegenheiten entsprechend den eigenen Wünschen zu unterstützen. Das Mittel der rechtlichen Stellvertretung darf der rechtliche Betreuer nur einsetzen, soweit dies erforderlich ist.

Dieses Fachbuch beschreibt die Grundhaltung und die Methoden zur Unterstützung der rechtlich betreuten Person bei der Entscheidungsfindung und zur Unterstützung der Umsetzung des von ihr als richtig erkannten Wegs.

Die rechtliche Betreuung hat neben der Unterstützung aber auch die Aufgaben die rechtlich betreute Person davor zu schützen, dass diese sich selbst oder das eigene Vermögen erheblich gefährdet. Dies aber nur dann, wenn die rechtliche betreute Person diese Gefahr aufgrund ihrer Krankheit oder Behinderung nicht erkennen oder nicht nach dieser Einsicht handeln kann.

Dieses Fachbuch bietet Ihnen praktische Hilfestellung, Ihr Handeln im Spannungsfeld zwischen rechtlicher Unterstützung zur Ausübung der Selbstbestimmung und der Ihnen übertragenen Schutzpflicht zu reflektieren.

Entscheidender Aspekt zur Zufriedenheit mit der von Ihnen gewählten/beabsichtigten beruflichen Tätigkeit ist ihre persönliche Übereinstimmung mit der geforderten beruflichen Grundhaltung. Gleichermaßen bedeutsam sind das erforderliche Fachwissen und eine effiziente und planvolle Organisation. Die vertiefte Auseinandersetzung mit den eigenen Ansprüchen sowie rechtliche und wirtschaftliche Kenntnisse sind daher bei Gründung und Führung Ihres eigenen Unternehmens unerlässlich.

Dieses Fachbuch bietet die Möglichkeit, sich mit der eigenen Grundhaltung auseinanderzusetzen und zeigt praxisnah auf, welches Wissen zur Führung eines selbstständigen Büros für rechtliche Betreuungen erforderlich ist.

2 Schlüsselkompetenzen (Soft Skills) und persönliche Rahmenbedingungen

Vieles lässt sich mit entsprechendem Fleiß erlernen und trainieren. Die eigene Arbeitszufriedenheit wird größer sein, wenn das Lernen leicht fällt und der Lernende aufgrund der eigenen Neigung eine lustbetonte Leichtigkeit im Umgang mit den an ihn gerichteten Anforderungen verspürt.

Der Gesetzgeber hat als erste Voraussetzung für die Registrierung der rechtlichen Berufsbetreuer*innen die persönliche Eignung bestimmt.[5] Aber in diesem Abschnitt soll es nicht um die Erfüllung einer gesetzlichen Norm gehen, sondern stattdessen geht es ganz um Sie. Passt die geplante berufliche Tätigkeit zu Ihren Stärken und ihrer „persönlichen Kompetenzen"?

In Abgrenzung zu Wissen, welches durch gezielte Fort- und Weiterbildungen und praktische Übung erworben werden kann, geht es im folgenden Abschnitt um die Beschreibung persönlicher, sozialer und methodischer Schlüsselkompetenzen (Soft Skills), die es Betreuer*innen leichter machen, ihre Aufgabe zu erfüllen. Diese Schlüsselkompetenzen beschreiben überfachliche Qualifikationen, die es Ihnen auf dem Gebiet der rechtlichen Betreuung ermöglichen, schnell Fortschritte zu machen. Sie sind damit ein – wenn nicht sogar DER zentrale – Erfolgsfaktor bei der beruflichen Führung rechtlicher Betreuungen.

Sie fragen sich, welche Schlüsselkompetenzen wichtig sind und ob Sie über diese verfügen?

Finden Sie es heraus!

Sie erhalten einen Einblick in das Berufsbild rechtlicher Betreuer*innen. Besprochen werden zentrale Aspekte und Fragestellungen und der Fragebogen im Anhang unterstützt Ihre Selbsteinschätzung.

Es geht nicht um das Streben nach Perfektion, sondern darum, die eigenen Stärken und Schwächen möglichst genau zu kennen. Nur eine ehrliche Bestandsaufnahme wird es Ihnen ermöglichen zu beurteilen, ob die angestrebte Tätigkeit Ihnen langfristig berufliche Erfüllung verspricht.

Für die Bestellung des rechtlichen Betreuers, unabhängig davon, ob eine natürliche Person, ein Verein oder eine Behörde bestellt werden soll, wurde im Gesetz festgeschrieben, dass der rechtliche Betreuer geeignet sein muss, mit der rechtlich betreuten Person den erforderlichen persönlichen Kontakt zu halten.[6] Er muss in der Lage sein, die rechtlich betreute Person dabei zu unterstützen, ihre Angelegenheiten, soweit es geht, rechtlich selbst zu besorgen. Dabei hat er seine Unterstützung und/Vertretung so zu besorgen, dass die rechtlich betreute Person ihr Leben im Rahmen ihrer Möglichkeiten nach ihren Wünschen gestalten kann. Hierzu hat der rechtliche Betreuer die Wünsche der rechtlich betreuten Person fest-

5 § 23 Abs. 1 Nr. 1

6 § 1816 BGB.

zustellen.[7] Entsprechend diesem Auftrag können aus der zwischenzeitlich mehr als 30 Jahre andauernden praktischen Erfahrung die folgenden Kompetenzen als besonders bedeutsam hervorgehoben werden.[8]

Persönliche/personale Kompetenz:

- Zuverlässigkeit
- Pünktlichkeit
- Diskretion
- Engagement und selbstständiges Handeln
- Motivation
- Neugier
- Flexibilität
- Umgang mit Empfindlichkeit und Ängsten
- Selbstvertrauen
- Fähigkeit zur Selbstreflexion
- Analytische Fähigkeiten

Soziale Kompetenz:

- Kommunikationstalent
- Empathie
- Wertschätzung und Toleranz
- Menschenkenntnis
- Situationsbedingtes Auftreten; Rollenbewusstsein
- Kooperationsbereitschaft
- Konfliktfähigkeit
- Frustrationstoleranz
- Durchsetzungsvermögen
- Fähigkeit, einvernehmliches Zusammenwirken herzustellen

Methodische Kompetenz:

- Organisationstalent
- Fähigkeit zu einem eigenständigen Zeitmanagement
- Fähigkeit zur geordneten Büroorganisation, Buch-, Aktenführung und zum förmlichen Schriftverkehr unter Beachtung des Datenschutzes

7 § 1822 BGB
8 Siehe auch: Eignungskriterien für beruflich tätige Betreuer*innen, https://www.bgt-ev.de/eignungskriterien.html (Abruf: 26.7.2022)

- Umgang mit Medien
- Lernbereitschaft

Die oben stehende Liste suggeriert, dass sich die einzelnen Kompetenzen zu den jeweiligen Abschnitten deutlich zuordnen und gegeneinander abgrenzen lassen. Tatsächlich sind die klare Zuordnung und Abgrenzung nicht möglich. Alle Soft Skills haben persönliche, soziale und methodische Aspekte. Es kann lediglich gelingen, bezogen auf die Führung rechtlicher Betreuungen Schwerpunkte in einem System sich gegenseitig beeinflussender Gesichtspunkte zu bilden.

Neben diesen oben genannten Kompetenzen erfordert insbesondere die freiberufliche Führung rechtlicher Betreuungen, dass Sie sich mit den am Ende des Abschnittes besprochenen Rahmenbedingungen vertraut machen:

- Geordnete Verhältnisse
- Bereitschaft für ein langfristiges Engagement
- Bereitschaft, die Arbeitszeit flexibel dem Bedarf anzupassen
- Bereitschaft zur verantwortungsvollen Urlaubsplanung

2.1 Persönliche/personale Kompetenz

Persönliche Kompetenzen, auch personale Kompetenzen genannt, beschreiben Charaktereigenschaften, die sie in ihren beruflichen Alltag einfließen lassen. Sie prägt sich im Laufe Ihres Lebens durch viele Erfahrungen, die Sie durchlebt haben. Manche Eigenschaften habe sie sich angeeignet, andere lassen sich nicht so einfach verändern. Die Abgrenzung zu sozialen Kompetenzen ist nicht einfach und einige der Kompetenzen können sowohl als persönliche, aber auch als soziale Eigenschaften eingeordnet werden. Persönliche Kompetenzen sind die Basis sozialer Interaktion und wirken aber auch, wenn keine Interaktion stattfindet.

2.1.1 Pünktlichkeit und Zuverlässigkeit

Die persönlichen Kompetenzen „Pünktlichkeit" und „Zuverlässigkeit" bedürfen normalerweise keiner besonderen Erwähnung. Es handelt sich um Kompetenzen, die allgemein im Berufsleben vorausgesetzt werden. Dennoch sollen sie an dieser Stelle erwähnt werden. Rechtliche Betreuer*innen werden in ihrem Alltag trotz vorheriger Terminvereinbarungen nahezu täglich mit Wartezeiten bei Behörden, in Arztpraxen, Krankenhäusern, Heimen, dem Betreuungsgericht oder der Unpünktlichkeit und Unzuverlässigkeit anderer beteiligter Personen konfrontiert. Auch wenn dies ärgerlich ist, können die Unzulänglichkeiten anderer nicht die eigene Unpünktlichkeit oder das Versäumen eines Termins begründen. Rechtliche Betreuer*innen leben von ihrem Ansehen. Entsprechend sind Wartezeiten und Verzögerungen im Zeitmanagement (siehe unter 2.3.1) mit zu berücksichtigen.

Gleichermaßen bedeutsam ist es, stets als zuverlässiger Partner aller Beteiligten zu gelten. Insbesondere wenn sich die rechtlich betreute Person darauf verlassen muss, in Ihnen eine zuverlässige Hilfe zu haben, ist es von besonderer Bedeutung, sie nicht zu enttäuschen und das zuvor angekündigte Handeln und die zuvor besprochenen Ergebnisse tatsächlich umzusetzen. In diesem Sinne sollten Sie lieber weniger als zu viel versprechen.

2.1.2 Engagement, Neugier, Flexibilität, Motivation, Fähigkeit, selbstständig zu handeln

Jede freiberufliche Tätigkeit erfordert die Disziplin und Fähigkeit, die anfallenden Arbeiten aus eigenem Antrieb zur Zufriedenheit des Kunden zu erledigen. Niemand ist da, der Sie morgens zum Aufstehen zwingt. Niemand ist da, der Ihnen unbequeme Arbeiten abnimmt. Dagegen gibt es viele Dinge, die von der Arbeit ablenken. Engagement, Neugier, Flexibilität, Motivation und die Fähigkeit, selbstständig zu handeln, sind somit Voraussetzungen, um ihre Tätigkeit erfolgreich ausüben zu können.

Rechtliche Betreuer*innen haben die ihnen übertragene Aufgabenstellung ungeachtet des damit verbundenen Aufwandes zu erfüllen (siehe die als Mischkalkulation konzipierte Vergütung, Abschnitt 4.4). Dabei stehen sie einer sozialrechtlichen Infrastruktur gegenüber, die daran interessiert ist, die Grenzen der Zuständigkeit der rechtlichen Betreuung weit zu definieren, um die eigene Arbeitsbelastung zu reduzieren.

Für rechtliche Betreuer*innen ist es existenziell, den Arbeitsauftrag so zu strukturieren, dass dieser in möglichst kurzer Zeit zur Zufriedenheit des Kunden erledigt werden kann. Ihre Zeit ist kostbar. Sie werden oft den Eindruck haben, dass Sie in Feuerwehrmanier lediglich auf unterschiedlichste Ereignisse reagieren können. Dagegen hilft es, selbst zu agieren, indem Sie Ihr eigenes Zeitmanagement entwickeln (siehe Abschnitt 2.3).

Die berufliche Führung rechtlicher Betreuungen verspricht keine Reichtümer. Sie lässt sich aber auch nicht einmal gerade nebenbei ausüben, sondern erfordert ein hohes Maß an Einsatzbereitschaft. Sie werden ständig mit neuen Situationen konfrontiert und müssen sich ihre Neugier auf die von ihnen rechtlich betreute Person dauerhaft erhalten. Der Arbeitsanfall ist genauso wenig vorhersehbar wie das Leben selbst. Entsprechend bedarf es hoher Flexibilität, um auf unvorhergesehene Ereignisse reagieren zu können.

Tipp

Nehmen Sie sich etwas Zeit und prüfen Sie Ihre Fähigkeit zum Nachdenken über sich selbst. Unterstützende Fragen finden Sie in Anhang 1.

2.1.3 Umgang mit Empfindlichkeit und Ängste

Der folgende Abschnitt hätte sicherlich sprachlich feiner und fachlicher ausgedrückt werden können. Dem Autor geht es um eine praxisnahe Auseinandersetzung mit der Lebenswirklichkeit der rechtlich betreuten Personen, welche nicht nur deren Leben, sondern auch die Arbeitsbedingungen rechtlicher Betreuer*innen bestimmt.

Der Auftrag der rechtlichen Betreuung besteht darin, sich für die Erledigung der Rechtsgeschäfte geistig und psychisch kranker bzw. behinderter Personen einzusetzen. Betreuer*innen haben ihre Pflichten unabhängig davon, welche Schwierigkeiten damit verbunden sind, zu erledigen. Für ihre Arbeit können sie keine Anerkennung erwarten.

Die rechtliche Betreuung ist in weiten Teilen eine aufsuchende Hilfe. Rechtliche Betreuer*innen müssen sich überwiegend allein – auf sich gestellt – in das Umfeld der rechtlich betreuten Person begeben. Dies kann das Zimmer der mit einer ansteckenden Krankheit (z.B. Erkältung, MRSA, Hepatitis, HIV, COVID-19) belasteten betreuten Person im Krankenhaus, dem Heim oder der häuslichen Umgebung sein. Es kann die verwahrloste, mit Ungeziefer befallene Wohnung sein. Es kann die Wohnung im Hochhaus des sozialen Brennpunkts sein, dessen Eingang regelmäßig von einer Gruppe pöbelnder junger Personen belagert wird.

Oft müssen unangenehme und für die rechtlich betreute Person subjektiv bedrohliche Angelegenheiten besprochen werden. Die rechtlich betreute Person kann sich in einer objektiv oder subjektiv empfundenen Notlage befinden. Es entstehen Konfliktsituationen. In diesen und ähnlichen Situationen besteht die Gefahr, dass rechtliche Betreuer*innen beschimpft, beleidigt, bedroht oder sogar tätlich angegriffen werden.

Es ist entscheidend, den Umgang mit diesen und ähnlichen angstbesetzten Situationen durchdacht zu haben und ein Konzept zur eigenen Absicherung zu entwickeln. Den Eigenschutz zu beachten, verhindert, blindlings in Situationen zu geraten, die eine vermeidbare Gefahr darstellen. Grundlage für eine zufriedenstellende Tätigkeit ist daher die Schaffung und der Erhalt sicherer Arbeitsbedingungen. Rechtliche Betreuer*innen sollten die eigenen Grenzen kennen, um die jeweilige Situation richtig einschätzen und gestalten zu können. Nur so kann die für die rechtliche Betreuung erforderliche Arbeitsbeziehung aufgebaut oder/und aufrechterhalten werden.

Zentrale Säule ist die Durchführung einer Gefährdungsbeurteilung. Die Gefährdungsbeurteilung dient dazu, sich über die vorhandenen Gefährdungen klar zu werden, damit die „richtigen" Schutzmaßnahmen vorbeugend getroffen werden können. Neben allgemeinen Gefährdungen, beispielsweise im Büroalltag und auf den zu bewältigenden Wegstrecken, wird sich Ihr Blick zweckmäßigerweise auf die aus dem Einzelfall resultierenden Gefährdungsfaktoren richten. Die Gefährdungsbeurteilung muss auch psychische Belastungsfaktoren mitberücksichtigen. Im Anschluss an die Ermittlung der Gefährdungsfaktoren zielt die Gefährdungsbeurteilung darauf ab, sinnvolle und notwendige Schutzmaßnahmen abzuleiten.

Besondere Gefährdungsfaktoren können sein:

- Ansteckung,
- psychische Belastungen,
- tätliche und bewaffnete Angriffe.

Unter dem Begriff der „Eigensicherung" sammeln sich Maßnahmen, welche ergriffen werden müssen, um in der kommenden Situation selbst keinen Schaden zu erleiden. Zur Eigensicherung gehören unter anderem:

- die Fähigkeit, eine Situation richtig einschätzen zu können,
- das Wissen, wann welche Hilfe hinzugezogen werden kann,
- die richtige (Schutz-)Bekleidung
- ...

Tipp

Nehmen Sie sich etwas Zeit und prüfen Sie Ihre Fähigkeit zum Nachdenken über sich selbst. Unterstützende Fragen – Anhang 1.

Die Fragen im Anhang 1 bieten Anhaltspunkte für die Auseinandersetzung mit der eigenen „Ekelgrenze", der Fähigkeit und Bereitschaft, mit Unsauberkeit, Ungeziefer und üblen Gerüchen, Beschimpfungen, Beleidigungen, Drohungen bis hin zu offener Gewalt angstfrei umzugehen.

Überprüfen Sie Ihre Selbsteinschätzung im Gespräch mit den Personen, die auch Betroffene sein könnten (Mitarbeiter, Familie etc.). Das Ergebnis Ihrer Reflexion kann mit folgender Regel in die Ausarbeitung Ihres Businessplans übernommen werden:

Eckpunkt für Angaben zur Organisationsstruktur

Die hohe Toleranz gegenüber ekelerregenden oder/und schädigenden Umgebungen mit gut ausgebildeter Fähigkeit zum Erkennen und Begegnen von Konfliktsituationen qualifiziert zur Übernahme von rechtlicher Betreuung für Personen in besonders schwierigen sozialen Situationen.

(Zu den Eckpunkten auch unter Abschnitt 3.13)

2.1.4 Selbstvertrauen

Die Führung rechtlicher Betreuungen erfordert eine gehörige Portion Selbstvertrauen. Nur sehr selten werden Ihnen Anerkennung und Lob zuteil. Stattdessen müssen Sie sich auf konstruktive, aber auch oft genug auf destruktive Kritik einrichten und dürfen sich davon nicht entmutigen lassen. Dabei darf das eigene Selbstvertrauen insbesondere die in der Regel schwächere rechtlich betreute Person nicht daran hindern, sich selbst entfalten zu können. Das eigene Selbstvertrauen darf nicht gepaart sein mit dem Wunsch, Recht zu behalten oder unbedingt von der eigenen Ansicht überzeugen zu wollen. Es gibt eine Vielzahl unterschiedlicher Instrumente zur Einschätzung des eigenen Selbstvertrauens, der eigenen Selbstwertschätzung. Die Fragen im Anhang sollen Ihnen eine spontane Selbsteinschätzung möglich machen.

2.1.5 Fähigkeit zur kritischen Selbstreflexion und Selbstkritik

Die Bedeutung der Fähigkeit zur kritischen Selbstreflexion und Selbstkritik erschließt sich bei näherer Betrachtung der Arbeitsbeziehung zur rechtlich betreuten Person und der dem Menschen innewohnenden missionarischen Neigung.

Mit Ihrer Bestellung übernehmen Sie die Pflicht, zu der von ihnen rechtlich betreuten Person eine auf den Aufgabenkreis bezogene Arbeitsbeziehung herzustellen. Diese Arbeitsbeziehung dient dem Ziel, eine vorbehaltlose, vertrauensvolle Kommunikation zu ermöglichen. Rechtliche Betreuer*innen haben diese Beziehung aktiv zu entwickeln, zu gestalten und zu erhalten. Diese Beziehungen haben einen mehr oder weniger intensiven emotionalen Gehalt.

In der Abgrenzung zu anderen pädagogisch wirksamen Beziehungen dient die Arbeitsbeziehung zwischen der rechtlich betreuten Person und Ihnen zuallererst der vorbehaltlosen Wahrnehmung der rechtlich betreuten Person. Der Wille und die Wünsche der rechtlich betreuten Person sind vorbehaltlos und ohne eigene Einflussnahme zu bestimmen (subjektive Auslegung). Im Spannungsfeld zwischen Wünschen und Schutz vor erheblichen Gefährdungen haben rechtliche Betreuer*innen auf der Grundlage der Lebensentscheidungen, Wertvorstellungen und Überzeugungen der rechtlich betreuten Person zu entscheiden und zu handeln (siehe Abschnitt 5.1 und 5.2).

Merksatz

> Rechtliche Betreuer*innen müssen ihre eigenen Wertvorstellungen erkennen und ausblenden können.

Die Nähe der rechtlichen Betreuung zur Sozialarbeit im Allgemeinen und der ambulanten sozialpädagogischen Hilfe (z.B. der Hilfe zum selbstständigen Wohnen im Rahmen der Teilhabeleistungen), dem Fall-Manager im Besonderen führt in Versuchung, die dort beschriebenen methodischen Grundlagen zur Gestaltung der Arbeitsbeziehung zu übernehmen. Dem steht nichts im Weg, wenn eine Anpassung an die besonderen Bedingungen der rechtlichen Betreuung erfolgt.

Einer der Unterschiede ergibt sich aus der jeweiligen rechtlichen Legitimation für die Arbeit mit der rechtlich betreuten Person. Die in den angrenzenden Fachgebieten wissenschaftlich beschriebenen Methoden (z.B. Case Management, Gesprächsführung, Beziehungsarbeit) haben regelmäßig als gemeinsame Grundlage die Zusammenarbeit mit dem rechtlich eigenverantwortlich handelnden Klienten oder legitimieren sich durch eine entsprechende Entscheidung des rechtlichen Vertreters. Die jeweiligen Prozesse erfordern die freiwillige Zusammenarbeit. Der Klient kann wählen, ob er sich auf die eine oder andere Hilfe einlässt. Aus der Eigenverantwortung und der Wahlfreiheit des Klienten erwächst die Freiheit des Helfers, sein Angebot auch methodisch zu gestalten. Unter der Voraussetzung, dass dies vorher vereinbart wurde, sind pädagogische und psychologische Leistungen legitim, die Einfluss auf die Individualität nehmen sowie zum Ziel haben, Verhaltensweisen des Klienten zu verändern.

Im Unterschied zu den vorgenannten Hilfen können rechtliche Betreuer*innen im Ausnahmefall gegen den Willen oder, das ist weitaus häufiger der Fall, ohne dass die rechtlich betreute Person dies wirklich versteht, entscheiden und handeln. Das rechtliche Handeln von Betreuer*innen wird damit nicht durch die rechtlich betreute Person selbst, sondern durch das Betreuungsgericht legitimiert.

Im Aufgabenkreis ist die rechtlich betreute Person aufgrund eigener Krankheit oder Behinderung teilweise oder ganz gehindert, den Sachverhalt zu klären, zu bewerten, zu entscheiden und/oder ihre Entscheidung in rechtliches Handeln eigenverantwortlich umzusetzen. Die Handlungs- und Wahlmöglichkeiten der rechtlich betreuten Person sind beschränkt. Das Handeln rechtlicher Betreuer*innen erstreckt sich damit auf rechtliche Angelegenheiten, welche die rechtlich betreute Person teilweise oder in vollem Umfang nicht oder nur sehr eingeschränkt verstehen kann.[9] Dennoch haben rechtliche Betreuer*innen ihr „Angebot" und insbesondere die Methode eng und wertfrei an der Individualität der rechtlich betreuten Personen auszurichten (Wunsch und Wille und Gefahrenabwehr). Dabei haben sie sich stets ihrer Aufgabe, ihrer Position, ihrer Macht und ihrer eigenen Beteiligung bewusst zu sein.

Merksatz

Die Legitimation rechtlicher Betreuerinnen erfordert eine wertfreie Methodik.

Das methodische Handeln rechtlicher Betreuer*innen muss sich an der Individualität der rechtlich betreuten Personen[10] sowie an dem im Betreuungsrecht und in dem beschlossenen Aufgabenkreis definierten Auftrag orientieren. Die rechtliche Betreuung nimmt entscheidenden Einfluss auf die zu regelnden Angelegenheiten und damit auf die Lebensqualität der betreuten Personen.

Als eines der Ergebnisse der Forschung[11] zu Handlungstheorien kann als gesichert gelten, dass Inhalt, Art und Weise menschlichen Handelns maßgeblich durch viele unterschiedliche Faktoren beeinflusst und wesentlich durch die Individualität und die eigennützigen Interessen des Handelnden getragen werden. Entsprechend haben die Individualität und die eigennützigen Interessen rechtlicher Betreuer*innen Einfluss auf ihr Handeln. Neben den eigenen Werten und Emotionen sind es auch die tatsächlichen Bedingungen, die, ohne in vollem Umfang bewusst zu sein, das Handeln rechtlicher Betreuer*innen bestimmen. Beispielsweise haben unter anderem Ihre Beziehungen zum Betreuungsgericht, zu Ämtern und Behörden, Helfenden, Dienstleistern oder zu anderen Beteiligten Einfluss auf ihr Handeln, da Sie mit diesen Personen und Einrichtungen auch über den Einzelfall hinaus in die Zukunft gut zusammenarbeiten wollen.

Den Buchstaben des Gesetzes folgend, handeln rechtliche Betreuer*innen idealerweise frei von Persönlichkeit und eigennützigen Interessen. Dem entgegengesetzt sind gerade

9 Siehe §§ 1814 und 1815 BGB
10 § 1821 BGB.
11 Lewin (1969), Leontjew (1987), Hacker (1986) zu den Zusammenhängen zwischen Kognitionen und Handlungen; Volpert (1983), Einbeziehung emotionaler Prozesse; Cranach (1980), Einbeziehung sozialer Prozesse und Interaktionen

die fachliche und persönliche Individualität Kriterien für die Auswahl des richtigen rechtlichen Betreuers, sei es nun eine natürliche Person, ein Verein oder eine Behörde. Der Ausweg aus diesem Dilemma ist die Fähigkeit rechtlicher Betreuer*innen, den Einfluss der eigenen Individualität und der eigenen Interessen so wahrzunehmen, dass sie diese stets von denen der rechtlich betreuten Person unterscheiden können. Dies wiederum erfordert die Fähigkeit und die vorbehaltlose Bereitschaft zur kritischen Selbstreflexion und Selbstkritik.

Tipp

Nehmen Sie sich etwas Zeit und prüfen Sie Ihre Fähigkeit zum Nachdenken über sich selbst. Unterstützende Fragen – Anhang 1.

Im Nachdenken über sich selbst und mit Selbstkritik, dem kritischen Hinterfragen und Beurteilen des eigenen Denkens überprüfen rechtliche Betreuer*innen den eigenen Standpunkt und das eigene Handeln. Diese Erkenntnis ist der erste Schritt, die rechtlich betreute Person unvoreingenommen wahrzunehmen. So gelingt es, die Macht und Eingriffsbefugnis der rechtlichen Betreuung dem Selbstbestimmungsrecht der betreuten Personen unterzuordnen.

Kernkompetenz

Kernkompetenz ist die Fähigkeit und die vorbehaltlose Bereitschaft zur Selbstreflexion und Selbstkritik.

Rechtliche Betreuer*innen sollten sich im Verlauf der rechtlichen Betreuung von Zeit zu Zeit unter anderem mit folgenden Fragen auseinandersetzen:

- *Wie erlebe ich die betreute Person; kann ich sie leiden oder ist mir der Kontakt zu ihr unangenehm?*
- *Besuche ich sie gerne oder ist der Besuch unangenehm?*
- *Komme ich mit ihrem Umfeld zurecht?*
- *Überwältigt mich ihr Leiden?*
- *Bin ich mit der Häufigkeit der Kontakte zufrieden oder habe ich ein schlechtes Gewissen?*
- *Welche Gefahren und Risiken ergeben sich aus dem Kontakt? Kann ich mich anstecken? Fühle ich mich bedroht?*
- *Welche Gefahren und Risiken ergeben sich aus den zu regelnden Angelegenheiten? Habe ich Angst vor Haftungsansprüchen? Habe ich Angst vor Beschuldigungen und Beschwerden aus dem Umfeld? Fühle ich mich überfordert?*
- *Gelingen die Herstellung und der Erhalt einer tragfähigen Arbeitsbeziehung?*
- *Ist der Fall wirtschaftlich ein Gewinn oder Verlust?*
- *Besteht ein Risiko für mein berufliches Ansehen?*

2.1.6 Analytische Fähigkeiten

Analytische Fähigkeiten (auch analytisches Denken genannt) ist eine Eigenschaft, Probleme zu erkennen, in ihre Einzelteile zu zerlegen und für die erkannten Probleme eigenständig Lösungen zu entwickeln. Selten lassen sich betreuungsrechtlichen Entscheidungen[12] im kausalen Kontext lösen. Viel eher geht es bei der Problemlösung um vielschichtige, auch emotionale Aspekte und Kreativität. Es geht somit darum, Sachverhalte zu verstehen, sie in einen subjektiven Kontext einordnen und Ursache sowie Wirkung in Beziehungen setzen zu können. Von besonderer Bedeutung ist die Fähigkeit, Wechsel- und Gegenwirkungen sowie Abhängigkeiten und Bedingungen erkennen zu können. Wer hier die Übersicht behalten kann, dem eröffnen sich unterschiedliche Lösungswege.

Diese Fähigkeit ist von besonderer Bedeutung, um die rechtlich betreute Person bei der Findung ihrer Entscheidung zu unterstützen. Es ist wichtig, diese analytische Fähigkeit zu nutzen, um ihr komplexe Sachverhalte, die von ihr nicht vollständig erfasst werden, in einzelnen Abschnitten verständlich zu erklären. Damit eröffnen sich zuvor verschlossene Lösungswege.

Gleichermaßen von Bedeutung ist diese Fähigkeit, wenn es darum geht, die Infrastruktur und Rahmenbedingungen von Leistungsträgern und Leistungserbringern zu durchschauen. Gesetzliche, wirtschaftliche, politische und personelle Vorgaben sind einige der in Wechselbeziehung stehenden Aspekte, welche die örtliche Infrastruktur bestimmen.

Beispiel:

Eine rechtlich betreute Person hat einen sehr hohen Hilfebedarf, welcher die Kapazitäten eines Leistungserbringers für eine halbe Stelle auslasten würde. Auf der Suche nach einem Leistungsanbieter erhalten Sie möglicherweise Absagen. Gleichzeitig bekommen Sie beim gleichen Anbieter mehrere kleinere Leistungsgeschehen mit in der Summe gleichem Leistungsumfang angeboten. Möglicher Hintergrund ist, dass gerade bei kleinen Anbietern, der Wegfall eines größeren Kunden eine Lücke hinterlassen würde, die nicht schnell zu schließen ist und den Anbieter in wirtschaftliche Bedrängnis führt.

Tipp

Nehmen Sie sich etwas Zeit und prüfen Sie Ihre Fähigkeit zum Nachdenken über sich selbst. Unterstützende Fragen finden Sie in Anhang 1.

2.2 Soziale Kompetenz

Soziale Kompetenzen zählen in unserem täglichen Miteinander zu den entscheidenden Eigenschaften. Dabei sind sie nur schwer zu definieren und zu messen. Im Folgenden wer-

12 Gemeint sind echte Entscheidungen im Sinne der Auswahl aus mehreren Optionen im Gegensatz zur administrativen Bearbeitung anstehender rechtlicher Angelegenheiten.

den Fertigkeiten genannt, die dazu dienen, entsprechend dem betreuungsrechtlichen Auftrag mit der rechtlich betreuten Person, aber auch mit allen anderen Beteiligten zu kommunizieren, zu interagieren und effektiv zu handeln. Effektives Handeln führt zur Erledigung der betreuungsrechtlichen Angelegenheit mit der erwünschten Konsequenz und minimiert unerwünschte Aspekte.

2.2.1 Kommunikationstalent

Kommunikation meint an dieser Stelle eine Begabung für den zwischenmenschlichen Austausch/Übertragung von Informationen. Gemeint sind sowohl der Austausch über das gesprochene Wort (verbale Kommunikation), die Verständigung ohne Worte (nonverbale Kommunikation) und die sprachbegleitenden Aspekte (paraverbale Kommunikation). Im Betreuungsrecht bedarf es des Talents, die Kommunikation angepasst an die Fähigkeiten der rechtlich betreuten Person (adressatengerecht) zu gestalten. Diese Begabung ist die Grundlage für die erforderliche Ausbildung (siehe Abschnitt 5.10 und 5.11).

Kernkompetenz

> Kernkompetenz rechtlicher Betreuer*innen ist die Fähigkeit, mit der von ihnen rechtlich betreuten Personen zu kommunizieren.

Rechtliche Betreuer*innen müssen in der Lage sein, sich der von ihnen rechtlich betreuten Person zuzuwenden, um sie persönlich kennenzulernen. Sie müssen in der Lage sein, mit Personen zu kommunizieren, die von Krankheit und Behinderung betroffen sind und deren Fähigkeiten zur Kommunikation eingeschränkt sein können. Zudem ist eine Arbeitsbeziehung herzustellen und über die Dauer der rechtlichen Betreuung aufrechtzuerhalten. Dies auch dann, wenn das Betreuungsgericht davon ausgeht, dass eine sinngebende Kommunikation nicht möglich ist.

Das erforderliche Kommunikationstalent erstreckt sich dabei nicht nur auf das gesprochene Wort. Je weniger rechtliche Betreuer*innen ihr Handeln auf die Fähigkeit der rechtlich betreuten Personen, Dinge kognitiv zu begreifen, stützen können, desto bedeutsamer wird ihre Fähigkeit, auf die Individualität der rechtlich betreuten Person einzugehen und auf emotionaler Ebene den Willen und die Wünsche der rechtlich betreuten Personen zu erfahren. Es bedarf der Fähigkeit, ein tragfähiges Vertrauensverhältnis zur rechtlich betreuten Person aufzubauen und über längere Zeit durch Höhen und Tiefen zu erhalten.

Kernkompetenz

> Die Kernkompetenz rechtlicher Betreuer*innen ist die Fähigkeit, zur rechtlich betreuten Person ein für die Arbeitsbeziehung tragfähiges Vertrauensverhältnis aufzubauen und über längere Zeit zu erhalten.

2.2.2 Empathie, Echtheit, Wertschätzung und Toleranz

Empathie (Einfühlungsvermögen), Echtheit und Wertschätzung sind die drei Grundpfeiler der Gesprächsführung und bilden zusammen mit der Toleranz die Grundhaltung gegenüber der rechtlich betreuten Person. Sie sind streng genommen Bestandteil des Kommunikationstalents. Über das eigentliche Kommunikationstalent hinaus muss grundsätzlich die Bereitschaft bestehen, sich auf die besondere Erlebniswelt der rechtlich betreuten Person einzulassen. Diese Bereitschaft ist mehr als die Fähigkeit, mit einer gleichgestellten Person kommunizieren zu können. Gefordert ist die Fähigkeit, sich empathisch, echt und wertschätzend auf eine erkrankte/behinderte Person einzulassen. Es geht darum, Menschen Wertschätzung und Toleranz entgegenzubringen, deren Welt sich gänzlich von der eigenen unterscheidet.

Empathie meint die Fähigkeit und Bereitschaft, die rechtlich betreute Person mit all ihren Empfindungen, Emotionen, Gedanken, Motiven und Persönlichkeitsmerkmalen wahrnehmen und damit nachempfinden zu können. Die besondere Fähigkeit rechtlicher Betreuer*innen besteht darin, dies mit ausreichendem Abstand tun zu können, um nicht von den Empfindungen der rechtlich betreuten Person überwältigt zu werden. Dies jedoch mit echter Wertschätzung und ohne dabei das Interesse an der anderen Person heucheln zu müssen. Für den Aufbau der erforderlichen Beziehungen ist entscheidend, dass sich die rechtlich betreute Person darauf verlassen kann, dass der sachliche, aber auch der emotionale Gehalt Ihrer Äußerungen echt sind.

Für den Außenstehenden scheint ein normales Gespräch mit der rechtlich betreuten Person oft nicht möglich zu sein. Vergesslichkeit, die Verzerrung des realen Erlebens, ungeordnete, sprunghafte, weitschweifige Gedankengänge ohne einen realen Bezug, fehlendes Verständnis usw. sind Gegebenheiten, denen rechtliche Betreuer*innen im Kontakt mit rechtlich betreuten Personen täglich begegnen. Hier müssen sie mehr als alle anderen Beteiligten in der Lage sein, mit der rechtlich betreuten Person zu kommunizieren. Voraussetzung ist die eigene Fähigkeit zur Empathie in Verbindung mit den entsprechenden Kenntnissen von den Methoden der Gesprächsführung (siehe Abschnitt 5.10 und 5.11).

Auf die Kommunikation mit der rechtlich betreuten Person angewendet, besteht die erste Aufgabe darin, ihre Sprache kennenzulernen. Ein Schritt zu einer besseren Verständigung ist dann bewältigt, wenn sich rechtliche Betreuer*innen in die Situation der rechtlich betreuten Person hineinversetzen können. Dabei müssen sie in der Lage sein, die eigenen Gefühle in der Situation zu kennen und sich für die Äußerungen der rechtlich betreuten Person zu öffnen, ob sie nun verbal (klar und deutlich) oder verschlüsselt (als Gefühl, über Mimik und Gestik) artikuliert werden.

Der emotionale Gehalt der Äußerungen der rechtlich betreuten Person sollte beachtet werden. Ihre Erlebniswelt ist häufig durch Gefühle der Unsicherheit, Minderwertigkeit, Angst, Scham, Depression, Gleichgültigkeit, Aggression, Sinnlosigkeit usw. gekennzeichnet. Die entsprechenden Äußerungen lassen dennoch ihre Wünsche und ihren Willen erkennen.

Tipp

Bitte beantworten Sie hierzu die Fragen zu 2.2.2 aus dem Anhang 1.

Die Fragen bieten Anhaltspunkte für die Prüfung der eigenen Fähigkeit und Bereitschaft, Gedanken, Emotionen, Motive und Persönlichkeitsmerkmale einer anderen Person zu erkennen und zu verstehen – empathisch zu sein. Überprüfen Sie Ihre Selbsteinschätzung im Gespräch mit Personen, die Sie gut kennen, oder weitergehend im Rahmen (kollegialer) Supervision. Das Ergebnis Ihrer Reflexion kann mit folgender Regel in die Ausarbeitung Ihres Businessplans übernommen werden:

Eckpunkt für Angaben zur Organisationsstruktur

Die gut ausgebildete Fähigkeit zur Empathie in Verbindung mit den entsprechenden Kenntnissen von den Methoden der Gesprächsführung ermöglicht die Übernahme von Betreuungen für Personen mit schweren und schwersten Störungen der Fähigkeit zu kommunizieren.

(Zu den Eckpunkten auch unter Abschnitt 3.13)

2.2.3 Menschenkenntnis; praktische Lebens- und Berufserfahrung

Neben der Empathie und dem angstfreien Umgang sind die Menschenkenntnis, die Lebens- und Berufserfahrung weitere Pfeiler, um die Erlebniswelt der rechtlich betreuten Personen kennenzulernen. Dieser Satz könnte dazu verleiten anzunehmen, dass ein jüngerer Mensch weniger geeignet ist, rechtliche Betreuungen zu führen. Dem ist nicht so.

Menschenkenntnis, Lebens- und Berufserfahrung sind Begriffe, die im Allgemeinen inhaltlich sehr umfassend verstanden und verwendet werden. Im Zusammenhang mit der rechtlichen Berufsbetreuung ist dies zu differenzieren. Gemeint sind die Erfahrungswerte, welche eine mögliche Anknüpfung an die Erlebniswelt der rechtlich betreuten Person ermöglichen.

Tipp

Nehmen Sie sich etwas Zeit, die eigene Lebens- und Berufserfahrung zu reflektieren und zu beschreiben. Unterstützende Fragen finden Sie in Anhang 1.

Anknüpfungspunkte an die Erlebniswelt der rechtlich betreuten Person sind geeignet, den Aufbau einer tragfähigen Arbeitsbeziehung zu unterstützen. Gelingt der Aufbau der Arbeitsbeziehung dauerhaft nur mit viel Mühe und viel Zeitaufwand, kann dies wirtschaftlich nur als Investition in die eigene Erfahrung gesehen werden. Regelmäßig und über einen längeren Zeitraum muss das darin liegende Verlustgeschäft erkannt werden.

Anknüpfungspunkte aus Lebens- und Berufserfahrung sind von besonderer Bedeutung, wenn der emotionale Teil der möglichen Kommunikation beim Aufbau dieser Beziehung im Vordergrund steht. Sie ermöglichen, die aus dem persönlichen Kontakt gewonnenen Eindrücke und Erkenntnisse richtig einzuschätzen. Eine gute Menschenkenntnis trägt dazu bei, die Erlebniswelt der rechtlich betreuten Person besser zu verstehen, ihren individuellen

Willen, ihre Wünsche zu erkennen und zu beurteilen, wie die rechtlich betreute Person selbst entscheiden würde.

Jüngeren rechtlichen Betreuer*innen wird es leichter fallen, die Konsequenzen der dämpfenden Wirkung von Psychopharmaka für eine rechtlich betreute Person zu verstehen. Wie andere Menschen ihres Alters will sie die Nacht auf einer Party verbringen und ihre Zeit nicht durch Medikamente ermüdet im Bett verbringen. Dem Vater wird es leichter fallen, die Sorge der rechtlich betreuten Person um ihre Familie nachzuvollziehen. Rechtlichen Betreuer*innen mit handwerklicher Erfahrung/Ausbildung wird es im Unterschied zum Akademiker leichter fallen, die Sprache des Handwerkers zu verstehen.

Zu beachten ist, dass rechtliche Betreuer*innen jederzeit in der Lage sein müssen, die eigene von der Erlebniswelt der rechtlich betreuten Personen zu unterscheiden. Verschwimmen diese Grenzen, besteht die Gefahr, dass eigene Vorstellungen Einfluss auf den Prozess der Entscheidungsfindung der rechtlich betreuten Person haben.

Eckpunkt für Angaben zur Organisationsstruktur

Bei der Beschreibung des Personenkreises, für den Sie die Übernahme rechtlicher Betreuung vorzugsweise anbieten, sollten die eigenen Lebens- und Berufserfahrungen berücksichtigt werden.

(Zu den Eckpunkten auch unter Abschnitt 3.13)

2.2.4 Situationsbedingtes Auftreten; Rollenbewusstsein; Kooperationsbereitschaft; Konfliktfähigkeit; Frustrationstoleranz; Durchsetzungsvermögen

Situationsbedingtes Auftreten, Rollenbewusstsein, Kooperationsbereitschaft, Konfliktfähigkeit, Frustrationstoleranz und Durchsetzungsvermögen sind Eigenschaften, die rechtliche Betreuer*innen in ihrem Alltag benötigen. Rechtliche Betreuer*innen befinden sich in ständig wechselnden Situationen. Dem Hausbesuch bei der rechtlich betreuten Person folgen der Gerichtstermin und später ein Termin mit dem Pflegedienst oder einem anderen Leistungsanbieter.

Rechtliche Betreuer*innen müssen entsprechend in der Lage sein, ihr Auftreten der jeweiligen Situation und ihrer jeweiligen Rolle anzupassen. Wie in keinem anderen Beruf bewegen sich rechtliche Betreuer*innen durch ständig wechselnde Rollen. Zur rechtlich betreuten Person sind Sie vielleicht Vertrauensperson, Berater, die Person, die für die Finanzen zuständig ist, der Feind, der die rechtlich betreute Person in die Klinik zwingt, oder anderes mehr. Gegenüber Behörden sind Sie die gewünschte Unterstützung bei der Bearbeitung des Verfahrens oder der unbequeme Kunde, der das Budget mehr als notwendig belastet. Im Gerichtssaal sind Sie Zuhörer, Auskunftspflichtiger, Leistungserbringer, Antragsteller, (Konflikt-)Partei etc. Im Verhältnis zu Leistungserbringern sind Sie Auftraggeber, Kontrolleur, Rechnungsempfänger und anderes. Bei dieser Vielzahl unterschiedlicher Rollen gilt es, die eigene Position im Blick zu halten, um sich in der Situation jeweils angemessen verhalten zu können.

Auszuwählen ist nicht nur die passende Kleidung für den jeweiligen Anlass, sondern auch das passende Auftreten. Selbst der Sprachgebrauch kann und muss sich ggf. von einem zum anderen Termin unterscheiden. Wenn sie der geistig behinderten rechtlich betreuten Person noch mit sehr einfachen Worten begegnet sind, erwartet das Gericht in der Anhörung, dass sie die juristische Sprache verstehen und ggf. auch zur rechtlich betreuten Person vermitteln können. Gefordert sind eine hohe Flexibilität und ein hohes Maß an Einfühlungsvermögen für die wechselnden Situationen und Rollen.

Entsprechend der Situation und der jeweiligen Rolle werden Kooperationsbereitschaft, Konfliktfähigkeit, Frustrationstoleranz, Durchsetzungsvermögen verlangt und sind unterschiedlich zu gewichten. Dabei darf die Regelung der rechtlichen Angelegenheiten der rechtlich betreuten Person nicht aus den Augen verloren werden. Die eigenen Befindlichkeiten sind hintenan zu stellen. Stets müssen rechtliche Betreuer*innen zwischen ihrer jeweiligen Rolle, ihrem Auftrag und ihrer eigenen Person unterscheiden können. Wo beispielsweise Behörden, Leistungsanbieter oder andere sich immer wieder aus der Verantwortung ziehen wollen, gilt es, sich immer neu durchzusetzen und nicht frustriert aufzugeben. Gleiches gilt beispielsweise gegenüber rechtlich betreuten Personen, die als Drehtürpatient immer wieder ihre Medikamente weglassen oder ihrer Gesundheit anderweitig schaden. Immer neu sind Sie dann gezwungen, die dadurch bekannte Gefahr durch unpopuläre und unbequeme Maßnahmen abzuwenden.

Tipp

Bitte beantworten Sie hierzu die Fragen zu 2.2.3 aus dem Anhang 1.

2.2.5 Fähigkeit, einvernehmliches Zusammenwirken herzustellen

Rechtliche Betreuer*innen sind mit Befugnissen ausgestattet, die es ihnen ermöglichen, auch gegen den Wunsch und den Willen der rechtlich betreuten Person Maßnahmen zu ergreifen, um die rechtlich betreute Person vor erheblichen Gefahren zu schützen. Dieser als letztes Mittel (Ultima Ratio) einzusetzenden Befugnis ist stets der ernsthafte Versuch, einvernehmliches Zusammenwirken herzustellen, voranzustellen.[13]

Einvernehmliches Zusammenwirken ist erreicht, wenn die rechtlich betreute Person ihren natürlichen Willen, ohne dass unzulässiger Druck ausgeübt worden ist, so ändert, dass die ansonsten konkret drohende erhebliche Gefahr abgewendet wird. Dabei ist es nicht erforderlich, dass die rechtliche betreute Person alle Einzelheiten vollständig verstehen kann. Erforderlich ist das Vertrauen der rechtlich betreuten Person in die Richtigkeit Ihres Handelns als Betreuer*in. Ihr Handeln als Betreuer*in kann auch stillschweigend angenommen wer-

13 Im Gesetz in § 1821 und insbesondere in § 1832 Abs. 1 Nr. 4 BGB sehr deutlich formuliert.

den. Dieser Vorgang entspricht der Lebenspraxis. Jeder von uns akzeptiert von Zeit zu Zeit den Lauf der Dinge oder die Entscheidung durch Dritte, ohne sich aktiv beteiligen zu können oder zu wollen. Abzugrenzen ist das gegen verbale Formen des Überredens, das Ausnutzen der kognitiven Überlegenheit („Plattreden"), Drängen und Drohungen.

Der Prozess des Zustandekommens von einvernehmlichem Zusammenwirken wird überwiegend nicht allein von einer sachlichen Argumentationskette getragen. Vielmehr sind es Aspekte der Beziehung und des gegenseitigen Vertrauens, welche es der rechtlich betreuten Person ermöglichen, auf die Richtigkeit Ihrer Entscheidung und Ihres Handelns als rechtliche*r Betreuer*in zu vertrauen bzw. auf Grund dieses Vertrauens den eigenen natürlichen Willen zu ändern.

Rechtliche Betreuer*innen müssen darauf achten, dass alle so erreichten Ergebnisse den Wünschen und dem Willen der rechtlich betreuten Person entsprechen. Nie dürfen die eigenen oder die Interessen Dritter eine tragende Rolle spielen.

Auch wenn es keiner hören will, kann sich niemand von den eigenen „Überredungskünsten" freisprechen. Betroffene Personen werden überredet, sich einen Katheter setzen zu lassen oder sich dem Tagesablauf im Heim anzupassen. Mit Überredung wird der psychisch Kranke dazu bewegt, „freiwillig" der Einweisung in die geschlossene Station des Krankenhauses zuzustimmen oder Medikamente zu nehmen. All dieses Überreden dient dem „Wohl" der betroffenen Person. Entspricht es aber auch ihrem Wunsch?

Überreden ist möglicherweise die einfachste Methode, schlimmere Eingriffe zu verhindern. Vordergründig wird die Arbeit erleichtert. Überreden heißt aber, den geäußerten Willen der betroffenen Person nicht zu akzeptieren. Die verbale Überlegenheit wird ausgenutzt, um die Entscheidung und Interessen anderer durchzusetzen. Der betroffenen Person wird die Möglichkeit genommen, sich gegen diese Bevormundung zu wehren. Ihr wird teilweise das sonst garantierte Rechtsmittel genommen. Gesetzlich installierte und notwendige Kontrollen werden umgangen. Vertrauensvolle Zusammenarbeit wird auf Dauer unmöglich gemacht.

Aus der Sicht einer die Selbstbestimmung unterstützenden Führung der rechtlichen Betreuung kann Überreden kein Mittel der Arbeit sein. Auch wenn dies bedeutet, dass umständliche Genehmigungsverfahren in Gang zu setzen sind.

Zugegeben, die Grenzen zwischen einvernehmlichem Zusammenwirken und Überreden sind fließend. Gerade hier liegt die Fähigkeit rechtlicher Betreuer*innen, zwischen einvernehmlichem Zusammenwirken, Beeinflussung und Überredung unterscheiden zu können.

Diese Fähigkeit, einvernehmliches Zusammenwirken erreichen zu können, vereint eine Vielzahl der im vorstehenden Text besprochenen Kernkompetenzen. Dennoch ist sie mehr als die Summe der Einzelteile. Umgangssprachlich kann formuliert werden: „Die Chemie muss stimmen."

Tipp

Bitte beantworten Sie hierzu die Fragen zu 2.2.4 aus dem Anhang 1.

2.3 Methodische Kompetenz

Unter methodischen Kompetenzen versteht man die Fähigkeit, bestimmte für Ihre zukünftige Tätigkeit relevante, aber überfachliche Methoden zu beherrschen. Es geht dabei nicht um spezielles fachspezifisches Wissen, sondern um Methoden, die Ihnen helfen, viele unterschiedliche Aufgaben und Probleme besser zu lösen. Mithilfe methodischer Kompetenzen können Sie Ihr Fachwissen im beruflichen Alltag zielgerichtet und effektiv einbringen. Berufsspezifisch sind bestimmte methodische Kompetenzen bedeutsamer als andere. Aus diesem Grund beschränken sich die folgenden Unterpunkte auf die ausgewählten Eigenschaften.

2.3.1 Organisationstalent und Zeitmanagement

Organisationstalent wird in der Wirtschaft beschrieben als die Fähigkeit, Projekte, Aufgaben, Arbeitsabläufe und Termine so zu planen, dass zeitliche und personelle Ressourcen optimal eingesetzt werden. Angewendet auf die Führung rechtliche Betreuungen ergeben sich zwei wesentliche Aspekte. Zunächst geht es um die Fähigkeit, die sich aus dem Einzelfall ergebenden rechtlichen Angelegenheiten zu organisieren. Darüber hinaus geht es darum, dass die nicht fallbezogenen Aufgaben nicht aus dem Auge verloren werden.

Organisationstalent ist eng mit Zeitmanagement verbunden. Zeitmanagement ist nicht gleichbedeutend mit der perfekten Ausnutzung der Zeit, mit dem Drang, Minuten oder gar Sekunden zu sparen. Zeitmanagement soll helfen, Ihre Kräfte zu bündeln, Zeit am Stück zu schaffen, Stress zu vermindern und die gesetzten Ziele zu erreichen. Es sollte ausreichend Raum bieten, spontan, flexibel und, wenn nötig, schnell handeln zu können. Es ist erforderlich, Ihre Tatkraft systematisch auf Wichtiges zu konzentrieren.

Gefragt ist somit die Fähigkeit, die anstehenden Angelegenheiten ihrer Wichtigkeit nach einordnen zu können. Fragen Sie sich selbst! Setzen Sie klare Ziele? Wissen Sie, was Sie erreichen wollen? Wissen Sie, was gerade das Wichtigste ist? Und was als Erstes zu tun ist?

Es bedarf der entsprechenden Disziplin zum Erstellen und Umsetzen des eigenen Zeitmanagements. Sie sollten nicht zuerst das erledigen, was Sie gut können, gerne tun oder was „furchtbar eilig" ist, sondern das Wichtigste auf dem Weg zum Ziel zuerst. Das ist es, was Ihre Tatkraft entfesselt und den „Kunden" von Ihrer Kompetenz überzeugt.

Bausteine des Zeitmanagements sind Ihre Sachkunde (siehe Abschnitt 5), Arbeitsplanung, Jahres-, Monats-, Wochen- und Tagesplanung. Im Rahmen der Arbeitsplanung werden Ziele, Wiedervorlagen und deren Gewichtung definiert. Diese können in eine Jahres-, Monats-, Wochen- und Tagesplanung umgesetzt werden. Wann sind welche rechtlichen Angelegenheiten zu erledigen? Wann und wo sind welche Besprechungen erforderlich? Welche Dokumente, Informationen sind wann, wo, von wem zu beschaffen? Welche Vorlauf- und Bearbeitungszeiten sind zu berücksichtigen? Wo, wann und mit welcher Wichtigkeit kann spontaner Handlungsbedarf entstehen?

Eine gute Organisation schützt vor Selbstausbeutung und berücksichtigt neben der beruflichen Planung gleichermaßen Ihr privates Leben. Es hilft weder den von Ihnen rechtlich betreuten Personen noch Ihnen selbst, wenn Sie die eigene Zufriedenheit auf einen späteren Zeitpunkt (wenn alles gut läuft) vertagen. Sie wollen schließlich lange Jahre in der Lage sein, rechtliche Betreuungen zu führen. Dies wird Ihnen nur gelingen, wenn Sie mit Ihrem beruflichen als auch Ihrem privaten Zeitmanagement zufrieden sind.

Tipp

Bitte beantworten Sie hierzu die Fragen zu 2.3.1 aus dem Anhang 1.

2.3.2 Fähigkeit zur geordneten Büroorganisation, Buch-, Aktenführung unter Beachtung des Datenschutzes

Gleichermaßen eng mit dem Organisationstalent verbunden ist die Fähigkeit zur geordneten Büroorganisation, Buch-, Aktenführung unter Beachtung des Datenschutzes. Chaos in den Aktenschränken, eine uneinheitliche Ablage, unvorbereitete Besprechungen/Termine oder Fehler in der Bürokommunikation können schlimmstenfalls zu völligen Blockaden führen. Eine systematische Büroorganisation, kontrollierte Arbeitsabläufe, ein sinnvolles Ablagesystem und Ordnung in den Dokumenten hingegen fördern nicht nur die Effizienz, sie schaffen auch die Voraussetzung für die erfolgreiche Bearbeitung der rechtlichen Angelegenheiten der von Ihnen rechtlich betreuten Personen. Die Büroarbeit wird damit zur Schlüsselkompetenz in jedem kleinen Unternehmen.

Berufsbetreuer*innen haben für eine geordnete Akten- und Buchführung zu sorgen. Sie haben ihre Arbeit so zu dokumentieren, dass die wesentlichen Vorgänge aus sich heraus verständlich sind und sie der rechtlich betreuten Person, dem Betreuungsgericht und gegebenenfalls Dritten jederzeit Auskunft geben können. Sie haben die organisatorischen Voraussetzungen dafür zu schaffen, dass Sie auch eine größere Zahl von Betreuungen gleichzeitig, pflichtgemäß und effizient führen können. Dazu gehört räumlich die Einrichtung und technische Ausstattung eines Büros. Je mehr rechtliche Betreuungen Sie führen, desto höher muss Ihr Organisationsgrad sein.

Alles, was nicht dokumentiert oder bezeugt ist, hat im Zweifel nicht stattgefunden. Ziel der Dokumentation ist es, Informationen zur späteren Verwendung zum Nachweis des Geschehens auffindbar zu machen.

Der rechtliche Betreuer hat die Regeln rechtsstaatlichen Handelns zu achten. Er hat seine Aufgabe rechtstreu zu erledigen. Sein Handeln muss jederzeit nachvollzogen und überprüft werden können.[14] Die Überprüfbarkeit erstreckt sich auf die Rechtmäßigkeit und darauf, ob das Handeln des rechtlichen Betreuers fachlich sinnvoll war oder ist. Die rechtliche Beurteilung fragt danach, ob es eine Rechtsgrundlage für das Handeln des rechtlichen Betreuers gibt oder gegeben hat.

14 § 1864 Abs. 1 BGB.

Welche Funktion hat die Dokumentation für den rechtlichen Betreuer?

Für den rechtlichen Betreuer ist die Dokumentation Arbeitsmittel und hat folgende Funktionen:

- Im internen Fallgeschehen dient die Dokumentation der eigenen Erinnerung an den bisherigen Verlauf und ist Grundlage für die Planung der zu erledigenden Angelegenheiten. Sie ermöglicht im Vertretungsfall das Anknüpfen an die bisherige Arbeit. Bei einer arbeitsteiligen Büroorganisation ist die Dokumentation unverzichtbar für den internen Informationsfluss.
- Im Betreuungsverfahren dient die Dokumentation der eigenen Erinnerung an das Geschehene und ist damit Grundlage der an das Betreuungsgericht gerichteten Anträge, Mitteilungen, Stellungnahmen und Berichte. Hier sind besonders die bei Ihrem Gericht gängigen Anforderungen an die Dokumentation der persönlichen Kontakte zu berücksichtigen. Das Gesetz hat hierzu geregelt, dass Art, Umfang und Anlass der persönlichen Kontakte zur rechtlich betreuten Person und der persönliche Eindruck von ihr zu berichten sind.[15]
- Im nach außen wirkenden Fallgeschehen dient die Dokumentation dazu, gegenüber anderen Beteiligten den Verlauf der jeweiligen Angelegenheit nachweisen zu können.
- Im Fall der geforderten Rechtfertigung oder Haftung unterstützt die Dokumentation die Abwehr unberechtigter Vorwürfe und Ansprüche.

Tipp

Dokumentation ist sinnvoll.

Woraus ergibt sich die Qualität der Dokumentation?

Den eigentlichen Zweck erfüllt die Dokumentation, wenn sie ordnungsgemäß, vollständig, nachvollziehbar und prüfbar ist. Die qualitative Belastbarkeit ist wichtig, um als Stütze der Rechtfertigung und zur Abwehr unberechtigter Ansprüche an Wert zu gewinnen. Sie wird durch den Schutz vor Veränderung und Verfälschung sowie der Sicherung vor Verlust gestärkt.

Wie und an welcher Stelle wird dokumentiert?

Als Mittel der Dokumentation steht dem rechtlichen Betreuer zunächst die eigene Aktenführung mit den dort hinterlegten Aktennotizen und Dokumenten zur Verfügung. Sie wird ergänzt durch die in die Akte des Betreuungsgerichts oder anderer Behörden eingebrachten Schriftsätze.

Ist der rechtliche Betreuer zur Führung einer Akte verpflichtet?

Im Gesetz ist für den rechtlichen Betreuer die Führung einer Akte nicht normiert. Allgemein wird vom rechtlichen Berufstreuer eine geordnete Aktenführung erwartet und vorausgesetzt. Insoweit sind im Rahmen des Gesprächs zur Feststellung der persönlichen Eignung

15 § 1863 Abs. 3

entsprechende Fragen zu erwarten.[16] Aus dem vorangegangenen Abschnitt ergibt sich zwingend der Sinn einer geordneten Aktenführung.

Grundsätzlich lässt sich diese Fähigkeit gut erlernen. Regelmäßig ist das hierfür benötigte Wissen, wenn überhaupt, dann nur teilweise Bestandteil betreuungsrechtlich relevanter Ausbildungsgänge. Im Rahmen des Sachkundelehrgangs ist für dieses Wissen kein Zeitanteil vorgesehen. Es muss also zusätzlich erworben werden. Voraussetzung ist Lust und Interesse an Buch-, Aktenführung und förmlichem Schriftverkehr.

Gemessen an der Kernaufgabe rechtlicher Betreuer*innen, die in der Kommunikation mit der rechtlich betreuten Person liegt, dürfte Büroorganisation, Buch-, Aktenführung nicht zu Ihrer Lieblingsbeschäftigung gehören. Der rechtliche Betreuer muss die Akte nicht selbst führen. Er kann diese Arbeit an eine abhängig beschäftigte Hilfskraft delegieren. Hier empfiehlt es sich, recht frühzeitig qualifizierte Arbeitskräfte einzustellen, denen die im Büro anfallenden administrativen Aufgaben übertragen werden können (siehe auch Abschnitt 3.13 und 4.3).

Kernkompetenz

> Der rechtliche Berufsbetreuer muss eine Akte ordnungsgemäß, vollständig und nachvollziehbar führen können.

Die fehlende (gesetzliche) Pflicht zur Aktenführung hat nicht zur Konsequenz, dass der rechtliche Betreuer nach eigenem Ermessen mit ihm zugehenden Schriftstücken verfahren kann. Ihm zugegangene Schriftstücke von Behörden, Vertragspartnern oder anderen Beteiligten erhält der rechtliche Betreuer nicht zu seinem Eigentum, sondern nur in seiner Funktion. Sie verbleiben im Eigentum der rechtlich betreuten Person. Ein großer Teil der Akte ist somit als Eigentum der rechtlich betreuten Person zu erkennen und entsprechend sorgfältig zu behandeln.

Was ist eine Akte?

Akten sind geordnete Zusammenstellungen von Schriftgut zu einem Sachverhalt. Sie können in Papierform oder/und in elektronischer Form vorliegen. Wichtig ist, in dem immer größer werdenden Aktenberg die benötigte Information oder das abgelegte Dokument schnell wiederfinden zu können. Für eine übersichtliche Aktenführung wird ausreichend Platz benötigt. Aktenschränke oder Regale sollten gut zugänglich sein und sich direkt am Arbeitsplatz befinden. Der Platzbedarf sollte nicht unterschätzt werden. Oft werden die Betreuungen über Jahre geführt. In dieser Zeit können sich viele Ordner ansammeln.

Ist das papierlose Büro möglich?

Nicht als voller Ersatz, aber zur Entlastung der Papierakte bietet sich die elektronische Aktenführung an. Dafür werden alle Bestandteile der Akte elektronisch gespeichert – erforderlich ist das Einscannen aller Papierdokumente –, sodass eine vollständige digitale Akte entsteht. Die verbleibende Papierakte hat die Funktion, Dokumente (Verträge, Versiche-

---

16 § 24 BtOG i.V.m. § 12 BtRegV

rungspolice, Urkunden etc.) aufzubewahren, die im späteren Verlauf im Original benötigt werden könnten.

Diese Form der Aktenführung reduziert den erforderlichen Platzbedarf erheblich, doch selbst bei elektronischer Aktenführung benötigt die verbleibende Papierakte Platz. Als Faustregel wird der vollzeitbeschäftigte rechtliche Berufsbetreuer für die Akten der von ihm rechtlich betreuten Personen den Platz für ca. 120 Ordner vorhalten müssen. Ohne elektronische Aktenführung muss mit einem Vielfachen des Platzbedarfs gerechnet werden.

Die elektronische Aktenführung ermöglicht die Übermittlung der Dokumente auf gesichertem elektronischem Weg (siehe Abschnitt 2.3.4).

Betreuungsrechtliche Software oder Softwarelösungen aus dem Bereich Dokumentenmanagement versuchen bei der elektronischen Archivierung zu unterstützen und die Anzahl der Papier-Dokumente im Büro zu reduzieren. Sie bieten auch die benötigte Funktionalität für das einfache Einscannen und Ablegen in einer klar definierten Verzeichnisstruktur im Dateimanager.

Was mache ich mit dem nicht mehr benötigten Papier?

Die Eigentumsrechte an Dokumenten wurden bereits weiter oben geschildert. Nicht mehr benötigte Schriftstücke sind solche, die auf elektronischem Weg erfasst und gesichert worden sind. Das Original besitzt keinen weitergehenden Wert. Dennoch handelt es sich um das Eigentum der rechtlich betreuten Person. Entsprechend hat als Erstes die rechtlich betreute Person über die Verwendung zu entscheiden. Die Schriftstücke können ihr zur freien Verwendung übergeben werden. Sie kann auch bestimmen, dass die Schriftstücke an eine Person ihres Vertrauens übergeben oder vernichtet werden. Vom rechtlichen Betreuer kann nicht erwartet werden, dass er Eigentum der rechtlich betreuten Person auf eigene Kosten und auf eigenes Risiko aufbewahrt.

Darf die rechtlich betreute Person die vom rechtlichen Betreuer geführte Handakte einsehen?

Soweit sich das Begehren zur Einsicht auf das Eigentum der rechtlich betreuten Person bezieht, kann dieses nur verwehrt werden, wenn mit der Einsicht eine erhebliche Gefahr für die Gesundheit oder das Vermögen der rechtlich betreuten Person verbunden wäre.

Müssen Dokumente, denen ein Wert beizumessen ist, an die rechtlich betreute Person herausgegeben werden, wenn diese es verlangt?

Ist die rechtlich betreute Person geschäftsfähig und bestehen keine Einwilligungsvorbehalte, hat sie vollen Zugriff auf ihr Eigentum.

Wie kann die Akte strukturiert werden?

Vor der Auswahl des Systems zur Archivierung sollten einige Überlegungen zur Struktur einer Akte stehen. Grundsätzlich sind die Akten der jeweiligen rechtlich betreuten Person getrennt voneinander zu halten.

Die Vergabe eines eigenen Aktenzeichens ist nicht unbedingt erforderlich, wird aber im allgemeinen Geschäftsverkehr gerne verwendet. Es hilft beim Schriftwechsel, unmissverständlich deutlich zu machen, dass der rechtliche Betreuer nicht in eigenem Namen, sondern in fremder Sache und in Ausübung seines Amtes handelt.

Die Gliederung der Akten sollte für alle rechtlich betreuten Personen gleich, übersichtlich und leicht verständlich sein. Wichtig ist, dass sich nicht nur der rechtliche Betreuer selbst in der Akte zurechtfindet, sondern auch seine Hilfskräfte, Vertreter*in und, nach dem Ende der rechtlichen Betreuung, die bis dahin rechtlich betreute Person beziehungsweise der Rechtsnachfolger.

Wenig bewährt hat sich eine ausschließlich nach dem Datum des Eingangs sortierte Akte. Diese Gliederung ist nur sinnvoll, wenn nicht zu viele Angelegenheiten nebeneinander bearbeitet werden müssen. Bewährt hat sich dagegen eine Aufteilung nach Themen, wobei es teilweise sinnvoll ist, einzelne Themen weiter zu untergliedern. Die Themen können zweckmäßig durch ein farbiges Register voneinander getrennt werden. Bei einer einheitlichen Zuordnung der Themen zu einer bestimmten Farbe ist die Gliederung der Akte auf den ersten Blick zu erkennen.

Als übergeordnete Themen bieten sich an:

- **Allgemeiner Teil**

  Hier werden alle Dokumente nach dem Datum des Eingangs abgelegt, die nicht einem der anderen Themen zugeordnet werden können.

- **Betreuungsrechtlicher Teil**

  Hier findet sich der betreuungsrechtliche Schriftwechsel.

Ein Deckblatt mit dem Datum wichtiger Beschlüsse oder Gutachten erleichtert deren Auffinden. Es empfiehlt sich, den vergütungsrechtlichen Schriftwechsel getrennt aufzubewahren. Die Akte wird sonst sehr schnell umfangreich und das Auffinden anderer Dokumente unnötig erschwert. Dieser Teil gehört nicht zum Eigentum der rechtlich betreuten Person.

- **Gesundheit**

  Hier finden sich Gutachten, medizinische Befundberichte, Patientenverfügung etc.

- **Finanzverwaltung**

  Jedes Konto sollte für sich geordnet werden.

- **Wohnen**

  Hier finden sich Miet- oder Heimvertrag, die Dokumente zum Hauseigentum, Verträge und Abrechnungen zu den Nebenkosten, der Energieversorgung und Ähnliches.

- **Versicherungen**

  Auch hier hat sich die separate Führung jeder Versicherung bewährt. Falls dies nicht möglich ist, empfiehlt sich eine Trennung nach der jeweiligen Versicherungsgesellschaft.

- **Schulden**

  Das Bestehen einer einzelnen Zahlungsverpflichtung ist eher die Ausnahme. Aus der Praxis sind Zahlungsverpflichtungen gegenüber bis zu 150 Gläubigern bekannt. Um hier die Übersicht zu behalten, ist getrennte Führung jeder einzelnen Zahlungsverpflichtung erforderlich. Schon dies ist angesichts der Praxis der Gläubiger, Forderungen zu verkaufen, nicht einfach. Die einzelnen Verpflichtungen können nummeriert und in einer Liste übersichtlich geführt werden.

Weitere Gliederungspunkte ergeben sich aus den Besonderheiten des Einzelfalls. Viele Angelegenheiten passen nicht nur zu einem Thema. Die Kapitallebensversicherung zum Beispiel kann entweder im Rahmen der Finanzverwaltung als Konto geführt werden oder sie befindet sich bei den Versicherungen. Hier kommt es darauf an, fallübergreifend eine einheitliche Struktur beizubehalten.

Wie lange müssen Akten aufbewahrt werden?

Hierzu gibt es keine eindeutige gesetzliche Regelung. Im Regelfall wird eine Aufbewahrungsfrist von zehn Jahren nach Beendigung der Betreuung empfohlen. Die 10-Jahres-Frist sorgt für Rechtssicherheit bei eventuellen Schadensersatzansprüchen aus Vermögensschäden. Eine verlängerte Aufbewahrungsfrist von 30 Jahren wird empfohlen, wenn Schadensersatzansprüche auf der Verletzung des Lebens, Körpers, der Gesundheit oder Freiheit beruhen, z.B. durch die Einwilligung in ärztliche Maßnahmen. Die Frist beginnt erst mit dem auf das Ende der Betreuung folgenden Jahr zu laufen.

Tipp

Bitte beantworten Sie hierzu die Fragen zu 2.3.2 aus dem Anhang 1.

2.3.3 Fähigkeit zum förmlichen und elektronischen Schriftverkehr mit Justiz und Behörden unter Beachtung des Datenschutzes

Förmlicher Schriftverkehr

Der rechtliche Betreuer vertritt die Interessen der rechtlich betreuten Person vor allem gegenüber Behörden und Personen, die am Geschäftsverkehr teilnehmen. Um dies professionell und effektiv wahrzunehmen, ist eine gewisse Förmlichkeit und Dokumentation notwendig und hilfreich.

Deshalb sollten Bearbeitungs- oder Aktenzeichen, Rechnungs- und Kundennummern möglichst genannt werden, wenn Antworten erstellt werden. Aus dem Text oder Bezug sollte auch der konkrete Anknüpfungspunkt ersichtlich sein.

Beispiel:

Schreiben vom … Telefonat/Mail vom … Ihr Zeichen …

Sehr oft spielen Fristen eine wichtige Rolle. Erfahrene Praktiker*innen nennen daher oft das Eingangsdatum oder das Datum der Abgabe zur Post. Bis bei einer Behörde ein Schreiben postfertig ist, vergehen einige Tage, es kann aber auch eine Woche oder mehr sein.

Zur Post geht das Schreiben aber mit dem ursprünglichen Datum. Deshalb gehören Briefumschläge von Behörden in die Akten und dürfen nicht achtlos weggeworfen werden. Aus Kostengründen wird Behördenpost oft von besonderen Dienstleistern zugestellt. Oft erhält hier der billigste Anbieter den Zuschlag. Postlaufzeiten von einer Woche und mehr sind keine Seltenheit. Die gesetzlichen Vorschriften wurden auf diese Änderungen aber nicht angepasst. Hier gilt weiterhin die Vermutung, dass ein Schreiben nach drei Tagen eingegangen ist.

Im Schriftverkehr reagiert man darauf beispielsweise mit Passagen wie

Beispiel:

„Ihr Schreiben vom 2.3., zur Post gegeben am 15.3., eingegangen am 29.3."

Damit ist sofort klar, dass die Verzögerung nicht bei Ihnen lag. Antworten Sie relativ schnell, etwa am 4.4., ist das nicht für jeden erkennbar. Lesen die Rechtspfleger*innen am Betreuungsgericht später in der Akte, dass Sie als Betreuer*in in einer dringenden Angelegenheit (des Sozialamtes, der Finanzbehörden etc.) auf ein Schreiben vom 2.3. erst nach mehr als einem Monat mit Schreiben vom 4.4. geantwortet haben, entsteht ein falscher Eindruck. Diese Förmlichkeiten sind keine Belastung für Sie, sondern weisen Ihre Professionalität aus und erleichtern Ihnen letztlich die Arbeit.

Zum förmlichen Schriftverkehr gehört aber auch der Umgang mit Telefonaten und vor allem Mails. Telefonnotizen hat man im professionellen Geschäftsgang schon immer gemacht. Noch wichtiger ist heute aber der Mailverkehr. Wir verlassen uns zwar täglich auf die Kommunikation über Mails, sie sind aber für einen förmlichen Schriftverkehr kein sicheres Übertragungsmedium. Netzüberlastungen können zu Verzögerungen führen, Mails können im Spamordner landen oder werden gelöscht. Eine Lesebestätigung sollte daher standardmäßig angefordert werden. Außerdem muss auch der Mailverkehr archiviert werden. Schließlich ist in rechtlicher Hinsicht nicht immer nachweisbar, wer tatsächlich eine bestimmte Mail versandt hat. Deshalb wurde für den elektronischen Rechtsverkehr auch ein besonderes Mailsystem mit geprüftem Absender eingerichtet.

Elektronischer Rechtsverkehr

Bereits 2013 hat der Gesetzgeber beschlossen, dass alle Rechtsanwälte und Behörden ab 1.1.2022 nur noch elektronisch am Rechtsverkehr teilnehmen dürfen. Dies sieht § 130d ZPO zwingend vor. Diese Vorschrift ist aber eine Einbahnstraße. Denn die Gerichte müssen zwingend erst ab dem 1.2.2026 auf digitale Formen (Aktenführung und Übermittlungen etc.) umgestellt haben. Bis dahin drucken viele Gerichte die Dateien noch für die Papierakten aus und verschicken Ihre Schreiben noch mit der Briefpost. Der Digitalisierungsstand ist in den Gerichtszweigen unterschiedlich. Fachgerichte wie Verwaltungs-, Arbeits- und Sozialgerichte haben in vielen Bundesländern schon auf digitale Akten umgestellt. Die Zivilgerichte (und damit auch die für das Betreuungsrecht vor allem zuständigen Amtsgerichte) bilden das Schlusslicht. In Nordrhein-Westfalen läuft die Umstellung der Zivilgerichte schon im Jahr 2022 in großem Maß an, andere Bundesländer sind noch in Pilotphasen. Ab 2023 wird man davon ausgehen können, dass auch in der Zivilgerichtsbarkeit schon vielfach auf elektronischen Rechtsverkehr umgestellt ist.

Das erste Gesetz aus dem Jahr 2013[17] enthielt aber noch keine Regelung für Sachverständige, Gerichtsvollzieher, Steuerberater, Insolvenzverwalter und Betreuer. Diese Lücke wurde erst spät geschlossen durch das Gesetz zum Ausbau des elektronischen Rechtsverkehrs mit den Gerichten und zur Änderung weiterer prozessrechtlicher Vorschriften vom 5. Oktober 2021.[18] Mit diesem Gesetz wurde ein so genanntes elektronisches Bürger- und Organisationenpostfach, kurz eBO, eingeführt. Geregelt wird dies in § 10 der ERVV (Elektronischer-Rechtsverkehr-Verordnung).[19] Für rechtliche Betreuer*innen wurde das eBO auf dem Papier zum 1.1.2022 zur freiwilligen Nutzung (Pflicht ab 2026) eingeführt. Aber erst im Sommer 2022 verständigten sich die Bundesländer auf die notwendigen technischen Anforderungen. Zum Ende des Jahres 2022 ist das eBO dann tatsächlich verfügbar gewesen.

Man benötigt für das eBO – wie für das besondere elektronische Anwaltspostfach beA – ein Kartenlesegerät, eine Signaturkarte und einen Internetzugang sowie bestimmte (kostenfreie) Programme zur Kommunikation. Wer bereits Lesegeräte für den elektronischen Personalausweis benutzt, kann diese vielfach auch für eBO weiterbenutzen. Für die Einrichtung eines eBO wird die Identität des Postfachinhabers geprüft. Wenn man sich in sein eBO einwählt, müssen zum Versand von Nachrichten einige Felder ausgefüllt werden (Adressat, Aktenzeichen etc.), dann können Dateien hochgeladen, elektronisch signiert und versandt werden.

Arbeiten Betreuer*innen mit Fachprogrammen, ist die Freischaltung eine eBO-Moduls meistens kostenpflichtig. Das Fachprogramm füllt dann die Adressfelder aus, vereinfacht den Versand. Die Benutzung eines Fachprogramms ist damit hilfreich, aber nicht zwingend notwendig.

Datenschutz

Seit dem 25.5.2018 ist das nationale Datenschutzrecht durch EU-Recht abgelöst worden. Es gilt in der EU die Datenschutzgrundverordnung. Sie führt die Grundzüge des bisherigen Rechts fort, erweitert einige Verpflichtungen und enthält stärkere Sanktion bei Verstößen als im früheren Recht. Die Datenschutzgrundverordnung gilt auch für Behörden und Betreuer.

Für die Verarbeitung personenbezogener Daten gilt ein Verbot mit Erlaubnisvorbehalt.[20] Unternehmen dürfen dies etwa, wenn der Betroffenen einwilligt oder die Verarbeitung zur Vertragserfüllung notwendig ist.[21] Der Betreuer handelt vornehmlich in Erfüllung einer

17 Gesetz zur Förderung des elektronischen Rechtsverkehrs mit den Gerichten vom 10.10.2013, BGBl. I, S. 3786

18 BGBl. I 2021, S. 4607 v. 11.10.2021; vgl. zum Regierungsentwurf BT-Drucks. 19/28399 v. 13.4.2021, zur Beschlussempfehlung des Rechtsausschusses BT-Drucks. 19/30937 v. 22.6.2021 sowie zum Ausschussbericht BT-Drucks. 19/31119 v. 23.6.2021

19 Verordnung über die technischen Rahmenbedingungen des elektronischen Rechtsverkehrs und über das besondere elektronische Behördenpostfach, zuletzt geändert durch Art. 6 G. v. 5.10.2021, BGBl I, S. 4607

20 Art. 6, 9 DSGVO

21 Art. 1 Abs. 1 lit. a und b DSGVO

rechtlichen Verpflichtung[22], in Betracht kommt aber auch in bestimmten Fällen die Wahrnehmung einer Aufgabe im öffentlichen Interesse bzw. in Ausübung öffentlicher Gewalt[23] oder zum Schutz lebenswichtiger Interessen der betroffenen Person[24]. Die Verarbeitung personenbezogener Daten durch den Betreuer bedarf daher im Rahmen seiner Aufgabenwahrnehmung nicht der Einwilligung.[25]

Die rechtlichen Verpflichtungen von Betreuern bestimmen sich ab 1.1.2023 vor allem nach dem Betreuungsorganisationsgesetz. Darin sind neben einzelnen Aufgaben insbesondere auch datenschutzrechtliche Spezialregelungen enthalten. Die Verarbeitung personenbezogener Daten wird für Behörden in § 4 BtOG, für Betreuungsverein in § 18 BtOG und für Berufsbetreuer in § 20 BtOG besonders geregelt. Die Kernvorschrift des § 20 Abs. 1 BtOG lautet:

> „Die Verarbeitung personenbezogener Daten einschließlich besonderer Kategorien personenbezogener Daten nach Artikel 9 der Verordnung (EU) 2016/679 durch den Betreuer ist zulässig, soweit sie zur Erfüllung seiner Aufgaben nach den §§ 1814 bis 1881 des Bürgerlichen Gesetzbuches erforderlich ist."

Die für diesen Zweck erforderlichen Daten sind grundsätzlich bei der betroffenen Person zu erheben. Ohne ihre Mitwirkung dürfen sie nur erhoben werden, wenn keine Anhaltspunkte dafür bestehen, dass überwiegende schutzwürdige Interessen der betroffenen Person beeinträchtigt werden und die von dem Betreuer zu erfüllenden Aufgaben ihrer Art nach eine Erhebung bei Dritten erforderlich machen oder die Erhebung bei der betroffenen Person einen unverhältnismäßigen Aufwand erfordern würde.[26]

Neben dem Verbot mit Erlaubnisvorbehalt ist Art. 13 DSGVO eine weitere Kernvorschrift, die bei der Verarbeitung personenbezogener Daten eine Pflicht zur Information des Betroffenen auslöst und ein Auskunftsrecht gewährt. Werden die personenbezogenen Daten nicht bei dem Betroffenen selbst erhoben, gibt es besondere Informationspflichten.[27] Für Betreuer gibt es von dieser grundsätzlichen Pflicht Ausnahmen.[28] Danach besteht die Pflicht zur Information der betroffenen Person[29] in genannten Ausnahmen nicht, soweit die Erteilung der Information die ordnungsgemäße Erfüllung der dem Betreuer obliegenden Aufgaben gefährden würde oder soweit zum Schutz der betroffenen Person ein Absehen von der Informationserteilung erforderlich ist, was insbesondere dann der Fall ist, wenn hiervon erhebliche Nachteile für ihre Gesundheit zu besorgen sind oder die betroffene Person aufgrund einer Krankheit oder Behinderung offensichtlich nicht in der Lage ist, die Informationen zur Kenntnis zu nehmen.

---

22 Art. 1 Abs. 1 lit. c DSGVO
23 Art. 1 Abs. 1 lit. e DSGVO
24 Art. 1 Abs. 1 lit. d DSGVO
25 AG Altötting, Beschl. v. 4.6.2018 – XVII 0266/05, BtPrax 2018, 241 = FamRZ 2018, 1696; AG Bochum, Beschl. v. 11.3.2019 – 65 C 485/18, FamRZ 2019, 1182, AG Altötting, Beschl. v. 9.9.2019 – 401 XVII 0178/92, ZD 2020, 258
26 Verweis in § 20 Abs. 2 BtOG auf § 4 Abs. 1 Satz 2 und 3 BtOG
27 Nach Art. 14 GSGVO
28 Verweis in § 20 Abs. 2 auf § 4 Abs 2 BtOG
29 Gemäß Art. 13 Abs. 1 bis 3 und Art. 14 Abs. 1, 2 und 4 GSGVO ergänzend zu den Art. 13 Abs. 4 und Art. 14 Abs. 5 DSGVO

Für den rechtlichen Betreuer besteht keine Pflicht zur Bestellung eines Datenschutzbeauftragten. Eine solche Verpflichtung besteht nur, wenn der Verantwortliche einen Auftragsdatenverarbeiter nach Art. 37 DSGVO einschaltet oder in erheblichem Umfang besonders geschützte Daten nach Art. 9, 35 DSGVO verarbeitet. Rechtliche Betreuer arbeiten zwar zwangsläufig mit besonders geschützten (Gesundheits-)Daten, sie beschäftigen mit dieser Bearbeitung aber nicht mehr als 20 Personen (§ 38 BDSG). Deshalb muss kein Datenschutzbeauftragter bestellt werden.

Tipp

Bitte beantworten Sie hierzu die Fragen zu 2.3.3 aus dem Anhang 1.

2.3.4 Umgang mit Medien

Digitale Medien sind aus unserer Welt nicht mehr wegzudenken. Auch für rechtliche Betreuer*innen bestimmen sie einen Teil des Arbeitsalltags. Dabei geht es in erster Linie nicht um büroorganisatorische Aspekte, sondern um die digitale Kommunikation mit den rechtlich betreuten Personen und anderen Beteiligten.

Elektronische Medien und dabei insbesondere die Nutzung sozialer Netzwerke bietet Raum für Anonymität, hinter der sich manch einer versteckt und glaubt, jede gute Kinderstube vergessen zu können. Auch rechtliche Betreuer*innen sehen sich gelegentlich „Hasskommentaren" und Ähnlichem ausgesetzt. Aus dieser Erkenntnis den Schluss zu ziehen, soziale Medien und Ähnliches nicht zu nutzen, reduziert einen großen Teil möglicher Kommunikation mit rechtlich betreuten Personen. Personen, die der Schriftform nicht so mächtig sind, nutzen gerne Soziale Medien zur Kommunikation durch Sprach-, Bild- oder Videonachrichten.

Die reflektierte und bewusste Nutzung spielt eine wichtige Rolle. Medien sind im beruflichen Alltag zweckorientiert und verantwortungsvoll zu nutzen. Soweit es möglich ist und um Missverständnissen und Unstimmigkeiten vorzubeugen, sollten Regeln für die Nutzung besprochen werden.

Grundsätzlich und bei allen Unstimmigkeiten gilt respektvoller Umgang. Der gegenseitige Respekt muss über allem stehen.

Beispiel:

Zur Reflexion ist eine einfache Frage oft hilfreich: „Wie würde ich reagieren, wenn mir jemand so etwas senden würde?"

Es sollte von Beginn an deutlich sein, dass an Sie gerichtete Nachrichten nicht einer Geheimhaltung oder Privatheit unterliegen und zu Dokumentationszwecken aufbewahrt werden. Schon dieser Hinweis kann die eine oder andere „Entgleisung" verhindern.

Steht dem rechtlichen Betreuer ein Zeugnisverweigerungsrecht zu?

*Rechtliche Betreuer*innen unterliegen nicht der Schweigepflicht und besitzt auch keine Zeugnisverweigerungsrechte.*[30] *Dies gilt auch dann, wenn Sie beispielsweise über eine abgeschlossene Ausbildung als Sozialarbeiter*in verfügen. Die Ihnen im Rahmen Ihres Amtes anvertrauten Daten und Geheimnisse werden Ihnen nicht im Rahmen der erlernten Ausbildung, z.B. als Sozialarbeiter, anvertraut. Entsprechend können sich rechtliche Betreuer*innen nicht auf das Zeugnisverweigerungsrecht berufen und müssen dem Betreuungsgericht alle relevanten Informationen weitergeben. Gleichermaßen müssen Sie beispielsweise in Strafverfahren ggf. auch gegen die rechtlich betreute Person als Zeuge aussagen.*

Sie sollten stets mit Bedacht formulieren und Stimmungen nur dort zum Ausdruck bringen, wo sichergestellt ist, dass die Nachricht auch so verstanden wird, wie sie vom Absender gemeint ist. Worte komplett in Großbuchstaben beispielsweise bedeuten online, dass die Nachricht geschrien wird. Zu viele Ausrufezeichen haben auch ihre Tücken.

Tipp

Im Zweifelsfall erst selbst laut lesen und erst dann auf „Senden" klicken.

Die Führung einer rechtlichen Betreuung ist ein öffentliches Amt, entsprechend sind Rechtschreibung und Grammatik Aushängeschilder. Für die „Generation WhatsApp" sind Abkürzungen und Vereinfachungen obligatorisch. Nachrichten mit Anrede und ganzen Sätzen sind da die Seltenheit. Im betreuungsrechtlichen Kontext ist allerdings von derartigen Verkürzungen abzuraten.

Dagegen sind ankommende Nachrichten mit Nachsicht zu behandeln. Nicht jeder, der online interagiert, kann sich auch entsprechend verständlich ausdrücken. Mancher Sinn einer Sprachnachricht erschließt sich erst nach mehrmaligem Anhören und/oder der Kenntnis des Zusammenhangs. Nachsicht und Geduld mit dem Gegenüber entschärfen viele Situationen.

Wer sich in einer schnell wandelnden Medienkultur nicht auf Änderungen und Neuerungen einlassen kann, wird schnell an Grenzen stoßen. Erforderlich ist Offenheit gegenüber Veränderungen im Zeitalter der Digitalisierung.

Tipp

Bitte beantworten Sie hierzu die Fragen zu 2.3.4 aus dem Anhang 1.

30 Gemäß § 203 StGB

2.3.5 Lernbereitschaft

Lernbereitschaft bedeutet, sich auf Neues zu freuen und dazulernen zu wollen. Dabei geht es nicht nur darum, mit modernen Trends und Tendenzen Schritt halten zu können. Vielmehr ist die tägliche Arbeit bei der Führung rechtlicher Betreuungen durch ständig andere, neue Situationen gekennzeichnet. Kein „Fall" gleicht dem anderen. Lernbereitschaft ist eine wesentliche Voraussetzung für die Bearbeitung immer anderer rechtlicher Angelegenheiten der rechtlich betreuten Personen. Zudem sind die erworbenen Fähigkeiten und Kenntnisse stetig zu trainieren und weiterzuentwickeln. Dies bezieht sich insbesondere auf das Training der kommunikativen Fähigkeiten und die Selbstreflexion bezüglich der Führung der rechtlichen Betreuung im Sinne des Gesetzes.[31]

Das Lernen ist selbst zu organisieren und zu finanzieren. Berufliche rechtliche Betreuer*innen stellen in eigener Verantwortung ihre regelmäßige berufsbezogene Fortbildung sicher. Nachweise über die erfolgte Fortbildung sind der Stammbehörde vorzulegen.[32] Die im Gesetz fehlende Konkretisierung über Art und Umfang der zu leistenden berufsbezogenen Fortbildung darf nicht dazu verführen, den dafür erforderlichen Aufwand einsparen zu wollen. Die im Gesetz fehlende Konkretisierung bietet die Möglichkeit, die eigene Fortbildung passgenau auf die eigenen Bedürfnisse auszurichten.

Tipp

Bitte beantworten Sie hierzu die Fragen zu 2.3.5 aus dem Anhang 1.

2.3.6 Berufsethische Selbstverpflichtung

Über die Lernbereitschaft hinausgehend bedarf es einer berufsethischen Selbstverpflichtung.

Das Handeln jeder Person basiert auf ihren Werten und Prinzipien. Rechtliche Betreuer*innen agieren als Vertrauensperson von Gesellschaft und Staat. Ihr Auftrag dient der Unterstützung und Herstellung der rechtlichen Teilhabe volljähriger, kranker und behinderter Personen gemäß deren Willen und Wünschen.[33]

Regelmäßig sind rechtliche Betreuer*innen durch ihre kognitive Überlegenheit fähig, auf das Verhalten und Denken der rechtlich betreuten Person einzuwirken. Es gibt damit die Möglichkeit, den Willen und die Wünsche der rechtlich betreuten Personen zu verbiegen, zu definieren oder gar zu übergehen. Die Aufsicht der Betreuungsgerichte soll helfen, Fehlverhalten zu verhindern. So effektiv diese Kontrolle auch sein mag, ersetzt sie nicht die eigene moralische Integrität sowie eine eigene berufsethische Selbstverpflichtung.

31 Entsprechend § 1821 BGB
32 § 29 BtOG
33 § 1821 BGB.

Eckpunkte für das Gespräch zur Feststellung der persönlichen Eignung im Registrierungsverfahren

Voraussetzung für eine Registrierung ist eine klare dem Gesetz entsprechende berufsethische Grundhaltung.

Grundlagen der berufsethischen Selbstverpflichtung sind das dem Gesetz zugrunde liegende Menschenbild, die Individualität der rechtlich zu betreuenden Person und der im Betreuungsrecht definierte Auftrag.

Das Menschenbild des Grundgesetzes kann beschrieben werden im Spannungsfeld zwischen der Unantastbarkeit der Würde des Menschen[34] sowie der Achtung der Rechte anderer, der verfassungsmäßigen Ordnung und der Sittengesetze[35]. Die Handlungsfreiheit des Einzelnen wird durch die vom Gesetzgeber zur Pflege und Förderung des sozialen Zusammenlebens definierten Grenzen beschränkt.

Das Menschenbild unterliegt einer stetigen Entwicklung. Im Betreuungsrecht lebt es im Spannungsfeld zwischen dem Willen, dem Wunsch und dem Schutz vor erheblicher Gefährdung.[36] Rechtliche Betreuer*innen haben dieses Menschenbild zu achten und die rechtlich betreute Person mit dem daraus abgeleiteten Respekt zu behandeln.

Merksatz

Ausgeschlossen sind insbesondere verbale Formen der Überredung, das Ausnutzen der kognitiven Überlegenheit (Plattreden), Drängen und Drohungen.[37]

Dieser Grundhaltung zu entsprechen, ist nicht immer leicht. Insbesondere wenn es darum geht, die Ihnen von der rechtlich betreuten Person entgegengebrachten „Marotten", Ungerechtigkeiten, Anfeindungen, Beleidigungen und anderes auszuhalten, bedarf es besonderer Stärke, im eigenen Denken den erforderlichen Respekt zu erhalten.

Rechtliche Betreuer*innen haben die persönliche Freiheit und das Recht zur Selbstbestimmung ungeachtet der Personenmerkmale wie zum Beispiel des Aussehens der rechtlich zu betreuenden Person, ihrer Religion, ihrer Nationalität, ihres Geschlechts, ihrer Herkunft oder ihrer politischen Gesinnung zu achten. Nicht jeder kann mit jedem. Die eigene Religiosität kann die Übernahme einer Betreuung für eine Person mit gegenläufigen Ansichten ausschließen. Beispielsweise wird nicht jeder die Verantwortung für eine Abtreibung mittragen wollen. Es obliegt Ihnen, das Betreuungsgericht über vorhandene unüberwindliche Hindernisse zu informieren.

34 Artikel 1 GG
35 Artikel 2 GG
36 § 1821 BGB
37 BVerfG, Beschl. v. 23.3.2011 – 2 BvR 882/09, BtPrax 2011, 112

Eckpunkte für die Angaben zur Organisationsstruktur

Im Rahmen der Mitteilung zur Organisationsstruktur[38] sollten, soweit vorhanden, Personenmerkmale beschrieben werden, welche für Sie Ausschlusskriterium für die Übernahme einer rechtlichen Betreuung darstellen.

Im Rahmen Ihrer Amtsführung hat Ihr Handeln weitreichende Konsequenzen für die Lebenslage und Lebensqualität der rechtlich betreuten Personen. Grundlegende Fragen hinsichtlich Behinderung, Krankheit und Schmerzen, im Extremfall sogar mit existenziellen Entscheidungen über Leben und Tod, sind zu beantworten. Will/Soll die betreute Person ihr gewohntes Leben aufgeben und in ein Heim umziehen? Welcher der angebotenen medizinischen Behandlungsmethoden ist der Vorzug einzuräumen?

Die betreuungsrechtliche Hilfe erstreckt sich dabei auch auf rechtliche Angelegenheiten, die von der rechtlich betreuten Person teilweise oder in vollem Umfang nicht verstanden werden. Entsprechend eingeschränkt ist die rechtlich betreute Person in der Lage, mitzuwirken oder gar Ihr Handeln zu legitimieren. Die Handlungs- und Wahlmöglichkeiten der rechtlich betreuten Person sind beschränkt. Erschwerend kann das Fehlen eindeutiger oder objektiver juristischer, medizinischer, psychologischer oder sozialer Kriterien hinzukommen. Als letzte Entscheidungshilfen verbleiben dann die moralischen Werte und Normen der rechtlich betreuten Person.

Entsprechende Vertretungshandlungen sind ohne die angemessene Berücksichtigung der sittlichen Maßstäbe der rechtlich betreuten Personen und ohne die Reflexion der eigenen moralischen Werte und Normen nicht möglich.

Kernkompetenz

Rechtliche Betreuer*innen müssen bereit und in der Lage sein, ihr Handeln an den Werten und Normen der rechtlichen betreuten Person auszurichten und gegenüber eigenen Werten und Normen zu reflektieren und zurückzustellen.

Tipp

! *Bitte beantworten Sie hierzu die Fragen zu 2.3.6 aus dem Anhang 1.*

2.3.7 Fähigkeit zur Personalführung

Die Fähigkeit zur Personalführung wird benötigt, wenn Sie ihre Tätigkeit durch abhängig beschäftigtes Personal unterstützen wollen.

38 § 24 BtOG

Muss der rechtliche Berufsbetreuer Personal vorhalten?

Der Einsatz von Personal ist keine Voraussetzung. Alle Aufgaben können durch die rechtlichen Betreuer*innen selbst erledigt werden. 70 % der rechtlichen Vereinsbetreuer*innen arbeiten in Vereinen, in denen Angestellte oder Hilfskräfte arbeiten, die im Bereich der beruflichen Betreuungen tätig sind, aber selbst keine beruflichen Betreuungen führen. Unter den selbstständigen Berufsbetreuern ist der Typus des allein Arbeitenden ohne Kollegen und ohne Angestellte oder Hilfskräfte weiterhin dominierend: 49 % der selbstständigen Berufsbetreuer arbeiten in dieser Form. Weitere 28 % der selbstständigen Berufsbetreuer arbeiten ohne Betreuer-Kollegen, aber mit Angestellten oder Hilfskräften. Nur 22 % der Berufsbetreuer arbeiten in einer Bürogemeinschaft mit anderen Berufsbetreuern. Diese Bürogemeinschaften haben in etwa zwei Drittel der Fälle auch weitere Angestellte (15 %) und zu etwa einem Drittel arbeiten sie ohne weitere Angestellte (7 %).[39]

Ist der Einsatz von Personal sinnvoll?

Der Einsatz von Personal lohnt sich, wenn das betriebliche Ziel dadurch besser erreicht werden kann. Die wirtschaftlichen Aspekte der Beschäftigung von Mitarbeiter*innen werden in Abschnitt 4.3.6 behandelt. Als Faustregel kann gesagt werden, dass bei entsprechender Organisationsstruktur richtig eingesetztes Personal einen wirtschaftlichen Gewinn ermöglicht. An dieser Stelle soll es jedoch darum gehen, wie das Für und Wider von Personal für Ihre berufliche Arbeit aussehen kann. Es geht um die Frage, wie Personal eingesetzt werden kann und welche Fähigkeiten benötigt werden, Personal zu führen.

Für Berufseinsteiger*innen ist die Beschäftigung von Personal als zweiter Schritt nach der Etablierung des Geschäftes zu empfehlen. Anders verhält es sich, wenn der Berufseinstieg in eine bestehende Bürogemeinschaft etc. erfolgt (zur Rechtsform des rechtlichen Betreuerbüros siehe Abschnitt 6.5). Die zunehmende Professionalisierung, also die Entwicklung der Einsicht, dass es neben der ehrenamtlich ausgeübten Tätigkeit insbesondere wegen fachlicher Anforderungen, die sich aus dem Einzelfall ergeben, qualifizierter beruflich tätiger rechtlicher Betreuer*innen bedarf, begründet die Erwartungshaltung an die Bereitstellung professioneller Organisationsstrukturen durch die anerkannten rechtlichen Berufsbetreuer*innen.[40]

These

> Ab einer im Einzelfall zu bestimmenden Größenordnung lässt sich eine professionelle Organisationsstruktur nur mit entsprechenden Mitarbeitern gewährleisten.

39 ISG, Qualität in der rechtlichen Betreuung, Abschlussbericht, S. 58

40 Siehe § 24 Abs. 1 Satz 2 BtOG

Vor- und Nachteile im Überblick

Vorteil	Nachteil
Erreichbarkeit (siehe Abschnitt 3.4.7)	Lohnkosten
Arbeitsteilung/Delegieren	Arbeitsplatzausstattung und -erhaltung
	Abstimmungszeiten
Gewinnsteigerung	Qualifizierungsaufwand
Entlastung von ungeliebter Routine	
Erweiterung betrieblicher Kompetenz	

Dürfen rechtliche Betreuer*innen Tätigkeiten delegieren?

Alle nicht mit dem einzelnen Betreuungsfall verbundenen Angelegenheiten können zweifelsfrei delegiert werden. Hierzu gehören beispielsweise Rechnungswesen und die allgemeine Büroorganisation. Darüber hinaus schreibt das Betreuungsrecht rechtlichen Betreuer*innen nicht vor, alle für den Einzelfall erforderlichen Tätigkeiten persönlich zu erledigen. Auch bei der pauschalen Vergütung wird nicht danach gefragt, welche Angelegenheiten im Einzelnen von wem erledigt worden sind. Das im Betreuungsrecht enthaltene Gebot der persönlichen Betreuung verpflichtet rechtliche Betreuer*innen regelmäßig dazu, alle wichtigen Besprechungen mit der rechtlich betreuten Person sowie die **ggf. erforderliche rechtliche** Unterstützung bei der Findung der Entscheidung (siehe Abschnitt 5.3) selbst durchzuführen.

Welche Tätigkeiten dürfen rechtliche Betreuer*innen delegieren?

Erlaubt ist die Delegation von einzelnen fallbezogenen Arbeiten, die aber nicht Ihrer persönlichen Amtsführung vorbehalten sind. Deshalb darf sich die Delegation von Betreuungsaufgaben nur auf einzelne Tätigkeiten beziehen, durch die sich rechtliche Betreuer*innen nicht der ihnen übertragenen Entscheidungskompetenz und Verantwortung für die rechtlich betreute Person entziehen. Das heißt, rechtliche Betreuer*innen müssen immer wissen, was geschieht, und tragen jederzeit die volle Verantwortung. Das gilt auch für die Fehler und Versäumnisse des Personals.

Personal darf somit untergeordnet zuarbeiten. Personal darf Informationen beschaffen, überschaubare einzelne Verwaltungsaufgaben erledigen oder untergeordnete vermögensrechtliche Angelegenheiten bearbeiten. Hierzu zählen unter anderem die Aktenführung (Ablage, Digitalisierung ...), Buchhaltung, Terminplanung, die Vorbereitung von Sozialversicherungs- und Sozialleistungsanträgen, die Entgegennahme von Telefonaten, die Vorbereitung der eingehenden Post und Ähnliches. Damit haben Sie als rechtliche/r Betreuer*in die Möglichkeit, Ihren Betrieb arbeitsteilig zu strukturieren.

Die Delegation persönlicher Kontakte zur rechtlich betreuten Person, wenn es nur darum geht, ein Schriftstück auszuhändigen oder entgegenzunehmen, anlässlich der Auszahlung des Lebensunterhalts, der Entgegennahme von Anrufen oder bei spontanen Besuchen der rechtlich betreuten Person im Büro ist zulässig. Diese persönlichen Kontakte zum Personal entheben Sie ausdrücklich nicht von Ihrer Pflicht, selbst ausreichenden Kontakt zur rechtlich betreuten Person zu pflegen. Es versteht sich von selbst, dass Kontakte zum Personal nicht als persönliche Kontakte im Jahresbericht (siehe Abschnitt 5) angegeben werden dürfen. Die rechtlich betreute Person muss Sie und nicht Ihr Personal als für sie zuständig wahrnehmen.

Welche Tätigkeiten dürfen nicht delegiert werden?

Die Delegation der gesamten Betreuung oder kompletter Aufgabenkreise auf dritte Personen widerspricht dem gesetzlichen Leitbild der persönlichen Betreuung und stellt sich als dessen Umgehung dar. Unzulässig ist die Übertragung aller nach außen gerichteten Tätigkeiten durch die Übertragung der Zeichnungsbefugnis für sämtliche Schriftsätze und die Wahrnehmung aller Besprechungstermine. Unzulässig sind auch die Übertragung der Besprechung wichtiger Angelegenheiten und die Kontaktpflege mit der rechtlich betreuten Person.

Wo muss die Grenze zur Delegation gesehen werden?

Keineswegs eindeutig ist die Antwort z.B. bei der folgenden Fallgestaltung:

Beispiel:

Im Verhältnis zwischen der rechtlich betreuten Person und dem rechtlichen Betreuer hat es einen Konflikt gegeben. Die rechtlich betreute Person wünscht jetzt keinen persönlichen Kontakt mehr zum rechtlichen Betreuer. Sie will aber auch keinen Wechsel des rechtlichen Betreuers. Sie versucht, dem Konflikt auszuweichen. Die Einzelheiten hierfür sollen zunächst außer Acht bleiben. Der rechtliche Betreuer will nun versuchen, den Kontakt über eine bei ihm angestellte Person herzustellen, da er annimmt, dass die angestellte Person aktuell einen persönlichen Zugang findet, welcher später vom rechtlichen Betreuer wieder selbst genutzt werden kann.

Hier ist darauf zu achten, dass andauernde Konflikte oder andere Gründe, die einen Wechsel des rechtlichen Betreuers erforderlich machen, nicht unterlaufen werden. Die Delegation darf nicht zu einer heimlichen Übergabe der rechtlichen Betreuung an eine andere Person werden. Dennoch ist es erlaubt, Konflikte durch die Vermittlung Dritter zu überwinden. Diese kurze Diskussion zeigt, dass es kaum möglich ist, abschließende allgemeingültige Standards im Sinne einer Liste für die Delegation zu formulieren. Die möglichen und denkbaren Fallgestaltungen sind so vielschichtig, dass immer die Gesamtschau des Einzelfalls gesehen werden muss. Im Zweifel müssen rechtliche Betreuer*innen jederzeit in der Lage sein, ihre persönliche Arbeitsbeziehung zur betreuten Person zu beschreiben, zu begründen und ihre Fallhoheit darzustellen.

Tipp

Informieren Sie das Betreuungsgericht über Art und Weise der fallbezogenen Delegation beispielsweise im Rahmen des Jahresberichts oder/und im Konfliktfall unaufgefordert im Wege des Zwischenberichts.

An wen können rechtliche Betreuer*innen Aufgaben delegieren?

Es dürfte unstreitig sein, dass eine Delegation nur an Personal erfolgen kann, das in abhängiger Beschäftigung zum rechtlichen Betreuer steht. Der rechtliche Betreuer muss die Fallhoheit behalten und im Fall der Delegation eigener Tätigkeit uneingeschränkt weisungsbefugt sein. Die Aufgabenverteilung muss klar definiert sein. Dies kann im Rahmen einer Arbeitsplatzbeschreibung formuliert werden und Bestandteil des Arbeitsvertrags sein. Die Arbeitsplatzbeschreibung beinhaltet unter anderem:

- die Stellenbezeichnung (z.B. Büroassistentin oder Büroassistent),
- die organisatorische Eingliederung (wer ist gegenüber wem weisungsbefugt?),
- Aufgabenbeschreibung,
- Kompetenzen.

Tipp

Ein Muster für eine Arbeitsplatzbeschreibung finden Sie im Anhang 7.

Muss die rechtlich betreute Person der Delegation zustimmen?

Rechtliche Betreuer*innen sollten die rechtlich betreute Person möglichst schon vor Ihrer Bestellung im Rahmen eines Kennenlerngesprächs (siehe Abschnitt 5.1.7.7) über ihre Arbeitsorganisation informieren. Die rechtlich betreute Person sollte insbesondere wissen, wer außer der für sie zum rechtlichen Betreuer bestellten Person mit der Bearbeitung ihrer Angelegenheiten befasst ist.

Im Einzelfall kommt es vor, dass die rechtlich betreute Person Einwände gegen jede Weitergabe ihrer persönlichen Daten hat und oder keine Einbeziehung Dritter wünscht.

Soweit rechtliche Betreuer*innen ihr Büro mit angestelltem Personal arbeitsteilig organisieren, ist es praxisfremd anzunehmen, dass personenbezogene Daten im Einzelfall dem angestellten Personal nicht zur Kenntnis kommen und das Personal im Einzelfall ausgeklammert werden kann. Beispielsweise wird allein die Sichtung der eingehenden Post zu den Aufgaben des Personals gehören. Nur aufgrund des Umschlages ist der eingehenden Post überwiegend nicht anzusehen, welchem Fall der Posteingang zuzuordnen ist. Das Personal wird somit regelmäßig mit allen Fällen befasst sein. Selbstverständlich ist vom Personal eine Verpflichtungserklärung zur Verschwiegenheit in Betriebs- und Betreuungsangelegenheiten sowie auf das Datengeheimnis abzugeben.

Die arbeitsteilige Organisation und jede diesbezügliche Änderung ist der Stammbehörde mitzuteilen und kann somit bei der Auswahl des Betreuers durch das Betreuungsgericht berücksichtigt werden (siehe Abschnitt 3.13).

Auch im laufenden Betreuungsverfahren kann es dazu kommen, dass die rechtlich betreute Person Einwände gegen die arbeitsteilige Organisation des rechtlichen Betreuers hat. Beispielsweise kann dies der Fall sein, wenn die betreute Person im Rahmen von Besuchen im Büro gelegentlichen Kontakt zum Personal hatte und die angestellte Person nicht leiden kann. Soweit sich in dieser Frage kein einvernehmliches Zusammenwirken mit der rechtlich betreuten Person erreichen lässt, ist dies dem Betreuungsgericht mitzuteilen. Das Betreuungsgericht hat dann zu prüfen, ob dem Willen der rechtlich betreuten Person nachzukommen ist und ein anderer rechtlicher Betreuer bestellt werden muss.

Was ist bei der Personalführung zu beachten?

Die Schaffung und Erhaltung einer arbeitsteiligen Struktur und die damit verbundene Rolle als Chef eines kleinen Unternehmens ist nicht jedermanns Sache. Zunächst ist geeignetes Personal auszusuchen. Schon hier fangen die Probleme an. Es gibt keine Ausbildung, die gezielt auf die Arbeit als Büroassistent*in in einem Büro zur Führung rechtlicher Betreuungen vorbereitet. Auch die für rechtliche Betreuer*innen erforderliche Grundhaltung (siehe Abschnitt 2.2) kann nicht vorausgesetzt werden. Es bedarf daher der fachspezifischen Einweisung und Anleitung des Personals.

Gefragt ist die Fähigkeit, die Arbeitsleistung des Personals zielorientiert zu gestalten und die Angestellten in die Aufgaben des Unternehmens einzubinden und zu motivieren, zu den Zielen und zu dem Erfolg des Unternehmens beizutragen.

Bei der Anleitung kommt es darauf an, die persönlichen Kompetenzen und Fähigkeiten der angestellten Person zu kennen und richtig einzusetzen. Als Arbeitgeber*in müssen Sie

- die Arbeitsabläufe strukturieren,
- Wichtiges von weniger Wichtigem unterscheiden,
- Aufgaben verteilen und den Überblick behalten.

Delegation bedeutet zusätzliche Abstimmungsarbeit mit dem Personal.

Als weiterer Nachteil ist zu erkennen, dass die vom Personal erledigten Arbeiten Ihnen nicht in dem Maße präsent sind, wie das der Fall wäre, würden Sie diese selbst erledigen. Dieser Nachteil muss durch die Qualität der Dokumentation, ein gutes Wiedervorlagesystem und Ihre Konzentration auf das Wesentliche ausgeglichen werden.

2.4 Persönliche Rahmenbedingungen

Wie jeder Beruf nimmt die Führung rechtlicher Betreuungen Einfluss auf Ihr Leben. Als Randbedingungen werden hier Umstände genannt, die nur mit großem Aufwand oder gar nicht beeinflussbar sind und sich aus der beruflichen Führung rechtlicher Betreuungen ergeben. Sie sind als gegebene Größen zu betrachten.

Wichtig für den erfolgreichen Start in die freiberufliche Tätigkeit ist eine ehrliche Einschätzung Ihrer individuellen Lebenssituation.

Dieser Abschnitt könnte als abschließende Überlegung an das Ende des Buches gestellt werden. Denn nur, wer den gesamten Sachverhalt kennt, kann eigenverantwortlich entscheiden. Allerdings wäre es unredlich, Sie erst durch lange, differenzierte Abhandlungen zu schicken, nur um am Ende dann festzustellen, dass eine grobe Einschätzung zur Vereinbarkeit der angestrebten freiberuflichen Tätigkeit zur Führung rechtlicher Betreuungen mit Ihrer Lebenssituation bereits ausgereicht hätte, Ihnen diese Mühe zu ersparen. Der folgende Abschnitt soll Ihnen ermöglichen, grob einzuschätzen, worauf Sie sich einlassen wollen. Nutzen Sie das Buch als Nachschlagewerk.

Tipp

Nehmen Sie sich etwas Zeit und prüfen Sie, welche Rahmenbedingungen sich mit Ihrer individuellen Lebenssituation vertragen. Unterstützende Fragen finden Sie in Anhang 1.

2.4.1 Geordnete Verhältnisse

Es versteht sich von selbst, dass rechtliche Betreuer*innen über unbeschränkte Geschäftsfähigkeit verfügen müssen. Zudem wird von Ihnen der Nachweis geordneter persönlicher und wirtschaftlicher Verhältnisse durch die Vorlage einer Auskunft aus dem Schuldnerverzeichnis und durch Vorlage eines Führungszeugnisses verlangt werden (siehe Abschnitt 3.4). Es soll an dieser Stelle aber nicht um die formale Bedeutung geordneter Verhältnisse im Sinne der Voraussetzungen zur Registrierung gehen, sondern um die Bedeutung geordneter Verhältnisse als Rahmenbedingung für die alltägliche Arbeit.

These

Die Arbeit rechtlichen Berufsbetreuer*innen wird durch geordnete persönliche und wirtschaftliche Verhältnisse unterstützt.

Sie dürfen nicht dauerhaft durch die Gedanken an eigene Sorgen und Nöte belastet sein. Die Begegnung mit der rechtlich betreuten Person, die in ihrer Fähigkeit zu rechtserheblicher Kommunikation eingeschränkt ist, erfordert ein hohes Maß an Aufmerksamkeit sowie emotionaler und persönlicher Offenheit. Dabei sind es oft Dinge, die Ihnen als Kleinigkeiten erscheinen mögen, die der rechtlich betreuten Person größte Sorgen bereiten. Diese wahrzunehmen, richtig einzuordnen und zu behandeln erfordert Geduld und Ruhe, die Sie aus sich selbst und der eigenen Stabilität schöpfen müssen.

Natürlich werden Sie schwierige Phasen durchleben. Entscheidend für den beruflichen Erfolg wird es sein, daraus gestärkt hervorzugehen und überwiegend auf der Grundlage einer eigenen stabilen und gefestigten Situation arbeiten zu können.

Voraussetzung

Prüfen Sie, ob Ihre persönlichen und wirtschaftlichen Verhältnisse beständiges und unbelastetes Arbeiten ermöglichen.

Tipp

Bitte beantworten Sie hierzu die Fragen zu 2.4.1 aus dem Anhang 1.

2.4.2 Bereitschaft für ein langfristiges Engagement

Lässt sich Ihre Lebenssituation mit den Anforderungen der beabsichtigten freiberuflichen Tätigkeit in Einklang bringen?

Neben der Sorge für den eigenen Erfolg hat diese Prüfung besondere Bedeutung für die von Ihnen abhängigen rechtlich betreuten Personen. Die rechtliche Unterstützung und Vertretung basiert regelmäßig auf einer vertrauensvollen Beziehung zur rechtlich betreuten Person, die zum Teil mit viel Mühe und Ausdauer aufgebaut und erhalten werden muss. Diese Beziehung ist für viele rechtlich betreute Personen lange Jahre der einzige stabile Bezug in ihrem Leben und kann nicht immer ohne Weiteres ausgetauscht werden. Genau aus diesem Grund hat der Gesetzgeber bestimmt, dass nach Möglichkeit eine natürliche Person für die Führung der rechtlichen Betreuung zu bestellen ist.[41] Der Gesetzgeber wollte damit sicherstellen, dass die rechtlich betreute Person nicht unpersönlich vom Schreibtisch aus verwaltet wird.

Wovon hängt die Dauer einer Betreuung ab?

Der Gesetzgeber hat bestimmt, dass die rechtliche Betreuung nach dem Prinzip der Rehabilitation nur so lange erforderlich ist, wie die rechtlich betreute Person im Rahmen der konkreten Aufgabenbereiche diese Hilfe benötigt.[42] Die rechtliche Betreuung darf deshalb nur für eine Zeitspanne beschlossen werden, in der voraussichtlich die Notwendigkeit zur rechtlichen Unterstützung/Vertretung besteht. Danach ist eine Überprüfung durchzuführen.[43]

Wie ist an dem Ziel der Aufhebung der Betreuung zu arbeiten?

Rechtliche Betreuer*innen haben innerhalb ihres Aufgabenkreises alle Möglichkeiten zu nutzen, die Fähigkeit zur eigenverantwortlichen Erledigung der rechtlichen Angelegenheiten durch die rechtlich betreute Person selbst zu fördern.[44] Ist eine Verbesserung eingetreten, sodass die betroffene Person keiner oder nur einer eingeschränkten rechtlichen Betreuung bedarf, ist dies dem Betreuungsgericht mitzuteilen.[45] Das Gesetz stellt damit klar, dass eine rechtliche Betreuung – soweit möglich – kein Dauerzustand sein soll. Rechtliche Betreuer*innen haben deshalb alle rechtlichen Maßnahmen und Hilfen zu fördern, die diesem Ziel dienen, insbesondere ärztliche oder pflegerische Leistungen im Sinne von Rechtsfürsorge zu organisieren.[46] Zudem sind komplexe rechtliche Angelegenheiten – nach Möglichkeit – so zu vereinfachen, dass deren Erledigung von der rechtlich betreuten Person selbst vorgenommen werden kann.

---

41 §§ 1816–1818 BGB

42 Siehe §§ 1821 Abs. 6, 1871 BGB

43 § 295 FamFG

44 § 1821 Abs. 6 BGB

45 § 1864 Abs. 2 BGB

46 Abschlussbericht der Bund-Länder-Arbeitsgruppe „Betreuungsrecht" zur 74. Konferenz der Justizministerinnen und -minister vom 11. bis 12. Juni 2003 = BGT (Hrsg.), Betrifft: Betreuung (Juli 2003), siehe www.bgt-ev.de >> Veröffentlichungen >> Publikationsreihe „Betrifft: Betreuung" (Abruf: 2.8.2022).

Welche Erfahrungswerte gibt es zur Dauer einer Betreuung?

Die Betonung und Gewichtung dieser Regelungen in der Gesetzgebung könnten dazu verleiten anzunehmen, dass Betreuungsverfahren eher auf kürzere Zeit angelegt sind. Die tatsächliche Praxis belehrt eines Besseren. Die weitaus größte Zahl der rechtlich betreuten Personen leidet an chronischen – nicht heilbaren – psychischen Krankheiten oder dauerhaften geistigen oder seelischen Behinderungen. Diese Personen sind trotz „Barrierefreiheit" dauerhaft gehindert, in der von den jeweiligen Stellen geforderten Art und Weise am Rechtsverkehr teilzunehmen, und entsprechend lange auf die Unterstützung durch die rechtliche Betreuung angewiesen.

Voraussetzung

> Die freiberufliche Führung rechtlicher Betreuungen erfordert die Bereitschaft, sich langfristig an das Tätigkeitsfeld zu binden.

Welche Aspekte haben direkte Auswirkung auf die Dauer einer Betreuung?

Die in den letzten 25 Jahren erfolgte „Ambulantisierung" der sozialpsychiatrischen Versorgung, der Versorgung pflegebedürftiger Personen und der Versorgung in der Behindertenhilfe hat dem einzelnen Leistungsberechtigten mehr Verantwortung für sich selbst, sein Leistungsgeschehen und die damit verbundenen Sozialleistungsverfahren übertragen. Die jeweiligen Leistungsverfahren erfordern rechtliche Entscheidungen zur Ausgestaltung der gewollten Hilfe, die Bearbeitung der erforderlichen Verfahrensschritte, die Beurteilung, Bewertung von Entscheidungen, ggf. die Einlegung der möglichen Rechtsmittel, den Abschluss entsprechender Verträge mit Dienstleistern, die Kontrolle des Leistungsgeschehens und vieles mehr. Damit ist ein dauerhaft erhöhter Organisationsaufwand und administrativer Aufwand für die betroffenen Personen entstanden, welche ihrerseits den Bedarf, den Aufwand und die Dauer der rechtlichen Betreuung beeinflussen.[47]

Obwohl die Gesetzgebung Bürgernähe und Leistungen aus einer Hand verspricht, kann ich aus meiner Erfahrung aus 30 Jahren freiberuflicher Tätigkeit als rechtlicher Betreuer bestätigen, dass trotz dieser Versprechen die Komplexität insbesondere des Sozialrechts sowohl in den jeweiligen Verfahren als auch in der tatsächlichen Umsetzung zugenommen hat. Im Fazit kann gesagt werden, dass rechtliche Betreuung überwiegend über einen langen Zeitraum zu führen sind. Noch heute führe ich rechtliche Betreuungen aus den ersten Jahren meiner Tätigkeit.

Eckpunkt für die eigene Organisationsstruktur

> Die eigene Organisation muss beständig und auf lange Sicht angelegt sein.

Tipp

! *Bitte beantworten Sie hierzu die Fragen zu 2.4.2 aus dem Anhang 1.*

47 Siehe auch Kerrin/Stumpf, Verschobene Verantwortung – Die Evaluation des Ambulantisierungsprogramms in Hamburg, BtPrax 2015, S. 179 ff.

2.4.3 Bereitschaft, die Arbeitszeit flexibel dem Bedarf anzupassen

Flexible Arbeitszeitlösungen werden oft als erstrebenswert angesehen. Länge und Dauer der täglichen, wöchentlichen, monatlichen Arbeitszeit können mit- oder selbstbestimmt werden. Eine oft gehörte Kritik an der Arbeit rechtlicher Betreuer ist eine schlechte Erreichbarkeit. Inhaltlich soll zur Frage der Erreichbarkeit an anderer Stelle ausgeführt werden (Abschnitt 3.13 und 5.2). An dieser Stelle soll Ihr Augenmerk darauf gerichtet werden, dass insbesondere freiberufliche rechtliche Betreuer*innen keine starr geregelte Arbeitszeit kennen. Auch ist für den Urlaub, Krankheit und andere Zeiten der Abwesenheit ein Konzept für die Erreichbarkeit zu erstellen.[48]

Voraussetzung

Für freiberufliche rechtliche Betreuer*innen sind flexible Arbeitszeiten ein Muss.

Welche Umstände erfordern flexible Arbeitszeiten?

Rechtliche Betreuer haben eine Vielzahl von Terminen zu erledigen, die ihnen zeitlich vorgegeben werden. Gerichtstermine lassen sich im Ausnahmefall absprechen, werden aber regelmäßig durch das Gericht bestimmt. Ist der Verein oder die Behörde als rechtlicher Betreuer bestellt, lassen sich diese Termine unter mehreren Personen verteilen und die Last der Flexibilität liegt nicht allein auf einer Person.

Die erforderlichen Besprechungen mit den rechtlich betreuten Personen müssen deren Tagesablauf berücksichtigen. Es ist z.B. wenig sinnvoll, eine Besprechung mit dem Bewohner eines Pflegeheims kurz nach dem Aufstehen, während der Essens-, Ruhe- oder Pflegezeiten durchführen zu wollen. Geht die rechtlich betreute Person einer Beschäftigung nach, wird die Besprechung außerhalb dieser Zeiten stattfinden müssen. Bei der Besprechung mit einer suchtkranken Person müssen die Zeiten der geringsten Beeinträchtigung durch das Suchtmittel abgepasst werden. Alkoholkranke Personen sind oft am späteren Vormittag nach dem ersten Bier, aber vor der Trunkenheit am ehesten in der Lage, einem geordneten Gespräch zu folgen. Das Gespräch mit berufstätigen Personen aus dem sozialen Umfeld der rechtlich betreuten Personen macht deren Freizeit zur Arbeitszeit rechtlicher Betreuer*innen.

Können rechtliche Betreuer verlangen, dass sich andere nach ihrem Zeitplan richten?

Behörden, Vereine und der ein oder andere mag an dieser Stelle darüber nachdenken zu verlangen, dass sich rechtlich betreute Personen oder andere Beteiligte nach dem Zeitplan des rechtlichen Betreuers zu richten haben. Immerhin ist die rechtliche Betreuung eine sozialstaatliche Leistung, die finanziert werden will. Man könnte vermuten, dass bei der knapp bemessenen Vergütung niemand erwarten kann, dass rechtliche Betreuer*innen auf alle Befindlichkeiten Rücksicht nehmen müssen. Schön ist, wenn sich Termine im gegenseiti-

48 § 11 BtRegV

gen Einvernehmen vereinbaren lassen. Grundsätzlich ist jede Argumentation, welche die mangelhaft bemessene Vergütung als Grund für eine Beschränkung der betreuungsrechtlich erforderlichen Leistung rechtlicher Betreuer*innen nennt, allenfalls berufspolitisch zulässig. Für den Einzelfall scheidet sie aus. Art und Umfang des betreuungsrechtlichen Auftrages stehen in keiner Abhängigkeit zur Vergütung. Aus diesem Grund trifft die rechtlich betreute Person keine Mitwirkungspflicht. Die rechtliche Betreuung ist vom Grundsatz her eine aufsuchende Hilfe. Zur Herstellung der erforderlichen persönlichen vertrauensvollen Arbeitsbeziehung ist der rechtliche Betreuer gehalten, die rechtlich betreute Person in ihrem gewohnten Umfeld aufzusuchen.

Weitergehende Informationen zur Vertretung und Erreichbarkeit finden Sie im Abschnitt 3.13.

Eckpunkt für die eigene Organisationsstruktur

> Die eigene Lebenssituation und die eigene Büroorganisation müssen Ihnen ausreichend flexible Arbeitszeiten ermöglichen.

Tipp

! *Bitte beantworten Sie hierzu die Fragen zu 2.4.3 aus dem Anhang 1.*

3 Das Registrierungsverfahren

In den folgenden Abschnitten wird das Registrierungsverfahren für beruflich tätige rechtliche Betreuer*innen beschrieben.

3.1 Warum ein Registrierungsverfahren?

Rückblick

Schon 1989 hat die damalige Bundesregierung im Gesetzentwurf zum 1992 in Kraft getretenen Betreuungsrecht beschrieben, dass die Verwirklichung der Ziele der damaligen Reform nur möglich sein würde, wenn es gelänge, eine ausreichende Zahl qualifizierter Personen zu finden, die bereit sind, rechtliche Betreuungen zu führen[49]. Im Bereich der beruflichen rechtlichen Betreuung wurde es als wünschenswert angesehen, wenn sich Personen aus der Sozialarbeit für diese Aufgaben gewinnen ließen.[50] Bei den Vorarbeiten zum damaligen Gesetzentwurf ist überlegt worden, ob es möglich ist, das Merkmal „im Rahmen seiner Berufsausübung" (Zugangsvoraussetzungen) zu konkretisieren. Der Entwurf hat von einer solchen Konkretisierung abgesehen. Er hat weder konkret definiert, wann eine Vergütung gezahlt werden soll, noch Zugangsvoraussetzungen beschrieben. Es wurde der Praxis überlassen, unter Berücksichtigung der Umstände des Einzelfalles sachgerechte Maßstäbe zu finden.

Die Schaffung einer Vergütungsregelung entsprang nicht der Erkenntnis, dass berufliche Arbeit auch angemessen entlohnt werden muss, sondern wurde durch die Rechtsprechung des Bundesverfassungsgerichtes vom Gesetzgeber erzwungen. Entsprechend wurde die Verantwortung für die aus dieser Reglung erwachsenden Kosten dem Bundesverfassungsgericht und nicht dem durch die Änderung des Betreuungsrechtes entstehenden Aufwandes zugeschrieben[51].

Was hat den Gesetzgeber nun bewogen, ein Registrierungsverfahren einzuführen?

Die Beweggründe des Gesetzgebers lassen sich unter den folgenden Überschriften zusammenfassen.

Zunahme beruflich geführter Betreuungsverfahren

Acht Änderungen des Betreuungsrechts und 30 Jahre später steht nach den Befragungsergebnissen der Betreuungsbehörden fest, dass 47,2 % der rechtlichen Betreuungen beruflich und 52,8 % ehrenamtlich geführt werden.[52] Die Tendenz deutet auf einen weiteren Anstieg des Anteils beruflich geführter rechtlicher Betreuungen. Der Gesetzgeber hat festgestellt, dass sich damit die beruflich geführte rechtliche Betreuung als wesentliche und unverzichtbare Säule des Betreuungsrechts fest etabliert hat.

49 BT-Drucks. 11/4528, S. 55
50 BT-Drucks. 11/4528, S. 111
51 BT-Drucks. 11/4528, S. 105
52 ISG, Qualität in der rechtlichen Betreuung, Abschlussbericht S. 36

Komplexe Sachverhalte

Personen, die rechtliche Betreuungen beruflich führen, werden von den Betreuungsgerichten häufig in Verfahren beauftragt, bei denen der objektive rechtliche Unterstützungs- und/oder der Vertretungsbedarf, was Umfang und Schwierigkeit angeht, erheblich ist. Es handelt sich dabei überdurchschnittlich oft um jüngere, mittellose, im privaten Haushalt lebende Personen, die an psychischen Krankheiten leiden.[53] Anlass für die Bestellung sind multiple Problemlagen, in denen die betroffenen Personen einen hohen Bedarf an sozialrechtlicher Unterstützung haben. Häufig ist die Organisation von Alltagsunterstützung, Teilhabeleistungen, Arbeit und/oder Beschäftigung, der zukünftigen Wohnsituation, medizinischer Hilfen und der erforderlichen Mittel zum Lebensunterhalt Themen, die nebeneinander gleichzeitig bewältigt werden wollen.

Mängel in der Praxis

Die Forschungsergebnisse aus den Jahren 2015 bis 2017 haben ergeben, dass es erhebliche strukturelle als auch sonstige Mängel in der Umsetzung des Betreuungsrechtes gibt. Dies nicht nur, aber auch bei den beruflich geführten rechtlichen Betreuungen. Diesbezüglich hat die Forschung als eine der Handlungsempfehlungen formuliert:

> „Es muss geprüft werden, ob Berufsbetreuer zu Beginn ihrer Tätigkeit, über die für alle Betreuungsfälle erforderlichen Fachkenntnisse im rechtlichen und psychosozialen Bereich verfügen. Weiterhin muss sichergestellt werden, dass Berufsbetreuer dieses Wissen auf einem aktuellen Stand halten. Dafür könnte zum Beispiel die regelmäßige Teilnahme an Fort- und Weiterbildung, an organisiertem Erfahrungsaustausch und die Inanspruchnahme von Supervision als verpflichtendes Eignungskriterium von Berufsbetreuern gewertet werden.
>
> Dabei wäre es wichtig, sicherzustellen, dass gleiche Anforderungen an Bewerber gestellt werden und das Zulassungsverfahren transparent und fair ist. Um dies auf effiziente Weise zu erreichen, wäre die Vergabe dieser Aufgabe an eine zentrale Stelle (zum Beispiel die überörtlichen Betreuungsbehörden) zielführender als eine dezentrale Durchführung."[54]

Wie sollen die Mängel behoben werden?

Qualitätssicherung – der Einstieg in das Berufsbild

Seit mehr als 30 Jahren wird über die Sicherung einer qualitativ hochwertigen beruflichen rechtlichen Betreuung diskutiert. Wichtige Impulsgeber war einerseits die Rechtsprechung und zum anderen die im Rahmen der Fachöffentlichkeit geführte Diskussion. Die Rechtsprechung befasste sich unter anderem mit der Frage, welche Tätigkeiten der rechtlichen Betreuung zuzuordnen sind und wie diese zu erledigen sind. Die so gewonnenen Erkenntnisse aus Einzelentscheidungen sind in die Diskussion der Fachöffentlichkeit eingeflossen. Hier wurde die Entwicklung beruflicher Standards, Leitlinien und einer berufsethischen Grundhaltung diskutiert. Im Ergebnis veröffentlichten die Berufs- und Fachverbände entsprechende Grundsatzpapiere und Stellungnahmen. Als weiteres Ergebnis dieser Diskussion haben die Betreuungsbehörden in regionaler Verantwortung Zugangsvoraussetzungen für Personen, die rechtliche Betreuungen beruflich führen wollen, entwickelt.

53 ISG, Qualität in der rechtlichen Betreuung, Abschlussbericht S. 68 ff.
54 ISG, Qualität in der rechtlichen Betreuung, Abschlussbericht S. 563; Bundesanzeiger Verlag 2018

Der Gesetzgeber hat diese Entwicklung aufgegriffen und ist der Auffassung, dass allgemein verbindliche Anforderungen im Interesse der rechtlich betreuten Personen wie auch der übrigen im Betreuungswesen beteiligten Akteure liegen. Entsprechend hat der Gesetzgeber mit Inkrafttreten zum 1. Januar 2023 ein einheitliches formales Zugangs- und Registrierungsverfahren für berufliche rechtliche Betreuer eingeführt.[55]

Neben der Prüfung von Eignung und Zuverlässigkeit hat der Gesetzgeber Mindestanforderungen an die Sachkunde definiert. Diese sind vor der Aufnahme der beruflichen Tätigkeit nachzuweisen. Im weiteren Verlauf sind laufend alle Änderungen, die sich auf die Registrierung auswirken können, mitzuteilen. Nicht geregelt sind der Erhalt, die Anpassung und die Weiterentwicklung der Fachlichkeit durch berufsbegleitende Fortbildung, Supervision und kollegiale Beratung. Den Erhalt und die Weiterentwicklung ihrer Fachlichkeit haben Person, die beruflich rechtliche Betreuungen führen, eigenverantwortlich sicherzustellen.

Einheitliches Anforderungsprofil

Mit der Einführung des Registrierungsverfahrens hat der Gesetzgeber geregelt, dass die Grundentscheidung, ob eine Person rechtliche Betreuungen beruflich führen kann, nach einem bundeseinheitlichen Anforderungsprofil und in einem einheitlichen Verwaltungsverfahren entschieden wird.

Das Registrierungsverfahren ist in den §§ 23 ff. Betreuungsorganisationsgesetz (BtOG) geregelt. Die Einzelheiten zu den Voraussetzungen der Registrierung, insbesondere zu den Anforderungen an die Sachkunde und ihren Nachweis, sind im Wege einer Rechtsverordnung des Bundesministeriums der Justiz (BMJ) mit Zustimmung des Bundesrates in der Verordnung über die Registrierung von beruflichen Betreuern (Betreuerregistrierungsverordnung – BtRegV) geregelt.

Seit 1.1.2023 gilt, dass nur eine registrierte Person für die berufliche Führung einer rechtlichen Betreuung bestellt werden kann.

Dieses Verfahren löst die örtlich geschaffenen Zugangsvoraussetzungen ab.

Wer kann zukünftig eine Vergütung verlangen?

Der **§ 19 Abs. 2 Betreuungsorganisationsgesetz (BtOG)** bestimmt:

> „Berufliche Betreuer sind natürliche Personen, die selbständig oder als Mitarbeiter eines anerkannten Betreuungsvereins rechtliche Betreuungen führen und nach § 24 registriert sind oder nach § 32 Absatz 1 Satz 6 als vorläufig registriert gelten."

Der Vergütungsanspruch ergibt sich dann aus **§ 7 Abs. 1 Vormünder- und Betreuervergütungsgesetz (VBVG)**. Hier heißt es:

> „Ein beruflicher Betreuer nach § 19 Absatz 2 des Betreuungsorganisationsgesetzes, der selbstständig rechtliche Betreuungen führt, kann vom Betreuten Vergütung und Aufwendungsersatz nach Maßgabe der §§ 8 bis 12, 15 und 16 verlangen."

Diese Regelung ersetzt die bis zum 31.12.2022 geltende Vorschrift, wonach unabhängig von Qualifikation und Ausbildung eine Person beruflich rechtliche Betreuungen führte,

55 §§ 23 ff. BtOG

wenn ihr Betreuungen in einem solchen Umfang übertragen waren, dass diese nur im Rahmen der Berufsausübung geführt werden konnten, oder zu erwarten war, dass der Person in absehbarer Zeit rechtliche Betreuungen in diesem Umfang übertragen worden wären. Berufsmäßigkeit lag im Regelfall vor, wenn mehr als zehn rechtliche Betreuungen geführt wurden oder die für die Führung der rechtlichen Betreuung erforderliche Zeit 20 Wochenstunden nicht unterschritten hat.

Merksatz

*Berufsbetreuer*innen sind natürliche Personen, die selbstständig oder als Beschäftigte eines anerkannten Betreuungsvereins rechtliche Betreuungen führen und registriert sind. Sie können eine Vergütung verlangen.*[56]

3.2 Zuständige Stammbehörde

Zur Einleitung des Registrierungsverfahrens ist ein Antrag bei der zuständigen Stammbehörde zu stellen.[57]

Wie finde ich meine Stammbehörde?

Die zuständige Stammbehörde ist die nach dem Landesrecht bestimmte Betreuungsbehörde, in deren Zuständigkeitsbereich sich der Sitz/das Büro der sich bewerbenden Person befindet oder errichtet werden soll.[58] Für rechtliche Betreuer*innen, die keinen Sitz/Büro für ihre berufliche Tätigkeit unterhalten, richtet sich die Zuständigkeit nach ihrem Wohnsitz. Befinden sich weder Sitz/Büro oder hilfsweise Wohnsitz im Geltungsbereich des Gesetzes, richtet sich die Zuständigkeit der Stammbehörde nach dem örtlichen Schwerpunkt der (beabsichtigen) Tätigkeit der sich bewerbenden Person. Für rechtliche Betreuer*innen, die ihren Sitz/Büro oder hilfsweise Wohnsitz aus dem Geltungsbereich dieses Gesetzes ins Ausland verlegen, bleibt zunächst die bisher für sie zuständige Stammbehörde zuständig.

Änderungen des Sitzes/Büros oder Wohnsitzes innerhalb des Einzugsgebietes der zuständigen Stammbehörde sind dieser mitzuteilen.[59] Wird durch eine Änderung des Sitzes/Büros oder Wohnsitzes eine andere Stammbehörde örtlich zuständig, ist dies der neuen Stammbehörde unverzüglich anzuzeigen.[60]

Was macht die Stammbehörde?

Die Stammbehörde hat das Registrierungsverfahren für berufliche rechtliche Betreuer*innen durchzuführen und über die Registrierung zu entscheiden.

Nach der Registrierung überwacht sie die Voraussetzungen für das Fortbestehen der Registrierung und hat die Registrierung ggf. zu widerrufen.

56 § 19 Abs. 2 BtOG i.v.m. § 7 Abs. 1 VBVG
57 § 24 Abs. 1 Satz 1 BtOG
58 § 2 Abs. 4 BtOG
59 § 25 Abs. 1 Satz 2 BtOG
60 § 28 BtOG

Sie erhebt und überprüft die für die persönliche Eignung und Zuverlässigkeit einmalig und fortlaufend zu erbringenden Daten und Nachweise.

Die Stammbehörde stellt sicher, dass die wesentlichen für eine Bestellung beruflich tätiger rechtlicher Betreuer*innen erforderlichen Informationen[61] in aktueller Form verfügbar sind.

Bei der Stammbehörde kann das für ein Betreuungsverfahren zuständige Betreuungsgericht und die Betreuungsbehörde die genannten Informationen über rechtliche Berufsbetreuer*innen abfragen.

Diese Regelung sichert einen bundeseinheitlichen Informationsstand zur Registrierung und Eignung beruflich tätiger rechtlicher Betreuer*innen. Es ist damit nicht mehr möglich, dass Personen, die beruflich rechtliche Betreuungen führen und von einer Betreuungsbehörde für ungeeignet gehalten worden sind, ihren Tätigkeitsbereich verlegen und die nunmehr zuständige Betreuungsbehörde von der Vorgeschichte keine Kenntnis hat oder erhält.

3.3 Das Registrierungsverfahren im Überblick

Zur Einleitung des Registrierungsverfahrens ist von der sich bewerbenden Person ein Antrag bei der für sie zuständigen Stammbehörde zu stellen.[62]

Im Registrierungsverfahren müssen die persönliche Eignung und Zuverlässigkeit (geordnete Vermögensverhältnisse, Vorlage eines Führungszeugnisses), eine ausreichende Sachkunde (Vorhandensein bestimmter Fachkenntnisse) sowie das Vorliegen einer Berufshaftpflichtversicherung zur Deckung der sich aus der Berufstätigkeit ergebenden Haftpflichtgefahren nachgewiesen werden.[63]

Antrag bei der Stammbehörde – formlos, beizubringen sind:
• Identitätsnachweis • Führungszeugnis nach § 30 Absatz 5 BZRG • Auskunft aus dem zentralen Schuldnerverzeichnis nach § 882f Absatz 1 Nummer 2 ZPO • Erklärung, ob ein Insolvenz-, Ermittlungs- oder Strafverfahren anhängig ist • Erklärung, ob in den letzten drei Jahren vor Antragstellung eine Registrierung als Berufsbetreuer versagt, zurückgenommen oder widerrufen wurde • Sachkundenachweis • Mitteilung zum beabsichtigten zeitlichen Gesamtumfang • Mitteilung zur Organisationsstruktur

61 Anzahl und Umfang der aktuell geführten Betreuungen, zeitlicher Gesamtumfang und Organisationsstruktur der Betreuertätigkeit, festgestellte Vergütungstabelle sowie weitere Erkenntnisse zu Profil und Eignung etc.

62 § 24 Abs. 1 Satz 1 BtOG

63 § 23 Abs. 1 BtOG

Weiteres Verfahren
• Gespräch zur Feststellung der persönlichen Eignung • Aufforderung zum Nachweis einer Berufshaftpflichtversicherung • Entscheidung regelmäßig innerhalb von 3 Monaten • Gebührenfestsetzung und Gebührenerhebung
Rechtsmittel
Laufende Mitteilungs- und Nachweispflichten
• Mitzuteilen sind: – alle Änderungen im Bestand der geführten rechtlichen Betreuung – alle 6 Monate – alle Änderungen, die sich auf die Registrierung auswirken können – unverzüglich – Änderungen des Sitzes/Wohnsitzes oder personenbezogener Daten – unverzüglich • Beizubringen sind: – alle 3 Jahre ein Führungszeugnis und eine Auskunft aus dem zentralen Schuldnerverzeichnis – ggf. das Ergebnis des Feststellungsverfahrens der anzuwendenden Vergütungsstufe – Nachweise zu erfolgten Fortbildungen
ggf. Widerruf der Registrierung/Rechtsmittel

3.4 Antrag

Wie sieht der Antrag aus?

Der Antrag ist formlos in Textform[64] bei der für Sie zuständigen Stammbehörde zu stellen.[65] Das bedeutet, dass der Antrag sowohl elektronisch als auch auf Papier übermittelt werden kann. Rein (fern-)mündlich kann der Antrag dagegen nicht gestellt werden.

Musterantrag

> **Antrag zur Registrierung als beruflicher Betreuer*in**
>
> Sehr geehrte Damen und Herrn,
>
> ich beabsichtige, beruflich rechtliche Betreuungen zu führen, und beantrage gem. § 23 BtOG die Registrierung.
>
> Meinen Sitz zur beruflichen Führung rechtlicher Betreuungen führe ich unter der folgenden Anschrift:
>
> Firmierung:

64 § 126b BGB
65 § 13 Abs. 1 BtRegV

Straße/Hausnummer:

Postleitzahl: Ort:

Tel.:

Fax:

E-Mail:

Das erforderliche Führungszeugnis nach § 30 Absatz 5 BZRG habe ich wie aus der Anlage ersichtlich beantragt. Nach der Übersendung durch das Bundesamt für Justiz bitte ich, mir Einsicht zu gewähren.

Ich erkläre, dass weder Insolvenz-, Ermittlungs- oder Strafverfahren anhängig sind.

Ich erkläre, dass in den letzten drei Jahren vor Antragstellung keine Registrierung als Berufsbetreuer versagt, zurückgenommen oder widerrufen wurde.

Der zeitliche Gesamtumfang meiner beruflichen Tätigkeit zur Führung rechtlicher Betreuungen soll 40 Std. wöchentlich betragen.

Zur aktuellen Planung und Planung der zukünftigen Organisationsstruktur, verbunden mit einer Einschätzung zur Entwicklung der individuellen Fallzahlbelastung, verweise ich auf die beigefügte Anlage.

Dem Antrag sind folgende Anlagen beigefügt:

- Anlage 1: Identitätsnachweis
- Anlage 2: Nachweis zum Antrag des Führungszeugnisses nach § 30 Absatz 5 BZRG
- Anlage 3: Auskunft aus dem zentralen Schuldnerverzeichnis nach § 882f Absatz 1 Nummer 2 ZPO
- Anlage 4: zum Sachkundenachweis folgende Zeugnisse und Bescheinigungen
- Anlage 4a: ....
- Anlage 4b: ....
- Anlage 5: die Beschreibung der aktuellen und Planung der zukünftigen Organisationsstruktur verbunden mit einer Einschätzung zur Entwicklung der individuellen Fallzahlbelastung

Kann der Antrag rückwirkend gestellt werden?

Der Antrag kann nur für die Zukunft gestellt werden. Eine rückwirkende Registrierung ist nicht vorgesehen.

Nach Einleitung des Registrierungsverfahrens prüft die Stammbehörde ihre örtliche Zuständigkeit und das Vorliegen der Voraussetzungen zur Registrierung. Zu prüfen ist die persönliche Integrität der antragstellenden Person. Die für und gegen die Person sprechenden Gründe müssen einzelfallbezogen gewichtet werden. Die Registrierung kann dabei nur versagt werden, wenn objektiv nachvollziehbare Umstände erhebliche Zweifel an der ordnungsgemäßen Führung von rechtlichen Betreuungen begründen. Die persönliche Eignung fehlt zum Beispiel bei eigener rechtlicher Betreuungsbedürftigkeit.

3.4.1 Identitätsnachweis

Die Vorlage eines Identitätsnachweises ist im Gesetz nicht ausdrücklich benannt. Die Stammbehörde hat jedoch die Identität der antragstellenden Person zu prüfen. Geeignete Identifikationsdokumente sind insbesondere Personalausweis und Reisepass. Für Staatsangehörige von Nicht-EU-Ländern ist die Berechtigung zur Ausübung der beabsichtigten beruflichen Tätigkeit zu prüfen. Hierzu ist der Aufenthaltstitel vorzulegen.

3.4.2 Führungszeugnis

Das Führungszeugnis ist eine behördliche Bescheinigung über bisher registrierte Vorstrafen einer Person.

Schon vor dem 1.1.2023 konnte die Betreuungsbehörde eine Person, die Betreuungen im Rahmen ihrer Berufsausübung führt / führen will auffordern, ein Führungszeugnis vorzulegen.[66] Dies war eine Kann-Bestimmung und gewährleistete keine regelmäßige Prüfung.

Das Führungszeugnis ist seit dem 1.1.2023 zwingend erforderlich. Es ist Bestandteil der Prüfung zur Eignung und Zuverlässigkeit der antragstellenden Person.[67] Bestimmte strafrechtliche Verurteilungen sprechen gegen die Zuverlässigkeit mit der Folge, dass ein Registrierungshindernis besteht.[68]

Das Führungszeugnis ist als Führungszeugnis zur Vorlage bei einer Behörde[69] zu beantragen und wird der Behörde, für die es bestimmt ist, unmittelbar übersendet. Im Antrag ist die zuständige Stammbehörde als Empfänger anzugeben.

Wo bekomme ich das Führungszeugnis?

Das Führungszeugnis ist durch die betroffene Person persönlich unter Vorlage des Personalausweises oder Reisepasses bei der örtlichen Meldebehörde oder über das Online-Portal des Bundesamts für Justiz[70] zu beantragen. Neben der persönlichen Antragstellung bei der Meldebehörde kann das Führungszeugnis dort auch schriftlich beantragt werden. In diesem Fall sind in dem formlosen Antragsschreiben an das Einwohnermeldeamt auch die Personendaten (Geburtstag, Geburtsname, evtl. abweichender Familienname, Vorname/n, Geburtsort, Staatsangehörigkeit, Anschrift) anzugeben. Die Unterschrift auf dem Antragsschreiben muss amtlich oder öffentlich beglaubigt sein. Soweit nicht bereits aus der Beglaubigung der Unterschrift ersichtlich, muss die Richtigkeit der Daten nachgewiesen werden. Die genauen Modalitäten können Sie vor der schriftlichen Antragstellung bei der zuständigen Meldebehörde – auch wegen der Gebührenbegleichung – erfragen.

66 § 1897 Absatz 7 Satz 2 BGB in der bis zum 1.1.2023 gültigen Fassung
67 § 23 Abs. 1 Nr. 1 BtOG
68 § 23 Absatz 2 Nummer 2 BtOG
69 § 30 Absatz 5 BZRG
70 https://www.fuehrungszeugnis.bund.de/

Kann ich das Führungszeugnis vorher einsehen?

Die antragstellende Person kann verlangen, dass das Führungszeugnis, wenn es Eintragungen enthält, zunächst an ein von ihr benanntes Amtsgericht zur Einsichtnahme durch sie übersandt wird. Die Meldebehörde hat die antragstellende Person in den Fällen, in denen der Antrag bei ihr gestellt wird, auf die Möglichkeit der vorherigen Einsicht hinzuweisen. Das Amtsgericht darf die Einsicht nur der antragstellenden Person persönlich gewähren. Nach Einsichtnahme ist das Führungszeugnis an die Behörde weiterzuleiten oder, falls die antragstellende Person dem widerspricht, vom Amtsgericht zu vernichten.

Auch die zuständige Stammbehörde hat der antragstellenden Person auf Verlangen Einsicht in das Führungszeugnis zu gewähren.

*Die Einholung eines Führungszeugnisses ist gebührenpflichtig.[71] Die Kosten sind selbst zu tragen. Ehrenamtlich tätige rechtliche Betreuer*innen erhalten das Führungszeugnis gebührenfrei.[72]*

3.4.3 Auskunft aus dem zentralen Schuldnerverzeichnis

Das Schuldnerverzeichnis ist ein am Zentralen Vollstreckungsgericht geführtes Register aller Schuldner.[73] Bitte nicht verwechseln mit privatrechtlich geführten Verzeichnissen wie beispielsweise das der Schufa. Auskünfte privatrechtlicher Verzeichnisse sind nicht ausreichend. Auch andere Angaben zu den eigenen Vermögensverhältnissen können die vom Gesetz geforderte Auskunft aus dem zentralen Schuldnerverzeichnis nicht ersetzen.

Die Eintragung im zentralen Schuldnerverzeichnis wird vom Gerichtsvollzieher[74], von der Vollstreckungsbehörde[75] oder vom Insolvenzgericht[76] angeordnet.

Ebenso wie ein Führungszeugnis konnte bereits nach altem Recht die Vorlage einer Auskunft aus dem Schuldnerverzeichnis von der Betreuungsbehörde verlangt werden.[77]

Die Auskunft aus dem zentralen Schuldnerverzeichnis ist seit dem 1.1.2023 zwingend erforderlich, weil die Stammbehörde über die Zuverlässigkeit der antragstellenden Person zu befinden hat. Bestimmte Eintragungen, die auf ungeordnete finanzielle Verhältnisse schließen lassen, sprechen gegen die Zuverlässigkeit mit der Folge, dass ein Registrierungshindernis besteht.[78]

In dem gemeinsamen Vollstreckungsportal der Länder werden die bundesweiten Daten aus den Schuldnerverzeichnissen zum kostenpflichtigen Abruf bereitgestellt.[79]

71 Nummer 1130 des Kostenverzeichnisses zum Justizverwaltungskostengesetz – KV JVKostG
72 Vorbemerkung 1.1.3 KV JVKostG
73 § 882b ZPO
74 § 882c ZPO
75 § 284 Abgabenordnung
76 § 26 Abs. 2, § 303a InsO
77 § 1897 Absatz 2 Satz 2 BGB in der bis zum 1.1.2023 gültigen Fassung
78 § 23 Absatz 2 Nummer 4 BtOG
79 §§ 882b ff. ZPO; https://www.vollstreckungsportal.de/

3.4.4 Erklärung, ob ein Insolvenz-, Ermittlungs- oder Strafverfahren anhängig ist

Die Erklärung darüber, ob ein Insolvenz-, Ermittlungs- oder Strafverfahren anhängig ist, dient ebenfalls der Prüfung der persönlichen Zuverlässigkeit und der geordneten Vermögensverhältnisse. Diese Erklärung soll insbesondere die Verfahren erfassen, die noch laufen und noch nicht zu einer Eintragung in das Führungszeugnis oder zur Eröffnung eines Insolvenzverfahrens geführt haben. Es steht im Ermessen der Stammbehörde, ob und in welchem Umfang sie die Angaben der antragstellenden Person überprüft. Es gibt keine Formvorschrift.

3.4.5 Erklärung, ob in den letzten drei Jahren vor Antragstellung eine Registrierung als Berufsbetreuer versagt, zurückgenommen oder widerrufen wurde

Ein bestandskräftiger Widerruf einer Registrierung und der Widerrufsgrund werden nicht bundesweit bekannt gegeben. Sie sind bei der zuständigen Stammbehörde aktenkundig. Es besteht damit die Möglichkeit, dass eine antragstellende Person ihren Sitz verlegt und bei der nunmehr zuständigen Stammbehörde einen neuen Registrierungsantrag stellt.

Mit der Erklärung ist ggf. der Widerrufsbescheid vorzulegen. Die Stammbehörde kann in diesem Fall erkennen, ob ein Grund für die Zurückweisung des Registrierungsantrags vorliegt. Es gibt keine Formvorschrift.

3.4.6 Sachkunde

Das bisherige zum 31.12.2022 geltende Recht hat die Prüfung, ob die für die Führung der rechtlichen Betreuung vorgesehene Person über die erforderlichen Fachkenntnisse verfügt, einzelfallbezogen dem Betreuungsgericht überlassen. Seit dem 1.1.2023 muss eine Person, die beruflich rechtliche Betreuungen führen möchte, über ein Mindestmaß an Sachkunde verfügen.

Der Sachkundenachweis stellt sicher, dass rechtliche Berufsbetreuer*innen über ein einheitlich definiertes betreuungsrechtlich relevantes Fachwissen verfügen. Das Betreuungsgericht kann diese Fachkenntnisse voraussetzen und die Prüfung der Eignung auf Besonderheiten des Einzelfalls beschränken.

Welche Kenntnisse werden verlangt?

Die geforderte Sachkunde umfasst die zur Führung einer rechtlichen Betreuung erforderlichen Fachkenntnisse. Sie hat zu umfassen:

1. vertiefte Kenntnisse des Betreuungs- und Unterbringungsrechts, des dazugehörigen Verfahrensrechts sowie auf den Gebieten der Personen- und Vermögenssorge,
2. Kenntnisse des sozialrechtlichen Unterstützungssystems und

3. Kenntnisse der Kommunikation mit Personen mit Erkrankungen und Behinderungen und von Methoden zur Unterstützung bei der Entscheidungsfindung.[80]

Weiteres zu den Inhalten des Sachkundenachweises finden Sie im Abschnitt 5.

Gibt es im Rahmen des Registrierungsverfahrens eine Prüfung der Sachkunde?

Eine Sachkundeprüfung durch die Stammbehörde oder eine andere Behörde ist nicht vorgesehen. Die Sachkunde muss von dem Antragsteller durch Unterlagen, insbesondere durch Zeugnisse über erfolgreich abgelegte Studien- und Ausbildungsgänge sowie geeignete Lehrgänge, nachgewiesen werden.

Die Stammbehörde hat im Registrierungsverfahren lediglich zu prüfen haben, ob die Unterlagen nach der Ausführungsverordnung[81] ausreichen, um die geforderte Sachkunde zu belegen. Es können somit nicht wahllos Nachweise eingereicht werden.

Wie ist die Sachkunde nachzuweisen?

Die erforderliche Sachkunde ist nachzuweisen

1. durch ein Zeugnis über den erfolgreichen Abschluss eines anerkannten Studien-, Aus- oder Weiterbildungsgangs,[82]
2. durch ein Zeugnis über den erfolgreichen Abschluss eines anerkannten Sachkundelehrgangs[83] oder
3. durch anderweitige Nachweise.[84]

Gibt es bereits anerkannten Studien-, Aus- oder Weiterbildungsgänge?

An erster Stelle sollen Antragsteller*innen ihre Sachkunde durch einen erfolgreich abgeschlossenen anerkannten betreuungsspezifischen Studiengang oder durch eine entsprechende betreuungsspezifische Aus- oder Weiterbildung auf Hochschulniveau nachweisen. Der Gesetzgeber geht davon aus, dass Umfang und Inhalt entsprechender Studiengänge regelmäßig über die geforderten Inhalte des Sachkundenachweises hinausgehen.

Wichtig ist, dass es sich um einen anerkannten Studien-, Aus- oder Weiterbildungsgang handelt. Bis zum Redaktionsschluss lagen dem Autor noch keine Informationen zu anerkannten Studien-, Aus- oder Weiterbildungsgängen vor. Es ist aber davon auszugehen, dass die bisherigen Angebote auf die gesetzlichen Bedingungen angepasst werden und die Anbieter die entsprechende Anerkennung beantragen und erhalten werden.

80 § 23 Abs. 3 Satz 2 BtOG
81 § 23 Abs. 4 BtOG
82 Gem. § 5 BtRegV
83 Gem. § 6 BtRegV
84 Gem. § 7 BtRegV, § 4 BtRegV

Gibt es Studiengänge, bei den die Sachkunde unwiderruflich als nachgewiesen gilt?

Die für die Registrierung erforderliche Sachkunde gilt bei Antragsteller*innen mit der Befähigung zum Richteramt und denjenigen, die ein Studium der Sozialpädagogik oder der Sozialen Arbeit erfolgreich abgeschlossen haben, als nachgewiesen.[85]

Diese Regelung war im Gesetzgebungsverfahren bis zuletzt stark umstritten. Zunächst waren lediglich Antragserleichterungen bei Antragsteller*innen mit der Befähigung zum Richteramt und denjenigen, die ein Studium der Sozialpädagogik oder der Sozialen Arbeit absolviert haben, vorgesehen.

Antragsteller*innen, die über die Befähigung zum Richteramt verfügen, sollten die Sachkunde besitzen mit Ausnahme

- der Grundkenntnisse über typische betreuungsrelevante Erkrankungen und Behinderungen, deren Auswirkungen, Gefahren und Behandlungsmöglichkeiten, Möglichkeiten der Vermeidung einer freiheitsentziehenden Unterbringung, sonstiger freiheitsentziehender Maßnahmen und ärztlicher Zwangsmaßnahmen,
- der Grundlagen der Kommunikation und Praxistransfer,
- und der Kenntnisse zur betreuungsspezifischen Kommunikation/Methoden der unterstützten Entscheidungsfindung.

Bezüglich der genannten Kenntnisse hat die Bundesregierung den Standpunkt vertreten, dass es sich insoweit nicht um Rechtskenntnisse handelt, bei denen ohne Weiteres davon ausgegangen werden kann, dass ein Volljurist sich diese selbstständig aneignen kann. Zur Gewährleistung eines einheitlichen hohen Standards unter Wahrung der Selbstbestimmung der rechtlich betreuten Person könne auf den gesonderten Nachweis dieser Kenntnisse nicht verzichtet werden.[86]

Die zunächst vorgesehenen Antragserleichterungen für Antragsteller, die ein Studium der Sozialpädagogik

oder der Sozialen Arbeit erfolgreich abgeschlossen haben, gingen den umgekehrten Weg. Ihnen wurde auf Grund des Studiums zugutegehalten, dass sie die erforderlichen Techniken der Kommunikation erlernt haben und mit sozialrechtlichen Hilfestrukturen und ihrer Erschließung vertraut sind. Die in der Ausbildung fehlenden Rechtskenntnisse wären demnach zusätzlich nachzuweisen gewesen.[87]

Der federführende Rechtsausschuss hat die dann in die Verordnung eingegangene vollständige Privilegierung der genannten Berufsgruppen empfohlen. Der Rechtsausschuss hat argumentiert, dass die wesentliche Zielsetzung der Einführung des Sachkundenachweises – die Sicherstellung einer einheitlichen Mindestqualität[88] – nicht der Einführung eines Sachkundenachweises für die privilegierten Berufsgruppen bedarf. Die Argumentation wird belegt mit den Ergebnissen des Forschungsvorhabens „Qualität in der rechtlichen Be-

85 § 7 Abs. 6 BtRegV
86 Vgl. BR-Drucks. 248/22, S. 29 f.
87 Vgl. BR-Drucks. 248/22, S. 30
88 Vgl. Einzelbegründung zu § 4, BR-Drucks. 248/22, S. 24/25

treuung". Danach haben fast zwei Drittel der Berufsbetreuer ein abgeschlossenes Studium. Von diesen wiederum haben fast zwei Drittel einen rechtswissenschaftlichen oder sozialpädagogischen Abschluss.[89] Fachliche Mängel bei Berufsbetreuer*innen sind nicht festgestellt worden. Vielmehr ist von einem „erfreulich hohen Kenntnisstand in den meisten der abgefragten Fachgebiete"[90] die Rede. Darüber hinaus wird die Festlegung von den benannten „qualifizierten Berufen" auch zu einer Entlastung der Stammbehörden beitragen, da die Berufsqualifikationen unproblematisch durch Zeugnisse oder Abschlüsse überprüfbar sind.[91]

Aber Vorsicht, der Verzicht auf den Sachkundenachweis im Registrierungsverfahren hat zur Folge, dass rechtliche Betreuer*innen mit der Befähigung zum Richteramt und diejenigen, die ein Studium der Sozialpädagogik oder der Sozialen Arbeit absolviert haben, in eigener Verantwortung stehen, sich die für die Amtsführung erforderlichen Kenntnisse, die im Studium nicht erworben wurden, anzueignen. Die Betreuungsgerichte als Aufsichtsführende werden Kenntnisse entsprechend den Inhalten der Sachkunde (siehe Abschnitt 5) voraussetzen. Die Argumentation, dass die vorzuhaltenden Fachkenntnisse im Studiengang nicht behandelt worden sind, entlastet nicht von der Pflicht, über die entsprechenden Kenntnisse zu verfügen. Auch in Haftungsangelegenheiten werden diese Kenntnisse als Grundlage der fachlichen Arbeit vorausgesetzt werden können.

Wie sieht der Nachweis durch einen Sachkundelehrgang aus?

Die erforderliche Sachkunde kann durch ein Zeugnis über den erfolgreichen Abschluss eines anerkannten Sachkundelehrgangs nachgewiesen werden. Auch hier ist es wichtig, dass es sich um einen anerkannten Sachkundelehrgang handelt. Die Stammbehörde prüft lediglich die von Ihnen vorzulegenden Zeugnisse. Ein Sachkundelehrgang besteht aus 11 Modulen. Der zeitliche Gesamtumfang beträgt mindestens 270 Zeitstunden einschließlich Vor- und Nachbereitungszeit. Jedes Modul endet mit einer Prüfung, deren Bestehen den erfolgreichen Abschluss des Moduls nachweist.[92] Nur geprüftes Wissen gilt als Nachweis.

Die Inhalte der Module werden grundsätzlich in Lehrveranstaltungen vermittelt, die in Präsenz oder online durchgeführt werden und praktische Übungen umfassen. Prüfungszeiten sind in vorgeschriebenen Zeitstunden enthalten. Antragsteller*innen, die über einen Hochschulabschluss verfügen, können bis zu 50 Prozent der Zeitstunden des jeweiligen Moduls mit Ausnahme der Module 10 und 11 in Selbstlernphasen absolvieren. Alle übrigen Antragsteller können bis zu 15 Prozent der Zeitstunden des jeweiligen Moduls mit Ausnahme der Module 10 und 11 in Selbstlernphasen absolvieren.[93]

Die Inhalte der Module werden in Abschnitt 5 behandelt.

Bis zum Redaktionsschluss wurden noch keine anerkannten Sachkundelehrgänge angeboten. Verschiedene Anbieter waren in der Planung für entsprechende Angebote.

89 ISG, Qualität in der rechtlichen Betreuung, Abschlussbericht, S. 120
90 ISG, Qualität in der rechtlichen Betreuung, Abschlussbericht, S. 562
91 Vgl. BR-Drucks. 248/1/22, S. 4 f.
92 § 6 Abs. 2 und 3 BtRegV
93 Anlage zu § 3 Absatz 4 BrRegV

Wie kann die Sachkunde anderweitig nachgewiesen werden?

Die erforderliche Sachkunde kann auch durch Zeugnisse oder sonstige Leistungsnachweise über in den bisherigen Bestimmungen nicht erfasste anerkannte Studien-, Aus- oder Weiterbildungsgänge nachgewiesen werden, wenn diese den Erwerb aller geforderten Kenntnisse[94] belegen. Diese Regelung erfasst Fälle, in denen Antragsteller*innen über verschiedene Berufsqualifikationen verfügt, die geeignet sind, jeweils Teilbereiche der erforderlichen Kenntnisse abzudecken. Durch Vorlage derartiger Unterlagen kann der Nachweis sowohl insgesamt als auch nur teilweise erbracht werden. Die vorgelegten Unterlagen müssen nicht notwendigerweise aus ein und demselben Studium oder ein und derselben Ausbildung stammen, sondern es können auch Zeugnisse aus verschiedenen hintereinander oder parallel absolvierten Studien-, Aus- und Weiterbildungsgängen vorgelegt werden. Der Nachweis kann also Modul für Modul mit verschiedenen Unterlagen geführt werden, die in ihrer Gesamtheit geeignet sind, alle geforderten Kenntnisse[95] zu belegen.[96]

Die Stammbehörde prüft, ob die nachgewiesenen Leistungen mit den inhaltlichen Vorgaben zu den geforderten Kenntnissen inhaltlich und im geforderten zeitlichen Umfang mit den Modulen des Sachkundelehrgangs vergleichbar sind. Zeugnisse können hierzu durch weitere Unterlagen, zum Beispiel Studien- oder Kursbeschreibungen oder entsprechende Bescheinigungen, ergänzt werden. Vorgelegt werden können jegliche Unterlagen, die den Inhalt und die Reichweite der vorgelegten Zeugnisse nachvollziehbar erläutern. Hierzu kann die Stammbehörde in Zweifelsfällen eine Stellungnahme der nach Landesrecht für die Anerkennung der Sachkundelehrgänge zuständigen Behörde einholen.

Arbeitszeugnisse, Bescheinigungen über Berufserfahrung und ähnliche Dokumente sind zum Nachweis hingegen nicht geeignet. Da es sich um subjektive Berufszulassungsvoraussetzungen handelt, können aufgrund des Gleichbehandlungsgrundsatzes nur Unterlagen berücksichtigt werden, die geprüftes Wissen belegen.

Was ist zu tun, wenn die Nachweise nicht ausreichen?

Soweit die vorgelegten Unterlagen nicht ausreichen, die Sachkunde vollständig nachzuweisen, muss der nicht nachgewiesene Teil durch den erfolgreichen Abschluss eines oder mehrerer Module eines anerkannten Sachkundelehrgangs oder eines anerkannten Studien-, Aus- oder Weiterbildungsgangs nachgewiesen werden.[97]

Ich bin mir nicht sicher, ob meine Unterlagen zum Nachweis Sachkunde ausreichen. Kann ich vor Einleitung des Registrierungsverfahrens rechtssicher erfahren, welche Module des Sachkundelehrgangs ich zusätzlich nachweisen muss?

Auf Antrag entscheidet die Stammbehörde bereits vor Einleitung des Registrierungsverfahrens durch gesonderten Bescheid, ob und inwieweit der Nachweis der Sachkunde durch

94 § 3 BtRegV
95 § 3 BtRegV
96 § 7 Abs. 1 Satz 1
97 § 7 Abs. 2 &3

die vorgelegten Unterlagen erbracht werden kann. Sie erhalten somit einen Bescheid, der Ihnen genau sagt, welche Module noch nachzuweisen sind.

Kann meine Berufserfahrung mit berücksichtigt werden?

Unter bestimmten Voraussetzungen können fehlende Teilbereiche der Sachkundenachweise über eine mehrjährige für die Führung rechtlicher Betreuung nutzbare Berufserfahrung oder über entsprechende mehrjährige Erfahrung aus der ehrenamtlichen Führung rechtlicher Betreuungen erbracht werden. Voraussetzung ist, dass die Berufserfahrung bzw. die Art und der Umfang der ehrenamtlich geführten rechtlichen Betreuungen inhaltlich und zeitlich die fehlenden Module der Sachkunde ersetzen können. Es handelt sich dabei um eine Einzelfallentscheidung, die von der Stammbehörde zu begründen ist.[98]

Zur Begründung der Regelung hat der Rechtsausschuss ausgeführt, dass auch eine mehrjährige für die Führung der Betreuung nutzbare Berufserfahrung im Einzelfall die begründete Vermutung rechtfertigt, dass die erforderliche Sachkunde vorliegt. Gleiches gilt für langjährig tätige ehrenamtliche Betreuer*innen. In diesen Fällen dennoch stets den erfolgreichen Abschluss eines Sachkundelehrgangs zu verlangen, wäre bloßer Formalismus und mit dem Verhältnismäßigkeitsgrundsatz nicht in Einklang zu bringen.[99]

Können auch im Ausland erworbene Berufsqualifikationen anerkannt werden?

Für Staatsangehörigen eines Mitgliedstaates der Europäischen Union oder eines Vertragsstaates des Abkommens über den Europäischen Wirtschaftsraum ist geregelt, dass in einem anderen Mitgliedstaat erworbene Befähigungs- oder Ausbildungsnachweise, falls notwendig auch in Verbindung mit weiteren Unterlagen, anerkannt werden, wenn:

1. der in einem anderen Mitgliedstaat erworbene Befähigungs- oder Ausbildungsnachweis die Befähigung zu einer vergleichbaren beruflichen Tätigkeit belegt wie das entsprechende inländische Abschlusszeugnis oder der entsprechende inländische sonstige Leistungsnachweis,
2. der Befähigungs- oder Ausbildungsnachweis in dem anderen Mitgliedstaat erforderlich ist, um in dessen Hoheitsgebiet die Erlaubnis zur Aufnahme und Ausübung dieses Berufs zu erhalten,
3. Antragsteller*innen zur Ausübung dieser beruflichen Tätigkeit in dem anderen Mitgliedstaat berechtigt sind und
4. zwischen den nachgewiesenen ausländischen Berufsqualifikationen und der entsprechenden inländischen Berufsbildung keine wesentlichen Unterschiede bestehen.

Befähigungs- oder Ausbildungsnachweise werden, falls notwendig auch in Verbindung mit weiteren Unterlagen, auch dann anerkannt, wenn

1. die Tätigkeit des beruflichen Betreuers in dem anderen Mitgliedstaat nicht reglementiert ist,

98 § 7 Abs. 5 BtRegV
99 Vergl. BR-Drucks. 248/1/22, S. 3 und 4

2. die Befähigungs- und Ausbildungsnachweise in dem anderen Mitgliedstaat von einer entsprechend dessen Rechts- und Verwaltungsvorschriften benannten zuständigen Behörde ausgestellt worden sind,
3. diese bescheinigen, dass der Inhaber auf die Ausübung des betreffenden Berufs vorbereitet wurde und
4. die antragstellende Person den Beruf in diesem Mitgliedstaat in den vorangegangenen zehn Jahren mindestens ein Jahr lang in Vollzeit oder während einer entsprechenden Gesamtdauer in Teilzeit ausgeübt hat.

Die mindestens einjährige Berufserfahrung darf nicht verlangt werden, wenn durch den Ausbildungsnachweis ein reglementierter Ausbildungsgang belegt wird.[100]

Was geschieht, wenn die im Ausland erworbene Qualifikation nicht den inländischen Anforderungen an die Sachkunde entspricht?

Unterscheidet sich die ausländische Berufsqualifikation nach Inhalt und Umfang wesentlich von den Anforderungen an den Sachkundelehrgang, kann die Registrierung nur erfolgen, wenn ein Zeugnis über die erfolgreiche Teilnahme an fehlenden Modulen vorgelegt wird.

Die Stammbehörde stellt durch gesonderten Bescheid fest, in welchen Modulen keine ausreichenden Kenntnisse nachgewiesen wurden.

Gibt es besondere Regelungen für Mitarbeiter*innen eines anerkannten Betreuungsvereins?

Grundsätzlich müssen auch Mitarbeiter*innen eines anerkannten Betreuungsvereins registriert sein, wenn sie berufsmäßig rechtliche Betreuungen führen wollen. Sie können aber schon früher, wenn die Sachkunde noch nicht vollständig nachgewiesen ist, registriert werden. Hierzu ist im Gesetz geregelt, dass Person, die eine Registrierung beantragt und Mitarbeiter eines anerkannten Betreuungsvereins sind oder eine Anstellungszusage eines anerkannten Betreuungsvereins vorlegen, aber zum Zeitpunkt der Antragstellung das Vorliegen der Sachkunde nicht vollständig, aber in wesentlichen Teilen nachweisen, registriert werden können, wenn

1. die übrigen Voraussetzungen für die Registrierung vorliegen und
2. der Betreuungsverein sicherstellt, dass die Person bis zum vollständigen Nachweis ihrer Sachkunde durch eine angestellte Person, die registriert ist, bei den von ihr geführten Betreuungen angeleitet und kontrolliert wird.

Die Sachkunde ist gegenüber der Stammbehörde bis zum Ablauf eines Jahres ab Registrierung vollständig nachzuweisen. Die Behörde kann die Frist für die Erbringung des Nachweises verlängern, wenn die registrierte Person nachweist, dass sie ohne ihr Verschulden verhindert ist, die Frist einzuhalten.[101]

100 § 9 Abs. 1 und 2 BtRegV
101 § 23 Abs. 4 BtOG

Wird die Sachkunde bis zum Ablaufen der Frist nicht nachgewiesen, ist die Registrierung von der Stammbehörde zu widerrufen.

Betreuungsvereine haben das Problem, dass sie nicht in ausreichender Zahl auf voll ausgebildete Bewerber*innen zurückgreifen können. Es ist daher erforderlich, Mitarbeiter*innen zu gewinnen, die lediglich über einen Teil der erforderlichen Sachkunde verfügen und diese dann durch anerkannte interne Angebote oder entsprechende externe Angebote zu qualifizieren. Die Tätigkeit in einem anerkannten Betreuungsverein bietet eine Gewähr dafür, dass nicht voll qualifizierte Mitarbeiter*innen mit Unterstützung durch den Verein bei der Betreuungsführung qualitative Mindestanforderungen erfüllen. Entsprechend ist die Registrierung unter den oben genannten Voraussetzungen gerechtfertigt.

3.4.7 Mitteilung zum beabsichtigten zeitlichen Gesamtumfang und zur Organisationsstruktur

Die antragstellende Person hat der Stammbehörde den beabsichtigten zeitlichen Gesamtumfang und die Organisationsstruktur ihrer beruflichen Betreuertätigkeit mitzuteilen.[102] Diese Angaben dienen dazu, der Stammbehörde Anhaltspunkte für eine Einschätzung der Gesamtkapazität der antragstellenden Person an die Hand zu geben. Die Abgabe entsprechender Daten ist verpflichtend, hat inhaltlich aber keinen Einfluss auf die Frage, ob eine Registrierung erfolgt oder nicht. Lediglich das Fehlen entsprechender Angaben hindert die Registrierung.

Zukünftige Mitarbeiter*innen eines anerkannten Betreuungsvereins müssen bezüglich der Organisationsstruktur keine Angaben machen, wenn diese der Stammbehörde bereits ausreichend bekannt ist.[103]

Im Gesetz sind Mindestanforderungen an die Angaben zum zeitlichen Gesamtumfang und zur Organisationsstruktur formuliert. An dieser Stelle bietet sich die Gelegenheit, etwas mehr zu tun und damit der Stammbehörde deutlich zu machen, für welche Fallgruppe Sie rechtliche Betreuungen bevorzugt führen wollen und wie Sie selbst ihre Kapazitäten einschätzen. Welche Angaben im Einzelnen zur Pflichtinformation gehören und welche Angaben sinnvoll ergänzt werden können, wird im Folgenden dargestellt. Doch zuvor zum Verständnis des Kontextes ein Blick zurück auf die seit 30 Jahren andauernde Diskussion zu den Fallzahlen.

Rückblick

Mit dem am 1.1.1992 in Kraft getretenen Betreuungsgesetz sollten hohe Fallzahlen und die Verwaltung vom Schreibtisch im Bereich der professionell ausgeübten Vormundschaft und Pflegschaft zugunsten der persönlichen rechtlichen Betreuung verändert werden. Im Gesetzgebungsverfahren wurde eine durchschnittliche Fallbelastung von etwa 100 Vormundschaften und Pflegschaften kritisiert.

102 § 24 Abs 1 Satz 3

103 Vgl. BR-Drucks. 248/22, S. 36

Das 1992 geltende Abrechnungssystem für rechtliche Berufsbetreuer*innen vergütet die tatsächlich aufgewendete Zeit mit einem bestimmten Stundensatz. Delegierte Tätigkeiten wurden nicht vergütet. Die Fallzahl war ohne vergütungsrelevante Bedeutung. Der Verdienst rechtlicher Berufsbetreuer*innen ergab sich aus der von ihnen persönlich aufgewendeten Zeit.

Mit dem am 1.7.2005 in Kraft getretenen 2. BtÄndG wurde die Vergütung auf eine pauschale Vergütungsordnung umgestellt. Ein entscheidender Faktor für den Verdienst rechtlicher Berufsbetreuer*innen ergibt sich seither aus der Anzahl der geführten rechtlichen Betreuungen (Fallzahl). Die Delegation von untergeordneten Tätigkeiten wurde möglich (siehe Abschnitt 2.3.7).

Warum wird die Fallzahl diskutiert?

Die geänderte Struktur der Vergütung führte zu der Befürchtung, dass die rechtlichen Berufsbetreuer*innen an der Zeit für den persönlichen Kontakt mit der zu betreuenden Person sparen, um dadurch mehr Fälle übernehmen zu können.

Gibt es eine Begrenzung der Fallzahl?

Im Zuge der Neuregelung zum 1.1.2023 ist – wie in der Vergangenheit – auf die Festsetzung einer gesetzlichen Höchstgrenze für die Anzahl der rechtlichen Betreuungen, die geführt werden dürfen, verzichtet worden. Zur Begründung heißt es hierzu, dass eine generelle zahlenmäßige Begrenzung durch den Gesetzgeber nicht sinnvoll erscheint. Denn die Zahl der rechtlichen Betreuungen, die von einer Person ohne Qualitätseinbußen geführt werden können, hängt stark vom Einzelfall ab.[104] Auch die empirischen Erhebungen haben keine Qualitätsunterschiede festgestellt, welche sich in einfacher Weise an der Anzahl der geführten rechtlichen Betreuungen festmachen ließen.[105]

Das Betreuungsgericht ist jedoch erstmals verpflichtet, bei der Entscheidung über die Bestellung einer bestimmten beruflich tätigen rechtlichen Betreuungsperson auch Anzahl und Umfang der von ihr bereits zu führenden rechtlichen Betreuungen zu berücksichtigen.[106]

Bezogen auf den Einzelfall ist unter anderem zu klären, ob die vorgeschlagene Person über die zeitlichen Kapazitäten für die erforderlichen persönlichen Kontakte verfügt. Das Betreuungsgericht kann sich dabei auf den Bericht der Betreuungsbehörde stützen. Dieser Bericht hat unterer anderem auch einen Vorschlag zur Person, welche die rechtliche Betreuung führen soll, zu beinhalten. Ist die Betreuungsbehörde nicht gleichzeitig auch Stammbehörde, fragt sie die entsprechenden Informationen bei der zuständigen Stammbehörde ab.

Entsprechend muss die Stammbehörde in der Lage sein, eine Einschätzung zur Gesamtkapazität der Person, die berufliche rechtliche Betreuungen führt, vornehmen zu können. Obwohl der Gesetzgeber keine aussagekräftigen Kriterien für eine Fallzahlbegrenzung finden konnte, muss die Stammbehörde eine individuelle Einschätzung vornehmen.

104 BT-Drucks. 19/24445, S. 239 ff.
105 ISG, Qualität in der rechtlichen Betreuung, Abschlussbericht S. 569; Bundesanzeiger Verlag 2018
106 § 1816 Abs. 5 Satz 2 BGB

Ist es sinnvoll, einen Plan für eine persönliche Fallzahlbegrenzung auszuarbeiten?

Aber nicht nur die Stammbehörde oder das Betreuungsgericht, sondern auch Sie selbst müssen in der Lage sein, die eigenen Kapazitäten richtig einschätzen zu können. Benötigt wird eine „individuelle Fallzahlbegrenzung".

Der eigene Plan für eine persönliche Fallzahlbegrenzung ist in mehrfacher Hinsicht hilfreich:

- Er hilft bei der Kalkulation der benötigten Mittel zum Aufbau Ihrer freiberuflichen Tätigkeit.
- Er unterstützt das Vertrauen der Stammbehörde, der jeweiligen Betreuungsbehörde und des Betreuungsgerichts in Ihre Fachlichkeit.
- Er hilft Ihnen, den Überblick über die Austauschrate und damit über den Bedarf neuer Fälle zu behalten.

Welche Aspekte sind bei der Planung der persönlichen Fallzahlbegrenzung zu berücksichtigen?

Gegenüber der Stammbehörde sind Angaben zum zeitlichen Gesamtumfang, der Organisationsstruktur und zum Bestand der geführten rechtlichen Betreuungen verpflichtend.[107] Berufliche Betreuer*innen müssen der Stammbehörde alle Änderungen im Bestand der von ihnen geführten rechtlichen Betreuungen alle sechs Monate mitteilen. Alle anderen Angaben zum zeitlichen Gesamtumfang und zur Organisationsstruktur sind zum Zeitpunkt des Auftretens zu melden. Allein mit diesen Daten lässt sich die individuelle Belastbarkeit nicht vollständig einschätzen. Es entsteht evtl. ein falsches Bild.

Die persönliche Fallzahlbegrenzung ergibt sich aus einer Vielzahl unterschiedlicher Faktoren. Vorrangig sind hierzu nennen

- der zeitliche Gesamtumfang (Teilzeit/Vollzeit ...),
- die Organisationsstruktur,
- die erforderlichen Wegstrecken für die persönlichen Kontakte,
- die eigene Spezialisierung,
- die Kooperation und Einbindung in das gemeindenahe soziale und psychiatrische Netzwerk,
- die Berufserfahrung,
- die eigene psychomentale Belastbarkeit.

Entscheidend ist die realistische Selbsteinschätzung.

107 § 25 Abs. 1 BtOG

Gibt es Erfahrungswerte für den Einstieg?

Erfahrungswert

> Für Berufsanfänger*innen (ohne praktische Vorerfahrung) ist die Übernahme von 20 Betreuungen im ersten Jahr als erreichbares, aber anspruchsvolles Ziel anzusehen.

Die Anfangsphase jeder Betreuung ist mit einem erheblichen zeitlichen Aufwand verbunden. Sie erfordert von rechtlichen Betreuer*innen einen hohen persönlichen Einsatz, um die betreute Person kennenzulernen. Auch die Einarbeitung in die persönlichen und wirtschaftlichen Verhältnisse der rechtlich betreuten Person wird Ihren persönlichen Einsatz erfordern. Entsprechend können nicht zu viele Fälle gleichzeitig neu übernommen werden.

Gibt es Erfahrungswerte zur Berechnung der Fallzahlbegrenzung nach der Aufbauphase?

Das durch die Bundesregierung beauftragte Forschungsvorhaben hat umfangreiche Daten zur Fallzahl erhoben. Demnach führten die Befragten durchschnittlich 37 rechtliche Betreuungen. Der Schwankungsbereich lag zwischen unter 10 und über 55. Rechtliche Betreuer*innen, die in einer Situation arbeiten, in welcher es Mitarbeiter*innen gibt, die selbst keine Betreuungen führen, sind durchschnittlich für eine höhere Zahl rechtlicher Betreuungen bestellt.

Die ermittelten Zahlen haben eine hohe Spannbreite. Eine allgemeingültige Regel lässt sich nicht ableiten. Aus diesem Grund hat der Gesetzgeber auf die Festsetzung einer Fallobergrenze verzichtet. Eine individuelle Näherung ermöglichen folgende Modellrechnungen:

Die Modellberechnung resultiert aus dem Betreuungsaufwand. Ausgehend von dem statistisch erhobenen Betreuungsaufwand anlässlich der Einführung der pauschalen Vergütung[108] ergibt sich bei laufenden Geschäften und einer durchschnittlichen Fallstruktur ein wöchentlicher Aufwand je Fall von weniger als einer Stunde. Eine wissenschaftliche Studie zur Bedarfsplanung im Betreuungswesen – exemplarisch durchgeführt im Landkreis Weilheim-Schongau – ergab ein ähnliches Ergebnis. Danach entspricht eine Betreuung etwa einer Stunde Arbeitszeit pro Woche.[109] Die Ergebnisse aus der Forschung[110] ergeben als Mittelwert des tatsächlichen Zeitaufwands über alle Betreuungen 4,1 Stunden pro Betreuung pro Kalendermonat. Die Berechnung der persönlichen Fallzahlbegrenzung ergibt sich damit aus Ihrer Arbeitsleistung für die Fallarbeit zuzüglich der auf die Fallarbeit entfallenden Arbeitszeit der angestellten Hilfskräfte.

---

108 BT-Drucks. 15/2494, S. 32 ff.

109 Klück, Raffaela, Bachelorarbeit „Berufsbetreuer/innen gesucht!?“ zur Abschlussprüfung als Bachelor of Arts in Soziale Arbeit

110 Matta, Vanita u.a., Qualität in der rechtlichen Betreuung – Abschlussbericht, Bundesanzeiger Verlag 2018, S. 475

Beispielrechnung:

Ihre auf die Fallarbeit bezogene Arbeitszeit (Gesamtarbeitszeit 60 Std.)	*= 40 Std.*
fallbezogene Arbeitsleistung der Buchhaltung (Anstellungsverhältnis für 15 Std.)	*= 10 Std.*
fallbezogene Arbeitsleistung der Büroassistenz (Anstellungsverhältnis für 30 Std.)	*= 20 Std.*
Summe der aufgewendeten Arbeitszeit	*= 70 Std.*

Es ergibt sich eine Fallzahlbegrenzung von ca. 70 Betreuungsfällen. Ihre Gesamtarbeitszeit und die Zeiten der Anstellungsverhältnisse sind um den Anteil der nicht fallbezogenen Arbeit erhöht. Bei diesem Beispiel wäre die Arbeitszeit des rechtlichen Betreuers noch um die Zeit, die für nicht fallbezogene Tätigkeiten aufgewendet wird, zu ergänzen.

Das Beispiel hat bewusst eine hohe Arbeitsleistung zugrunde gelegt, um die deutliche Abweichung zu den Ergebnissen im Forschungsvorhaben zu demonstrieren. Jede Betreuungsbehörde wird ihre Vorschläge in Betreuungsverfahren auf die durchschnittlich festgestellten Werte stützen und nur abweichen, wenn sie ausreichend Kenntnisse von Ihrer Leistungsfähigkeit hat.

Tipp

Der ausgearbeitete Plan zur persönlichen Fallzahlbegrenzung sollte jährlich aktualisiert werden.

Was genau ist beim zeitlichen Gesamtumfang anzugeben?

Die Angaben zum beabsichtigten zeitlichen Gesamtumfang der Betreuungsführung beziehen sich auf die Frage, ob die Betreuertätigkeit in Vollzeit oder als Nebentätigkeit ausgeübt wird und – im letzteren Fall – welcher zeitliche Umfang hierfür in etwa zur Verfügung steht. Hierzu gehören auch Angaben, ob und in welchem Umfang neben der beruflichen Betreuertätigkeit andere berufliche Tätigkeiten oder eine Ausbildung bzw. ein Studium absolviert werden.

Im Gesetzentwurf begründet diese Anforderung wie folgt:

> „Diese Angaben sind wichtig, da anderenfalls die Zahl der geführten Betreuungen nicht bewertet werden kann. Ein Betreuer, der ohne Hilfskräfte in einem Einzelbüro beispielsweise 50 Betreuungen führt, ist anders belastet als ein Betreuer, der in einer Bürogemeinschaft mit Mitarbeitern dieselbe Anzahl von Betreuungen führt. Wenn er dann auch noch einer weiteren Tätigkeit neben der Berufsbetreuung nachgeht, kann im Zweifel davon ausgegangen werden, dass er zu viele Betreuungen führt und die notwendige Qualität nicht sicherstellen kann."[111]

111 BT-Drucks. 19/2445, S. 380

Welche Angaben sind darüber hinaus sinnvoll?

Diese Annahme mag allgemein gesehen zutreffend sein, jedoch im Einzelfall ein verzerrtes Bild ergeben. Sollten Sie sich hier nicht richtig eingeschätzt fühlen, wäre Ihre persönliche Sichtweise der Stammbehörde ergänzend mitzuteilen. Dabei spielen Aspekte eine Rolle wie

- die persönliche Bereitschaft, mehr als 40 Std. an insgesamt 5 Tagen in der Woche arbeiten zu wollen,
- die Dauer und Art Belastung von nebeneinander ausgeübten Tätigkeiten (Ist die Nebentätigkeit bezahltes Hobby oder inhaltlicher Schwerpunkt ihres Lebens?),
- die persönliche Belastbarkeit, die „Lust" an der Arbeit und andere persönliche Umstände.

Was genau ist zur Organisationsstruktur anzugeben?

Die Mitteilung der beabsichtigten Organisationsstruktur der beruflichen Betreuertätigkeit hat mindestens folgende Angaben zu umfassen:

1. Vorhandensein, Anzahl und Beschäftigungsumfang von Mitarbeitern,
2. Art und Umfang der Räumlichkeiten, in denen die Tätigkeit ausgeübt wird, und
3. Art und Umfang der Erreichbarkeit.[112]

Die Angaben zur Organisationsstruktur beziehen sich somit auf die Frage, ob die Betreuertätigkeit vollständig allein als Einzeltätigkeit ausgeübt wird, ob eine Tätigkeit in einer Bürogemeinschaft beabsichtigt ist oder ob ggf. weitere Hilfskräfte oder Mitarbeiter beschäftigt werden sollen, die einen Teil der nicht zwingend von Ihnen als rechtliche*r Betreuer*in selbst vorzunehmenden Tätigkeiten abnehmen.

Die Mitteilung über den Umfang der Räumlichkeiten zielt darauf ab, zu klären, ob ausreichend Raum zur Verfügung steht, um ungestört Gespräche mit rechtlich betreuten Personen führen zu können.

Die Mitteilungen zu Art und Umfang der Erreichbarkeit ist erforderlich, um der verfahrensführenden Betreuungsbehörde zu ermöglichen, für den Einzelfall zu prüfen, ob Ihre und die im Einzelfall erforderliche Erreichbarkeit übereinstimmen.

Beispiel:

Die verfahrensführende Betreuungsbehörde hat eine geeignete Person für die Führung der rechtlichen Betreuung von Frau Z. vorzuschlagen. Frau Z ist 93 Jahre alt und lebt in Ihrer Wohnung. Sie hat eine Patientenverfügung, die unter bestimmten Umständen eine intensivmedizinische Behandlung verbietet. Es wird eine Person zur Führung der rechtlichen Betreuung gesucht, die im Notfall (auch nachts) erreichbar ist. Auch soll im Notfall mit dem Arzt geklärt werden können, ob die im Rahmen der Patientenverfügung getroffene Regelung auf die aktuelle Situation anzuwenden sind.

112 § 11 BtRegV

Bei den Angaben zur Erreichbarkeit sollten Sie deutlich machen, ob es sich um klar definierte allgemeine Angaben handelt oder Sie die Erreichbarkeit je nach Anforderung auf den Einzelfall anpassen und fallbezogen erweiterte Angebote machen wollen.

Die angegebenen Daten werden bei der Stammbehörde hinterlegt und werden der im konkreten Einzelfall zuständigen Verfahrensbehörde zur Verfügung gestellt. Diese Daten dienen der Verfahrensbehörde als Grundlage für den Vorschlag einer für den konkreten Einzelfall geeigneten Person für die Führung der rechtlichen Betreuung.

Insgesamt soll sowohl die Stammbehörde als auch die verfahrensführende Betreuungsbehörde in die Lage versetzt werden einzuschätzen, wie viele rechtliche Betreuungen von Ihnen im Rahme ihrer beruflichen Tätigkeit geführt werden können.

Vorschlag zur Gliederung der Angaben zum zeitlichen Gesamtumfang und zur Organisationsstruktur

- Eigener zeitlicher Gesamtumfang
- Geschäftsmodell (Teilzeit/Vollzeit/von allgemeinen Vorstellungen abweichende Zeiten …) ggf. individuell begründete Aspekte
- Andere berufliche Beschäftigung, Ausbildung, Studium (Anzahl, Umfang, Wichtigkeit gegenüber der beruflichen Führung rechtlicher Betreuungen), ggf. individuell begründete Aspekte
- …
- Personal
  - Anzahl der Mitarbeiter*innen
  - zeitlicher Gesamtumfang der Mitarbeiter*innen
  - Qualifikation
  - Inhaltliche Arbeitsplatzbeschreibung/Aufgabengebiet
- Gewünschte*r Verhinderungsbetreuer*in
  - Vollständige Kontaktdaten
  - Qualifikation
  - Anhang – Einverständniserklärung
- Ausstattung
  - Räumliche Ausstattung (Möglichkeit für Bürotermine? Angaben zur Verkehrslage und Anbindung an den öffentlichen Nahverkehr)
  - Technische Büroausstattung Ausstattung (PC …)
- Kommunikation: Telefon, Fax, AB, Mailadresse, WhatsApp, Voicemail …
- Kontaktdaten für den förmlichen und elektronischen Schriftverkehr mit Justiz und Behörden
- Mobilität (PKW …)

- Erreichbarkeit
  - Allgemeine Bürozeiten (sichergestellte telefonische Zeiten der Erreichbarkeit durch Mitarbeiter*innen oder Sie selbst)
  - Sprechzeiten, zu denen Sie anwesend sind
  - Erreichbarkeit über Anrufbeantworter, SMS, Text- u. Sprachnachrichten, Fax, E-Mail
  - Ggf. Erreichbarkeit im Krisenfall oder für andere Einzelfälle
- Eigene Arbeitsschwerpunkte
- Persönliche Fallzahlbegrenzung. Begründete Selbsteinschätzung zu zeitlichem Gesamtumfang im Verhältnis zu Arbeitsschwerpunkt und Fallzahl

3.5 Das weitere Verfahren zur Registrierung

Wie verläuft das Verfahren nach der Antragstellung?

Zur Feststellung der persönlichen Eignung hat die Stammbehörde mit der antragstellenden Person ein persönliches Gespräch zu führen.[113] Sodann prüft sie das Vorliegen aller Voraussetzungen und fordert die antragstellende Person zum Nachweis der Berufshaftpflichtversicherung auf. Nachdem alle Unterlagen vorliegen, ist über den Antrag innerhalb von drei Monaten durch Verwaltungsakt zu entscheiden.[114]

3.5.1 Gespräch zur Feststellung der persönlichen Eignung

Was verbirgt sich hinter dem Gespräch zur Feststellung der persönlichen Eignung?

Das mit der antragstellenden Person zu führende Gespräch zur Feststellung der persönlichen Eignung soll gewährleisten, dass sich die Stammbehörde vor einer Registrierung einen persönlichen Eindruck von der sich bewerbenden Person verschafft. In diesem Rahmen können auch spezifische Interessenschwerpunkte und die Motivation erfragt werden.[115] Die Eignung ist nicht allgemein, sondern ausschließlich berufsbezogen zu beurteilen. Es ist aber kein Prüfungsgespräch zur Sachkunde. Die Sachkunde ist allein durch die Vorlage von Unterlagen zu prüfen.

Das Gespräch ermöglicht ein erstes Kennenlernen für die künftige Zusammenarbeit zwischen der Stammbehörde, die überwiegend auch in den jeweiligen Betreuungsverfahren die zuständige Betreuungsbehörde sein wird, und der antragstellenden Person. So können zum Beispiel spezifische Interessenschwerpunkte und die Angaben zur Organisationsstruktur und der geplanten Entwicklung der beruflichen Tätigkeit der sich bewerbenden Person besprochen werden.

113 § 24 Abs. 2 BtOG
114 § 24 Abs. 3 BtOG
115 Vgl. BT-Drucks. 19/24445, S. 380

Um antragstellenden Personen die weitere Orientierung zu erleichtern, sollte dieses Gespräch möglichst vor Prüfung der ausreichenden Sachkunde geführt werden. Insbesondere bei offensichtlichen Zweifeln an der persönlichen Eignung einer antragstellenden Person kann dieser so der vergebliche Erwerb der Sachkunde erspart werden.

Seitens der Stammbehörde sollen mindestens zwei Personen an diesem Gespräch teilnehmen, wobei mindestens eine dieser Personen selbst über Berufserfahrung auf dem Gebiet der rechtlichen Betreuung verfügen soll.

Die Soll-Vorschrift zur Besetzung des Gesprächs dient der Nachweisbarkeit seines Inhalts im Falle eines Rechtsstreits. Das Gespräch ist zu protokollieren.

Da die gesetzliche Regelung bestimmt, dass „die Stammbehörde" mit der antragstellenden Person das persönliche Gespräch zu führen hat, muss mindestens eine Person dieser Stammbehörde angehören. Die weitere Person muss nicht zwingend bei der Stammbehörde beschäftigt sein. Denkbar ist somit, dass besonders kleine Betreuungsbehörden im Bedarfsfall auch bei anderen Behörden beschäftigte geeignete Personen hinzuziehen. Möglich ist auch, dass mehrere Stammbehörden gemeinsam das Gespräch organisieren. Erforderlich ist dabei allerdings, dass die jeweils für die antragstellende Person zuständige Stammbehörde als Veranstalter fungiert.

Das Erfordernis der Berufserfahrung auf dem Gebiet der rechtlichen Betreuung ist dabei weit auszulegen. Dass die teilnehmende Person selbst rechtliche Betreuungen geführt hat, wird nicht vorausgesetzt.

Es können auch mehr als zwei Personen seitens der Betreuungsbehörde teilnehmen. Vorgaben zu Dauer und Wiederholbarkeit gibt es nicht.

3.5.2 Nachweis der Berufshaftpflichtversicherung

Voraussetzung für die Registrierung ist eine Berufshaftpflichtversicherung zur Deckung der sich aus der Berufstätigkeit ergebenden Haftpflichtgefahren für Vermögensschäden mit einer Mindestversicherungssumme von 250.000 € für jeden Versicherungsfall und von 1 Million Euro für alle Versicherungsfälle eines Versicherungsjahres.[116] Der Nachweis der Berufshaftpflichtversicherung ist erst zu erbringen, wenn die übrigen Voraussetzungen für die Registrierung vorliegen, die Behörde also grundsätzlich positiv im Sinn des Antrags entschieden hat. Sie fordert dann den Antragsteller auf, die Berufshaftpflichtversicherung nachzuweisen.[117]

Schon vor der Änderung des Betreuungsrechts konnte verlangt werden, dass rechtliche Betreuer*innen über eine Versicherung gegen Schäden, die sie der rechtlich betreuten Person zufügen, verfügen.[118] So gut wie alle rechtlichen Berufsbetreuer*innen (98 %) verfügten bereits über eine derartige Versicherung. Unterschiede gab es bei der Abdeckung. Die Unterschiede bezogen sich auf die Mindestversicherungssumme, die Abdeckung öffentlich-

116 § 23 Abs. 1 Nr. 3 BtOG
117 Vgl. BT-Drucks. 19/24445, S. 381
118 §§ 1908i Absatz 1, 1837 Absatz 2 Satz 3 BGB in der Fassung vor dem 1.1.2023

rechtlicher Ansprüche und ob und ggf. für welche Dauer eine Nachhaftung enthalten war.[119]

Die neu geschaffene Regelung gilt übergreifend. Die vom Gesetzgeber seit dem 1.1.2023 verlangte Mindestversicherungssumme dürfte bei den meisten Altverträgen gegeben sein. Die auf alle Versicherungsfälle bezogene Gesamtsumme von 1 Million Euro war nicht üblich. Hier war oft nur eine Begrenzung auf zwei Fälle im Jahr vertraglich abgesichert. Seit dem 1.1.2023 muss die Versicherung alle sich aus der Berufstätigkeit ergebenden Haftpflichtgefahren abdecken, also auch Vermögensschäden und öffentlich-rechtliche Ansprüche.[120]

Von der Berufshaftpflichtversicherung kann insbesondere die Haftung für Ersatzansprüche wegen Pflichtverletzung ausgeschlossen werden.[121] Eine wissentliche Pflichtverletzung setzt bereits voraus, dass rechtliche Betreuer*innen wissen, dass sie eine Pflicht verletzen. Im Unterschied zur vorsätzlichen Schadensbegehung wird aber kein Vorsatz bezüglich des Schadenseintritts vorausgesetzt.[122]

Die Vereinbarung eines Selbstbehalts bis zu einem Prozent der Mindestversicherungssumme ist zulässig. Ein Selbstbehalt des Versicherungsnehmers kann dem Dritten nicht entgegengehalten und gegenüber einer mitversicherten Person nicht geltend gemacht werden.[123]

Ursprünglich war vorgesehen, dass rechtliche Betreuer*innen das Bestehen der Haftpflichtversicherung jährlich durch die Vorlage der gezahlten Rechnung nachzuweisen haben. Dieses aufwendige Verfahren wurde dann durch die folgende Regelung ersetzt.

„Im Versicherungsvertrag ist der Versicherer zu verpflichten, der für die Registrierung des Betreuers zuständigen Stammbehörde die Beendigung oder Kündigung des Versicherungsvertrages sowie jede Änderung des Versicherungsvertrages, die den vorgeschriebenen Versicherungsschutz beeinträchtigt, unverzüglich anzuzeigen. Die für die Registrierung des Betreuers zuständige Stammbehörde hat dem Versicherer das Datum des Eingangs der Anzeige mitzuteilen. Sie erteilt Dritten zur Geltendmachung von Schadensersatzansprüchen auf Antrag Auskunft über den Namen und die Adresse der Berufshaftpflichtversicherung des Betreuers sowie die Versicherungsnummer, soweit das Auskunftsinteresse das schutzwürdige Interesse des Betreuers an der Nichterteilung dieser Auskunft überwiegt. Die für die Registrierung des Betreuers zuständige Stammbehörde ist zuständige Stelle im Sinne des § 117 Absatz 2 des Versicherungsvertragsgesetzes."[124]

Damit ist gewährleistet, dass Änderungen des Versicherungsvertrages, die dazu führen, dass der Schutz nicht mehr der gesetzlichen Bestimmung entspricht, der Stammbehörde bekannt werden. In diesem Fall entfällt die Registrierungsvoraussetzung nachträglich und die Registrierung ist zu widerrufen. Die gesetzliche Regelung hat zur Folge, dass der Versicherer im Rahmen des Vertragsschlusses die zuständige Stammbehörde abzufragen hat,

119 ISG, Qualität in der rechtlichen Betreuung, Abschlussbericht S. 158; Bundesanzeiger Verlag 2018
120 Vgl. BT-Drucks. 19/24445, S. 376 f.
121 § 10 Abs. 1 BtRegV
122 Vgl. BR-Drucks. 248/22, S. 34
123 § 10 Abs. 2 BtRegV
124 § 10 Abs. 3 BtRegV

um die Mitteilung der richtigen Stelle zukommen zu lassen. Sie regelt zudem die Verfahrensweise zum Austausch der Daten.

Für Mitarbeiter*innen eines Betreuungsvereins gilt abweichend:

> „Der Mitarbeiter eines nach § 14 des Betreuungsorganisationsgesetzes anerkannten Betreuungsvereins kann die nach § 23 Absatz 1 Nummer 3 des Betreuungsorganisationsgesetzes erforderliche Berufshaftpflichtversicherung durch Vorlage einer dem anerkannten Betreuungsverein ausgestellten Bescheinigung nach § 113 Absatz 2 des Versicherungsvertragsgesetzes nachweisen, aus der sich das Bestehen eines den Anforderungen des § 23 Absatz 1 Nummer 3 des Betreuungsorganisationsgesetzes in Verbindung mit den Absätzen 1 bis 3 entsprechenden Versicherungsschutzes für diesen Mitarbeiter ergibt."[125]

---

*Zum 1.1.2023 mussten alle Versicherungsverträge den neuen Bedingungen angepasst werden. Es ist damit sichergestellt, dass beruflich tätige rechtliche Betreuer*innen ausreichend versichert sind. Für darüber hinausgehende Wagnisse empfehlen die Autoren, eine individuelle Beratung in Anspruch zu nehmen. Hier können auch die Berufsverbände[126] weiterhelfen.*

3.5.3 Die Entscheidung der Stammbehörde und das Rechtsmittel

Nachdem alle Unterlagen vorliegen, ist über den Antrag innerhalb von drei Monaten durch Verwaltungsakt zu entscheiden.[127]

Wann kann die Registrierung versagt werden?

Es gibt verschiedene Gründe, die dazu führen können, dass die Registrierung versagt werden kann.

Die Registrierung kann versagt werden, wenn die erforderliche Zuverlässigkeit fehlt. Dies ist in der Regel der Fall, wenn

1. die Person hinsichtlich der Ausübung beruflicher rechtlicher Betreuungen einem Berufsverbot nach § 70 des Strafgesetzbuchs oder einem vorläufigen Berufsverbot nach § 132a der Strafprozessordnung unterliegt. Ein solches Berufsverbot schließt die berufliche Führung rechtlicher Betreuungen per se aus und führt gleichzeitig dazu, dass keine (neue) Registrierung vorgenommen werden darf.
2. die Person in den letzten drei Jahren vor Stellung des Registrierungsantrags wegen eines Verbrechens oder eines vorsätzlich begangenen, für die Führung einer Betreuung relevanten Vergehens rechtskräftig verurteilt worden ist.

---

125 § 10 Abs. 4 BtRegV

126 Bundesverband der Berufsbetreuer/innen e.V (https://www.berufsbetreuung.de/); Bundesverband freier Berufsbetreuer, https://www.bvfbev.de/ (Zugriff: 10.8.2022)

127 § 24 Abs. 3 BtOG

3. Aus der Tat muss eine berufsbezogene Unzuverlässigkeit gefolgert werden können. Im Hinblick auf den hohen Rang des Grundrechts der Berufsfreiheit und auf den Grundsatz der Verhältnismäßigkeit gilt dies regelmäßig nur für Verbrechen ohne Einschränkung. Die rechtskräftige Verurteilung wegen eines Vergehens kann eine Versagung der Registrierung in der Regel nur dann rechtfertigen, wenn das Delikt selbst berufsbezogen ist. Die Behörde muss im Rahmen ihrer Abwägung zu dem Ergebnis kommen, dass erhebliche Zweifel an der ordnungsgemäßen Führung von Betreuungen zum Nachteil betreuter Personen bestehen. Berufsbezogenheit bedeutet nicht, dass die Tat innerhalb der Berufsausübung begangen worden sein muss. Es kann ausreichen, dass sich das Vergehen gegen ein Rechtsgut richtet, das für die Berufsausübung von besonderer Bedeutung ist. Das sind im Rahmen der Betreuungsführung insbesondere Delikte, die den Schutz des Eigentums oder des Vermögens des Betreuten bezwecken, wie zum Beispiel Diebstahl und Unterschlagung, Betrug, Untreue, Urkundenfälschung oder Insolvenzstraftaten. In Betracht kommen aber auch Delikte gegen die körperliche Unversehrtheit von Schutzbefohlenen oder gegen die sexuelle Selbstbestimmung, wie zum Beispiel Körperverletzung, Misshandlung von Schutzbefohlenen oder sexueller Missbrauch. Artikel 12 GG und das Verhältnismäßigkeitsprinzip gebieten dabei jedoch eine Abwägung im Einzelfall dergestalt, dass auch solche Delikte nicht pauschal der Registrierung entgegenstehen dürfen. Zum Beispiel kann ein einfacher Ladendiebstahl es nicht ohne Weiteres rechtfertigen, dass der Antrag auf Registrierung zurückgewiesen wird. Die Schwere der Tat und das Strafmaß sind ebenso zu berücksichtigen wie der Umstand, ob es sich um eine im privaten oder im beruflichen Zusammenhang begangene Straftat handelt. Dabei gilt der Grundsatz, dass bei einer leichten Straftat die Ablehnung der Registrierung umso eher in Betracht kommen wird, je enger die Straftat mit der Berufsausübung im Zusammenhang steht.
4. in den letzten drei Jahren vor der Antragstellung eine Registrierung[128] widerrufen worden ist oder
5. die Vermögensverhältnisse der Person ungeordnet sind, was in der Regel der Fall ist, wenn über das Vermögen der Person das Insolvenzverfahren eröffnet worden ist oder sie in das vom zentralen Vollstreckungsgericht zu führende Schuldnerverzeichnis[129] eingetragen ist. Dabei wird nicht zwischen einer auf privaten Ursachen beruhenden Verschuldung und einer im Zusammenhang mit der beruflichen Tätigkeit stehenden Verschuldung unterschieden. Finanzielle Krisen gleich welcher Ursachen stehen im Hintergrund von unrechtmäßigen und strafbaren Handlungen. Zum Schutz der rechtlich betreuten Personen ist daher vor der Registrierung eines beruflichen Betreuers zu prüfen, ob dieser in geordneten wirtschaftlichen Verhältnissen lebt.[130]

(Zur Bedeutung geordneter persönlicher Verhältnisse für die eigene Arbeitssituation siehe Abschnitt 2.4.1)

128 Nach § 27 BtOG
129 § 882b der ZPO
130 § 23 Abs. 2; BT-Drucks. 19/24445, S. 376 f.

Es können aber auch andere Gründe zum Versagen der Registrierung führen. Hier ist auch das Ergebnis des Gesprächs zur Feststellung der persönlichen Eignung mit einzubeziehen. Fehlt es beispielsweise der antragstellenden Person an der nötigen Grundhaltung (siehe Abschnitt 2), rechtliche Betreuungen im Sinne des Gesetzes[131] zu führen, kann die Registrierung versagt werden.

Wann wird über den Antrag entschieden?

Über den Antrag ist innerhalb von drei Monaten durch Verwaltungsakt zu entscheiden. Alle Vorschriften des Verwaltungsverfahrensgesetzes sind anwendbar. Die Frist beginnt mit Eingang der vollständigen Unterlagen. Sie kann einmal angemessen verlängert werden, wenn dies wegen der Schwierigkeit der Angelegenheit gerechtfertigt ist. Die Fristverlängerung ist zu begründen und dem Antragsteller rechtzeitig mitzuteilen. Der Nachweis der Berufshaftpflichtversicherung ist erst zu erbringen, wenn die übrigen Voraussetzungen für die Registrierung vorliegen, die Behörde also grundsätzlich positiv im Sinn des Antrags entschieden hat.[132]

Was ist zu tun, wenn die Registrierung versagt wird?

Der Entscheidung der Stammbehörde ist eine Erklärung beizufügen, die über den Rechtsbehelf, der gegen den Verwaltungsakt gegeben ist, über die Behörde oder das Gericht, bei denen der Rechtsbehelf einzulegen ist, den Sitz und über die einzuhaltende Frist belehrt (Rechtsbehelfsbelehrung).[133] Gegen die Entscheidung ist Widerspruch und Klage beim Verwaltungsgericht möglich. Dies gilt sowohl bezogen auf die Anfechtung der Entscheidung, aber auch auf die Verpflichtung zum Erlass einer Entscheidung. Grundsätzlich bedarf es vor einer Klage gegen einen Verwaltungsakt eines Widerspruchsverfahrens nach § 68 ff. VWGO. Die Bundesländer können für zahlreiche Verfahren bestimmen, dass ein solches Vorverfahren entbehrlich ist. Von dieser Möglichkeit haben viele Länder Gebrauch gemacht. Dann muss gegen einen Bescheid sofort beim Verwaltungsgericht geklagt werden. Wenn ein Bescheid eine ordnungsgemäße Rechtsmittelbelehrung enthält, muss innerhalb eines Monats nach Bekanntgabe Klage eingereicht sein. Ist die Belehrung fehlerhaft oder ganz unterblieben, beträgt die Frist nach § 58 Abs. 2 VWGO ein Jahr. Für das verwaltungsgerichtliche Verfahren besteht kein Anwaltszwang.

3.5.4 Registrierungsgebühren

Die Festlegung einer bundeseinheitlichen Registrierungsgebühr ist erst durch das „Reparaturgesetz" nachträglich in das Gesetz aufgenommen worden. Die Festlegung einer Registrierungsgebühr erfolgt auf ausdrücklichen Wunsch der Länder. Ungeachtet dieser Regelung bleibt es den Ländern unbenommen, davon abweichende Gebührenregelungen zu treffen. Zum Redaktionsschluss waren noch keine abweichenden landesrechtlichen Regelungen bekannt.

131 § 1821 BGB
132 § 24 Abs. 3
133 § 37 Abs. 6 VwVfG

Die bundesgesetzliche Regelung sieht vor, dass für jede Registrierung eine Gebühr von 200 Euro erhoben wird. Auslagen werden nicht gesondert erhoben. Im Einzelfall kann aus Gründen der Billigkeit von der Erhebung der Gebühr abgesehen werden. Folgende Registrierungen erfolgen immer gebührenfrei:

1. Registrierungen bei Wechsel des Sitzes oder Wohnsitzes,[134]
2. Registrierungen von rechtlichen Betreuer*innen, die bereits vor dem 1.1.2023 berufsmäßig rechtliche Betreuungen geführt haben und weiterhin führen[135] (rechtliche Bestandsbetreuer*innen), sowie
3. unbefristete Registrierungen für Antragsteller, die im Rahmen der Übergangsregelung[136] in der Zeit nach dem 1.1.2023 vorläufig registriert worden sind.[137] Die Übergangsregelung endet spätestens mit Ablauf des 30.6.2025.

3.5.5 Übergangsregelungen

Im Rahmen dieses Werkes sollen die Übergangsregelungen für rechtliche Betreuer*innen, die bereits vor dem 1. Januar 2023 berufsmäßig Betreuungen geführt haben, nicht weiter vertieft werden, da entsprechende Anträge bis spätestens zum 30. Juni 2023 hätten gestellt werden müssen. Dieser Abschnitt wäre damit schon kurz nach Erscheinen des Werkes überflüssig.

Nicht überflüssig ist die Erwähnung der Übergangsregelung für solche Bewerber*innen, die nach dem 1. Januar 2023 erstmals neu als beruflich tätige rechtliche Betreuer*innen tätig werden, sich registrieren lassen wollen und die Sachkunde nicht in Gänze durch eine eigene Ausbildung nachweisen können und auf entsprechend angebotene Sachkundelehrgänge angewiesen sind.

Die in der Übergangsregelung vorgesehene Möglichkeit einer befristeten vorläufigen Registrierung dient der Vermeidung eines Mangels neuer beruflicher Betreuer*innen in der Übergangszeit nach Einführung des neuen Registrierungsverfahrens.

In der Anfangsphase ist mit einer erhöhten Nachfrage bei der Belegung der neuen Sachkundelehrgänge und einem noch knappen Angebot zu rechnen. Bewerber*innen, die bereits teilweise die im Rahmen der Sachkunde erforderlichen Kenntnisse vorweisen können, aber wegen des knappen Angebots oder der hohen Nachfrage nach den ergänzend notwendigen Lehrgängen noch keinen vollständigen Sachkundenachweis erbringen können, sollen von der Stammbehörde nach pflichtgemäßem Ermessen vorläufig registriert werden können.

Durch die Registrierung können diejenigen Personen, die nach dieser Vorschrift vorläufig registriert sind, ihre Tätigkeit aufnehmen, Vergütung beanspruchen und den fehlenden Sachkundenachweis berufsbegleitend nachholen.

134 § 28 Absatz 2
135 § 32 Absatz 1 Satz 1
136 § 33 BtOG
137 § 24 Abs. 5 BtOG

Vorläufige Registrierungen enden spätestens am 30. Juni 2025. Die vorläufige Registrierung macht somit nur Sinn, wenn der vollständige Nachweis der Sachkunde bis zum 30.6.2025 erbracht werden kann. Eine Verlängerung der Frist ist nicht zulässig. Es gibt auch keine „Härtefallregelung".

Sobald vorläufig registrierte Antragsteller*innen die vollständige Sachkunde nachweisen können, müssen sie einen weiteren Antrag für die unbefristete Registrierung bei der Stammbehörde stellen.

Nach dem 30.6.2025 ist der Sachkundenachweis Voraussetzung für die Registrierung freiberuflich tätiger rechtlicher Betreuer*innen.

3.6 Laufende Überprüfung der Registrierung; Mitteilungs- und Nachweispflichten

Kann die Registrierung widerrufen werden?

Die Registrierung ist nicht unwiderruflich und unterliegt der ständigen Möglichkeit des Widerrufs. Die rechtlich betreuten Personen müssen fortlaufend darauf vertrauen können, dass berufliche rechtliche Betreuer*innen persönlich und von ihrer Organisation her zuverlässig sind und ihre Tätigkeit auf rechtmäßige Weise ausüben. Zudem hat die Stammbehörde dafür zu sorgen, dass der Datenbestand auf dem aktuellen Stand gehalten wird. Diese Daten spielen im Betreuungsverfahren im Hinblick auf die Auswahl der für die Führung der rechtlichen Betreuung zu bestellenden Person eine entscheidende Rolle (siehe Abschnitt 5.1).

Aus diesem Grund haben rechtliche Betreuer*innen für die Registrierung relevante Änderungen und weiter Eckdaten mitzuteilen und weitere Nachweise zu erbringen.

Welche Mitteilungen sind wann zu machen?

Mitzuteilen sind:

- alle Änderungen im Bestand der geführten rechtlichen Betreuung – alle 6 Monate.[138] Mitzuteilen sind entsprechend die Übernahme neuer Betreuungen und die Abgabe oder die Beendigung laufender Betreuungen. Nicht erforderlich ist die Mitteilung von Erweiterungen oder Einschränkungen des Aufgabenkreises oder der Anordnung eines Einwilligungsvorbehalts, die Mitteilung zur Übernahme einer Verhinderungsbetreuung.
- Die Mitteilung erfolgt durch Angabe des jeweiligen Aktenzeichens einschließlich der Bezeichnung des jeweiligen Gerichts. Es dürfen keine personenbezogenen Daten der rechtlich betreuten Person oder weiterer Personen mitgeteilt werden. Diese Angaben dienen dazu, dass die Stammbehörde die Anzahl der aktuell von Ihnen geführten rechtliche Betreuungen kennt.

138 § 25 Abs. 1 BtOG

- alle Änderungen, die sich auf die Registrierung auswirken können – unverzüglich.[139] Diese Mitteilungspflicht erstreckt sich auf alle nachträglich eingetretenen Umstände, die bereits eine Registrierung hindern würden.[140]
- Änderungen des zeitlichen Gesamtumfangs und der Organisationsstruktur – unverzüglich. Hier geht es insbesondere um Änderungen, die Auswirkungen auf die Kapazitäten zur Führung rechtlicher Betreuungen haben können. Gemeint sind insbesondere Angaben zum zeitlichen Gesamtumfang (Erweiterung/Reduzierung der eigenen Tätigkeit), die Aufnahme/Beendigung einer Nebenbeschäftigung, Änderung bezüglich des vorgehaltenen Personals, Änderungen der Erreichbarkeit usw. (siehe Abschnitt 3.4.7).
- Änderungen des Sitzes/Wohnsitzes oder personenbezogener Daten – unverzüglich.

Welche Nachweise sind beizubringen?

Beizubringen sind:

- ein Führungszeugnis und eine Auskunft aus dem zentralen Schuldnerverzeichnis – alle 3 Jahre,
- eine Erklärung, ob ein Insolvenz-, Ermittlungs- oder Strafverfahren anhängig ist – alle 3 Jahre,
- ggf. das Ergebnis des Feststellungsverfahrens der anzuwendenden Vergütungsstufe.[141]

Berufliche Betreuer*innen haben in eigener Verantwortung ihre regelmäßige berufsbezogene Fortbildung sicherzustellen. Da der Fortbildungsbedarf der einzelnen beruflichen Betreuer*innen sehr unterschiedlich sein kann, ist der Inhalt von Fortbildungen nicht vorgeschrieben. Nachweise über die erfolgte Fortbildung sind der Stammbehörde vorzulegen.[142]

Wann kann die Registrierung zurückgenommen oder widerrufen werden?

Ist die Registrierung von Anfang an zu Unrecht erfolgt (z.B. wegen falscher Angaben), kann sie zurückgenommen werden. Eine zunächst rechtmäßige Registrierung kann später, etwa bei Fehlverhalten, widerrufen werden. Auch die Anerkennung von Sachkundelehrgängen kann zurückgenommen oder widerrufen werden. Dadurch werden aber bereits erteilte Abschlusszeugnisse nicht unwirksam (vgl. § 8 Abs. 3 BtRegV).

Die im Gesetz[143] genannten Widerrufsgründe sind zwingend.

1. Die Registrierung ist zu widerrufen, wenn Umstände eingetreten sind, die dazu geführt haben, dass die registrierte Person die persönliche Eignung oder Zuverlässigkeit nicht mehr besitzt. Dies ist in der Regel der Fall, wenn einer der oben besprochenen Gründe zur Versagung der Registrierung nachträglich eintritt.
2. Die Registrierung ist zu widerrufen, wenn die registrierte Person gegen das Verbot der Entgegennahme von Vorteilen im Zusammenhang mit der beruflich geführten Betreuung verstößt. Beruflichen Betreuer*innen ist es untersagt, Geld oder geldwerte Leistun-

139 § 25 Abs. 1 BtOG
140 § 23 Abs. 2 BtOG
141 § 25 BtOG
142 § 29 BtOG
143 § 27 BtOG

gen von der rechtlich betreuten Person anzunehmen.[144] Dies gilt sowohl für Schenkungen als auch für erbrechtliche Verfügungen. Diese Regelung soll verhindern, dass die Hilf- oder Arglosigkeit von betreuungsbedürftigen Menschen durch ihre Betreuer*innen in finanzieller Hinsicht ausgenutzt wird. Zudem soll verhindert werden, dass über die Gewährung von finanziellen Zusatzleistungen oder Zusatzversprechen eine unterschiedliche Behandlung von rechtlich betreuten Personen eintritt und vermögende Personen mehr Zuwendung erhalten als vermögenslose. Dieser Schutz ist auch deshalb notwendig, weil Betreuer*innen aufgrund der speziellen Konstellation häufig erhebliche Einflussmöglichkeiten auf die finanziellen Belange sowie die Entschlussfähigkeit der rechtlich betreuten Personen haben und somit eine sie begünstigende Entscheidung provozieren könnten. Ausgenommen von diesem Verbot und damit für einen Widerruf der Registrierung nicht heranzuziehen sind Leistungen, die nicht mit der gesetzlichen Betreuervergütung abgegolten sind. Ein Beispiel hierfür ist die Zahlung von Aufwendungsersatz für solche Dienste des Betreuers, die zu seinem Gewerbe oder Beruf gehören. Ausgenommen sind auch geringwertige Aufmerksamkeiten. Betreuer*innen ist es nicht verboten, gelegentlich etwa eine Schachtel Pralinen oder Blumen von ihrer rechtlich betreuten Person entgegenzunehmen.[145]

3. Die Registrierung ist zu widerrufen, wenn die registrierte Person beharrlich gegen die oben genannten Mitteilungs- und Nachweispflichten verstößt. Bei erheblichen und beharrlichen Verstößen gegen die Pflicht zur Mitteilung von Änderungen liegt aufgrund der dadurch indizierten Unzuverlässigkeit ein Widerrufsgrund vor. Mitteilungs- und Nachweispflichten sind eine „Bringschuld". Die Pflichten sind unaufgefordert zu erbringen. Es bedarf keiner gesonderten Aufforderung durch die Stammbehörde.
4. Die Registrierung ist zu widerrufen, wenn die vorgeschriebene Berufshaftpflichtversicherung nicht mehr besteht (siehe Abschnitt 3.5.2),
5. Die Registrierung ist zu widerrufen, wenn begründete Tatsachen die Annahme rechtfertigen, dass die registrierte Person die Betreuungen dauerhaft unqualifiziert führt. Dies ist in der Regel der Fall, wenn sie mehrfach wegen fehlender Eignung aus dem Betreuerverhältnis entlassen worden ist oder sie wiederholt die Selbstbestimmung der rechtlich betreuten Person gefährdet hat.
6. Die Registrierung ist zurückzunehmen, wenn die registrierte Person im Registrierungsantrag in wesentlichen Punkten vorsätzlich unrichtige Angaben gemacht hat oder für die Registrierung relevante Umstände pflichtwidrig verschwiegen hat und die Registrierung auf diesen Angaben beruht. Entscheidend ist dabei, dass nicht jede unrichtige Angabe zu einer Rücknahme der Registrierung führen kann. Versehentlich falsch vorgenommene Angaben in Punkten, die für die Entscheidung über eine Registrierung nicht wesentlich sind, können allein keine Rücknahme der Registrierung zur Folge haben. Auch hier gilt der Grundsatz der Verhältnismäßigkeit, sodass abzuwägen ist, ob die falschen Angaben eine Rücknahme der Registrierung rechtfertigen.

144 § 30 BtOG
145 Vgl. BT-Drucks. 19/24445, S. 386 f.

7. Für von Anfang an rechtswidrige Registrierungen gelten die Vorschriften über die Rücknahme von Verwaltungsakten nach den Verwaltungsverfahrensgesetzen.
8. Die Registrierung ist auf Antrag der registrierten Person oder nach ihrem Tod zu löschen.

Nach dem Grundsatz der Verhältnismäßigkeit setzt ein Widerruf voraus, dass mildere Mittel, insbesondere Hinweise durch die Behörde oder Auflagen, nicht zum Erfolg führen.[146]

146 Vgl. BT-Drucks. 19/24445, S 383 ff.

4 Auskömmlichkeit (Einnahmen und Ausgaben)

Hinweis

Näheres siehe „Die Vergütung des Betreuers", Deinert/Lütgens.

Was bedeutet „Auskömmlichkeit"?

Der Grundsatz der Auskömmlichkeit wird regelmäßig in der Politik verwendet. Er besagt, dass die Einnahmen nur in dem Maße erhoben werden dürfen, wie sie zur Erfüllung der öffentlichen Aufgaben notwendig sind. In Anwendung auf die rechtliche Betreuung bedeutet dies, dass der Staat für die ordentliche Wahrnehmung der im öffentlichen Interesse liegenden Aufgabe (rechtliche Betreuung) kostengünstig zu sorgen hat. Neben inhaltlichen Gründen ist dies der Grund, weshalb der Gesetzgeber bestimmt hat, dass vorrangig ehrenamtlich tätige rechtliche Betreuer*innen (Familienangehörige, Bekannte oder engagierte Bürger*innen) bestellt werden sollen. Das Prinzip der Ehrenamtlichkeit wird sich auch in Zukunft nicht ändern.

Wer rechtliche Betreuungen im Rahmen seiner Berufsausübung führt, soll nur dann bestellt werden, wenn keine andere geeignete Person zur Verfügung steht, die zur ehrenamtlichen Führung der Betreuung bereit ist.[147]

Nimmt der Staat Staatsbürger*innen beruflich in Anspruch, so hat er für eine angemessene Entschädigung zu sorgen, die sowohl den Zeitaufwand als auch die Bürokosten berücksichtigt.[148] Die rechtlichen Berufsbetreuer*innen zustehende Vergütung soll insgesamt einen ihrer Qualifikation und Tätigkeit angemessenen Umfang erreichen. Deshalb muss die pauschal festgesetzte Vergütung so ausgestaltet sein, dass sie für die von Berufsbetreuern wahrgenommenen Betreuungsleistungen den im Durchschnitt entstehenden Bearbeitungsaufwand im Wesentlichen auskömmlich entgilt.[149]

Wann wurde die Vergütung zuletzt angepasst?

Die im Betreuervergütungsgesetz (VBVG) festgelegte Pauschalvergütung für berufliche rechtliche Betreuer*innen ist durch das am 27.7.2019 in Kraft getretene Gesetz zur Anpassung der Betreuer- und Vormündervergütung und durch das am 1.1.2023 in Kraft getretene Gesetz zur Reform des Vormundschafts- und Betreuungsrechts geändert worden. Der Gesetzgeber geht davon aus, dass eine auskömmliche Regelung gefunden worden ist. Die durch dieses Gesetz geschaffenen Vorschriften sind insbesondere im Hinblick auf die Angemessenheit der im Anhang festgesetzten Fallpauschalen über einen Zeitraum von vier

147 § 1816 Abs. 5 BGB.
148 BVerfG, Urt. v. 1.7.1980, 1 BvR 349/75, BVerfGE 54, 251
149 Vgl. zu Insolvenzverwaltern: BGH, Beschl. v. 15.1.2004, IX ZB 96/03, BGHZ 157, 282, Rn. 26

Jahren zu evaluieren. Das Bundesministerium der Justiz und für Verbraucherschutz hat einen Bericht über die Ergebnisse der Evaluierung bis zum 31.12.2024 zu veröffentlichen.[150]

Ausblick

Die Anpassung der Betreuer- und Vormündervergütung hat lediglich eine akute Notsituation behoben. Die Anpassung stellt keine finanziellen Ressourcen zur Verbesserung der Qualität der rechtlichen Betreuung zur Verfügung. Eine Verbesserung der Qualität kann nur erreicht werden, wenn der damit verbundene Mehraufwand durch Entlastungen an anderer Stelle ausgeglichen wird. Das am 1.1.2023 in Kraft getretene Gesetz zur Reform des Vormundschafts- und Betreuungsrechts ergibt für rechtliche Betreuer*innen keine Entlastung. Stattdessen ist abzusehen, dass der Aufwand für die Dokumentation der Tätigkeit deutlich ansteigen wird.

Als Vorteil wurde der Fallpauschale die Möglichkeit der einfachen zukünftigen Anpassung der Vergütung zugeschrieben. Demnach können die einmal festgesetzten Fallpauschalen in der Zukunft um einen bestimmten – beispielsweise an der allgemeinen Lohn- oder Preisentwicklung ausgerichteten – Prozentsatz erhöht werden.[151] Fraglich ist, wann und ob der Gesetzgeber von dieser Möglichkeit Gebrauch machen wird.

Einschätzung

Eine Anpassung der Fallpauschalen an die Preisentwicklung ist möglich. Es wäre jedoch ein Fehler, die eigene Wirtschaftsplanung darauf abzustellen. Die bisherige Erfahrung mit der Bereitschaft des Gesetzgebers, die Vergütung für rechtliche Betreuer*innen an die wirtschaftliche Entwicklung anzupassen, führt zu dem Schluss, dass ein Businessplan für den Zeitraum der nächsten Jahre einen der Preissteigerung entsprechenden jährlichen Einkommensverlust berücksichtigen muss.

Die folgenden Abschnitte haben zum Ziel, die für die individuelle Kalkulation benötigten Posten zu Einnahmen (Pauschale Vergütung x Fallzahl) und Ausgaben (Betriebskosten) darzustellen.

Es ergibt sich eine Vielzahl unterschiedlicher Faktoren, welche das betriebliche Ergebnis beeinflussen. Letztendlich muss jeder für sich entscheiden, ob der erwirtschaftete Gewinn ausreichend ist, den gewählten Weg weiterzugehen.

150 Gesetz zur Anpassung der Betreuer- und Vormündervergütung Artikel 3
151 BT-Drucks. 19/8694 S. 2

4.1 Pauschale Vergütung „All inclusive"

Die folgenden Abschnitte befassen sich mit den Grundsätzen der pauschalen Vergütung für rechtliche Berufsbetreuer*innen.

Ist die Vergütung leistungsabhängig?

Bei der pauschalen Vergütungsregelung rechtlicher Berufsbetreuer*innen handelt es sich im Wesentlichen um eine Bestellungsgebühr, die unabhängig vom Arbeitsanfall und der Schwierigkeit der zu erledigenden Geschäfte des Einzelfalls gewährt wird.

Welchen Anspruch muss der rechtliche Berufsbetreuer erfüllen?

Das Betreuungsrecht dient allein dem Interesse der rechtlich betreuten Person. Die betreute Person hat Anspruch auf die in ihrem Fall erforderlichen rechtlichen Betreuertätigkeiten. Dieser Anspruch beruht auf der staatlichen Pflicht zum Schutz der Menschenwürde und der Person. Dieses Recht kann deshalb durch kein wie auch immer geartetes Budgetierungsverfahren außer Kraft gesetzt werden. Rechtliche Betreuer*innen haben ihre Aufgabe qualitativ und quantitativ ungeachtet der ihnen im Einzelfall zugesprochenen Vergütung zu erledigen.

Können neben der pauschalen Vergütung Kosten erstattet werden?

Mit der Pauschale sind alle Ansprüche auf Ersatz anlässlich der Betreuung entstandener Aufwendungen abgegolten.[152] Abgegolten sind auch die Kosten für Büro, Angestellte, Fahrten (auch z.B. zu entfernten Aufenthaltsorten der betreuten Personen), die Vertretung, die Hinzuziehung eines Dolmetschers,[153] auch Gebärdendolmetschers[154], die kostenpflichtige Delegation von Tätigkeiten, wenn diese im Rahmen des Aufgabenkreises durch die oder den rechtliche*n Betreuer*in selbst zu erledigen gewesen wären,[155] Versicherungen usw.

4.1.1 Mischkalkulation

Was wird unter Mischkalkulation verstanden?

Die pauschale Vergütung entkoppelt die geschuldete Vergütung von der im Einzelfall erforderlichen und erbrachten Leistung. Sie ist ausgewiesen als Mischkalkulation.[156] Ausgangspunkt ist die Annahme, dass sich ein Ausgleich für höheren oder geringeren Aufwand bei der Fallzahl der vollzeitbeschäftigten rechtlichen Betreuer*innen über die gerechnete Lebensarbeitszeit ergibt.

152 § 11 VBVG
153 OLG Schleswig, Beschl. v. 3.9.2008, 2 W 193/07, 207/07, BtPrax 2009, 85 f.
154 BGH, Beschl. v. 26.3.2014, XII ZB 346/13, BtPrax 2014, 174.
155 Z.B. einfache Steuererklärung.
156 BT-Drucks. 15/2494, S. 33

Erfahrungswert

Tatsächlich bewegt sich die Vergütung auch nach der 2019 erfolgten Anpassung nur in einem stetig enger werdenden Spektrum, welches bestimmt wird durch

- Berufserfahrung,
- arbeitsteilige Organisation,
- Kostenminimierung,
- Fallzahl und
- niederschwellige Einkommenserwartung.

Der Gesetzgeber nimmt bewusst in Kauf, dass im Einzelfall erheblich mehr Stunden erforderlich sind, als vergütet werden. Rechtliche Betreuer*innen haben die ihnen übertragene Aufgabenstellung ungeachtet des damit verbundenen Aufwandes zu erfüllen. Über die Erledigung ihrer Aufgaben hinaus darf nicht erwartet werden, dass sie die pauschal bemessene Stundenzahl ausschöpfen.

Tipp

Versuchen Sie, bereits vor der Zusage zur Übernahme der Betreuung den zu erwartenden Arbeitsaufwand zu kalkulieren.

4.1.2 Beginn, Ende und Erlöschen des Vergütungsanspruchs

Wann beginnt der Vergütungszeitraum?

Ihre Vergütung können rechtliche Berufsbetreuer*innen erst ab Wirksamwerden des Beschlusses zu ihrer Bestellung geltend machen.[157] Dies gilt auch nach einem Wechsel des rechtlichen Betreuers.

Beispiel:

Wurde der Beschluss zur Bestellung beispielsweise zum 15.5.2019 wirksam, hat der Abrechnungszeitraum mit dem darauffolgenden Tag am 16.5.2019 begonnen.

Wann kann die Vergütung erstmals geltend gemacht werden?

Die Vergütung kann erstmals nach Ablauf von drei Monaten für diesen Zeitraum geltend gemacht werden.[158]

157 § 287 Abs. 1 und 2 FamFG
158 § 15 VBVG

Beispiel:

Im oben genannten Beispiel kann die erste Vergütung zum 16.8.2019 für den Zeitraum von drei Monaten somit für die Zeit vom 16.5.2019 bis zum 15.8.2019 beantragt werden.

Danach kann periodisch jeweils nach Ablauf von drei Monaten abgerechnet werden. Kürzere Zeiträume sind nicht vorgesehen. Längere Abrechnungszeiträume sind möglich. Zu beachten ist, dass der Vergütungsanspruch erlischt, wenn er nicht binnen 15 Monaten nach seiner Entstehung beim Betreuungsgericht geltend gemacht wird.[159]

Der vom Datum der Wirksamkeit der Bestellung abhängige Abrechnungsrhythmus hat zur Folge, dass jeder Fall zu einem anderen Tag zur Abrechnung fällig werden kann. Zur Vermeidung ständiger Beschäftigung mit Vergütungsanträgen und zur Reduzierung des damit verbundenen Verwaltungsaufwandes ist es in der Praxis sinnvoll, periodische (vierteljährliche) Abrechnungszeitpunkte zu bestimmen und die Anträge für die bis dahin abrechenbaren Betreuungsfälle gleichzeitig zu stellen.

Tipp

Verringern Sie den Verwaltungsaufwand durch Bündeln der Vergütungsanträge.

Muss ich jedes Mal einen neuen Antrag stellen?

Vom Grundsatz her muss für jeden Vergütungszeitraum ein neuer Antrag gestellt werden.

Seit dem 1.1.2023 können rechtliche Betreuer*innen, wenn eine Veränderung der für die Höhe der Vergütung maßgeblichen Kriterien nicht zu erwarten ist, die Festsetzung der Vergütung auch für zukünftige Zeiträume beantragen (Dauervergütung). Die Auszahlung der Vergütung erfolgt nach Ablauf des Betreuungsquartals. Die Festsetzung ist in regelmäßigen, im Voraus festzulegenden Abständen, die zwei Jahre nicht überschreiten dürfen, zu überprüfen. Für die Dauer der Festsetzung gelten die Vergütungsansprüche als geltend gemacht. Eine Änderung der für die Bemessung der Vergütung relevanten Kriterien haben Betreuer*innen unverzüglich mitzuteilen.[160]

Muss das Betreuungsgericht eine beantragte Dauervergütung bewilligen?

Das Betreuungsgericht ist nicht zur Verwendung dieses Modells gezwungen. Ziel dieses Modells ist es, gerade in den Fällen, in denen es voraussichtlich nicht zu einer Änderung der Vergütungshöhe kommen wird, mit einer Dauervergütungsfestsetzung eine beträchtliche Zeitersparnis der Betreuungsgerichte zu erreichen. Ob das Betreuungsgericht eine solche Dauervergütungsfestsetzung vornimmt, liegt in seinem Ermessen.

159 § 16 VBVG
160 § 292 Abs. 2 FamFG

Was passiert, wenn es zu einer Überzahlung gekommen ist

Bei der Dauervergütung ist es denkbar, dass es zu einer Überzahlung kommt. Beispielsweise wäre dies der Fall, wenn eine rechtlich betreute Person zunächst in selbstständiger Wohnform lebt und dann in ein Wohnheim umzieht. Selbst bei sofortiger Meldung dieser Änderung an das Betreuungsgericht wird es eine Zeit dauern, bis die Verwaltung die Änderung der Dauervergütung bearbeitet hat. Vorübergehend kann es somit zu einer Überzahlung kommen. Rechtliche Betreuer*innen müssen darauf einstellen das überzahlte Beträge von ihnen erstattet werden müssen.

Das Instrument der Dauervergütungsfestsetzung wurde für die (vielen) Fälle geschaffen, in denen sich prognostisch nichts ändern dürfte. Dafür wurde das geringe Restrisiko in Kauf genommen, dass der Staat im Ausnahmefall überzahlt. Aber selbst dies wird über das Verfahren der Rückforderung ausgeglichen werden können. Schließlich werden Berufsbetreuer*innen, die noch weiter bestellt werden wollen, darauf achten, sich nicht dem Vorwurf der ungerechtfertigten Bereicherung auszusetzen.[161]

Gibt es Sonderfälle?

Ist die rechtlich betreute Person nicht mittellos (siehe Abschnitt 4.1.6), kann eine zusätzliche monatliche Pauschale in Höhe von 30 € geltend gemacht werden, wenn die Verwaltung

1. von Geldvermögen in Höhe von mindestens 150.000 €,
2. von Wohnraum, der nicht vom Betreuten oder seinem Ehegatten genutzt wird, oder
3. eines Erwerbsgeschäfts der rechtlich betreuen Person

zu besorgen ist.

Findet ein Wechsel von einer oder einem ehrenamtliche*n zu einem beruflichen Betreuer*in statt, ist die oder der berufliche Betreuer*in mit einer einmaligen Pauschale in Höhe von 200 € zu vergüten.

Findet ein Wechsel von einer oder einem beruflichen zu einer oder einem ehrenamtlichen Betreuer*in statt, ist die oder der berufliche Betreuer*in mit einer einmaligen Pauschale in Höhe des 1,5-fachen der zum Zeitpunkt des Betreuerwechsels zu vergütenden Fallpauschale zu vergüten. Dies gilt auch dann, wenn zunächst neben der oder dem beruflichen Betreuer*in ein*e ehrenamtliche*r Betreuer*in bestellt war und diese*r die Betreuung allein fortführt.

Die Pauschalen können nur gemeinsam mit einem Vergütungsantrag geltend gemacht werden.[162]

161 Vgl. BT-Drucks. 19/24445 S. 399
162 § 10 VBVG

Kritik

Diese Regelung macht einmal mehr deutlich, welcher Stellenwert der Gesetzgeber der Verwaltung von Geld und Vermögen beimisst. Andere Aspekte, beispielsweise aus der Personensorge, die weitaus mehr Aufwand verursachen, bleiben unberücksichtigt. Selbst eine oft geforderte Regelung zur gesonderten Übernahme der Dolmetscherkosten ist nicht mit in das Gesetz aufgenommen worden.

Wann genau kann die gesonderte Pauschale geltend gemacht werden?

Die Pauschale kann geltend gemacht werden, wenn einer der genannten Fälle an mindestens einem Tag im Abrechnungsmonat vorliegt. Sie kann dann geltend gemacht werden, wenn der Aufgabenkreis mindestens einen der genannten Fälle umfasst, wobei eine ausdrückliche Bezeichnung dieser Vermögensgegenstände im Aufgabenkreis nicht notwendig ist.[163]

Was passiert, wenn zwei Voraussetzungen zur Bewilligung der gesonderten Pauschale gleichzeitig gegeben sind?

Die monatliche Pauschale kann nur einmal geltend gemacht werden. Dies gilt auch, wenn mehrere der genannten Voraussetzungen gleichzeitig erfüllt sind.[164]

Wie ist der Nachweis des Vorliegens der Voraussetzungen zu führen?

Rechtliche Berufsbetreuer*innen haben dem Betreuungsgericht die Umstände, welche eine gesonderte Pauschale rechtfertigen, anzuzeigen und auf Anforderung des Betreuungsgerichts nachzuweisen. Nicht erforderlich ist, dass Tätigkeiten in diesem Bereich dargelegt werden.[165]

Welche Werte zählen im Sinne der Regelung zum Geldvermögen?

Zum Geldvermögen zählen:

- Bargeld,
- Geldanlagen bei Banken, Versicherungen und Bausparkassen,
- Titel des Geld- und Kapitalmarktes,
- alle Arten von Konten,
- Wertpapierdepots,
- Kapitallebensversicherungen.

Nicht erfasst sind Sachgegenstände, wie z.B. Bilder, Münzen, Gold, Schmuck oder Immobilien. Etwaige Schulden werden nicht abgezogen.[166]

163 BT-Drucks. 19/8694 S. 30
164 BT-Drucks. 19/8694 S. 30
165 BT-Drucks. 19/8694 S. 30
166 BT-Drucks. 19/8694 S. 30

Können rechtliche Berufsbetreuer*innen einen Abschlag verlangen?

Die pauschale Vergütung kennt keine Abschlagszahlung.

Wann endet der Vergütungsanspruch?

Rechtliche Betreuer*innen können ihre Vergütung nur für die Dauer ihrer Bestellung geltend machen. Die Bestellung endet

- durch Fristablauf der einstweilig angeordneten Betreuung,[167]
- durch entsprechenden Beschluss[168] (auch Wechsel des rechtlichen Betreuers) oder
- mit dem Tod der rechtlich betreuten Person.

Die Vergütung für den letzten Monat der Betreuung ist auf den Tag bis zum Todestag der rechtlich betreuten Personen abzurechnen.[169] Dies trifft auch dann zu, wenn rechtliche Betreuer*innen in Unkenntnis des Todes zunächst weiter tätig geworden sind.[170]

4.1.3 Höhe der Vergütung

Welche Auswirkung hat welche Qualifikation auf die Vergütung?

Bis zum 31.12.2022 war die Vergütung an die Art des Erwerbs der nutzbaren Kenntnisse gekoppelt. Mit der Änderung des Betreuungsrechts zum 1.1.2023 ist der Vergütungsanspruch an eine Registrierung durch die Stammbehörde geknüpft (siehe Abschnitt 3). Entsprechend hat sich das Vergütungssystem geändert. Die Regelungen für den Übergangszeitraum sollen an dieser Stelle nicht besprochen werden, da diese Kenntnisse vor dem Erscheinen dieses Buches bei den betroffenen rechtlichen Betreuern*innen als vorausgesetzt werden dürfen.

Die Vergütung rechtlicher Betreuer*innen bestimmt sich seit dem 1.1.2023 nach monatlichen Fallpauschalen, die in den Vergütungstabellen A bis C der Anlage zu § 8 Abs. 1 VBVG festgelegt sind. Die Zuordnung zur jeweiligen Tabelle richtet sich danach, ob ein Studium oder eine Berufsausbildung abgeschlossen worden ist oder gar kein formaler Abschluss vorliegt. Eine bestimmte Fachrichtung ist nicht zwingende Voraussetzung für die Eingruppierung in die jeweilige Tabelle.

Auf Antrag hat der Vorstand des am Sitz oder hilfsweise am Wohnsitz zuständigen Amtsgerichts die für alle Betreuungsverfahren zur Anwendung kommende Vergütungsstufe im Wege eines Justizverwaltungsaktes feststellen.

Ausblick: Der Gesetzgeber hat in der Begründung zum Gesetzentwurf formuliert:

> „Perspektivisch wird darüber nachzudenken sein, ob eine Differenzierung der Vergütung nach der Ausbildung dann noch sinnvoll ist, wenn ohnehin alle Betreuer ihre Sachkunde gegenüber der Betreuungsbehörde nachgewiesen haben. Bis zur Evaluierung des Gesetzes zur

---

167 Vgl. § 302 FamFG
168 § 1908d BGB
169 BT-Drucks. 15/2494, S. 34
170 BGH, Beschl. v. 6.4.2016, XII ZB 83/14, BtPrax 2016, 200

Anpassung der Betreuer- und Vormündervergütung vom 22. Juni 2019, BGBl. I S. 866, soll diese Differenzierung aber beibehalten werden."[171]

Welche weiteren Kriterien sind für die Bemessung der Fallpauschalen innerhalb der Tabellen maßgeblich?

Innerhalb der Tabellen wird nach den folgenden Kriterien unterschieden:

- die Dauer der rechtlichen Betreuung (siehe Abschnitt 4.1.4);
- die Wohnform der rechtlich zu betreuenden Person (siehe Abschnitt 4.1.5);
- der Vermögensstatus (siehe Abschnitt 4.1.6).

Im Anschluss an die Tabellen werden die einzelnen Variablen vorgestellt und besprochen. Sie werden feststellen, dass sich jede der Variablen, mit Ausnahme der durch Ihre Qualifikation bedingten Zuordnung zu den Tabellen A bis C, innerhalb eines Abrechnungszeitraums ändern kann. Ändert sich die Wohnform oder der Vermögensstatus innerhalb des Abrechnungsmonats, ist auf die Bedingungen am letzten Tag des Monats abzustellen. Bei sonstigen Änderungen von Umständen (z.B. Ende der rechtlichen Betreuung), die sich auf die Vergütung auswirken und die vor Ablauf eines vollen Monats eintreten, ist die Vergütung zeitanteilig nach Tagen zu berechnen[172]

Vergütungstabellen

Vergütungstabelle A

Nr.	Dauer der Betreuung	Nr.	Gewöhnlicher Aufenthaltsort	Nr.	Vermögensstatus	monatliche Pauschale
A1	In den ersten drei Monaten	A1.1	stationäre Einrichtung oder gleichgestellte ambulant betreute Wohnform	A1.1.1	mittellos	194,00 €
				A1.1.2	nicht mittellos	200,00 €
		A1.2	andere Wohnform	A1.2.1	mittellos	208,00 €
				A1.2.2	nicht mittellos	298,00 €

171 BT-Drucks. 19/24445 S. 394
172 § 9 Abs. 4 VBVG

Nr.	Dauer der Betreuung	Nr.	Gewöhnlicher Aufenthaltsort	Nr.	Vermögensstatus	monatliche Pauschale
A2	Im vierten bis sechsten Monat	A2.1	stationäre Einrichtung oder gleichgestellte ambulant betreute Wohnform	A2.1.1	mittellos	129,00 €
				A2.1.2	nicht mittellos	158,00 €
		A2.2	andere Wohnform	A2.2.1	mittellos	170,00 €
				A2.2.2	nicht mittellos	208,00 €
A3	Im siebten bis zwölften Monat	A3.1	stationäre Einrichtung oder gleichgestellte ambulant betreute Wohnform	A3.1.1	mittellos	124,00 €
				A3.1.2	nicht mittellos	140,00 €
		A3.2	andere Wohnform	A3.2.1	mittellos	151,00 €
				A3.2.2	nicht mittellos	192,00 €
A4	Im 13. bis 24. Monat	A4.1	stationäre Einrichtung oder gleichgestellte ambulant betreute Wohnform	A4.1.1	mittellos	87,00 €
				A4.1.1	nicht mittellos	91,00 €
		A4.2	andere Wohnform	A4.2.1	mittellos	122,00 €
				A4.2.2	nicht mittellos	158,00 €
A5	Ab dem 25. Monat	A5.1	stationäre Einrichtung oder gleichgestellte ambulant betreute Wohnform	A5.1.1	mittellos	62,00 €
				A5.1.2	nicht mittellos	78,00 €
		A5.2	andere Wohnform	A5.2.1	mittellos	105,00 €
				A5.2.2	nicht mittellos	130,00 €

Vergütungstabelle B

Nr.	Dauer der Betreuung	Nr.	Gewöhnlicher Aufenthaltsort	Nr.	Vermögensstatus	monatliche Pauschale
B1	In den ersten drei Monaten	B1.1	stationäre Einrichtung oder gleichgestellte ambulant betreute Wohnform	B1.1.1	mittellos	241,00 €
				B1.1.2	nicht mittellos	249,00 €
		B1.2	andere Wohnform	B1.2.1	mittellos	258,00 €
				B1.2.2	nicht mittellos	370,00 €
B2	Im vierten bis sechsten Monat	B2.1	stationäre Einrichtung oder gleichgestellte ambulant betreute Wohnform	B2.1.1	mittellos	158,00 €
				B2.1.2	nicht mittellos	196,00 €
		B2.2	andere Wohnform	B2.2.1	mittellos	211,00 €
				B2.2.2	nicht mittellos	258,00 €
B3	Im siebten bis zwölften Monat	B3.1	stationäre Einrichtung oder gleichgestellte ambulant betreute Wohnform	B3.1.1	mittellos	154,00 €
				B3.1.2	nicht mittellos	174,00 €
		B3.2	andere Wohnform	B3.2.1	mittellos	188,00 €
				B3.2.2	nicht mittellos	238,00 €
B4	Im 13. bis 24. Monat	B4.1	stationäre Einrichtung oder gleichgestellte ambulant betreute Wohnform	B4.1.1	mittellos	107,00 €
				B4.1.1	nicht mittellos	113,00 €
		B4.2	andere Wohnform	B4.2.1	mittellos	151,00 €
				B4.2.2	nicht mittellos	196,00 €

Nr.	Dauer der Betreuung	Nr.	Gewöhnlicher Aufenthaltsort	Nr.	Vermögensstatus	monatliche Pauschale
B5	Ab dem 25. Monat	B5.1	stationäre Einrichtung oder gleichgestellte ambulant betreute Wohnform	B5.1.1	mittellos	78,00 €
				B5.1.2	nicht mittellos	96,00 €
		B5.2	andere Wohnform	B5.2.1	mittellos	130,00 €
				B5.2.2	nicht mittellos	161,00 €

Vergütungstabelle C

Nr.	Dauer der Betreuung	Nr.	Gewöhnlicher Aufenthaltsort	Nr.	Vermögensstatus	monatliche Pauschale
C1	In den ersten drei Monaten	C1.1	stationäre Einrichtung oder gleichgestellte ambulant betreute Wohnform	C1.1.1	mittellos	317,00 €
				C1.1.2	nicht mittellos	327,00 €
		C1.2	andere Wohnform	C1.2.1	mittellos	339,00 €
				C1.2.2	nicht mittellos	486,00 €
C2	Im vierten bis sechsten Monat	C2.1	stationäre Einrichtung oder gleichgestellte ambulant betreute Wohnform	C2.1.1	mittellos	208,00 €
				C2.1.2	nicht mittellos	257,00 €
		C2.2	andere Wohnform	C2.2.1	mittellos	277,00 €
				C2.2.2	nicht mittellos	339,00 €
C3	Im siebten bis zwölften Monat	C3.1	stationäre Einrichtung oder gleichgestellte ambulant betreute Wohnform	C3.1.1	mittellos	202,00 €
				C3.1.2	nicht mittellos	229,00 €
		C3.2	andere Wohnform	C3.2.1	mittellos	246,00 €
				C3.2.2	nicht mittellos	312,00 €

Nr.	Dauer der Betreuung	Nr.	Gewöhnlicher Aufenthaltsort	Nr.	Vermögens-status	monatliche Pauschale
C4	Im 13. bis 24. Monat	C4.1	stationäre Einrichtung oder gleichgestellte ambulant betreute Wohnform	C4.1.1	mittellos	141,00 €
				C4.1.1	nicht mittellos	149,00 €
		C4.2	andere Wohnform	C4.2.1	mittellos	198,00 €
				C4.2.2	nicht mittellos	257,00 €
C5	Ab dem 25. Monat	C5.1	stationäre Einrichtung oder gleichgestellte ambulant betreute Wohnform	C5.1.1	mittellos	102,00 €
				C5.1.2	nicht mittellos	127,00 €
		C5.2	andere Wohnform	C5.2.1	mittellos	171,00 €
				C5.2.2	nicht mittellos	211,00 €

4.1.4 Dauer der Betreuung

Hinsichtlich der Dauer der rechtlichen Betreuung wird bei der Berechnung der Fallpauschalen unterschieden zwischen den Zeiträumen

- in den ersten drei Monaten der Betreuung,
- im vierten bis sechsten Monat,
- im siebten bis zwölften Monat,
- im 13. bis 24. Monat und
- ab dem 25. Monat.[173]

Die gesonderte Bewertung der ersten zwei Jahre soll Anreiz sein, in diesem Zeitraum dem Unterstützungsbedarf der rechtlich betreuten Personen durch möglichst intensiven Zeit- und Arbeitseinsatz zu begegnen. Die rechtlich betreute Person soll die notwendige Hilfe zur Selbsthilfe erhalten. Ziel ist es, die rechtliche Betreuung nach diesem Zeitraum in ehrenamtliche Hände übergeben zu können, im Umfang zu reduzieren oder ganz aufzuheben.[174]

173 § 9 Abs. 2 Satz 1 VBVG.
174 Siehe auch BT-Drucks. 19/8694 S. 25 f.

4.1.5 Wohnform

Zwischen welchen Wohnformen wird unterschieden?

Die Fallpauschale bezieht sich auf den gewöhnlichen Aufenthaltsort der rechtlich betreuten Person. Meldeanschrift und der gewöhnliche Aufenthaltsort müssen dabei nicht zwingend identisch sein. Unterschieden wird zwischen stationären Einrichtungen und diesen gleichgestellten ambulant betreuten Wohnformen einerseits und anderen Wohnformen andererseits.[175]

Warum wird zwischen den Wohnformen unterschieden?

Die Regelung geht davon aus, dass der Aufwand für rechtlichen Betreuer*innen der zu erledigenden Angelegenheiten für rechtlich betreute Personen, die ihren gewöhnlichen Aufenthaltsort in einer stationären Einrichtung oder einer dieser gleichgestellten ambulant betreuten Wohnform haben, gegenüber rechtlich betreuten Personen, die in einer ambulanten Wohnform leben, geringer ist.

Wie sind stationären Einrichtungen und diesen gleichgestellte ambulant betreute Wohnformen definiert?

Mit der Änderung des Vergütungsrechts 2019 wurde der bis dahin geltende Begriff „Heim" durch „stationäre Einrichtungen und diesen gleichgestellte ambulant betreute Wohnformen" ersetzt. Damit wurde die Begrifflichkeit an das Heimgesetz angepasst. Die Erweiterung auf „gleichgestellte" Wohnformen geht davon aus, dass bestimmte ambulant betreute Wohnformen aus strukturellen Gründen den Aufwand für die rechtliche Betreuung, wie dies in stationären Einrichtungen der Fall ist, reduziert.

Stationäre Einrichtungen und diesen gleichgestellte ambulant betreute Wohnformen sind Einrichtungen, die dem Zweck dienen, volljährige Personen aufzunehmen, ihnen Wohnraum zu überlassen sowie tatsächliche Betreuung oder Pflege zur Verfügung zu stellen oder vorzuhalten. Es wird davon ausgegangen, dass sie in ihrem Bestand von Wechsel und Zahl der Bewohner unabhängig sind und entgeltlich betrieben werden.

Die Änderung erfasst auch ambulant betreute Wohnformen, die sich entweder durch eine permanente Präsenz oder durch eine ständige Erreichbarkeit (z.B. in Form einer Nacht- und Rufbereitschaft) professioneller Pflege- oder Betreuungskräfte auszeichnen. Es kommt somit darauf an, ob die angebotenen Pflege- oder Betreuungsleistungen durch einen professionellen Organisationsapparat getragen sind und eine Verantwortungsgarantie – wie in einer stationären Einrichtung – des Trägers begründen. Dies setzt voraus, dass von den Bewohnern keine Auswahlentscheidungen darüber zu treffen sind, von welchem Anbieter die externen Pflege- oder Betreuungsleistungen in Anspruch genommen werden und zudem gewährleistet ist, dass der Leistungsanbieter Änderungen im Versorgungsbedarf der Bewohner erkennt und abdeckt. Daher werden nur solche ambulant betreuten Wohnformen stationären Einrichtungen gleichgestellt, in denen der Anbieter der Pflege- oder Betreuungsleistungen nicht frei wählbar ist und in denen eine Rund-um-die-Uhr-Versorgung durch professionelle Pflegekräfte oder – in der Behindertenhilfe – durch professionelle Be-

175 § 9 Abs. 3 VBVG.

treuungskräfte vorgehalten wird. Auf die tatsächliche Inanspruchnahme der Leistungen durch den Betroffenen kommt es nicht an.[176]

Stationäre Einrichtungen und diesen gleichgestellte ambulant betreute Wohnformen sind:

- Pflege- und Altenheime, Altenwohnheime,
- Altenkrankenheime, Wohnstifte,
- Behindertenheime,
- Kurzzeitheime,
- Hospize,
- Einrichtungen zur Tages- und Nachtpflege,
- stationäre Einrichtungen der Behinderten-, Obdachlosen- oder Altenhilfe,
- Außenwohngruppen von Heimeinrichtungen,
- Justizvollzugsanstalten,
- Kliniken des Maßregelvollzugs bzw. psychiatrische Kliniken,
- Krankenhäuser und Rehabilitationseinrichtungen,
- Internate.

Welche Wohnmöglichkeiten werden nicht als stationäre Einrichtungen und diesen gleichgestellte ambulant betreute Wohnformen angesehen?

- Alten- und Behindertenwohngemeinschaften mit der Möglichkeit, Pflege- und andere Dienstleistungen individuell auszusuchen und den Anbieter wählen zu können,
- Einrichtungen des betreuten Wohnens ohne professionellen Organisationsapparat,
- Wohnungen, die vom ambulanten Pflegedienst zur Anmietung zur Verfügung gestellt werden, mit gleichzeitiger ambulanter Betreuung nach dem Wohnstättenvertrag, der heimmäßige Angebote vorhält, ohne eine Verpflichtung zur Annahme vorzusehen, und die Möglichkeit bietet, benötigte Leistungen auch von anderen Anbietern in Anspruch zu nehmen,
- Wohnen ohne Verpflichtung zur Betreuung und Versorgung der Bewohner,
- Wohnen bei einer Pflegefamilie,
- Wohneinrichtungen zur vorübergehenden Aufnahme zwecks Verselbstständigung heranwachsender Personen.

176 BT-Drucks. 19/8694 S. 28 f.

Wurden die strukturellen Änderung nach dem Inkrafttreten der Reformstufe 3 BTHG (Gesetz zur Stärkung der Teilhabe und Selbstbestimmung von Personen mit Behinderungen (Bundesteilhabegesetz – BTHG) berücksichtigt?

Ja und nein.

Die Änderungen waren bekannt. Im Gesetzentwurf findet sich jedoch kein Bezug auf die Änderung und ein damit einhergehender Mehraufwand für rechtliche Betreuer*innen. Die Erwartung des Mehraufwandes wurde von mehreren Verbänden und Sachverständigen im Rahmen der Stellungnahmen zum Gesetzentwurf eingebracht.[177]

Welche Änderungen sind für den Aufwand zur rechtlichen Besorgung der Angelegenheiten besonders relevant?

An dieser Stelle geht es nicht darum, umfassendes Wissen zum BTHG zu vermitteln. Es soll lediglich gezeigt werden, welche Auswirkung die strukturellen Änderungen nach dem Inkrafttreten der Reformstufe 3 BTHG auf den Aufwand zur rechtlichen Betreuung von Personen, die in stationären Einrichtungen der Eingliederungshilfe leben, hat.

Für den Aufwand zur rechtlichen Besorgung der Angelegenheiten ist besonders die zum 1.1.2020 wirksam gewordene Herauslösung der Leistungen der Eingliederungshilfe aus dem SGB XII (Sozialhilfe) von Bedeutung. Die Leistungen der Existenzsicherung sind seitdem getrennt von den Leistungen der Teilhabe (BTHG) zu behandeln. Die Trennung der Leistungen hat das bis dahin in stationären Wohnformen der Eingliederungshilfe geltende Prinzip der Leistungserbringung aus einer Hand aufgegeben. Mit dieser Änderung wurde das sozialrechtliche Leistungsgeschehen für Personen, die in stationären Wohnformen leben, zergliedert, komplexer und verursacht betreuungsrechtlich den gleichen Aufwand, wie er für Personen, die in ambulanter Wohnform leben, zu leisten ist.

Die Trennung von Fachleistungen und existenzsichernden Leistungen hat den Arbeits- und Zeitaufwand der rechtlichen Betreuung erhöht. Der Träger der Teilhabeleistung ist seit dem 1.1.2020 für Personen in Einrichtungen lediglich für die Rehabilitation- und Teilhabeleistungen zuständig. Die existenzsichernden Leistungen werden, wie bei Personen in ambulanter Wohnsituation, aus eigenem Einkommen, Einkommensersatzleistungen, Vermögen, Wohngeld oder aus nach dem SGB XII (ggf. nach dem SGB II) bewilligten Leistungen der Grundsicherung bestritten. Im Rahmen der jeweiligen Leistungsverfahren bedarf es gesonderter rechtlicher Unterstützung. Es handelt sich dabei um einen wiederkehrenden rechtlichen Unterstützungsbedarf, da die Verfahren nicht mit der erstmaligen Antragstellung abgeschlossen werden, sondern regelmäßige Verfahrenshandlungen vorzunehmen sind. Dass die rechtlich betreute Person weiterhin in einer gemeinschaftlichen Wohnform lebt, sagt nichts darüber aus, welche Maßnahmen im Vorfeld, währenddessen oder danach unternommen werden müssen, um die erforderlichen rechtlichen Angelegenheiten zu regeln.

Wie für rechtlich betreute Personen in ambulanter Wohnsituation, ist der Bedarf rechtlicher Unterstützung im Hinblick auf das Vereinnahmen und Verwalten von Einkommen und

177 Beispielhaft Stellungnahme der Bundesvereinigung Lebenshilfe e.V., siehe unter www.bmjv.de/SharedDocs/Gesetzgebungsverfahren/DE/Anpassung_betreuerverguetung.html (Zugriff: 8.12.2022).

Vermögen zu prüfen und ggf. zu leisten. Abflüsse für den Lebensunterhalt, die „Wohnkosten“, ggf. Anteile zu den Teilhabeleistungen sind zu besprechen und ggf. zu veranlassen.

Richtig ist zwar, dass der Wohn- und Betreuungsvertrag im Idealfall nur einmal geschlossen werden muss. Jedoch passt sich dieser nicht automatisch einem geänderten Hilfebedarf an. Hier sind wiederkehrende Prüfungen erforderlich.

Gegenüberstellung[178]

Vor dem 1.1.2020	ab dem 1.1.2020
mögliche Ansprechpartner	
• Träger der Eingliederungshilfe	• Träger der Leistungen der Teilhabe, • jeweiliger Träger der Leistungen der Grundsicherung (SGB II oder SGB XII) • Träger der Wohngeldleistungen
Zahlungsverkehr	
• Überleitung der Einkommensansprüche an Kostenträger (einmalig) • kein Konto zwingend erforderlich • Taschengeldverwaltung über ein Heimkonto	• Girokonto erforderlich • Selbstverwaltung des Einkommens • Erfüllung der Zahlungsverpflichtungen aus Wohn- und Betreuungsvertrag • Haushaltsplanung • Geldeinteilung • Rechnungslegung usw.
Verträge	
• Heimvertrag • automatische Anpassung an veränderten Hilfebedarf	• Wohn- und Betreuungsvertrag • individuelle Bedarfsermittlung • keine automatische Anpassung an veränderten Hilfebedarf • Leistungstrennung im Vertrag • Klärung, ob der Anbieter bedarfsdeckend leisten kann

Ist neuer Streit über die Zuordnung der Wohnform zu erwarten?

Der Gesetzgeber hat im Rahmen seiner Begründung zum Ersetzen des Terminus „Heim“ durch „stationäre Einrichtung“ ausgeführt, dass damit keine inhaltliche Änderung verbunden ist. Die zur Definition „gleichgestellter“ Wohnformen verwendeten Kriterien haben sich demnach im Wesentlichen bewährt. Die bisher von der Rechtsprechung entwickelten Grundsätze behalten weiterhin Gültigkeit.[179]

178 Der dargestellte Aufwand ist in der Bemessung der Vergütung durch die Betreuungsrechtsreform noch nicht berücksichtigt worden. Die Gegenüberstellung soll den Mehraufwand deutlicher machen.

179 BT-Drucks. 19/8694 S. 28

Kommentar

Die Erweiterung der vergütungsrechtlich geringer bewerteten Wohnformen kann nur unter dem Aspekt der fiskalischen Einsparung erkannt werden. Würde tatsächlich der Aufwand zur Führung der rechtlichen Betreuung als relevantes Kriterium gelten, hätte der für rechtlichen Betreuer*innen entstehende Mehraufwand, welcher durch die Änderung in den ehemaligen Einrichtungen der Eingliederungshilfe entstanden ist, berücksichtigt werden müssen.

Wie ist ein längerer Krankenhausaufenthalt abzurechnen?

Ein längerer Krankenhausaufenthalt mit anschließender Rehabilitation und angehängter Kurzzeitpflege gilt nicht als Wechsel des gewöhnlichen Aufenthaltes, wenn der Wille und die tatsächliche Möglichkeit zur Rückkehr in die selbstständige Wohnform gegeben sind. Gleiches gilt für den Aufenthalt in einer Einrichtung der Tages- und Nachtpflege, wenn die Wohnung weiter den Lebensmittelpunkt darstellt. Auch die vorläufige Unterbringung in der Untersuchungshaft bzw. dem Maßregelvollzug begründet noch nicht den Wechsel des gewöhnlichen Aufenthaltes.[180]

4.1.6 Mittellosigkeit

Warum ist die rechtliche Betreuung nicht kostenfrei?

Die oft vorgetragene Forderung nach einer allgemeinen Kostenfreiheit in Betreuungsangelegenheiten konnte sich aufgrund der knappen Finanzmittel von Bund und Ländern nicht durchsetzen. Aus diesem Grund sind die Kosten der rechtlichen Betreuung von Grundsatz her von der rechtlich betreuten Person zu tragen. Rechtliche Betreuer*innen haben somit einen Anspruch gegenüber der rechtlich betreuten Person.

Das Gesetz sieht eine Zahlung der Kosten aus der Staatskasse nur für den Fall der Mittellosigkeit der rechtlich betreuten Person vor. In diesem Fall erbringt die Staatskasse eine Sozialleistung für die rechtlich betreute Person. Der ursprüngliche gegen die rechtlich betreute Person gerichtete Anspruch der Betreuerin bzw. des Betreuers geht auf die Staatskasse über.[181]

Können die aus der Staatskasse gezahlten Kosten zurückgefordert werden?

Die aus der Staatskasse gezahlten Kosten aus dem Betreuungsverfahren einschließlich der Vergütung können bis zu drei Jahre, nachdem sie gezahlt worden sind, von der rechtlich betreuten Person oder aus dem Nachlass gefordert werden (sog. Regress).[182]

Ändern sich die Vermögensverhältnisse der rechtlich betreuten Person durch z.B. eine Erbschaft, hat sie mit diesem Vermögen nicht nur für die laufenden Kosten der rechtlichen

180 OLG München, Beschl. v. 4.7.2019, 33 Wx 089/07, BtPrax 2007, 257 f.
181 § 16 Abs. 2 VBVG
182 § 1836e BGB.

Berufsbetreuung, sondern auch für die nicht länger als drei Jahre zurückliegenden Kosten[183], die aus der Staatskasse gezahlt worden sind, aufzukommen.

Wann gilt die rechtlich betreute Person als mittellos?

Die rechtlich betreute Person gilt als mittellos, wenn sie die Vergütung aus ihrem einzusetzenden Vermögen nicht, nur zum Teil oder nur in Raten aufbringen kann.[184]

Wer hat die Angaben zur Mittellosigkeit zu ermitteln?

Das Gericht hat alle für die Frage der Mittellosigkeit erforderlichen Tatsachen von Amts wegen zu ermitteln.[185] Rechtliche Betreuer*innen trifft eine Mitwirkungspflicht. In ihrem Antrag sollen rechtliche Betreuer*innen die persönlichen und wirtschaftlichen Verhältnisse der rechtlich betreuten Person darstellen.[186]

Welche Nachweise sind zu erbringen?

Die Prüfung der Mittellosigkeit bezieht sich auf den Stand des Vermögens. Als Stichtag nimmt die Rechtsprechung den Tag, mit dem das Betreuungsgericht den Vergütungsantrag entscheidet, an.

Der Stand des Vermögens ist durch geeignete Unterlagen nachzuweisen

Sind rechtliche Betreuer*innen mit dem Aufgabenkreis der Vermögenssorge betraut, müssten ihnen regelmäßig alle erforderlichen Angaben bekannt sein. Schwieriger ist die Situation, wenn der Aufgabenkreis die Vermögenssorge nicht oder nur mit vergleichsweise eingeschränktem Aufgabenbereich erfasst. Für diesen Fall sind rechtlichen Betreuer*innen nicht alle erforderlichen Angaben im Rahmen ihrer Amtsführung bekannt. Datenschutzrechtlich ist anzunehmen, dass die Weitergabe dieser Daten an die Einwilligung durch die rechtlich betreute Person gebunden ist.

Was passiert, wenn nicht alle Angaben bekannt sind?

Sind dem Gericht nicht alle für die Prüfung der Mittellosigkeit relevanten Tatsachen bekannt, wird dies regelmäßig zu einer längeren Bearbeitungszeit führen. Die Amtsermittlung des Gerichts braucht Zeit. Nachfragen bei der rechtlich betreuten Person, der Betreuungsbehörde, anderen Behörden, Verwandten etc. sind aufwendig und führen oft zu weiteren – das Verfahren verzögernden – Verfahrensschritten. Das Interesse rechtlicher Berufsbetreuer*innen an einer zügigen Bearbeitung ihres Antrags zwingt dazu, alle erforderlichen Angaben möglichst mit dem Antrag einreichen zu können.

Wann kann von der Ermittlung der Vermögensverhältnisse abgesehen werden?

Steht nach der freien Überzeugung des Gerichts der Aufwand zur Ermittlung der persönlichen und wirtschaftlichen Verhältnisse der rechtlich zu betreuenden Person außer Verhältnis zur Höhe des aus der Staatskasse zu begleichenden Anspruchs oder zur Höhe der voraussichtlich von der rechtlich betreuten Person zu leistenden Zahlungen, kann das Gericht

183 § 195 BGB
184 § 16 Abs. 1 VBVG i.V.m. § 1880 BGB und § 90 SGB XII
185 Vgl. § 26 FamFG
186 Vgl. § 292 Abs. 3 FamFG.

ohne weitere Prüfung den Anspruch festsetzen oder von einer Festsetzung der von der rechtlich betreuten Person zu leistenden Zahlungen absehen.[187] Dies kann beispielsweise dann der Fall sein, wenn die Betreuung mit beschränktem Aufgabenkreis nur kurze Zeit besteht und die Ermittlung des Sachverhalts am Fehlen von Ansprechpartnern scheitert.

Beispiel:

Die betreute Person ist verstorben und wurde von den im Ausland lebenden Angehörigen zur Bestattung dorthin überführt. Kontakte zum Gericht oder zum rechtlichen Betreuer hat es nicht gegeben.

Wie ist der Begriff „Vermögen" definiert?

Für die Kosten hat die rechtlich betreute Person, mit Ausnahmen, ihr gesamtes verwertbares Vermögen einzusetzen. Der Gesetzgeber bezieht sich auf die Bestimmungen aus der Sozialhilfe (§ 90 SGB XII).[188] Zum § 90 SGB XII gibt es eine eigene Verordnung zur Durchführung. Der § 90 SGB XII sowie die dazugehörige Verordnung bestimmen die Ausnahmen von der Pflicht vorhandenes Vermögen einzusetzen.

Zum Vermögen gehören Geld und Geldeswerte, soweit sie nicht dem Einkommen zuzurechnen sind, sonstige Sachen, Forderungen und sonstige Rechte. Insbesondere gehören dazu Bargeld, Bank-/Sparguthaben (einschließlich vermögenswirksamer Leistungen), Wertpapiere/Aktien, Forderungen (auch private), Bausparverträge, Lebensversicherungen (aktueller Rückkaufwert inkl. Überschussanteil), Genossenschaftsanteile, Haus- und Grundbesitz, Kraftfahrzeug(e), Erwerbsgeschäfte, sonstige Forderungen oder Ansprüche gegen Dritte, Gegenstände von besonderem Wert, erbrechtliche Ansprüche usw.

Welches Vermögen gilt als verwertbar?

Verwertbar ist das Vermögen, über das die rechtlich betreute Person tatsächlich verfügen kann und das sie voraussichtlich in einem absehbaren, angemessenen Zeitraum verwerten (übertragen, veräußern, beleihen oder einer wirtschaftlichen Verwendung zuführen) kann. Auch verwertbares Vermögen im Ausland ist nicht ausgenommen.

Welches Vermögen ist nicht verwertbar?

Nicht verwertbar sind Vermögenswerte, über die von der rechtlich betreuten Person rechtlich oder tatsächlich nicht verfügt werden kann. Dies ist z.B. der Fall bei verpfändeten, beschlagnahmten, der Insolvenzverwaltung unterliegenden oder solchen Vermögenswerten, die durch eine nicht befreite Vorerbschaft belastet sind oder unter Testamentsvollstreckung stehen. Nicht verwertbar sind Nutzungsrechte, die ausschließlich an die rechtlich betreute Person gebunden sind (z.B. persönliche Wohnrechte). Nicht verwertbar sind beispielsweise nicht zu kündigende Bestattungs- und Grabpflegeverträge. Der Vermögenswert ist bereits zu einem bestimmten Zweck angelegt.

187 § 292 Abs. 3 Satz 3 FamFG.
188 § 1880 Abs. 2 BGB

Wie grenzt sich Vermögen vom Einkommen ab?

Die Frage, ob Vermögen für die Zahlung der Vergütung eingesetzt werden muss, ist nicht abhängig vom tatsächlichen Bezug von Sozialleistungen. Die Bestimmungen sind jedoch analog anzuwenden. Von Bedeutung ist die Zuordnung vorhandener Geldmittel zu Einkommen oder Vermögen, da die Summe aller Kontenstände und Vermögenswerte zu einem bestimmten Sichttag sowohl das Einkommen als auch das Vermögen erfassen. Bei der Feststellung der Mittellosigkeit darf das Einkommen jedoch nicht mitberücksichtigt werden. Die Ermittlung aller Vermögenswerte zum Stichtag X greift entsprechend zu kurz. Hiervon ist das für den Monat zufließende Einkommen freizulassen.

Ob und über welchen Zeitraum ein zugeflossener Betrag nach dem ersten Monat noch als Einkommen gilt, bevor er in das Vermögen wächst, hängt unter anderem davon ab, ob der Betrag in der Sozialhilfe auf einen angemessenen Zeitraum aufgeteilt und monatlich in entsprechenden Teilbeträgen berücksichtigt wird oder würde.[189] Dies gilt beispielsweise für einmalige Zuflüsse aus Energiekostenabrechnungen, Gewinnen und Erbschaft. Die Sozialhilfe würde den Betrag regelmäßig aufteilen. Ein Abweichen von der Regel erfordert eine Einzelfallentscheidung, deren Erörterung hier nicht vorgenommen werden soll.

Beispiel:

Die rechtlich betreute Person erhält am 1.1. einen einmaligen, dem Grunde nach einzusetzenden Betrag von 3.500,00 €.

Für die Mittellosigkeit ergibt sich folgende Berechnung:

Das Einkommen der rechtlich betreuten Person liegt um 100,00 € unterhalb der für sie ermittelten sozialhilferechtlichen Einkommensgrenze. Im Monat des Zuflusses wäre das Einkommen aus dem zugeflossenen Betrag um diese Differenz aufzustocken. Es verbleiben 3.400,00 €. Im Folgemonat wächst der restliche Betrag in das Vermögen.

Für den Fall des Bezugs von Sozialleistungen ergibt sich möglicherweise Streit darüber, ob die Zahlung der Vergütung und der mögliche Regress des Betreuungsgerichts in die Berechnung des Sozialamtes einfließen müssen. In diesen Fällen sollten rechtliche Betreuer*innen die Vorgehensweise mit dem Träger der Sozialleistungen und dem Betreuungsgericht abgleichen.

Die Zuordnung von Geld oder Geldeswerten zum Einkommen oder zum Vermögen ist in der Sozialhilfe vom Zeitpunkt ihres Zuflusses und damit von der tatsächlichen Verfügbarkeit abhängig. Analog gehören vergütungsrechtlich alle Werte ohne Rücksicht auf ihre Herkunft zum Vermögen, soweit sie vor dem erstmaligen Wirksamwerden der rechtlichen Betreuung vorhanden waren. Bei Mitteln, die nach dem erstmaligen Wirksamwerden der Betreuung wertmäßig zufließen (z.B. eine Erbschaft), handelt es sich in der Regel für den Monat, in dem der Betrag zufließt, um Einkommen. Wird der zugeflossene Betrag nicht verbraucht, wächst er dem Vermögen zu. Erst nachdem der Betrag in das Vermögen gewachsen ist, greifen die Regeln über den Einsatz bzw. Schutz des Vermögens.

189 § 8 Abs. 1 Satz 3 i.V.m. § 3 Abs. 3 Satz 2 und 3 VO zu § 82 SGB XII.

Wie sind Nachzahlungen, Steuererstattungen und Ähnliches zu behandeln?

Geldzuflüsse sind im Bedarfszeitraum immer dem Einkommen zuzuordnen, wenn sie

- üblicherweise für die Bestreitung des Lebensunterhalts bestimmt sind (z.B. Rentennachzahlungen, kapitalisierte Renten, Wohngeldnachzahlungen, Kindergeld, Steuererstattungsbeträge),
- Einkommensersatzfunktion haben (z.B. Schadensersatzzahlungen wegen Einkommensverlusten, ererbte laufende Einnahmen) oder
- ihrer Natur nach zum Einkommen zählen (z.B. Tantiemen, Zinsen, Dividenden, regelmäßige Zuschüsse wie laufende Leistungen der Agentur für Arbeit).

Welche Geldzuflüsse rechnen sofort zum Vermögen?

Geldzuflüsse sind als Vermögen anzusehen, wenn sie durch den Verkauf eines vorhandenen Vermögenswertes entstehen. Dies gilt z.B. auch für Abfindungen, Schadensersatzzahlungen und Einmalzahlungen aus einem fällig gewordenen Lebensversicherungsvertrag, sofern sie keine Einkommensersatzfunktion haben.

Welche Vermögenswerte brauchen nicht eingesetzt zu werden?

Die Zahlung der Kosten der rechtlichen Betreuerin bzw. des rechtlichen Betreuers darf nicht abhängig gemacht werden vom Einsatz oder von der Verwertung

1. eines Vermögens, das aus öffentlichen Mitteln zum **Aufbau oder zur Sicherung einer Lebensgrundlage** oder zur Gründung eines Hausstandes erbracht wird,
2. eines Kapitals, einschließlich seiner Erträge, das der **zusätzlichen Altersvorsorge** dient und dessen Ansammlung staatlich gefördert wurde,[190]
3. eines sonstigen Vermögens, solange die betreute Person[191] es nachweislich zur baldigen **Beschaffung oder Erhaltung eines Hausgrundstücks** verwendet, um es allein oder zusammen mit Angehörigen ganz oder teilweise zu bewohnen,
4. eines angemessenen **Hausrats**,
5. von Gegenständen, die zur Aufnahme oder Fortsetzung der Berufsausbildung oder der **Erwerbstätigkeit** unentbehrlich sind,
6. von Familien- und Erbstücken, deren Veräußerung eine **besondere Härte** bedeuten würde,
7. von Gegenständen, die zur Befriedigung geistiger, insbesondere wissenschaftlicher oder künstlerischer Bedürfnisse dienen und deren Besitz **nicht Luxus** ist,
8. eines angemessenen **Hausgrundstücks**, das von der rechtlich betreuten Person allein oder zusammen mit Angehörigen ganz oder teilweise bewohnt wird und nach ihrem Tod von ihren Angehörigen bewohnt werden soll,

190 Im Sinne des § 10a oder des Abschnitts XI des Einkommensteuergesetzes.

191 Betreute Personen erfüllen regelmäßig die in § 53 Abs. 1 und § 72 oder § 61 genannten Voraussetzungen.

9. **kleinerer Barbeträge** oder sonstiger Geldwerte; dabei ist eine besondere Notlage der nachfragenden Person zu berücksichtigen,
10. eines angemessenen Kraftfahrzeuges.

Die Zahlung der Kosten darf ferner nicht vom Einsatz oder von der Verwertung eines Vermögens abhängig gemacht werden, soweit dies für die rechtlich betreute Person und für ihre unterhaltsberechtigten Angehörigen eine Härte bedeuten würde.[192]

Welche Zuwendungen dienen dem Aufbau oder der Sicherung der Lebensgrundlage?

Dem Aufbau oder der Sicherung der Lebensgrundlage dienen alle Zuwendungen, die ausdrücklich dazu bestimmt sind, der rechtlich betreuten Person eine eigene Tätigkeit zu ermöglichen, aus der später der Lebensunterhalt bestritten werden kann. Darunter fallen z.B.:

- Darlehen zur Existenzgründung,
- pauschale Eingliederungshilfen (Beschaffung eines behindertengerechten Kfz),
- Mittel, die zur Gründung eines Hausstandes oder zum behindertengerechten Umbau gezahlt worden sind.

Welches Kapital ist als staatlich geförderte Altersversorgung anzusehen?

Die staatlich geförderte Eigenvorsorge zur Alterssicherung[193] wird in geprüften und zertifizierten privaten oder betrieblichen Altersvorsorgeverträgen angespart. Die entsprechenden Verträge sind vorzulegen. Entsprechende Verträge sind nicht zu verwechseln mit den oft abgeschlossenen Kapitallebensversicherungen oder anderen nicht staatlich geförderten Vorsorgemodellen. Bei den in der Auszahlungsphase zufließenden Beträgen handelt es sich um einzusetzendes Einkommen.

Was ist unter dem Begriff „Hausgrundstück" zu verstehen?

Unter den Begriff „Hausgrundstück" fallen bebaute Grundstücke, Häuser, die aufgrund eines Erbbaurechts errichtet sind, Eigentumswohnungen und Dauerwohnrechte, die von der rechtlich betreuten Person zu Wohnzwecken als Lebensmittelpunkt genutzt werden. Nicht geschützt ist z.B. das selbstgenutzte Wochenendhaus.

Wann kann von einer baldigen Beschaffung oder Erhaltung eines Hausgrundstücks gesprochen werden?

Ein fester Zeitraum ist hier nicht bestimmt. Es muss der baldige Einsatz des Vermögens für den genannten Zweck nachgewiesen werden. Als Nachweis kommen z.B. vorliegende Baupläne, Finanzierungspläne und -zusagen, Kaufverträge über ein Grundstück oder eine Eigentumswohnung, Aufträge an Handwerker oder Architekten in Betracht. Unzureichend sind Finanzierungskonzepte, deren Realisierung unrealistisch ist. Der Nachweis der Vermögensanlage in Form eines Bausparvertrages allein genügt in der Regel nicht. Auf jeden Fall

192 vgl. § 90 Abs. 3 Satz 1 SGB XII
193 Vgl. § 90 Abs. 2 Nr. 2 SGB XII

muss die Zahlung der Kosten der rechtlichen Betreuung das Vermögen so weit belasten, dass die Beschaffung oder Erhaltung eines Hausgrundstücks verhindert wird.

Wann ist das „Hausgrundstück" angemessen?

Die Angemessenheit ist für den Einzelfall zu prüfen. Sie bestimmt sich nach der Zahl der Bewohner, dem Wohnbedarf, der Grundstücksgröße, der Hausgröße, dem Zuschnitt und der Ausstattung des Wohngebäudes und dem Wert des Grundstücks einschließlich des Wohngebäudes. Dabei ergibt sich die Bewertung der Angemessenheit aus der Gesamtheit der Kriterien. Es ist also möglich, dass einzelne Kriterien unangemessen erscheinen, in der Gesamtschau hingegen von der Angemessenheit auszugehen ist. Dies ergibt sich beispielsweise bei älteren Gebäuden, die zwar eine größere Wohnfläche bieten, aber wegen ihres Alters und ihres Zustandes geringer bewertet werden.

Welcher Barbetrag braucht nicht eingesetzt zu werden?

Der Wortlaut des Gesetzes bestimmt nicht ausdrücklich, welcher Betrag nicht eingesetzt werden muss. In analoger Anwendung der Regelung aus der Sozialhilfe (Hilfe zum Lebensunterhalt) beträgt der Freibetrag für Alleinstehende 10.000,00 € und für Ehegatten und Lebenspartner, die nicht getrennt leben, 10.000,00 € zuzüglich eines Betrages von 500,00 € für jede Person, die von der rechtlich betreuten Person überwiegend unterhalten wird.

Welche Notlagen können eine Erhöhung des freibleibenden Barbetrags rechtfertigen?

Dies ist im Einzelfall zu prüfen. Es sind nur solche Notlagen zu berücksichtigen, die nicht bereits an anderer Stelle Berücksichtigung gefunden haben. Als Notlage kann anerkannt werden, wenn die vorhandenen Mittel

- zur Erhaltung und Stärkung der Selbsthilfekräfte benötigt werden,
- zur Überwindung sozialer Isolation benötigt werden,
- zum Erhalt des helfenden sozialen Umfeldes benötigt werden,
- zum Erhalt der bisherigen Lebensverhältnisse benötigt werden,
- zur Regulierung von Schuldverpflichtungen benötigt werden, insbesondere Abzahlungsverpflichtungen, die vor Einrichtung der Betreuung eingegangen worden sind und deren Begründung die Gesichtspunkte wirtschaftlicher Lebensführung nicht verletzt (hierzu gehören auch außergerichtliche und gerichtliche Schuldenbereinigungspläne im Sinne der §§ 305 ff. der Insolvenzordnung sowie besonders hohe Betriebskosten),
- Mittel, die für Eigenanteile notwendiger Behandlungskosten bei privat versicherten Personen benötigt werden,
- Mittel, die angespart werden, damit im Sozialhilferecht anzuerkennende einmalige Bedarfe (notwendige Anschaffungen) angespart werden können.

Wann kann vom Vorliegen einer besonderen Härte gesprochen werden?

Die Voraussetzungen der Härtevorschrift sind in jedem Einzelfall zu prüfen. Das Vorliegen einer besonderen Härte kann dazu führen, dass vorhandenes Vermögen insgesamt oder teilweise frei bleibt. Eine besondere Härte liegt nicht schon dann vor, wenn dies von der rechtlich betreuten Person so empfunden wird. Es müssen objektive, durch den Einzelfall begründete Merkmale gegeben sein, die ein Abweichen von der regelmäßigen Praxis rechtfertigen.

Eine Härte ist z.B. anzunehmen

- beim Einsatz von Vermögen, welches aus angespartem Schmerzensgeld wegen eines Schadens, der nicht Vermögensschaden ist, stammt,
- beim Einsatz von Vermögen, welches aus angespartem Elterngeld oder Betreuungsgeld (während des gesetzlichen Förderzeitraums) stammt,
- beim Einsatz von Vermögen, welches aus angesparten zweckbestimmten Sozialleistungen gebildet worden ist,
- beim Einsatz von Vermögen, welches aus angespartem Blindengeld stammt,
- wenn die Zahlung der Vergütung zu einer ungerechtfertigten Verschlechterung der bisherigen Lebensverhältnisse der rechtlich betreuten Person führen würde,
- wenn der Einsatz des vorhandenen Pkw bei behinderten oder pflegebedürftigen Personen, die für den Transport auf dieses Fahrzeug angewiesen sind, verlangt wird,
- wenn die Verwertung eines einzusetzenden Vermögens offensichtlich unwirtschaftlich ist oder wenn in absehbarer Zeit ein erheblicher Wertzuwachs zu erwarten ist.

Zu welchem Stichtag ist die Mittellosigkeit festzustellen?

Maßgeblich für den Stichtag zur Feststellung der Mittellosigkeit ist der Zeitpunkt, zu dem das Gericht über den Vergütungsantrag entscheidet. Bei Einlegung eines Rechtsmittels gegen diese Entscheidung ist der Zeitpunkt der Entscheidung der letzten Tatsacheninstanz maßgeblich.[194] Wird die rechtliche Betreuung durch den Tod der rechtlich betreuten Person beendet, ist die Mittellosigkeit zum Todestag zu bestimmen. Entgegen anderer für die Vergütung relevanter Faktoren gilt die Feststellung der Mittellosigkeit zum Stichtag für den gesamten Abrechnungszeitraum einheitlich.

Worauf ist bei der Prüfung der Entscheidung zu achten?

In der Praxis werden vom Betreuungsgericht die verfügbaren Vermögenswerte zum Stichtag addiert, der Freibetrag wird abgezogen und der Einsatz des übersteigenden Betrages verlangt. Fehlentscheidungen kommen zustande bei der Vernachlässigung

- der Abgrenzung von Vermögen und Einkommen

  Von dem vorhandenen Guthaben sind die zum Stichtag als Einkommen anzusehenden Beträge abzuziehen. Regelmäßig sind hier die zum Stichtag noch für den laufenden Monat verbliebenen Beträge zur Deckung des laufenden Bedarfs zu nennen.

194 BGH, Beschl. v. 6.2.2013, XII ZB 582/12, BtPrax 2013, 65; BGH, Beschl. v. 6.7.2016, XII ZB 493/14, BtPrax 2016, 237

- der Zweckgebundenheit der Vermögenswerte zur Zahlung von bereits erhaltenen Leistungen, wenn diese dem anzuerkennenden Bedarf zuzurechnen sind

  Beispielsweise ist das der Fall, wenn die Rechnung für das bereits erhaltene Essen auf Rädern noch nicht eingegangen bzw. bezahlt worden ist.
- von Umständen, die den Freibetrag erhöhen können.

Welchen Einfluss hat die Wahl des Zeitpunkts, zu dem der Vergütungsantrag gestellt wird?

Durch die Wahl des Zeitpunkts seiner Abrechnung entscheiden rechtliche Betreuer*innen in Grenzfällen, ob der Betreute als mittellos gilt oder nicht. Denkbar ist, dass die rechtlich betreute Person bei quartalsweiser Abrechnung zunächst über kein ausreichendes Vermögen verfügt und nicht leistungsfähig ist. Wird der Vergütungsantrag aufgeschoben bis nach einem zu erwartenden Zufluss oder einer entsprechenden Ansparleistung aus dem Einkommen, können rechtliche Betreuer*innen den höheren Stundensatz aus dem Vermögen der rechtlich betreuten Person geltend machen.

Unbedenklich ist diese Praxis, wenn aus dem die Freigrenze übersteigenden Einkommen angespart wird oder wenn erwarteter Zufluss von aktuell nicht verfügbarem Vermögen (Verkauf, auslaufende Verträge etc.) abgewartet wird. Unzulässig ist es, Mittel aus dem freibleibenden Einkommen der rechtlich betreuten Person anzusparen, um damit die eigene Vergütung zahlen zu können. Dies wäre nur zulässig, wenn das Sparverhalten dem ausdrücklichen Wunsch der rechtlich betreuten Person entsprechen würde. Dies dürfte ausgesprochen selten der Fall sein, da regelmäßig anzunehmen ist, dass die rechtlich betreute Person das eigene Geld lieber für eigenen Konsum verwenden würde.

Hinweis

H *Der Zeitpunkt für den Vergütungsantrag ist so zu wählen, dass der rechtlich betreuten Person dadurch kein unrechtmäßiger Nachteil entsteht. Andererseits sind die mit dem Aufgabenkreis „Vermögenssorge" betrauten rechtlichen Betreuer*innen verpflichtet, die Vermögensentwicklung im Auge zu behalten und die nach den Bestimmungen möglichen Mittel zur Zahlung der Vergütung bei der Finanzplanung angemessen mit zu berücksichtigen.*

4.1.7 Vergütungsantrag

Auf den Antrag der rechtlichen Betreuerin bzw. des rechtlichen Betreuers setzt das Betreuungsgericht durch Beschluss dessen Vergütung fest.

Welche Inhalte muss der Antrag haben?

Aus den gesetzlichen Bestimmungen und der Rechtsprechung lassen sich folgende inhaltliche Anforderungen ableiten. Anzugeben sind:

- Name, Anschrift und Bankverbindung der rechtlichen Betreuerin oder des rechtlichen Betreuers,

- fortlaufende Rechnungsnummer (wichtig für das Finanzamt),
- Aktenzeichen des Betreuungsgerichts,
- Name, Vorname der rechtlich betreuten Person,
- Datum des Antrags,
- Zeitraum, für den die Vergütung beantragt wird,
- Antragsgegner,

  Die Ansprüche können sich gegen die rechtlich betreute Person, nach ihrem Tod ggf. gegen ihre Erben oder die Staatskasse richten. Entsprechend kann die Festsetzung der Vergütung gegen das Vermögen der rechtlich betreuten Person, gegen den Nachlass oder gegen die Staatskasse beantragt werden. Bei unklarer Einkommens- und/oder Vermögenssituation (Mittellosigkeit) kann der Vergütungsanspruch hilfsweise gegenüber der Staatskasse geltend gemacht werden.
- Angaben zur Wohnsituation (gewöhnlicher Aufenthalt) und Angaben darüber, ob es sich um eine Heimsituation handelt,
- Summe des geltend gemachten Betrags,
- der Antrag soll – soweit noch nicht in der Akte enthalten – alle zur Beurteilung der Mittellosigkeit relevanten Angaben enthalten.

Für den Aufbau der Berechnung bietet sich eine tabellarische Form an. So können im Vergütungszeitraum erfolgte und für die Berechnung entscheidende Änderungen zum Stichtag in aufeinanderfolgenden Zeilen dargestellt werden.

Ist ein bestimmtes Formular zu benutzen?

Die Landesregierungen (Landesjustizverwaltungen) sind ermächtigt, durch Rechtsverordnung für Vergütungsanträge Formulare einzuführen. Soweit Formulare eingeführt sind, müssen diese von rechtlichen Betreuer*innen genutzt und ggf. die Anträge als elektronisches Dokument eingereicht werden, andernfalls liegt keine ordnungsgemäße Geltendmachung vor.[195]

Tipp

▶ *Vor der erstmaligen Antragstellung sollten Sie bei dem zuständigen Betreuungsgericht nachfragen, ob Formulare vorhanden sind, die genutzt werden müssen.*

In der Regel generiert die verwendete betreuungsrechtliche Software die erforderlichen Anträge. Dabei kann in der Regel über die Einstellungen die Anpassung an die Gepflogenheiten des Gerichts erfolgen. Der Vergütungsantrag kann auch online beispielsweise über den Formularserver der Justiz NRW generiert werden.[196]

195 Vgl. § 292 FamFG
196 www.justiz.nrw.de/BS/formulare/betreuung/index.php (Aufruf: 30.8.2022)

4.2 Betriebskosten

Gibt es einen allgemeinen Richtwert für die Betriebskosten?

Die anfallenden Betriebskosten sind geprägt von den Kosten der Betriebsausstattung, der personellen Ausstattung, regionalen Gegebenheiten, fallspezifischen Kosten und ergeben sich damit für jeden Betrieb unterschiedlich.

Es können Gemeinkosten und Einzelkosten unterschieden werden. Gemeinkosten entstehen über den gesamten Zeitraum der Tätigkeit als Rechtliche*r Betreuer*in. Sie sind näherungsweise bestimmbar und nicht direkt einem einzelnen Fall zugeordnet. Zu den Gemeinkosten rechnen die Bürokosten, Personalkosten, Zinsaufwendungen, Versicherungsbeiträge, andere Beiträge, Kosten der beruflichen Fortbildung und Steuerberaterkosten.

4.2.1 Einzelkosten

Zu den Einzelkosten rechnen Beträge, die sich aus dem einzelnen Fall ableiten, durch die Pauschale gedeckt und entsprechend von rechtlichen Betreuern*innen zu tragen sind. Hierzu zählen beispielsweise Fahrzeug- und Reisekosten, Kosten für Dolmetscher, Kosten für Nachsendeanträge etc. Die Betrachtung der Einzelkosten ist wichtig, um die Wirtschaftlichkeit des Einzelfalls nicht aus dem Auge zu verlieren.

Erfahrungswert

> Schon ein einziger Betreuungsfall kann mit Einzelkosten verbunden sein, welche die Existenz gefährden können. Beispielsweise kann dies der Fall sein, wenn Betreuungen mit der Regelung rechtsgeschäftlicher Verpflichtungen im Ausland verbunden sind und entsprechende Reisekosten, Kosten für Dolmetscher und Übersetzungen anfallen.

Können unrentable Fälle abgegeben werden?

Hierzu hat das Bundesverfassungsgericht bereits ausdrücklich festgestellt, dass es der freien Entscheidung des rechtlichen Berufsbetreuers (auch des Vereins) überlassen bleibt, ob sie oder er zu den gesetzlichen Konditionen tätig werden will oder nicht. Damit würde es rechtlichen Berufsbetreuer*innen auch freistehen, die rechtliche Betreuung in absehbar unrentablen Fällen nicht zu übernehmen oder rechtzeitig niederzulegen.[197]

Was ist bei der Abgabe wegen Unrentabilität zu beachten?

Die oder der einmal bestellte rechtliche Betreuer*in hat ihr oder sein Amt ungeachtet des Aufwandes und der Kosten bis zu dem anderslautenden Beschluss oder bis zum Ende der rechtlichen Betreuung zu erledigen. Für Schäden, die dadurch entstehen, dass die oder der rechtliche Betreuer*in wegen der damit verbunden Kosten untätig bleibt, haftet die oder

197 BVerfG, Beschl. v. 6.2.2007, 1 BvL 10/06, BtPrax 2007, 122

der rechtliche Betreuer*in. Die Kalkulation der Vergütung ist als Mischkalkulation konzipiert. Ein gewisser Anteil unrentabler Fälle ist durch die Vergütung gedeckt.

Lehnen rechtliche Berufsbetreuer*innen regelmäßig unrentabel erscheinende Fälle ab, wird das auf Dauer nicht gut beim Betreuungsgericht und der zuständigen Behörde ankommen.

4.2.2 Raumkosten

Die Tätigkeit des rechtlichen Berufsbetreuers ist mit einem hohen Anteil an Verwaltungsarbeit verbunden.

Erfahrungswert

Zwei Drittel der Arbeitszeit entfallen auf die Verwaltungsarbeit.

Dies erfordert die Führung eines Büros. Die Akten und die Büroausstattung benötigen Platz. Der Platzbedarf wächst mit der Fallzahl.

Ausgewiesene Büroräume werden benötigt, wenn Personal angestellt wird und/oder Termine im eigenen Büro für rechtlich betreute Personen oder/und andere mit den Betreuungen verbundene Personen/Geschäftspartner angeboten werden sollen.

Das Büro sollte mit öffentlichen Verkehrsmitteln gut zu erreichen sein. Die rechtlich betreuten Personen verfügen selten über eigene Fahrzeuge. Der Zugang zum Büro sollte barrierefrei sein. Darüber hinaus kann eine möglichst preisgünstige Lage gewählt werden.

Tipp

Insbesondere der Besprechungsraum sollte gut zu lüften sein. Manch ein Besucher wird unangenehme Gerüche mitbringen. Zu empfehlen ist eine getrennte Toilette für Besucher und Personal.

Zu den Raumkosten zählen Miete und Nebenkosten. Für den Einstieg sind abgeschlossene Büroräume nicht zwingend erforderlich.

4.2.3 Büroausstattung

Zur Büroausstattung gehören:

- PC (Empfehlung: mit zwei angeschlossenen Bildschirmen), Tablet, Notebook (für unterwegs) und entsprechendes Zubehör (z.B. externe Festplatte, USB-Sticks zur Datensicherung),
- Peripheriegeräte, Drucker, leistungsfähiger Dokumentenscanner,
- eine schnelle Internetverbindung,
- Software,

- Festnetztelefon (Anlage), Mobiltelefon, Faxgerät, Anrufbeantworter,
- pflegeleichte Büromöbel,
- Tresor, Aktenvernichter.

Tipp

Bei der Anschaffung von Dokumentenscanner und Drucker sollte nicht gespart werden. Diese Geräte sollten sich durch Schnelligkeit und Zuverlässigkeit auszeichnen. Eine Rechnungslegung kann mit Belegen schnell mehr als 100 Seiten ergeben. Entsprechend sollte der Scanner über einen automatischen Dokumenteneinzug und eine ordentliche Geschwindigkeit verfügen.

4.2.4 Laufende Unterhaltung des Büros

Hierzu zählen:

- Kosten für Leasing,
- Büromaterial,
- monatliche Telefon- und Internetkosten.

Tipp

Für Festnetz/Internet und Mobilfunk sind unterschiedliche Anbieter zu empfehlen. Beim Ausfall eines Anbieters bleibt das Büro arbeitsfähig.

- *Porto,*
- *Wartung,*
- *Deko und Bewirtung.*

4.2.5 Software

Alle Betreuungsaufgaben lassen sich ohne spezielle Software erledigen. Erforderlich ist mindestens ein Textverarbeitungsprogramm und für die Verwaltung des Vermögens eine Tabellenkalkulationssoftware. Zudem wird für den förmlichen und elektronischen Schriftverkehr mit Justiz und Behörden ein entsprechendes Programm benötigt (siehe Abschnitt 2.3.3).

Spätestens bei der Erstellung der Vergütungsanträge rechnet sich eine speziell für rechtliche Berufsbetreuer entwickelte Softwarelösung. Statt jeden Antrag einzeln erstellen und ausdrucken zu müssen, ermöglichen die Programme die automatische Berechnung und Erstellung der Vergütungsanträge. Nach kurzer Überprüfung können die Anträge ausgedruckt und versendet werden.

Die Programme ersetzen nicht das erforderliche fundierte Wissen, helfen jedoch durch die Datenerfassung und durch die integrierten Checklisten bei der Buchhaltung, der Termin- und Fristenverwaltung und vielen anderen Aufgaben. Die Zeitersparnis ist erheblich.

Die im Folgenden genannten Softwarelösungen verstehen sich als Lösungen zur Unterstützung aller Betreuungsaufgaben (Komplettlösungen). Ihre Funktionen sind sehr umfangreich und können an dieser Stelle nicht im Detail beschrieben werden.

Tipp

Es wird empfohlen, vor dem Kauf eine ausführliche Beratung in Anspruch zu nehmen. Im Beratungsgespräch können Sie Einzelfragen klären und weitergehende Informationen, beispielsweise zu Systemvoraussetzungen und ggf. zusätzlich erforderlicher Software, erhalten. Später ist der Umstieg mit erheblichem Aufwand verbunden. Entscheidend ist, ob die Software Ihren persönlichen Ansprüchen gerecht werden kann.

Was sollte eine Software können?

Die Software sollte folgende **Funktionen** bieten:

- strukturierte Erfassung der Falldaten der rechtlich betreuten Personen,
- Erfassung von Tätigkeiten und Aktennotizen einschließlich der Auswertung nach unterschiedlichen Kriterien,
- Kontaktverwaltung,
- Dokumentenverwaltung mit integrierter Scan-Funktion,
- integrierte Textverarbeitung/Anbindung alternativer Textverarbeitungen,
- ausfüllbare Vorlagen für Anträge und Berichte (Anfangs- Jahres- und Schlussbericht), automatisch mit Klientendaten ausfüllbare PDF-Formulare,
- Vermögensverwaltung, Kontenbewegungen automatisch auf Merkmale kontrollieren, Export von Listeninhalten in unterschiedliche Formate,
- Anbindung alternativer Vermögensverwaltung,
- Import von Buchungen aus Online-Banking-Programmen,
- automatische Erstellung von Vermögensverzeichnissen,
- automatische Erstellung Rechnungslegung,
- Haushaltsbuch,
- pauschale und individuelle Vergütungsabrechnung,
- Statistiken,
- Finanzübersicht,
- Terminkalender,
- ggf. Netzwerkfähigkeit,
- integrierte Datensicherung des kompletten Datenbestandes,

- Abgleich von Kontakten und Terminen mit fremden Programmen (Microsoft Outlook),
- individuell anpassbare Listendrucke,
- individuelle Menüstrukturen,
- individuelle Ablagestrukturen,
- E-Mail-Versand aus dem Programm heraus,
- Mobilversion.

Und darüber hinaus:

- Einrichtungsservice,
- Schulungsmöglichkeiten,
- Hotline,
- Fernwartung,
- zuverlässige Updatefunktion.

Liste der Softwareanbieter:

Die Liste erhebt keinen Anspruch auf Vollständigkeit und nimmt keine Bewertung vor. Auch die Reihenfolge ergibt keine Bewertung, sondern ist alphabetisch nach der Firmierung der Anbieter sortiert.

- BT-Professional (IFB Würselen), www.bt-professional.de
- LOGO Datensysteme GmbH (Software BdB at work), www.betreuung.de
- PleSoft, Peter Pledel Softwareentwicklung (Betreuung §BtG), www.plesoft.de
- prosozial GmbH (Software BUTLER 21 SERVICES), www.betreuungssoftware.de

Hinweis der Autoren:

An dieser Stelle haben Sie in der vorangegangenen Auflage eine Vorstellung der genannten Produkte gefunden. Wir haben uns diesmal dazu entschlossen, die Vorstellung der Software nicht zu aktualisieren, da die Hersteller nicht nur hinsichtlich der Umsetzungen des neuen Betreuungsrechts ihre Produkte weiterentwickeln. Zum Redaktionsschluss war diese Entwicklung noch nicht abgeschlossen. Es ist also gerade noch nicht absehbar, wie die Umsetzung im jeweiligen Produkt später aussieht.

Insbesondere die Anpassung der Produkte an das neue Berichtswesen ist ein starkes Qualitätsmerkmal und Verkaufsargument für eine Betreuerbürosoftware. Sie sollten sich also vor einem Kauf die entsprechenden Leistungsmerkmale von den Softwareherstellern zeigen und erläutern lassen.

4.2.6 Personal

Müssen rechtliche Berufsbetreuer*innen Personal vorhalten?

Der Einsatz von Personal ist keine Voraussetzung, um rechtliche Betreuungen führen zu können. Alle Aufgaben können selbst erledigt werden.

Ist der Einsatz von Personal sinnvoll?

Der Einsatz von Personal lohnt sich, wenn das betriebliche Ziel dadurch besser erreicht werden kann. Für den Berufseinsteiger ist die Beschäftigung von angestelltem Personal als zweiter Schritt nach der Etablierung des Geschäftes zu empfehlen. Anders verhält es sich, wenn der Berufseinstieg in eine bestehende Bürogemeinschaft etc. erfolgt. (Zur Rechtsform des Rechtlichen Betreuerbüros siehe Abschnitt 6.5)

Vor- und Nachteile im Überblick

Vorteil	Nachteil
Erreichbarkeit (siehe Abschnitt 3.4.7)	Lohnkosten
Arbeitsteilung	Arbeitsplatzausstattung und -erhaltung
Delegieren	Abstimmungszeiten
Gewinnsteigerung ab Tabelle B	Qualifizierungsaufwand
Entlastung von „ungeliebter" Routine	
Erweiterung betrieblicher Kompetenz	

Unter welchen Bedingungen kann Personal gewinnbringend eingesetzt werden?

Gewinn entsteht, wenn der durch das Personal erwirtschaftete Ertrag die für den Einsatz des Personals erforderlichen Aufwendungen übersteigt. Personalauswahl, Personalentwicklung, Arbeitsbedingungen, Arbeitsverteilung etc. sind Instrumente, um effizientes Arbeiten zu fördern. Ziel ist es, dass Arbeitsergebnis und eingesetzte Mittel in einem möglichst günstigen Kosten-Nutzen-Verhältnis stehen und der Nutzen dabei größer ist als die Kosten.

Welche Aufwendungen entstehen?

Zu den Aufwendungen zählen:

- Lohn/Gehalt,
- Arbeitgeberanteile zur Sozialversicherung,
- Sonderzahlungen (Urlaubsgeld, Weihnachtsgeld etc.),
- Nebenkosten: Beiträge, Betriebsarzt, Fortbildung,
- Arbeitsplatzausstattung und -erhaltung.

Die Aufwendungen können auf die Arbeitsstunde umgerechnet werden.

Wie ist der Ertrag zu ermitteln?

Als Ertrag ist die in der Arbeitszeit erbrachte Leistung des eingesetzten Personals zu bewerten. Die Vergütungsregelung erfordert, dass für die Betrachtung von Kosten und Nutzen als Vergleichswert die vom rechtlichen Betreuer für die gleiche Leistung aufzuwendende Arbeitszeit herangezogen werden muss. Der Zeit, die vom eingesetzten Personal benötigt wird, ist die Zeit für die Abstimmungsarbeit hinzuzurechnen.

Bei dieser Betrachtungsweise können andere Ertragswerte (Erreichbarkeit, Entlastung von ungeliebter Routine etc.) unberücksichtigt bleiben. Diese Werte würden keinen dauerhaften Verlust aus der regelmäßigen Arbeitsleistung tragbar machen.

Als Faktor ausgedrückt ergibt sich z.B.:

Faktor 0,5	Für die vom Personal in einer Stunde erledigte Arbeit einschließlich der aufgewendeten Abstimmungszeiten benötigen Sie selbst die doppelte Zeit.
Faktor 1	Für die vom Personal in einer Stunde erledigte Arbeit einschließlich der aufgewendeten Abstimmungszeiten benötigen Sie selbst die gleiche Zeit.
Faktor 2	Für die vom Personal in einer Stunde erledigte Arbeit einschließlich der aufgewendeten Abstimmungszeiten benötigen Sie selbst die Hälfte der Zeit.

Erfahrungswert

Der Faktor 1 kann von einer motivierten, ungelernten Kraft nach betriebsinterner Qualifikation und der Zuweisung von Routineaufgaben nach ein bis zwei Jahren erreicht werden.

Für das untenstehende Beispiel wurde der Faktor 1,5 eingesetzt, um dem Risiko einer weniger guten Arbeitsleistung gerecht zu werden.

Wie kann die Effizienz verbessert werden?

Auf allgemeine Rahmenbedingungen, die ein effizientes Arbeiten fördern, soll an dieser Stelle nicht eingegangen werden. Der Einsatz von Personal für allgemeine Büroarbeiten (Post entgegennehmen, Ablage etc.) bringt wenig Gewinn, weil diese Arbeiten auch von Ihnen selbst in gleicher Zeit erledigt werden können.

Echte Zeitvorteile entstehen, wenn das eingesetzte Personal auf wiederkehrende Aufgaben geschult wird und diese schneller als es Ihnen möglich ist ausführen kann. Hierzu können beispielsweise folgende Aufgaben zählen:

- Erstellung von Anträgen zur Befreiung von der Zuzahlung zu Arzneimitteln,
- Erstellung von Anträgen zur Befreiung/Ermäßigung von Rundfunkgebühren,
- Erstellung von Anträgen auf Leistungen der Grundsicherung im Alter (SGB II),
- Erstellung von Anträgen auf Leistungen der Grundsicherung für erwerbsfähige Menschen (SGB XII),

- Bearbeitung der jährlichen Überprüfung der Leistungsfähigkeit im Rahmen des SGB XII,
- Erstellung von Anträgen auf Leistungen zur Übernahme ungedeckter Heimkosten,
- Erstellung von Anträgen auf Leistungen aus der Pflegeversicherung,
- Erstellung von Anträgen zur Feststellung des Grades der Behinderung,
- Buchhaltung.

Eckpunkte für den erfolgreichen Personaleinsatz sind

1. betriebsinterne Qualifizierung,
2. Aufgabenverteilung und
3. Kontinuität.

Wechselndes Personal muss jeweils neu eingearbeitet werden.

In welchem Umfang kann Personal eingesetzt werden?

Etwa zwei Drittel der im Rahmen einer Betreuung anfallenden Arbeiten sind administrative Aufgaben. Der größte Teil dieser Aufgaben kann delegiert werden. Entsprechend umfangreich können Mitarbeiter beschäftigt werden. Vollzeitbeschäftigte rechtliche Berufsbetreuer*innen können ohne Schwierigkeiten eine Büroassistenz mit 20 bis 30 Wochenstunden beschäftigen. Die Beschäftigung von Personal muss korrelieren mit einer entsprechenden Anzahl geführter rechtlicher Betreuungen.

Beim Zusammenschluss mehrerer rechtlicher Berufsbetreuer*innen bestehen entsprechend umfangreichere Möglichkeiten Personal zu beschäftigen.

Wie ist Gewinn/Verlust bezüglich des eingesetzten Personals zu ermitteln?

Für die Gewinn-/Verlustermittlung ergibt sich folgender Rechenweg:

Ihr eigener Stundensatz – (Aufwendungen Personal je Stunde * Faktor)
= Gewinn/Verlust.

Beispielrechnung:

Ihr eigener Stundensatz	*40,97*[198]
Aufwendung Personal je Stunde	
Lohn inkl. Arbeitgeberanteil an den Sozialversicherungsbeiträgen	*13,60 €*
Raumkosten	*1,00 €*
Arbeitsplatz Ausstattung und Erhaltung	*3,00 €*
Summe der Aufwendungen je Arbeitsstunde	*17,60 €*
Faktor	*1,5*
Vergleichswert Arbeitsleistung	*26,40 €*
Gewinn	***14,57 €***

198 BT-Drucks. 19/8694, S. 17, ohne Overhead und Sachkosten

Für das Beispiel wurde eine ungelernte Person mit wenig mehr als dem Mindestlohn eingestellt und innerbetrieblich am Arbeitsplatz angelernt. Die Arbeitsleistung des Personals als auch die eigene Arbeitsleistung wird durch eine Fülle sich wechselseitig beeinflussender Faktoren bestimmt und ist kaum messbar:

- geistige und körperliche Leistungsfähigkeit,
- persönliche und durch den Arbeitsplatz bestimmte Motivation,
- Qualifizierung.

Eckpunkte für den Businessplan

> Der Einsatz von Personal rechnet sich für rechtliche Berufsbetreuer*innen, die vergütungsrechtlich in Tabelle B oder C eingeordnet sind!

Wie finde ich qualifizierte Mitarbeiter?

Anhang 7 beinhaltet beispielhaft eine Arbeitsplatzbeschreibung. Die dort beschriebenen Tätigkeiten erfordern Grundkenntnisse aus den Bereichen

- Büroorganisation,
- Aktenführung,
- Buchhaltung,
- Betreuungsrecht,
- sozial- und versicherungsrechtliche Verfahren.

Das Anforderungsprofil ist keiner der üblichen beruflichen Qualifikationen zuzuordnen. Erschwerend kommt hinzu, dass der tragbare Lohn keinen Anreiz für gut ausgebildete Bewerber*innen bietet. Der Ausweg aus diesem Dilemma kann beispielsweise darin bestehen, dass

- Bewerber*innen unabhängig von der Entlohnung Interesse an der Tätigkeit haben,
- Bewerber*innen betriebsintern qualifiziert werden können (siehe Anhang 5 und 7),
- dauerhafte Förderprogramme genutzt werden können (z.B. für die Beschäftigung schwerbehinderter Personen).

Was ist bei der Einstellung von Mitarbeiter*innen zu beachten?

Sofern Sie nicht selbst über die erforderlichen Fachkenntnisse verfügen, sollten Sie den Steuerberater mit den An-, Ab-, Änderungsmeldungen, Beitragsnachweisen und Lohnabrechnungen beauftragen.

Mini-/Midijob[199] oder „Normalgehalt"?

Wie oben beschrieben, hängt die Effizienz des Personaleinsatzes eng mit der Kontinuität und der internen Qualifizierung zusammen. Dieses Ziel zu erreichen, erfordert einen zeitli-

199 Offizielle Bezeichnung: „geringfügig entlohnte Beschäftigung"

chen Umfang, der den Rahmen eines Minijobs regelmäßig überschreiten dürfte. Minijobs kennzeichnet zudem ein hohes Risiko der Personalfluktuation.

Welche Besonderheiten hat der Minijob?

Bis zu einem monatlichen Gehalt von 520,00 € (bis 30.9.2022: 450,00 €) spricht man vom Minijob. Hier zahlt der Arbeitgeber 30 % Pauschalabgaben (15 % Rentenversicherung, 13 % Krankenversicherung und 2 % pauschale Lohnsteuer) und Beiträge zur Umlage 1 und Umlage 2 sowie zur Insolvenzgeldumlage (ca. 3 %). Der Arbeitnehmer ist grundsätzlich verpflichtet, hinsichtlich der Rentenversicherung aufzustocken, d.h. die Differenz zwischen Rentenversicherungsbeitrag (zurzeit 18,6 %) und Pauschalbeitrag (15 %) zu zahlen. Davon kann sich der Minijobber durch Erklärung gegenüber dem Arbeitgeber befreien lassen (diese Erklärung ist unbedingt zu den Gehaltsunterlagen zu nehmen, da dies überprüft wird).

Tipp

*Arbeitnehmer*innen sollten auf die Möglichkeit, sich bei den Auskunfts- und Beratungsstellen der Deutschen Rentenversicherung umfassend informieren zu lassen, hingewiesen werden.*

Beim Minijob hat die oder der Arbeitnehmer*in den Vorteil, dass die Einkünfte nicht dem persönlichen Steuersatz unterliegen. Die Einkünfte sind also nicht mehr zu versteuern. Bei der Einstellung sollten Sie beachten, dass bei einer späteren, über den Rahmen des Minijobs hinausreichenden Ausweitung der Beschäftigung die Steuerfreiheit entfällt. Dies wird zum Problem, wenn Mitarbeiter*innen kein zu versteuerndes Einkommen erzielen wollen. Möglicherweise müssten Sie dann nach anderen Mitarbeitern*innen suchen.

Hier soll auch noch kurz der sog. Midijob erwähnt werden. Ab einem Gehalt von 520,01 € sind die Sozialversicherungsbeiträge zu zahlen. Bis zu dem Gehalt von 1.600 € (bis 30.9.2022: 1.300 €) wird der Beitragssatz von „Midijobbern" schrittweise nach oben angepasst. Der Arbeitgeber zahlt seit dem 1.10.2022 einen höheren Anteil bei den Sozialabgaben als bei den Gehältern, die über der Grenze (1.600,00 €) liegen.

Welche Gemeinsamkeiten haben Minijob und „Normalbeschäftigung"?

Es gelten dieselben gesetzlichen Regeln bzgl. Lohnfortzahlung im Krankheitsfall, Kündigungsschutz, Mutterschutzgeld, Weihnachtsgeld, Jubiläumszuwendung. In diesem Sinne steht der Minijobber einem Teil-/Vollzeitbeschäftigten gleich.

Wie unterscheiden sich Minijob und „Normalbeschäftigung"?

Minijob	„Normalbeschäftigung"
Arbeitgeberanteil an der Sozialversicherung pauschal 30 %	Arbeitgeberanteil an der Sozialversicherung 20 %
Steuerfreiheit für den Arbeitnehmer	steuerpflichtig
Versicherungsfreiheit in der Rentenversicherung für den Arbeitnehmer, wenn beantragt	Versicherungspflicht in der Rentenversicherung für den Arbeitnehmer
Dokumentationspflicht der Arbeitszeit	Dokumentationspflicht der Arbeitszeit

Wie erfolgen die erforderlichen Meldungen?

An-, Ab-, Änderungsmeldungen und Beitragsnachweise sind im Wege der Datenübertragung mittels zugelassener systemgeprüfter Programme oder maschinell erstellter Ausfüllhilfen zu übermitteln. Die Erledigung dieser Arbeit in Papierform oder auf Datenträgern ist in der Regel nicht zulässig. Als Alternative zu kostenpflichtigen Programmen bieten die Krankenkassen die Ausfüllhilfe „sv.net" an. Das Programm ermöglicht das Erstellen und die maschinelle Übermittlung von Meldungen und Beitragsnachweisen an die Minijob-Zentrale oder andere zuständige Einzugsstellen.[200]

Wann haben die Meldungen zu erfolgen?

Mitarbeiter sind zum Zeitpunkt der Anstellung vom Arbeitgeber anzumelden. Wenn es sich um sog. 450-Euro-Jobs handelt, erfolgt die Anmeldung bei der Knappschaft Minijob-Zentrale.[201] Darüber hinaus angestellte Mitarbeiter werden bei der Krankenkasse, bei welcher der Mitarbeiter krankenversichert ist, angemeldet. Jede Änderung ist der zuständigen Stelle unverzüglich zu melden.

Was ist bei der Anmeldung zu beachten?

Der Arbeitgeber muss feststellen, ob eine versicherungsfreie geringfügige Beschäftigung (Minijob) oder eine versicherungspflichtige Beschäftigung vorliegt. Hierfür muss er die Beschäftigung zu Beginn sozialversicherungsrechtlich beurteilen. Als Hilfe stellt die Minijob-Zentrale einen Personalfragebogen inkl. der erforderlichen Erläuterungen zur Verfügung.[202]

Arbeitnehmer*innen sind verpflichtet, dem Arbeitgeber alle erforderlichen Angaben zu machen. Diese Pflicht umfasst vor allem die Auskunft über gleichzeitig ausgeübte weitere Beschäftigungen und Vorbeschäftigungen bei anderen Arbeitgebern. Entsprechendes gilt für jede folgende Änderung.

Wird beim Zusammenrechnen durch die Einzugsstelle festgestellt, dass die Voraussetzungen einer geringfügigen Beschäftigung nicht oder nicht mehr vorliegen, tritt die Versiche-

200 Siehe www.itsg.de/oeffentliche-services/sv-net/downloads/ (Zugriff: 30.8.2022)
201 www.minijob-zentrale.de
202 www.minijob-zentrale.de >> Service >> Downloadcenter >> Formulare (Zugriff: 30.8.2022)

rungspflicht mit dem Tag ein, an dem die Entscheidung über die Versicherungspflicht durch die Einzugsstelle oder einen anderen Träger der Rentenversicherung bekannt gegeben wird.[203]

Was wird zur Anmeldung benötigt?

- Betriebsnummer,
- Personalfragebogen (personenbezogene Daten),
- Angaben zur Tätigkeit des Angestellten,
- Sozialversicherungsnummer.

Was ist eine Betriebsnummer?

Zur Anmeldung benötigen Sie zunächst eine Betriebsnummer für Ihren Betrieb. Die Betriebsnummer besteht aus acht Ziffern. Sie dient der Identifikation des Arbeitgebers bei der Sozialversicherung. Diese Betriebsnummer beantragen Sie bei der Betriebsnummernstelle des für Sie zuständigen Arbeitsamtes.

Die Vergabe erfolgt über einen Onlineantrag.

Hinweise

- *Änderungen in den Adressdaten (Firmierung, Anschrift etc.) sind dem Betriebsnummern-Service der Bundesagentur für Arbeit mitzuteilen.*
- *Unbedingt den Personalfragebogen vollständig ausfüllen und unterschreiben lassen, bevor die Anmeldung vorgenommen wird. Falsche Meldungen führen zu einem hohen Aufwand bei den vorzunehmenden Korrekturen.*

Welche weiteren Meldungen sind zu erledigen?

Der Mitarbeiter ist bei der Jahresmeldung zur gesetzlichen Unfallversicherung anzugeben.

4.2.7 Sozialversicherung freiberuflich tätiger rechtlicher Betreuer*innen

- **Zur Kranken- und Pflegeversicherung**

Rechtliche Berufsbetreuer*innen unterliegen der allgemeinen Versicherungspflicht.[204] Es besteht die Wahl zwischen gesetzlicher und privater Kranken- und Pflegeversicherung.

203 Siehe § 8 Abs. 2 Satz 3 SGB IV
204 Siehe § 5 SGB V; § 20 ff. SGB XI

- **Zur Rentenversicherung**

Es besteht keine Versicherungspflicht für Selbstständige.[205] Personen, die nicht versicherungspflichtig sind, können sich für Zeiten von der Vollendung des 16. Lebensjahres an freiwillig versichern.[206]

- **Zur Arbeitslosenversicherung**

Rechtliche Berufsbetreuer*innen sind nicht pflichtversichert. Entsprechend entfällt der Anspruch auf Arbeitslosengeld. Ob ein Antrag auf ein Versicherungspflichtverhältnis[207] gestellt werden kann, erfahren Sie bei der jeweils zuständigen Agentur für Arbeit.

- **Zur Unfallversicherung**

Rechtliche Berufsbetreuer*innen sind in der gesetzlichen Unfallversicherung pflichtversichert.[208]

Welchen Sinn macht die Mitgliedschaft in der Berufsgenossenschaft?

Aufgabe der Berufsgenossenschaft ist der Arbeitsschutz sowie die Unfallverhütung.

Unabhängig von der Versicherungspflicht gibt es gute Gründe für die Mitgliedschaft. Die mit der Mitgliedschaft verbundene gesetzliche Unfallversicherung kennt – anders als bei privaten Unfallversicherungen – keine finanzielle Begrenzung der Leistungspflicht. Angestellte sind kraft Gesetzes versichert und anzumelden.[209]

Die Leistungspflicht der Berufsgenossenschaft ergibt sich nur auf der Grundlage einer betrieblich bedingten Krankheit oder eines betrieblichen Unfalls. Der private Krankheitsfall, die privat bedingte Berufs- bzw. Erwerbsunfähigkeit sind nicht gedeckt. Hier empfiehlt sich eine private Versicherung.

Bei wem und wann muss ich mich anmelden?

Zuständig ist die Berufsgenossenschaft für Gesundheitsdienst und Wohlfahrtspflege (BGW). Spätestens eine Woche nach der Gewerbeanmeldung müssen Sie sich auch bei der BGW anmelden. Hierzu genügt ein formloses Schreiben bzw. die Anmeldung auf der Internetseite www.bgw-online.de.

Was kostet die Mitgliedschaft in der Berufsgenossenschaft?

Ihnen wird ein Fragebogen zugeschickt bzw. dieser kann online ausgefüllt werden, mit dem dann die Einstufung in die Gefahrklasse vorgenommen wird. Die Arbeitsbedingungen der in der BGW versicherten Berufsgruppen sind verschieden. Die unterschiedlichen Risiken sollen bei der Beitragsberechnung berücksichtigt werden. Dies geschieht durch die Einteilung in Gefahrklassen. Diese spiegeln das Unfallrisiko in den einzelnen Branchen wi-

205 Deinert/Lütgens, Die Vergütung des Betreuers, Rn. 1989 ff.
206 § 7 SGB VI
207 Siehe § 28a SGB III
208 § 2 Abs. 1 Nr. 9 SGB VII; vgl. z.B. Sozialgericht Berlin, Urt. v. 12.12.2000, S 68 U 2841/00, BtPrax 2001, 130, bestätigt durch das LSG Berlin, Urt. v. 12.9.2002, L 3 U 20/01 = E-LSG U-174; LSG Niedersachsen-Bremen, Urt. v. 21.6.2007, L 9 U 315/04, BtPrax 2007, 222 = FamRZ 2007, 1770; LSG Nordrhein-Westfalen, Urt. v. 21.5.2003, L 17 U 54/02, NZA 2004, 86
209 § 2 Abs. 1 Nr. 1 SGB VII

der. Kurz gesagt: je höher das Risiko, einen Arbeitsunfall zu erleiden, desto höher die Gefahrklasse.[210] Die Beiträge sind für Unternehmer und Mitarbeiter zu zahlen.

Der Beitrag für die Mitarbeiter richtet sich nach dem Jahresbruttogehalt. Anfang des Jahres ist für das abgelaufene Jahr ein Entgeltnachweis abzugeben, in dem das

- Bruttogehalt,
- die Zahl der Mitarbeiter sowie
- die geleisteten Arbeitsstunden

anzugeben sind. Eine weitere Meldung findet über die Jahresmeldung statt, die online abzugeben ist. Diese Doppelmeldungen sind aus dem Versuch entstanden das System zu vereinfachen. Es finden jährlich Umstellungen im Meldesystem statt, so dass letztendlich aus der geplanten Vereinfachung zusätzlicher Arbeitsaufwand entstanden ist.

Auf der Grundlage der abgegebenen Meldung wird ein Bescheid mit dem festgesetzten Beitrag erlassen.

Tipp

Prüfen Sie den Bescheid hinsichtlich der erfassten Entgeltsumme. Gegen fehlerhafte Bescheide muss innerhalb von vier Wochen Einspruch eingelegt werden.

Die Beiträge zur Berufsgenossenschaft können als Betriebsausgaben von der Einkommensteuer abgesetzt werden.

Wie sind Gesundheitsschutz und Arbeitssicherheit nachzuweisen?

Jedes Unternehmen, das Personal beschäftigt, muss sich beim Arbeits- und Gesundheitsschutz von einem Betriebsarzt oder einer Betriebsärztin und einer Fachkraft für Arbeitssicherheit beraten und unterstützen lassen. Dabei stehen verschiedene Betreuungsformen zur Auswahl. Welche Form der Betreuung erforderlich ist, hängt von der Betriebsgröße ab und kann auf der Internetseite der BGW nachgelesen werden.

4.2.8 Altersvorsorge

Ihre Altersvorsorge liegt in Ihrer eigenen Verantwortung. Hierfür ist eine Vielzahl unterschiedlicher an die individuellen Bedürfnisse anzupassender Modelle denkbar. Wegen der unterschiedlichen Bedürfnisse für die eigene Alterssicherung und der unübersichtlichen Angebote kann an dieser Stelle nur empfohlen werden, die Alterssicherung nicht zu vergessen. Insbesondere für Einsteiger tritt dieses Thema in den ersten Jahren oft in den Hintergrund und wird später vergessen. Spätestens, wenn die ersten Überschüsse erwirtschaftet werden, sollten Sie sich über die unterschiedlichen Möglichkeiten informieren und fachkundig beraten lassen.

210 Siehe auch www.bgw-online.de >> Leistungen & Beitrag >> Beitrag >> FAQ >> Gefahrtarif & Veranlagung (Zugriff: 4.2.2020).

Soweit Sie beabsichtigen, sich in der gesetzlichen Rentenversicherung freiwillig weiter zu versichern, sollten Sie sich hier schon zu Beginn Ihrer Tätigkeit informieren und beraten lassen. Hier sind Fristen und unterschiedliche Modelle zu berücksichtigen. Beratung wird von den örtlichen Servicestellen der Rentenversicherungen angeboten.

4.2.9 Controlling

Wie kann ich den Überblick behalten?

Eine speziell für rechtliche Berufsbetreuer*innen entwickelte Softwarelösung (siehe hierzu Abschnitt 4.3.5) bietet eine statistische Funktion zur Entwicklung der Einnahmen. Einige dieser Funktionen ermöglichen eine Vorausberechnung auf der Grundlage der aktuellen Fälle.

Die aktuellen monatlichen Einnahmen können auch über die folgende Tabelle berechnet werden:

Monatliches Einkommen aus Vergütung			
Kriterien	monatliche Pauschale entspr. Tabelle	Anzahl der Betreuungen	Summe
vermögend, andere Wohnform			
1.–3. Monat			€
4.–6. Monat			€
7.–12. Monat			€
13.–24. Monat			€
Ab dem 25. Monat			€
vermögend, stationäre Einrichtung oder gleichgestellte Wohnform			
1.–3. Monat			€
4.–6. Monat			€
7.–12. Monat			€
13.–24. Monat			€
Ab dem 25. Monat			€
mittellos, andere Wohnform			
1.–3. Monat			€
4.–6. Monat			€
7.–12. Monat			€

13.–24. Monat			€
Ab dem 25. Monat			€
mittellos, stationäre Einrichtung oder gleichgestellte Wohnform			
1.–3. Monat			€
4.–6. Monat			€
7.–12. Monat			€
13.–24. Monat			€
Ab dem 25. Monat			€
		Summe	€

Zunächst tragen Sie aus der für Sie geltenden Tabelle die jeweiligen Pauschalbeträge ein (siehe Abschnitt 4.1.3). Sodann wird die Anzahl der geführten Betreuungen zu den jeweiligen Vergütungskriterien eingetragen. Die Summe der Vergütung zu den jeweiligen Kriterien errechnet sich aus der Pauschale multipliziert mit der Anzahl der dazu zählenden Betreuungen. Die Addition des Ergebnisses der Zeilen ergibt das aktuell erzielte Einkommen.

Vorausberechnungen haben das Problem, dass Zu- und Abgänge sowie Änderungen der Vermögens- und Einkommenssituation nicht berücksichtigt werden.

Daneben sollten Sie eine Liste Ihrer Ausgaben erstellen. Dabei werden gerne die jährlich anfallenden Beträge oder die Abschreibungen der Anschaffungen vergessen.

Folgende Kosten müssten sich wiederfinden:

- Fahrzeugkosten,
- Reisekosten,
- Dolmetscher,
- Nachsendeaufträge,
- Porto,
- Telefon/Internet,
- Software,
- Büromaterial,
- Bewirtung,
- Dekoration,
- kleinere Anschaffungen,
- Abschreibungen (ab 2021 müssen die Anschaffungskosten eines Computers nicht mehr über drei Jahre abgeschrieben werden. Es ist ein Direktabzug der Anschaffungskosten möglich, aber nicht vorgeschrieben),
- betriebliche Versicherungen/Beiträge,
- Miete,

- Strom,
- Personalkosten.

Die Gegenüberstellung von Einnahmen und Ausgaben ergibt den Gewinn vor Steuern. Von diesem Gewinn sind Ihre Krankenversicherung, die Steuern (siehe dazu Abschnitt 7.2), der Lebensunterhalt und die Altersvorsorge zu bestreiten.

5 Die Sachkunde

In § 3 der Verordnung über die Registrierung von beruflichen Betreuern (Betreuerregistrierungsverordnung – BtRegV) werden die zum Nachweis der Sachkunde erforderlichen Kenntnisse ausdifferenziert. Diese Konkretisierung dient den Stammbehörden, künftigen Bewerber*innen und den in Betracht kommenden Anbietern von Hochschul-, Aus- und Weiterbildungsgängen als Orientierung zu Art und Umfang der geforderten Kenntnisse. Außerdem wird deutlich gemacht, dass sich die erforderliche Sachkunde nicht auf theoretische Kenntnisse der im Einzelnen bestimmten Sachbereiche beschränkt. Für die Betreuertätigkeit ist vielmehr auch die Fähigkeit der praktischen Anwendung von besonderer Bedeutung. Die Einzelheiten der inhaltlichen Anforderungen an die Sachkunde ergeben sich dann aus der Anlage zum § 3 Absatz 4 BtRegV.

Die Anlage konkretisiert die inhaltlichen Anforderungen an die Sachkunde in elf Modulen, die jeweils einzeln belegt werden können. Jedes Modul enthält eine Liste von Inhalten, die der Unterricht zu vermitteln hat. Ein konkretes Curriculum wird nicht vorgegeben. Die pädagogische Konzeption und die Formulierung passender Kompetenzziele sind den Anbietern überlassen.

Die einzelnen Module sind so weit wie möglich so zugeschnitten, dass eines eher allgemeine Kenntnisse vermittelt und ein weiteres schwerpunktmäßig betreuungsspezifische Inhalte umfasst. Ziel dieser Ausgestaltung ist es, den antragstellenden Personen eine weitgehende Anerkennung aus früheren Ausbildungen oder Studium mitgebrachter Kenntnisse zu ermöglichen.

Alle Module zusammen vermitteln in einem Gesamtumfang von 270 Zeitstunden die für die Registrierung erforderliche Sachkunde. Die Inhalte der Module werden grundsätzlich in Lehrveranstaltungen vermittelt, die in Präsenz oder online durchgeführt werden und praktische Übungen umfassen. Prüfungszeiten sind in vorgeschriebenen Zeitstunden enthalten. Antragsteller, die über einen Hochschulabschluss verfügen, können bis zu 50 Prozent der Zeitstunden des jeweiligen Moduls mit Ausnahme der Module 10 und 11 in Selbstlernphasen absolvieren. Alle übrigen Antragsteller können bis zu 15 Prozent der Zeitstunden des jeweiligen Moduls mit Ausnahme der Module 10 und 11 in Selbstlernphasen absolvieren.

Die Module sind wie folgt beschrieben:

Modul 1: Betreuerbestellung und Zusammenarbeit mit dem Betreuungsgericht (15 Std.)

Betreuerbestellung: Voraussetzungen, Verfahren, Sachverhaltsermittlung; Anordnung eines Einwilligungsvorbehalts: Voraussetzungen, Grenzen, Verfahren; Aufgabenbereiche; Aufsicht durch das Betreuungsgericht; Berichts-, Auskunfts- und Mitteilungspflichten; Genehmigungsvorbehalte einschließlich Verfahren

Modul 2: Betreuungsführung (30 Std.)

UN-Behindertenrechtskonvention; Unterstützung bei der Ausübung der Rechts- und Handlungsfähigkeit, Bedeutung der Grundrechte; Ermittlung der Wohn- und Lebenslage des Betreuten, Erarbeitung der Betreuungsziele; Vorrang der Unterstützung und Willensvorrang nach § 1821 BGB, Wille, Wünsche, Präferenzen; Erforderlichkeitsgrundsatz im Innenverhältnis; Schutzpflichten

Modul 3: Recht der Unterbringung und der ärztlichen Zwangsmaßnahmen (15 Std.)

Freiheitsentziehende Unterbringung und sonstige freiheitsentziehende Maßnahmen nach Betreuungsrecht und nach öffentlichem Recht: Voraussetzungen und Verfahren; Einwilligung in ärztliche Zwangsmaßnahmen: Voraussetzungen und Verfahren; Aufgaben des Betreuers während des Vollzugs einer freiheitsentziehenden Unterbringung, sonstiger freiheitsentziehender Maßnahmen und ärztlicher Zwangsmaßnahmen

Modul 4: Personensorge 1 (15 Std.)

Grundkenntnisse über typische betreuungsrelevante Erkrankungen und Behinderungen, deren Auswirkungen, Gefahren und Behandlungsmöglichkeiten; Möglichkeiten der Vermeidung einer freiheitsentziehenden Unterbringung, sonstiger freiheitsentziehender Maßnahmen und ärztlicher Zwangsmaßnahmen

Modul 5: Personensorge 2 (15 Std.)

Behandlungsvertragsrecht, Einwilligungsfähigkeit und Patientenrechte; Behandlungswünsche, Patientenverfügung, Sterbewunsch; Einwilligung des Betreuers bei gefährlichen ärztlichen Maßnahmen: Voraussetzungen und Verfahren; Aufgabe von Wohnraum; Umgangs- und Aufenthaltsbestimmung

Modul 6: Vermögenssorge 1 (15 Std.)

Grundkenntnisse über Geschäftsfähigkeit, Recht der Stellvertretung, allgemeines Schuldrecht einschließlich Haftungsfragen, Kaufvertragsrecht, Schuldenregulierung, Mahn- und Vollstreckungsbescheid, Zwangsvollstreckung, Insolvenzverfahren

Modul 7: Vermögenssorge 2 (15 Std.)

Vermögensverwaltung und Verfügungen über das Betreutenvermögen; Vermögensverzeichnis, Rechnungslegung und Genehmigungsvorbehalte; betreuungsrelevante Aspekte des Miet- und Heimrechts; betreuungsrelevante Aspekte des Erb- und Familienrechts

Modul 8: Sozialrecht 1: Kenntnisse des Sozialrechts (30 Std.)

Sozialrecht (SGB und SGG) im Überblick, insbesondere Leistungen zur Sicherung des Lebensunterhalts einschließlich der Kosten der Unterkunft, vor allem nach dem SGB II und XII; Sozialleistungsansprüche nach dem SGB V, VI und XI; Ermittlung, Geltendmachung und Durchsetzung von sozialrechtlichen Ansprüchen sowie sozialrechtliche Mitwirkungspflichten

Modul 9: Sozialrecht 2: Sozial- und Hilfestrukturen in der Praxis (45 Std.)

Teilhabeleistungen vor allem nach SGB IX; Teilhabe- und Gesamtplanverfahren; Rehabilitations- und Teilhabeleistungen der verschiedenen Rehabilitationsträger; Leistungsformen der Eingliederungshilfe (z.B. Teilhabe am Arbeitsleben, medizinische Rehabilitation, Teilhabe an Bildung und Leistungen zur sozialen Teilhabe); besondere Wohnformen und ambulant betreute Wohngemeinschaften; Pflegeleistungen in Kombination mit anderen SGB-Leistungen; Leistungen der Pflegeversicherung einschließlich Aufklärung, Auskunft und Pflegeberatung nach den §§ 7 ff. SGB XI sowie das Verhältnis zu anderen Sozialleistungen nach § 13 SGB; Leistungen der Hilfe zur Pflege nach SGB XII, Leistungen der gesetzlichen Krankenversicherung im Pflegefall (z.B. häusliche Krankenpflege und weitere Leistungen nach den §§ 37 ff. SGB V, medizinische Rehabilitation), Leistungen der Eingliederungshilfe im Pflegefall; Methoden zur fallbezogenen Erschließung und Nutzung von Beratungs-, Sozial- und Hilfestrukturen sowie von Netzwerken

Modul 10: Grundlagen der Kommunikation und Praxistransfer (30 Std.)

Theoretische Konzepte und Methoden der Kommunikation; Grundhaltungen und Techniken der Kommunikation; diversitätssensible Kommunikation; ressourcenorientierte Kommunikation; Konfliktmanagement in der Kommunikation; Selbst- und Machtreflexion

Modul 11: Betreuungsspezifische Kommunikation/Methoden der unterstützten Entscheidungsfindung (45 Std.)

Auswirkungen spezifischer krankheits- bzw. beeinträchtigungsbedingter Einschränkungen auf die Fähigkeit der Kommunikation und der Entscheidungsfindung; Bedeutung sozialer und umweltbedingter Einflussfaktoren auf Autonomie und Entscheidungsfindung von betreuten Menschen; Methoden zur kommunikativen Verhinderung von Ausschlussmechanismen; barrierefreie Kommunikation, leichte Sprache; Drei- oder Mehrparteien-Interaktion mit betreuten Menschen; Erkennen und Ermitteln von Wunsch, Wille und Präferenzen von betreuten Menschen in der Kommunikation einschließlich biographischer Aspekte und Werthaltungen; Methoden der Unterstützung bei der Entscheidungsfindung betreuter Menschen und praktische Erprobung

In den folgenden Abschnitten werden die Inhalte der Module, soweit es die Kompetenz der Autoren erlaubt, weiter ausdifferenziert.

5.1 Modul 1

Thema des Moduls:

Betreuerbestellung und Zusammenarbeit mit dem Betreuungsgericht

Zeitaufwand in Zeitstunden: 15

Liste der vorgegebenen Inhalte

- Betreuerbestellung: Voraussetzungen, Verfahren, Sachverhaltsermittlung
- Anordnung eines Einwilligungsvorbehalts: Voraussetzungen, Grenzen, Verfahren
- Aufgabenbereiche

- Aufsicht durch das Betreuungsgericht, Berichts-, Auskunfts- und Mitteilungspflichten
- Genehmigungsvorbehalte einschließlich Verfahren

In dem ersten Modul des Sachkundelehrgangs geht es grundlegend um das Verfahren zur Bestellung einer rechtlichen Betreuung.

- Unter welchen Voraussetzungen wird eine rechtliche Betreuung eingerichtet?
- Welche Alternativen müssen vorher geklärt worden sein (Nachrangigkeit, Prüfung anderer Hilfen und vorhandene Vorsorge durch Vollmacht; Betreuungsverfügung; Patientenverfügung)?
- Wie läuft das Verfahren zur Betreuerbestellung?
- Welche Rechte hat die betroffene Person?
- Wie werden die Aufgabenbereiche einer Betreuung bestimmt und welche rechtlichen Auswirkungen haben diese?
- Welche Aufgabenkreise müssen ausdrücklich angeordnet werden?
- Was ist ein Einwilligungsvorbehalt, welche Auswirkungen hat dieser und unter welchen Voraussetzungen wird dieser eingerichtet?
- Wie wird der rechtliche Betreuer ausgewählt?
- Wie sieht der Beschluss des Betreuungsgerichts aus?
- Welche Rechtsmittel gibt es?
- Wie ist der Datenschutz geregelt?
- Welche Vertretungsbefugnis hat der rechtliche Betreuer?
- Welche Aufsichts- und Beratungspflichten hat das Betreuungsgericht?
- Welche Sachverhalte haben rechtliche Betreuer gegenüber dem Betreuungsgericht anzuzeigen bzw. mitzuteilen?
- Welche Berichte sind mit welchem Inhalt zu erstellen und welche Bedeutung haben die Berichte?
- In welchen Fällen müssen Betreuer vor der Umsetzung einer Entscheidung eine Genehmigung durch das Betreuungsgericht einholen und wie sieht das Verfahren zur Genehmigung aus?

Durch das Wissen aus dem ersten Modul verfügen Sie über die Fertigkeit, die für die rechtliche Betreuung relevanten Gesetzestexte aufzufinden. Sie kennen die Voraussetzungen und das Verfahren zur Bestellung einer rechtlichen Betreuung und können Nachrang, Erforderlichkeit und Verhältnismäßigkeit des durch die Bestellung einer rechtlichen Betreuung gegebenen Eingriffs in die Grundrechte der rechtlich betreuten Person benennen. Das Wissen versetzt Sie in die Lage, den im Verfahren von der Betreuungsbehörde erstellten Sozialbericht, das erforderliche Attest/Gutachten und eine ggf. erstellte Stellungnahme des Verfahrenspflegers zu analysieren. Sie sind in der Lage, die Regelung konkreter rechtlicher Angelegenheiten den jeweiligen Aufgabenbereichen zuzuordnen und verfügen über die Grundkenntnisse zu den daraus resultierenden Rechten und Pflichten bei der Erledigung derselben. Sie kennen den Inhalt und die Wirksamkeit der Beschlussformel sowohl für das reguläre als auch für das Verfahren bei einstweiliger Anordnung. Sie kennen die Berichts- und Mitteilungspflichten und sind in der Lage, einen Anfangsbericht, einen Jahresbericht und einen Schlussbericht entsprechend den gesetzlichen Vorgaben fallbezogen inhaltlich zu gliedern und zu erstellen. Sie verfügen über die Kenntnis der gesetzlichen Bestimmungen zu Genehmigungsvorbehalten und der jeweiligen Verfahrensvorschriften.

5.1.1 Die Struktur des Betreuungsrechts und angrenzender Gesetze – wo findet sich was?

Vor dem 1.1.2023 waren das Vormundschafts- und das Betreuungsrecht an vielen Stellen miteinander verwoben. Insbesondere im Bereich der Vermögenssorge und der gerichtlichen Aufsicht hat das Betreuungsrecht auf Regelungen im Vormundschaftsrecht verwiesen. Die Verweise waren unübersichtlich zu lesen und führten zu etlichen Problemen. Die Bestimmungen regelten gleichermaßen die unterschiedlichen Aufgaben der Vormundschaft und der rechtlichen Betreuung. In der praktischen Anwendung mussten die Regelungen beispielsweise gleichermaßen auf den Erziehungsgedanken der Vormundschaft als auch auf den Grundgedanken des Betreuungsrechtes – Verwirklichung der Selbstbestimmung – angewendet werden.

Die zum 1. Januar 2023 in Kraft getretene Reform des Vormundschafts- und Betreuungsrechts schafft neue Strukturen.

Die Änderungen erstreckten sich auf folgende Gesetze und Verordnungen[211]

- Änderung des Bürgerlichen Gesetzbuchs
- Änderung des Einführungsgesetzes zum Bürgerlichen Gesetzbuche
- Änderung des Personenstandsgesetzes
- Änderung des Rechtspflegergesetzes
- Änderung der Bundesnotarordnung
- Änderung der Vorsorgeregister-Verordnung
- Änderung der Zivilprozessordnung
- Änderung des Gesetzes über das Verfahren in Familiensachen und in den Angelegenheiten der freiwilligen Gerichtsbarkeit
- Betreuungsorganisationsgesetz (BtOG)
- Gesetz über die Vergütung von Vormündern und Betreuern (Vormünder- und Betreuervergütungsgesetz – VBVG)
- Änderung des Ersten Buches Sozialgesetzbuch
- Änderung des Achten Buches Sozialgesetzbuch
- Änderung des Neunten Buches Sozialgesetzbuch

211 Alle Änderungen können im Bundesgesetzblatt (BGBl I 2021, S. 882) nachgelesen werden.

- Änderung des Zehnten Buches Sozialgesetzbuch
- Weitere Folgeänderungen
- Inkrafttreten, Außerkrafttreten

Wo finden sich die für rechtliche Betreuer wichtigen Änderungen?

- Im Bürgerlichen Gesetzbuch (BGB) Buch 4 Familienrecht; Abschnitt 1 „Bürgerliche Ehe" Untertitel 5 „Wirkung der Ehe im Allgemeinen" wird im § 1358 die neue Regelung zur gegenseitigen Vertretung von Ehegatten in Angelegenheiten der Gesundheitssorge eingefügt.
- Das Betreuungsrecht findet sich im Bürgerlichen Gesetzbuch (BGB) Buch 4 Familienrecht; Abschnitt 3 Vormundschaft, Pflegschaft für Minderjährige, rechtliche Betreuung, sonstige Pflegschaft; Titel 3 Rechtliche Betreuung §§ 1814 bis 1881.
- Die Änderungen zum Gesetz über das Verfahren in Familiensachen und in den Angelegenheiten der freiwilligen Gerichtsbarkeit (FamFG) finden sich in den §§ 271 bis 309a (Betreuungsverfahren) und den §§ 310 bis 339 (Unterbringungsverfahren).
- Aus dem Betreuungsbehördengesetz (BtBG) wird mit Wirkung zum 1. Januar 2023 das Betreuungsorganisationsgesetz (BtOG) §§ 1–32.
- Die Regelungen der Vergütung finden sich im Gesetz über die Vergütung von Vormündern und Betreuern (Vormünder- und Betreuervergütungsgesetz (VBVG)) §§ 1–19.
- Wichtig sind Änderung des § 17 Erstes Sozialgesetzbuch (SGB I), des § 22 Abs. 5 Neuntes Sozialgesetzbuch und die erst spät ins Gesetz eingebrachte Änderung von § 53 und § 170a Zivilprozessordnung (ZPO).

Inhaltlich sind die Änderungen des Betreuungsrechts und der angrenzenden Gesetze/Verordnungen auf das zentrale Ziel gerichtet, im Vorfeld und innerhalb der rechtlichen Betreuung das Selbstbestimmungsrechts der betroffenen Personen konsequent zu gewährleisten. Es wird klargestellt, dass die rechtliche Betreuung in erster Linie eine Unterstützung zu selbstbestimmtem Handeln sein soll. Das Mittel der rechtlichen Vertretung darf nur eingesetzt werden, wenn dies erforderlich ist. Der Vorrang der Wünsche der rechtlich betreuten Person wird als zentraler Maßstab für alle Akteure im Betreuungsrecht normiert. Die betroffene Person soll in allen Stadien des Verfahrens besser informiert sein. Die gerichtliche Aufsicht wird stärker auf die Ermittlung der Wünsche der rechtlich betreuten Person ausgerichtet. Die Regelungen zur Vermögenssorge und zur gerichtlichen Aufsicht sind nun in das Betreuungsrecht eingeordnet. Das Betreuungsrecht ist sprachlich modernisiert und neu strukturiert worden.

Die strukturellen Änderungen im BGB haben unter anderem zur Folge, dass die gewohnte Nummerierung verloren gegangen ist. Als eine der Voraussetzungen für die Registrierung beruflich tätiger rechtlicher Betreuer*innen werden Kenntnisse zum Betreuungsrecht erwartet.[212] Das Wissen zu der Frage – wo findet sich was – muss neu gelernt werden.

212 § 23 Abs 3 BtOG

Personen, die beruflich rechtliche Betreuungen führen, müssen zudem über Kenntnisse des betreuungsrechtlichen Verfahrens verfügen.[213] Das betreuungsrechtliche Verfahren ist im Gesetz über das Verfahren in Familiensachen und in den Angelegenheiten der freiwilligen Gerichtsbarkeit (FamFG) geregelt und findet sich an gewohnter Stelle in den §§ 271 bis 309a (Betreuungsverfahren) und den §§ 310 bis 339 (Unterbringungsverfahren). Die Regelungen des FamFG wurden, entsprechend den Zielen der Reform, geändert und sprachlich angepasst.

Von besonderer Bedeutung sind Kenntnisse der Regelung des Betreuungsorganisationsgesetzes (BtOG), welches das bis dahin geltenden Betreuungsbehördengesetz (BtBG) ablöst. Dieses Gesetz beinhaltet alle Regelungen, die die Rechtsstellung und Aufgaben der Betreuungsbehörden, der Betreuungsvereine und der rechtlichen Betreuer*innen näher ausgestalten, aber strukturell nicht dem Zivilrecht zugehörig sind. Beispielsweise werden hier das neue Registrierungsverfahren und die den Betreuungsbehörden und Betreuungsvereinen zugewiesenen Aufgaben geregelt. Im BtOG finden sich zudem die neuen bereichsspezifischen Datenschutzregelungen für Betreuungsbehörden, Betreuungsvereine und rechtliche Betreuer*innen.

Die Vorschriften über Vergütung und Aufwendungsersatz für Personen, die beruflich Vormundschaften oder rechtliche Betreuungen führen, wurden getrennt. Im Bereich der rechtlichen Betreuung wurde unter anderem das neu geschaffene Registrierungsverfahren eingearbeitet.

Die Änderung des § 17 Erstes Sozialgesetzbuch (SGB I) und § 22 Abs. 5 Neuntes Sozialgesetzbuch regeln die Zusammenarbeit der Träger von Sozialleistungen mit der Betreuungsbehörde. Sie ergänzen den absoluten Vorrang von Unterstützungsleistungen, die auf sozialen Rechten beruhen.[214]

Im Folgenden finden Sie die neue Gliederung des Betreuungsgesetzes im BGB, die Gliederung der das Betreuungsrecht betreffenden Regelungen im FamFG, die Gliederung des neuen BtOG und die Gliederung des VBVG.

Die neue Gliederung des Betreuungsrechts im BGB

Die neue Regelung zur gegenseitigen Vertretung von Ehegatten in Angelegenheiten der Gesundheitssorge findet sich im Buch 4 Familienrecht; Abschnitt 1 „Bürgerliche Ehe".

Untertitel 5 „Wirkung der Ehe im Allgemeinen"

> § 1358 Gegenseitige Vertretung von Ehegatten in Angelegenheiten der Gesundheitssorge

Die Gliederung des Betreuungsrechts folgt dem Verlauf des Betreuungsverfahrens und den jeweiligen inhaltlichen Schwerpunkten.

Das Betreuungsrecht findet sich im Bürgerlichen Gesetzbuch (BGB) Buch 4 Familienrecht im Abschnitt 3 Titel 3.

---

213 § 23 Abs 3 BtOG

214 § 1814 Abs. 3 Satz 2 Nr. 2. BGB

Untertitel 1 beinhaltet die Regelungen zur Betreuerbestellung (§§ 1814–1820)

§ 1814 Voraussetzungen

§ 1815 Umfang der Betreuung

§ 1816 Eignung und Auswahl des Betreuers, Berücksichtigung der Wünsche des Volljährigen

§ 1817 Mehrere Betreuer; Verhinderungsbetreuer; Ergänzungsbetreuer

§ 1818 Betreuung durch Betreuungsverein oder Betreuungsbehörde

§ 1819 Übernahmepflicht; weitere Bestellungsvoraussetzungen

§ 1820 Vorsorgevollmacht und Kontrollbetreuung

Untertitel 2 Führung der Betreuung

- Kapitel 1 Allgemeine Vorschriften §§ 1821–1826

  § 1821 Pflichten des Betreuers; Wünsche des Betreuten

  § 1822 Auskunftspflicht gegenüber nahestehenden Angehörigen

  § 1823 Vertretungsmacht des Betreuers

  § 1824 Ausschluss der Vertretungsmacht

  § 1825 Einwilligungsvorbehalt

  § 1826 Haftung des Betreuers

- Kapitel 2 Personenangelegenheiten §§ 1827–1834

  § 1827 Patientenverfügung; Behandlungswünsche oder mutmaßlicher Wille des Betreuten

  § 1828 Gespräch zur Feststellung des Patientenwillens

  § 1829 Genehmigung des Betreuungsgerichts bei ärztlichen Maßnahmen

  § 1830 Sterilisation

  § 1831 Freiheitsentziehende Unterbringung und freiheitsentziehende Maßnahmen

  § 1832 Ärztliche Zwangsmaßnahmen

  § 1833 Aufgabe von Wohnraum des Betreuten

  § 1834 Bestimmung des Umgangs und des Aufenthalts des Betreuten

- Kapitel 3 Vermögensangelegenheiten

  - Unterkapitel 1 Allgemeine Vorschriften §§ 1835–1837

    § 1835 Vermögensverzeichnis

    § 1836 Trennungsgebot, Verwendung des Vermögens für den Betreuer

    § 1837 Vermögensverwaltung durch den Betreuer bei Erbschaft und Schenkung

  - Unterkapitel 2 Verwaltung von Geld, Wertpapieren und Wertgegenständen §§ 1838–1845

§ 1838 Pflichten des Betreuers in Vermögensangelegenheiten

§ 1839 Bereithaltung von Verfügungsgeld

§ 1840 Bargeldloser Zahlungsverkehr

§ 1841 Anlagepflicht

§ 1842 Voraussetzungen für das Kreditinstitut

§ 1843 Depotverwahrung und Hinterlegung von Wertpapieren

§ 1844 Hinterlegung von Wertgegenständen auf Anordnung des Betreuungsgerichts

§ 1854 Sperrvereinbarung

- Unterkapitel 3 Anzeigepflichten §§ 1846 u. 1847

  § 1846 Anzeigepflichten bei der Geld- und Vermögensverwaltung

  § 1847 Anzeigepflicht für Erwerbsgeschäfte

- Unterkapitel 4 Genehmigungsbedürftige Rechtsgeschäfte §§ 1848–1854

  § 1848 Genehmigung einer anderen Anlegung von Geld

  § 1849 Genehmigung bei Verfügung über Rechte und Wertpapiere

  § 1850 Genehmigung für Rechtsgeschäfte über Grundstücke und Schiffe

  § 1851 Genehmigung für erbrechtliche Rechtsgeschäfte

  § 1852 Genehmigung für handels- und gesellschaftsrechtliche Rechtsgeschäfte

  § 1853 Genehmigung bei Verträgen über wiederkehrende Leistungen

  § 1854 Genehmigung für sonstige Rechtsgeschäfte

- Unterkapitel 5 Genehmigungserklärung §§ 1855–1858

  § 1855 Erklärung der Genehmigung

  § 1856 Nachträgliche Genehmigung

  § 1857 Widerrufsrecht des Vertragspartners

  § 1858 Einseitiges Rechtsgeschäft

- Unterkapitel 6 Befreiungen §§ 1859 u. 1860

  § 1859 Gesetzliche Befreiungen

  § 1860 Befreiungen auf Anordnung des Gerichts

Untertitel 3 Beratung und Aufsicht durch das Betreuungsgericht §§ 1861–1867

§ 1861 Beratung; Verpflichtung des Betreuers

§ 1862 Aufsicht durch das Betreuungsgericht

§ 1863 Berichte über die persönlichen Verhältnisse des Betreuten

§ 1864 Auskunfts- und Mitteilungspflichten des Betreuers

§ 1865 Rechnungslegung

§ 1866 Prüfung der Rechnung durch das Betreuungsgericht

§ 1867 Einstweilige Maßnahmen des Betreuungsgerichts

Untertitel 4 Beendigung, Aufhebung oder Änderung von Betreuung und Einwilligungsvorbehalt §§ 1868–1874

§ 1868 Entlassung des Betreuers

§ 1869 Bestellung eines neuen Betreuers

§ 1870 Ende der Betreuung

§ 1871 Aufhebung oder Änderung von Betreuung und Einwilligungsvorbehalt

§ 1872 Herausgabe von Vermögen und Unterlagen; Schlussrechnungslegung

§ 1873 Rechnungsprüfung

§ 1874 Besorgung der Angelegenheiten des Betreuten nach Beendigung der Betreuung

Untertitel 5 Vergütung und Aufwendungsersatz §§ 1875–1881

§ 1875 Vergütung und Aufwendungsersatz

§ 1876 Vergütung

§ 1877 Aufwendungsersatz

§ 1878 Aufwandspauschale

§ 1879 Zahlung aus der Staatskasse

§ 1880 Mittellosigkeit des Betreuten

§ 1881 Gesetzlicher Forderungsübergang

Die Gliederung des Gesetzes über das Verfahren in Familiensachen und in den Angelegenheiten der freiwilligen Gerichtsbarkeit (FamFG)

Buch 3

Verfahren in Betreuungs- und Unterbringungssachen

Abschnitt 1

- Verfahren in Betreuungssachen

§ 271 Betreuungssachen

§ 272 Örtliche Zuständigkeit

§ 273 Abgabe bei Änderung des gewöhnlichen Aufenthalts

§ 274 Beteiligte

§ 275 Stellung des Betroffenen im Verfahren

§ 276 Verfahrenspfleger

§ 277 Vergütung und Aufwendungsersatz des Verfahrenspflegers

§ 278 Persönliche Anhörung des Betroffenen

§ 279 Anhörung der sonstigen Beteiligten, der Betreuungsbehörde und des gesetzlichen Vertreters

§ 280 Einholung eines Gutachtens

§ 281 Ärztliches Zeugnis; Entbehrlichkeit eines Gutachtens

§ 282 Vorhandene Gutachten des Medizinischen Dienstes der Krankenversicherung

§ 283 Vorführung zur Untersuchung

§ 284 Unterbringung zur Begutachtung

§ 285 Ermittlung und Herausgabe einer Betreuungsverfügung oder einer Vorsorgevollmacht

§ 286 Inhalt der Beschlussformel

§ 287 Wirksamwerden von Beschlüssen

§ 288 Bekanntgabe

§ 289 (weggefallen)

§ 290 Bestellungsurkunde

§ 291 Überprüfung der Betreuerauswahl

§ 292 Zahlungen an den Betreuer; Verordnungsermächtigung

§ 292a Zahlung an die Staatskasse

§ 293 Erweiterung der Betreuung oder des Einwilligungsvorbehalts

§ 294 Aufhebung und Einschränkung der Betreuung oder des Einwilligungsvorbehalts

§ 295 Verlängerung der Betreuung oder des Einwilligungsvorbehalts

§ 296 Entlassung des Betreuers und Bestellung eines neuen Betreuers

§ 297 Sterilisation

§ 298 Verfahren in Fällen des § 1829 des Bürgerlichen Gesetzbuchs

§ 299 Persönliche Anhörung in anderen Genehmigungsverfahren

§ 300 Einstweilige Anordnung

§ 301 Einstweilige Anordnung bei gesteigerter Dringlichkeit

§ 302 Dauer der einstweiligen Anordnung

§ 303 Ergänzende Vorschriften über die Beschwerde

§ 304 Beschwerde der Staatskasse

§ 305 Beschwerde des Untergebrachten

§ 306 Aufhebung des Einwilligungsvorbehalts

§ 307 Kosten in Betreuungssachen

§ 308 Mitteilung von Entscheidungen

§ 309 Mitteilungen an die Meldebehörde

§ 309a Mitteilungen an die Betreuungsbehörde

§ 310 Mitteilungen während einer Unterbringungsmaßnahme

§ 311 Mitteilungen zur Strafverfolgung

Abschnitt 2

- Verfahren in Unterbringungssachen

§ 312 Unterbringungssachen

§ 313 Örtliche Zuständigkeit

§ 314 Abgabe der Unterbringungssache

§ 315 Beteiligte

§ 316 Verfahrensfähigkeit

§ 317 Verfahrenspfleger

§ 318 Vergütung und Aufwendungsersatz des Verfahrenspflegers

§ 319 Persönliche Anhörung des Betroffenen

§ 320 Anhörung der sonstigen Beteiligten und der zuständigen Behörde

§ 321 Einholung eines Gutachtens

§ 322 Vorführung zur Untersuchung; Unterbringung zur Begutachtung

§ 323 Inhalt der Beschlussformel

§ 324 Wirksamwerden von Beschlüssen

§ 325 Bekanntgabe

§ 326 Zuführung zur Unterbringung; Verbringung zu einem stationären Aufenthalt

§ 327 Vollzugsangelegenheiten

§ 328 Aussetzung des Vollzugs

§ 329 Dauer und Verlängerung der Unterbringungsmaßnahme

§ 330 Aufhebung der Unterbringungsmaßnahme

§ 331 Einstweilige Anordnung

§ 332 Einstweilige Anordnung bei gesteigerter Dringlichkeit

§ 333 Dauer der einstweiligen Anordnung

§ 334 Einstweilige Maßregeln

§ 335 Ergänzende Vorschriften über die Beschwerde

§ 336 Einlegung der Beschwerde durch den Betroffenen

§ 337 Kosten in Unterbringungssachen

§ 338 Mitteilung von Entscheidungen

§ 339 Benachrichtigung von Angehörigen

Die Gliederung des Betreuungsorganisationsgesetzes (BtOG)

Abschnitt 1 Betreuungsbehörde

- Titel 1 Allgemeine Vorschriften §§ 1–4

  § 1 Sachliche Zuständigkeit und Durchführung überörtlicher Aufgaben

  § 2 Örtliche Zuständigkeit

  § 3 Fachkräfte

  § 4 Verarbeitung personenbezogener Daten durch die Behörde

- Titel 2 Aufgaben der örtlichen Behörde §§ 5–13

  § 5 Informations- und Beratungspflichten

  § 6 Förderungsaufgaben

  § 7 Öffentliche Beglaubigung; Verordnungsermächtigung

  § 8 Beratungs- und Unterstützungsangebot, Vermittlung geeigneter Hilfen und erweiterte Unterstützung

  § 9 Mitteilungen an das Betreuungsgericht und die Stammbehörde

  § 10 Mitteilung an Betreuungsvereine

  § 11 Aufgaben im gerichtlichen Verfahren

  § 12 Betreuervorschlag

  § 13 Weitere Aufgaben

Abschnitt 2 Anerkannte Betreuungsvereine §§ 14–18

  § 14 Anerkennung

  § 15 Aufgaben kraft Gesetzes

  § 16 Aufgaben kraft gerichtlicher Bestellung

  § 17 Finanzielle Ausstattung

  § 18 Verarbeitung personenbezogener Daten durch den Verein

Abschnitt 3 Rechtliche Betreuer

- Titel 1 Allgemeine Vorschriften §§ 19 u. 20

  § 19 Begriffsbestimmung

  § 20 Verarbeitung personenbezogener Daten durch den Betreuer

- Titel 2 Ehrenamtliche Betreuer §§ 21 u. 22

  § 21 Voraussetzung für eine ehrenamtliche Tätigkeit

  § 22 Abschluss einer Vereinbarung über Begleitung und Unterstützung

- Titel 3 Berufliche Betreuer §§ 23–30

  § 23 Registrierungsvoraussetzungen; Verordnungsermächtigung

  § 24 Registrierungsverfahren; Verordnungsermächtigung

§ 25 Mitteilungs- und Nachweispflichten beruflicher Betreuer

§ 26 Umgang mit den für die Registrierung relevanten Daten

§ 27 Widerruf, Rücknahme und Löschung der Registrierung

§ 28 Wechsel des Sitzes oder Wohnsitzes

§ 29 Fortbildung

§ 30 Leistungen an berufliche Betreuer

Abschnitt 4 Offenbarungsbefugnisse für Geheimnisträger

§ 31 Beratung und Übermittlung von Informationen durch Geheimnisträger bei Gefährdung von Betreuten

Abschnitt 5 Übergangsvorschriften

§ 32 Registrierung von bereits tätigen beruflichen Betreuern; vorläufige Registrierung

Die Gliederung des Vormünder- und Betreuervergütungsgesetzes – VBVG

Abschnitt 1 Vergütung und Aufwendungsersatz des Vormunds

§ 1 Berufsmäßigkeit; Vergütung und Aufwendungsersatz

§ 2 Zahlung aus der Staatskasse und Rückgriff, Erlöschen und Geltendmachung der Ansprüche

§ 3 Stundensatz des Vormunds

§ 4 Aufwendungsersatz des Vormunds

§ 5 Vergütung und Aufwendungsersatz für Vormundschaftsvereine

§ 6 Vergütung und Aufwendungsersatz für das Jugendamt

Abschnitt 2 Vergütung und Aufwendungsersatz des Betreuers

§ 7 Vergütung und Aufwendungsersatz des beruflichen Betreuers

§ 8 Höhe der Vergütung; Verordnungsermächtigung

§ 9 Fallpauschalen

§ 10 Gesonderte Pauschalen

§ 11 Aufwendungsersatz

§ 12 Sonderfälle der Betreuung

§ 13 Vergütung und Aufwendungsersatz für Betreuungsvereine

§ 14 Vergütung und Aufwendungsersatz für Behördenbetreuer und Betreuungsbehörde

§ 15 Abrechnungszeitraum für die Betreuungsvergütung

§ 16 Zahlung aus der Staatskasse, Erlöschen und Geltendmachung der Ansprüche

Abschnitt 3 Schlussvorschriften

§ 17 Umschulung und Fortbildung von Berufsvormündern und beruflichen Betreuern

Abschnitt 4 Übergangsregelung

§ 18 Übergangsregelung

§ 19 Ansprüche von Betreuern, die vor Inkrafttreten des Betreuungsorganisationsgesetzes bereits berufsmäßig Betreuungen geführt haben

5.1.2 Die rechtliche Betreuung

Wen betrifft das Betreuungsrecht?

Ob alt oder jung, gesund oder krank, jeder von uns kann mit dem Betreuungsrecht in Kontakt kommen. Der Anteil der älteren Menschen in unserer Gesellschaft nimmt stetig zu. Zum Stichtag 31.12.2020 lag die Zahl der Bevölkerung in Deutschland bei 83,1 Millionen Menschen. Von der Bevölkerung waren zum Stichtag 18,2 Millionen Menschen über 65 Jahre alt.[215] Schon jetzt sind dementsprechend 21,9 % der Gesamtbevölkerung über 65 Jahre alt. Die höhere Lebenserwartung aufgrund unserer besseren Lebensverhältnisse ist verbunden mit den alle bedrohenden Gefahren von körperlichen und geistigen Krankheiten oder Behinderungen, die neben tatsächlichen Hilfen auch die rechtliche Unterstützung erforderlich machen.

Auch jüngere Menschen leben mit dem Risiko, psychisch zu erkranken und aus diesem Grund ihre rechtlichen Angelegenheiten nicht mehr erledigen zu können. Eine geistige Behinderung kann schon seit Geburt bestehen und Ursache dafür sein, dass Menschen bei Erreichen der Volljährigkeit ihre rechtlichen Angelegenheiten nicht selbst regeln können. Aber auch später können andere Ereignisse (z.B. ein Unfall) zu einer rechtlichen Unterstützungsbedürftigkeit führen.

5.1.2.1 Rechtliche Betreuung – ein Eingriff in die Grundrechte

Wie unterscheidet sich die rechtliche Betreuung von jeder anderen Hilfe?

Die durch das Betreuungsgericht vorgenommene Bestellung eines rechtlichen Betreuers ist ein Eingriff in die Grundrechte der betroffenen Person. Im Rahmen seines Aufgabenkreises hat der Rechtliche Betreuer die Befugnis, die rechtlich betreute Person gerichtlich und außergerichtlich zu vertreten. Er ist damit gesetzlicher Vertreter und mehr als ein bloßer Berater.

Die Bestellung eines gesetzlichen Vertreters entzieht der rechtlich betreuten Person selbst bei regelrechtem Verfahren und bester Umsetzung einen Teil ihrer durch das Grundgesetz begründeten Rechte und Handlungsfreiheiten. Die im Folgenden genannten Beispiele gehen davon aus, dass die rechtliche Betreuung für den jeweils erforderlichen Aufgabenkreis bestellt worden ist. Die rechtlich betreute Person verliert durch die rechtliche Betreuung

- die Freiheit, eine Rechtshandlung nicht vorzunehmen;

  Beispiel: Die rechtlich betreute Person kann nicht verhindern, dass der rechtliche Betreuer eine Überweisung zu ihren Lasten tätigt;

215 Statistisches Bundesamt: www-genesis.destatis.de (Zugriff: 12.8.2022)

- das Recht, alle Erklärungen selbst entgegennehmen zu können bzw. die Entgegennahme verweigern zu können;

  Beispiel: Verwaltungszustellungsgesetz; die Zustellung des Mahnbescheides an den rechtlichen Betreuer ist wirksam;
- das Recht, sich im Zivilprozess/Verwaltungsverfahren selbst zu vertreten, wenn der rechtliche Betreuer in diesem Verfahren eine „Ausschließlichkeitserklärung" abgegeben hat;
- das Recht, riskante, die eigene Existenz gefährdende Anlagen/Geschäfte zu tätigen;
- sein Recht auf informationelle Selbstbestimmung;

  Beispiel: Die rechtlich betreute Person kann nicht verhindern, dass der rechtliche Betreuer den Bericht über die Behandlung in der Klinik anfordert und – soweit zur Erledigung der Angelegenheit im Rahmen des Aufgabenkreises erforderlich – weitergibt;
- das Recht und die Pflicht, für die eigene Entscheidung die Verantwortung selbst zu tragen;

  Beispiel: direkte Haftung des Betreuers, wobei das im Innenverhältnis geachtete Recht auf Selbstbestimmung den Betreuer nicht entlastet;
- ihre Schuldenfreiheit für die Dauer des Regressanspruchs, sofern die rechtlich betreute Person die Kosten aus dem Betreuungsverfahren nicht direkt tragen kann;
- das Recht, über die Person des rechtlichen Betreuers selbst zu bestimmen;

  Beispiel: Die rechtlich betreute Person kann keinen rechtlichen Berufsbetreuer wählen, wenn ein geeigneter ehrenamtlich tätiger rechtlicher Betreuer zur Verfügung steht;

Oft beobachtete tatsächliche Folgen der rechtlichen Betreuung sind unter anderem,

- dass das rechtliche Gegenüber Leistungen für die rechtlich betreute Person nicht zur Verfügung stellt – selbst dann, wenn der rechtliche Betreuer stellvertretend die Leistungen in Anspruch nehmen will;

  Beispiele: Die Bank will kein Konto eröffnen; der Dispo wird entzogen; Ratenvereinbarungen werden verweigert; sonst übliche Dienstleistungsverträge werden nicht angeboten; ein Vermieter will nicht vermieten;
- dass das rechtliche Gegenüber die Geschäftsfähigkeit anzweifelt und nur mit dem rechtlichen Betreuer Geschäfte tätigen will oder den Nachweis der Geschäftsfähigkeit fordert;

  Beispiel: Die Bank fordert vom rechtlichen Betreuer Auskunft zur Geschäftsfähigkeit der rechtlich betreuten Person;
- dass die rechtlich betreute Person mit Vorurteilen bei der Arbeitssuche auf dem 1. Arbeitsmarkt konfrontiert wird:

  Beispiel: Arbeitgeber befürchten krankheitsbedingte Ausfälle oder Schwierigkeiten mit Kollegen; rechtlich betreute Personen werden im Bewerbungsverfahren „aussortiert";

- dass Leistungen der Teilhabe nicht oder nur eingeschränkt bewilligt werden;

  Beispiele: Der Leistungsträger geht davon aus, dass die benötigte Leistung vom rechtlichen Betreuer erbracht wird; Leistungen werden – ohne genaue Prüfung – verweigert, weil davon ausgegangen wird, dass die gesetzlich vorgesehene Zielsetzung (Rehabilitation/Integration) von der rechtlich betreuten Person nicht erreicht werden kann;

- dass anstehende Entscheidungen auf der Grundlage gerichtsfest nachvollziehbarer Abwägungen und entsprechend begründbarer Aspekte beruhen müssen und emotionale und auf Hoffnung basierende Gründe weniger berücksichtigt werden können oder sogar verloren gehen;

  Beispiel: Bei einer Gefahr der erheblichen Selbstschädigung darf der rechtliche Betreuer nicht untätig bleiben, weil die rechtlich betreute Person darauf hofft, dass schon alles gut geht, ohne dass sie für diese Hoffnung konkrete nachvollziehbare Gründe nennen kann;

- dass fachliche Standards gegenüber individuellen Lösungen dominieren;

  Beispiel: Die vom rechtlichen Betreuer beauftragte Pflege muss sich an den allgemeingültigen Pflegestandards orientieren. Schäden aus einer vom rechtlichen Betreuer unsachgemäß organisierten Pflege würden auf ihn zurückfallen. Der Pflegestandard bildet den Handlungsrahmen, in dessen Korridor die individuelle Pflege stattfindet. Der pflegebedürftige Mensch muss seine Ordnungsvorstellungen so weit anpassen, dass der Pflegedienst bereit ist, die Pflege zu leisten. Eigenverantwortlich organisierte Pflege kann sich außerhalb dieses Korridors bewegen.

- dass es Haftungsrisiken, akribische Buchhaltung und die Pflicht zur Rechnungslegung sehr schwer machen, der rechtlich betreuten Person Gelder über ein normal nachvollziehbares Maß hinaus zur freien Verfügung zu überlassen;

  Beispiel: Nicht jeder will aktenkundig machen, dass er sein Sparguthaben für einen Ausflug ins Bordell verwenden will;

- dass der rechtliche Betreuer mit umfassendem Aufgabenkreis intimste Kenntnisse zu persönlichen und wirtschaftlichen Verhältnissen erlangt, ohne dass die betreute Person ein Recht auf Verschwiegenheit in Anspruch nehmen kann;

  Beispiel: Der Betreuer kann im Strafverfahren als Zeuge geladen werden und muss aussagen;

- dass die rechtlich betreute Person bisherige Lösungen nicht weiter nutzen kann, da die dem Betreuer obliegende Pflicht zur Rechtstreue die Lösungen nicht mehr zulässt;

  Beispiele: Die bisher nicht angemeldete und nicht versicherte Haushaltshilfe; bisher nicht angegebener Zuverdienst im Verfahren zum Bezug von Sozialleistungen; „geschönte" Angaben gegenüber dem Finanzamt;

- dass die rechtlich betreute Person nicht oder anders für ihr abweichendes/strafbares Handeln zur Verantwortung gezogen wird;

  Beispiel: Bei Polizei und Staatsanwalt wird nach dem Bekanntwerden der rechtlichen Betreuung häufig die Frage nach der Schuldfähigkeit gestellt. Von der rechtlich betreuten Person ausgehende Gewalt gegen beruflich tätige Helfer wird als „Berufsrisiko" behandelt.

Es darf nicht verkannt werden, dass die Bestellung eines rechtlichen Betreuers von der betroffenen Person auch als belastend empfunden werden kann.

Der staatliche Eingriff in die Grundrechte des Betroffenen muss auf das Notwendigste beschränkt bleiben und darf nicht länger als erforderlich dauern. Aus diesem Grund ist der rechtliche Betreuer ausschließlich befugt, in seinem Aufgabenkreis zu handeln. Er handelt in seiner Funktion nie als tatsächlicher Helfer oder Pädagoge.

Tipp

Entfällt eine der Voraussetzungen zur Bestellung der rechtlichen Betreuung, muss der rechtliche Betreuer dies dem Betreuungsgericht sofort mitteilen.

Der rechtliche Handlungsbedarf kann schon entfallen, wenn der rechtliche Betreuer zuvor ungeordnete Angelegenheiten ordnet und vereinfacht und die anstehenden Angelegenheiten dadurch von der rechtlich betreuten Person eigenverantwortlich oder ggf. mit vorrangiger Hilfe erledigt werden können. Das Ziel des Betreuungsrechts ist vor allem, der rechtlich betreuten Person ein selbstbestimmtes Leben unter Achtung ihrer Grundrechte zu ermöglichen.

5.1.2.2 Betreuungsgerichtliche Zuständigkeit

Woraus ergibt sich die Zuständigkeit des Betreuungsgerichts?

Ausschließlich zuständig ist in dieser Rangfolge:

- das Gericht, bei dem die rechtliche Betreuung anhängig ist, wenn bereits ein rechtlicher Betreuer bestellt ist;
- das Gericht, in dessen Bezirk die betroffene Person ihren gewöhnlichen Aufenthalt hat;
- das Gericht, in dessen Bezirk das Bedürfnis der Fürsorge hervortritt;
- das Amtsgericht Schöneberg in Berlin, wenn die betroffene Person Deutscher ist.

Für einstweilige Anordnungen oder vorläufige Maßregeln ist auch das Gericht zuständig, in dessen Bezirk das Bedürfnis der Fürsorge bekannt wird.[216]

Das Gericht kann die Sache aus wichtigem Grund an ein anderes Gericht abgeben, wenn sich dieses zur Übernahme der Sache bereit erklärt hat.[217] Vor der Abgabe sollen die Beteiligten angehört werden. Als wichtiger Grund für eine Abgabe ist es in der Regel anzusehen, wenn sich der gewöhnliche Aufenthalt der betroffenen Person geändert hat und die Aufgaben des rechtlichen Betreuers im Wesentlichen am neuen Aufenthaltsort der betroffenen Person zu erfüllen sind.[218]

216 § 272 FamFG
217 § 4 FamFG
218 § 273 FamFG

5.1.2.3 Der Beginn des Verfahrens und Überblick zum Ablauf

Wie ist der Ablauf des Betreuungsverfahrens? (Überblick)

- Antrag der betroffenen Person (Verfahren auf Antrag) oder
  Anregung durch Dritte (Verfahren von Amts wegen)
- Information an die betroffene Person § 275 FamFG
  Anhörung sonstiger Beteiligter § 279 Abs. 1 FamFG
  Anhörung der Betreuungsbehörde § 279 Abs. 2 FamFG
  Anhörung einer gewünschten nahestehenden Person § 279 Abs. 2 FamFG
  ggf. Bestellung eines Verfahrenspflegers § 276 FamFG
- Gutachten § 280 FamFG;
  ggf. Attest § 281 FamFG
- Persönliche Anhörung durch das Gericht § 278 FamFG
- Entscheidung

Wie kann das Verfahren begonnen werden?

Sich um die Bestellung einer rechtlichen Betreuung zu bemühen, ist vor allem Angelegenheit der betroffenen Person selbst. Für einen körperlich behinderten Menschen ist daher die Bestellung einer rechtlichen Betreuung nur auf dessen Antrag hin möglich, es sei denn, dass der behinderte Mensch seinen Willen nicht mehr kundtun kann. Wird die rechtliche Betreuung aufgrund einer anderen – nicht körperlichen – Krankheit/Behinderung erforderlich, so kann das Verfahren auch jederzeit von Amts wegen eingeleitet oder ausgeweitet werden. Die rechtliche Betreuung auf Antrag des betroffenen Menschen hat neben dem psychologischen Effekt den Vorteil, dass die betroffene Person so leichter erkennen kann, dass die rechtliche Betreuung als Hilfe zur Selbsthilfe zu verstehen ist. Als rechtlicher Vorteil ist zu sehen, dass die Aufhebung der rechtlichen Betreuung zu überprüfen ist, wenn dies von der rechtlich betreuten Person verlangt wird.

Zu einem Verfahren zur Bestellung einer rechtlichen Betreuung von Amts wegen kommt es, wenn Dritte hierzu eine Anregung geben; dieses können Angehörige, sonstige Personen oder Institutionen sein. Da es sich bei diesen Anregungen nicht um Anträge handelt, die gestellt und auch zurückgenommen werden können, ist eine sorgfältige Prüfung geboten, ob dieser Schritt notwendig und berechtigt ist. Der Anregung einer rechtlichen Betreuung bei Gericht sollte daher eine Phase der umfassenden Beratung zusammen mit dem betroffenen Menschen, den medizinisch behandelnden Personen und sonstigen Bezugspersonen im sozialen Umfeld vorausgehen. Fachkundigen Rat erteilen hierbei insbesondere die Betreuungsvereine, die sonstigen Hilfsdienste der Wohlfahrtsverbände, aber auch die zuständige Betreuungsbehörde bei den Kreisen und kreisfreien Städten.

Hat diese Beratungsphase zu dem Ergebnis geführt, dass eine rechtliche Betreuung unumgänglich ist, so kann der betroffene Mensch bei entsprechender Einsichtigkeit selbst den Antrag schriftlich oder zu Protokoll der Rechtsantragsstelle des örtlich zuständigen Amtsgerichts stellen oder aber ein Dritter gibt dort die entsprechende Anregung schriftlich oder zu Protokoll der Rechtsantragsstelle.

5.1.2.4 Die Beteiligten

Wer ist am Verfahren beteiligt?

Im gerichtlichen Verfahren gilt, dass den Beteiligten eine besondere Stellung zukommt. Kraft Gesetzes ist der Antragsteller[219] Beteiligter. Alle anderen werden durch gerichtliche Verfügung (auch formlos) zu Beteiligten.[220] Allgemein sind in Familiensachen und in den Angelegenheiten der freiwilligen Gerichtsbarkeit – zu denen auch das Betreuungsverfahren gehört – vom Gericht als Beteiligte hinzuzuziehen:

- diejenigen, deren Recht durch das Verfahren unmittelbar betroffen wird,
- diejenigen, die aufgrund Gesetzes von Amts wegen oder auf Antrag zu beteiligen sind.

Darüber hinaus können von Amts wegen oder auf Antrag weitere Personen, soweit dies gesetzlich vorgesehen ist, hinzugezogen werden.[221]

Für Verfahren in Betreuungssachen ist konkretisiert,[222] dass folgende Personen beteiligt werden *müssen*:

- die betroffene Person,
- der rechtliche Betreuer, sofern sein Aufgabenkreis betroffen ist.

  Die Einschränkung der Beteiligung des rechtlichen Betreuers – sofern sein Aufgabenkreis betroffen ist – erhält ihre praktische Bedeutung, wenn mehrere rechtliche Betreuer*innen mit unterschiedlichen Aufgabenkreisen bestellt sind. Die Beteiligung eines künftigen rechtlichen Betreuers, dessen mögliche Bestellung den Gegenstand des Verfahrens bildet,[223] kann etwa erforderlich sein, wenn die Notwendigkeit der Bestellung einer rechtlichen Betreuung bereits feststeht und sich die Auswahl des rechtlichen Betreuers auf eine bestimmte Person konzentriert.
- eine bevollmächtigte Person, sofern ihr Aufgabenkreis betroffen ist,
- der bestellte Verfahrenspfleger,
- die zuständige Betreuungsbehörde in Verfahren zur Bestellung eines rechtlichen Betreuers oder der Anordnung eines Einwilligungsvorbehalts sowie in Verfahren der genannten Art.

Darüber hinaus *können* beteiligt werden:

- Im Interesse der betroffenen Person ihr Ehegatte oder Lebenspartner, wenn die Ehegatten oder Lebenspartner nicht dauernd getrennt leben, sowie ihre Eltern, Pflegeeltern, Großeltern, Abkömmlinge, Geschwister und eine Person ihres Vertrauens,
- der Vertreter der Staatskasse, soweit das Interesse der Staatskasse durch den Ausgang des Verfahrens betroffen sein kann.[224]

---

219 Personen mit Körperbehinderung, die eine Betreuung für sich beantragen
220 BT-Drucks. 16/6308, 178
221 § 7 Abs. 3 FamFG
222 § 274 FamFG
223 § 7 Abs. 2 Nr. 1 FamFG
224 § 274 FamFG

Welche Rechte und Pflichten haben die Beteiligten?

Den Beteiligten ist rechtliches Gehör[225] zu gewähren.

Die Beteiligten können Anträge und Erklärungen gegenüber dem zuständigen Gericht schriftlich oder zur Niederschrift der Geschäftsstelle abgeben, soweit eine Vertretung durch einen Rechtsanwalt nicht notwendig ist.[226]

Wer kann die Akte einsehen?

Die Beteiligten sind im Grundsatz berechtigt, uneingeschränkt Einsicht in die Akten zu nehmen.

Das Recht auf Akteneinsicht ist allerdings nicht völlig uneingeschränkt gegeben, denn das Gericht kann einem Beteiligten die Einsicht im Einzelfall versagen, wenn dies aufgrund schwerwiegender Interessen eines anderen Beteiligten oder eines Dritten erforderlich ist.[227] Hierbei genügt aber noch nicht jedes Interesse aus der Privatsphäre oder aus dem Vermögensbereich eines Beteiligten. Vielmehr muss das seitens des anderen Beteiligten bestehende Interesse so schwerwiegend sein, dass das Recht auf vollumfängliche Akteneinsicht im Einzelfall zurückzustehen hat. Dies kann etwa psychiatrische Gutachten betreffen, wenn mit der Akteneinsicht Gefahren für den betroffenen Beteiligten verbunden sind. Wenn eine Akteneinsicht aus diesem Grund ausgeschlossen ist, haben die Beteiligten zur Wahrung des rechtlichen Gehörs Anspruch auf Bekanntgabe des wesentlichen Inhalts in geeigneter Form, soweit dies mit dem Zweck der Versagung vereinbar ist, etwa durch Auszüge oder eine schriftliche oder mündliche Zusammenfassung. Kann auf diese Weise das rechtliche Gehör nicht hinreichend gewährt werden, dürfen die Erkenntnisse aus den betroffenen Unterlagen grundsätzlich nicht zur Grundlage der Entscheidung gemacht werden.[228]

Die Beteiligten sollen bei der Ermittlung des Sachverhalts mitwirken. Sie haben ihre Erklärungen über tatsächliche Umstände vollständig und der Wahrheit gemäß abzugeben.[229]

Der Beschluss ist den Beteiligten bekannt zu geben.[230]

5.1.3 Voraussetzungen für die Bestellung einer rechtlichen Betreuung

Wann kann eine rechtliche Betreuung bestellt werden?

„Kann ein Volljähriger seine Angelegenheiten ganz oder teilweise rechtlich nicht besorgen und beruht dies auf einer Krankheit oder Behinderung, so bestellt das Betreuungsgericht für ihn einen rechtlichen Betreuer (Betreuer)."[231] Die beschriebenen Voraussetzungen le-

225 Ggf. in Form der persönlichen Anhörung, § 34 FamFG
226 § 25 FamFG
227 § 13 FamFG
228 BT-Drucks. 16/6308, 181
229 § 27 FamFG
230 § 41 FamFG
231 § 1814 BGB

gen fest, wann der Staat verpflichtet ist, Erwachsenen, deren rechtliche Handlungsfähigkeit beeinträchtigt ist, Schutz und Fürsorge durch Bereitstellung des Rechtsinstruments der rechtlichen Betreuung zu gewähren. Die rechtliche Betreuung stellt damit eine „geeignete Maßnahme" im Sinne von Artikel 12 Absatz 3 UN-BRK dar, durch die Menschen mit Behinderungen Zugang zu der Unterstützung verschafft wird, die sie bei der Ausübung ihrer Rechts- und Handlungsfähigkeit gegebenenfalls benötigen.[232]

Erste Voraussetzung für die Bestellung einer rechtlichen Betreuung ist, dass sie erforderlich ist. Das Ziel des Betreuungsrechts ist vor allem, der rechtlich zu betreuenden Person ein selbstbestimmtes Leben unter Achtung ihrer Grundrechte zu ermöglichen. Für die rechtlichen Angelegenheiten – und nur diese –, die sie ganz oder teilweise nicht mehr eigenverantwortlich regeln kann, kann die betreuungsrechtliche Unterstützung beschlossen werden. Der rechtliche Betreuer handelt nicht etwa, wie vielfach angenommen wird, als Hilfe im tatsächlichen Sinne. Er unterstützt und, soweit erforderlich, vertritt ausschließlich bei der Regelung rechtlicher Angelegenheiten, welche dem vom Betreuungsgericht bestimmten Aufgabenkreis zuzurechnen sind.

Voraussetzungen sind somit:

- die Volljährigkeit der betroffenen Person mit der Ausnahme, dass auch für eine minderjährige Person, die das 17. Lebensjahr vollendet hat, eine rechtliche Betreuung bestellt werden kann, wenn anzunehmen ist, dass die Bestellung der rechtlichen Betreuung bei Eintritt der Volljährigkeit erforderlich sein wird. Die Bestellung der rechtlichen Betreuung wird erst mit dem Eintritt der Volljährigkeit wirksam.
- dass die betroffene Person ihre Rechtsangelegenheiten ganz oder teilweise tatsächlich nicht eigenverantwortlich besorgen kann. Es bedarf daher eines konkreten rechtlichen Handlungsbedarfs, der nicht von der rechtlich zu betreuenden Person eigenverantwortlich oder mit anderer Hilfe erledigt werden kann. Dieser konkrete Handlungsbedarf kann dabei sowohl im Vorfeld einer zu treffenden rechtlichen Entscheidung oder/und bei der Umsetzung der Entscheidung gegeben sein.

Beispiele:

- *Der betroffene Herr B ist nicht bei Bewusstsein und nicht in der Lage, mit dem Arzt über die notwendige Behandlung zu sprechen und/oder zu entscheiden, welche der Behandlungsmöglichkeiten durchgeführt werden soll.*
- *Frau T möchte etwas tun, ist aber nicht in der Lage, einen Platz in einer Behindertenwerkstatt zu suchen, den Arbeitsvertrag zu verstehen und/oder ihre Einwilligung zu erklären.*
- *Frau Z ist an Demenz erkrankt und überlegt immer wieder neu, in ein Pflegeheim umzuziehen. Sie kann ihre eigene Situation nicht mehr erkennen und kennt die möglichen Hilfen, die sie in ihrer Wohnung erhalten kann, nicht. Den Wirrwarr von Krankenversicherung, Pflegeversicherung und Pflegedienst kann sie nicht ent-*

232 Vgl. BT-Drucks. 19/24445, S. 229 f.

schlüsseln. Sie findet zu keiner Entscheidung und kann die dann erforderlichen Anträge/Verträge etc. nicht verstehen.

- *Herr H. hat die Sonderschule besucht und schafft es kaum, im Zahlenraum bis 10 zu rechnen, den Wert des Geldes einzuschätzen und/oder über sein Vermögen zu entscheiden.*
- *Frau M. will aus dem Heim ausziehen. Den ganzen Behördenkram kann sich nicht verstehen oder erledigen.*

- dass die Unfähigkeit, die eigenen rechtlichen Angelegenheiten zu besorgen, auf einer Krankheit oder Behinderung beruht. Voraussetzung für die Bestellung einer rechtlichen Betreuung ist somit der kausale Zusammenhang des objektiven Unterstützungsbedarfs (konkreter Regelungsbedarf) und der subjektiven Betreuungsbedürftigkeit (Krankheit/ Behinderung). Es ist also in jedem einzelnen Fall zu prüfen, ob die Unfähigkeit, die eigenen rechtlichen Angelegenheiten zu regeln, ursächlich auf eine Krankheit/Behinderung zurückzuführen ist.

Wann darf eine rechtliche Betreuung nicht bestellt werden?

Grundsätzlich gilt, dass gegen den freien Willen der betroffenen Person ein rechtlicher Betreuer nicht bestellt werden darf.[233] Fragen zur Begriffsbestimmung und Begriffsunterscheidung zu „freiem Willen", „natürlichem Willen" und „mutmaßlichem Willen" sind übergreifend von Bedeutung und somit unter unterschiedlichen Aspekten in verschiedenen Modulen der Sachkunde Thema.

(Die entsprechende vertiefende Auseinandersetzung zu den Begriffen finden Sie im Abschnitt 5.2)

Regelmäßig kann eine rechtliche Betreuung nicht ohne einen konkreten rechtlichen Handlungsbedarf angeordnet werden.

Sie ist auch nicht erforderlich, wenn die betroffene Person lediglich zu bequem ist, die eigenen Angelegenheiten selbst zu regeln, oder sich über das Instrument der rechtlichen Betreuung sachverständige Unterstützung sichern will.

An der Erforderlichkeit einer rechtlichen Betreuung kann es im Einzelfall fehlen, wenn die betroffene Person jeden Kontakt mit ihrem rechtlichen Betreuer verweigert und der rechtliche Betreuer dadurch handlungsunfähig ist, also eine „Unbetreubarkeit" vorliegt. Bei der Annahme einer solchen Unbetreubarkeit ist allerdings Zurückhaltung geboten.[234] Ausgehend von der ansonsten gegebenen Erforderlichkeit der rechtlichen Betreuung wäre hier vorrangig zu prüfen, ob nicht ein geeigneter rechtlicher Betreuer gefunden werden kann, der einen Kontakt zur rechtlich betreuten Person herstellen kann. Im Einzelfall kann es erforderlich sein, die Personen auszuwechseln, einen Verein oder eine Behörde als rechtlichen Betreuer zu bestellen.

233 § 1814 Abs. 2 BGB
234 BGH, Beschl. 23.2.2019 – XII ZB 397/18; BGH, Beschl. v. 27.9.2017 – XII 330/17

Eine rechtliche Betreuung ist nicht erforderlich und darf nicht bestellt werden, soweit die Angelegenheiten der volljährigen Person durch eine bevollmächtigte natürliche oder juristische Person gleichermaßen besorgt werden können.

Sie ist auch nicht erforderlich, wenn die rechtlichen Angelegenheiten durch andere Hilfen, bei denen kein gesetzlicher Vertreter bestellt wird, erledigt werden können, insbesondere durch solche Unterstützung, die auf sozialen Rechten oder anderen Vorschriften beruht.

5.1.3.1 Vorrangig: Vollmachten und Vollmacht zur Vorsorge

Welche Vollmachten sind gemeint?

Grundsätzlich sind alle Vollmachten gemeint, die das Bedürfnis zur Bestellung einer rechtlichen Betreuung entbehrlich machen. Eine Bankvollmacht würde beispielsweise die Bestellung einer rechtlichen Betreuung zur Erledigung der Bankgeschäfte erübrigen.

Überwiegend geht es bei Verfahren zur Bestellung einer rechtlichen Betreuung aber nicht um einen so klar abzugrenzenden Aufgabenbereich, sondern um die Erforderlichkeit für die Bestellung einer rechtlichen Betreuung auf unterschiedlichen Aufgabengebieten. Entsprechend ist hier in erster Linie die umfassende Vollmacht zur Vorsorge gemeint.

In den letzten Jahren sind die Informationsveranstaltungen und die Beratungsmöglichkeiten zur selbstverantwortlichen Vorsorge für den Fall der eigenen rechtlichen Handlungseinschränkung stetig verbessert worden. Die Anzahl der bei der Bundesnotarkammer im Zentralen Vorsorgeregister für das Berichtsjahr 2021 geführten eingetragenen Vorsorgevollmachten ist bis zum 31.12.2021 auf 5.366795 angewachsen.[235]

Die eigene Vorsorge macht den staatlichen Eingriff überflüssig. Sie wird in der Vorausschau auf eine zu befürchtende spätere rechtliche Handlungs- oder Geschäftsunfähigkeit errichtet. Die erteilte Vollmacht zur Vorsorge setzt grundsätzlich die volle Geschäftsfähigkeit[236] voraus. Bei Einwilligungsvollmachten für medizinische oder freiheitsbeschränkende Maßnahmen genügt hingegen die bloße Einsichtsfähigkeit.

Aus welchem Grund sind Kenntnisse zur Vorsorgevollmacht für den rechtlichen Betreuer von Bedeutung?

Vor der Bestellung einer rechtlichen Betreuung prüfen die Betreuungsgerichte, ob eine Vollmacht hinterlegt ist. Nicht alle Vorsorgevollmachten sind bei der Bundesnotarkammer oder einer anderen dem Gericht zugänglichen Stelle hinterlegt. Aus diesem Grund hat der Gesetzgeber bestimmt, dass der Besitzer eines Schriftstücks, mit dem die betroffene Person eine andere Person zur Wahrnehmung ihrer Angelegenheiten bevollmächtigt, dies dem Betreuungsgericht mitzuteilen hat.[237] Diese Pflicht trifft auch rechtlichen Betreuer*innen, die von dem Bestehen eines entsprechenden Schriftstücks – auch nach der Einrichtung der rechtlichen Betreuung – Kenntnis bekommen.

235 VR-Jahresbericht 2021, S. 1 (https://www.vorsorgeregister.de/fileadmin/user_upload_zvr/Dokumente/Jahresberichte_ZVR/2021-JB-ZVR.pdf) (Zugriff: 14.8.2022)

236 §§ 104 ff. BGB

237 § 1820 Abs. 1 BGB

Rechtliche Betreuer*innen sind zudem gehalten, innerhalb ihres Aufgabenkreises dazu beizutragen, dass alle Möglichkeiten genutzt werden, die Fähigkeit der rechtlich betreuten Person, ihre eigenen Angelegenheiten zu besorgen, wiederherzustellen oder zu verbessern.[238] Gemeint ist unter anderem – soweit dies für die rechtlich betreute Person möglich und gewünscht ist – die Unterstützung bei der Errichtung einer Vollmacht. Entsprechend benötigen rechtliche Betreuer*innen Grundkenntnisse zur Vorsorge durch Vollmacht.

Welche Wirkung kann eine aufgefundene Vollmacht haben?

Die rechtliche Betreuung kann durch eine aufgefundene Vollmacht nicht mehr erforderlich sein, sie kann aber auch trotz und neben der Vorsorgevollmacht erforderlich sein. Dies kann folgende Ursachen haben:

- Die Vertretungsbefugnis aus der Vollmacht erstreckt sich nicht auf die anstehende zu regelnde Angelegenheit. Die Lücke kann durch eine ergänzende rechtliche Betreuung geschlossen werden.
- Die Vollmacht zur Vorsorge wird im Rechtsverkehr nicht anerkannt. Den größten Nutzen hat eine Vollmacht zur Vorsorge, wenn sie unbedingt erteilt wird. Es müssen also keine Bedingungen eintreten, welche die Wirksamkeit der Vollmacht zur Vorsorge herbeiführen. Im Rechtsverkehr muss also nicht geprüft werden, ob die von der vollmachtgebenden Person bestimmten Bedingungen tatsächlich erfüllt sind. Wenn beispielsweise in der Vollmacht zur Vorsorge bestimmt ist, dass diese nur wirksam sein soll, wenn ich als vollmachtgebende Person geschäftsunfähig bin, muss jeder, demgegenüber die Vollmacht wirksam sein soll, prüfen, ob diese Voraussetzung erfüllt ist. Da die Prüfung dieser Voraussetzungen im allgemeinen Geschäftsverkehr kaum zu leisten ist, verpufft die Wirkung der Vollmacht zur Vorsorge und eine rechtliche Betreuung ist zu bestellen.
- Die Vollmacht erfüllt nicht die erforderliche Formvorschrift. Grundsätzlich bedarf die Erteilung einer Vollmacht keiner bestimmten Form. Auch die mündlich erteilte Vollmacht ist wirksam. In der Regel muss die Bevollmächtigung im Geschäftsverkehr nachgewiesen werden. Überwiegend wird hierbei die Schriftform verlangt, weshalb mündlich erteilte Vollmachten in der Regel nicht belegt werden können und deshalb nicht anerkannt werden. Der Gesetzgeber hat zudem bestimmt, dass folgende Maßnahmen einer bevollmächtigten Person voraussetzen, dass die Vollmacht schriftlich erteilt ist und diese Maßnahmen ausdrücklich im Text der Vollmacht benannt sind. Dies gilt für:
  - die Einwilligung sowie ihr Widerruf oder die Nichteinwilligung in eine Untersuchung des Gesundheitszustands, eine Heilbehandlung oder einen ärztlichen Eingriff, wenn die begründete Gefahr besteht, dass die vertretene Person aufgrund der Maßnahme stirbt oder einen schweren und länger dauernden gesundheitlichen Schaden erleidet,
  - die Unterbringung, die mit Freiheitsentziehung verbunden ist, und die über einen längeren Zeitraum oder regelmäßig erfolgte Entziehung der Freiheit durch mechanische Vorrichtungen, Medikamente oder auf andere Weise,

238 § 1821 Abs. 6 BGB

- die Einwilligung in eine ärztliche Zwangsmaßnahme und die damit verbundene Verbringung der vertretenen Person gegen ihren natürlichen Willen zu einem stationären Aufenthalt in ein Krankenhaus.

Sind diese Maßnahmen in der Vollmacht zur Vorsorge nicht ausdrücklich benannt und besteht insoweit ein rechtlicher Handlungsbedarf, welcher nicht durch die betroffene Person eigenverantwortlich erledigt werden kann, ist die Anordnung einer rechtlichen Betreuung weiter zu prüfen.

Soll die Vollmacht Banken gegenüber gelten, so verlangen diese in aller Regel entweder die Benutzung ihrer Formulare und eine Bestätigung der Unterschriften beider Beteiligter durch die Bank oder eine Beglaubigung der Vollmacht zur Vorsorge. Die Beglaubigung kann durch einen Notar oder eine Betreuungsbehörde erfolgen.

Eine umfassende Vollmacht (Generalvollmacht) sollte ebenfalls notariell oder durch eine Betreuungsbehörde beglaubigt werden. Das gilt umso mehr, wenn später einmal Immobiliengeschäfte, z.B. Hypothekenaufnahme oder Hausverkauf zur Deckung der Heimkosten, in Betracht kommen.

- Die Vorsorgevollmacht wurde im Zustand der Geschäftsunfähigkeit erstellt und ist unwirksam.
- Die in der Vorsorgevollmacht benannte Vertrauensperson – auch die Ersatzperson – stehen zur Erledigung der rechtlichen Angelegenheiten nicht oder nur eingeschränkt zur Verfügung.
- Der Bevollmächtigte ist verstorben, verzogen oder anders nicht erreichbar.
- Die in der Vorsorgevollmacht benannte Vertrauensperson – auch die Ersatzperson – wollen die Aufgaben nicht erledigen oder bleiben untätig.
- Die in der Vorsorgevollmacht benannte Vertrauensperson kann die anstehenden rechtlichen Angelegenheiten im Vergleich zum rechtlichen Betreuer nicht gleichermaßen erledigen.[239] Dies kann dann der Fall sein, wenn der Bevollmächtigte selbst dauerhaft erkrankt ist, nicht über die erforderlichen Kenntnisse zur Erledigung der anstehenden Angelegenheiten verfügt oder sich unwissentlich falsch verhalten hat.
- Die bevollmächtigte Person erledigt ihre Aufgabe nicht im Sinne der vollmachtgebenden Person.

Das Betreuungsgericht hat zu prüfen, ob durch die vorgelegte Vollmacht sich die rechtliche Betreuung in Teilen oder vollständig erübrigt.

5.1.3.2 Vorrangig: Andere Hilfen

Was versteht der Gesetzgeber unter „anderen Hilfen"?

Die rechtliche Betreuung ist nicht erforderlich, soweit die rechtlichen Angelegenheiten der volljährigen Person durch einen hierzu befugten Angehörigen oder durch andere Hilfen, bei denen keine gesetzliche Vertretung bestellt wird, besorgt werden können.

239 § 1896 Abs. 2 Satz 2 BGB

Der 2015 durch das damalige Bundesministerium der Justiz und für Verbraucherschutz erteilte Forschungsauftrag zu der Umsetzung des Erforderlichkeitsgrundsatzes geht von einer weiten Auslegung aus. Andere Hilfen sind auf den Einzelfall bezogen zu ermitteln. Zu berücksichtigen sind:

- die gegenseitige Vertretung von Ehegatten/eingetragenen Lebenspartnern in Angelegenheiten der Gesundheitssorge,
- privatrechtliche Hilfen (z.B. Auftrag und Vollmacht für eine Vertrauensperson, Anwalt ...),
- Ressourcen im Rahmen der Selbst- und Familienhilfe beziehungsweise des Umfeldes (Freunde und Bekannte),
- alle am individuellen Bedarf orientierten Ansprüche und Hilfen aus den sozialen Sicherungssystemen (Sozialversicherung, soziale Versorgung, öffentliche Fürsorge).

Voraussetzung, „andere Hilfen" in der Praxis zu nutzen, ist die jeweils erforderliche Handlungs- und Mitwirkungsfähigkeit sowie das Einverständnis des betroffenen Menschen. Ein Betreuungsbedürfnis besteht z.B. nicht, wenn auch eine gesunde Person sich der Hilfe einer anderen Person (z.B. aus der Berufsgruppe der Rechtsanwälte, Steuerberater, der Schuldenberater) bedienen würde, um ihre Angelegenheiten zu regeln. Hierzu zählt auch die Unterstützung durch Personen aus ihrem Umfeld oder karitativer Organisationen.

5.1.3.3 Vorrangig: Gegenseitige Vertretung von Ehegatten in Angelegenheiten der Gesundheitssorge

Mit dem zum 1.1.2023 in Kraft getretenen Gesetz zur Reform des Vormundschafts- und Betreuungsrechts hat der Gesetzgeber ein beschränktes Recht zur gegenseitigen Vertretung von Ehegatten und eingetragenen Lebenspartnern in Angelegenheiten der Gesundheitssorge geschaffen. Damit wird die langjährige Diskussion über die Möglichkeiten und Grenzen der gegenseitigen Vertretung von Ehegatten/eingetragenen Lebenspartnern sicherlich nicht beendet. Die zum 1.1.2023 in Kraft getretene gesetzliche Regelung hat weder in der Praxis noch im Bereich der Politik eine allgemeine Zustimmung gefunden. Schon jetzt wird das neu geschaffene Gesetz als zu kompliziert, nicht zu kontrollieren und zu arbeitsaufwändig kritisiert.

Aus welchem Grund sind Kenntnisse zur gegenseitigen Vertretung von Ehegatten in Angelegenheiten der Gesundheitssorge für den rechtlichen Betreuer von Bedeutung?

Eine rechtliche Betreuung ist nicht erforderlich, wenn der Ehegatte / eingetragene Lebenspartner im Rahmen der gesetzlichen Regelung befugt ist, im Notfall die anstehenden Angelegenheiten zu erledigen. Dies gilt auch, wenn bereits eine rechtliche Betreuung bestellt worden ist, der Aufgabenkreis die durch den Notfall aufgetretenen zu regelnden gesundheitlichen Angelegenheiten jedoch nicht erfasst. Somit ist ein zeitlich befristetes Nebeneinander von der gesetzlich geregelten Vertretung von Ehegatten in Angelegenheiten der Gesundheitssorge und der rechtlichen Betreuung möglich. Betreuer*innen benötigen entsprechende Kenntnisse, um die Zusammenarbeit in diesem Fall richtig durchführen zu können.

Was galt bisher?

Bis zum 31.12.2022 konnten Ehegatten/eingetragene Lebenspartner weder Entscheidungen über medizinische Behandlungen für ihren nicht mehr selbst handlungsfähigen Partner treffen noch diesen im Rechtsverkehr vertreten. Eine rechtliche Vertretung unter Eheleuten/eingetragenen Lebenspartnern war nur möglich, wenn sie als rechtliche Betreuer*in bestellt wurden oder sich durch eine Teilvollmacht (z.B. Bankvollmacht) oder eine Vollmacht zur Vorsorge entsprechend bevollmächtigt hatten. Auch weiterhin ist eine gegenseitige rechtliche Vertretung über die jetzt geschaffene Notvertretung hinaus nicht automatisch möglich.

Welches Ziel hat die gesetzliche Regelung?

Die Regelung hat die Vermeidung der Erforderlichkeit für die kurzfristige Bestellung einer rechtlichen Betreuung zum Ziel. Die Erforderlichkeit für die kurzfristige Bestellung einer rechtlichen Betreuung ergibt sich oft aus einer akut auftretenden Erkrankung oder als Folge eines Unfalls. Die betroffene Person ist dann von einem auf den anderen Moment nicht mehr in der Lage, die eigenen rechtlichen Angelegenheiten zu besorgen.

Ist abzusehen, dass die rechtliche Vertretung über den Zeitraum von 6 Monaten hinaus weiterhin erforderlich sein wird, kann und soll das Verfahren zur Bestellung einer rechtlichen Betreuung auf den Weg gebracht werden. Das Betreuungsgericht hat dann ausreichend Zeit, das Verfahren geordnet durchzuführen.

Wer kann wen vertreten?

Die neu geschaffene Regelung ist auf die gegenseitige Vertretung von Ehepartnern und eingetragenen Lebenspartnern[240] beschränkt. Weitere Angehörige (Kinder, Eltern etc.) sind nicht zur Vertretung berechtigt.

Wann kann ich meinen Ehegatten/eingetragenen Lebenspartner gesetzlich vertreten?

Mit der neuen Regelung sollen sich Ehegatten sowie eingetragene Lebenspartner – eng begrenzt auf den medizinischen Notfall – kraft Gesetzes für die Dauer von sechs Monaten gegenseitig vertreten können. Dies jedoch nur, wenn ein Ehegatte/eingetragener Lebenspartner aufgrund von Bewusstlosigkeit oder einer Krankheit seine Angelegenheiten der Gesundheitssorge vorübergehend rechtlich nicht selbst besorgen kann. Anlass für das gesetzliche Vertretungsrecht ist beispielsweise eine akut eingetretene gesundheitliche Beeinträchtigung des Ehegatten/Lebenspartners infolge eines Unfalls oder einer Erkrankung. Eine Pflicht zur Vertretung besteht nicht.

Ist die verunfallte oder erkrankte Person bei Bewusstsein und kann die anstehenden medizinischen Fragen eigenverantwortlich entscheiden, hat der Ehegatte / eingetragene Lebenspartner nach wie vor keine gesetzlichen Rechte. Insbesondere besteht dann kein Recht auf Auskunft.

240 § 21 LPartG

Welche Befugnisse hat mein Ehegatte/eingetragener Lebenspartner?

Die Befugnis zur Regelung rechtlicher Angelegenheiten ist im Gesetz in einem abschließenden Katalog bestimmt. Dieser Katalog orientiert sich an den Entscheidungen und Maßnahmen, die in der Akutphase der erforderlichen medizinischen Behandlung anstehen werden. Erfasst sind:

- die Einwilligung oder das Untersagen von Untersuchungen des Gesundheitszustandes, von Heilbehandlungen oder ärztlichen Eingriffen sowie die Entgegennahme der ärztlichen Aufklärungen;
- Rechtsgeschäfte, die im engen Zusammenhang mit der Gesundheitssorge stehen und häufig unmittelbar nach dem Beginn der Handlungsunfähigkeit geregelt werden müssen (Behandlungsvertrag im Krankenhaus);
- eilige vertragliche Regelung von Frührehabilitation oder Pflege, soweit diese innerhalb der Frist von 6 Monaten begonnen oder durchgeführt werden sollen.
- die Berechtigung, im Notfall über freiheitsentziehende Maßnahmen (mechanische Vorrichtungen, Medikamente oder Ähnliches) im Krankenhaus, einem Heim oder einer sonstigen Einrichtung zu entscheiden, soweit die Dauer der Maßnahme sechs Wochen nicht überschreitet. Ist abzusehen, dass die freiheitsentziehenden Maßnahmen länger als sechs Wochen erforderlich sein werden, ist zeitnah die Bestellung eines rechtlichen Betreuers durch das Gericht einzuleiten. Diese Regelung ist dafür gemacht, um über erforderliche Sicherungsmaßnahmen beispielsweise beim Auftreten von Unruhezuständen, in der Phase der Akutbehandlung über mehrere Tage oder auch regelmäßig entscheiden zu können. Auch postoperative Delirzustände erfordern unter Umständen entsprechende Schutzmaßnahmen.

Wegen ihrer hohen Eingriffsintensität sind diese Maßnahmen durch das Betreuungsgericht zu genehmigen.[241] Nicht im Katalog enthalten sind die Einwilligung in freiheitsentziehende Unterbringung und die Zwangsbehandlungen (siehe Abschnitt Abschnitte 5.3, 5.4, 5.6) und alle notwendigen Maßnahmen, die geschlossenen Verträge gegenüber den Vertragspartnern durchzusetzen, Mängel zu rügen und vereinbarte Leistungen ggf. gerichtlich geltend machen.

Gilt die ärztliche Schweigepflicht?

Bestehen die Voraussetzungen für die Vertretung meines Ehegatten/Lebenspartners, hat der Gesetzgeber die ärztliche Schweigepflicht aller an der Behandlung beteiligten Personen gegenüber dem vertretenen Ehegatten/Lebenspartner aufgehoben. Als vertretender Ehegatte/Lebenspartner bin ich damit befugt, die Krankenakte einzusehen und über die Weitergabe entsprechender Informationen an Dritte zu entscheiden.[242]

241 Verweis von § 1358 Abs. 6 zu § 1831 Absatz 4 i.V.m. Abs. 2 BGB
242 § 1358 Abs. 2 BGB

Wann darf ich meinen Ehegatten/Lebenspartner nicht vertreten?

Die Vertretungsbefugnis ist ausgeschlossen, wenn:

- die Ehegatten/Lebenspartner getrennt leben.[243] Hierfür genügt nicht, dass keine häusliche Gemeinschaft (mehr) besteht, etwa, weil beispielsweise zwischenzeitlich einer der Partner im Heim lebt oder aus beruflichen Gründen verschiedene Wohnorte erforderlich sind. Hinzukommen muss der Trennungswille, der voraussetzt, dass ein Ehegatte/Lebenspartner die eheliche Lebensgemeinschaft ablehnt und die häusliche Gemeinschaft erkennbar nicht mehr herstellen will. Unter diesen Voraussetzungen kann nicht davon ausgegangen werden, dass der erkrankte Ehegatte/Lebenspartner sich von dem anderen Ehegatten/Lebenspartner in Angelegenheiten der Gesundheitssorge vertreten lassen will.
- dem vertretenden Ehegatten/Lebenspartner oder dem behandelnden Arzt bekannt ist, dass der erkrankte Ehegatte/Lebenspartner eine Vertretung ablehnt. Die hierfür bestehenden Gründe sind unerheblich. Allein die entsprechende Willensbekundung (gleich welcher Art), sei sie vorher oder in der Situation abgegeben, ist ausschlaggebend.
- eine andere Person für die zur Entscheidung anstehende rechtliche Angelegenheit ganz oder teilweise bevollmächtigt ist. Die Vollmacht, insbesondere die Vollmacht zur Vorsorge, geht vor. Für den Fall, dass lediglich eine Vollmacht vorliegt, die einen Teil der zu regelnden Angelegenheiten erfasst, beschränkt sich das Vertretungsrecht des Ehegatten/Lebenspartners auf den nicht von der Vollmacht erfassten Anteil der zu regelnden Angelegenheiten. Ist beispielsweise eine dritte Person zur Regelung der vermögensrechtlichen Angelegenheiten bevollmächtigt, wären die diesem Aufgabenbereich zugerechneten Angelegenheiten im Zusammenhang mit der akuten Erkrankung von der bevollmächtigten Person zu erledigen.
- eine rechtliche Betreuung für die anstehenden zu regelnden Angelegenheiten besteht. Auch an dieser Stelle gilt, ebenso wie bei der Vollmacht, dass die Vertretungsbefugnis des Ehegatten/Lebenspartners die rechtliche Betreuung ergänzt, soweit der Aufgabenkreis die zu regelnden Angelegenheiten nicht vollständig erfasst.

  Ist der im Rahmen der rechtlichen Betreuung beschlossene Aufgabenkreis ausreichend, die anstehenden rechtlichen Angelegenheiten zu besorgen, hat der Ehegatte / eingetragene Lebenspartner keine gesetzlichen Rechte. Die Schweigepflicht ist nicht aufgehoben. Ein Recht zur Auskunft ergibt sich dann allenfalls aus der im Betreuungsrecht normierten Auskunftspflicht gegenüber nahestehenden Angehörigen (siehe Abschnitt 4.5).[244] Darüber hinaus besteht kein Recht auf Auskunft.

Wann endet die Vertretungsbefugnis?

Die Vertretungsbefugnis endet,

- wenn der vertretene Ehegatte/Lebenspartner seine rechtlichen Angelegenheiten wieder selbst erledigen kann. Häufig ist eine erkrankte Person, kurz nachdem sie ihr Bewusstsein wiedererlangt hat, in der Lage, ihre Angelegenheiten rechtlich selbst zu besorgen

243 I.S.v. § 1567 Absatz 1 BGB
244 Siehe § 1822 BGB

oder zumindest für eine rechtsgeschäftliche Vertretung selbst Sorge zu tragen. Auch eine Krankheit, welche die eigene rechtliche Handlungsfähigkeit beeinträchtigt hat, kann sich schnell gebessert haben. Für all diese Fälle ist im Gesetz das automatische und sofortige Ende der Vertretungsbefugnis des Ehegatten/Lebenspartners vorgesehen.[245] Der bisher Vertretene hat deutlich zu machen, dass er sich wieder selbst vertreten will.

- automatisch nach sechs Monaten.[246] Die Frist beginnt mit der erstmaligen ärztlichen Feststellung des Vorliegens der Voraussetzungen. Das Vertretungsrecht deckt damit den Zeitraum im Anschluss an die Akutversorgung nach einem Unfall oder einer schweren Erkrankung ab.

  Ist die bewusstlose/erkrankte Person nach sechs Monaten noch nicht in der Lage, ihre eigenen rechtlichen Angelegenheiten selbst zu besorgen, handelt es sich nicht mehr um eine Notvertretung. In diesen Fällen ist davon auszugehen, dass die rechtliche Vertretung über einen längeren Zeitraum erforderlich sein wird. Vielfach werden dann die aus der gesetzlichen Notfallvertretung resultierenden Befugnisse nicht mehr ausreichen. In der Regel sind dann weiterreichende rechtliche Angelegenheiten zu erledigen und deshalb weitergehende Befugnisse erforderlich. Sofort nachdem dieser Verlauf abzusehen ist, sollte eine rechtliche Betreuung angeregt werden.

  Die zeitliche Beschränkung dient dem Schutz des vertretenen Ehegatten/Lebenspartners. Bei dem Ehegattenvertretungsrecht handelt es sich um ein gesetzliches Vertretungsrecht, bei dem der Vertreter – im Gegensatz zum rechtlichen Betreuer – keiner Überprüfung und fortlaufenden Kontrolle durch das Gericht unterliegt. Selbst in dem durch die Regelung vorgesehenen begrenzten Umfang des Vertretungsrechts ist nach mehr als sechs Monaten eine Kontrolle der Tätigkeit des Vertreters durch eine unabhängige Instanz angezeigt, wenn die bewusstlose/erkrankte Person ihre Vertretung nicht – wie beispielsweise bei einer Vollmacht zur Vorsorge – bewusst mit der Aufgabe betraut hat, sie im Krankheitsfall zu vertreten.

- wenn das Betreuungsgericht während der Geltungsdauer des Vertretungsrechts eine rechtliche Betreuung für den vertretenen Ehegatten/Lebenspartner bestellt. Dies jedoch nur, wenn der Aufgabenkreis die im Rahmen des Vertretungsrechtes zu erledigenden Angelegenheiten erfasst.[247]

Wie kann der Ehegatte/Lebenspartner seine Vertretungsbefugnis nachweisen?

Im Verlauf von sechs Monaten muss das Vertretungsrecht ggf. gegenüber verschiedenen Personen oder Einrichtungen ausgeübt werden. Hierfür benötigt der vertretende Ehegatte/ Lebenspartner einen Nachweis seiner Vertretungsberechtigung. Gesetzlich ist geregelt, dass im Zusammenhang mit der erstmaligen Ausübung des Vertretungsrechts ein Dokument auszustellen ist, aus dem sich das Vorliegen der Voraussetzungen für das Vertretungsrecht und seine Dauer ergibt. Dieses Dokument ist dem vertretenden Ehegatten auszuhändigen.[248]

245 § 1358 Abs. 3 Nr. 4 BGB
246 § 1358 Abs. 3 Nr. 4 BGB
247 § 1358 Abs. 5 BGB
248 § 1358 Abs. 4 BGB

Gibt es einen einheitlichen Vordruck für das Dokument?

Das Gesetz hat keine Form für die Bescheinigung bestimmt. Inhalte, die mindestens vorhanden seine müssen, sind im Gesetz bestimmt. In der kommenden Zeit ist damit zu rechnen, dass der eine oder andere Vordruck entwickelt wird.

Welchen Inhalt muss die Bescheinigung haben?

- Zunächst ist das Vorliegen der Voraussetzungen – Bewusstlosigkeit oder Krankheit –, die ursächlich dafür sind, dass der Ehegatte/Lebenspartner seine Angelegenheiten der Gesundheitssorge rechtlich nicht besorgen kann, zu bestätigen.[249] Ob an dieser Stelle die für die Feststellung ausschlaggebende Diagnose zu nennen ist, wurde nicht geregelt. Auf jeden Fall muss die Bescheinigung des Vorliegens der Voraussetzungen im Streitfall (auch im Nachhinein) prüfbar sein. Hier empfiehlt sich die entsprechende Dokumentation in den ärztlichen Unterlagen.
- Zu bescheinigen ist der Zeitpunkt, zu dem die Erkrankung oder die Bewusstlosigkeit spätestens eingetreten ist. Bei der Festlegung des Zeitpunkts, zu dem die Voraussetzungen spätestens eingetreten sind, können die Angaben des vertretenden Ehegatten/Lebenspartners einbezogen werden. Sind keine genauen Angaben ermittelbar, wird sinnvollerweise der Zeitpunkt der Aufnahme in die Klinik bzw. des ärztlichen Erstkontaktes zugrunde zu legen sein.
- Der vertretende Ehegatte/Lebenspartner hat auf dem Dokument schriftlich zu versichern, dass das Ehegattenvertretungsrecht wegen der aktuell vorliegenden Bewusstlosigkeit oder Krankheit bisher nicht ausgeübt wurde.

  Damit soll verhindert werden, dass der vertretende Ehegatte/Lebenspartner im Laufe einer länger andauernden oder chronischen Erkrankung seines Ehegatten/Lebenspartners, die dauerhaft oder periodisch dazu führt, dass dieser seine Angelegenheiten der Gesundheitssorge rechtlich nicht besorgen kann, immer wieder das Ehegattenvertretungsrecht in Anspruch nimmt. Durch eine solche Kette von unabhängig voneinander ausgestellten Bescheinigungen könnte das Vertretungsrecht über einen längeren Zeitraum ausgeübt werden und damit die Zielsetzung der Regelung und der mit der Befristung angestrebte Schutzgedanke umgangen werden. Möglich ist dagegen die mehrfache Inanspruchnahme des Ehegattenvertretungsrechts wegen zeitlich unabhängig voneinander eingetretener Krankheiten bzw. Bewusstlosigkeit, beispielsweise bei einem schweren Unfall und einem zu einem späteren Zeitpunkt erlittenen Schlaganfall.
- Der vertretende Ehegatte/Lebenspartner hat auf dem Dokument schriftlich zu versichern, dass kein Ausschlussgrund für das Vertretungsrecht vorliegt. Hierfür ist der Ehegatte/Lebenspartner zunächst über die Ausschlussgründe zu unterrichten. Dies geschieht, indem ihm ein Dokument vorgelegt wird, welches über die Ausschlussgründe informiert. Auf Wunsch sind diese zu erläutern.

  Diese Erklärung erfasst einerseits die oben genannten Hinderungsgründe, aber auch sonstige allgemeine Ausschlussgründe, wie beispielsweise die Tatsache, dass der Ehe-

249 § 1358 Abs. 4 Satz 1 BGB

gatte wegen Geschäftsunfähigkeit keine rechtsgeschäftliche Vertretung übernehmen kann.

Wie sind die rechtlichen Angelegenheiten des Ehegatten/Lebenspartners zu erledigen?

Die Vorschrift zur Frage, wie die rechtlichen Angelegenheiten im Rahmen des Vertretungsrechtes zu erledigen sind, verweist auf die entsprechenden Regelungen im Betreuungsrecht.[250] Der vertretende Ehegatte/Lebenspartner ist somit nicht frei in seinem Entscheiden und Handeln, sondern den gleichen Bindungen unterworfen, wie diese für rechtliche Betreuer gelten.

- Im Rahmen des Vertretungsrechtes sind die Angelegenheiten so zu besorgen, wie es den Wünschen des zu vertretenden Ehegatten/Lebenspartner entspricht. Den Wünschen darf nicht entsprochen werden, wenn dadurch die Person des Vertretenen erheblich gefährdet würde (siehe auch Abschnitt 4.2).[251]
- Die anstehenden Entscheidungen sind, wenn dies möglich ist, mit dem Ehegatten/Lebenspartner zu besprechen.
- Der in einer wirksamen Patientenverfügung niedergelegten Willen hat Vorrang, wenn die Festlegungen in der Patientenverfügung auf die aktuelle Lebens- und Behandlungssituation zutreffen. Liegt keine Patientenverfügung vor oder treffen die Festlegungen einer Patientenverfügung nicht auf die aktuelle Lebens- und Behandlungssituation zu, sind die Behandlungswünsche bzw. der mutmaßliche Wille festzustellen und auf dieser Grundlage ist zu entscheiden (siehe auch Abschnitt 2.5).[252]
- Liegt keine wirksame Patientenverfügung vor, sind die Behandlungswünsche / der mutmaßliche Wille im Dialog zwischen dem behandelnden Arzt, der behandelnden Ärztin und dem vertretenden Ehegatten/Lebenspartner zu ermitteln.[253]

Welche im Rahmen des Vertretungsrechtes vorzunehmenden Entscheidungen bedürfen der gerichtlichen Genehmigung?

- Die Einwilligung in eine Untersuchung des Gesundheitszustands, eine Heilbehandlung oder einen ärztlichen Eingriff bedarf der Genehmigung des Betreuungsgerichts, wenn die begründete Gefahr besteht, dass der Ehegatte/Lebenspartner aufgrund der Maßnahme stirbt oder einen schweren und länger dauernden gesundheitlichen Schaden erleidet. Ohne die Genehmigung darf die Maßnahme nur durchgeführt werden, wenn mit dem Aufschub Gefahr verbunden ist. Gleiches gilt für die Nichteinwilligung, wenn diese die genannten Folgen hätte.
- Eine Genehmigung ist nicht erforderlich, wenn zwischen dem vertretenden Ehegatten/ Lebenspartner und dem behandelnden Arzt / der behandelnden Ärztin Einvernehmen darüber besteht, dass die Erteilung, die Nichterteilung oder der Widerruf der Einwilli-

250 § 1358 Abs. 6 BGB
251 Verweis zu § 1821 Abs. 2–4 BGB
252 Verweis zu § 1827 Abs. 1–3 BGB
253 Verweis zu § 1828 Abs. 1 & 2 BGB

gung dem festgestellten Willen des zu vertretenden Ehegatten/Lebenspartner entspricht.[254]

- Die Einwilligung, über freiheitsentziehende Maßnahmen (mechanische Vorrichtungen, Medikamente oder Ähnliches) im Krankenhaus, einem Heim oder einer sonstigen Einrichtung zu entscheiden, soweit die Dauer der Maßnahme von sechs Wochen nicht überschritten wird.[255]

Ist mit Schwierigkeiten bei der Anerkennung der Vertretungsbefugnis zu rechnen?

Es bleibt zu hoffen, dass die Vertretungsbefugnis, so wie es der Gesetzgeber will, in der Praxis Anwendung findet. Der mit der Legitimation verbundene Aufwand ist jedoch erheblich und es bleibt abzuwarten, ob und wie die ärztlich behandelnden Personen diesen Aufwand bewältigen werden. Zudem können die eine Vertretung hindernden Gründe von Dritten nicht geprüft werden. Die ärztlich ausgestellte Bescheinigung könnte unter falschen Voraussetzungen ausgestellt worden sein. Damit wäre sie wirkungslos. Es besteht daher die Möglichkeit, dass Dritte das Risiko, auf eine wirkungslose Vertretungsbefugnis zu vertrauen, nicht eingehen wollen.[256]

5.1.3.4 Vorrangig: Andere Hilfen auf Grund sozialer Rechte

Der im Gesetz formulierte Nachrang der rechtlichen Betreuung besteht insbesondere gegenüber Hilfen, die auf sozialen Rechten oder anderen Vorschriften beruhen. Durch die Bezugnahme auf den Begriff „soziale Rechte"[257] ist deutlich gemacht, dass jede Form der Unterstützung, die auf einer sozialrechtlichen Vorschrift beruht, Vorrang vor der Bestellung einer rechtlichen Betreuung hat. In Betracht kommen hier beispielsweise Leistungen der Eingliederungshilfe[258], Maßnahmen der Jugendhilfe für junge Volljährige bis zum 27. Lebensjahr[259] oder Hilfen zur Abwendung besonderer sozialer Schwierigkeiten[260].

Daneben kommen aber auch Hilfen nach anderen gesetzlichen Vorschriften, etwa im Rahmen der Bewährungshilfe, in Betracht, weswegen die Benennung von sozialrechtlichen Vorschriften nicht abschließend sein kann. Dieser Vorrang hätte auch schon nach dem bisher geltenden Recht umgesetzt werden müssen. Der Gesetzgeber hat diese Klarstellung mit Wirkung zum 1.1.2023 ins Gesetz aufgenommen, da nach der Rechtsprechung des Bundessozialgerichts[261] die Gewährung sozialer Hilfen bis dahin nicht in Betracht gekommen ist, wenn eine rechtliche Betreuung für die beantragte Leistung bestellt war. Insbesondere im Bereich der Eingliederungshilfe sind die zuständigen Sozialleistungsträger zu umfassender Beratung und Unterstützung der antragstellenden Personen verpflichtet[262], was

254 Verweis zu § 1829 Abs. 1–4 BGB
255 Verweis zu § 1831 Abs. 4 i.V.m Abs. 2 BGB
256 Siehe Dr. Jörg Kraemer, Das neue Ehegattenvertretungsrecht, BtPrax 6/2021, S. 211
257 § 2 SGB I
258 SGB IX
259 § 41 SGB VIII
260 §§ 67 bis 69 SGB XII
261 BSG, Urt. v. 30.6. 2016 – B 8 SO 7/15 R, Rn. 21 f.
262 § 106 SGB IX

unter anderem auch die Unterstützung bei der Antragstellung und im weiteren Leistungsverfahren umfasst und damit eine rechtliche Betreuung entbehrlich machen kann.

Trotz der Klarstellung des absoluten Vorrangs von Leistungen aus „sozialen Rechten" ist Skepsis nicht unbegründet, haben es die Leistungsträger der Sozialleistungen in der Vergangenheit doch gut verstanden, die Versorgungslandschaft so zu steuern, dass eine nicht unerhebliche Zahl rechtlicher Betreuungen bestellt werden musste, weil die im Gesetz vorgesehene Leistung nicht oder nicht in ausreichendem Umfang angeboten worden ist.[263] Es kann nicht angenommen werden, dass sich diese Praxis schnell ändert. Betroffene Menschen erhalten in manchen Fällen bei der Geltendmachung und der Realisierung von Sozialleistungsansprüchen nicht die in den Sozialleistungsgesetzen garantierte individuelle und notwendige Unterstützung.[264] Institutionen, die häufig selbst Hilfeträger sind, entlasten sich von Aufgaben, indem sie eine rechtliche Betreuung anregen.[265] „Andere Hilfen" mit dem erforderlichen Funktionsniveau in Bezug auf Assistenz und Fallmanagement sind an manchen Orten nicht vorhanden oder überlastet.

Ist der Volljährige allerdings auch nach umfassender Sicherstellung der den Sozialleistungsträgern obliegenden Beratungs- und Unterstützungspflichten nicht in der Lage, die zur Realisierung seiner Leistungsansprüche notwendigen Rechtshandlungen vorzunehmen, insbesondere weil ihm insoweit die erforderliche Fähigkeit zur Mitwirkung fehlt, kann die Bestellung einer rechtlichen Betreuung erforderlich sein.

Warum ist die Kenntnis zu vorrangigen Hilfen, die auf sozialen Rechten beruhen, für rechtliche Betreuer*innen von besonderer Bedeutung?

Rechtliche Betreuer*innen sind gehalten, innerhalb ihres Aufgabenkreises dazu beizutragen, dass alle Möglichkeiten genutzt werden, die Fähigkeit der rechtlich betreuten Person, ihre eigenen Angelegenheiten zu besorgen, wiederherzustellen oder zu verbessern.[266] In der Praxis zeigt sich immer wieder, dass es möglich ist, eine rechtliche Betreuung aufzuheben, nachdem Hilfen, die auf sozialen Rechten basieren, geltend gemacht worden sind und die Zusammenarbeit zwischen der betroffenen Person und dem Leistungsanbieter / der Behörde geübt worden ist. Näheres Wissen hierzu und das Einüben entsprechender Abläufe werden im Modul 9 vermittelt.

5.1.4 Die Rolle der Betreuungsbehörde

Nicht mehr wegzudenken aus dem Betreuungsverfahren ist die Unterstützung des Betreuungsgerichts durch die Betreuungsbehörde. Mit dem zum 1.1.2023 wirksam gewordenen Gesetz zur Reform des Betreuungsrechts wurden die Aufgaben der Betreuungsbehörde im betreuungsgerichtlichen Verfahren teilweise erweitert und konkretisiert. Ihre Bedeutung wurde gestärkt.

---

263 Rosenow, Eingliederungshilfe und rechtliche Betreuung, BtPrax 5 und 6/2021
264 IGES, Zentrale Ergebnisse der rechtstatsächlichen Untersuchung im Auftrag des BMJV, BtPrax 2017, 211 ff.
265 IGES, a.a.O.
266 § 1821 Abs. 6 BGB

Welche Behörde ist zuständig?

Welche Behörde auf örtlicher Ebene in Betreuungsangelegenheiten zuständig ist, bestimmt sich nach Landesrecht.

Tipp

*Für die Arbeit freiberuflich tätiger rechtlicher Betreuer*innen sind die in ihren Bereichen zuständigen Betreuungsbehörden wichtige Ansprechpartner. Sie sollten die jeweilige Zuständigkeit kennen.*

Welche Aufgabe hat die Betreuungsbehörde im Verfahren zur Bestellung einer rechtlichen Betreuung?

Es ist nun ausdrücklich geregelt, dass die Anhörung der Betreuungsbehörde vor der Einholung eines Gutachtens erfolgen soll.[267] Die Betreuungsbehörde ist somit beteiligt und hat ein Beschwerderecht.[268] Diese Regelung soll unter anderem die Einholung nicht erforderlicher Gutachten vermeiden, wenn beispielsweise die Betreuungsbehörde zu dem Schluss kommt, dass die Bestellung einer rechtlichen Betreuung nicht erforderlich ist.

Für die Erweiterung des Aufgabenkreises und die Erweiterung des Kreises der einwilligungsbedürftigen Willenserklärungen hat das Gericht die zuständige Betreuungsbehörde nur anzuhören, wenn es die betroffene Person verlangt oder es zur Sachaufklärung erforderlich ist.[269]

Die Unterstützung der Betreuungsbehörde umfasst insbesondere folgende Maßnahmen:

1. die Erstellung eines Berichts (Sozialbericht),
2. den Vorschlag einer geeigneten Person, die als Betreuer*in bestellt werden kann, für den Fall der Erforderlichkeit mehrerer rechtlicher Betreuer*innen den Vorschlag mehrerer Personen, die als Betreuer*innen gestellt werden können, bzw. für den Fall, dass die rechtliche Betreuung durch einen Verein geführt werden soll, die Benennung eines Betreuungsvereins, der bereit ist, die rechtliche Betreuung zu führen, und in allen Fällen die Benennung einer entsprechenden Vertretung (siehe Abschnitt 3.8),
3. die Aufklärung, Mitteilung und gegebenenfalls fachliche Beurteilung des Sachverhalts im Rahmen sonstiger Anhörungen der Behörde durch das Betreuungsgericht oder im Rahmen eines gerichtlichen Ersuchens,
4. die Prüfung der weiteren Erforderlichkeit der rechtlichen Betreuung in geeigneten Fällen, sobald die Behörde durch das Betreuungsgericht über das Verfahren zur Verlängerung einer rechtlichen Betreuung benachrichtigt worden ist, und
5. auf Aufforderung des Betreuungsgerichts den Vorschlag einer geeigneten Person, die als Verfahrenspfleger bestellt werden kann.

267 § 279 Abs. 2 FamFG
268 § 303 FamFG
269 § 293 Absatz 1 FamFG

Die Anhörung (Sozialbericht) vor der Bestellung einer rechtlichen Betreuung soll sich insbesondere auf die persönliche, gesundheitliche und soziale Situation der betroffenen Person, die Erforderlichkeit der rechtlichen Betreuung einschließlich geeigneter anderer Hilfen (siehe Abschnitt 2), die Auswahl der Person/Personen, die als Betreuer*innen bestellt werden können unter Berücksichtigung des Vorrangs der Ehrenamtlichkeit, und die Sichtweise der betroffenen Person zu diesen Aspekten beziehen.

Der Sichtweise der betroffenen Person ist dabei breiter Raum zu geben. Der Sozialbericht sollte die Sichtweise der betroffenen Person nicht nur allgemein zur Bestellung und der Auswahl des Betreuers beinhalten, sondern auch Auskunft zu den Wünschen bezüglich der Regelung der anstehenden rechtlichen Angelegenheiten geben. Zudem ist auszuführen, ob und/oder wie weit einvernehmliches Zusammenarbeiten möglich ist. Es sollen aber auch die Grenzen einvernehmlicher Zusammenarbeit aufgezeigt werden. Es ist auch der Frage nachzugehen, welche aus subjektiven Aspekten ersichtliche Schutzbedürfnisse bestehen.

Die sachgerechte und möglichst vollständige Ermittlung erfordert, dass die Betreuungsbehörde persönlich mit der betroffenen Person spricht und sich einen persönlichen Eindruck von der Situation der betroffenen Person verschafft.

Welcher Inhalt kann/sollte der Sozialbericht im Einzelnen haben?

- Angaben zu den vorgenommenen Schritten zur Ermittlung des Sachverhaltes und der Prüfung der Erforderlichkeit

  Der folgende Bericht stützt sich auf:

  - persönliche Gespräch(e) mit der betroffenen Person, weiteren Personen am …
  - die Auswertung folgender Akten und Berichte (z.B. anderer Behörden): …
  - Bemühungen zur Vermittlung und Unterstützung „anderer Hilfen"
  - das Ergebnis des Kennenlerngesprächs mit dem vorgeschlagenen Betreuer
- Angaben zu der betroffenen Person:
  - Personalien
  - Staatsangehörigkeit und Aufenthaltsstatus
  - Familienstand
  - Religion
  - Beruf / derzeitige Tätigkeit
  - Art und Höhe des Einkommens

  Zudem sollten auch Angaben zur adressatengerechten Kommunikation gemacht werden:

  - Erreichbarkeit
  - zu verwendende Sprache (Dolmetscher ?)
  - Sprachverständnis (leichte Sprache; Bilder; Assistenz …)
  - andere Aspekte, die bei der Kommunikation zu beachten sind

- Hinweise für das gerichtliche Verfahren:
  - Der betroffene Mensch befindet sich zurzeit: …
  - Folgende Änderung des Aufenthalts ist möglich: …
  - Auskunft darüber kann geben (Name, Anschrift, Telefon): …
  - Mit folgenden Schwierigkeiten muss bei der Anhörung und Untersuchung gerechnet werden (z.B. Nichtöffnen der Wohnungstür, Sehbehinderung, Einmischen Dritter): …
  - Der Termin zur Anhörung kann durch (Name, Anschrift, Telefon) vermittelt werden: …
  - Gründe für die besondere Eilbedürftigkeit: …
- Angaben zu bestehenden Verfügungen der betroffenen Person:
  - Vollmacht zur Vorsorge
  - Bankvollmacht
  - andere Vollmacht
  - Patientenverfügung
  - Betreuungsverfügung
  - andere Verfügungen oder Willenserklärungen
- die Personalien, Kontaktdaten und die Beschreibung des Näheverhältnisses von Bezugspersonen auf der Grundlage der Sichtweise der betroffenen Person
- Sachverhalt zu den persönlichen und wirtschaftlichen Verhältnissen
  - Angaben zur medizinischen ambulanten oder/und stationären Versorgung (hausärztliche- und fachärztliche Behandlung; Behandlungspflege und Leistungen der Pflegeversicherung; Hinweis zu / Einbeziehung von möglicherweise vorhandenen Gutachten)
  - Soziale Situation, soweit für das Betreuungsverfahren relevant (Biographie, Ausbildung, beruflicher Werdegang; familiäre Situation, Lebensgemeinschaften, Partnerschaft, Freunde, Bekannte usw.)
  - Wohnsituation (Eigentum, Mietwohnung, WG, stationäre Wohnform (Pflege/Eingliederungshilfe …)
  - Persönliche Versorgung (Selbstversorger, Unterstützung durch (Privatpersonen, Angestellte, Pflegedienst, Leistungserbringer von Teilhabeleistungen …)
  - Wirtschaftliche Verhältnisse (Einkommen, Vermögen, nicht geltend gemachte Ansprüche etc.)
  - Sichtweise der betroffenen Person zu jedem einzelnen Aspekt

    Wie nimmt die betroffene Person die eigenen persönlichen und wirtschaftlichen Verhältnisse wahr (Selbstwahrnehmung)?

- Erforderlichkeit der rechtlichen Betreuung
  - Welche rechtlichen Angelegenheiten sind zu regeln?
  - Geht es dabei um die administrative Regelung oder auch um Entscheidungen (im Sinne der Auswahl zwischen mehreren rechtlichen Möglichkeiten)?
  - Welche der rechtlich zu regelnden Angelegenheiten können eigenverantwortlich geregelt werden?
  - Welche der rechtlich zu regelnden Angelegenheiten können mit Unterstützung „anderer Hilfen" geregelt werden?
  - Können/müssen andere Hilfen aktiviert / geltend gemacht werden?
  - An welcher Stelle ist rechtliche Unterstützung erforderlich?
  - Geht es um Unterstützung zur eigenständigen Regelung der jeweiligen Angelegenheiten oder ist stellvertretendes Handeln gewünscht bzw. erforderlich?
  - Ergeben sich durch das Handeln/Nichthandeln der betroffenen Person erhebliche Gefahren für ihre Gesundheit oder ihr Vermögen?
  - Empfehlung zu den Aufgabenbereichen
  - Differenzierte Sichtweise der betroffenen Person zu den einzelnen Fragen, insbesondere zu den vorgeschlagenen Aufgabenbereichen
- Einvernehmliche oder Zwangsbetreuung

  Sichtweise der betroffenen Person zur Bestellung einer rechtlichen Betreuung. Wenn die Bestellung einer rechtlichen Betreuung von der betroffenen Person abgelehnt wird:
  - Welche erheblichen Gefahren rechtfertigen die Bestellung einer rechtlichen Betreuung gegen den Willen der betroffenen Person?
  - Können die erheblichen Gefahren durch andere Mittel abgewendet werden?
  - Ist die Bestellung einer rechtlichen Betreuung geeignet, die erheblichen Gefahren abzuwenden, und wie kann dies geschehen?
  - Ist die Verhältnismäßigkeit des Eingriffs in die Grundrechte der betroffenen Person gewahrt?
- Betreuervorschlag
  - für den Fall der Erforderlichkeit mehrerer rechtlicher Betreuer*innen den Vorschlag mehrerer Personen, die als Betreuer*innen gestellt werden können, bzw. für den Fall, dass die rechtliche Betreuung durch einen Verein geführt werden soll, die Benennung eines Betreuungsvereins, der bereit ist, die rechtliche Betreuung zu führen, und in allen Fällen die Benennung einer entsprechenden Vertretung,
  - Sichtweise der betroffenen Person / Ergebnis des Kennenlerngesprächs

Der Bericht der zuständigen Behörde beinhaltet wichtige Daten und Anknüpfungspunkte für die spätere Führung der rechtlichen Betreuung. Sollte Ihnen der Bericht nicht ohnehin übersendet worden sein, sollten Sie diesen beim Betreuungsgericht anfordern.

Wie prüft die Betreuungsbehörde die Erforderlichkeit einer rechtlichen Betreuung?

Vor der Einrichtung einer rechtlichen Betreuung prüft die zuständige Betreuungsbehörde, welche andere Hilfe und Unterstützung geeignet ist, das Rechtsfürsorgebedürfnis zu beheben. Dies erfordert zum einen die erforderlichen Kenntnisse der Sozialleistungsgesetze und eine fundierte Kenntnis der örtlichen sozialen Infrastruktur. Die zuständigen Sozialleistungsträger sind zur Zusammenarbeit verpflichtet.[270] Dabei berücksichtigt die Betreuungsbehörde auch die bereits beschriebenen vorrangigen Hilfen (Abschnitte 5.1.3).

Macht die Betreuungsbehörde auch Angebote zur Vermeidung einer rechtlichen Betreuung?

Die für den Wohnsitz der betroffenen Person zuständige Betreuungsbehörde soll der betroffenen Person zur Vermeidung der Bestellung einer rechtlichen Betreuung ein Beratungs- und Unterstützungsangebot unterbreiten. Die Betreuungsbehörde ist umfassend verpflichtet, Hilfen, bei denen kein Betreuer bestellt wird, mit Zustimmung der betroffenen Person zu vermitteln. Insbesondere ist ein Kontakt zwischen der betroffenen Person und entsprechenden Beratungs- und Unterstützungsangeboten des sozialen Hilfesystems herzustellen. Bei antragsabhängigen Leistungen ist die betroffene Person dabei zu unterstützen, die notwendigen Anträge selbst zu stellen. Es wird im Gesetz ausdrücklich verlangt, dass die Behörde zur Vermittlung geeigneter Hilfen mit den zuständigen Sozialleistungsträgern zusammenarbeitet.[271]

Beratung und Unterstützung der Behörde können darüber hinaus in geeigneten Fällen mit Zustimmung des Betroffenen im Wege einer erweiterten Unterstützung durchgeführt werden.

Was ist mit erweiterter Unterstützung gemeint?

Dieses zum 1.1.2023 neu geschaffenen Instrument beinhaltet ein zeitlich begrenztes fachlich besonders qualifiziertes Fall-Management. Ziel des zeitlich begrenzten Fall-Managements ist es, durch individuelle Assistenz betroffene Personen so weit zu stärken, dass diese ihre Angelegenheiten wieder selbst oder mit einer wirksamen anderen Hilfe besorgen können. Die individuelle Assistenz umfasst dabei beispielsweise:

- Förderung der Motivation, die eigenen Angelegenheiten eigenverantwortlich regeln zu wollen,
- Förderung, Unterstützung und Qualifizierung vorrangiger Hilfen aus dem privaten Umfeld,

270 § 17 Abs. 4 SGB I
271 § 8 Abs. 1 BtOG

- Vermittlung vorrangiger professioneller Hilfen, bei denen keine rechtliche Betreuung erforderlich ist,
- Anleitung und Unterstützung bei der Sachverhaltsaufklärung (Formulierung von Anfragen, unterschriftsreife Besprechung und Vorbereitung von Anträgen und Schriftsätzen),
- die Unterstützung beim Ordnen und Beschaffen benötigter Unterlagen,
- Unterstützung bei der Findung einer Entscheidung durch Beratung und Besprechung zu den möglichen Entscheidungsvarianten,
- Unterstützung und Begleitung bei den erforderlichen Handlungsschritten.

Voraussetzung ist, dass eine sinngebende Kommunikation mit der betroffenen Person möglich ist und sie in der Lage ist, eigenverantwortlich zu entscheiden. In Betracht kommen also vor allem solche Maßnahmen, bei denen die Behörde – insbesondere bei komplexerem Hilfebedarf gegenüber mehreren verschiedenen Trägern des sozialen Hilfesystems – den individuellen Unterstützungs- und Hilfebedarf der betroffenen Person mit ihrer Zustimmung möglichst umfassend ermittelt, eine auf alle konkret in Betracht kommenden Sozialleistungen ausgerichtete Beratung anbietet und sie bei der Geltendmachung ihrer sozialrechtlichen Ansprüche niedrigschwellig unterstützt. Eine fehlende Mitwirkungsbereitschaft oder -fähigkeit soll so weit wie möglich ausgeglichen werden. Ausgeschlossen ist stellvertretendes Handeln der Behörde.

Die erweiterte Unterstützung kommt danach vor allem in solchen Fallkonstellationen in Betracht, in denen der Betroffene in seiner eigenen selbstbestimmten Lebensführung durch eine kompetente niedrigschwellige Unterstützung so weit gestärkt werden kann, dass er in die Lage versetzt wird, künftig seine Angelegenheiten in eigener Verantwortung selbst zu besorgen. Alternativ kann ein solches Ergebnis ggf. auch mit Hilfe einer stärkeren Aktivierung von Familienangehörigen bzw. des sozialen Umfelds erzielt werden.[272]

Muss die Behörde die erweiterte Unterstützung selbst durchführen?

Die Behörde kann mit der Wahrnehmung der erweiterten Unterstützung auch einen anerkannten Betreuungsverein oder selbstständig tätige berufliche Betreuer*innen beauftragen. Dabei ist sicherzustellen, dass die Durchführung durch eine für den konkreten Fall geeignete Person erfolgt. Die Beauftragung erfolgt durch einen Vertrag, der auch die Finanzierung der übertragenen Aufgaben regeln soll.[273]

Wird die erweiterte Unterstützung tatsächlich flächendeckend angeboten?

Die Ausgestaltung als „Kann-Bestimmung" überträgt die Entscheidung, ob und in welchem Umfang dieses neue Instrument zum Einsatz kommt, in die Verantwortung der kommunalen Entscheidung. Es bleibt also abzuwarten, ob und inwieweit bei den Betreuungsbehörden hierfür Kapazitäten vorgesehen bzw. neu aufgebaut werden. Gedacht ist an Modellprojekte, die wissenschaftlich begleitet werden und die die Effektivität dieses Instruments klären sollen.

272 Vgl. BT-Drucks. 19/24445, S. 353
273 § 8 Absatz 4 BtOG

Kritik

Die gesetzlichen Bestimmungen sollen keine Doppelstrukturen erzeugen. Der Vorrang der aus den Sozialleistungsrechten resultierenden Beratungs- und Unterstützungspflichten soll gewahrt bleiben.[274] Ein funktionierendes und nach geltendem Recht voll ausgestaltetes Sozialleistungsangebot würde die jetzt der Betreuungsbehörde zugedachte Aufgaben entbehrlich machen.[275]

5.1.5 Das Vorliegen von Krankheit oder Behinderung

Eine rechtliche Betreuung darf nur für Aufgabenbereiche bestellt werden, in denen die Unfähigkeit zur Besorgung von rechtlichen Angelegenheiten auf einer Krankheit oder Behinderung beruht. Voraussetzung für die Bestellung einer rechtlichen Betreuung ist der kausale Zusammenhang von dem objektiven Unterstützungsbedarf (konkreter Regelungsbedarf) und der subjektiver Betreuungsbedürftigkeit (Krankheit/Behinderung). Es ist also in jedem einzelnen Fall zu prüfen, ob die Unfähigkeit, die eigenen rechtlichen Angelegenheiten zu regeln, ursächlich auf eine Krankheit/Behinderung zurückzuführen ist.[276]

Diese Voraussetzung gilt nicht nur für die Bestellung der rechtlichen Betreuung in ihrer Gesamtheit, sondern auch für jeden einzelnen Aufgabenbereich. Trifft die Feststellung der krankheits- bzw. behinderungsbedingten Unfähigkeit in Teilbereichen nicht zu, darf insoweit auch keine rechtliche Betreuung bestellt werden. Es ist somit genau festzustellen, wie weit die Krankheit/Behinderung die Fähigkeit, die anstehenden rechtlichen Angelegenheiten eigenverantwortlich zu erledigen, beeinträchtigt.

Beispielsweise kann die Krankheit/Behinderung Ursache sein, dass die betroffene Person

- den mathematischen oder sprachlichen Sachverhalt nicht erkennen kann,
- in einer Vorstellungswelt lebt, die mit der Realität nicht übereinstimmt,
- nicht in der Lage ist, entsprechend den Erforderlichkeiten des Rechtsverkehrs zu kommunizieren,
- …

Bessert sich die Krankheit so weit, dass die Krankheit keinen Einfluss mehr auf die Handlungsfähigkeit hat, ist die rechtliche Betreuung zu beenden. Gleiches gilt, wenn sich die Besserung nur auf einzelne Aufgabenbereiche bezieht. In diesem Fall wären für diese Aufgabenbereiche die rechtliche Betreuung aufzuheben. Für diese Fälle trifft den rechtlichen Betreuer eine unverzügliche Mitteilungspflicht.[277]

Mit der zum 1.1.2023 wirksam gewordenen Änderung des Betreuungsrechtes hat der Gesetzgeber die bis dahin geltende Bezeichnung bestimmter Arten der Krankheit oder Behinderung aufgegeben. Die Aufgabe beruht auf der Überlegung, dass es viele Bilder von po-

274 § 8 Absatz 3 BtOG
275 Rosenow, Eingliederungshilfe und rechtliche Betreuung, BtPrax 5 und 6/2021
276 § 1814 Abs. 1 BGB
277 § 1864 Abs. 2 BGB

tenziellen Beeinträchtigungen der rechtlichen Handlungsfähigkeit gibt, die sich nicht in den zuvor benannten Arten von Krankheit und Behinderungen einsortieren lassen, gleichwohl aber einen Betreuungsbedarf begründen. (Zu den typischen betreuungsrelevanten Erkrankungen und Behinderungen siehe Modul 4, S. 337)

Die Aufgabe der Benennung von der Bezeichnung bestimmter Arten der Krankheit oder Behinderung soll zudem verhindern, dass aus einer festgestellten Diagnose vorschnell auf eine Betreuungsbedürftigkeit geschlossen wird.

Für die Bestellung einer rechtlichen Betreuung reicht es nicht aus, dass eine ärztliche Diagnose vorliegt. Es ist insbesondere darzulegen, ob und wie weit die jeweilig diagnostizierte Krankheit die Fähigkeit zur Regelung der eigenen rechtlichen Angelegenheiten beeinträchtigt. Es soll ausdrücklich verhindert werden, dass nur eine Diagnose bereits die Bestellung einer rechtlichen Betreuung begründet. Jeder Krankheit/Behinderung hat ihren individuellen Verlauf und jeder Mensch ist in unterschiedlicher Weise durch die Folgen der eigenen Erkrankung/Behinderung beeinträchtigt. Die gleiche Krankheit/Behinderung kann dazu führen, dass die eine Person in ihrer rechtlichen Handlungsfähigkeit dadurch eingeschränkt ist, eine andere Person jedoch gelernt hat, die Folgen der Krankheit/Behinderung zu kompensieren.

Die individuelle Betrachtung dieser Kausalität ist ausreichend geeignet, die Fälle zu definieren, in denen eine Betreuerbestellung zwingend erforderlich ist. Eine weitere Differenzierung der Krankheitsbilder im Gesetzestext ist somit entbehrlich.

Der Gesetzgeber hat aber auch klargestellt, dass die Aufgabe der Bezeichnung bestimmter Arten der Krankheit oder Behinderung keine Absenkung der die Bestellung einer rechtlichen Betreuung voraussetzenden Schwelle bedeuten soll. Insbesondere ist in der Begründung zum Gesetzentwurf ausgeführt, dass an der bisherigen Rechtsprechung, dass Abhängigkeitserkrankungen – für sich allein genommen – die Bestellung einer rechtlichen Betreuung nicht rechtfertigen, festgehalten werden soll.[278]

In Ausnahmefällen und nur mit seiner Einwilligung kann auch für einen schwer körperlich behinderten Menschen eine rechtliche Betreuung beschlossen werden. Wird die Fähigkeit zur Besorgung der eigenen Angelegenheiten durch eine körperliche Behinderung teilweise aufgehoben oder wesentlich beeinträchtigt, so kann für den betroffenen Menschen nur auf seinen eigenen Antrag hin ein Betreuer bestellt werden, es sei denn, dass dieser seinen Willen nicht kundtun kann.[279]

Beispiel:

Bei vollständiger und dauernder Bewegungsunfähigkeit.

In diesem Fall ist jedoch besonders gründlich zu prüfen, ob nicht eine Bevollmächtigung oder andere assistierende Hilfen die Bestellung einer rechtlichen Betreuung entbehrlich macht.

278 BT-Drucks. 19/24445 S. 231 f.

279 § 1814 Absatz 4 Satz 2 BGB

Wie wird die Kausalität zwischen Erforderlichkeit und ursächlicher Krankheit/ Behinderung festgestellt?

Vor der Bestellung eines rechtlichen Betreuers oder der Anordnung eines Einwilligungsvorbehalts hat eine förmliche Beweisaufnahme durch Einholung eines Gutachtens über die Notwendigkeit der Maßnahme stattzufinden. Anstelle eines Sachverständigengutachtens genügt ein ärztliches Zeugnis, wenn die betroffene Person die Bestellung eines Betreuers beantragt und auf die Begutachtung verzichtet hat und die Einholung des Gutachtens insbesondere im Hinblick auf den Umfang des Aufgabenkreises des Betreuers unverhältnismäßig wäre.[280] Der Sachverständige soll Arzt für Psychiatrie oder Arzt mit Erfahrung auf dem Gebiet der Psychiatrie sein.[281] Der Sachverständige hat das Ergebnis einer Anhörung der Betreuungsbehörde zu berücksichtigen, wenn es ihm bei Erstellung seines Gutachtens vorliegt.

Welche Bedeutung haben Gutachten und Attest im Betreuungsverfahren?

Das Gutachten ist neben dem Sozialbericht der Betreuungsbehörde der zweite Pfeiler zur Aufklärung des Sachverhalts im Betreuungsverfahren. Mit Hilfe des Gutachtens wird das Vorliegen wesentlicher Tatbestandsvoraussetzungen, z.B.

- das Vorliegen von Krankheit und Behinderung,
- deren Auswirkungen auf die Fähigkeit der betroffenen Person, ihre Angelegenheiten eigenverantwortlich besorgen zu können, geklärt.

Die Rechtsprechung sieht die Aufgabe des Sachverständigen darin, dem Gericht Tatsachen zu referieren, die er festgestellt hat, und den Inhalt der für diesen Fall anzuwendenden Erfahrungssätze darzulegen. Sodann hat der Sachverständige aufgrund der Erfahrungssätze seines speziellen Fachgebiets Folgerungen für den konkreten Einzelfall zu ziehen, um damit dem Richter die Entscheidungsfindung zu ermöglichen.

Das Betreuungsgericht ist seinerseits verpflichtet, sich nach einer kritischen Würdigung des Sachverständigengutachtens ein eigenes Bild von der Richtigkeit der durch den Sachverständigen gezogenen Schlüsse zum Vorliegen einer Erkrankung/Behinderung der betroffenen Person und zur Erforderlichkeit einer rechtlichen Betreuung zu machen. Eine pauschale Bezugnahme auf den Inhalt des Sachverständigengutachtens lässt eine solche Würdigung regelmäßig vermissen.[282]

Hat die betroffene Person Einwände gegen das Gutachten, ist dem in der Regel nachzugehen.

Darf das Gericht andere medizinische Unterlagen verwenden?

Das Gericht kann von der Einholung eines Gutachtens absehen, soweit durch die Verwendung eines bestehenden Gutachtens zur Feststellung der Pflegebedürftigkeit[283] festgestellt werden kann, inwieweit bei der betroffenen Person infolge einer Krankheit oder Be-

280 § 281 Abs. 1
281 § 280 FamFG
282 BGH, Beschl. v. 22.8.2012 – XII ZB 141/12, BtPrax 2012, 250.
283 Nach § 18 SGB XI (Elftes Buch Sozialgesetzbuch).

hinderung die Voraussetzungen für die Bestellung einer rechtlichen Betreuung vorliegen. Das Gericht darf dieses Gutachten einschließlich dazu vorhandener Befunde zur Vermeidung weiterer Gutachten bei der Pflegekasse anfordern. Das Gericht hat in seiner Anforderung anzugeben, für welchen Zweck das Gutachten und die Befunde verwendet werden sollen. Das Gericht hat übermittelte Daten unverzüglich zu löschen, wenn es feststellt, dass diese für den Verwendungszweck nicht geeignet sind.[284]

Kommt das Gericht zu der Überzeugung, dass das eingeholte Gutachten und die Befunde im Verfahren zur Bestellung eines rechtlichen Betreuers geeignet sind, eine weitere Begutachtung ganz oder teilweise zu ersetzen, so hat es vor einer weiteren Verwendung die Einwilligung der betroffenen Person oder der Pflegerin/des Pflegers für das Verfahren einzuholen. Wird die Einwilligung nicht erteilt, hat das Gericht die übermittelten Daten unverzüglich zu löschen.[285]

Die Begutachtung der Pflegeversicherung wird regelmäßig unter dem Gesichtspunkt einer betreuungsfremden Fragestellung erstellt. Ein Gutachten der Pflegeversicherung dürfte deshalb lediglich in Ausnahmefällen ausreichend sein, die Erforderlichkeit der rechtlichen Betreuung zu begründen. Ein vom Gericht im Betreuungsverfahren in Auftrag gegebenes Gutachten geht weit über die allgemeinen Fragestellungen des medizinischen Dienstes hinaus.

Worauf erstreckt sich das Gutachten?

Das Gutachten erstreckt sich auf:[286]

- das Krankheits- oder Behinderungsbild einschließlich dessen Entwicklung,
- die Benennung der durchgeführten Untersuchungen und der zugrunde gelegten Forschungserkenntnisse,
- den körperlichen und psychischen Zustand des Betroffenen,
- den aus medizinischer Sicht aufgrund der Krankheit oder Behinderung erforderlichen Unterstützungsbedarf und
- die voraussichtliche Dauer der erforderlichen rechtlichen Betreuung.

Mit dem am 1.9.2009 wirksam gewordenen FamFG wurden die Anforderungen an die Qualifikation des Sachverständigen und der Inhalt des zu erstellenden Gutachtens gesetzlich geregelt und durch die zum 1.1.2023 in Kraft getretene Reform des Betreuungsrechts leicht geändert. Durch die Vorschaltung des Sozialberichts der Betreuungsbehörde kann sich das Gutachten auf die medizinischen Aspekte beschränken.

Muss der Gutachter die betroffene Person persönlich untersuchen?

Das betreuungsrechtliche Verfahrensrecht verpflichtet den Gutachter, die betroffene Person vor Erstattung des Gutachtens persönlich zu untersuchen oder zu befragen.[287] Zudem

284 § 282 Abs. 2 und 3 FamFG
285 Siehe § 282 Abs. 1 und 2 FamFG
286 Vgl. § 280 Abs. 3 FamFG
287 § 280 Abs. 2 FamFG

hat er das Ergebnis einer möglicherweise bereits durch das Gericht erfolgten Anhörung, soweit es ihm vorliegt, zu berücksichtigen.

Der Gutachter darf sich nicht nur auf die vorhandenen Akten (Krankenakten, Arztberichte etc.) verlassen. Das Gutachten kann und muss Erkenntnisse durch Auswertung des Sozialberichts der Betreuungsstelle, aber auch durch Gespräche mit Personen des sozialen Umfeldes, d.h. mit Angehörigen und beispielsweise bereits tätigen tatsächlichen Helfern/Pflegekräften, mit einbeziehen.

Wann ist ein ärztliches Attest ausreichend?

Nur in Ausnahmefällen lässt das Gesetz zur Erleichterung des Verfahrens zur Betreuerbestellung anstelle des Gutachtens ein ärztliches Attest genügen. Anders als im Unterbringungsverfahren dient diese Erleichterung in erster Linie den Interessen der betroffenen Person, der die Belastung durch das Gutachten erspart werden kann, wenn es sich um eine Betreuerbestellung auf ihren Antrag handelt, sie auf die Begutachtung verzichtet und diese im Hinblick auf den Umfang des Aufgabenkreises der zukünftigen rechtlichen Betreuung unverhältnismäßig wäre. Hierbei kann die betroffene Person das ärztliche Zeugnis selbst vorlegen und damit den Sachverständigen selbst bestimmen, insbesondere den Hausarzt um die Ausstellung des Attestes bitten.[288]

Das ärztliche Zeugnis darf sich nicht allein auf die Mitteilung der medizinischen Diagnose beschränken. Es enthält vielmehr in stark verkürzter Form die Bestandteile eines Gutachtens über Art, Umfang und voraussichtliche Dauer der Erkrankung oder Behinderung und die Auswirkungen auf die Fähigkeit der betroffenen Person, ihre rechtlichen Angelegenheiten selbst zu regeln.

Hat der rechtliche Betreuer das Recht, das Gutachten einzusehen?

Im Rahmen seines Aufgabenkreises ist der rechtliche Betreuer Beteiligter am Verfahren und befugt, die Akte, also auch das Gutachten, einzusehen.

Welchen Einfluss hat das Gutachten auf die Tätigkeit des rechtlichen Betreuers?

Im Betreuungsverfahren hat das Betreuungsgericht das Gutachten/Attest kritisch gewürdigt und sich ein eigenes Bild von der Richtigkeit der durch den Sachverständigen gezogenen Schlüsse gemacht. Soweit vom Sachverständigen festgestellte Sachverhalte in die vom Betreuungsgericht verfasste Begründung des Beschlusses einfließen, werden diese zur gerichtlich festgestellten Tatsache. Als Tatsachen werden immer die Krankheit oder Behinderung und die damit verbundene Einschränkung, die eigenen rechtlichen Angelegenheiten eigenverantwortlich zu erledigen, festgestellt.

Die weitreichende Wirkung der gerichtlichen Tatsachenfeststellung, insbesondere im Hinblick auf medizinische Sachverhalte, wird oft unterschätzt. Auch wenn der rechtliche Betreuer in seiner Amtsführung weitgehende Freiheiten genießt, kann er an den Tatsachen nicht vorbei. In der Praxis müssten diese Tatsachen aufgegriffen und Bestandteil der betreuungsrechtlichen Hilfe werden.

288 Vgl. § 281 FamFG

Regelmäßig haben rechtliche Betreuer zu prüfen, ob die vom Gericht festgestellten Tatsachen im Rahmen des Aufgabenkreises dem jeweiligen Gegenüber oder Geschäftspartner mitzuteilen sind. Das Gutachten kann beispielsweise Sachverhalte beschreiben, die Sozialleistungsansprüche begründen sowie einen Anspruch auf Leistungen zur Teilhabe am Arbeitsleben,[289] auf Mehrbedarf,[290] Rente oder Leistungen der Pflegeversicherung. Der Bank und anderen Geschäftspartnern ist eine festgestellte Geschäftsunfähigkeit immer dann mitzuteilen, wenn es gilt, unwirksame Rechtsgeschäfte zu vermeiden.

Werden dem rechtlichen Betreuer Umstände bekannt, welche eine Korrektur der gerichtlich festgestellten Tatsachen erfordern, hat er dies dem Gericht mitzuteilen. Eine Änderung der gerichtlich festgestellten Tatsachen hat ggf. Einfluss auf den darauf beruhenden Beschluss.

Tipp

Für die Arbeit des rechtlichen Betreuers ist es von besonderer Bedeutung, insbesondere die medizinischen und fachpsychiatrischen Gutachten und Atteste lesen zu können. Machen Sie sich mit dem einschlägigen Vokabular vertraut.

5.1.6 Die Verfahrenspflegschaft

Verfahrenspfleger*innen haben im Verfahren zur Bestellung einer rechtlichen Betreuung die Aufgabe, die subjektiven Interessen der betroffenen Person zu vertreten. Sie können Anträge stellen, Rechtsmittel einlegen und an den Anhörungen teilnehmen.

Wann ist eine Verfahrenspflegschaft zu bestellen?

Die Bestellung einer Verfahrenspflegschaft im Verfahren zur Bestellung einer rechtlichen Betreuung erfolgt, soweit dies zur Wahrnehmung der Interessen der betroffenen Person erforderlich ist und sofern die betroffene Person im Verfahren nicht bereits anwaltlich vertreten ist. Das Betreuungsgericht hat eine Person als Verfahrenspfleger*in zu bestellen, wenn von der persönlichen Anhörung der betroffenen Person abgesehen werden soll oder die Bestellung einer rechtlichen Betreuung oder die Anordnung eines Einwilligungsvorbehalts gegen den erklärten Willen der betroffenen Person erfolgen soll.[291]

Das Gericht kann in den genannten Fällen von der Bestellung einer Verfahrenspflegschaft absehen, wenn ein Interesse der betroffenen Person an der Bestellung der Verfahrenspflegschaft offensichtlich nicht besteht. Die Nichtbestellung ist zu begründen.[292]

Die Frage, ob in den übrigen Fällen eine Verfahrenspflegschaft zu bestellen ist, ist in aller Regel danach zu beantworten, inwieweit die betroffene Person in der Lage ist, das Verfahren zu verstehen, und sich im Verfahren frei äußern kann. Zudem ist bei der Bestellung zu berücksichtigen, inwieweit durch die Bestellung der rechtlichen Betreuung in das Selbstbe-

289 Vgl. § 33 SGB IX
290 Vgl. § 21 SGB II, § 30 SGB XII
291 § 276 Abs. 1 Satz 2 FamFG
292 § 276 Absatz 2 FamFG

stimmungsrecht der betroffenen Person eingegriffen wird. Hierbei ist insbesondere an Aufgabenbereiche, die mit Freiheitsentziehung, einer Änderung der Wohnsituation oder Entscheidung zur Behandlung einer lebensbedrohlichen Erkrankung in Verbindung stehen, zu denken.

Wer kann Verfahrenspfleger*in werden?

Die Bestellung einer Verfahrenspflegschaft stellt keine Formalität dar. Zu bestellen ist eine geeignete natürliche Person. Die Eignung ergibt sich aus den Aufgaben und den Umständen des Einzelfalls. Das Betreuungsgericht hat die Pflicht, bei der Auswahl darauf abzustellen, ob die ausgewählte Person die fachliche und persönliche Eignung besitzt, ihre gesetzlichen Aufgaben zu erfüllen. Betroffenen Personen, deren Möglichkeit zur Verständigung durch eine Krankheit oder Behinderung eingeschränkt ist, kann eine entsprechend ausgebildete Person als Verfahrenspfleger*in das gerichtliche Verfahren verständlich machen. Es kommt somit in erster Linie darauf an, dass die bestellte Person mit der betroffenen Person kommunizieren kann.

Je nach Schwierigkeit und Bedeutung des Verfahrens kommen entweder kompetente Vertrauenspersonen aus dem Familien- oder Freundeskreis, Mitarbeiter*innen der Betreuungsvereine, Berufsbetreuer*innen oder eine Rechtsanwältin / ein Rechtsanwalt in Betracht.

Welche Aufgabe haben Verfahrensspfleger*innen?

Verfahrenspfleger*innen haben die betroffene Person über Gegenstand, Ablauf und möglichen Ausgang des Verfahrens in geeigneter Weise zu informieren und sie bei Bedarf bei der Ausübung ihrer Rechte im Verfahren zu unterstützen. Sie sind nicht gesetzlicher Vertreter der betroffenen Person.[293] Die Pflicht, die betroffenen Person über das Verfahren in geeigneter Weise zu informieren und sie bei Bedarf bei der Ausübung ihrer Rechte zu unterstützen, hat das Ziel, das Selbstbestimmungsrecht zu stärken. Es soll sichergestellt werden, dass die betroffene Person in der Lage ist, ihre Wünsche, ihren Willen und ihrer Sichtweise zu den anstehenden Fragen in das Verfahren einzubringen. Es soll keine Entscheidungen „über den Kopf hinweg" geben.

Verfahrenspfleger*innen haben zudem die Aufgabe, über die Einhaltung der Rechtsgarantien für die betroffene Person zu wachen. Sie können eigene Anträge stellen und die Aufklärung bzw. Einbeziehung vom Gericht nicht berücksichtigter Sachverhalte verlangen.

Als wichtigste Aufgabe haben Verfahrenspfleger*innen die Wünsche, hilfsweise den mutmaßlichen Willen der betroffenen Person festzustellen und im gerichtlichen Verfahren zur Geltung zu bringen. Das Gesetz geht davon aus, dass die Wünsche, hilfsweise der mutmaßliche Wille der betroffenen Person, maßgeblich ihre subjektiven Interessen bestimmt. Im Gegensatz zu einem früheren Verständnis einer mehr objektiven Ausrichtung der Verfahrenspflegschaft ist es seit dem 1.1.2023 ausdrücklicher Auftrag der Verfahrenspflegschaft, die subjektiven Interessen der betroffenen Person in das Verfahren einzubringen. Zudem obliegt es Verfahrenspfleger*innen zu prüfen, ob die Sachverhaltsermittlung der Betreuungsbehörde, das Gutachten und alle anderen Ermittlungen und Beweiserhebun-

293 § 276 Abs. 3 FamFG

gen des Gerichts auf der Grundlage der Feststellung der subjektiven Wünsche und Interessen der betroffenen Person vorgenommen worden sind.

5.1.7 Die Auswahl des rechtlichen Betreuers

Die Auswahl eines geeigneten rechtlichen Betreuers liegt in der Verantwortung des Betreuungsgerichts. Dabei bedient es sich der Unterstützung durch die Betreuungsbehörde.

Die Betreuungsbehörde schlägt mit dem Sozialbericht oder auf Anforderung des Betreuungsgerichts eine Person vor, die sich im konkreten Einzelfall als Betreuer*in eignet.[294] Durch die Änderung des Betreuungsrechts ist der Vorschlag der Betreuungsbehörde zum 1.1.2023 obligatorisch geworden. Dies gilt nur für den Fall, dass die Betreuungsbehörde die Bestellung der rechtlichen Betreuung für erforderlich erachtet. Ohne die Erforderlichkeit bedarf es auch keines Vorschlages.

5.1.7.1 Die Eignungskriterien

Die Eignung ist im Gesetz wie folgt umschrieben. „Das Betreuungsgericht bestellt einen Betreuer, der geeignet ist, in dem gerichtlich angeordneten Aufgabenkreis die Angelegenheiten des Betreuten nach Maßgabe des § 1821 rechtlich zu besorgen und insbesondere in dem hierfür erforderlichen Umfang persönlichen Kontakt mit dem Betreuten zu halten."[295]

Eine Aussage zur Eignung setzt die Feststellung allgemeiner und fallbezogenen Eignungskriterien voraus. Der Vorschlag der Betreuungsbehörde ist entsprechend zu begründen. Durch die Begründung wird das Betreuungsgericht in die Lage versetzt, den Vorschlag nachzuvollziehen.

Vorrangig wird eine natürliche Person benötigt, die nicht nur geeignet ist, in den gerichtlich bestimmten Aufgabenbereichen die rechtlichen Angelegenheiten der rechtlich betreuten Person zu besorgen (fachliche Qualifikation). Sie muss zuverlässig sein. Zudem muss sie bereit und in der Lage sein, die betroffene Person in dem dafür erforderlichen Umfang persönlich zu betreuen (persönliche Eignung).[296]

Entsprechend hat die Betreuungsbehörde die Eignung möglicher Kandidat*innen zu prüfen. Die hier vorgenommene Prüfung soll dem Betreuungsgericht als Hilfestellung bei der eigenen Entscheidung dienen. Das Gericht ist nicht an den Vorschlag gebunden, sondern entscheidet eigenständig.

Zu berücksichtigen sind allgemeine und fallbezogene Eignungskriterien.

294 § 12 BtOG
295 § 1816 Abs. 1 BGB
296 Entsprechend den Vorgaben aus § 1821 BGB

Was sind allgemeine Eignungskriterien?

Allgemeine Eignungskriterien sind von allen rechtlichen Betreuern (auch von Vereinen und Behörden) gleichermaßen zu erfüllen. Hierzu zählen:

- *Geschäftsfähigkeit*

  Die vorgeschlagene Person muss voll geschäftsfähig sein.

- *Zuverlässigkeit und geordnete Vermögensverhältnisse*

  Zum Nachweis ist auch für ehrenamtliche rechtliche Betreuerinnen die Vorlage eines Führungszeugnisses und einer Auskunft aus dem zentralen Schuldnerverzeichnis vorgeschrieben. Rechtliche Berufsbetreuer*innen haben diesen Nachweis im Rahmen des Registrierungsverfahrens zu erbringen. Entsprechend ist hier die gültige Registrierung zu prüfen.

- *die Möglichkeit und Fähigkeit zum persönlichen Kontakt*

  Die persönliche Eignung umfasst die Fähigkeit, die Wünsche der rechtlich betreuten Person festzustellen und nach den gesetzlichen Vorgaben umzusetzen. Dafür muss zuallererst der erforderliche persönliche Kontakt zur rechtlich betreuten Person möglich sein. Eine Bestellung ist nicht möglich, soweit beispielsweise die Entfernung zwischen Betreuer*in und dem Aufenthaltsort der rechtlich betreuten Person die persönliche Begegnung unmöglich macht.

- *die Fähigkeit zum förmlichen Schriftverkehr, zu einer geordneten Dokumentenablage, zur Einhaltung des Datenschutzes und der Sicherstellung der persönlichen und telefonischen Erreichbarkeit*

  Auch diese Fähigkeit ist bei beruflichen rechtlichen Betreuer*innen durch die gültige Registrierung nachgewiesen. Bei ehrenamtlichen rechtlichen Betreuer*innen wird die Betreuungsbehörde dies mit der vorgeschlagenen Person erörtern und auf diesbezügliche Hilfs- und Unterstützungsmöglichkeiten durch die Betreuungsvereine hinweisen.

Welche fallbezogenen Eignungskriterien sind von der Betreuungsbehörde bei ihrem Vorschlag zu berücksichtigen?

Zunächst ist das Fehlen von fallbezogenen Ausschlussgründen zu prüfen. Um Loyalitätskonflikte zu vermeiden, kann beispielsweise eine Person, die zu einem Träger von Einrichtungen oder Diensten, der in der Versorgung der betroffenen Person tätig ist, in einem Abhängigkeitsverhältnis oder in einer anderen engen Beziehung steht, nicht als Betreuer*in bestellt werden. Dies gilt nicht, wenn im Einzelfall die konkrete Gefahr einer Interessenkollision nicht besteht.[297] Interessenkonflikte sind genau genommen kein Ausschlusskriterium. Sie können die Eignung der zum rechtlichen Betreuer vorgesehenen Person beeinträchtigen. Die Gefahr geringerer Interessenkonflikte rechtfertigt es nicht, eine zum rechtlichen Betreuer vorgesehene Person nicht zu bestellen. Interessenkonflikte lassen sich selten ausschließen; sie erscheinen insbesondere im Verhältnis zu erbberechtigten Verwandten möglich. Es wäre nicht sinnvoll, einen solchen Personenkreis – der oft in besonderer Weise zu einer persönlichen Betreuung geeignet ist – von der Betreuung fernzuhalten.

297 § 1816 Absatz 6

Bei den fallbezogenen Voraussetzungen sind unter anderem folgende Aspekte mit zu berücksichtigen:

- Die vorgesehene Person muss bereit sein, mit dem Gericht oder anderen Stellen zusammenzuarbeiten.
- Die vorgesehene Person muss in der Lage ist, die Erkrankung/Behinderung der betroffenen Person zu erkennen und zu akzeptieren.
- Die vorgesehene Person darf vor der rechtlich zu betreuenden Person keine Angst haben oder sich durch diese bedroht fühlen.
- Die vorgesehene Person darf nicht in einer tatsächlichen oder persönlichen Abhängigkeit zu der rechtlich zu betreuenden Person stehen, die es ihr nicht erlaubt, in angemessener Weise den Willen und die Wünsche unvoreingenommen wahrnehmen zu können.

Welche Bedeutung hat die fachliche Qualifikation bei der Auswahl des rechtlichen Betreuers?

Innerhalb der Gruppe der geeigneten natürlichen Personen hat das Gericht seine Entscheidung an dem jeweiligen Grad der Eignung zu orientieren.

Die fachliche Qualifikation hat sich auf die Gegebenheiten des konkreten Falles zu beziehen. Bei der Bestellung registrierter beruflich tätiger rechtlicher Betreuer*innen werden die im Rahmen der für die Registrierung erforderlichen Sachkunde definierten Kenntnisse vorausgesetzt.

Rechtliche Betreuer*innen müssen nicht notwendigerweise selbst über die benötigten Fähigkeiten und Kenntnisse verfügen. Es kommt vielmehr darauf an, dass rechtliche Betreuer*innen die entsprechenden Hilfen im Bedarfsfall zugunsten der rechtlich betreuten Person zu organisieren vermögen. Insbesondere für ehrenamtlich tätige rechtliche Betreuer*innen ist es ausreichend, dass sie – wie jeder Bürger – in der Lage sind, sich den benötigten zusätzlichen Sachverstand durch Einschaltung/Beauftragung entsprechender Fachleute zu sichern. Sie müssen also bereit und in der Lage sein, sich unterstützen und beraten zu lassen. Erste Anlaufstelle für ehrenamtlich tätige rechtliche Betreuer*innen wäre der Betreuungsverein. Hier besteht die Möglichkeit, eine Vereinbarung über Begleitung und Unterstützung abzuschließen. Eine Person, die ehrenamtlich rechtliche Betreuungen führen möchte und keine familiäre Beziehung oder persönliche Bindung zu der betroffenen Person hat, soll vor ihrer ersten Bestellung eine solche Vereinbarung abschließen.[298]

Tipp

Hier greifen die selbstgesetzten und ggf. bei der Beschreibung der Organisationsstruktur angegebenen Schwerpunkte (siehe 3.4.7).

298 § 22 BtOG

Neben der Eignung hat das Gericht seine Entscheidung an bestimmten im Gesetz vorgegebenen Auswahlkriterien zu orientieren, die auch von der Betreuungsbehörde bei ihrem Vorschlag zu berücksichtigen sind.[299]

- So ist dem Wunsch des betroffenen Menschen in aller Regel zu folgen[300].
- Ist kein Wunsch zu ermitteln, hat das Gericht die familiären Beziehungen, insbesondere zum Ehegatten, zu Eltern und zu Kindern, die persönlichen Bindungen sowie die Gefahr von Interessenkonflikten zu berücksichtigen.
- Im dritten Rang ist eine ehrenamtlich tätige Person, die keine familiäre Beziehung oder persönliche Bindung zur betroffenen Person hat, zu bestellen.
- Beruflich tätige rechtliche Betreuer*innen sollen nur dann bestellt werden, wenn keine geeignete Person für die ehrenamtliche Führung der rechtlichen Betreuung zur Verfügung steht.
- Ein anerkannter Betreuungsverein soll nur zum Betreuer bestellt werden, wenn die betroffene Person dies ausdrücklich wünscht oder wenn sie durch eine oder mehrere natürliche Personen nicht hinreichend rechtlich betreut werden kann. Die Bestellung bedarf der Einwilligung des Betreuungsvereins.[301]
- Kann die betroffene Person weder durch eine oder mehrere natürliche Personen noch durch einen Betreuungsverein hinreichend rechtlich betreut werden, bestellt das Betreuungsgericht die zuständige Betreuungsbehörde zum Betreuer.[302]

5.1.7.2 Die Wünsche der betroffenen Person

Welche Bedeutung haben die Wünsche der betroffenen Person bei der Auswahl des rechtlichen Betreuers?

Wünscht die betroffene Person eine bestimmte Person oder einen anerkannten Betreuungsverein als Betreuer, so ist diesem Wunsch zu entsprechen, es sei denn, die gewünschte Person / der gewünschte Betreuungsverein ist zur Führung der rechtlichen Betreuung nicht geeignet oder bereit.

Lehnt die betroffene Person eine bestimmte Person als Betreuer*in ab, so ist auch diesem Wunsch zu entsprechen, es sei denn, die Ablehnung bezieht auf die Bestellung einer rechtlichen Betreuung als solche und hat keinen Bezug zur vorgeschlagenen Person.

Seinen Vorschlag braucht der betroffene Mensch nicht notwendigerweise zu begründen. Er muss ihn auch nicht im Betreuungsverfahren selbst äußern, wo er möglicherweise hierzu nicht mehr in der Lage ist. Zu berücksichtigen sind auch Wünsche, die vor Einleitung des Betreuungsverfahrens geäußert wurden.

299 § 1816 BGB
300 S.o.
301 § 1818 Abs. 1
302 § 1818 Abs. 3

Welche Bedeutung hat eine Betreuungsverfügung?

Die Betreuungsverfügung richtet sich an das Betreuungsgericht und enthält vorsorgliche Willenserklärungen für den Fall einer später erforderlich werdenden rechtlichen Betreuung. In der Regel findet sich hier auch ein Wunsch bezüglich der auszuwählenden Person für die Führung der rechtlichen Betreuung. Die Betreuungsverfügung kann zudem Wünsche für die Ausübung der rechtlichen Betreuung durch den rechtlichen Betreuer, also Wünsche zur späteren Lebensgestaltung, beinhalten.

Die in der Betreuungsverfügung geäußerten Wünsche binden das Betreuungsgericht nur so weit, als durch deren Befolgung keine erhebliche Gefahr für die rechtlich betreute Person oder ihr Vermögen verbunden ist. Die Bindung an die Betreuungsverfügung entfällt, wenn die rechtlich betreute Person hieran erkennbar nicht mehr festhalten will.

Wer von der Einleitung eines Verfahrens über die Bestellung einer rechtlichen Betreuung Kenntnis erlangt und ein Dokument (z.B. Betreuungsverfügung) besitzt, das entsprechende Wünsche oder andere Erklärungen zur Führung der rechtlichen Betreuung enthält, hat die Betreuungsverfügung dem Betreuungsgericht zu übermitteln.[303]

Dabei geht es nicht nur um Wünsche, die von der betroffenen Person aus eigenem Antrieb eingebracht werden. Auch der Vorschlag der Betreuungsbehörde ist mit der betroffenen Person zu besprechen und ihre diesbezügliche Sichtweise ist dem Betreuungsgericht mitzuteilen.

Wann kann von dem Vorschlag der betroffenen Person abgewichen werden?

Dem Vorschlag der betroffenen Person ist besonderes Gewicht beizumessen. Dennoch, auch eine von der betroffenen Person vorgeschlagene Person muss über die erforderliche Eignung (Zuverlässigkeit, Qualifikation und persönliche Eignung) verfügen. Insbesondere ist zu prüfen, ob der Vorschlag möglicherweise unter Bedingungen formuliert worden ist, die sich jetzt geändert haben oder gar nicht mehr vorliegen. Zweifel an der Eignung müssen sehr konkret sein, um dem Vorschlag nicht folgen zu müssen.

5.1.7.3 Die ehrenamtlich geführte rechtliche Betreuung als Leitbild

Welche Bedeutung hat der Vorrang der ehrenamtlich geführten rechtlichen Betreuung für rechtliche Berufsbetreuer*innen?

Die Ehrenamtlichkeit der rechtlichen Betreuung bildet das gesetzgeberische Leitbild. Die Ausübung der rechtlichen Betreuung durch Familienangehörige, andere nahestehende Personen oder ehrenamtlich engagierte Bürger wird in Abgrenzung zur Betreuungsführung durch beruflich tätige Personen in der Regel als optimale Unterstützungsform gesehen.

Voraussetzung hierfür ist aber eine gute Qualität auch der ehrenamtlichen Betreuung.

Rechtliche Berufsbetreuer*innen sind verpflichtet, alle Umstände mitzuteilen, die eine Führung der rechtlichen Betreuung im Wege des Ehrenamtes ermöglichen. Ausgehend von der Ausgangssituation, welche die Bestellung einer beruflich geführten rechtlichen Betreu-

303 § 1816 Abs. 2

ung erfordert hat, können unter anderem folgende Umstände die ehrenamtliche Führung der rechtlichen Betreuung ermöglichen:

- ein von der rechtlich betreuten Person im Nachhinein geäußerter Wunsch,
- im Nachhinein bekanntgewordene Bezugspersonen, die bereit sind, die Führung der rechtlichen Betreuung zu übernehmen,
- die Vereinfachung der zu regelnden Sachverhalte
- ...

5.1.7.4 Mehrere rechtliche Betreuer*innen

Können mehrere Personen eine rechtliche Betreuung gemeinsam führen?

In der Regel soll nur eine Person bestellt werden. Dies erleichtert eine persönliche Betreuung und ein darauf gegründetes Vertrauensverhältnis zur rechtlich zu betreuenden Person.[304] Das Betreuungsgericht kann vom Prinzip der Einzelbetreuung abweichen und mehrere rechtliche Betreuer*innen bestellen, wenn die Angelegenheiten der rechtlich betreuten Person hierdurch besser besorgt werden können.[305] Der Gesetzgeber hatte hierzu folgende Fallgruppen angenommen:[306]

- Die Eltern eines betroffenen Menschen sind beide geeignet und zur Übernahme des Amtes bereit. Für diesen Fall soll kein Elternteil gezwungen werden, zurückzutreten, um dem anderen Teil die Führung der rechtlichen Betreuung zu überlassen.
- Der rechtliche Betreuer ist an der Besorgung bestimmter Angelegenheiten rechtlich gehindert, etwa, weil er selbst ein Rechtsgeschäft mit der rechtlich betreuten Person vornehmen will.
- Für die Erledigung verschiedener rechtlicher Angelegenheiten der betroffenen Person sind besondere Kenntnisse erforderlich; etwa, wenn umfangreiches und schwierig zu verwaltendes Vermögen vorhanden ist. Hier kann es z.B. sinnvoll sein, für den Aufgabenbereich der Sorge für das Vermögen eine in wirtschaftlichen Dingen erfahrene Person zu bestellen. Für die übrigen Angelegenheiten der betroffenen Person kann eine Person aus dem persönlichen Umfeld bestellt werden.
- Die rechtliche Betreuung soll in absehbarer Zeit von einem Verein, Berufs-, Vereins- oder Behördenbetreuer auf einen ehrenamtlichen Betreuer übertragen werden. Die dann ehrenamtlich tätige Person soll eingearbeitet werden.

304 BT-Drucks. 11/4528, S. 130.
305 § 1817 BGB
306 BT-Drucks. 11/4528, S. 130

Welche Konstellationen sind möglich?

Möglich sind:

- zwei ehrenamtliche rechtliche Betreuer*innen,
- eine ehrenamtlich tätige Person und eine beruflich tätige Person oder ein Verein (Tandembetreuung),
- zwei rechtliche Berufsbetreuer*innen.

Die folgenden Ausführungen konzentrieren sich auf die Tandembetreuung.

Welche Verteilung der Aufgaben und Befugnisse ist möglich?

- Soweit mehrere rechtliche Betreuer*innen mit demselben Aufgabenkreis betraut werden
  - und das Betreuungsgericht nichts anderes bestimmt hat, können sie die Angelegenheiten der rechtlich betreuten Person nur gemeinsam besorgen,[307]
  - kann das Gericht bestimmen, dass beide unabhängig voneinander befugt sind,
  - kann das Gericht bestimmen, dass eine Person vorrangig befugt ist,
  - kann das Gericht die Befugnis nach eigenem Ermessen aufteilen.
- Soweit das Betreuungsgericht die Aufgabenbereiche zwischen den rechtlichen Betreuer*innen aufgeteilt hat, ist jede Person in ihrem Aufgabenbereich unabhängig befugt. Gleiches gilt bei rechtlicher Verhinderung, da in diesem Fall die Aufgabenbereiche aufgeteilt sind.
- Das Gericht kann die Aufgabenbereiche auch teils gemeinsam, teils getrennt zuweisen. In diesen Fällen ist teilweise gemeinsames Handeln erforderlich. In den anderen Teilbereichen ist unabhängige Befugnis gegeben.

5.1.7.5 Die Tandembetreuung

Welchen Sinn hat die Tandembetreuung, wenn ehrenamtliche und berufliche Betreuer*innen zusammenarbeiten?

Die Tandembetreuung durch eine ehrenamtlich tätige Person und einen beruflich tätigen rechtlichen Betreuer (auch Verein ist auf Wunsch der betroffenen Person möglich) wird überwiegend unter dem Aspekt der Gewinnung ehrenamtlicher rechtlicher Betreuer*innen oder der Übergabe an eine ehrenamtlich tätige Person diskutiert.[308]

Oberflächlich betrachtet ist die Abgabe einer rechtlichen Betreuung durch rechtliche Berufsbetreuer*innen an eine ehrenamtlich tätige Person mit dem Verlust des durch den Fall gegebenen Einkommens verbunden. Zudem dürfte es sich regelmäßig um einen fachlich weniger schwierigen Fall[309] handeln, da sich für die fachlich schwierigen rechtlichen Be-

307 § 1899 Abs. 3 BGB.

308 Weiterführend: Paul-Stefan Roß/Andrea-Doris Müller, Ehrenamt als Kostenbremse?!, BtPrax 2/2014, S. 65 ff.

309 Weniger schwierig ist nicht gleichbedeutend mit weniger zeitlichem Aufwand.

treuungen selten ehrenamtliche rechtliche Betreuer finden. Warum also abgeben? Warum Energie und Zeit investieren, um abgeben zu können?

Welche Vorteile hat die Abgabe an eine ehrenamtlich tätige Person?

Die Abgabe einer bisher beruflich geführten rechtlichen Betreuung zur Weiterführung als ehrenamtliche Betreuung ist Qualitätsmerkmal und stärkt Ihren fachlichen Ruf. Mit der Abgabe wird ein vorrangiges Ziel des Betreuungsrechts verwirklicht.[310] Sie waren damit in der Lage, die Angelegenheiten der rechtlich betreuten Person so weit zu vereinfachen, dass die Abgabe möglich geworden ist.

Die Abgabe einer rechtlichen Betreuung fördert die Fluktuation im eigenen Fallgeschehen. Ohne Wechsel im Fallgeschehen verschwinden Sie aus dem Blickfeld der für die Vergabe von Betreuungen zuständigen Personen.

Die Abgabe ist wirtschaftlich sinnvoll. Nach dem zweiten Jahr hat sich die Vergütung reduziert. Die Abgabe schafft Kapazitäten für eine neue, höher vergütete rechtliche Betreuung.

Sollte der rechtliche Berufsbetreuer bis zur Übergabe der Betreuung eine Tandembetreuung anbieten?

Grundsätzlich sind die Gewinnung und Anleitung ehrenamtlicher rechtlicher Betreuer*innen Sache der Betreuungsvereine und der zuständigen Behörde und in der Regel mit erheblichem Aufwand verbunden. Es ist damit nicht Aufgabe freiberuflich tätiger rechtlicher Betreuer*innen, möglicherweise infrage kommende ehrenamtlich tätige rechtliche Betreuer*innen zu qualifizieren. Der erforderliche Aufwand kann freiberuflichen rechtlichen Betreuer*innen kraft Gesetzes nicht vergütet werden.

Das Angebot der Tandembetreuung mit dem Ziel der vollständigen ehrenamtlichen Übernahme kann sinnvoll sein, wenn

- die federführende Unterstützung der ehrenamtlich tätigen Person durch den für die Gewinnung und Anleitung ehrenamtlicher rechtlicher Betreuer*innen zuständigen Betreuungsverein oder die zuständige Behörde erfolgt,
- eine Vereinbarung über die Vergütung mit der örtlich zuständigen Behörde erfolgen kann,
- andere Gründe dafür sprechen, beispielsweise, dass die Führung der rechtlichen Betreuung zwar ohne besondere Schwierigkeiten, aber mit erheblichem zeitlichem Aufwand verbunden ist.

Die Entscheidung für ein entsprechendes Angebot bleibt der konkreten Situation überlassen. Auch in diesen Fällen sind die im Folgenden beschriebenen allgemeinen Aspekte der Tandembetreuung zu beachten.

310 Vorrangig ist, die Betreuung ehrenamtlich zu führen.

Tandembetreuung: Win-win-Situation oder Verlustgeschäft?

Zuvor wurde bereits gesagt, dass die Anleitung ehrenamtlicher rechtlicher Betreuer*innen mit dem Ziel der vollständigen Übernahme der rechtlichen Betreuung in das Aufgabenfeld der Betreuungsvereine fällt.

Bei einer nicht nur als Übergangslösung gedachten Bestellung zweier rechtlicher Betreuer*innen, wobei eine Person die rechtliche Betreuung beruflich führt, dürfte es sich überwiegend um die Zusammenarbeit mit einer Person aus dem näheren persönlichen Umfeld der rechtlich betreuten Person handeln.

Fallbeispiele zur Tandembetreuung.

- *Die rechtlich zu betreuende schwerstmehrfachbehinderte Person lebt in einer Familie mit Migrationshintergrund. Die Angehörigen möchten gerne die rechtlichen Angelegenheiten der rechtlich zu betreuenden Person erledigen. Sie sind wegen unzureichender Sprachkenntnisse und wegen der geringen Kenntnisse des Rechts- und Sozialleistungssystems an der Umsetzung gehindert. Der behandelnde Arzt spricht die Muttersprache der Familie. Die rechtliche Betreuung kann aufgeteilt werden. Die der Personensorge zugehörigen Aufgabenkreise können durch einen Familienangehörigen erledigt werden. Für die vermögensrechtlichen Angelegenheiten und die Vertretung bei Behörden und Sozialleistungsträgern findet sich keine ehrenamtliche tätige Person und die Bestellung einer beruflich tätigen Person ist erforderlich.*
- *Die rechtlich zu betreuende Person leidet an Demenz, lebt bei einem der Kinder. Die Pflege, die medizinische und persönliche Versorgung ist unbestritten gut geregelt. Zwischen den Kindern gibt es Streit über die Verwendung des Vermögens. Die rechtliche Betreuung kann aufgeteilt werden. Die der Personensorge zugehörigen Aufgabenkreise können durch das Kind, bei dem die rechtlich zu betreuende Person lebt, erledigt werden. Für die streitigen vermögensrechtlichen Angelegenheiten ist die Bestellung einer neutralen Person erforderlich. Wegen der Schwierigkeit, mit den streitenden Kindern umzugehen, findet sich keine geeignete ehrenamtlich tätige Person.*
- *Die rechtlich zu betreuende schwer chronisch psychisch kranke Person lebt allein im Haus und lässt lediglich den Kontakt zum Kind zu. Das Kind leistet tatsächliche Hilfe, verwaltet Einkommen und Vermögen, sieht sich jedoch außerstande, die für die ärztliche Behandlung erforderlichen Entscheidungen zu treffen und durchzusetzen. Die rechtliche Betreuung kann aufgeteilt werden. Die der Vermögenssorge zugehörigen Aufgabenkreise können durch das Kind erledigt werden. Die Gesundheitssorge einschließlich der Entscheidung über die freiheitsentziehende Unterbringung ist mit schwierigen Entscheidungen verbunden und erfordert entsprechende Sachkunde.*

Auf den ersten Blick erscheint eine dauerhafte Tandembetreuung als ein Verlustgeschäft. Auch näheres Hinsehen rechtfertigt zumindest die Warnung vor nicht kalkulierbarem Aufwand für die Abstimmung mit der ehrenamtlich tätigen Person.

Gegenüber der Einzelbetreuung entsteht bei der Tandembetreuung ein höherer Aufwand im Prozess zur Entscheidungsfindung und bei der erforderlichen Abstimmung zwischen den rechtlichen Betreuer*innen. Dem will der Gesetzgeber begegnen, indem das Betreuungsgericht die Aufteilung der Aufgabenbereiche bestimmen kann.[311] Hierdurch soll das Verhältnis der rechtlichen Betreuer zueinander von vornherein klargestellt werden.[312] Diese Klarstellung ist hinsichtlich der Vermögensverwaltung unbedingt erforderlich. Haben beide rechtliche Betreuer*innen unabhängig voneinander Befugnis zur Verfügung über das Vermögen, kann dies bei der zu fertigenden Rechnungslegung zu erheblichen Problemen führen.

Lassen sich die Aufgabenbereiche scharf voneinander abgrenzen?

Die Aufgabenbereiche lassen sich in der Regel nicht scharf voneinander abgrenzen. Die Klärung der Frage, ob die erforderliche Pflege und Versorgung in der häuslichen Umgebung möglich oder der Umzug in ein Heim erforderlich sind, kann nur mit ganzheitlicher[313] Betrachtung der Situation der rechtlich betreuten Person erfolgen und entschieden werden. Beispielsweise beinhaltet der Heimvertrag immer Aspekte der Personensorge und der Vermögenssorge. Bei einer entsprechenden Aufteilung der Aufgabenbereiche wäre der Vertrag, soweit dies möglich ist, von der rechtlich betreuten Person und ggf. von beiden rechtlichen Betreuern zu unterzeichnen.

Welcher zusätzliche Aufwand entsteht im Prozess der Entscheidungsfindung?

Im Prozess der Entscheidungsfindung sind an erster Stelle der Wille und die Wünsche der rechtlich betreuten Person zu ermitteln. Vergesslichkeit, die Verzerrung des realen Erlebens, ungeordnete, sprunghafte, weitschweifige Gedankengänge ohne einen realen Bezug, fehlendes Verständnis usw. sind Gegebenheiten, welche die freie Willensbildung beeinträchtigen können. Rechtliche Betreuer*innen haben diese Lücke im Hinblick auf den subjektiv zu ermittelnden (mutmaßlichen) Willen der rechtlich betreuten Person zu schließen. Bei der Tandembetreuung ist hier die zusätzliche Abstimmung zwischen den Betreuern erforderlich. Beispielsweise ist abzustimmen, ob der Wille und die Wünsche der rechtlich betreuten Person von beiden rechtlichen Betreuern gleichermaßen gedeutet werden. Auch der Schutz von möglichen Gefahren erfordert die gemeinsame Erörterung und Einschätzung der Gefahrensituation. Ein harmonischer Verlauf dieser Abstimmung kann nicht allgemein vorausgesetzt werden und es erfordert den beiderseitigen Willen, zu einvernehmlicher Sicht zu gelangen.

Welche Konfliktfelder können bestimmend sein?

Die eingangs aus der Praxis entnommenen Fallbeispiele hatten folgende Konfliktfelder für die Einrichtung der Tandembetreuung zum Hintergrund:

- unzureichende Sprachkenntnisse,
- Unterschiede zum Rechts- und Sozialsystem des Herkunftslandes,

311 § 1899 Abs. 1 Satz 2.
312 BT-Drucks. 11/4528, S. 130.
313 „Ganzheitliche Betrachtung" meint die systemisch vollständige Betrachtung aller Teile sowie deren Eigenschaften und Beziehungen untereinander.

- Streit in der Familie mit dem möglichen Hintergrund finanzieller Interessen, Machtinteressen, tiefer sitzender zwischenmenschlicher Konflikte,
- fehlendes Verständnis für die Krankheit,
- geringe Fähigkeit zur Durchsetzung der als richtig erkannten Entscheidungen.

Die Konfliktfelder sind vielschichtig und ihre Beschreibung soll an dieser Stelle nicht weiter fortgeführt werden.

Welche Bedeutung hat die „Kraft des Faktischen"?

Die „Kraft des Faktischen" gewinnt für rechtliche Betreuer*innen an Bedeutung, wenn tatsächliche Umstände lediglich die Wahl zwischen zwei mehr oder weniger großen Übeln lassen und die Entwicklung zu einem besseren Zustand verhindert wird.

Beispiele:

- *Frau M. ist 20 Jahre alt. Sie leidet seit ihrer Kindheit an einer geistigen Behinderung. Sie lebt bei den Eltern und wird von diesen versorgt. Für die Geltendmachung des Rechts zur Teilhabe am Arbeitsleben wurde neben dem ansonsten bestellten Elternteil ein rechtlicher Berufsbetreuer bestellt. Im Antragsverfahren zur Teilhabe am Arbeitsleben wird für die weitere Entwicklung der Fähigkeiten der Frau M. die Integration in eine Werkstatt für behinderte Menschen vorgeschlagen. Die Familie lehnt die Hilfe ab und kann auch nicht überzeugt werden. Frau M. lässt sich von der Familie beeinflussen und fügt sich dem Druck.*
- *Herr T. ist 89 Jahre alt und leidet an Demenz. Er lebt in häuslicher Gemeinschaft bei einem seiner Kinder. Das Kind versorgt Herrn T. vorbildlich und ist zum rechtlichen Betreuer mit dem Aufgabenkreis der Gesundheitssorge bestellt. Herr T. hat weitere Kinder, zu denen er Kontakt haben möchte. Die Geschwister sind persönlich zerstritten. Das in häuslicher Gemeinschaft lebende Kind hat den Geschwistern Hausverbot erteilt und verwehrt ihnen jeden Besuch beim Vater. Die Gerichtsverfahren zur Durchsetzung von Besuchsrechten erstrecken sich, wegen der immer neu eingelegten Rechtsmittel, über Jahre. Der mit den restlichen Aufgabenkreisen beauftragte rechtliche Berufsbetreuer würde gerne eine Besuchsregelung zustande bringen. Das in häuslicher Gemeinschaft lebende Kind droht mit dem Ende seiner Leistung zur Versorgung des Vaters. Der Vater will auf keinen Fall in ein Heim.*

Welche Lösungen bieten sich an?

Folgende Maßnahmen und Absprachen können helfen, Konflikte und unnötigen Aufwand zu vermeiden:

- Vor der Einwilligung zur Übernahme einer Tandembetreuung sollten Sie ein Gespräch mit der rechtlich zu betreuenden Person und der ehrenamtlich tätigen Person führen. Ziel dieses Gesprächs sollte es sein, Näheres über die möglichen Konfliktfelder zu erfahren. Mögliche Lösungen könnten angesprochen werden. Die Leitung dieses Gespräches kann die zuständige Behörde übernehmen. Die zuständige Behörde könnte das Ergebnis des Gesprächs im Rahmen ihres Berichts mit in das Betreuungsverfahren einbringen.

- Mit der Einwilligung in die Übernahme einer Tandembetreuung sollte das Betreuungsgericht gebeten werden, die Aufgabenbereiche und die jeweiligen Befugnisse beider rechtlicher Betreuer*innen, soweit es geht, klar aufzuteilen.
- Im Innenverhältnis sind zwischen der rechtlich betreuten Person und den beiden Betreuer*innen möglichst direkt zu Anfang folgende Aspekte zu regeln:
  - **Persönliche Betreuung:** Wie soll sich der persönliche Kontakt zur rechtlich betreuten Person gestalten? Geistig behinderte, seelisch oder psychisch erkrankte Personen haben oft Schwierigkeiten, mehrere vertrauensvolle Beziehungen nebeneinander zu haben. Hier könnte eine klare Rollenteilung helfen.
  - **Sinndeutung von Wunsch und Wille:** Es sollte, insbesondere zu aufgabenbereichsübergreifenden Angelegenheiten, klare Absprachen zur Methode der Ermittlung selbstbestimmter Entscheidungen geben.
  - **Klärung der Aufgabenbereiche und Zuständigkeiten:** Die zu regelnden rechtlichen Angelegenheiten sind den jeweiligen Aufgabenbereichen zuzuordnen. Bei Angelegenheiten, die das Zusammenwirken erfordern, ist die jeweilige Vorgehensweise (Kommunikationswege etc.) und/oder Federführung zu vereinbaren.
  - **Gegenseitige Erwartungshaltung und Zusammenarbeit:** Die gegenseitigen Erwartungen sollten thematisiert werden. Dabei sollte die Abgrenzung beruflicher rechtlicher Betreuung zu tatsächlicher Hilfeleistung thematisiert werden. Besprochen werden sollten die Themen Krisenintervention, Erreichbarkeit, Informationsaustausch, Empfänger der Post, Aktenführung etc.
  - **Umgang mit Konflikten:** Wichtig ist es, direkt zu Anfang alle erforderlichen Dinge klar und unmissverständlich und ohne falsche Rücksicht auf Empfindlichkeiten anzusprechen und klar nachvollziehbare und nachprüfbare Regeln zu vereinbaren. Diese sollten protokolliert und als Bestandteil des ersten Berichts dem Betreuungsgericht mitgeteilt werden.

Wann ist die Tandembetreuung ein Erfolgsmodell?

Für rechtliche Berufsbetreuer*innen kann die Tandembetreuung gegenüber der vergleichbaren Einzelbetreuung folgende Vorteile haben:

- Durch die Arbeitsteilung reduziert sich der zeitliche Aufwand.
- Die ehrenamtlich tätige Person bietet als Vertrauensperson aus dem persönlichen Umfeld der rechtlich betreuten Person Sicherheit und Rückhalt bei der Entscheidungsfindung.
- Die von beiden rechtlichen Betreuer*innen getragene Entscheidung bietet Sicherheit und entlastet von eigenen Zweifeln.

5.1.7.6 Die Verhinderungsbetreuung

Wie ist der Fall der tatsächlichen Verhinderung geregelt?

Auch rechtliche Betreuer*innen werden krank oder möchten Urlaub machen. Es stellt sich die Frage, wer in dieser Zeit die Vertretung übernimmt. Mit der Änderung des Betreuungsrechts hat der Gesetzgeber zum 1.1.2023 bestimmt, dass für alle Betreuer*innen eine Vertretung (Verhinderungsbetreuer*in) bestellt werden kann. Dadurch sollen Vertretungslücken vermieden werden. Ein Absehen von der Bestellung kommt zum Beispiel dann in Betracht, wenn keine geeignete Person als Verhinderungsbetreuer*in zur Verfügung steht oder die rechtlich betreute Person die Bestellung einer Vertretung ablehnt.[314] Auch ein Betreuungsverein kann die Verhinderungsbetreuung übernehmen.

Durch die Verhinderungsbetreuung wird die gleichzeitige Bestellung von zwei Betreuern, die im Außenverhältnis beide unabhängig voneinander vertretungsberechtigt sind, in Kauf genommen. Verhinderungsbetreuer*innen können die rechtlich betreute Person in demselben Umfang vertreten wie die/der Hauptbetreuer*in. Der Rechtsverkehr hat weder das Recht noch ist es ihm zuzumuten, die tatsächliche Verhinderung des Hauptbetreuers / der Hauptbetreuerin nachzuprüfen. Die Verhinderungsbetreuung kann nur wirksam sein, wenn der Rechtsverkehr auf die Vertretungsmacht vertrauen darf. Das Vorliegen des Verhinderungsfalls ist somit im Innenverhältnis zu klären. Haftungsrechtlich ist zu berücksichtigen, dass mehrere verantwortliche Betreuer*innen gegenüber der rechtlich betreuten Person grundsätzlich als Gesamtschuldner haften. Die Beweislast zur Frage, welche der bestellten Personen den evtl. Schaden zu verantworten hat, liegt bei den bestellten Betreuer*innen.

Für berufliche rechtliche Betreuerinnen ist die jetzt geschaffene Möglichkeit der Bestellung einer rechtlichen Verhinderungsbetreuung zugleich „Segen", aber auch „Fluch". Ein „Segen" ist die Verhinderungsbetreuung, weil berufliche Betreuer*innen, zumindest der Theorie nach, unbeschwert in Urlaub gehen können und sich auch keine Gedanken machen müssen, wenn sie mal krankheitsbedingt oder aus anderen Gründen ausfallen. Ein Fluch ist die Verhinderungsbetreuung wegen der damit verbundenen Fragen und Verfahrensweisen. Die Bestellung einer rechtlichen Verhinderungsbetreuung unterliegt den gleichen Verfahrensgrundsätzen wie die Bestellung der eigentlichen rechtlichen Betreuung. Es kann also nicht davon ausgegangen werden, dass immer die gleiche Person bestellt wird. Für die Bestellung einer Verhinderungsbetreuung bedarf es auch keiner ausdrücklichen Zustimmung durch die/den Hauptbetreuer*in. Sodann sind zwischen den rechtlichen Betreuer*innen folgende Fragen zu klären:

- Wann ist eine Verhinderung gegeben? Nicht jede Abwesenheit oder fehlende Erreichbarkeit ist gleichzeitig eine Verhinderung.
- Was geschieht, wenn der Verhinderungsbetreuer durch die rechtlich betreute Person, den Geschäftsverkehr oder andere Beteiligte angesprochen wird?
- Wie wird die Verhinderung im Innenverhältnis bekannt gemacht und dokumentiert?

314 § 1817 Absatz 4 BGB

- Wie erfolgt die Übergabe und wie wird der Zugang zur Akte (auch elektronischer Akte) geregelt?
- Wie wird die Vergütung geregelt?

Auch in der Vergangenheit hat es Verhinderungsbetreuungen gegeben. Aus der Praxis ist bekannt, dass es für die oben genannten Fragen auf Grund der Vielschichtigkeit der Aspekte des Einzelfalls sehr unterschiedliche Antworten geben kann. Ein harmonischer Verlauf ist oft gegeben, aber keinesfalls garantiert.

5.1.7.7 Das Kennenlerngespräch

Besteht die Möglichkeit, den möglichen rechtlichen Betreuer vorher kennenzulernen?

Auf Wunsch der betroffenen Person kann die Betreuungsbehörde ein persönliches Kennenlernen zwischen der betroffenen Person und der als Betreuer*in vorgesehenen Person vermitteln.[315] Dieses vorherige Kennenlernen ist auch sinnvoll. Es ermöglicht den Beteiligten, einen ersten persönlichen Eindruck voneinander zu erhalten und festzustellen, ob ein einvernehmliches Zusammenwirken nicht ausgeschlossen ist. Rechtliche Berufsbetreuer*innen sollten wissen, dass dieses Kennenlerngespräch nicht extra vergütet wird. Sie sollten dennoch den Aufwand nicht scheuen. Das Kennenlerngespräch bietet Ihnen einen ersten persönlichen Eindruck von der betroffenen Person und den zu regelnden Angelegenheiten. Sie können damit auch für sich klären, ob die eigene Fachlichkeit und der zu erwartende Aufwand die Übernahme der rechtlichen Betreuung und die wirtschaftliche Führung der rechtlichen Betreuung ermöglicht.

5.1.7.8 Wechsel des rechtlichen Betreuers

Wann ist ein Wechsel des rechtlichen Betreuers vorzunehmen?

Der Wechsel des rechtlichen Betreuers ist in folgenden Fällen vorgesehen.

- Das Betreuungsgericht kann den rechtlichen Betreuer wechseln, wenn die rechtlich betreute Person eine mindestens gleich geeignete Person, die zur Übernahme der rechtlichen Betreuung bereit ist, vorschlägt.[316] Die Wirksamkeit des Vorschlages erfordert weder die Geschäftsfähigkeit noch die natürliche Einsichtsfähigkeit der rechtlich betreuten Person. Vielmehr genügt, dass sie ihren entsprechenden Willen oder Wunsch kundtut.
- Der Wille kann nur dann unberücksichtigt bleiben, wenn die vorgeschlagene Person ungeeignet ist, die rechtliche Betreuung zu führen.[317] Dies setzt voraus, dass sich aufgrund einer umfassenden Abwägung aller relevanten Umstände Gründe von erheblichem Gewicht ergeben, die gegen die Bestellung der vorgeschlagenen Person sprechen. Es muss die konkrete Gefahr bestehen, dass die vorgeschlagene Person ihren aus der rechtlichen Betreuung resultierenden Pflichten (siehe Abschnitt 5.2) nicht nachkommen kann.

315 § 12 Abs. 2 BtOG
316 § 1868 Abs. 5 BGB
317 Zu den Eignungskriterien siehe weiter oben

- Das Betreuungsgericht soll den Wechsel des rechtlichen Betreuers vornehmen, wenn ein rechtlicher Berufsbetreuer bestellt ist und die rechtliche Betreuung durch eine oder mehrere geeignete ehrenamtlich tätige Personen weitergeführt werden kann.[318]
- Der Betreuungsverein oder die Betreuungsbehörde ist als rechtlicher Betreuer zu entlassen, sobald die rechtliche Betreuung durch eine oder mehrere natürliche Personen hinreichend weitergeführt werden kann. Dies gilt für den Betreuungsverein nicht, wenn der Wunsch der rechtlich betreuten Person dem entgegensteht.[319]
- Hier zeigt sich auch die Bedeutung, die der Gesetzgeber der persönlichen Betreuung einräumt. Sie hat absoluten Vorrang vor der Vereins- oder Behördenbetreuung. Es sei denn, dass die Vereinsbetreuung von der rechtlich betreuten Person ausdrücklich gewünscht wird. Der Wechsel kann erfolgen, indem der bisherige Vereins- oder Behördenbetreuer zum Einzelbetreuer bestellt wird.
- Das Betreuungsgericht hat einen Wechsel des rechtlichen Betreuers vorzunehmen, wenn die Eignung des bisher bestellten Betreuers nicht oder nicht mehr gewährleistet ist oder ein anderer wichtiger Grund für den Wechsel vorliegt.[320] Ein wichtiger Grund liegt beispielsweise vor, wenn der rechtliche Betreuer eine erforderliche Abrechnung vorsätzlich falsch erteilt oder den erforderlichen persönlichen Kontakt zur rechtlich betreuten Person nicht gehalten hat.
- Das Betreuungsgericht hat den beruflichen rechtlichen Betreuer zu entlassen, wenn dessen Registrierung widerrufen oder zurückgenommen wurde.[321]
- Das Betreuungsgericht entlässt den bisherigen rechtlichen Betreuer auf dessen Verlangen, wenn nach dessen Bestellung Umstände eingetreten sind, aufgrund derer ihm die Führung der rechtlichen Betreuung nicht mehr zugemutet werden kann.

Beispiel:

Der Betreuer hat aufgrund beruflicher oder privater[322] Veränderungen nicht mehr die Möglichkeit, den betreuten Menschen in angemessenen Abständen zu besuchen.

- Der rechtliche Vereinsbetreuer/Behördenbetreuer ist dann zu entlassen, wenn der Betreuungsverein/die Betreuungsbehörde dies beantragt. Wünscht die rechtlich betreute Person die Fortführung der rechtlichen Betreuung durch die bisherige Person, kann das Betreuungsgericht diese mit ihrem Einverständnis als Privatperson zum rechtlichen Betreuer weiter bestellen.

Die Führung einer rechtlichen Betreuung ist eine persönliche Angelegenheit. Ihre Dauer beträgt zumeist mehrere Jahre. In vielen Fällen bedeutet sie eine lebenslange Begleitung der rechtlich betreuten Person. Mit der Zeit entwickelt sich ein persönliches Verhältnis zwi-

318 § 1868 Abs. 3 BGB
319 § 1868 Abs. 7 BGB
320 § 1868 Abs. 1 i.V.m § 1869
321 § 1868 Abs. 2 BGB i.V.m. § 27 Abs 1 und 2 BtOG
322 BGH, Beschl. v. 14.3.2018 – XII ZB 589/17

schen der rechtlich betreuten Person und dem rechtlichen Betreuer. Sie lernen sich über die Zeit kennen und können die gegenseitigen Reaktionen und Äußerungen einschätzen. Bei Entscheidungen können sie auf die Erfahrung aus dem persönlichen Umgang zurückgreifen. Erst mit dem Aufbau des persönlichen Verhältnisses zu der rechtlich betreuten Person bekommt die vom Gesetzgeber gewollte persönliche und am Willen orientierte rechtliche Betreuung ihre Grundlage.

Ein Wechsel des rechtlichen Betreuers ist daher wohl zu überlegen. Er kann Vor- oder Nachteile haben. Häufig ist der Bruch der persönlichen Beziehung die Folge. Bei seiner Entscheidung zum Wechsel des rechtlichen Betreuers wird das Gericht die Gründe für einen Wechsel mit dem Willen der rechtlich betreuten Person ins Verhältnis setzen.

In diesem Zusammenhang sollte sich jeder, der sich zur Übernahme einer rechtlichen Betreuung entschließt, seiner Verantwortung für die rechtlich betreute Person bewusst sein. Insbesondere rechtliche Berufsbetreuer*innen, ob sie freiberuflich, im Verein oder bei der Behörde tätig sind, sollten sich darüber im Klaren sein, dass diese Arbeit Kontinuität erfordert. Diese Arbeit sollte kein Probierfeld sein, um nach einer kurzen Zeit zugunsten eines besseren Jobs das Feld zu räumen. In diesem Zusammenhang steht auch der Arbeitgeber in der Pflicht, Konflikte mit dem Arbeitnehmer nicht vorschnell mit dessen Entlassung zu beantworten. Vielmehr sollten alle Möglichkeiten (z.B. Supervision) genutzt werden, um eine beständige Personalsituation zu garantieren. Neben der sachlichen und persönlichen Eignung sollte das Gericht auch den Aspekt der Beständigkeit bei der Auswahl der Betreuer berücksichtigen.

Wie schließt der bisherige rechtliche Betreuer seine Tätigkeit ab?

Bei einem Wechsel des rechtlichen Betreuers hat der bisherige rechtliche Betreuer das seiner Verwaltung unterliegende Vermögen und alle im Rahmen der rechtlichen Betreuung erlangten Unterlagen an den neuen rechtlichen Betreuer herauszugeben. Über die Verwaltung seit der letzten beim Betreuungsgericht eingereichten Rechnungslegung hat er Rechenschaft durch eine Schlussrechnung abzulegen.[323] Der bisherige rechtliche Betreuer hat einen Schlussbericht zu erstellen.[324]

5.1.8 Der Aufgabenkreis

Wie weit reicht die Befugnis des rechtlichen Betreuers?

Die Befugnis des rechtlichen Betreuers zur rechtlichen Unterstützung und Vertretung reicht nur so weit, wie dies im Aufgabenkreis bestimmt wird. Eine eindeutige und allgemein verbindliche Formulierung der einzelnen Aufgabenbereiche ist nicht bestimmt. Die Aufgabenbereiche können – entsprechend dem Prinzip der Erforderlichkeit – bis hin zur Regelung einzelner Rechtsgeschäfte ausdifferenziert werden.

323 § 1871 Abs. 4
324 § 1863 Abs. 4; siehe Abschnitt 5.10.2

Wie wird der Aufgabenkreis bestimmt?

Der Aufgabenkreis eines rechtlichen Betreuers besteht aus einem oder mehreren Aufgabenbereichen. Mit Wirkung zum 1.1.2023 hat der Gesetzgeber bestimmt, dass die Aufgabenbereiche einzeln anzuordnen sind. Dem Gericht ist damit die Möglichkeit genommen, einen umfassenden Aufgabenbereich für „alle Angelegenheiten" zu bestimmen.

Das Gericht soll möglichst genau hinsehen und die Aufgabenbereiche auf den Einzelfall passgenau bestimmen. Gleichzeitig macht die Formulierung des Gesetzes deutlich, dass es ganz eingeschränkte Anordnungen von Aufgabenbereichen, die sich etwa nur auf einzelne Maßnahmen beziehen, geben kann. Oberbegriffe wie „Vermögenssorge" sind damit nicht ausgeschlossen und werden wohl auch in Zukunft in der überwiegenden Zahl der Betreuungsverfahren Verwendung finden. Ein Aufgabenbereich darf aber nur angeordnet werden, wenn dessen rechtliche Wahrnehmung im Rahmen einer rechtlichen Betreuung erforderlich ist.[325] Bei der Beschreibung der Aufgabenbereiche ist in erster Linie zu berücksichtigen, welche rechtlichen Angelegenheiten von der betroffenen Person aktuell nicht allein oder nicht mit anderen Hilfen geregelt werden können. Es ist aber auch auf den zukünftig absehbaren Regelungsbedarf abzustellen. Es genügt also, dass ein Handlungsbedarf fallbezogen unvermittelt auftreten kann.

Zu berücksichtigen ist auch, dass es eine Vielzahl rechtlicher Angelegenheiten gibt, deren Erledigung Bestandteile unterschiedlicher Aufgabenbereiche beinhalten.

Beispiel:

So erstreckt sich beispielsweise ein Antrag auf Leistungen der Teilhabe auf nahezu alle Lebensbereiche der antragstellenden Person.

Erforderlich ist:

- *zur Klärung der Bedürftigkeit die Darlegung der Einkommens- und Vermögensverhältnisse (Aufgabenbereich: Vermögenssorge).*
- *zur Klärung der Zugehörigkeit zum gesetzlich bestimmten bezugsberechtigten Personenkreis Angaben und Nachweise zu Krankheit und Behinderung (Aufgabenbereich: Gesundheitssorge).*
- *zur Klärung der Bemessung des Hilfebedarfs Angaben zu den persönlichen Lebensverhältnissen, Problemen, Zielen … (Aufgabenbereich: Organisation der persönlichen Versorgung).*

Soweit der Aufgabenkreis nicht umfassend bestimmt ist, kann ein solcher Antrag nur im Wege des einvernehmlichen Zusammenwirkens von rechtlich betreuter Person und rechtlichem Betreuer erfolgen. Eine erforderliche Stellvertretung für das gesamte Verfahren zwingt zu einem umfassenden Aufgabenkreis.

---

325 § 1815 Abs. 1 BGB

Welche Aspekte sind zu berücksichtigen?

Die Umsetzung der gesetzlichen Vorgaben zur Bestimmung der Aufgabenbereiche in die Praxis ist nicht ganz einfach. Eine differenzierte Beschreibung der einzelnen Aufgabenbereiche setzt eine genaue Kenntnis der persönlichen Verhältnisse des betroffenen Menschen voraus. Zu glauben, dass diese Kenntnis im Rahmen eines Sozialberichtes der Betreuungsbehörde, eines medizinischen Gutachtens und von ein oder zwei persönlichen Gesprächen mit dem betroffenen Menschen erlangt werden kann, ist ein Trugschluss. Es gibt Situationen, wo Gutachter*innen, die Behörde und das Gericht auf genaue Informationen von dem betroffenen Menschen oder aus seinem Umfeld zurückgreifen können. In der Mehrzahl der Betreuungsverfahren dürfte dies nicht der Fall sein. Die Sachverhaltsaufklärung ergibt nur ein grobes unscharfes Bild. Zur Bewältigung dieser Schwierigkeit gehen die Gerichte unterschiedliche Wege.

- Einige Gerichte folgen konsequent den Bestimmungen des Gesetzes und bestimmen die Aufgabenbereiche detailliert anhand des aktuell und zukünftig konkret erkennbaren Handlungsbedarfs. Veränderter Bedarf führt zur Überprüfung der rechtlichen Betreuung.
- Andere Gerichte beschließen direkt umfassende Aufgabenbereiche. Sie gehen davon aus, dass rechtliche Betreuer nur in erforderlichem Maß tätig werden. Die Betreuung kann später, nachdem genauere Informationen vom rechtlichen Betreuer zusammengetragen worden sind, auf das notwendige Maß reduziert werden.

Zwischen diesen Vorgehensweisen gibt es eine Vielzahl weiterer Differenzierungen. Allen gemeinsam ist der Versuch, sowohl die Realitäten des gerichtlichen Verfahrens als auch die Interessen des betroffenen Menschen in Übereinstimmung zu bringen.

Je detaillierter die Sachverhaltsaufklärung und damit auch die Bestimmung des Aufgabenkreises sein soll, umso mehr Zeit wird hierfür benötigt. Schon der einfache Ablauf eines regulären Verfahrens nimmt überwiegend mehr als 3 Monate in Anspruch. Gleichzeitig besteht jedoch das Interesse an einem schnellen Verfahren. Die Anregung zu einer rechtlichen Betreuung erfolgt meist nicht vorausschauend, sondern oft erst dann, „wenn das Kind in den Brunnen gefallen" ist

Das Gericht muss die unterschiedlichen Interessen des betreuten Menschen nach einem möglichst geringen Eingriff in die persönliche Freiheit, aber auch sein Interesse an einem überschaubaren und wenig belastenden Verfahren sowie einer zeitnahen Entscheidung berücksichtigen.

Welches Interesse hat der Rechtsverkehr?

Die Legitimation für die Tätigkeit des rechtlichen Betreuers ergibt sich aus dem Aufgabenkreis. Der Rechtsverkehr wünscht sich eine eindeutige und allgemein verbindliche Formulierung der Aufgabenbereiche. Eine allgemeingültige Formulierung der Aufgabenbereiche hätte zum Vorteil, dass klargestellt wäre, welche Befugnisse zur rechtlichen Unterstützung und Vertretung sich aus der jeweiligen Formulierung des Aufgabenbereichs ergeben.

Es fehlt aber an einer Norm für den Wortlaut. Dies führt z.B. dazu, dass die Vorstellung von dem, was ein rechtlicher Betreuer mit z.B. dem Aufgabenkreis „Vermögenssorge" zu erledigen hat, von Gericht zu Gericht unterschiedlich sein kann. Auch im Vorfeld der letzten zum 1.1.2023 in Kraft getretenen Änderung des Betreuungsrechts wurde die Standardisierung der Aufgabenbereiche diskutiert. Die vom Gesetzgeber geforderte Individualität in der Beschreibung der Aufgabenbereiche widersetzt sich einer abschließenden Standardisierung. Aus diesem Grund ist der Gesetzgeber den umgekehrten Weg gegangen. Er hat Aufgabenbereiche bestimmt, die ausdrücklich angeordnet werden müssen, damit der rechtliche Betreuer insoweit tätig werden darf.

Welche Angelegenheiten können nur geregelt werden, wenn diese ausdrücklich als Aufgabenbereich benannt sind?

Folgende Aufgabenbereiche müssen konkret angeordnet werden:

- eine mit Freiheitsentziehung verbundene Unterbringung des Betreuten[326],
- eine freiheitsentziehende Maßnahme, unabhängig davon, wo der Betreute sich aufhält[327],
- die Bestimmung des gewöhnlichen Aufenthalts des Betreuten im Ausland,
- die Bestimmung des Umgangs des Betreuten,
- die Entscheidung über die Telekommunikation des Betreuten einschließlich seiner elektronischen Kommunikation,
- die Entscheidung über die Entgegennahme, das Öffnen und das Anhalten der Post des Betreuten.

Welche Angelegenheiten können nicht zum Aufgabenkreis gehören?

Aufgabenbereiche, die keine eigenen Angelegenheiten der rechtlich betreuten Person beinhalten, können nicht bestimmt werden. Beispielsweise kann die Beaufsichtigung der rechtlich betreuten Person oder das Betreten ihrer Wohnung kein Aufgabenbereich sein. Aufgabenbereiche können nur Rechte und Pflichten, die dem Betreuten grundsätzlich selbst zustehen bzw. obliegen, beinhalten. So kann es etwa eine Aufsichtspflicht begriffsnotwendig nur über eine dritte Person geben, sodass diese dem Betreuer nicht übertragen werden kann.

Vorschlag für die Formulierung und Zuordnung der Aufgabenkreise

I	Regelung aller finanziellen Angelegenheiten (Sorge für das Vermögen; Vermögenssorge)
	Die Formulierungen „Sorge für das Vermögen" und „Vermögenssorge" sind weit verbreitet. Wie oben bereits ausgeführt, führt diese Formulierung zu Irritationen. Überwiegend werden sie als Synonym für die „Regelung aller finanziellen Angelegenheiten" verwendet.
I.1	Geltendmachung von Einkommensansprüchen

326 Nach § 1831 Abs. 1 BGB
327 I.S.d. § 1831 Abs. 4 BGB

I.1.1	Geltendmachung von Lohn, Gehalt und außertariflichen Leistungen, Abfindungen
I.1.2	Geltendmachung anderer wiederkehrender Einkünfte
I.1.3	Geltendmachung von Leistungen aus Sozialversicherungen und/oder Sozialleistungen
I.1.3.1	Geltendmachung von Lohnersatzansprüchen; hierzu zählen, Krankengeld, Leistungen des Arbeitsamtes, Zusatzversorgungen, Unterhaltsansprüche, Schadensersatzansprüche, Leistungen zur Wiedereingliederung in das Arbeitsleben
I.1.3.2	Geltendmachung von Leistungen aus der Pflegeversicherung
I.1.3.3	Geltendmachung von Sozialleistungen; hierzu zählen z.B. Wohngeld, Pflegewohngeld, Vergünstigung, Kindergeld, Sozialhilfe, Erziehungsgeld, Blindengeld, Beihilfen
I.2	Regelung von Erbschaft und Pflichtanteilen
I.3	Geltendmachung vertraglicher Rechte (Wohnrecht, Nießbrauch, Pflegerechte, Versorgungsrecht, Nutzungsrecht etc.)
I.4	Verwaltung von Immobilien
I.5	Verwaltung von Gewerbebetrieben
I.6	Verwaltung von Geldanlagen
I.7	Verwaltung und Bereitstellung von Mitteln zur Sicherung des persönlichen Bedarfs, der Unterkunft und der persönlichen Versorgung
I.8	Verwalten von beweglichen Sachen
I.9	Ausstattung des Kindes des betreuten Menschen
I.10	Entsprechung sittlicher Pflichten oder einer aus Anstand zu nehmenden Rücksicht
I.11	Steuererklärung
I.12	Regelung der Erfüllung vertraglicher Verpflichtungen (Grabpflege, Pflegeverpflichtung, Spenden, gewährte Wohnrechte)
I.13	Schuldenregulierung
II	Gesundheitssorge
II.1	Sicherstellung der ärztlichen Heilbehandlung
II.2	Einwilligung in ärztliche Zwangsmaßnahmen und Verbringung
II.3	Organisation der persönlichen Versorgung

III	Mit Freiheitsentziehung verbundene Unterbringung (ausdrücklich anzuordnen)
IV	Freiheitsentziehende Maßnahme, unabhängig davon, wo der Betreute sich aufhält (ausdrücklich anzuordnen)
V	Wohnungsangelegenheiten, Heimvertrag
VI	Heimangelegenheiten
VII	Ausübung des Hausrechtes
VIII	Bestimmung des Umgangs des Betreuten, (ausdrücklich anzuordnen)
IX	Bestimmung des Aufenthaltes
X	Die Bestimmung des gewöhnlichen Aufenthalts des Betreuten im Ausland (ausdrücklich anzuordnen)
XI	Geltendmachung von Rechten gegenüber dem/den Bevollmächtigten
	Geltendmachung von Auskunfts- und Rechenschaftsansprüchen gegenüber Dritten
XII	Organisation des Getrenntlebens
XIII	Scheidungsangelegenheiten
XIV	Entscheidung über die Telekommunikation einschließlich der elektronischen Kommunikation (ausdrücklich anzuordnen)
XV	Die Entscheidung über die Entgegennahme, das Öffnen und das Anhalten der Post (ausdrücklich anzuordnen)
XVI	Sterilisation: Für die Entscheidung über die Einwilligung in eine Sterilisation ist stets ein besonderer Betreuer zu bestellen (Sterilisationsbetreuer)

5.1.8.1 Der Einwilligungsvorbehalt

Was ist ein Einwilligungsvorbehalt?

Der Einwilligungsvorbehalt besagt, dass die rechtlich betreute Person für Willenserklärungen, die in den Geltungsbereich des Einwilligungsvorbehaltes fallen, die Einwilligung des rechtlichen Betreuers benötigt. Die Teilnahme des betreuten Menschen am Rechtsverkehr wird eingeschränkt. Eine Ausnahme stellen Rechtsgeschäfte dar, die dem betreuten Menschen lediglich einen Vorteil verschaffen. Das Gericht bezieht den Einwilligungsvorbehalt auf einen oder mehrere Aufgabenbereiche. Nachfolgend einige Beispiele für die Wirkung des auf die Vermögenssorge bezogenen Einwilligungsvorbehalts.

Beispiele:

- *Die rechtlich betreute Person lebt von der Sozialhilfe und hat keine Ersparnisse. Ohne den rechtlichen Betreuer vorher zu fragen, bestellt sie bei einem Versandhaus einen teuren Wohnzimmerschrank und vereinbart eine Ratenzahlung von monatlich 150,00 € für die Zeit von 2 Jahren. Der Schrank wird geliefert und aufgebaut. Bei seinem darauffolgenden Besuch sieht der rechtliche Betreuer den Schrank und findet die erste Mahnung über nicht gezahlte Raten. Die Raten können auch nicht gezahlt werden, da sonst nicht genug Geld zum Einkauf der lebensnotwendigen Dinge übrig bleibt. Der rechtliche Betreuer widerspricht dem Vertrag. Der Vertrag ist unwirksam. Das Versandhaus holt den Schrank wieder ab.*
- *Die rechtlich betreute Person bekommt zum Geburtstag 50,00 € geschenkt. Der rechtliche Betreuer kann der Annahme des Geschenkes nicht widersprechen.*
- *Die rechtlich betreute Person bekommt zum Geburtstag eine Katze geschenkt. Fressen, Tierarzt, Katzenstreu usw. können aber nicht finanziert werden. Der rechtliche Betreuer muss der Schenkung widersprechen. Mit der Annahme der Schenkung sind Verpflichtungen verbunden, die von der rechtlich betreuten Person nicht erfüllt werden können.*

Wann darf ein Einwilligungsvorbehalt angeordnet werden?

Soweit dies zur Abwendung einer erheblichen Gefahr (siehe Abschnitt 5.2) für die Person oder das Vermögen der rechtlich betreuten Person erforderlich ist, ordnet das Betreuungsgericht an, dass die rechtlich betreute Person zu einer Willenserklärung, die einen Aufgabenbereich des rechtlichen Betreuers betrifft, dessen Einwilligung bedarf (Einwilligungsvorbehalt).[328] Gefahren können entstehen, wenn die rechtlich betreute Person:

- sich zum Abschluss von sinnlosen und nicht zu finanzierenden Haustürgeschäften überreden lässt,
- Reisen bucht, ohne die Absicht zu haben, diese anzutreten,
- in größerem Umfang Lebensmittel kauft, ohne dass diese gebraucht werden,
- täglich den Vertrag mit dem Pflegedienst kündigt, obwohl er auf dessen Hilfe existenziell angewiesen ist,

Dies kann auch der Fall sein, wenn die rechtlich betreute Person die Entscheidungen des rechtlichen Betreuers durch gegensätzliche Willenserklärungen zunichtemacht.

328 § 1825 Abs. 1 BGB

Beispiele:

- *Der rechtliche Betreuer richtet bei der Bank einen Dauerauftrag zur Zahlung der Miete ein. Die rechtlich betreute Person widerruft den Dauerauftrag und verbraucht das Geld.*
- *Im Rahmen der Regulierung von Schulden vereinbart der rechtliche Betreuer Ratenzahlungen. Die rechtlich betreute Person besteht bei der Bank auf der Auszahlung ihres Einkommens und verhindert so die Ratenzahlungen.*

Grundsätzlich darf gegen den freien Willen der betroffenen Person ein Einwilligungsvorbehalt nicht angeordnet werden. Denkbar ist jedoch, dass die betroffene Person die Einrichtung eines Einwilligungsvorbehaltes ausdrücklich wünscht. Dies kann beispielsweise dann der Fall sein, wenn die betroffene Person an einer Krankheit mit sehr unterschiedlichem Verlauf leidet und bei verschlimmertem Krankheitsgeschehen dazu neigt, ohne Rücksicht auf die eigenen finanziellen Möglichkeiten Ratenzahlungsverträge abzuschließen.

Willenserklärungen eines geschäftsunfähigen Menschen sind nicht wirksam.[329] Auf den ersten Blick ergibt sich daher keine Notwendigkeit für die Anordnung eines Einwilligungsvorbehaltes. Der Gesetzgeber hat aber auch hier die Möglichkeit der Anordnung eines Einwilligungsvorbehaltes vorgesehen.[330] Der Einwilligungsvorbehalt soll in diesem Fall verhindern, dass für die rechtlich betreute Person nachteilige Verträge erfüllt werden müssen, nur weil sie nicht in ausreichendem Maß in der Lage ist, ihre Geschäftsunfähigkeit zu beweisen. Bei angeordnetem Einwilligungsvorbehalt dürfte die Aufhebung oder die Rückabwicklung ungünstiger Verträge keine Schwierigkeit bereiten. Die rechtlich betreute Person muss ihre Geschäftsunfähigkeit nicht mehr beweisen.

5.1.8.2 Die Kontrollbetreuung

Einem rechtlichen Betreuer können auch die Aufgabenbereiche der Geltendmachung von Rechten der rechtlich betreuten Person gegenüber seinem Bevollmächtigten sowie zusätzlich der Geltendmachung von Auskunfts- und Rechenschaftsansprüchen der rechtlich betreuten Person gegenüber Dritten übertragen werden.[331] Ist dieser Aufgabenbereich allein angeordnet, handelt es sich um einen Kontrollbetreuer.

Das Betreuungsgericht bestellt einen Kontrollbetreuer, wenn die Bestellung erforderlich ist, weil der/die Vollmachtgeber*in aufgrund einer Krankheit oder Behinderung nicht mehr in der Lage ist, seine/ihre Rechte gegenüber der bevollmächtigten Person auszuüben, und aufgrund konkreter Anhaltspunkte davon auszugehen ist, dass die Vollmacht nicht wie im ursprünglichen Sinne gedacht verwendet wird. Überwiegend handelt es sich um Fälle, in denen Untätigkeit, Unvermögen und/oder ein Missbrauch durch die bevollmächtigte Person angenommen werden muss.

329 §§ 104 und 105 BGB
330 BT-Drucks. 11/4528, S. 137
331 § 1815 Abs. 3 BGB

Welche Befugnis hat der Kontrollbetreuer?

Der Aufgabenbereich „Geltendmachung von Rechten der rechtlich betreuten Person gegenüber ihrem Bevollmächtigten" ist ausschließlich auf das Innenverhältnis zwischen vollmachtgebender Person und ihrem Bevollmächtigten[332] gerichtet. Dabei unterliegt der Kontrollbetreuer – wie jeder andere rechtliche Betreuer – der Bindung an die Grundsätze zur Führung der rechtlichen Betreuung (siehe Abschnitt 5.2). Insbesondere sind die Wünsche und Weisungen aus der zu überwachenden Vollmacht bzw. aus separaten Schriftstücken des Vollmachtgebers zu beachten. Die Kontrolle des Bevollmächtigten ist entsprechend regelmäßig mit dem Vollmachtgeber zu besprechen.

Die Bindung des Aufgabenkreises an das Innenverhältnis hindert den rechtlichen Betreuer daran, eigene Ermittlungen zum Sachverhalt mit Außenwirkung anzustellen. Dieses Hindernis wird ausgeräumt, wenn dem Kontrollbetreuer zusätzlich der Aufgabenbereich „Geltendmachung von Auskunfts- und Rechenschaftsansprüchen des Betreuten gegenüber Dritten" übertragen wird[333]. Mit dieser Befugnis ausgestattet kann der Kontrollbetreuer eigenständig Auskünfte bei Dritten einholen und ist somit nicht auf die Mitwirkung des Bevollmächtigten angewiesen.

Ist das Verhältnis zwischen Bevollmächtigtem und Kontrollbetreuer durch einen Verdacht belastet?

Wird der Kontrollbetreuer bestellt, besteht der konkrete Verdacht, dass der Bevollmächtigte sein Amt nicht entsprechend den in der Vollmacht formulierten Bedingungen oder den einer Vollmacht zugrunde liegenden gesetzlichen Bestimmungen führt oder aus unterschiedlichen Gründen nicht entsprechend führen kann. Das Verhältnis von Bevollmächtigtem zum Kontrollbetreuer ist somit von Beginn an durch die Annahme eines Unterstützungsbedarfs oder der fehlerhaften Nutzung der Vollmacht bestimmt.

Wegen der Bindung der Erforderlichkeit einer Kontrollbetreuung an den konkret vorhandenen Unterstützungsbedarf/Verdacht erstreckt sich auch die Befugnis des rechtlichen Betreuers zunächst auf den diesbezüglichen. Die Kontrolle durch den Kontrollbetreuer darf sich nicht ohne weitergehende Notwendigkeit wahllos auf weiteres Handeln des Bevollmächtigten erstrecken.

Was ist bei der Aufklärung des Sachverhalts zu beachten?

Zunächst sind alle zur Aufklärung des Sachverhalts erforderlichen Informationen vom Bevollmächtigten zu verlangen.

Methodisch hat der Kontrollbetreuer die grundlegende Bedeutung des in der Vorsorgevollmacht zum Ausdruck kommenden Selbstbestimmungsrechts und das Ergebnis des Gesprächs mit dem Vollmachtgeber zu beachten. Insbesondere hat er auf das Vertrauensverhältnis zwischen Vollmachtgeber und Bevollmächtigtem Rücksicht zu nehmen.

Der Bevollmächtigte muss in der Lage sein und Gelegenheit haben, die verlangte Auskunft zu erteilen. Dabei darf der Kontrollbetreuer keine unmöglichen Fristen setzen oder einen

332 Dies können auch mehrere bevollmächtigte natürliche oder eine bevollmächtigte juristische Personen sein.
333 § 1815 Abs. 3 BGB

übertriebenen Anspruch an Aufarbeitung und Form der Auskunft stellen. Stattdessen könnte der Kontrollbetreuer anbieten, bei der Sichtung und Ordnung erforderlicher Unterlagen behilflich zu sein, den Bevollmächtigten anleiten, geforderte Informationen und Belege zu beschaffen oder hinsichtlich zu erledigender Schritte beraten.

Der Kontrollbetreuer hat die üblichen Gepflogenheiten zwischen Vollmachtgeber und Bevollmächtigtem hinsichtlich der Dokumentation und Belegführung zu beachten. Erst wenn hierzu nichts in Erfahrung zu bringen ist, kann der Kontrollbetreuer die Beachtung allgemeingültiger Regeln verlangen.

Bestätigt sich der Verdacht, dass mit der Vollmacht dem Betreuungsbedarf nicht Genüge getan wird, stellt sich die Frage, wie dem begegnet werden kann.

Wie kann der Kontrollbetreuer die Rechte des Vollmachtgebers gegen den Bevollmächtigten geltend machen?

Das erste Interesse des Vollmachtgebers ist darin zu erkennen, dass die Verfügungen in der Vorsorgevollmacht vollumfänglich umgesetzt werden können. Idealerweise wird der Kontrollbetreuer zusammen mit dem Bevollmächtigten ein Konzept zur Behebung der festgestellten Mängel ausarbeiten. Welche Unterstützung/Beratung benötigt der Bevollmächtigte zur Erledigung seiner Aufgabe? Wer kann diese Unterstützung/Beratung leisten? Die Umsetzung des Konzepts wird durch den Kontrollbetreuer überwacht.

Eine weitergehende Überlegung kann darin bestehen, zur Unterstützung des Bevollmächtigten eine rechtliche Betreuung einzurichten. Der Aufgabenkreis wäre auf die vom Bevollmächtigten nicht zur Genüge geregelten Angelegenheiten zu begrenzen.

Ist bereits ein Schaden eingetreten, ist unter Berücksichtigung der Gesamtperspektive zu klären, ob und ggf. wie der Schaden reguliert werden kann. Der Kontrollbetreuer ist auch berechtigt, die Rechte des Vollmachtgebers gegen den Bevollmächtigten gerichtlich durchzusetzen.

Stellt der Kontrollbetreuer fest, dass alle Maßnahmen zur Unterstützung und Ergänzung der Vollmacht nicht genügen, um eine Gefährdungslage für den Vollmachtgeber abzuwenden, hat er dies dem Betreuungsgericht zu berichten. Dabei hat er über die unternommenen Versuche zur Behebung der Gefährdungslage zu berichten. Entsprechend sollten die Bemühungen, mit dem Bevollmächtigten einvernehmliches Zusammenwirken zu erzielen, beschrieben werden.

Was kann getan werden, wenn noch nicht klar ist, ob die Gefährdung dauerhaft besteht?

Das Betreuungsgericht kann anordnen, dass der Bevollmächtigte die ihm erteilte Vollmacht nicht ausüben darf.[334] Dies nur, wenn die dringende Gefahr besteht, dass der Bevollmächtigte nicht den Wünschen der vollmachtgebenden Person entsprechend handelt und dadurch die Person des Vollmachtgebers oder dessen Vermögen erheblich gefährdet. Ein anderer Grund für eine solche Anordnung ist gegeben, wenn der Bevollmächtigte den Betreuer bei der Wahrnehmung seiner Aufgaben behindert.

334 § 1820 Abs. 4 BGB

Diese Maßnahme ist für Situationen gedacht, in denen zwar dringende Anhaltspunkte für die Notwendigkeit eines Widerrufs vorliegen, diese aber noch nicht ausreichend festgestellt werden können und der Bevollmächtigte nicht bereit ist, freiwillig die Vollmacht ruhen zu lassen. Dieses Instrument ermöglicht die Abwehr einer erheblichen Gefahr, ohne die Vollmacht widerrufen zu müssen. Der Widerruf der Vollmacht führt zum Erlöschen der Vollmacht, ohne dass dies rückgängig gemacht werden könnte.

Damit ist sichergestellt, dass der Bevollmächtigte sein Amt weiter ausüben kann, sollte sich bei weiteren Prüfungen herausstellen, dass die Vorwürfe unberechtigt waren oder der Bevollmächtigte sein Verhalten ändert.

Um sicherzustellen, dass der Bevollmächtigte während der Anordnung des Ausübungsverbots keinen Gebrauch von der Vollmacht macht, kann das Gericht zugleich die Herausgabe der Vollmachtsurkunde anordnen. Da eine solche Maßnahme in der Regel eilbedürftig ist, soll zur Beschleunigung und zur effektiveren Vollstreckung das Betreuungsgericht diese Anordnung treffen. Die Vollmachtsurkunde ist dann allerdings an den Betreuer herauszugeben.

Wenn sich der Verdacht nicht bestätigt, also keine Gründe für einen Widerruf der Vollmacht vorliegen und die Vollmacht auch nicht in der Zwischenzeit aus anderen Gründen erloschen ist, ist die gerichtliche Anordnung aufzuheben und die Vollmachtsurkunde vom Betreuer an den Bevollmächtigten zurückzugeben.[335]

Wann darf eine Vorsorgevollmacht durch den Kontrollbetreuer widerrufen werden?

Der Widerruf einer Vorsorgevollmacht ist ein gewichtiger irreversibler Eingriff in das Selbstbestimmungsrecht der rechtlich betreuten Person und bedurfte bis zur Reform des Betreuungsrechts der ausdrücklich im Aufgabenkreis angeordneten Befugnis des rechtlichen Betreuers. Mit der Reform hat der Gesetzgeber zum 1.1.2023 den Widerruf der Vollmacht von einer entsprechenden betreuungsrechtlichen Genehmigung abhängig gemacht.

Die erteilte Genehmigung durch das Betreuungsgericht entbindet den rechtlichen Betreuer nicht von der Pflicht, Umstände, die zwischen der Feststellung der Notwendigkeit des Widerrufs und der Wirksamkeit der Entscheidung eingetreten sind, zu berücksichtigen. Der Widerruf darf somit nicht vorgenommen werden, wenn sich der Sachverhalt geändert hat oder die dem Beschuss zugrunde liegenden Tatsachen nicht bzw. nicht mehr zutreffen.

Der Widerruf kann auch unterbleiben, wenn sich der Bevollmächtigte in „letzter Minute" verpflichtet, einem Konzept zur Behebung der Gefahrenlage zu folgen. Soweit erforderlich, muss er sich verpflichten, bis die Gefahrenlage abgewendet ist, teilweise oder umfänglich keinen Gebrauch von der Vollmacht zu machen.

Was ist nach dem Widerruf der Vorsorgevollmacht zu tun?

Den Widerruf der Vollmacht bzw. die Entscheidung, die Vollmacht nicht zu widerrufen, hat der rechtliche Betreuer dem Betreuungsgericht mitzuteilen. In der Regel werden damit

335 Vgl. BT-Drucks. 19/24445 S. 247

Umstände begründet, die eine Änderung der rechtlichen Betreuung erfordern. Die Kontrollbetreuung wäre aufzuheben.

5.1.9 Der weitere Ablauf des Verfahrens

5.1.9.1 Die persönliche Anhörung der betroffenen Person

Um Entscheidungen „hinter dem Rücken" der betroffenen Person oder „über ihren Kopf hinweg" zu verhindern, haben wir bereits in den vorstehenden Abschnitten verschiedene Mechanismen kennengelernt. Neben den bisher besprochenen Mechanismen hat der Gesetzgeber zum Kernstück des Verfahrensrechts die Verpflichtung des Gerichts gemacht, vor Bestellung einer rechtlichen Betreuung oder der Anordnung eines Einwilligungsvorbehaltes die betroffene Person persönlich anzuhören, sich von ihr einen unmittelbaren Eindruck zu verschaffen und ihre Wünsche zu erfragen.[336]

Was wird im Rahmen der persönlichen Anhörung besprochen?

Die seit dem 1.1.2023 neu geregelte Pflicht, bei der persönlichen Anhörung der betroffenen Person auch seine Wünsche zu erfragen, dient der gerichtlichen Amtsermittlung und entspricht der Wichtigkeit und Maßgeblichkeit der Wünsche der betroffenen Person für alle Entscheidungen im Betreuungsverfahren. Diese Pflicht des Betreuungsgerichts soll deutlich machen, dass nicht objektive, sondern auf die betroffene Person bezogene subjektive Aspekte im Vordergrund des Verfahrens stehen.

In der persönlichen Anhörung erörtert das Betreuungsgericht mit der betroffenen Person das Verfahren, das Ergebnis des in der Regel zuvor übermittelten Gutachtens, die Person oder Stelle, die als Betreuer in Betracht kommt, den Aufgabenkreis mit seinen einzelnen Aufgabenbereichen und den Zeitpunkt, bis zu dem das Gericht über eine Aufhebung oder Verlängerung der rechtlichen Betreuung oder der Anordnung eines Einwilligungsvorbehalts zu entscheiden hat (siehe Abschnitt 5.1.9.4.). Eine zum Verfahrenspfleger bestellte Person soll anwesend sein.[337]

Die Entscheidung des Gerichts darf sich nur auf Feststellungen stützen, zu welchen sich die Beteiligten äußern konnten.[338] Dabei hat die Gewährung rechtlichen Gehörs, sofern geboten, in einem persönlichen Gespräch mit dem Betroffenen zu erfolgen.[339] Dies dürfte immer dann der Fall sein, wenn der betroffene Mensch sich nicht anders als in einem persönlichen Gespräch äußern kann. Entsprechend sind alle Feststellungen, die in die Entscheidung des Gerichts einfließen, zu besprechen.

Durch die am 1.1.1999 in Kraft getretene Änderung des Betreuungsrechts hat der Gesetzgeber das Gericht schon damals verpflichtet, in geeigneten Fällen auf die Möglichkeit der Vorsorgevollmacht und deren Inhalt hinzuweisen. Die bisherige Erfahrung aus den Betreuungsverfahren zeigt, dass diese Regelung eher eine untergeordnete Rolle spielt. Im über-

336 § 278 Abs. 1 FamFG
337 § 278 Abs. 2 FamFG
338 § 37 FamFG Absatz 2
339 § 34 FamFG

wiegenden Teil der angeregten Verfahren ist die betroffene Person nicht mehr in der Lage, eine Vollmacht zu erteilen oder kann keine geeignete Vertrauensperson benennen. Ungeachtet dessen unterstreicht diese Regelung die hohe Bedeutung und den Vorrang, welche der Gesetzgeber der privaten Vorsorge zumisst.

Wo findet die Anhörung statt?

Den persönlichen Eindruck soll sich das Gericht in der üblichen Umgebung der betroffenen Person verschaffen, wenn sie es verlangt oder wenn es der Sachaufklärung dient und sie nicht widerspricht.[340] Dies dürfte von besonderer Bedeutung sein, wenn die Wohnsituation oder/und die Lebensumstände maßgebliche Gründe für die Bestellung der rechtlichen Betreuung bilden sollten.

Damit ist der betroffenen Person die Möglichkeit gegeben, die Anhörung in der gewohnten Umgebung zu wünschen oder dem Besuch des Betreuungsgerichts in der gewohnten Umgebung zu widersprechen.

Das Betreuungsgericht kann die Anhörung im Gerichtsgebäude bestimmen. Dies immer dann, wenn die Mobilität der betreuten Person die selbstständige Bewältigung der Wegstrecke ermöglicht und sich von der Anhörung in der üblichen Umgebung keine für die Sachverhaltsaufklärung relevanten Erkenntnisse erwarten lassen. Beispielsweise ist dies der Fall, wenn das Gericht die persönlichen Verhältnisse der betroffenen Person aus dem vorangegangenen Verfahren bereits kennt.

Welche Aspekte sind bei der persönlichen Anhörung noch zu beachten?

Die Verfahrensgrundsätze sind als unmittelbare Handlungsanleitung für Betreuungsrichter*innen zu verstehen.

Die Durchführung der persönlichen Anhörung der betroffenen Person im Rahmen eines einzigen Termins ist möglich. Dies hat zum Problem, dass die Zufälligkeit einer einmaligen Begegnung zur Fehleinschätzung seines Zustandes führen kann. Die Vorbereitung auf den Termin kann dem begegnen.

Schon sehr frühzeitig wurde von richterlicher Seite[341] auf die mangelnde Vorbereitung der Richter*innen auf diese Aufgaben in ihrer Ausbildung und juristischen Praxis hingewiesen. Oft sind Richter*innen nur für eine begrenzte Zeit für Betreuungsverfahren zuständig und können nicht auf einen wachsenden Erfahrungsschatz zurückgreifen. Gefordert ist eine kommunikative Kompetenz, also die Fähigkeit, sich im Gespräch der betroffenen Person verständlich machen zu können und sie zu verstehen. Je weniger kompetent dabei die anzuhörende Person in ihrer Kommunikation ist, desto größere kommunikative Kompetenz muss die anhörende Person in die Begegnung einfließen lassen.

Wie bei der Reise in ein unbekanntes Land bedarf es zuvor einer umfassenden Information über die dortigen Gegebenheiten sowie möglichst der Begleitung durch einen Dolmetscher. Auf die Kommunikation mit kranken/behinderten Menschen übertragen, ergibt

340 § 278 Abs. 1 Satz 3 FamFG

341 Coeppicus, Durchführung und Inhalt der Anhörung in Betreuungs- und Unterbringungssachen, FamRZ 1991, 892 ff.; Coeppicus, Verschaffung des unmittelbaren Eindrucks vom Betroffenen, Anhörung in der üblichen Umgebung und Anhörung durch den ersuchten Richter nach dem BtG, FamRZ 1992, 16 ff.

sich, dass der Anhörende sich vorher umfassend über die jeweilige Person und ihre Erkrankung/Behinderung informieren muss. Es müssen die Grundlagen für die Verständigung – auch nonverbal – gesucht werden. Wenn nötig, kann die Hilfe von Personen, die mit der betroffenen Person vertraut sind (z.B. das Pflegepersonal), als Verständigungshelfer genutzt werden. Schließlich müssen das gesprochene Wort und die Mimik und Gestik übereinstimmen. Beispielsweise wird die Ankündigung, sich Zeit nehmen zu wollen, durch den hastigen Blick auf die Uhr zunichtegemacht.

Hinsichtlich der mit dem Betreuungsgesetz konfrontierten großen Gruppe der gerontopsychiatrisch erkrankten Menschen, insbesondere den an Morbus-Alzheimer und an einer Multi-Infarkt-Demenz Erkrankten, ist es für die anhörenden Richter*innen oft sehr schwierig, einen Zugang zu bekommen. Manchmal hilft ein Perspektivwechsel dergestalt, dass die Anhörungssituation sowohl aus der Sicht des Anhörenden als auch aus der des betroffenen Menschen beleuchtet wird.

Eine Amtsperson dringt in der Welt der betroffenen Person ein, beunruhigt sie und lässt sie fragen: „Was will die fremde Person von mir – habe ich etwas verbrochen?" Der Wechsel auf die Perspektive der betroffenen Person führt zu einer einfühlsamen Begleitung, die ihre Wünsche zur Kenntnis nimmt und sie zur Grundlage für die Suche nach geeigneten Maßnahmen macht.

Viele persönliche Anhörungen lassen einen derartigen Perspektivwechsel vermissen, da sie darauf abzielen, den vermuteten krankheits-/behinderungsbedingten Defekt einzukreisen. Entsprechende Fragen nach der objektiven Realität lassen den betroffenen Menschen dann zwangsläufig noch verwirrter erscheinen. Auf die Frage nach dem aktuellen Datum antwortet er falsch, aber für ihn selbst ist das Datum in der Monotonie des Heimalltages unwichtig. Auf die Frage, wo er sich denn hier befindet, weiß er nicht genau zu antworten; er kennt doch sein Zimmer und die darin vertrauten Gegenstände, kann aber nicht den Ort benennen, wohin man ihn in das Heim „verlegt" hat. Die Frage nach dem Alter nach Jahren können selbst kompetente jüngere Zeugen unter dem Stress eines Gerichtstermins häufig nicht schnell und sicher beantworten, während Alt und Jung das tief in ihrem Gedächtnis eingeprägte Geburtsdatum aktivieren können. Sehr schnell wird dann das Urteil dahin gehend gefällt, dass dieser Mensch die Orientierung nach Zeit und Raum und zur Person verloren hat.

Kommen die betroffenen Menschen trotz ihrer Desorientierung in dem beschränkten Rahmen der Einrichtung mit der Gestaltung ihrer alltäglichen Lebensbezüge zurecht und haben sie sich so eine subjektive Orientierung verschafft, die sie auch in einer Gemeinschaft relativ konfliktfrei leben lässt, stellt sich die Frage, ob die rechtliche Betreuung wirklich erforderlich ist.

Aus der Perspektive des Anhörenden wirkt die Atmosphäre im Altenpflegeheim, der Anblick alter kranker Menschen bedrückend. Es kann sein, dass eigene Ängste vor Krankheit und Tod oder aber Schuldgefühle bei dem Gedanken, die eigenen Eltern in einer derartigen Einrichtung zu wissen, mitschwingen. Es sind beim Anhörenden alle Sinne angerührt, z.B. durch einen bestimmten Geruch oder den Anblick von schwerem Leiden.

Von außen kommende Richter*innen stoßen häufig auf persönliche Ablehnung, sei es vom ärztlichen, sei es vom pflegerischen Personal, sei es von betroffenen Personen selbst.

Das pflegende Personal im Heim fühlt sich in der eigenen Situation überfordert und von der Gesellschaft alleingelassen. Es reagiert auf die von außen kommenden Richter*innen als Boten eben dieser Gesellschaft. So ist oft zu hören, dass man in den Einrichtungen schon das für den Bewohner Notwendige bzw. in den Krankenhäusern das therapeutisch Erforderliche tue, ohne dass dazu eine gerichtliche Mitwirkung erforderlich sei.

Der betroffenen Person wird erklärt, dass ihr Hilfe zur Seite gestellt werden soll. Objektiv betrachtet kann sie sehr wohl hilfsbedürftig sein, das eigene subjektive Empfinden hingegen sagt ihr etwas anderes. Möglicherweise erlebt sie sich selbst als voll handlungsfähig und sieht eine drohende Entmündigung auf sich zukommen.

Gegenseitige Frustration kann sich durchaus im Wege der Rückkopplung jeweils verstärkend auf das jeweilige Gegenüber übertragen, mit der Folge, dass eine beiderseitige Resignation eintritt, wenn es nicht gelingt, die um die betroffene Person bemühten Professionen zu gemeinsamem, aufeinander abgestimmtem Handeln zu bringen.

Interdisziplinärer Austausch ist schließlich auch geboten, um die Anhörungskompetenz im Umgang mit Personen, die an psychischen Störungen leiden, zu erhöhen. Es seien hier nur einige Beispiele genannt. So sollte einer Person, die an einer wahnhaften Störung leidet und die nicht selten kontaktscheu und verschlossen ist, nicht der Eindruck vermittelt werden, dass der Anhörende ihrer Welt ablehnend gegenübersteht, sondern sich interessiert und ausführlich davon berichten lässt. Würde versucht, der betroffenen Person die Wahnideen auszureden, die diese ja für Realität hält, so bestünde die Gefahr, dass sie sich zurückgewiesen fühlt und nicht mehr bereit ist, über sich selbst zu sprechen.

Die wenigen Beispiele zeigen, dass es Betreuungsrichter*innen von großem Nutzen sein kann, wenn sie von der Möglichkeit Gebrauch machen, zur Anhörung eine Person hinzuziehen, die mit der anzuhörenden Person vertraut ist. So gelingt ein leichterer Zugang zur betroffenen Person.

Die betroffene Person ihrerseits kann die Anwesenheit einer Person ihres Vertrauens verlangen. Mit ihrer Zustimmung kann das Gericht auch anderen Personen die Anwesenheit gestatten.

Im Übrigen hat das Gericht im Einzelfall abzuwägen zwischen dem Bestreben, eine möglichst breite Grundlage für seine Entscheidung durch die Einbeziehung der verschiedensten Informationspersonen zu gewinnen, und der davon auf die betroffene Person wirkende Belastung. Das Eindringen mehrerer Personen in meinen persönlichen Bereich kann Angst machen.

Kann von der persönlichen Anhörung abgesehen werden?

Das FamFG bietet die Möglichkeit, von der persönlichen Anhörung der betroffenen Person abzusehen, wenn nach ärztlichem Gutachten hiervon erhebliche Nachteile für ihre Gesundheit zu befürchten sind.[342] Unterbleibt aus diesem Grund die persönliche Anhörung, bedarf es auch keiner Verschaffung eines persönlichen Eindrucks.[343]

342 § 278 Absatz 4 FamFG
343 § 278 Abs. 4 FamFG

Die Entscheidung, von der persönlichen Anhörung der betroffenen Person abzusehen, weil hiervon erhebliche Nachteile für ihre Gesundheit zu befürchten sind, ist nicht nur für das Gespräch zwischen Richter*in und betroffener Person von Bedeutung. Auch der bestellte rechtliche Betreuer muss sich aufgrund dieser Entscheidung fragen, ob und wieweit er mit der betroffenen Person sprechen kann bzw. darf. Es fängt an, wo der rechtliche Betreuer entscheiden muss, ob er sich als rechtlicher Betreuer zu erkennen geben kann.

Die Tragweite einer solchen Entscheidung erfordert eine genaue und differenzierte Stellungnahme eines Gutachters. Neben der Auskunft, dass die persönliche Anhörung der betroffenen Person mit erheblichen Nachteilen für ihre Gesundheit verbunden ist, sollte das Gutachten folgende Fragen beantworten:

- Welche Nachteile sind mit einer persönlichen Anhörung der betroffenen Person verbunden?
- Welche Gründe stützen diese Befürchtung?
- Wie hoch ist die Wahrscheinlichkeit für das Eintreten der befürchteten Nachteile?
- Welche Bedingungen müssen erfüllt sein, um mit der betroffenen Person über die anstehenden Fragen sprechen zu können?
- Kann die Anwesenheit einer Person des Vertrauens, eines Arztes oder einer besonders geschulten Fachperson die persönliche Anhörung ermöglichen?
- Wann ist damit zu rechnen, dass die betroffene Person ohne erhebliche Nachteile für ihre Gesundheit angehört werden kann?
- Mit welchen Auswirkungen ist zu rechnen, wenn die betroffene Person erfährt, dass, ohne sie angehört zu haben, entschieden worden ist?

Die Beantwortung dieser Fragen setzt voraus, dass der Gutachter besonders qualifiziert ist.

5.1.9.2 Zwangsmaßnahmen zur Durchführung des Verfahrens

Die betroffene Person ist nicht verpflichtet, aktiv am Verfahren, insbesondere bei der Erstellung des Gutachtens, mitzuwirken. Körperliche Eingriffe gegen ihren Willen sind ebenso unzulässig wie Zwang oder Überlistung zur Erlangung von Auskünften und zur Durchführung von Tests. Das Gericht kann jedoch zur Durchsetzung der persönlichen Anhörung und Verschaffung des unmittelbaren Eindrucks die betroffene Person durch die Betreuungsstelle vorführen lassen, wenn sie sich weigert, an diesen Verfahrenshandlungen mitzuwirken.[344]

Das Gericht kann anordnen, dass die betroffene Person zur Vorbereitung eines Gutachtens untersucht und durch die Betreuungsstelle zu einer Untersuchung vorgeführt wird,[345] wodurch sichergestellt werden soll, dass ein erforderliches Gutachten erstellt werden kann. Dabei bedürfen die Anwendung von Gewalt und das Betreten der Wohnung in jedem Fall einer Entscheidung des Gerichts.[346]

---

344 § 278 Absatz 5 FamFG
345 § 283 Absatz 1 FamFG
346 § 283 Absatz 2 und 3 FamFG

Zur Schonung der betroffenen Person soll die Vorführung zur Untersuchung von der zuständigen Betreuungsbehörde vorgenommen werden. Es ist anzunehmen, dass diese über hinreichend geschultes Personal verfügt. Die Unterstützung durch polizeiliche Vollzugsorgane ist nur als Ultima Ratio zulässig.[347] Nach sachverständiger Anhörung kann das Gericht schließlich anordnen, dass die betroffene Person auf bestimmte Dauer untergebracht und beobachtet wird, soweit dies zur Vorbereitung des Gutachtens erforderlich ist. Zuvor ist die betroffene Person anzuhören. Die Unterbringungsdauer ist auf sechs Wochen befristet, mit einer Verlängerungsmöglichkeit auf maximal drei Monate.[348] Da diese Maßnahme als besonders schwerwiegender Eingriff nur als äußerstes Mittel nach Abwägung der Verhältnismäßigkeit eingesetzt werden darf, hat sich in der Praxis die Vorführung zu einem Verhandlungstermin, bei dem die sachverständige Person anwesend ist und sogleich eine gutachterliche Stellungnahme abgeben kann, als wirksame und schonende Maßnahme erwiesen.

Schließlich darf aus der Weigerung des betroffenen Menschen, an der Begutachtung mitzuwirken, nichts gegen ihn hergeleitet werden, insbesondere können die zivilprozessualen Grundsätze der Beweisvereitelung nicht gegen ihn angewendet werden.[349]

5.1.9.3 Der Beschluss des Betreuungsgerichts

Was enthält der Beschluss des Betreuungsgerichts?

Die Entscheidung im Betreuungsverfahren wird vom Betreuungsgericht in einem Beschluss formuliert. Die Beschlüsse des Betreuungsgerichts enthalten:[350]

- die Bezeichnung der Beteiligten, ihrer gesetzlichen Vertreter*innen und der Bevollmächtigten;
- die Bezeichnung des Gerichts und die Namen der Gerichtspersonen, die bei der Entscheidung mitgewirkt haben;
- die Beschlussformel.

Die Beschlussformel enthält im Fall der Bestellung eines rechtlichen Betreuers auch

- die Bezeichnung des Aufgabenkreises unter Benennung der einzelnen Aufgabenbereiche;
- bei Bestellung eines Vereinsbetreuers die Bezeichnung als „Vereinsbetreuer" und die des Vereins;
- bei Bestellung eines Behördenbetreuers die Bezeichnung als „Behördenbetreuer" und die der Behörde;
- bei Bestellung eines beruflichen Betreuers die Bezeichnung als „beruflicher Betreuer".

Die Beschlussformel enthält im Fall der Anordnung eines Einwilligungsvorbehalts die Bezeichnung des Kreises der einwilligungsbedürftigen Willenserklärungen.

347 BR-Drucks. 309/07 S. 600 f.
348 § 284 FamFG
349 Vgl. OLG Köln, JMBl. NW 1995, 125 f.
350 § 286 FamFG i.V.m. § 38 Absatz 2 Nr. 3

Die Beschlussformel enthält den Zeitpunkt, bis zu dem das Betreuungsgericht über die Aufhebung oder Verlängerung der Bestellung der rechtlichen Betreuung oder die Anordnung eines Einwilligungsvorbehaltes zu entscheiden hat.

Jeder Beschluss hat eine Belehrung über das statthafte Rechtsmittel, den Einspruch, den Widerspruch oder die Erinnerung sowie das Gericht, bei dem diese Rechtsbehelfe einzulegen sind, dessen Sitz und die einzuhaltende Form und Frist zu enthalten.[351]

Der Beschluss ist zu begründen. Er ist zu unterschreiben. Das Datum der Übergabe des Beschlusses an die Geschäftsstelle oder der Bekanntgabe durch Verlesen der Beschlussformel (Erlass) ist auf dem Beschluss zu vermerken.[352]

Hiermit wird zwingend vorgeschrieben, dass mit einer einheitlichen Entscheidung bei der Feststellung der Notwendigkeit einer rechtlichen Betreuung sofort der rechtliche Betreuer (Person, mehrere Personen, Verein oder Behörde) und sein Aufgabenkreis und ein eventueller Einwilligungsvorbehalt vom Gericht bestimmt werden. Es wird sichergestellt, dass die Regelung der Angelegenheiten der betroffenen Person im Rahmen des beschlossenen Aufgabenkreises unverzüglich beginnen kann.

In der Praxis hat sich die übliche Beschlussform, und zwar im Wesentlichen einem Einheitsschema folgend, herausgebildet. Das gebräuchliche Schema ermöglicht es, den Beschluss, quasi im Ankreuzverfahren, zu fertigen.

Beschluss

Aktenzeichen: …

Amtsgericht …

Beschluss

In dem Betreuungsverfahren für

Frau …

geb. am: …

wohnhaft: …

– Betroffener und Beteiligter zu 1. –

Verfahrenspfleger: RA …

– Beteiligte zu 2. –

Betreuungsbehörde …

– Beteiligte zu 3. –

Weitere Beteiligte …

– Beteiligte zu 4. –

351 § 39 FamFG
352 § 38 FamFG

hat das Amtsgericht ... – Betreuungsgericht – durch den Richter ... am ... beschlossen

1. Herr ..., wohnhaft ..., wird zum rechtlichen Betreuer (Berufsbetreuer) bestellt.
2. **Der Aufgabenkreis wird mit folgenden Aufgabenbereichen bestimmt**:
   - die Gesundheitssorge,
   - die Aufenthaltsbestimmung,
   - die Vermögenssorge.
3. Für den Aufgabenbereich der Vermögenssorge wird ein Einwilligungsvorbehalt angeordnet.
4. Das Gericht wird spätestens bis zum ... über eine Aufhebung oder Verlängerung der rechtlichen Betreuung und des Einwilligungsvorbehaltes beschließen.
5. Die Entscheidung ist sofort wirksam.

Gründe:

Es ist erforderlich, für die betroffene Person einen rechtlichen Betreuer mit dem oben umschriebenen Aufgabenkreis zu bestellen, weil sie aufgrund einer in § 1814 Absatz 1 Satz 1 BGB aufgeführten Erkrankung, nämlich einer Psychose, nicht in der Lage ist, diese Angelegenheit selbst zu besorgen. Dies folgt aus dem Sozialbericht der Betreuungsbehörde vom ..., dem Gutachten des Arztes für Psychiatrie, Dr. ..., vom ..., der Anhörung der Betroffenen vom ... sowie dem persönlichen Eindruck des Gerichts, den es sich in der üblichen Umgebung des Betroffenen verschafft hat.

Bei der Auswahl des Betreuers ist das Gericht dem bedenkenfreien Vorschlag der betroffenen Person gefolgt. Bei der Festsetzung der Frist für die Entscheidung über eine Aufhebung oder Verlängerung der rechtlichen Betreuung ist das Gericht der Empfehlung des Gutachters gefolgt.

Die Anordnung der sofortigen Wirksamkeit beruht auf § 287 Absatz 2 FamFG.

Rechtsmittelbelehrung

Gegen diesen Beschluss ist das Rechtsmittel der Beschwerde gegeben.

Beschwerdeberechtigt ist diejenige/derjenige, deren/dessen Rechte durch diesen Beschluss beeinträchtigt sind. Dies ist vor allem die/der Betroffene selbst.

Ferner sind im eigenen Namen beschwerdeberechtigt der Verfahrenspfleger sowie die zuständige Betreuungsbehörde in den Fällen des § 303 Abs. 1 FamFG.

Schließlich sind im Interesse des Betroffenen beschwerdeberechtigt gegen eine von Amts wegen ergangene Entscheidung diejenigen Vertrauenspersonen und Angehörigen des Betroffenen, welche am Verfahren beteiligt worden sind.

Die Beschwerde ist beim Amtsgericht – Betreuungsgericht – (Anschrift des Betreuungsgerichts) schriftlich in deutscher Sprache oder zur Niederschrift der Geschäftsstelle einzulegen. Ist die/der Betroffene untergebracht, kann sie/er die Beschwerde auch bei dem Amtsgericht einlegen, in dessen Bezirk sie/er untergebracht ist. Die Beschwerde kann auch zur Niederschrift der Geschäftsstelle abgegeben werden.

Beschwerde muss die Bezeichnung des angefochtenen Beschlusses sowie die Erklärung enthalten, dass die Beschwerde gegen diesen Beschluss eingelegt wird. Sie ist zu unterzeichnen und soll begründet werden.

Die Beschwerde muss spätestens innerhalb eines Monats nach der schriftlichen Bekanntgabe des Beschlusses bei dem Amtsgericht – Betreuungsgericht – (Bezeichnung des Betreuungsgerichts) eingegangen sein. Dies gilt auch dann, wenn die Beschwerde zur Niederschrift der Geschäftsstelle eines anderen Amtsgerichtes abgegeben wurde. Die Frist beginnt mit der schriftlichen Bekanntgabe des Beschlusses, spätestens mit Ablauf von fünf Monaten nach Erlass des Beschlusses. Fällt das Ende der Frist auf einen Sonntag, einen allgemeinen Feiertag oder Sonnabend, so endet die Frist mit Ablauf des nächsten Werktages.

5.1.9.4 Wirksamkeit der rechtlichen Betreuung

Wann wird die Bestellung eines rechtlichen Betreuers wirksam?

Die Bestellung eines rechtlichen Betreuers wird mit der Bekanntgabe an den rechtlichen Betreuer wirksam und nicht etwa erst mit der Verpflichtung des Betreuers durch den Rechtspfleger.[353]

Wie unterscheiden sich Wirksamkeit und Rechtskraft betreuungsgerichtlicher Entscheidungen?

Wirksamkeit meint, dass die Entscheidung des Betreuungsgerichts umgesetzt werden kann, jedoch noch nicht rechtskräftig ist. Die Entscheidung kann noch mit einem Rechtsmittel angegriffen werden.

Die eingetretene Rechtskraft bedeutet, dass die Entscheidung des Betreuungsgerichts unanfechtbar geworden ist. Die Entscheidung gilt dann bis zu ihrem Ablauf oder bis zu einer anderen Entscheidung des Betreuungsgerichts. Die Rechtskraft eines Beschlusses tritt nicht ein, bevor die Frist für die Einlegung des zulässigen Rechtsmittels oder des zulässigen Einspruchs, des Widerspruchs oder der Erinnerung abgelaufen ist. Der Eintritt der Rechtskraft wird dadurch gehemmt, dass das Rechtsmittel, der Einspruch, der Widerspruch oder die Erinnerung rechtzeitig eingelegt wird.[354]

Wann werden Entscheidungen des Betreuungsgerichts wirksam?

Je nach Art des Beschlusses wird dieser durch

- Bekanntgabe an den rechtlichen Betreuer,
- Rechtskraft,
- Anordnung der sofortigen Wirksamkeit oder

353 § 287 FamFG
354 § 45 FamFG

- Bekanntgabe an den Beteiligten, für den er seinem wesentlichen Inhalt nach bestimmt ist, wirksam.

Tipp

Prüfen Sie, ob der Beschluss, auf den Sie Ihr Handeln stützen, auch wirksam ist.

Sofern durch gesetzliche Bestimmungen nichts anderes geregelt ist, wird der Beschluss, der nicht die Genehmigung eines Rechtsgeschäfts zum Gegenstand hat, durch Bekanntgabe an den Beteiligten, für den er seinem wesentlichen Inhalt nach bestimmt ist, wirksam.[355] Das wird wiederum in der Regel derjenige sein, für den die Entscheidung unmittelbar Rechte oder Pflichten begründet, nicht notwendig derjenige, in dessen Rechtskreis die Entscheidung eingreift. In Betreuungssachen wird die Entscheidung in aller Regel mit der Bekanntgabe an den rechtlichen Betreuer wirksam werden, denn es gibt nur wenige Entscheidungen, die ihrem wesentlichen Inhalt nach nicht in erster Linie für den rechtlichen Betreuer bestimmt sind.[356]

Diese Regel gilt beispielsweise bei Beschlüssen

- zur Genehmigung von Entscheidungen des rechtlichen Betreuers zur Einwilligung in eine Untersuchung des Gesundheitszustands, eine Heilbehandlung oder einen ärztlichen Eingriff;
- im Vergütungsverfahren.

5.1.9.5 Eilverfahren

In der Praxis zeigt sich nicht selten, dass das Betreuungsrecht der Dynamik der Lebenssachverhalte nicht immer gerecht werden kann. Das reguläre Verfahren kann vom Zeitpunkt der Anregung bis zum Beschluss mehrere Monate dauern. Oft kann dieser Zeitraum nicht abgewartet werden und es sind dringende Angelegenheiten zu erledigen.

Einer der Gründe für die Schaffung der zum 1.1.2023 in Kraft getretenen Regelung zur gegenseitigen Vertretung von Ehegatten/eingetragenen Lebenspartnern in Angelegenheiten der Gesundheitssorge war es, die ansonsten erforderliche Eilbetreuung entbehrlich zu machen. Viele eilige Anregungen der Krankenhäuser zur Bestellung eines rechtlichen Betreuers werden somit entbehrlich.

Greift die Regelung zur gegenseitigen Vertretung von Ehegatten/eingetragenen Lebenspartnern in Angelegenheiten der Gesundheitssorge nicht, weil beispielsweise kein zur Vertretung berechtigter Ehegatten/eingetragener Lebenspartner vorhanden ist oder ein vorhandener Ehegatten/eingetragener Lebenspartner nicht in der Lage oder bereit ist, die Vertretung zu übernehmen, bleibt das Eilverfahren als letztes Mittel. Auch andere Gründe können die Bestellung einer rechtlichen Betreuung eilig erfordern.

355 § 40 Abs. 1 FamFG
356 Fröschle/Fröschle, § 40 FamFG Rn. 5 (online verfügbar über www.bt-recht.de)

Beispiel:

Nach der Behandlung eines Knochenbruchs scheint die betroffene Person im Krankenhaus nicht mehr fähig, in ihre gewohnte Umgebung zurückzukehren, und sie soll auf Betreiben des Krankenhauses oder der Angehörigen dauerhaft in ein Heim „verlegt" werden.

Nicht selten werden so vollendete Tatsachen geschaffen, die der schließlich bestellte Betreuer nicht mehr rückgängig machen kann.

Tipp

- *Berücksichtigen Sie die Verfahrensdauer und versuchen Sie, Anregungen und Anträge frühzeitig in das Betreuungsverfahren einzubringen, damit diese im regulären Verfahren entschieden werden können.*
- *Soll schnell entschieden werden, regen Sie die Entscheidung im Wege der einstweiligen Anordnung an. Beschreiben und belegen Sie die Gefahrenlage.*

Diesen und anderen Eilfällen kann durch einstweilige Anordnungen nach vorheriger persönlicher Anhörung der betroffenen Person und Einholung eines ärztlichen Zeugnisses oder gar eilige einstweilige Anordnungen ohne vorherige persönliche Anhörung bei Vorlage eines ärztlichen Zeugnisses Rechnung getragen werden.

Wann kann im Wege der einstweiligen Anordnung entschieden werden?

Eine einstweilige Anordnung ist nur dann zulässig, wenn dringende Gründe für die Annahme bestehen, dass die Voraussetzungen für die Bestellung eines Betreuers oder die Anordnung eines Einwilligungsvorbehalts gegeben sind und ein dringendes Bedürfnis für ein sofortiges Tätigwerden besteht.[357]

Welches sind die Besonderheiten einer einstweiligen Anordnung?

Die einstweilige Anordnung beinhaltet die Bestellung eines vorläufigen rechtlichen Betreuers mit einem bestimmten Aufgabenkreis. Die persönliche Anhörung kann auch im Wege der Rechtshilfe erfolgen und bei Gefahr im Verzuge zunächst unterbleiben. Sie ist jedoch unverzüglich nachzuholen.[358] Die einstweilige Anordnung ist auf die Dauer von sechs Monaten befristet. Sie kann jedoch nach Anhörung eines Sachverständigen durch eine weitere einstweilige Anordnung zu einer Gesamtdauer von einem Jahr verlängert werden.[359] Nach Fristablauf endet die einstweilige Anordnung automatisch. Es bedarf somit keines erneuten Beschlusses.

357 § 300 Absatz 1 Satz 1 Nr. 1 FamFG
358 § 301 FamFG
359 § 302 FamFG

Merksatz

Trifft das Gericht keine andere Entscheidung, endet die einstweilen angeordnete rechtliche Betreuung nach Ablauf von sechs Monaten. Darüber hinaus besteht kein Vergütungsanspruch.

Welche besonderen Bedingungen hat der rechtliche Betreuer bei einer einstweiligen Anordnung zu beachten?

Die Verkürzung des gerichtlichen Verfahrens ist gerechtfertigt zur Abwehr einer Gefahr für die Gesundheit und/oder für das Vermögen der betroffenen Person. Entsprechend ist es die erste Aufgabe des rechtlichen Betreuers im Rahmen des ihm übertragenen Aufgabenkreises, die von Gericht angenommene Gefährdung abzuwenden. Soweit der beschlossene Aufgabenkreis nicht ausreicht, die Gefahr abzuwenden, teilt er dies dem Gericht mit und regt die Anpassung des Aufgabenkreises an.

Beispiel:

Herr E. befindet sich nach einem Schlaganfall auf der Intensivstation des Krankenhauses. Er wird künstlich beatmet. Für die Langzeitbeatmung ist eine Tracheotomie erforderlich. Im Wege der einstweiligen Anordnung wird ein rechtlicher Betreuer mit dem Aufgabenkreis der Gesundheitssorge bestellt. Einige Tage, nachdem der rechtliche Betreuer in die Tracheotomie eingewilligt hat, soll Herr E. in eine auf die Beatmungsentwöhnung spezialisierte Klinik verlegt werden. In die Verlegung ist einzuwilligen und der Behandlungsvertrag ist abzuschließen. Der Aufgabenkreis ist nicht ausreichend. Der rechtliche Betreuer regt die Erweiterung der rechtlichen Betreuung an.

Darf der rechtliche Betreuer im Rahmen einer einstweilig angeordneten rechtlichen Betreuung über langfristig wirksame Angelegenheiten entscheiden?

Die im Wege der einstweiligen Anordnung eingerichtete rechtliche Betreuung ist auf den Notfall konzentriert. Das reguläre Verfahren ist ergebnisoffen. Durch weitere Ermittlungen kann beispielsweise eine bisher nicht bekannte Vorsorgevollmacht bekannt werden. Es könnte eine vorrangig zum rechtlichen Betreuer zu bestellende Person ermittelt werden. Würde der im Wege der einstweiligen Anordnung bestellte rechtliche Betreuer über die Regelung der Gefahrenlage hinaus dauerhafte Fakten schaffen, würde dies im o.g. Beispiel dem Bevollmächtigten bzw. dem späteren rechtlichen Betreuer Handlungsmöglichkeiten verschließen. Bei der Erledigung der zu regelnden Angelegenheiten sollte der rechtliche Betreuer folgende Aspekte berücksichtigen:

- Ist die Erledigung der fraglichen Angelegenheit zur Abwehr der vom Gericht erkannten Gefahr erforderlich?
- Ist die Erledigung der fraglichen Angelegenheit zur Abwehr einer bisher nicht bekannten Gefahr erforderlich?
- Kann die Erledigung der fraglichen Angelegenheit ohne einen erheblichen Schaden bis zum Abschluss des regulären Verfahrens zurückgestellt werden?

- Gibt es Zwischenlösungen, die dem Betreuungsgericht die erforderliche Zeit für das reguläre Verfahren geben?
- Besteht die Möglichkeit, die einmal getroffene Entscheidung rückgängig zu machen?

Kann das Gericht dringende Angelegenheiten selbst entscheiden?

Bestehen dringende Gründe für die Annahme, dass die Voraussetzungen für die Bestellung eines rechtlichen Betreuers gegeben sind, und konnte ein rechtlicher Betreuer noch nicht bestellt werden oder ist der rechtliche Betreuer an der Erfüllung seiner Pflichten gehindert, so hat das Betreuungsgericht die dringend erforderlichen Maßnahmen zu treffen.[360]

Vor Bestellung eines vorläufigen rechtlichen Betreuers oder, wenn dieser gehindert ist, sein Amt auszuüben, sind Maßnahmen des Betreuungsgerichts nur zulässig, wenn auch eine einstweilige Anordnung auf Bestellung eines vorläufigen Betreuers zu spät käme, um Schaden für die betroffene Person oder ihr Vermögen abzuwenden.

Nach den Vorstellungen des Gesetzgebers soll der Bestellung zumindest eines vorläufigen Betreuers unbedingt der Vorrang eingeräumt werden und das Gericht nur in Ausnahmefällen selbst durch Maßnahmen tätig werden. Als derartige Sofortmaßnahmen, sei es durch einen vorläufigen Betreuer ohne vorherige persönliche Anhörung des betroffenen Menschen, sei es durch das Gericht selbst, sind die Zustimmung zu einer Operation oder Behandlung, die Verlegung in ein Heim, und zwar nur vorläufig in ein Gästezimmer, die Anbringung eines Bettgitters etc. anzusehen.

Das Gericht prüft somit, ob ein Aufschub einen Nachteil für die rechtlich betreute Person zur Folge hätte und ob Gründe für die Annahme bestehen, dass die Voraussetzungen für die Bestellung eines rechtlichen Betreuers gegeben sind.[361]

5.1.9.6 Aufhebung oder Änderung der rechtlichen Betreuung

Im Verlauf der Zeit können sich die persönlichen, gesundheitlichen und/oder wirtschaftliche Verhältnisse ändern. Entsprechend kann sich der betreuungsrechtliche Handlungsbedarf ändern.

Wann kann eine rechtliche Betreuung aufgehoben oder geändert werden?

Die rechtliche Betreuung ist aufzuheben, wenn ihre Voraussetzungen wegfallen. Fallen die Voraussetzungen nur für einen Teil der Aufgabenbereiche weg, müssen die Aufgabenbereiche entsprechend überprüft und an den aktuellen betreuungsrechtlichen Handlungsbedarf angepasst werden.[362]

Für die Erweiterung des Aufgabenkreises des rechtlichen Betreuers hat das Gericht in gleicher Weise wie bei der erstmaligen Bestellung des Betreuers zu verfahren. Das Gericht hat die zuständige Behörde nur anzuhören, wenn es der Betroffene verlangt oder es zur Sachaufklärung erforderlich ist.[363] Wird der Aufgabenkreis nur unwesentlich erweitert oder lie-

360 § 1867 BGB
361 Vgl. BT-Drucks. 19/24445 S. 306
362 § 1871 Abs. 1 & 3 BGB
363 § 293 FamFG

gen die erforderlichen Verfahrenshandlungen (Gutachten, persönliche Anhörung usw.) nicht länger als sechs Monate zurück, so kann das Gericht von einer erneuten Vornahme dieser Handlungen absehen.

Diese Regelung soll dem Gericht ermöglichen, den Aufgabenkreis schnell an die Erforderlichkeiten anzupassen. Der Verzicht auf Verfahrenshandlungen setzt voraus, dass die vorausgegangenen Verfahrenshandlungen einen Bezug zu der beabsichtigten Erweiterung hatten. Es ist z.B. nicht möglich, den Aufgabenkreis auf die Sorge für die Gesundheit zu erweitern, wenn im Sozialbericht der Betreuungsbehörde, im Gutachten und im Rahmen der persönlichen Anhörung lediglich von vermögensrechtlichen Entscheidungen die Rede war.

Wie ist ein von der rechtlich betreuten Person gestellter Antrag zur Aufhebung zu behandeln, wenn sie selbst die rechtliche Betreuung beantragt hat?

Ist der rechtliche Betreuer auf Antrag der rechtlich betreuten Person bestellt, so ist die rechtliche Betreuung auf dessen Antrag wieder aufzuheben. Eine Aufhebung ist nicht möglich, wenn die rechtlich betreute Person nicht in der Lage ist, einen freien Willen zu bilden, und die rechtliche Betreuung auch gegen ihren Willen zur Abwehr erheblicher Schäden erforderlich ist.[364]

In der Regel wird die Fähigkeit zur Bildung eines freien Willens und die Frage, welche erheblichen Gefahren es abzuwehren gilt, in einvernehmlichen Verfahren nicht regelmäßig mit geprüft. Entsprechend sind diese Fragen vor einer Entscheidung eines Antrages der rechtlich betreuten Person zur teilweisen oder vollständigen Aufhebung der rechtlichen Betreuung zu prüfen.

Das oben Gesagte gilt gleichermaßen für den Einwilligungsvorbehalt.[365]

5.1.9.7 Überprüfung der rechtlichen Betreuung

Wird eine rechtliche Betreuung dauerhaft bestellt?

Eine rechtliche Betreuung wird nicht auf unbestimmte Dauer beschlossen. Die Beschlussformel enthält den Zeitpunkt, bis zu dem das Gericht über die Aufhebung oder Verlängerung der rechtlichen Bestellung oder der Anordnung eines Einwilligungsvorbehaltes zu entscheiden hat. Über die Verlängerung der rechtlichen Betreuung oder des Einwilligungsvorbehalts hat das Gericht spätestens sieben Jahre nach der Anordnung dieser Maßnahmen zu entscheiden. Ist die Maßnahme gegen den erklärten Willen der betroffenen Person angeordnet worden, ist über eine erstmalige Verlängerung spätestens nach zwei Jahren zu entscheiden.[366] Nach der erstmaligen Überprüfung kann dann eine längere Frist (bis zu sieben Jahren) gewählt werden.

364 § 1871 Abs. 2 BGB
365 § 1871 Abs. 4 BGB
366 § 295 Abs. 2 FamFG

Wonach richtet sich die Frist, bis zu der die rechtliche Betreuung zu überprüfen ist?

Die Bestimmung des Zeitpunktes zur Überprüfung der rechtlichen Betreuung richtet sich dabei nach der voraussichtlichen Dauer der Erforderlichkeit der rechtlichen Betreuung. Die Erforderlichkeit der rechtlichen Betreuung kann durch eine Besserung der Krankheit, die zum rechtlichen Hilfebedarf geführt hat, wegfallen. Möglich ist auch, dass die Erforderlichkeit der rechtlichen Betreuung entfällt, weil die zu regelnden rechtlichen Angelegenheiten abschließend erledigt worden sind oder so vereinfacht werden konnten, dass die betroffene Person ihre rechtlichen Angelegenheiten wieder eigenverantwortlich ohne die Hilfe einer rechtlichen Betreuung regeln kann.

Beispiel:

Die zuvor komplexe wirtschaftliche Situation des Herrn T. konnte nach Abschluss des Rentenverfahrens vereinfacht werden. Herr T. war auf Sozialleistungen aus unterschiedlichen Rechtsvorschriften angewiesen und hatte unterschiedliche Anträge zu stellen, die er auf Grund seiner Behinderung nicht verstehen konnte. Nach der Bewilligung der Rente ist Herr T. nicht mehr auf Sozialleistungen angewiesen. Er hat jetzt wieder den Überblick und kann die erforderlichen Schritte ohne die Hilfe eines rechtlichen Betreuers erledigen.

Wann ist eine Verkürzung der Überprüfungsfrist zu bestimmen?

Eine Verkürzung der Frist für die erstmalige Überprüfung der angeordneten rechtlichen Betreuung oder eines Einwilligungsvorbehalts ist immer zu bestimmen, wenn die Maßnahme gegen den erklärten Willen der betroffenen Person angeordnet werden muss. Dabei kommt es weder darauf an, ob die betroffene Person geschäftsfähig ist oder die der rechtlichen Betreuung entgegenstehende Willenserklärung wohl überlegt oder vernünftig ist. Die Ablehnung der rechtlichen Betreuung muss nur erkennbar sein.

Die Überprüfung der Erforderlichkeit ist dann längstens nach zwei Jahren vorzunehmen. Die Verkürzung der Überprüfungsfrist macht die Tiefe des Eingriffs in das Selbstbestimmungsrecht der betroffenen Person deutlich.

Ist durch das Betreuungsgericht eine Überprüfungsfrist von längstens zwei Jahren festgesetzt, ist damit nicht zwangsläufig verbunden, dass die rechtliche Betreuung gegen den Willen der betroffenen Person beschlossen worden ist. Auch für eine einvernehmlich beschlossene rechtliche Betreuung können Überprüfungsfristen von weniger als zwei Jahren gewählt werden.

Kann die Überprüfung auch vor dem Erreichen der Frist beantragt werden?

Unabhängig von der vom Gericht bestimmten Frist kann die Überprüfung der rechtlichen Betreuung auf Antrag der betroffenen Person, des rechtlichen Betreuers, eines anderen Beteiligten oder aufgrund neuer Erkenntnisse (von Amts wegen) jederzeit vorgenommen werden.

Wie sieht das Verfahren zur Überprüfung einer rechtlichen Betreuung aus?

Im Verfahren zur Verlängerung der Bestellung eines rechtlichen Betreuers oder der Anordnung eines Einwilligungsvorbehalts sind die gleichen Verfahrensschritte wie bei der erstmaligen Anordnung durchzuführen. Das Gericht braucht die zuständige Behörde nur anzuhören, wenn es die betroffene Person verlangt oder es zur Sachaufklärung erforderlich ist. Von der erneuten Einholung eines Gutachtens kann nur abgesehen werden, wenn sich aus der persönlichen Anhörung der betroffenen Person und einem ärztlichen Zeugnis ergibt, dass sich der Umfang der rechtlichen Betreuungsbedürftigkeit offensichtlich nicht verringert hat und eine Verlängerung dem erklärten Willen der betroffenen Person nicht widerspricht.

5.1.9.8 Rechtsmittel

Was kann gegen eine Entscheidung des Betreuungsgerichts getan werden?

Gegen die Entscheidungen des Betreuungsgerichtes gibt es die Möglichkeit, sich zur Wehr zu setzen (Rechtsmittel einzulegen).

Wo finde ich die Information zum jeweils statthaften Rechtsmittel?

Jeder Beschluss hat eine Belehrung über das statthafte Rechtsmittel, den Einspruch, den Widerspruch oder die Erinnerung sowie das Gericht, bei dem diese Rechtsbehelfe einzulegen sind, dessen Sitz und die einzuhaltende Form und Frist zu enthalten.[367]

Kann das Betreuungsgericht den eigenen Beschluss berichtigen?

Schreibfehler, Rechenfehler und ähnliche offenbare Unrichtigkeiten im Beschluss sind jederzeit vom Gericht auch von Amts wegen zu berichtigen.[368]

Wann kann eine einfache Änderung des Beschlusses beantragt werden?

Wenn ein Antrag, der nach den Verfahrensakten von einem Beteiligten gestellt wurde, ganz oder teilweise übergangen oder die Kostenentscheidung unterblieben ist, ist auf Antrag der Beschluss nachträglich zu ergänzen. Die nachträgliche Entscheidung muss binnen einer zweiwöchigen Frist, die mit der schriftlichen Bekanntgabe des Beschlusses beginnt, beantragt werden.[369]

Was kann ich tun, wenn zu einer Entscheidung kein Rechtsmittel gegeben ist, ich aber nicht angehört worden bin?

Bei Verletzung des Anspruchs auf rechtliches Gehör ist das Verfahren auf die Rüge eines durch eine Entscheidung beschwerten Beteiligten fortzuführen, wenn ein Rechtsmittel oder ein Rechtsbehelf gegen die Entscheidung oder eine andere Abänderungsmöglichkeit nicht gegeben ist und das Gericht den Anspruch dieses Beteiligten auf rechtliches Gehör in entscheidungserheblicher Weise verletzt hat.[370]

---

367 § 39 FamFG
368 § 42 FamFG
369 § 43 FamFG
370 § 44 FamFG

Welches Rechtsmittel ist gegen eine Entscheidung des Rechtspflegers möglich?

Gegen die Entscheidungen des Rechtspflegers ist das Rechtsmittel gegeben, das nach den allgemeinen verfahrensrechtlichen Vorschriften zulässig ist.[371] Ist gegen die Entscheidung nach den allgemeinen verfahrensrechtlichen Vorschriften ein Rechtsmittel nicht gegeben, so findet die **Erinnerung** statt, die binnen der für die Beschwerde geltenden Frist einzulegen ist. Der Rechtspfleger kann der Erinnerung abhelfen. Erinnerungen, denen er nicht abhilft, legt er dem Richter zur Entscheidung vor. Auf die Erinnerung sind im Übrigen die Vorschriften über die Beschwerde sinngemäß anzuwenden.

Wer ist zur Beschwerde befugt?

Das Rechtsmittel gegen die erstinstanzliche Entscheidung des Richters ist die „**Beschwerde**".[372]

Die Beschwerde steht demjenigen zu, der durch den Beschluss in seinen Rechten beeinträchtigt ist. Im Betreuungsverfahren sind dies regelmäßig die betroffene Person, der rechtliche Betreuer, der Vorsorgebevollmächtigte und, soweit ein Verfahrenspfleger bestellt worden ist, der Verfahrenspfleger.

Wenn ein Beschluss nur auf Antrag erlassen werden kann und der Antrag zurückgewiesen worden ist, steht die Beschwerde nur dem Antragsteller zu.

Das Recht der Beschwerde gegen eine von Amts wegen ergangene Entscheidung steht im Interesse des betroffenen Menschen dessen Ehegatten oder Lebenspartner, wenn die Ehegatten oder Lebenspartner nicht dauernd getrennt leben, sowie den Eltern, Großeltern, Pflegeeltern, Abkömmlingen und Geschwistern des Betroffenen sowie einer Person seines Vertrauens zu, wenn sie im ersten Rechtszug beteiligt worden sind.[373]

Für den Fall, dass über Anordnung, Erweiterung, Einschränkung oder Aufhebung einer rechtlichen Betreuung oder eines Einwilligungsvorbehaltes entschieden wurde, steht auch der zuständigen Behörde ein Beschwerderecht zu.[374]

In Unterbringungsangelegenheiten steht neben den bisher genannten auch einer vom betroffenen Menschen genannten Person seines Vertrauens und dem Leiter der Einrichtung, in der der Betroffene lebt, ein Beschwerderecht zu, wenn sie im ersten Rechtszug beteiligt worden sind.[375]

Ein Beteiligter kann sich der Beschwerde anschließen, selbst wenn er auf die Beschwerde verzichtet hat oder die Beschwerdefrist verstrichen ist; die Anschließung erfolgt durch Einreichung der Beschwerdeanschlussschrift bei dem Beschwerdegericht. Die Anschließung verliert ihre Wirkung, wenn die Beschwerde zurückgenommen oder als unzulässig verworfen wird.[376]

371 § 11 RPflG
372 § 58 FamFG
373 § 303 Absatz 2 FamFG
374 § 303 Absatz 3 FamFG
375 § 335 FamFG
376 § 66 FamFG

Welche Beschwerdefristen sind zu beachten?

Die Beschwerde ist, soweit gesetzlich keine andere Frist bestimmt ist, binnen einer Frist von einem Monat einzulegen. Die Beschwerde ist binnen einer Frist von zwei Wochen einzulegen, wenn sie sich gegen eine einstweilige Anordnung oder einen Beschluss, der die Genehmigung eines Rechtsgeschäfts zum Gegenstand hat, richtet. Die Frist beginnt jeweils mit der schriftlichen Bekanntgabe des Beschlusses an die Beteiligten. Kann die schriftliche Bekanntgabe an einen Beteiligten nicht bewirkt werden, beginnt die Frist spätestens mit Ablauf von fünf Monaten nach Erlass des Beschlusses.[377]

Wie ist die Beschwerde einzulegen?

Die Beschwerde ist durch Einreichung einer Beschwerdeschrift oder zur Niederschrift der Geschäftsstelle bei dem Gericht einzulegen, dessen Beschluss angefochten wird.[378] Ist die betroffene Person untergebracht, kann die Beschwerde auch bei dem Amtsgericht eingelegt werden, in dessen Bezirk sie untergebracht ist.[379] Die Beschwerde kann darüber hinaus auch zu Protokoll der Geschäftsstelle eines anderen Amtsgerichts erklärt werden.[380] Die Beschwerde muss die Bezeichnung des angefochtenen Beschlusses sowie die Erklärung enthalten, dass Beschwerde gegen diesen Beschluss eingelegt wird. Sie ist von dem Beschwerdeführer oder seinem Bevollmächtigten zu unterzeichnen.

Muss die Beschwerde begründet werden?

Die Beschwerde soll begründet werden. Die Ausgestaltung als Soll-Vorschrift stellt sicher, dass eine Nichterfüllung der Begründungspflicht nicht zur Verwerfung der Beschwerde als unzulässig führen kann.[381]

Das Gericht kann dem Beschwerdeführer eine Frist zur Begründung der Beschwerde einräumen. Die Beschwerde kann auf neue Tatsachen und Beweismittel gestützt werden. Die Beschwerde kann nicht darauf gestützt werden, dass das Gericht des ersten Rechtszuges seine Zuständigkeit zu Unrecht angenommen hat.[382]

Die Beschwerde hat keine aufschiebende oder aufhebende Wirkung. Das Beschwerdegericht kann vor der Entscheidung eine einstweilige Anordnung erlassen; es kann insbesondere anordnen, dass die Vollziehung des angefochtenen Beschlusses auszusetzen ist.[383]

Hat das Betreuungsgericht die Möglichkeit, der Beschwerde abzuhelfen?

Das Gericht hat die Möglichkeit, entsprechend der Beschwerde die Entscheidung abzuändern.[384] Wird der Beschwerde nicht abgeholfen, entscheidet das Landgericht.[385]

377 § 63 FamFG
378 § 64 FamFG
379 § 305 und § 336 FamFG
380 § 25 Absatz 2 FamFG
381 BT-Drucks. 309/07, S. 454
382 § 65 FamFG
383 § 64 Absatz 3 FamFG
384 § 68 Absatz 1 FamFG
385 § 72 GVG

Welches Rechtsmittel ist gegen die Entscheidung des Landgerichts gegeben?

Das Rechtsmittel gegen eine Entscheidung des Landgerichts ist die **„Rechtsbeschwerde".** Sie ist zulassungsfrei bei Beschlüssen, mit denen ein rechtlicher Betreuer bestellt wird, die rechtliche Betreuung aufgehoben wird, bei Anordnung oder Aufhebung eines Einwilligungsvorbehalts, in Unterbringungssachen sowie bei Freiheitsentziehungssachen. Darüber hinaus ist die Rechtsbeschwerde gegen Beschlüsse nur statthaft, wenn sie vom Beschwerdegericht in dem Beschluss zugelassen wurde und diese Zulassung vom Rechtsbeschwerdegericht (Bundesgerichtshof) bestätigt wird.[386] Über die Zulassung hat das Beschwerdegericht von Amts wegen zu entscheiden; eines entsprechenden Antrages der Beteiligten bedarf es nicht.

Welche Frist gilt für die Rechtsbeschwerde?

Die Rechtsbeschwerde ist binnen einer Frist von einem Monat nach der schriftlichen Bekanntgabe des Beschlusses durch Einreichen einer Beschwerdeschrift bei dem Rechtsbeschwerdegericht (Bundesgerichtshof) einzulegen. Die Rechtsbeschwerdeschrift muss enthalten die Bezeichnung des Beschlusses, gegen den die Rechtsbeschwerde gerichtet wird, und die Erklärung, dass gegen diesen Beschluss Rechtsbeschwerde eingelegt wird.

Benötige ich einen Anwalt?

Die Rechtsbeschwerdeschrift ist von einem Rechtsanwalt, der beim Bundesgerichtshof zugelassen ist, zu unterzeichnen. Mit der Rechtsbeschwerdeschrift soll eine Ausfertigung oder beglaubigte Abschrift des angefochtenen Beschlusses vorgelegt werden.[387]

Die Rechtsbeschwerde ist, sofern die Beschwerdeschrift keine Begründung enthält, innerhalb einer Frist von einem Monat zu begründen. Die Frist beginnt mit der schriftlichen Bekanntgabe des angefochtenen Beschlusses. Sie kann verlängert werden. Die Begründung der Rechtsbeschwerde muss die Erklärung, inwieweit der Beschluss angefochten und dessen Aufhebung beantragt wird, enthalten. Die Rechtsbeschwerdegründe müssen die Bezeichnung der Umstände, aus denen sich die Rechtsverletzung ergibt, enthalten. Soweit die Rechtsbeschwerde darauf gestützt wird, dass das Gesetz in Bezug auf das Verfahren verletzt worden ist, muss die Begründung die Tatsachen bezeichnen, welche die Verletzung des Verfahrens ergeben.[388]

Seit dem 1.9.2009 besteht die Möglichkeit, ein Verfahren unter Verzicht auf das Beschwerdeverfahren direkt der Rechtsbeschwerdeinstanz vorzulegen. Die Bestimmung ermöglicht den Beteiligten die möglichst rasche Herbeiführung einer höchstrichterlichen Entscheidung insbesondere in den Fällen, in denen ausschließlich die Klärung von Rechtsfragen beabsichtigt ist.[389]

386 § 70 FamFG
387 § 71 Abs. 1 FamFG
388 § 71 Abs. 2 und 3 FamFG
389 § 75 FamFG

5.1.10 Beratung und Aufsicht durch das Betreuungsgericht

Die Wahrnehmung dieser Beratungs- und Aufsichtsfunktion im Betreuungsrecht muss nach den Vorgaben von Artikel 12 UN-BRK insbesondere daran orientiert sein, im Interesse der Selbstbestimmung der rechtlich betreuten Person zu überprüfen, ob der Betreuer eine „unterstützte Entscheidungsfindung" ermöglicht, d.h., insbesondere das Gebot des „Unterstützen vor Vertreten" beachtet und er sein Handeln nach den Wünschen oder hilfsweise dem mutmaßlichen Willen des Betreuten ausrichtet.

Der Abschlussbericht „Qualität in der rechtlichen Betreuung" bewertet die Aufsicht und Kontrolle über die Betreuungsführung durch die Betreuungsgerichte teilweise als unzureichend. Die zum 1.1.2023 in Kraft getretene Änderung der Aufgaben des Betreuungsgerichts hat zum Ziel, die bis dahin überwiegend auf fiskalische Aspekte ausgerichtet Kontrolle durch das Betreuungsgericht zu reformieren. Hierzu wurden der Maßstab, an dem die Kontrolle auszurichten ist, und die Instrumente zur Kontrolle überarbeitet. Zudem wurde der im Rahmen der Rechtspflege anfallende Arbeitsaufwand an anderer Stelle entlastet, damit dem Betreuungsgericht mehr Kapazitäten für diese Aufgabe zur Verfügung stehen. Ziel der Reform ist eine vertrauensvolle Zusammenarbeit und mehr Kontakt zwischen Rechtspfleger*innen und der rechtlich betreuten Person.[390]

Wie wichtig ist Transparenz in der rechtlichen Betreuung?

Transparenz in der rechtlichen Betreuung schafft Vertrauen und ermöglicht den Akteuren (nicht nur dem rechtlichen Betreuer und dem Betreuungsgericht, sondern auch Behörden und anderen Professionen) die Diskussion des Leistungsgeschehens. Sie erweitert damit die Basis zur Begründung des Handelns und Entscheidens des rechtlichen Betreuers.

Der Aufgabe des rechtlichen Betreuers wird oft falsch verstanden. Der rechtliche Betreuer wird nicht nur im Rahmen rechtsgeschäftlicher Vertretung in Anspruch genommen, sondern häufig als Erbringer tatsächlicher Hilfsleistungen gesehen. Diese Sichtweise wird selbst wider besseres Wissen hartnäckig vertreten. Beispielsweise verlangen Mitarbeiter aus Krankenhäusern und Heimen, denen die Aufgabenstellung des rechtlichen Betreuers schon oft erklärt worden ist, nach wie vor, dass er die Kleidung des betreuten Menschen waschen soll. Besteht der rechtliche Betreuer auf seiner Auffassung, führt dies nicht selten zur Beschwerde beim Betreuungsgericht.

Diese über die rechtsgeschäftliche Vertretung hinausreichende Inanspruchnahme des rechtlichen Betreuers beschränkt sich nicht auf Auseinandersetzungen mit den Erbringern tatsächlicher Hilfen, sondern hat sozialpolitische Dimensionen angenommen. So hat es Fälle gegeben, wonach der zuständige Sozialleistungsträger trotz entgegenstehender Rechtsprechung die Leistungen für die pädagogische und tatsächliche Hilfe im Rahmen des ambulanten betreuten Wohnens (Eingliederungshilfe) eingeschränkt hat, weil er den rechtlichen Betreuer hier verpflichtet sieht.

Insbesondere für rechtliche Berufsbetreuer ist die Diskussion der Leistungsabgrenzung gegen andere ehrenamtliche, soziale und gewerbliche Dienstleistungen von besonderer Be-

390 Vgl. BT-Drucks. 19/24445 S. 295 ff.

deutung. Die entsprechende Dokumentation in der Akte des Betreuungsgerichts ermöglicht einen offensiven Umgang mit diesem Thema. Im Rahmen der Dokumentation kann ausführlich beschrieben werden, welche andere Hilfen und Dienste vorrangig in Anspruch genommen werden sollen.

Welchen Nutzen hat die Aufsicht für den rechtlichen Betreuer?

Es liegt somit auch im Interesse des rechtlichen Betreuers, das Betreuungsgericht über das eigene Handeln und den Verlauf der rechtlichen Betreuung zu informieren. Eine mit dem Betreuungsgericht abgestimmte betreuungsrechtliche Zielplanung konkretisiert den Handlungsauftrag und begegnet somit nicht nur unterschiedlichen Auffassungen zwischen den beteiligten Akteuren, sondern kann auch Missverständnisse zu Dritten vermeiden.

Rechtliche Betreuer*innen haben oft schwerwiegende Entscheidungen zu treffen. Es ist möglich, sich vor der Entscheidung beraten zu lassen. Wenn mehrere Alternativen zur Wahl stehen und der Eindruck entsteht, dass lediglich die Auswahl zwischen unterschiedlichen Übeln möglich ist und möglicherweise auch noch haftungsrechtliche Risiken drohen, wünschen sich rechtliche Betreuer, die Verantwortung nicht allein tragen zu müssen.

Verantwortung meint an dieser Stelle nicht nur die Begrenzung von Haftungsrisiken, sondern auch die Diskussion der sich aus der rechtlichen Betreuung ergebenden ethischen Aspekte.

Welche Möglichkeiten hat der rechtliche Betreuer, die ihm auferlegte Verantwortung auf mehrere Schultern zu verteilen, um damit eine Entlastung zu erfahren?

Durch Mitteilungen, Berichte, Rechnungslegung, Beratungsersuchen, die eigene Hilfeplanung und Anträge kann das Betreuungsgericht hinsichtlich seiner Pflicht zur Kontrolle des rechtlichen Betreuers unterschiedlich stark eingebunden werden. Je genauer der Sachverhalt, die Entscheidungsvarianten, die Absichten und Entscheidungen dem Betreuungsgericht bekannt sind, desto genauer ist es in der Pflicht, hierzu ggf. Stellung zu nehmen und drohenden Pflichtverletzungen zu begegnen.

Das Betreuungsgericht ist verpflichtet, aus eigenem Antrieb zu prüfen. Diese Überprüfungen sind mehr allgemein gehalten und erfolgen in weiten Zeitabständen (ein Jahr = Jahresbericht). Für den rechtlichen Betreuer kann es daher von Bedeutung sein, Zweifelsfragen durch geeignete Mittel in der Gerichtsakte zu dokumentieren. Je genauer auf die Zweifel hingewiesen wird, umso verbindlicher ist die Pflicht des Betreuungsgerichtes zur Stellungnahme. Die verbindlichste Form ist der Antrag oder die Anregung. Darunter kommt das schriftlich beantwortete Beratungsersuchen. Mit jedem zur Akte gegebenen Bericht und mit jeder zur Akte gegebenen Mitteilung kann der rechtliche Betreuer sein Handeln dokumentieren und sich darauf im Konfliktfall berufen.

Es empfiehlt sich, bei allen Eingaben die Schriftform zu wählen.

Wo sind die Grenzen der Dokumentation?

Die Inhalte der Dokumentation müssen den Datenschutz (siehe Abschnitt 9) und die Grundrechte der rechtlich betreuten Person achten. Zur Vermeidung von Missverständnissen ist an dieser Stelle deutlich auf die Grenzen der Möglichkeiten zur Dokumentation der

Abläufe hinzuweisen. Wenn darüber gestritten werden kann, ob es den „gläsernen" rechtlichen (Berufs-)Betreuer geben soll, kann oder darf, so müssen doch zweifelsfrei die Grundrechte der rechtlich betreuten Person geachtet werden.

Der überwiegende Teil der rechtlich betreuten Personen leidet unter kognitiven, seelischen und psychischen Beeinträchtigungen, die eine mehr oder weniger stark ausgeprägte Störung, mit der Außenwelt zu kommunizieren, zur Folge haben.

Kernpunkt der Arbeit des rechtlichen Betreuers ist die Herstellung eines tragfähigen Arbeitsbündnisses. Nur so kann der rechtliche Betreuer erfahren, wie weit die rechtlich betreute Person in der Lage ist, frei und selbstbestimmt zu handeln, und, soweit dies nicht der Fall ist, welches sein Wille ist bzw. wie er wünscht, vertreten zu werden. Herstellung und Erhalt dieses Arbeitsbündnisses ist nur auf der Grundlage eines Vertrauensverhältnisses möglich.

In nicht wenigen Akten ist zu lesen, dass im Rahmen der Anhörung eine Kommunikation mit dem betreuten Menschen nicht möglich war. Daraus wird dann geschlossen, dass weiterer Aufwand zur Herstellung der Kommunikation wenig Sinn macht. Kommunikation erstreckt sich jedoch nicht nur auf Wort und Schrift. Es ist die Kompetenz des Betreuers, mit Menschen zu kommunizieren, wo andere keinen Zugang finden. Dies erfordert nicht nur Zeit, sondern auch die Kenntnis der intimen Erlebnis- und Gedankenwelt des betreuten Menschen.

Hier einen Zwang zur Dokumentation und Weitergabe von allen Einzelheiten zu errichten, würde die Möglichkeiten zur Herstellung und Erhaltung des Arbeitsbündnisses unverhältnismäßig einschränken. Sie ist ohnehin schon erschwert, da dem rechtlichen Betreuer kein Recht zur Zeugnisverweigerung[391] zusteht. Hier gilt es, dem rechtlichen Betreuer zu vertrauen, ihm einen weiten Spielraum zuzugestehen. Die Erfassung der insoweit erforderlichen Tätigkeiten kann nur sehr allgemein in die Berichterstattung einfließen.

Bei der Erstellung der Berichte und der Beschreibung der zukünftig zu erledigenden Angelegenheiten gilt es, der Gefahr entgegenzutreten, diese Angaben als starr abzuarbeitende Prozesse anzusehen. Das Handeln des rechtlichen Betreuers hat sich an den aktuellen Wünschen und dem Wohl der rechtlich betreuten Person auszurichten. Insoweit haben Informationen zu Zielen und beabsichtigten Handlungen nur begrenzet Verbindlichkeit. Was nützt es, ein beschriebenes Ziel weiter zu verfolgen, wenn die aktuelle Dynamik des Lebens andere Ziele in den Vordergrund rückt? Bei wichtigen Änderungen ist es deshalb notwendig, diese dem Gericht mitzuteilen und die Ziele zu korrigieren.

Warum bedarf es einer Aufsicht?

Das Betreuungsgericht führt über die gesamte Tätigkeit des rechtlichen Betreuers die Aufsicht.[392]

Der rechtliche Betreuer hat die Angelegenheiten eines anderen Menschen zu besorgen. Dabei vertritt er fremde Interessen. Er hat den Grundsätzen zur Führung der rechtlichen

391 §§ 383 ff. ZPO, §§ 52 ff. StPO,
392 § 1862 Abs. 1 Satz 1

Betreuung zu folgen.[393] Die rechtlich betreute Person ist dem rechtlichen Betreuer mehrheitlich kognitiv unterlegen und davon abhängig, dass er seine Tätigkeit redlich und zuverlässig ausübt. Er selbst kann die Tätigkeit des rechtlichen Betreuers überwiegend nicht kontrollieren. Es ist also Aufgabe des Auftraggebers (Betreuungsgericht), die Kontrolle über die Tätigkeit des rechtlichen Betreuers zu führen.

Was wird beaufsichtigt?

Der rechtliche Betreuer entscheidet grundsätzlich selbstständig und eigenverantwortlich im Rahmen des ihm übertragenen Aufgabenkreises. Das Gericht kontrolliert daher auch nicht jede einzelne Maßnahme. Bestehen zur Entscheidung einer Angelegenheit mehrere rechtmäßige Alternativen, hat das Gericht nicht das Recht, eine Entscheidung zugunsten einer der Alternativen vorzugeben bzw. zu erzwingen.

Die gerichtliche Aufsicht beschränkt sich darauf, die Einhaltung der sich aus dem Gesetz[394] oder einer Anordnung des Gerichts ergebenden Handlungspflichten sowie der allgemeinen Pflicht zur gewissenhaften Führung der Betreuung durch den Betreuer zu überwachen.

Insbesondere beaufsichtigt das Gericht

- die Bindung des rechtlichen Betreuers an den Erforderlichkeitsgrundsatz,
- die Bindung des rechtlichen Betreuers an die Wünsche der rechtlich betreuten Person,
- die Bindung des rechtlichen Betreuers an das Prinzip der Unterstützung vor Vertretung,
- die Einhaltung der persönlichen Besprechungs-Kontaktpflichten,
- die dem Gesetz entsprechenden Entscheidungen im Bereich der Personensorge,
- die dem Gesetz entsprechende Verwaltung des Vermögens,

Wie erfährt das Betreuungsgericht von Pflichtverletzungen?

Anhaltspunkte für pflichtwidriges Verhalten und/oder Entscheiden des rechtlichen Betreuers können dem Betreuungsgericht aus unterschiedlichen Quellen bekannt werden. Zu nennen sind Erkenntnisse aus eigener Aufsicht und Angaben sowie Beschwerden Dritter. Das Betreuungsgericht ist verpflichtet, diesen Hinweisen nachzugehen.

Was geschieht, wenn Pflichtverletzungen bekannt werden?

Sind Anhaltspunkte für pflichtwidriges Verhalten und/oder Entscheiden des rechtlichen Betreuers bekannt geworden, hat das Betreuungsgericht die Pflicht, den Sachverhalt aufzuklären. Dabei ist die rechtlich betreute Person persönlich anzuhören, wenn der rechtliche Betreuer pflichtwidrig den Wünschen der rechtlich betreuten Person nicht oder nicht in geeigneter Weise oder seinen Pflichten gegenüber dem Betreuten in anderer Weise nicht nachkommt.[395] Gemeint sind die Pflichten, die der rechtliche Betreuer gegenüber der rechtlich betreuten Person einzuhalten hat. Davon abzugrenzen ist die Verletzung von Pflichten beispielsweise gegenüber dem Betreuungsgericht (verspäteter Bericht ...). Eine

393 Siehe Abschnitt 5.2 und § 1821 BGB
394 Insb. § 1821 BGB
395 § 1862 Abs. 2 BGB

Anhörung der rechtlich betreuten Person würde erst erforderlich, wenn sich aus einer vom Betreuungsgericht zu treffenden Maßnahme zur Behebung der Pflichtverletzung eine Wirkung auf die Führung der rechtlichen Betreuung ergeben würde (Wechsel des rechtlichen Betreuers ...).

Vor der Anhörung kann das Betreuungsgericht Vorermittlungen durchführen. Beispielsweise kann es den rechtlichen Betreuer zur Stellungnahme auffordern oder die Betreuungsbehörde beauftragen, den Sachverhalt näher aufzuklären. Die Anhörung der rechtlich betreuten Person dient dem Ziel, ihre Sichtweise und insbesondere ihre Wünsche aus erster Hand zu erfahren. Zudem ist zu besprechen, was gegen die Pflichtverletzung unternommen werden soll.

Kann das Betreuungsgericht von der Anhörung absehen?

Von der Anhörung der rechtlich betreuten Person kann ausnahmsweise abgesehen werden, wenn von einer persönlichen Anhörung keinerlei Erkenntnisgewinn zu erwarten ist.[396] In der Begründung des Gesetzentwurfs heißt es hierzu:

„Dies kann zum Beispiel der Fall sein, wenn der Betreute einen bestimmten Sachverhalt telefonisch bestätigt und es keinen weiteren Grund gibt, die Angelegenheit persönlich zu erörtern. Eine Anhörung kann entsprechend § 34 Absatz 2 FamFG zudem ausnahmsweise unterbleiben, wenn der Betreute offensichtlich nicht in der Lage ist, seinen Willen kundzutun oder wenn hiervon erhebliche Nachteile für seine Gesundheit zu befürchten sind."[397]

Durch welche Maßnahmen kann das Betreuungsgericht gegen Pflichtwidrigkeiten einschreiten?

„Das Betreuungsgericht hat gegen Pflichtwidrigkeiten des Betreuers durch geeignete Gebote und Verbote einzuschreiten. Zur Befolgung seiner Anordnungen kann es den Betreuer durch die Festsetzung von Zwangsgeld anhalten. Gegen die Betreuungsbehörde, einen Behördenbetreuer oder einen Betreuungsverein wird kein Zwangsgeld festgesetzt."[398]

Die regelmäßige Kontrolle der Betreuungsführung durch das Betreuungsgericht erfolgt durch:

- die Genehmigungserfordernisse,
- die Feststellung der Anfangssituation durch das Anfangsgespräch/Anfangsbericht und ggf. das Vermögensverzeichnis,
- den Jahresbericht und ggf. die Rechnungslegung,
- durch den Schlussbericht und ggf. die Schlussrechnungslegung,
- die Bearbeitung von Mitteilungen des rechtlichen Betreuers,
- die Bearbeitung von Anregungen, Hinweisen, Beschwerden etc., die das Betreuungsgericht im Hinblick auf die Führung der rechtlichen Betreuung erreichen.

---

396 § 1862 Abs. 2 BGB
397 BT-Drucks. 19/24445 S. 299
398 § 1862 Abs. 3 BGB

Die einzelnen Aspekte der Beratung und Aussicht werden in den folgenden Abschnitten besprochen.

5.1.10.1 Verpflichtung und Beratung

Ehrenamtliche rechtliche Betreuer*innen werden alsbald nach ihrer Bestellung mündlich verpflichtet, über ihre Aufgaben unterrichtet und auf Beratungs- und Unterstützungsangebote hingewiesen. Das gilt nicht für solche ehrenamtlichen Betreuer*innen, die mehr als eine rechtliche Betreuung führen oder in den letzten zwei Jahren geführt haben.[399] Das Verpflichtungsgespräch ist keine Voraussetzung zur Wirksamkeit der rechtlichen Betreuung. Vielmehr ist der rechtlichen Betreuer bereits mit Erlass und Eintritt der Wirksamkeit des Betreuungsbeschlusses zur Wahrnehmung seiner Aufgaben berechtigt und verpflichtet (siehe 3.12.7).[400]

Für rechtliche Berufsbetreuer*innen entfällt die Verpflichtung.

Was wird in der Verpflichtung besprochen?

Die Verpflichtung erfolgt in der Regel durch ein Gespräch mit der/dem zuständigen Rechtspfleger*in. Inhalte des Verpflichtungsgesprächs sind die Aufgaben, Rechte und Pflichten bei der Führung der rechtlichen Betreuung und die vorhandenen Beratungsangebote. Dabei sollen

- die Berechtigungen und Pflichten, die sich aus den einzelnen Aufgabenbereichen zur Regelung der entsprechenden Angelegenheiten ergeben,
- die Art und Weise, wie diese zu erledigen sind,[401]
- die Melde- und Berichtspflichten gegenüber dem Betreuungsgericht
- sowie mögliche Pflichten gegenüber Dritten (z.B. Auskunftspflicht gegenüber nahestehenden Angehörigen[402])

besprochen werden. Aus den Ermittlungsergebnissen des Betreuungsverfahrens kann ein erster Handlungsplan entworfen werden.

Dieses Gespräch sollte nicht als Formalie verstanden werden. Es dient dem Zweck, ein persönliches Verhältnis zwischen Betreuer*in und Rechtspfleger*in aufzubauen. Im weiteren Betreuungsverfahren wird es zwischen beiden zu unterschiedlichen Gelegenheiten Kontakte geben.

Welche Angebote zur Beratung macht das Betreuungsgericht?

Inhalt des Gespräches sind auch die unterschiedlichen Beratungsangebote. Das Betreuungsgericht berät den rechtlichen Betreuer über dessen Rechte und Pflichten bei der Wahrnehmung seiner Aufgaben.[403] Die Beratung ist nicht auf die Einführung zu Beginn einer

399 § 1861 Abs. 2 BGB
400 § 287 FamFG
401 § 1821 BGB
402 § 1822 BGB
403 § 1861 Abs. 1 BGB

neuen rechtlichen Betreuung beschränkt. Das Betreuungsgericht ist bei Bedarf während der gesamten Dauer der rechtlichen Betreuung verpflichtet, die Beratung zu leisten.

Das Beratungsangebot ist für ehrenamtliche und rechtliche Berufsbetreuer unterschiedlich auszugestalten. Von rechtlichen Berufsbetreuern kann erwartet werden, dass sie über die im Rahmen des Registrierungsverfahrens nachzuweisenden Kenntnisse verfügen.[404] Diesbezüglich bedarf es somit keiner Beratung durch das Betreuungsgericht.

Was leistet die Beratung des Betreuungsgerichts und wo sind die Grenzen?

Das Betreuungsgericht berät über alle möglichen Rechte und Pflichten des rechtlichen Betreuers, die sich aus seiner Bestellung ergeben. Es geht also um betreuungsrechtliche Fragen, welche sich aus der Amtsführung ergeben. Das Betreuungsgericht hat jedoch nicht die Aufgabe, gezielt zu Rechtsfragen, die sich aus der Regelung konkreter Angelegenheiten ergeben, zu beraten. Hier hat der rechtliche Betreuer benötigte Informationen und Ratschläge von sachkundigen Personen oder/und Stellen selbst einzuholen.

Der rechtliche Betreuer führt sein Amt selbstständig. Aus diesem Grund darf das Betreuungsgericht keine konkreten Vorgaben machen, wenn mehrere rechtmäßige Optionen offenstehen.

Neben der Möglichkeit der Beratung durch das Betreuungsgericht wird das Betreuungsgericht auf den Beratungsanspruch und die Unterstützung durch die Betreuungsbehörde und die Betreuungsvereine hinweisen. Soweit ehrenamtliche rechtliche Betreuer*innen nicht ohnehin hierzu verpflichtet sind, haben auch ehrenamtliche Betreuer*innen mit familiärer Beziehung oder persönlicher Bindung zur rechtlich betreuten Person die Möglichkeit, eine Vereinbarung zur Begleitung und Unterstützung mit einem Betreuungsverein abzuschließen (siehe 3.8.2).[405]

5.1.10.2 Betreuerausweis

Der rechtliche Betreuer erhält eine Urkunde, die ihm als Ausweis dient. Sie soll zusammen mit dem Personalausweis verwendet werden. Die Urkunde soll nicht im Original an Dritte übersandt werden, hierfür reicht eine Kopie. Das Original der Urkunde bietet keine Garantie gegen Missbrauch, sie gibt lediglich Auskunft über die rechtliche Betreuung zum Zeitpunkt ihrer Erstellung. Im Rahmen des Betreuungsverfahrens kann sich alles jederzeit ändern. Die rechtliche Betreuung kann jederzeit aufgehoben oder der Aufgabenkreis verändert werden. Neben dem Vertrauen auf die Richtigkeit der vom rechtlichen Betreuer gemachten Angaben können die aktuellen Befugnisse des rechtlichen Betreuers nur durch eine Nachfrage beim Betreuungsgericht geklärt werden.

Die Urkunde enthält:

- die Personalien (Name, Vorname, Geburtsdatum) der rechtlich betreuten Person und des rechtlichen Betreuers;
- bei der Bestellung eines Vereinsbetreuers oder Behördenbetreuers diese Bezeichnung und die Bezeichnung des Vereins oder der Behörde;

404 § 23 BtOG
405 Nach § 15 Abs. 1 Satz 1 Nummer 4, § 5 Abs. 2 Satz 3 BtOG

- den Aufgabenkreis unter Benennung der einzelnen Aufgabenbereiche;
- bei Anordnung eines Einwilligungsvorbehalts die Bezeichnung des Bereiches der einwilligungsbedürftigen Willenserklärungen;
- bei der Bestellung eines vorläufigen rechtlichen Betreuers durch einstweilige Anordnung das Ende der einstweiligen Maßnahme;
- Angaben über eine Befreiung von Beschränkungen in der Vermögensverwaltung.[406]

Können Daten aus dem Betreuerausweis geheim bleiben?

Seit 1.1.2023 besteht die Möglichkeit der Erstellung einer weiteren Urkunde. In der weiteren Urkunde können die Angaben zu den Aufgabenbereichen des rechtlichen Betreuers oder die Anordnung eines Einwilligungsvorbehalts nur eingeschränkt ausgewiesen werden. Die Regelung wird dem Interesse der betroffenen Person auf Geheimhaltung bestimmter Daten, deren Offenlegung im Rechtsverkehr nicht zwingend ist, gerecht. Der Gesetzgeber benennt in seiner Begründung folgendes Beispiel: „Es gibt keinen ersichtlichen Grund dafür, dass etwa eine Bank, ein Telefonanbieter oder ein Vermieter erfahren muss, dass die Betreuung neben der Vermögenssorge auch eine mit Freiheitsentziehung verbundene Unterbringung des Betreuten umfasst."[407]

Die Erstellung einer weiteren Urkunde ist vom rechtlichen Betreuer zu beantragen. Zur Begründung des Antrages sind die Interessen der rechtlich betreuten Person an der Geheimhaltung bestimmter Daten zu benennen. Das Betreuungsgericht hat dann zu prüfen, ob der Rechtsverkehr nicht über die Daten, die geheim gehalten werden sollen, verfügen muss.

Nach dem Ende der Betreuung ist die Urkunde (auch die Zweiturkunde) unverzüglich an das Gericht zurückzugeben.

5.1.10.3 Anfangsbericht/Anfangsgespräch

Wozu dient der Anfangsbericht / das Anfangsgespräch?

Im Verfahren zur Bestellung der rechtlichen Betreuung hat das Betreuungsgericht bereits eine Fülle von Informationen über die persönlichen und wirtschaftlichen Verhältnisse der rechtlich betreuten Personen erhalten. Diese Informationen bilden die Situation vor der Bestellung der rechtlichen Betreuung ab. Zur Führung der Aufsicht bedarf es der konkreten Feststellung einer Anfangssituation.

„Mit Übernahme der Betreuung hat der Betreuer einen Bericht über die persönlichen Verhältnisse (Anfangsbericht) zu erstellen."[408]

Müssen alle rechtliche Betreuer*innen einen Anfangsbericht erstellen?

Ausgenommen von dieser Pflicht sind ehrenamtliche rechtliche Betreuer*innen, mit dem die rechtlich betreute Person in einer familiären Beziehung oder einer persönlichen Bin-

406 Gem. §§ 1859 und 1860 BGB
407 BT-Drucks. 19/24445 S. 335 zu § 290 Abs. 2 FamFG
408 § 1863 Abs. 1 Satz 1 BGB

dung steht. Das Betreuungsgericht kann die Aufsicht auch in diesen Fällen nur sinnvoll vornehmen, wenn es die Anfangssituation feststellt.

Statt des schriftlichen Berichts sollte das Betreuungsgericht in geeigneten Fällen oder, wenn dies von der rechtlich betreuten Person verlangt wird, ein Gespräch mit der rechtlich betreuten Person führen. Soweit dies möglich ist, soll der rechtliche Betreuer anwesend sein. Dieses Gespräch dient dazu, die persönlichen Verhältnisse, den Regelungsbedarf und die Wünsche der rechtlich betreuten Person kennenzulernen. Wenn die rechtlich betreute Person dies wünscht, muss ein solches Gespräch stattfinden. Dabei darf das Gericht nicht verlangen oder den Eindruck erwecken, ein solches Gespräch könne nur in den Räumen des Gerichts stattfinden. Soweit erforderlich, ist das Gespräch auch aufsuchend in der gewöhnlichen Umgebung der rechtlich betreuten Person vorzunehmen.

Die Aufsicht über die Frage, ob der rechtliche Betreuer die Wünsche der rechtlich betreuten Person und ihre Selbstbestimmung hinreichend wahrt, kann letztlich nur erfolgreich stattfinden, wenn das Gericht hierüber Kenntnisse hat. Wenn es im konkreten Fall möglich ist, von der rechtlich betreuten Person selbst etwas dazu zu erfahren, ist der Fall für ein Gespräch geeignet und es hat stattzufinden.

Welche Angaben muss der Anfangsbericht enthalten?

„Der Anfangsbericht hat insbesondere Angaben zu folgenden Sachverhalten zu enthalten:

1. persönliche Situation des Betreuten,
2. Ziele der Betreuung, bereits durchgeführte und beabsichtigte Maßnahmen, insbesondere im Hinblick auf § 1821 Absatz 6, und
3. Wünsche des Betreuten hinsichtlich der Betreuung."[409]

Welche Angaben sind zur Situation der rechtlich betreuten Person zu machen?

Personenbezogene Daten

Zunächst sind die personenbezogenen Daten, die im Rahmen des Verfahrens zur Bestellung der rechtlichen Betreuung vom Betreuungsgericht erhoben worden sind, zu prüfen. Es ist keine ausgesprochene Seltenheit, dass die Schreibweise des Namens, das Geburtsdatum oder andere personenbezogene Daten in den Beschluss falsch übernommen worden sind. Auch die Anschrift der rechtlich betreuten Personen kann sich zwischenzeitlich geändert haben. Gleichermaßen ist die Richtigkeit der Bestellungsurkunde zu überprüfen. Dort ist auch zu prüfen, ob die im Beschluss angegebenen Aufgabenbereiche richtig übernommen worden sind. Die Korrektur entsprechender Fehler ist beim Betreuungsgericht anzuregen.

Kontaktdaten und Kontaktgestaltung

Das Betreuungsgericht hat zu prüfen, ob der rechtliche Betreuer den erforderlichen persönlichen Kontakt zu rechtlich betreuten Personen unterhält. Um diese Prüfung vornehmen zu können, ist es für das Betreuungsgericht wichtig zu wissen, welche Möglichkeiten zum Kontakt bestehen (Siehe Abschnitt 4.3.2). Neben der Anschrift sind alle weiteren Kon-

409 § 1863 Abs. 1 Satz 2 BGB

taktinformationen (Telefonnummer, E-Mail etc.) anzugeben. Zu berichten ist auch über Besonderheiten der Kontaktgestaltung. Z.B. können das Informationen sein zu:

- der verwendeten Sprache,
- evtl. benötigter Assistenz,
- evtl. erforderlicher örtlicher Rahmenbedingungen (Infektionsschutz ...)
- den Möglichkeiten und Grenzen der Verständigung
- ...

Fähigkeit zur Selbstvertretung/Mitwirkung

Betreuungsrechtliche Hilfe ist nicht erforderlich, soweit die rechtlich betreute Person frei und selbstbestimmt entscheiden und handeln kann. Das Gericht stellt mit der Bestellung des rechtlichen Betreuers fest, dass die rechtlich betreute Person aufgrund einer Krankheit/Behinderung im bestimmten Aufgabenkreis nicht mehr vollständig eigenverantwortlich entscheiden und handeln kann. Diese Feststellung gilt es zu konkretisieren.

Ausgenommen ist die wegen einer Körperbehinderung von der rechtlich betreuten Person beantragte rechtliche Betreuung. Hier ergibt sich das Unvermögen daraus, dass sie die eigene Entscheidung nicht in eine Handlung umsetzen kann oder die Fähigkeit zur Äußerung fehlt.

Unter dem allgemeinen Aspekt ist die Fähigkeit des betreuten Menschen zur rechtsverbindlichen Kommunikation zu erörtern. Bezogen auf die anstehenden Angelegenheiten aus den Aufgabenbereichen sind die Fähigkeiten, die erforderlich sind, um die Tragweite der anstehenden Entscheidungen zu erfassen, das Für und Wider abzuwägen, einen Willen zu bilden und danach zu handeln, und der rechtlichen Unterstützungsbedarf zu konkretisieren. Anhand dieser Feststellung kann bestimmt werden, ob die rechtlich betreute Person selbst in der Lage ist, die Angelegenheit zu erledigen, bzw. an welcher Stelle die betreuungsrechtliche Hilfe einsetzen muss.

Problematisch sind intuitiv, ohne Logik oder in rechtlicher „Grauzone" ablaufende Prozesse der Entscheidungsfindung, die möglicherweise noch zu Schäden führen können. Hier bedarf es wegen möglicher Haftungsfragen (siehe Abschnitt 10) einer auch der rückblickenden gerichtlichen Bewertung standhaltende Dokumentation der Fähigkeit des betreuten Menschen, die Angelegenheit eigenverantwortlich zu entscheiden. Eventuell ist der Aufgabenkreis zu ändern.

Kommentar

> Als „Nebenwirkung" der Bestellung eines rechtlichen Betreuers durch das Betreuungsgericht wird im Rahmen des Aufgabenkreises die im Artikel 2 Satz 1 GG begründete alleinige Handlungsfreiheit geteilt.
>
> Damit verbunden ist als weitere Nebenwirkung zu erkennen, dass die Handlungen des rechtlichen Betreuers der nachträglichen betreuungsrechtlichen, zivilrechtlichen, sozialrechtlichen und ggf. auch der strafrechtlichen Kontrolle standhalten müssen (siehe Abschnitt 10). Damit gehen alle nicht als freier Wille des betroffenen Menschen gerichtsfest beweisbaren emotionalen, unlogischen, in der rechtlichen Grau-

zone angesiedelten Aspekte einer zu treffenden Entscheidung verloren. Die Bedeutung dieses Verlustes mag jeder bei sich selbst überprüfen und sich fragen, welche Entscheidungen wir tatsächlich aufgrund rationaler Erwägungen treffen. Wie oft kommt es vor, dass wir uns selbst fragen, warum wir so und nicht anders entschieden haben?

Das Betreuungsgericht hat die Einhaltung des Prinzips „rechtliche Unterstützung vor rechtlicher Vertretung" zu beaufsichtigen. Hierzu benötigt das Betreuungsgericht Informationen über die Fähigkeit der rechtlich betreuten Person, sich selbst zu vertreten bzw. an der Regelung der anstehenden rechtlichen Angelegenheiten mitzuwirken. Auch hier hat das Betreuungsgericht im Rahmen des Betreuungsverfahrens bereits Informationen erhalten oder im Rahmen der Anhörung selbst gewonnen. Diese Informationen gilt es abzugleichen und gegebenenfalls zu ergänzen. Die dem Betreuungsgericht vorliegenden Informationen können durch die Einsicht in die Akte in Erfahrung gebracht werden. Die eigenen Erfahrungswerte können dann ergänzt werden.

„Andere Hilfen"

Die Erforderlichkeit der rechtlichen Betreuung entfällt, wenn andere Hilfen die rechtliche Betreuung entbehrlich machen. Zuallererst ist somit die Möglichkeit vorhandener Alternativen zu prüfen. Zu prüfen ist insbesondere das Vorhandensein einer Vorsorge durch Vollmacht, einer Betreuungsverfügung, einer Patientenverfügung oder anderer vorweggenommener Willenserklärungen. Zudem hat der rechtliche Betreuer mögliche andere Hilfen aus dem sozialen Umfeld zu prüfen und deren Initiierung aktiv zu betreiben. Entsprechend ist über das soziale Umfeld und die möglicherweise daraus zu entwickelnden Hilfen zu berichten.

Regelungsbedarf

Das Betreuungsgericht hat die ordnungsgemäße Erledigung der anstehenden rechtlichen Angelegenheiten zu beaufsichtigen. Hierzu bedarf es einer ersten Information zur Frage, welche rechtlichen Angelegenheiten zu regeln sind. Es bietet sich an, hier entlang der beschlossenen Aufgabenbereiche zu berichten. Dabei ist nicht nur zu berichten, welche Angelegenheiten zu regeln sind, sondern auch, wie dies geschehen soll. Hier ist insbesondere die Sichtweise der rechtlich betreuten Person wiederzugeben. Zu berichten ist insbesondere über ihre Wünsche und die Fähigkeit der Selbstvertretung beziehungsweise zur Mitwirkung.

Die Sichtweise der rechtlich betreuten Person sollte authentisch wiedergegeben werden. Auf sich anbahnende oder bereits bestehende Konflikte sollte hingewiesen werden.

Betreuungsrechtliche Schutzverpflichtung

Mitzuteilen ist insbesondere, ob und wie weit vom Willen der rechtlich betreuten Person zur Vermeidung erheblicher Gefahren abgewichen werden muss (siehe Abschnitt 4.2). Ist eine solche Situation gegeben, sollte der rechtliche Betreuer unbedingt prüfen, ob die Erforderlichkeit, vom Willen der rechtlich betreuten Personen abzuweichen, dem Gericht bereits bekannt ist. Sollte dies nicht der Fall sein, fehlt es dem rechtlichen Betreuer möglicherweise an der Befugnis, die anstehende Angelegenheit gegen den erklärten Willen zu erledigen. Der rechtliche Betreuer sollte an dieser Stelle die Überprüfung der rechtlichen Betreuung anregen. Möglicherweise bedarf es der Anordnung eines Einwilligungsvorbehalts (siehe Abschnitt 3.12.3).

Wie definieren sich die Ziele der Betreuung?

Nachdem der Sachverhalt aufgeklärt, die Fähigkeiten der rechtlich betreuten Person erörtert, der Wille und die Wünsche erkundet, unterschiedliche Varianten der Entscheidung/ Handlung gegeneinander abgewogen sind, kann das jeweilige Ziel beschrieben werden. Mit dem Begriff „Ziel" verbinden Hilfssysteme oft die Erwartung des Fortschritts auf dem Weg, die Hilfe einstellen zu können. Obwohl auch der Auftrag des rechtlichen Betreuers auf die Rehabilitation abzielt, muss festgestellt werden, dass der überwiegende Teil der betreuungsrechtlichen Zielsetzung als erhaltende, organisierende, strukturierende und wiederkehrende Unterstützung beschrieben werden kann und muss.

Beispiele für Zielbeschreibung:

- *Organisation der häuslichen Versorgung,*
- *Erhalt der materiellen Rahmenbedingungen,*
- *Vertretung gegenüber dem Geschäftspartner hinsichtlich der Entgegennahme, Prüfung, Bewertung von Vertragsangelegenheiten, Regulierung der Kosten, Fortschreiben der vertraglichen Leistungen,*
- *Sicherstellung der erforderlichen Pflicht zur Mitwirkung im Sozialleistungsverfahren. Erbringung der jährlich wiederkehrenden Pflicht zur Mitteilung von Änderungen in den persönlichen und wirtschaftlichen Verhältnissen.*

Wie können Ziele praktisch erreicht werden?

Bestandteil der Berichterstattung ist die Art und Weise, wie die beschriebenen Ziele erreicht werden können. Hier wird zunächst der Bedarf an Unterstützung oder Vertretung gegeneinander abzugrenzen sein. Es ist zu klären, ob die Fachkompetenz Dritter (Gutachter, Rechtsanwalt, Steuerberater, Anlageberater etc.) hinzugezogen werden muss.

Besprechung

Die im Gesetz vorgeschriebenen Inhalte des Anfangsberichts erfordern es, dass der Bericht mit der rechtlich betreuten Person besprochen wird. Insbesondere die Darstellung ihrer Sichtweise hinsichtlich der rechtlichen Betreuung und der Regelung der anstehenden rechtlichen Angelegenheiten kann nur im Gespräch erfahren werden. Für das Absehen von einer derartigen Besprechung gelten die bereits an anderer Stelle genannten Bedingungen (siehe Abschnitt 4.3.5). Die Besprechung des Berichtes muss nicht Wort für Wort erfolgen, sie kann auch sinngemäß vorgenommen werden. Zeitpunkt sowie Art und Weise der Besprechung sollten im Bericht benannt werden und von der rechtlich betreuten Person durch ihre Unterschrift bestätigt werden.

Was ist hinsichtlich des Stils und des Sprachgebrauchs zu beachten?

Bei der Berichterstattung bewegt sich der Sprachgebrauch im Spannungsfeld zwischen der Verständlichkeit und Vollständigkeit für das Gericht und der Verständlichkeit für die rechtlich betreute Person. Berichte sollten also für beide Seiten verständlich sein.

Kernkompetenz

> Als fachliche Kernkompetenz des rechtlichen Betreuers ist die Fähigkeit, die Dynamik des Lebens in eine vom Gericht und von der rechtlich betreuten Person zu verstehende Sprache zu übersetzen.

Dieses Ziel kann nicht immer erreicht werden, da es sein kann, dass die rechtlich betreute Person bestimmte zu berichtende Sachverhalte nicht oder nicht vollständig verstehen kann. Möglich ist auch, dass ein durch Krankheit oder Behinderung beeinträchtigtes Erleben der Realität die entsprechende Berichterstattung durch den rechtlichen Betreuer als falsch erscheinen lässt.

Die Sichtweise der rechtlich betreuten Person ist aber unabhängig von ihrer Richtigkeit mit im Bericht zu vermerken.

Darf ich die betreute Person „schlecht aussehen" lassen?

Im Rahmen von Arbeitskreisen, kollegialer Beratung oder Supervision wird immer wieder deutlich, dass rechtliche Betreuer*innen dazu neigen, die tatsächlichen Probleme und Situationen für die rechtlich betreute Person vorteilhafter als eigentlich angemessen darzustellen. Hintergrund sind Ängste, die wichtige Arbeitsbeziehung zu belasten.

Beispiele:

- *Für Andreas F. besteht hinsichtlich der Vermögenssorge ein Einwilligungsvorbehalt. Trotz intensiver Belehrung tätigt er immer neue Geschäfte, die ihm erheblichen vermögensrechtlichen Schaden zufügen. Im Gespräch wird deutlich, dass Andreas F. den Einwilligungsvorbehalt oft bewusst ausnutzt, um sich Vorteile zu verschaffen. In anderen Fällen ist er sich der Folgen seines Tuns nicht bewusst.*
- *Maria S. neigt dazu, Konflikte mit Nachbarn, Helfern und ihrer rechtlichen Betreuerin mit Beschimpfungen und Gewalt zu lösen.*
- *Josef H. sieht sich selbst in der Lage, alle Angelegenheiten eigenverantwortlich erledigen zu können, und ärgert sich, wenn sein rechtlicher Betreuer berichtet, dass er lediglich im Zahlenraum bis 10 rechnen kann.*

Eine vollständige Berichterstattung ist unerlässlich. Falsche Rücksichtnahme führt dazu, dass spätere Anträge oder Beschwerden vom Gericht nicht nachvollzogen werden können. Aus der Berichterstattung müssen Konflikte und Auseinandersetzungen erkennbar werden. Nicht alles kann zum Positiven gewendet werden.

Vorschlag einer Gliederung des Anfangsberichts

Daten der rechtlich betreuten Person:

- Name, Vorname, Geburtsname, Geburtsdatum, Geschlecht, Nationalität
- Anschrift
- Telefon, Fax, Mailadresse, Kontaktmöglichkeiten: WhatsApp, Voicemail …

Daten zur rechtlichen Betreuung

- Datum: Beginn, Übernahme, Überprüfungsfrist
- Aufgabenbereiche/Einwilligungsvorbehalt
- Rechtliche Betreuung auf Antrag, mit Zustimmung, Zwangsbetreuung
- Wünsche/Sichtweise der rechtlich betreuten Person

Allgemeine Ausgangssituation

- Kommunikation (Sprache, Sprachverständnis, Hilfsmittel, Kommunikationswege)
- Soziales Umfeld (Familie, Bezugspersonen, Arbeit & Beschäftigung, andere Hilfen)

Für jeden Aufgabenbereich …

- Ausgangssituation (Vermögenssorge – Vermögensverzeichnis)
- Zu regelnde rechtliche Angelegenheiten / erste bereits vorgenommene Maßnahmen
- Fähigkeiten und Ressourcen zur freien Willensbildung, Selbstvertretung, Mitwirkung – krankheitsbedingte Einschränkungen
- Wünsche/Sichtweise der rechtlich betreuten Person
- Wunschbefolgung (Realisierbarkeit, betreuungsrechtliche Schutzverpflichtung)
- Unterstützungs-/Vertretungsbedarf
- Ziele: Wann soll was erreicht sein? Förderung der Eigenkompetenz, andere Hilfen …

Dokumentation der Besprechung des Berichts

Wann ist der Anfangsbericht vorzulegen?

Der Anfangsbericht soll binnen einer Frist von drei Monaten nach Bestellung der rechtlichen Betreuung eingereicht werden. Im Ausnahmefall ist die Verlängerung der Frist möglich.

Findet eine Besprechung des Anfangsberichtes statt?

Rechtspfleger*innen können den Anfangsbericht mit der rechtlich betreuten Person und dem rechtlichen Betreuer persönlich besprechen.[410] Damit soll unter anderem das gegen-

410 § 1863 Abs. 1 Satz 5 BGB

seitige Kennenlernen ermöglicht werden. Es bleibt abzuwarten, ob sich die Besprechung in der Praxis zu einem Standard entwickelt oder lediglich in Ausnahmefällen von dieser Möglichkeit Gebrauch gemacht wird.

5.1.10.4 Vermögensverzeichnis

> „Soweit die Verwaltung des Vermögens des Betreuten zum Aufgabenkreis des Betreuers gehört, hat er zum Zeitpunkt seiner Bestellung ein Verzeichnis über das Vermögen des Betreuten zu erstellen und dieses dem Betreuungsgericht mit der Versicherung der Richtigkeit und Vollständigkeit einzureichen."[411]

Das Vermögensverzeichnis bildet die Grundlage für die Aufsicht des Betreuungsgerichts über die Führung der Vermögenssorge. Es ist zu erstellen, wenn die Vermögensangelegenheiten insgesamt oder zu Teilen als Aufgabenbereich bestimmt worden sind.

In der Regel ist kein Mensch besonders begeistert, wenn er einer Behörde oder dem Gericht bis in die letzte Kleinigkeit sein Vermögen offenlegen soll. In diesem Fall dient das Vermögensverzeichnis dem Schutz der rechtlich betreuten Person.

Der ordnungsgemäße Nachweis des Vermögens und seiner späteren Verwendung liegt aber auch im Interesse des rechtlichen Betreuers. Der Nachweis verhindert spätere Konflikte zur ordnungsgemäßen Verwendung des Vermögens. Die Einzelheiten zum Vermögensverzeichnis gehören zu den Inhalten des Moduls 7 und finden sich im Abschnitt 5.7

5.1.10.5 Jahresbericht

Besteht eine Pflicht zur Erstellung eines Jahresberichts?

Der Betreuer hat dem Betreuungsgericht mindestens einmal jährlich über die persönlichen Verhältnisse des Betreuten zu berichten.[412] Der erste Jahresbericht ist nach einem Jahr an das Gericht zu senden. Maßgeblich ist der Beginn der rechtlichen Betreuung. Für eine am 16.5. wirksam gewordenen rechtliche Betreuung wäre der Bericht am 16.5. des darauffolgenden Jahres einzureichen. Der Jahresbericht hat die im Rahmen des Anfangsberichts beschriebene Anfangssituation fortzuschreiben. Alle weiteren Berichte dienen der Fortschreibung der vorangegangenen Berichte.

Welche Angaben muss der Jahresbericht enthalten?

Im Gesetz sind Mindestanforderungen an den Jahresbericht definiert. Der Jahresbericht hat insbesondere Angaben zu folgenden Sachverhalten zu enthalten:

1. Anzugeben sind Art, Umfang und Anlass der persönlichen Kontakte und des persönlichen Eindrucks von der rechtlich betreuten Person (siehe Abschnitt 5.2.5).
2. Anknüpfend an den Anfangsbericht oder den letzten Jahresbericht ist über die Umsetzung der bisherigen Betreuungsziele zu berichten. Dabei sind die durchgeführten und beabsichtigten Maßnahmen zu beschreiben. Zu beschreiben ist insbesondere, ob und wie weit die rechtlich betreute Person sich selbst vertreten konnte oder mitgewirkt hat.

---

411 § 1835 Abs. 1 Satz 1 BGB
412 § 1863 Abs. 3 Satz 1 BGB

Soweit Maßnahmen gegen den Willen der rechtlich betreuten Person vorgenommen werden mussten, sind diese gesondert zu berichten. Insbesondere sind die erheblichen Gefahren, die es zu vermeiden galt, zu beschreiben. Hierbei kann auf Zwischenberichte oder andere dem Betreuungsgericht bereits vorliegende Informationen Bezug genommen werden.

3. Der rechtliche Betreuer ist verpflichtet, aktiv daran mitzuwirken, sich selbst überflüssig zu machen. Entsprechend teilt er mit, welche Schritte er unternommen hat, die zukünftige Selbstvertretung teilweise oder ganz zu ermöglichen. Soweit er insoweit erfolgreich gewesen ist, regt er die Änderung des Umfangs der rechtlichen Betreuung oder die Aufhebung der rechtlichen Betreuung an.

   Die weitere Erforderlichkeit der rechtlichen Betreuung ist im Einzelnen zu begründen. Bezogen auf die einzelnen Aufgabenbereiche ist entsprechend darzustellen, welche rechtlichen Angelegenheiten zukünftig mit Unterstützung oder durch den rechtlichen Betreuer erledigt werden müssen.

4. Rechtliche Berufsbetreuer müssen zudem mitteilen, ob die Betreuung zukünftig ehrenamtlich geführt werden kann. Diese Mitteilung ist unabhängig von dem Vorhandensein einer konkreten Person, die bereit ist, die rechtliche Betreuung ehrenamtlich zu führen. Es geht darum, ob die Aspekte, welche ursprünglich für die Bestellung eines beruflich tätigen rechtlichen Betreuers gesprochen haben, soweit verändert werden konnten, dass jetzt die Möglichkeit besteht, die rechtliche Betreuung ehrenamtlich weiterzuführen.

5. Der Jahresbericht ist mit der rechtlich betreuten Person so weit wie möglich zu besprechen. Zu jedem einzelnen Sachverhalt ist ihre Sichtweise mitzuteilen. Soweit auf den mutmaßlichen Willen zurückgegriffen werden muss, ist über die Beweismittel, aus denen der mutmaßliche Wille geschlossen worden ist, zu berichten.

   Die Besprechung muss nicht in einem Zug vorgenommen werden, sondern kann über mehrere Termine verteilt werden. Auch im Laufe des Jahres geäußerte Sichtweisen können mit in den Bericht aufgenommen werden.

   Für das Absehen von einer derartigen Besprechung gelten die im Abschnitt 5.2.5 genannten Bedingungen.

   Art und Weise der Besprechung sollten im Rahmen des Berichts dokumentiert und von der rechtlich betreuten Person, wenn möglich, bestätigt werden.

Vorschlag einer Gliederung des Jahresberichts

Daten der rechtlich betreuten Person:

- Name, Vorname, Geburtsname, Geburtsdatum, Geschlecht, Nationalität
- Anschrift
- Telefon, Fax, Mailadresse, Kontaktmöglichkeiten: WhatsApp, Voicemail …

Daten zur rechtlichen Betreuung

- Datum: Beginn, Übernahme, Überprüfungsfrist
- Aufgabenbereiche/Einwilligungsvorbehalt
- Rechtliche Betreuung auf Antrag, mit Zustimmung, Zwangsbetreuung
- Wünsche/Sichtweise der rechtlich betreuten Person

Angaben zu persönlichen Kontakten & dem persönlichen Eindruck

- Kommunikation (Sprache, Sprachverständnis, Hilfsmittel, Kommunikationswege)
- Art, Umfang & Anlass (Liste als Anlage)
- Wünsche/Sichtweise der rechtlich betreuten Person

Für jeden Aufgabenbereich

- Verlauf & Ergebnis (Vermögenssorge Rechnungslegung); gegen den Willen vorgenommene Maßnahme
- weiterhin zu regelnde rechtliche Angelegenheiten / erforderliche Maßnahmen
- Fähigkeiten und Ressourcen zur freien Willensbildung – krankheitsbedingte Einschränkungen
- Wünsche/Sichtweise der rechtlich betreuten Person
- Wunschbefolgung (Realisierbarkeit, Gefahren)
- Unterstützungs-/Vertretungsbedarf

Erforderlichkeit der rechtlichen Betreuung / Abgabe an ehrenamtlichen rechtlichen Betreuer

Dokumentation der Besprechung des Berichts; Begründung der Unterlassung

Beginnend mit dem Anfangsbericht lässt sich über die Jahresberichte der Verlauf der rechtlichen Betreuung nachvollziehen. Die Berichte folgen dem im Schaubild dargestellten Zyklus.

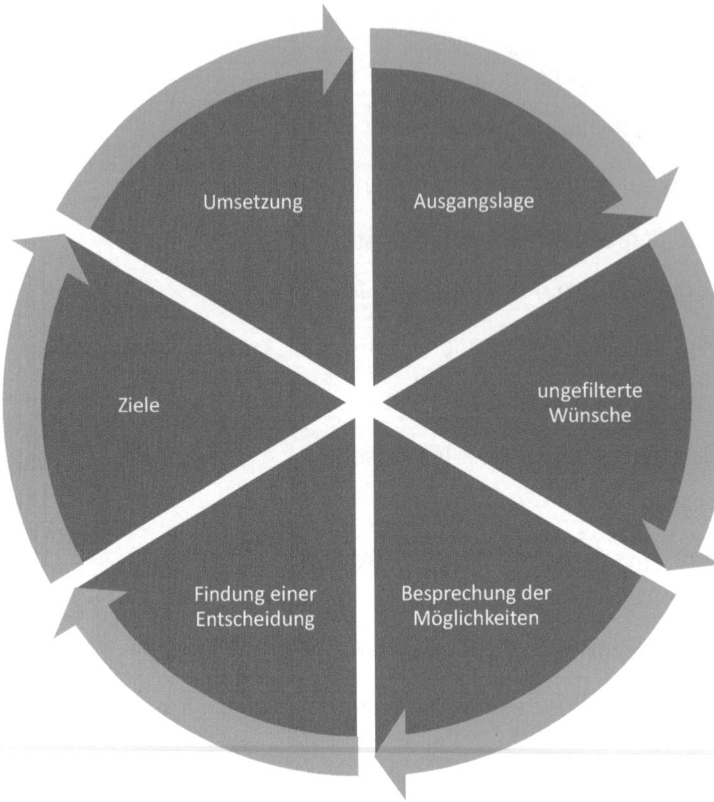

Berichtszyklus

Der Jahresbericht ist an die individuelle Situation anzupassen. Jahresberichte könne sehr komplex, aber auch sehr einfach sein. Komplex sind sie immer dann, wenn das abgelaufene Betreuungsjahr einen sehr dynamischen Verlauf hinsichtlich der zu regelnden rechtlichen Angelegenheiten genommen hat. Wurde bereits im Verlauf des Jahres zu anderer Gelegenheit berichtet, kann sich der Jahresbericht darauf beziehen. Ergibt sich über Jahre ein gleichbleibender Verlauf ohne große Änderungen, werden sich auch die Berichte nicht großartig voneinander unterscheiden können.

5.1.10.6 Rechnungslegung

Wie der erste Jahresbericht an den Anfangsbericht anknüpft, ist das Vermögensverzeichnis der Ausgangspunkt für die erste Rechnungslegung. Die Rechnungslegung ist jährlich zu erstellen.[413] Nähere Einzelheiten zur Rechnungslegung finden sich im Modul 7 (Abschnitt 5.7).

5.1.10.7 Auskunfts- und Mitteilungspflichten

Neben der Pflicht, dem Gericht in regelmäßigen Abständen über die Arbeit zu berichten, hat der rechtliche Betreuer weitere Auskunfts- und Mitteilungspflichten.

413 § 1865 Abs. 2 BGB

Muss ich dem Gericht jederzeit Rede und Antwort stehen?

> „Der Betreuer hat dem Betreuungsgericht auf dessen Verlangen jederzeit über die Führung der Betreuung und über die persönlichen und wirtschaftlichen Verhältnisse des Betreuten Auskunft zu erteilen."[414]

Die Pflicht zur Auskunft erstreckt sich auf alle zum Aufgabenkreis gehörenden Aufgabenbereiche und die diesbezüglichen Angelegenheiten. Das Gericht kann die Vorlage und, wenn nötig, die Beschaffung von Belegen verlangen.

Der rechtliche Betreuer muss somit jederzeit in der Lage sein, über die persönlichen und wirtschaftlichen Verhältnisse der rechtlich betreuten Personen zu berichten. Er muss insbesondere in der Lage sein, eigenes Handeln zu begründen und gegebenenfalls zu rechtfertigen.

Es ist also dringend zu empfehlen die Aktenführung auf einem aktuellen Stand zu halten. Den „Schuhkarton" mit den Unterlagen lediglich einmal im Jahr zu sortieren, ist nicht ausreichend. Gesprächsinhalte und die vorgenommenen Maßnahmen sollten regelmäßig dokumentiert und abrufbar sein.

Muss ich dem Gericht auch ohne Aufforderung berichten?

> „Der Betreuer hat dem Betreuungsgericht wesentliche Änderungen der persönlichen und wirtschaftlichen Verhältnisse des Betreuten unverzüglich mitzuteilen."[415]

Was sind wesentliche Änderungen?

Wesentliche Änderungen sind alle Änderungen, welche die Aufsichtspflicht des Betreuungsgerichts berühren. Gemeint sind Änderungen, die sich nicht aus den bisherigen Berichten ableiten lassen.

Beispiele:

- *Änderungen im Bereich der personenbezogenen Daten (Adressänderung; Änderungen des Familienstandes ...),*
- *wesentliche Änderungen im Bereich der Kontaktgestaltung,*
- *eine nicht vorhersehbare lebensbedrohliche Verschlimmerung der Erkrankung,*
- *das Auftreten einer schweren Erkrankung,*
- *erhebliche Änderungen im Bereich von Einnahmen und Ausgaben,*
- *der Verlust des Arbeitsplatzes.*

414 § 1864 Abs. 1 BGB
415 § 1864 Abs. 2 Satz 1 BGB

Welche konkreten Sachverhalte müssen mitgeteilt/angezeigt werden?

Daneben nennt das Gesetz konkrete Sachverhalte, die umgehend mitzuteilen sind. Dies gilt für:

- Änderungen, die eine Aufhebung der Betreuung oder des Einwilligungsvorbehalts ermöglichen,
- Änderungen, die eine Einschränkung des Aufgabenkreises des Betreuers ermöglichen,
- Änderungen, die die Erweiterung des Aufgabenkreises des Betreuers erfordern,
- Änderungen, die die Bestellung eines weiteren Betreuers erfordern,
- Änderungen, die die Anordnung eines Einwilligungsvorbehalts erfordern und
- Änderungen, aus denen sich bei einer beruflich geführten Betreuung ergibt, dass die Betreuung zukünftig ehrenamtlich geführt werden kann,[416]
- die Absicht des rechtlichen Betreuers, von der rechtlich betreuten Person selbst genutzten Wohnraums aufzugeben,
- eine mögliche Aufgabe des Wohnraums aus anderen Gründen (siehe Modul 5 Abschnitt 5.5),[417]
- ein Abweichen der Wahrnehmung der Vermögensangelegenheiten von den in den §§ 1839 bis 1843 festgelegten Grundsätzen (siehe Modul 7 Abschnitt 5.7),[418]
- eine Eröffnung eines Girokontos,
- die Eröffnung eines Anlagekontos,
- die Eröffnung eines Depots oder die Hinterlegung von Wertpapieren,
- die Absicht, Wertpapiere gemäß § 1843 Absatz 3 nicht in einem Depot zu verwahren oder zu hinterlegen (siehe Modul 7 Absatz 5.7),[419]
- Art und Umfang eines neuen Erwerbsgeschäfts,
- die Aufgabe eines bestehenden Erwerbsgeschäfts.[420]

Folgende Änderungen können beispielsweise Einfluss auf einzelne oder alle Aufgabenbereiche eines Aufgabenkreises haben. Die rechtliche Betreuung ist einzuschränken, wenn die rechtlichen Angelegenheiten

- durch die rechtlich betreute Person eigenverantwortlich erledigt werden können,
- abschließend geregelt worden sind oder
- wegen anderer Gründe weggefallen sind,
- für den angeordneten Einwilligungsvorbehalt keine Notwendigkeit mehr gegeben ist,

416 § 1864 Abs. 2 Satz 2 BGB
417 § 1833 BGB
418 § 1838 Abs. 2 BGB
419 § 1846 BGB
420 § 1847 BGB

- neu hinzugekommene Bezugspersonen oder andere Hilfen die Aufgaben des rechtlichen Betreuers übernehmen können.

Der Aufgabenkreis ist zu erweitern, wenn rechtliche Angelegenheiten, die bisher nicht den einzelnen Aufgabenbereichen zugerechnet werden können,

- durch die rechtlich betreute Person nicht mehr eigenverantwortlich erledigt werden können,
- neu hinzugekommen sind und durch die rechtlich betreute Person nicht eigenverantwortlich erledigt werden können,
- die Anordnung eines Einwilligungsvorbehalts erforderlich erscheint,
- Bezugspersonen oder Hilfen weggefallen sind, welche die rechtliche Betreuung teilweise entbehrlich gemacht haben.

Beispiele:

- *Die Behandlung der psychiatrischen Störung verläuft erfolgreich. Die zunächst sehr komplexen Angelegenheiten konnten durch den rechtlichen Betreuer vereinfacht werden. Die rechtlich betreute Person kann ihre persönlichen und wirtschaftlichen Verhältnisse überblicken und eigenverantwortlich entscheiden und erledigen. Im Bereich der Gesundheitssorge wünscht sie die Fortsetzung der rechtlichen Betreuung, da sie Angst davor hat, einen Rückfall zu erleiden und dies nicht zu merken.*
- *Max M. hat bisher mit Unterstützung des rechtlichen Betreuers seine finanziellen Angelegenheiten (Aufgabenkreis: Vermögenssorge) erledigt. Weitere rechtliche Hilfe war bisher nicht erforderlich. Seine Krankheit hat sich verschlimmert; und es ist über den Verbleib in der Wohnung oder den Umzug in ein Heim zu entscheiden. Die entsprechende Erweiterung des Aufgabenkreises ist erforderlich.*

Die Pflicht, das Gericht über die Möglichkeit, die rechtliche Betreuung aufzuheben und über eine mögliche Einschränkung oder notwendige Erweiterung des Aufgabenkreises zu informieren, ist nicht einfach zu handhaben. Die Praxis zeigt, dass die Ansichten, wann eine rechtlich betreute Person noch oder wieder in der Lage ist, seine Angelegenheiten selbst zu besorgen, weit auseinandergehen.

Für die rechtliche Betreuung altersgebrechlicher Menschen wird häufiger die Erweiterung der rechtlichen Betreuung zu beantragen sein. Demgegenüber besteht bei der rechtlichen Betreuung jüngerer psychisch kranker Menschen schon eher die Möglichkeit, dass die Beeinträchtigung durch die Krankheit abnimmt oder eine Umgebung gefunden wird, in der das Handicap an Bedeutung verliert. Der Aufgabenbereich des rechtlichen Betreuers kann dann reduziert oder die rechtliche Betreuung aufgehoben werden.

Wann ist ein möglicher oder erforderlicher Wechsel des rechtlichen Betreuers mitzuteilen?

Die Pflicht zur Mitteilung an das Gericht ergibt sich, wenn Umstände eintreten, die eine Fortsetzung der bisherigen (einvernehmlichen) Zusammenarbeit unmöglich machen. Hierbei steht nicht die Frage der Schuld im Vordergrund, sondern lediglich die Überlegung, wie die rechtliche Betreuung sinnvoll fortgesetzt werden kann.

Die Pflicht zur Mitteilung bestehender Differenzen zwischen der rechtlich betreuten Person und dem rechtlichen Betreuer entsteht nicht, wenn diese Differenzen dem Gericht aus dem Betreuungsverfahren bereits bekannt sind oder eine entsprechende Entwicklung vorhergesehen worden ist.

Auch der Umzug der rechtlich betreuten Person oder des rechtlichen Betreuers kann einen Wechsel des rechtlichen Betreuers nach sich ziehen, weil die Betreuung aufgrund der entstandenen Entfernung nicht in dem erforderlichen Maß persönlich weitergeführt werden kann.

Wann ist die Möglichkeit der Fortführung der rechtlichen Betreuung durch eine ehrenamtlich tätige Person mitzuteilen?

Hat das Gericht einen rechtlichen Berufsbetreuer bestellt, hat dieser ihm bekanntwerdende Umstände, aus denen sich ergibt, dass die rechtlich betreute Person durch ein oder mehrere andere Personen außerhalb einer Berufsausübung rechtlich betreut werden kann, dem Gericht mitzuteilen.

Die Mitteilung hat demzufolge zu erfolgen, wenn sich Umstände ergeben haben, die eine ehrenamtliche Führung der rechtlichen Betreuung ermöglichen. Dies dürfte regelmäßig der Fall sein, wenn wesentliche Angelegenheiten, welche die Fachkenntnisse eines rechtlichen Berufsbetreuers erfordert haben, abschließend geregelt worden sind. Gleiches gilt umgekehrt, wenn der rechtliche Betreuer sich aufgrund wachsender Schwierigkeit des Falls überfordert sieht und ein anderer rechtlicher Betreuer – evtl. Berufsbetreuer – erforderlich wird.

Nicht unbedingt ein Wechsel, aber die Bestellung eines Ergänzungsbetreuers ist dann erforderlich, wenn ein Kauf-, Miet- oder Dienstvertrag für die rechtlich betreute Person abgeschlossen werden soll, bei dem der rechtliche Betreuer selber der Käufer/Mieter/Leistungsempfänger oder Verkäufer/Vermieter/Dienstleister des Objektes – der Leistung – ist. Der rechtliche Betreuer würde ein verbotenes Geschäft mit sich selbst vornehmen. In diesem Fall muss der rechtliche Betreuer bei Gericht einen Antrag auf Bestellung eines Ergänzungsbetreuers für diese Angelegenheit stellen.

Beispiel:

Der rechtliche Betreuer hat gleichzeitig auch die tatsächliche Versorgung und Pflege der rechtlich betreuten Person übernommen und will für den Ausgleich seiner Arbeit eine Vergütung gezahlt bekommen.

Die Pflicht zur Mitteilung an das Gericht ergibt sich für den Betreuer auch dann, wenn ein Wechsel des Betreuers angezeigt ist, weil es zwischen dem betreuten Menschen und dem Betreuer Differenzen gibt. Hierbei steht nicht die Frage der Schuld im Vordergrund, sondern lediglich die Überlegung, wie die rechtliche Betreuung sinnvoll fortgesetzt werden kann. Auch der Umzug des betreuten Menschen oder des Betreuers kann einen Wechsel des Betreuers nach sich ziehen, weil die rechtliche Betreuung aufgrund der entstandenen Entfernung nicht in dem erforderlichen Maß persönlich weitergeführt werden kann.

Neben diesen sich aus einer möglichen Änderung der rechtlichen Betreuung ergebenden Mitteilungspflichten bestehen weitere Mitteilungspflichten im Bereich der Vermögenssorge (Siehe Abschnitt 6.4). Diese werden im Modul 7 (Abschnitt 5.7) ausführlich behandelt.

5.1.10.8 Abschließende Aufsicht nach dem Ende der rechtlichen Betreuung

Wann endet die rechtliche Betreuung?

Die folgenden Möglichkeiten beenden die rechtliche Betreuung.

- Die vorläufige rechtliche Betreuung endet nach sechs Monaten, soweit das Betreuungsgericht keine kürzere Frist festgesetzt hat. Sie kann auf die Dauer von zwölf Monaten verlängert werden.[421]
- Die rechtliche Betreuung endet durch die mit Beschluss des Betreuungsgerichts erfolgte Aufhebung.[422]

  Rechtliche Betreuung ist ein staatlicher Eingriff in die Grundrechte des betroffenen Menschen und darf nur dann angeordnet werden, wenn alle anderen Hilfsmöglichkeiten nicht ausreichen. Der rechtliche Betreuer arbeitet mit dem Ziel, sich selbst überflüssig zu machen. Die größte Zahl der rechtlichen Betreuungen wird für ältere, zumeist unheilbar kranke Menschen angeordnet. Für diese Menschen wird der Wegfall der Betreuung wegen neu erstarkter Fähigkeit nur selten möglich sein. Demgegenüber hat dieser Grund, eine rechtliche Betreuung aufzuheben, eine größere Bedeutung bei der Betreuung jüngerer Menschen.

  Kommt der rechtliche Betreuer zu dem Ergebnis, dass eine rechtliche Betreuung nicht mehr erforderlich ist, teilt er dies dem Gericht mit und regt die Aufhebung der rechtlichen Betreuung an.

  Die Anregung zur Aufhebung der rechtlichen Betreuung kann auch von der rechtlich betreuten Person oder von anderer Stelle kommen. Die rechtliche Betreuung endet nicht, wie oft fälschlicherweise angenommen wird, mit einem dahin gehenden Antrag. Sie endet erst, wenn das Betreuungsgericht dies durch Beschluss entschieden hat.
- Mit dem Tod der rechtlich betreuten Person endet die rechtliche Betreuung.[423] Der bisherige rechtliche Betreuer hat das Gericht und, wenn ihm diese bekannt sind, die möglichen Erben, die Heimleitung und das Standesamt zu benachrichtigen, das die Sterbeurkunde ausstellt. Sofern der Verdacht des unnatürlichen Todes besteht, benachrichtigt der rechtliche Betreuer die Staatsanwaltschaft.

421 § 302 FamFG
422 § 1870 BGB
423 § 1870 BGB

Die Totensorge steht den nächsten Angehörigen zu. Darüber hinaus ist die Frage, wer zur Bestattung verpflichtet ist, in Bestattungsgesetzen der Bundesländer geregelt. Findet sich keine der im Gesetz benannten Personen oder weigert sich diese, die Bestattung zu veranlassen, so ist das Ordnungsamt zuständig. Wenn nötig, gibt der bisherige rechtliche Betreuer die entsprechende Information an das Ordnungsamt.

Eventuell vorhandene Testamente sind an das Nachlassgericht abzuliefern. Sind die Erben nicht bekannt oder können sie nicht benachrichtigt werden und ist es für die Sicherung des Nachlasses erforderlich, ist bei Gericht eine Nachlasspflegschaft anzuregen.

Endet die Betreuung durch den Tod des Betreuten, so hat der Betreuer im Rahmen des ihm übertragenen Aufgabenkreises die Angelegenheiten, die keinen Aufschub dulden, zu besorgen, bis der Erbe diese besorgen kann. Angelegenheiten, die keinen Aufschub dulden, sind beispielsweise fristgebundene Angelegenheiten, aber auch solche, bei deren Unterlassung dem Erben ein Nachteil drohen würde.

Beispiele:

Zur Vermeidung der Gefahr für Dritte kann es erforderlich sein, Wasser, Gas, Strom usw. in der Wohnung abzustellen, die Heizung so einzustellen, dass keine Frostschäden entstehen, Haustiere versorgen zu lassen, Mitteilung an Leistungsträger, Rentenstelle, Sozialamt usw. zu machen.

Der Wechsel des rechtlichen Betreuers ist kein Ende der rechtlichen Betreuung.

Was ist allgemein nach dem Ende der rechtlichen Betreuung zu erledigen?

Zu erledigen sind:

- Die Urkunde über seine Bestellung hat der rechtliche Betreuer an das Betreuungsgericht zurückzugeben.
- Ein Schlussbericht ist zu erstellen.
- Vermögen und persönlichen Unterlagen sind herauszugeben.
- Soweit dies verlangt wird oder gesetzlich geregelt ist, muss eine Schlussrechnungslegung erstellt werden.

Welcher Inhalt hat der Schlussbericht?

Nach dem Ende der rechtlichen Betreuung oder bei einem Wechsel des rechtlichen Betreuers hat der bisherige rechtliche Betreuer einen Schlussbericht zu erstellen.[424]

Der Schlussbericht beinhaltet die seit dem letzten Bericht eingetretenen Änderungen der persönlichen Verhältnisse. Die Ausführlichkeit des Schlussberichtes bestimmt sich nach dem Einzelfall. Er kann gegebenenfalls auch kurz gehalten werden.

424 § 1863 Abs. 4 BGB

Im Rahmen des Schlussberichtes ist über die Herausgabe des der Verwaltung des rechtlichen Betreuers unterliegenden Vermögens und aller im Rahmen der Betreuung erlangten Unterlagen zu berichten.[425]

Wer kann die Herausgabe des Vermögens und der Unterlagen verlangen?

Berechtigte können sein:

- die bisher rechtlich betreute Person (bei Ende nach Fristablauf der einstweilig angeordneten oder Aufhebung der rechtlichen Betreuung),
- der neu bestellte rechtliche Betreuer (bei einem Wechsel des rechtlichen Betreuers)
- sowie durch entsprechende Dokumente legitimierte Erben oder sonstige Berechtigte (Testamentsvollstrecker, Nachlasspfleger – nach dem Tod der rechtlich betreuten Person).

Wie kann ich feststellen, wer Rechtsnachfolger ist?

Der Rechtsnachfolger hat sich durch die Vorlage eines entsprechenden Dokuments auszuweisen. Für den Fall der Erbschaft kann dies das eröffnete Testament, der Erbschein oder ein vergleichbares Dokument sein. Mehrere Erben müssen als Gemeinschaft handeln. Entsprechend kommen alle Erben gemeinschaftlich zur Übergabe oder eine von allen Erben bevollmächtigte Person. Von der Herausgabe an mögliche Erben, die sich nicht als solche ausweisen können, oder andere Personen, die meinen, berechtigt zu sein, ist dringend abzuraten.

Welche Pflichten bestehen gegenüber dem Rechtsnachfolger?

Der bisherige rechtliche Betreuer hat nach der Beendigung seines Amts dem Rechtsnachfolger das verwaltete Vermögen herauszugeben und über die Verwaltung Rechenschaft abzulegen.

Was ist herauszugeben?

Als Erstes hat der rechtliche Betreuer das verwaltete Vermögen herauszugeben. Beispielsweise sind dies Sparbücher, Schuldscheine, Hinterlegungsscheine, Bargeld, Schmuck und andere in der Verwahrung des rechtlichen Betreuers befindliche Wertgegenstände.

Die Frage, wem die vom rechtlichen Betreuer geführte Handakte gehört, ist nicht ganz eindeutig zu beantworten. Schriftstücke vom Gegenüber oder Vertragspartnern der rechtlich betreuten Person, die der rechtliche Betreuer erhalten hat, sind nicht sein Eigentum. Er hat diese in seiner Funktion erhalten. Die Dokumente selbst verbleiben im Eigentum der rechtlich betreuten Person. Es sind alle Dokumente herauszugeben, die in diesem Sinne als Eigentum der rechtlich betreuten Person gelten. Insbesondere ist alles herauszugeben, was der Rechtsnachfolger für weitere Ansprüche benötigt. Hierzu zählen

- die zur unbaren Zahlung und Geldabhebung beschafften EC-, Konto- und Kreditkarten,
- Vertragsunterlagen,

425 § 1863 i.V.m. § 1872 BGB

- Bewilligungs- oder Ablehnungsbescheide in Sozialleistungs- und Versicherungsverfahren,
- bedeutende Korrespondenz mit Geschäftspartnern,
- Zahlungsbelege etc.

Der rechtliche Betreuer ist aber berechtigt, Kopien oder Scans zu behalten. Da Rechenschafts- und Belegfristen für den rechtlichen Betreuer nach dem Ende der Betreuung fortbestehen, ist die Erstellung und Aufbewahrung von Kopien sinnvoll und notwendig.

Die Unterlagen sind erst nach Erstellung der Schlussrechnung herauszugeben bzw. wenn klar ist, dass eine solche nicht verlangt wird.

Wie hat die Übergabe zu erfolgen?

Die Herausgabepflicht ist eine Holschuld. Der Rechtsnachfolger kann die Gegenstände beim bisherigen rechtlichen Betreuer abholen oder durch eine entsprechend bevollmächtigte Person abholen lassen.

Einen Versand an den Rechtsnachfolger sollte der rechtliche Betreuer nur dann in Betracht ziehen, wenn der Rechtsnachfolger zuvor schriftlich versichert hat, dass die Sendung auf Kosten und Gefahr des Rechtsnachfolgers versendet werden kann. Aber auch dann bleibt noch das Problem der fehlenden Empfangsquittung, sodass von dieser Verfahrensweise abgeraten werden muss.

Was muss nicht herausgegeben werden?

Die Korrespondenz des rechtlichen Betreuers mit dem Betreuungsgericht braucht nicht herausgegeben zu werden. Der Rechtsnachfolger kann insoweit die Akte des Gerichts einsehen.

Rechtliche Betreuer tun sich oft schwer mit der Herausgabe der Unterlagen, da sie befürchten, dass ihnen in einem späteren Regressverfahren die Beweismittel fehlen. Ungeachtet dessen sind alle Unterlagen herauszugeben. Soweit Aufbewahrungsfristen und haftungsrechtliche Fristen eine Rolle spielen, kann der rechtliche Betreuer sich von den entsprechenden Unterlagen Kopien fertigen.

Wann ist eine Schlussrechnungslegung zu erstellen?

Bei einem Wechsel des rechtlichen Betreuers ist, soweit die Verwaltung des Vermögens Bestandteil der rechtlichen Betreuung gewesen ist, eine abschließende Rechnungslegung zu erstellen.[426]

Endet die rechtliche Betreuung, besteht keine generelle Pflicht zur Schlussrechnungslegung. Eine Schlussrechnung ist in folgenden Fällen zu erstellen.

- Die Schlussrechnungslegung ist zu erstellen, wenn der oben genannte Berechtigte dies verlangt.

  Der Gesetzgeber geht davon aus, dass der Berechtigte in den meisten Fällen kein großes Interesse an einer Schlussrechnungslegung hat. In der Mehrzahl der Fälle ist kein Ver-

426 § 1872 Abs. 4 Satz 2 BGB

mögen vorhanden oder die Führung der rechtlichen Betreuung ist konfliktfrei und zu aller Zufriedenheit verlaufen.

Es bedarf einer aktiven Erklärung des Berechtigten, um die Pflicht zur Erstellung einer Rechnungslegung auszulösen. Der rechtliche Betreuer hat den Berechtigten auf sein Recht, eine Rechnungslegung zu verlangen, hinzuweisen. Nach diesem Hinweis hat der Berechtigte sechs Wochen Zeit, die Erstellung der Rechnungslegung zu verlangen. Damit der Beginn der Frist nachgewiesen werden kann, empfiehlt es sich, den an den Berechtigten erteilten Hinweis unterschreiben zu lassen. Das Verlangen nach einer Rechnungslegung hat der Berechtigte dem Betreuungsgericht mitzuteilen.

- Eine Schlussrechnungslegung ist auch dann zu erstellen, wenn die rechtlich betreute Person sechs Monate nach dem Ende der rechtlichen Betreuung unbekannten Aufenthalts ist oder nach Ablauf von 6 Monaten kein Berechtigter vorhanden ist.[427]

Worauf erstreckt sich die Schlussrechnungslegung?

Form und Inhalt der Rechnungslegung ergeben sich aus den bis dahin geltenden Anfordernissen, die an die Rechnungslegung gestellt worden sind (siehe Modul 7 Abschnitt 5.7).[428] Die Schlussrechnungslegung umfasst den Zeitraum seit der letzten Rechnungslegung oder für den Fall, dass bisher keine erstellt worden ist, den Zeitraum ab der Wirksamkeit der rechtlichen Betreuung in Verbindung mit dem Aufgabenbereich, der die Pflicht zur Rechnungslegung begründet.

Was gilt für befreite rechtliche Betreuer?

(Zu Befreiungen siehe Modul 7 Abschnitt 5.7)

Soweit der rechtliche Betreuer bisher befreit gewesen ist, genügt in den oben genannten Fällen die Erstellung einer Vermögensübersicht mit einer Übersicht über die Einnahmen und Ausgaben seit der letzten Vermögensübersicht. Die Richtigkeit und Vollständigkeit der Vermögensübersicht ist an Eides statt zu versichern.[429]

Wann erfolgt eine Prüfung der eingereichten Schlussrechnung?

Soweit ein Wechsel des rechtlichen Betreuers stattgefunden hat, prüft das Betreuungsgericht die Schlussrechnung oder die Vermögensübersicht sachlich und rechnerisch. Soweit erforderlich, hat es Ergänzung herbeizuführen. Die Prüfung erfolgt auch, wenn die bisher rechtlich betreute Person sechs Monate nach Ende der Betreuung unbekannten Aufenthalts ist oder ihre Erben nach Ablauf dieser Frist unbekannt oder unbekannten Aufenthalts sind und kein sonstiger Berechtigter vorhanden ist.

Ist ein Berechtigter vorhanden, fällt die Prüfung nicht mehr unter die eigentliche Aufgabe der Aufsichtsführung über die rechtliche Betreuung. Vielmehr prüft das Betreuungsgericht aus Fürsorgegründen gegenüber der rechtlich betreuten Person oder den Erben, um diesen gegebenenfalls die zivilrechtliche Geltendmachung ihrer Ansprüche zu erleichtern.

427 § 1872 Abs. 3 BGB
428 §§ 1859 und 1860 BGB
429 § 1872 Abs. 5 BGB

Aus diesem Grund prüft das Betreuungsgericht nur noch dann, wenn der Berechtigte dies binnen sechs Wochen nach Zugang der Schlussrechnung oder der Vermögensübersicht verlangt. Nach Ablauf der Frist besteht kein Anspruch mehr auf die Prüfung durch das Betreuungsgericht.

Ablauf des Verfahrens nach Ende der rechtlichen Betreuung und Vorhandenseins eines Berechtigten:

Der rechtliche Betreuer hat eine geforderte oder fällige Schlussrechnung oder Vermögensübersicht beim Betreuungsgericht einzureichen.

Das Betreuungsgericht übersendet diese an den Berechtigten.

Der Berechtigte beantragt binnen einer Frist von sechs Wochen nach Zugang der Schlussrechnung, diese zu prüfen.

Das Betreuungsgericht prüft.

Das Betreuungsgericht übersendet das Ergebnis der Prüfung an den Berechtigten (Modul 5 Abschnitt 5.5).[430]

Kann der bisherige rechtliche Betreuer eine Entlastung verlangen?

Die oft erwähnte Entlastungserklärung findet sich im Gesetz nicht. Neben einer Empfangsquittung für herausgegebene Vermögenswerte kann unter einer Entlastung eine Bestätigung verstanden werden, dass der Rechenschaftspflicht korrekt nachgekommen wurde. Die Wirkung der Entlastung ist umstritten. Ein Anspruch des rechtlichen Betreuers auf Entlastung besteht nicht.

Die generelle Entlastung des rechtlichen Betreuers für die Führung der Betreuung enthält keinen Verzicht auf zum Zeitpunkt der Erklärung noch unbekannte Haftungsansprüche gegen den rechtlichen Betreuer.[431] Ohne eine Schlussrechnung ist der Nachweis bekannter bzw. unbekannter Sachverhalte erschwert.

5.1.10.9 Genehmigungsvorbehalte

Die Entscheidungen des rechtlichen Betreuers sind zum Teil mit weitreichenden Folgen für die rechtlich betreute Person verbunden. Aus diesem Grund hat das Gesetz eine Reihe der Maßnahmen von einer gerichtlichen Genehmigung abhängig gemacht. Ziel der Pflicht zur Genehmigung ist der Schutz der rechtlich betreuten Person vor unbeabsichtigtem oder auch beabsichtigtem Schaden.

Die gerichtliche Überprüfung bietet dem rechtlichen Betreuer einen zusätzlichen Schutz vor möglichen Fehlern.

Die einzelnen der Genehmigung unterliegenden Rechtsgeschäfte werden in den weiteren Modulen ausführlich besprochen. An dieser Stelle geht es um die Vermittlung einer Übersicht.

430 § 1873 BGB
431 LG München I, Urt. v. 8.4.2009 – 34 O 17817/08, FamRZ 2009, 2117

Welche Rechtsgeschäfte unterliegen der Pflicht zur Genehmigung?

Die folgende Übersicht ist unterteilt entsprechend den Modulen, welche die Angelegenheiten vertieft behandelt.

Der rechtliche Betreuer bedarf der Genehmigung des Betreuungsgerichts für Entscheidungen:

Modul 3 siehe Abschnitt 5.3

- zu einer Unterbringung der rechtlich betreuten Person, die mit Freiheitsentziehung verbunden ist (freiheitsentziehende Unterbringung),[432]
- für eine Maßnahme, wenn der rechtlich betreuten Person, die sich in einem Krankenhaus, einem Heim oder einer sonstigen Einrichtung aufhält, durch mechanische Vorrichtungen, Medikamente oder auf andere Weise über einen längeren Zeitraum oder regelmäßig die Freiheit entzogen werden soll (freiheitsentziehende Maßnahmen),[433]
- für eine ärztliche Zwangsmaßnahme,[434]

Modul 5 siehe Abschnitt 5.5

- bei ärztlichen Maßnahmen, wenn die begründete Gefahr besteht, dass der Betreute aufgrund der Maßnahme stirbt oder einen schweren und länger dauernden gesundheitlichen Schaden erleidet,[435]
- zur Kündigung des Mietverhältnisses von selbst genutztem Wohnraum,[436]
- zu einer Willenserklärung, die auf die Aufhebung des Mietverhältnisses von selbst genutztem Wohnraum gerichtet ist,[437]
- zur Vermietung von selbst genutztem Wohnraum,[438]
- zur Verfügung über ein Grundstück oder über ein Recht an einem Grundstück, sofern dies mit der Aufgabe des Wohnraums verbunden ist,[439]

Modul 7 Abschnitt 5.7

- wenn er Anlagegeld anders als auf einem zur verzinslichen Anlage geeigneten Konto bei einem Kreditinstitut anlegt,[440]
- zu einer Verfügung oder Eingehung der Verpflichtung zu einer Verfügung über ein Recht, kraft dessen er eine Geldleistung oder die Leistung eines Wertpapiers verlangen kann (Ausnahme befreite rechtliche Betreuer[441]),

432 § 1831 Abs. 1 BGB
433 § 1831 Abs. 4 BGB
434 § 1832 BGB
435 § 1829 Abs. 1 BGB
436 § 1833 Abs. 3 Nr. 1
437 § 1833 Abs. 3 Nr. 2
438 § 1833 Abs. 3 Nr. 3
439 § 1833 Abs. 3 Nr. 4
440 § 1848 BGB i.V.m. § 1841 Abs. 2 BGB
441 § 1859 Abs. 1 Nr. 2 BGB

- zu einer Verfügung oder Eingehung der Verpflichtung zu einer Verfügung über Wertpapiere (Ausnahme befreite rechtliche Betreuer[442]),
- zu einer Verfügung oder Eingehung der Verpflichtung zu einer Verfügung über einen hinterlegten Wertgegenstand,[443]
- für Rechtsgeschäfte über Grundstücke, Wohnungs- und Teileigentum, Schiffe oder Schiffsbauwerke und diesbezügliche Rechte und Forderungen,[444]
- zur Ausschlagung einer Erbschaft oder eines Vermächtnisses, zum Verzicht auf die Geltendmachung eines Vermächtnisses oder Pflichtteilsanspruchs sowie zu einem Auseinandersetzungsvertrag,
- zu einem Rechtsgeschäft, zu einer Verfügung über eine angefallene Erbschaft, über künftigen gesetzlichen Erbteil oder künftigen Pflichtteil,
- zu einer Verfügung über den Anteil an einer Erbschaft oder zu einer Vereinbarung zum Ausscheiden aus der Erbengemeinschaft,
- zu einer Anfechtung eines Erbvertrags für den geschäftsunfähigen Betreuten als Erblasser[445],
- zum Abschluss eines Vertrags mit dem Erblasser über die Aufhebung eines Erbvertrags oder einer einzelnen vertragsmäßigen Verfügung[446],
- zu einer Zustimmung zur testamentarischen Aufhebung einer in einem Erbvertrag mit dem Erblasser geregelten vertragsmäßigen Anordnung eines Vermächtnisses, einer Auflage sowie einer Rechtswahl[447],
- zur Aufhebung eines zwischen Ehegatten oder Lebenspartnern geschlossenen Erbvertrags durch gemeinschaftliches Testament der Ehegatten oder Lebenspartner,[448]
- zu einer Rücknahme eines mit dem Erblasser geschlossenen Erbvertrags, der nur Verfügungen von Todes wegen enthält, aus der amtlichen oder notariellen Verwahrung[449],
- zum Abschluss oder zur Aufhebung eines Erb- oder Pflichtteilsverzichtsvertrags[450] sowie zum Abschluss eines Zuwendungsverzichtsvertrags[451],[452]
- zu einer Verfügung und zur Eingehung der Verpflichtung zu einer solchen Verfügung, durch die ein Erwerbsgeschäft oder ein Anteil an einer Personen- oder Kapitalgesellschaft, die ein Erwerbsgeschäft betreibt, erworben oder veräußert wird,

---

442 § 1859 Abs. 1 Nr. 2 BGB
443 § 1849 Abs. 1BGB
444 § 1850 BGB
445 gem. § 2282 Abs. 2 BGB
446 gem. § 2290 BGB
447 gem. § 2291 BGB
448 gem. § 2292 BGB
449 gem. § 2300 Abs. 2 BGB
450 gem. den §§ 2346, 2351 BGB
451 gem. § 2352 BGB
452 § 1851 BGB

- zu einem Gesellschaftsvertrag, der zum Betrieb eines Erwerbsgeschäfts eingegangen wird,
- zur Erteilung einer Prokura,[453]
- zum Abschluss eines Miet- oder Pachtvertrags oder zu einem anderen Vertrag, durch den die rechtlich betreute Person zu wiederkehrenden Leistungen verpflichtet wird, wenn das Vertragsverhältnis länger als vier Jahre dauern soll und das Vertragsverhältnis nicht ohne eigene Nachteile vorzeitig gekündigt werden kann,
- zu einem Pachtvertrag über einen gewerblichen oder land- oder forstwirtschaftlichen Betrieb,[454]
- zu einem Rechtsgeschäft, durch das die rechtlich betreute Person zu einer Verfügung über ihr Vermögen im Ganzen verpflichtet wird,
- zur Aufnahme von Geld auf Kredit (Ausnahme Dispo Verfügungskonto[455])
- zur Ausstellung einer Schuldverschreibung auf den Inhaber oder zur Eingehung einer Verbindlichkeit aus einem Wechsel oder einem anderen Papier, das durch Indossament übertragen werden kann,
- zur Übernahme einer fremden Verbindlichkeit,
- zur Eingehung einer Bürgschaft,
- zu einem Vergleich oder einer auf ein Schiedsverfahren gerichteten Vereinbarung (genehmigungsfrei bei einem Wert von weniger als 6.000 € oder wenn der Vergleich einem schriftlichen oder protokollierten gerichtlichen Vergleichsvorschlag entspricht),
- zu einem Rechtsgeschäft, durch das die für eine Forderung der rechtlich betreuten Person bestehende Sicherheit aufgehoben oder gemindert oder die Verpflichtung dazu begründet wird,
- zu einer Schenkung oder unentgeltlichen Zuwendung, es sei denn, diese ist nach den Lebensverhältnissen des Betreuten angemessen oder als Gelegenheitsgeschenk üblich,[456]
- zum Abschluss eines Ehevertrags,[457]
- zur Ablehnung oder Fortsetzung der Gütergemeinschaft,[458]
- zum Verzicht auf Gesamtgutsanteil,[459]
- zur Aufhebung der Gütergemeinschaft.[460]

453 § 1852 BGB
454 § 1853 BGB
455 § 1839 Abs. 1 BGB
456 § 1854 BGB
457 § 1411 BGB
458 § 1484 BGB
459 § 1491 BGB
460 § 1492 BGB

5.1.11 Sterilisation

Als weitere Maßnahme ist die Einwilligung in eine Sterilisation vom Betreuungsgericht zu genehmigen. Dieser Themenbereich wurde trotz seiner herausragenden inhaltlichen Bedeutung bei der Formulierung der Inhalte der Module nicht ausdrücklich benannt. Die gesetzlichen Bestimmungen zur Sterilisation sind in § 1830 BGB verankert und gehören zur Personensorge. Damit wäre die Sterilisation bei der Benennung der nachzuweisenden Sachkunde grundsätzlich erfasst.[461] Der Themenbereich wäre hinsichtlich der Bestellung des Sterilisationsbetreuers zum Modul 1 und hinsichtlich der inhaltlichen Kenntnisse zu Modul 4 oder/und 5 zuzuordnen. Aus welchem Grund die Sterilisation in der Verordnung über die Registrierung von beruflichen Betreuern (Betreuerregistrierungsverordnung – BtRegV) mit keinem Wort Erwähnung gefunden hat, kann an dieser Stelle nicht gesagt werden.

Fakt ist, dass von Sterilisationsbetreuern mehr als nur die bei der Registrierung nachzuweisenden niederschwelligen Kenntnisse gefordert werden müssen. Dabei ist zu berücksichtigen, dass es nur wenige rechtliche Betreuer*innen geben dürfte, die sich mit dieser Thematik in der Praxis haben auseinandersetzen müssen. Die entsprechenden Fallzahlen sind sehr gering. Die bis 2015 bekannte Statistik benennt für das Jahr 2015 bundesweit 39 Anträge und 26 Genehmigungen bei bundesweit 1.276.5389 anhängigen Betreuungsverfahren[462].

Es bleibt somit zu hoffen, dass dieser Themenbereich bei der inhaltlichen Benennung der Module nicht nur schlicht vergessen worden ist. Die Nichtbenennung könnte auch als Signal verstanden werden, dass registrierte rechtliche Betreuer*innen eben nicht automatisch über die für eine Sterilisation erforderliche Sachkunde verfügen. Entsprechend wäre bei der Auswahl der für die Sterilisationsbetreuung zu bestellenden Person besonders sorgfältig vorzugehen.

Diesem Gedanken folgend wird auch in diesem Werk das Thema Sterilisation nicht weiter vertieft behandelt. Dies auch, weil der Autor im Rahmen seiner 30-jährigen Tätigkeit als rechtlicher Betreuer lediglich in einem Fall mit der Thematik befasst gewesen ist und sich hier nicht als Experte sieht.

Betreuer*innen sollten sich zumindest einmal die Voraussetzungen für eine Sterilisation angesehen haben. Für den Fall der Fälle sollten Sie ein Gefühl für die erforderliche Vertiefung Ihres Wissens zu haben.

Für die Entscheidung über die Einwilligung in eine Sterilisation der rechtlich betreuten Person ist stets ein besonderer Betreuer zu bestellen (Sterilisationsbetreuer)[463]. Die Einwilligung eines Sterilisationsbetreuers in eine Sterilisation der rechtlich betreuten Person, in die diese nicht selbst einwilligen kann, ist nur zulässig, wenn

1. die Sterilisation dem natürlichen Willen des Betreuten nicht widerspricht,
2. der Betreute auf Dauer einwilligungsunfähig bleiben wird,

461 § 23 Abs. 3 Nr. 1

462 Deinert; Grafische Auswertungen der Betreuungsstatistik 2015 (https://www.horstdeinert.de/downloads/, Zugriff: 24.8.2022)

463 § 1817 Abs 2 BGB

3. anzunehmen ist, dass es ohne die Sterilisation zu einer Schwangerschaft kommen würde,
4. infolge dieser Schwangerschaft eine Gefahr für das Leben oder die Gefahr einer schwerwiegenden Beeinträchtigung des körperlichen oder seelischen Gesundheitszustands der Schwangeren zu erwarten wäre, die nicht auf zumutbare Weise abgewendet werden könnte, und
5. die Schwangerschaft nicht durch andere zumutbare Mittel verhindert werden kann.

Die Einwilligung bedarf der Genehmigung des Betreuungsgerichts. Die Sterilisation darf erst zwei Wochen nach Wirksamkeit der Genehmigung durchgeführt werden. Bei der Sterilisation ist stets der Methode der Vorzug zu geben, die eine Refertilisierung zulässt.[464]

Das Betreuungsgericht hat die betroffene Person vor der Genehmigung einer Einwilligung in eine Sterilisation ausnahmslos persönlich anzuhören und sich einen persönlichen Eindruck von ihr zu verschaffen. Es hat die betroffene Person über den Inhalt des Gutachtens und den möglichen Verlauf des Verfahrens zu unterrichten.

Das Betreuungsgericht hat die zuständige Behörde anzuhören, wenn es die betroffene Person verlangt oder es der Sachaufklärung dient. Es hat die sonstigen Beteiligten anzuhören. Auf Verlangen der betroffenen Person hat das Betreuungsgericht eine ihr nahestehende Person anzuhören, wenn dies ohne erhebliche Verzögerung möglich ist.

Verfahrenshandlungen müssen immer vom Richter, der den Antrag entscheidet, vorgenommen werden. Die Beweiserhebung oder Anhörung durch einen beauftragten Richter, etwa weil die betroffene Person sich in einem anderen Gerichtsbezirk aufhält, ist nicht zulässig.

Die Bestellung einer Verfahrenspflegschaft ist stets erforderlich, sofern die betroffene Person nicht bereits anwaltlich oder durch eine andere geeignete bevollmächtigte Person vertreten ist.

Die Genehmigung darf erst erteilt werden, nachdem durch förmliche Beweisaufnahme Gutachten von Sachverständigen eingeholt sind, die sich auf die medizinischen, psychologischen, sozialen, sonderpädagogischen und sexualpädagogischen Gesichtspunkte erstrecken. Die Sachverständigen haben die betroffene Person vor Erstattung des Gutachtens persönlich zu untersuchen oder zu befragen. Die ausführende Ärztin oder der ausführende Arzt darf nicht gleichzeitig zu den sachverständigen Personen gehören.

Die Genehmigung wird wirksam mit der Bekanntgabe an den für die Entscheidung über die Einwilligung in die Sterilisation bestellten Betreuer und an den Verfahrenspfleger oder den Verfahrensbevollmächtigten, wenn ein Verfahrenspfleger nicht bestellt wurde.

Die Entscheidung über die Genehmigung ist der rechtlich betreuten Person unter Nennung der Gründe für die Entscheidung stets selbst bekannt zu machen. Auch der zuständigen Behörde ist die Entscheidung stets bekannt zu geben.[465]

464 § 1830 BGB
465 § 297 FamFG

5.2 Modul 2

Thema des Moduls:

Die Führung der rechtlichen Betreuung

Zeitaufwand in Zeitstunden: 30

Liste der vorgegebenen Inhalte

- UN-BRK, insbesondere Artikel 12: Unterstützung bei der Ausübung der Rechts- und Handlungsfähigkeit, Bedeutung der Grundrechte
- Ermittlung der Wohn- und Lebenslage des Betreuten
- Erarbeitung der Betreuungsziele
- Vorrang der Unterstützung und Willensvorrang nach § 1821 BGB 2023
- Wille, Wünsche, Präferenzen
- Erforderlichkeitsgrundsatz im Innenverhältnis
- Schutzpflichten

In dem Modul 2 des Sachkundelehrgangs geht es um die praktische Betreuungsführung und darum, woran sich diese zu orientieren hat.

Der Einstieg bildet ein geschichtlicher Rückblick auf das Spannungsfeld von Fürsorge und Selbstbestimmung kranker und behinderter Personen. Neben einem kurzen Ausflug in das Mittelalter werden die Rolle der Psychiatriereformbewegung (seit den 60er-Jahren) als Initiator des 1992 in Kraft getretenen Betreuungsrechts und die Rolle der UN-Behindertenrechtskonvention als treibende Kraft der zum 1.1.2023 in Kraft getretenen Reform behandelt.

Es wird vermittelt, dass die rechtliche Betreuung ein Eingriff in die Grundrechte der betroffenen Person ist, welcher nur Ultima Ratio, also erst, nachdem alle vorrangigen Hilfen ausgeschöpft worden sind, angewendet werden darf. Ausführlich besprochen wird die gesetzliche Grundlage des § 1821 BGB als zentrale Norm und Maßstab für jedes Handeln rechtlicher Betreuer*innen.

5.2.1 Das Spannungsfeld von Fürsorge und Selbstbestimmung im Wandel der Zeit

Die rechtliche Betreuung ist ein deutsches Rechtsinstitut, das Volljährigen, die wegen Krankheit oder Behinderungen ihre Angelegenheiten ganz oder teilweise nicht selbst regeln können, rechtliche Unterstützung zur Teilnahme am Rechtsverkehr bietet.

Das Spannungsverhältnis zwischen Selbstbestimmung und Entrechtung prägte die Geschichte des Rechtsgebiets früher und noch heute. Das römische Recht erwähnt bereits die Sorge für psychisch Kranke (cura furiosi) und die Sorge für Verschwender (cura prodigi), wobei der psychisch Kranke ohne einen formalen Akt der Fürsorge dem nächsten männlichen Verwandten unterstellt wurde. Die germanischen Stammesrechte kannten ein umfassendes Schutzverhältnis für Person und Vermögen eines „Wahnsinnigen", die „Munt". Der Vormund hatte nicht nur das Vermögen seines Mündels zu verwalten, sondern auch das Nutzungsrecht daran und insbesondere die Pflicht, ihn im stark formalisierten Prozess zu vertreten, unter Umständen sogar durch Zweikampf. Einem Schutz des Königs unterstand, wer keinem Muntverband angehörte. Aus dem Königsschutz entwickelte sich der Gedanke der Vormundschaft als eines vom Staat verliehenen Amtes und einer öffentlichen Aufgabe mit behördlicher Bestellung des Vormundes mit Überwachung seiner Pflichten, der Ablieferung eines Vermögensverzeichnisses und der Hinterlegung einer Kaution[466].

Am 1.1.1900 ist das Bürgerliche Gesetzbuch (BGB) in Kraft getreten. Das Entmündigungs-, Vormundschafts- und Pflegschaftsrecht seinerseits war Bestandteil des BGB. Das Entmündigungs-, Vormundschafts- und Pflegschaftsrecht hat mit Ausnahme von punktuellen Änderungen, die z.T. auch durch Entscheidungen des Bundesverfassungsgerichts bedingt waren, praktisch unverändert bis 31.12.1991 gegolten. Das Entmündigungs-, Vormundschafts- und Pflegschaftsrecht des Bürgerlichen Gesetzbuches wies unverhältnismäßige Rechtseingriffe, diskriminierende Begriffe, inhaltlich eine Vernachlässigung der Personensorge und weitere Mängel auf.[467]

Der Anstoß zu einer Reform dieses Entmündigungs-, Vormundschafts- und Pflegschaftsrecht für Volljährige kam aus der Psychiatriereformbewegung der 60er-Jahre des vergangenen Jahrhunderts. Im Zwischenbericht über die Lage der Psychiatrie in der Bundesrepublik Deutschland[468] von 1973 brachte die vom Deutschen Bundestag beauftragte Sachverständigenkommission das vom Verlust der Autonomie geprägte Leben in den Anstalten „unter elenden, menschenunwürdigen Umständen" in die öffentliche Diskussion. Als strukturelle Basis dieses Elends war das Entmündigungs-, Vormundschafts- und Pflegschaftsrecht mitverantwortlich für diese Zustände. Angesichts dieser Kritik entschloss sich der Gesetzgeber nach langem Zögern zu einer grundlegenden Reform dieses den Vorstellungen des 19. Jahrhunderts entsprechenden Rechtsgebietes.[469]

Die rechtliche Betreuung wurde durch das am 1.1.1992 in Kraft getretene Betreuungsgesetz eingeführt und ist an die Stelle des früheren Entmündigungs-, Vormundschafts- und Pflegschaftsrechts getreten. Aus dem Vormundschaftsrecht erwachsen, hat es auch nach 1992 vor allem zur Vermögenssorge und zur gerichtlichen Aufsicht auf die Regelungen für die Vormundschaft verwiesen.

Das Betreuungsrecht ist seit seiner Einführung 1992 in insgesamt neun sich jeweils auf Teilbereiche beziehenden Änderungsgesetzen stetig weiterentwickelt worden. Triebfeder dieser stetigen Weiterentwicklung waren unterschiedliche Aspekte. Zu nennen sind:

- die Weiterentwicklung des Rechts durch die Rechtsprechung,
- die Änderung gesellschaftlicher Werte in Bezug auf das Spannungsfeld von Selbstbestimmung und Fürsorge,

466 Sorg, Geschichtliche Entwicklung des Betreuungsrechts (https://www.bgt-ev.de/fileadmin/Mediendatenbank/Tagungen/W%c3%bcrttembergischer_BGT/07/AG4_Bericht2.pdf, Zugriff: 25.8.2022)
467 Vgl. Crefeld/Klie/Lincke, Pioniere des Betreuungsrechts, S. 6
468 BT-Drucks. 7/1124, Abschlussbericht BT-Drucks. 7/4200
469 Vgl. Crefeld/Klie/Lincke, Pioniere des Betreuungsrechts, S. 10

- die Bemühungen, die Kosten des Betreuungsrechts zu reduzieren.

Das zum 1.1.2023 in Kraft getretene Gesetz zur Reform des Vormundschafts- und Betreuungsrechts wurde maßgeblich durch die Diskussion rund um den 1. Staatenbericht zum „Übereinkommen der Vereinten Nationen über die Rechte von Menschen mit Behinderungen" (VN-Behindertenrechtskonvention – BRK) initiiert.

Entsprechend dem am 3. Mai 2008 in Kraft getretenen und in Deutschland seit 26. März 2009 verbindlich geltenden „Übereinkommen der Vereinten Nationen über die Rechte von Menschen mit Behinderungen" (kurz UN-Behindertenrechtskonvention beziehungsweise UN-BRK) haben die Vertragsstaaten geeignete Maßnahmen zu treffen, um Menschen mit Behinderungen Zugang zu der Unterstützung zu verschaffen, die sie bei der Ausübung ihrer Rechts- und Handlungsfähigkeit gegebenenfalls benötigen.[470] Dabei stellen die Vertragsstaaten sicher, dass zu allen die Ausübung der Rechts- und Handlungsfähigkeit betreffenden Maßnahmen im Einklang mit den internationalen Menschenrechtsnormen geeignete und wirksame Sicherungen vorgesehen werden, um Missbräuche zu verhindern. Diese Sicherungen müssen gewährleisten, dass bei den Maßnahmen betreffend die Ausübung der Rechts- und Handlungsfähigkeit die Rechte, der Wille und die Präferenzen der betreffenden Person geachtet werden, es nicht zu Interessenkonflikten und missbräuchlicher Einflussnahme kommt, dass die Maßnahmen verhältnismäßig und auf die Umstände der Person zugeschnitten sind, dass sie von möglichst kurzer Dauer sind und dass sie einer regelmäßigen Überprüfung durch eine zuständige, unabhängige und unparteiische Behörde oder gerichtliche Stelle unterliegen. Die Sicherungen müssen im Hinblick auf das Ausmaß, in dem diese Maßnahmen die Rechte und Interessen der Person berühren, verhältnismäßig sein.[471]

Im Rahmen seiner abschließenden Bemerkungen über den ersten Staatenbericht Deutschlands hat der Ausschuss für die Rechte von Menschen mit Behinderungen 2015 die Unvereinbarkeit des im deutschen Bürgerlichen Gesetzbuch (BGB) festgelegten und geregelten Instruments der rechtlichen Betreuung mit dem Übereinkommen beschrieben und empfohlen:

a) alle Formen der ersetzenden Entscheidung abzuschaffen und ein System der unterstützten Entscheidung an ihre Stelle treten zu lassen;

b) professionelle Qualitätsstandards für Mechanismen der unterstützten Entscheidung zu entwickeln;

c) in enger Zusammenarbeit mit Menschen mit Behinderungen auf Bundes-, Länder- und Kommunalebene, für alle Akteure Schulungen zu Artikel 12 des Übereinkommens anzubieten.

Die Notwendigkeit einer Reform wurde durch die Ergebnisse der beiden in den Jahren 2015 bis 2017 im Auftrag des damaligen Bundesministeriums der Justiz und für Verbraucherschutz (BMJV) durchgeführten Forschungsvorhaben unterstützt. Die Forschungen stellten unter anderem fest, dass das Gebot zur Unterstützung der größtmöglichen Selbstbestimmung von Menschen mit Behinderungen im Vorfeld und innerhalb der rechtlichen

470 Artikel 12 Absatz 3 UN-BRK
471 Artikel 12 Absatz 4 UN-BRK

Betreuung nicht durchgängig zufriedenstellend verwirklicht wurde. Festgestellt wurden Qualitätsmängel bei der praktischen Umsetzung der gesetzlichen Vorgaben, die auch Änderungen der gesetzlichen Rahmenbedingungen erforderlich gemacht haben.

Von Juni 2018 bis Ende 2019 fand der vom BMJV initiierte Diskussionsprozess zur Verbesserung von „Selbstbestimmung und Qualität im Betreuungsrecht" statt. Die fachliche Beratung erfolgte in vier Facharbeitsgruppen, die sich mit den folgenden Themenfeldern beschäftigten:

- „Stärkung des Selbstbestimmungsrechts bei der Betreuerauswahl, der Betreuungsführung und der Aufsicht",
- „Betreuung als Beruf und die Vergütung des Berufsbetreuers",
- „Ehrenamt (einschl. Verbesserung der finanziellen Situation der Betreuungsvereine) und Vorsorgevollmacht",
- „Rechtliche Betreuung und „andere Hilfen" (Schnittstelle zwischen rechtlicher und sozialer Betreuung)".

Beteiligt waren neben unabhängigen Expert*innen auch Vertreter*innen von Behindertenorganisationen und des Deutschen Instituts für Menschenrechte, der Berufs- sowie weiterer Fachverbände ebenso wie Repräsentanten der Länder, der kommunalen Spitzenverbände, des Bundesbeauftragten für die Belange von Menschen mit Behinderungen und der betroffenen Bundesressorts.

Zudem gab es einen ganztägigen Workshop für Selbstvertreter unter der Überschrift „Menschen mit Betreuung sprechen miteinander". Der Workshop bot den teilnehmenden von rechtlicher Betreuung betroffenen Personen die Gelegenheit, ihre Erfahrungen und Erwartungen zu äußern.

Mit dem zum 1.1.2023 in Kraft getretenen Gesetz zur Reform des Vormundschafts- und Betreuungsrechts wurden die entsprechenden Vorschriften insgesamt modernisiert und neu strukturiert. Strukturell wurde das Betreuungsrecht von dem Vormundschaftsrecht abgekoppelt. Die sprachliche Modernisierung hat dabei zum Ziel, auch letzte Überbleibsel aus der Zeit von Entmündigung und Vormundschaft aus den Köpfen zu entfernen.

Entsprechend dem festgestellten Regelungsbedarf sind die Änderungen darauf ausgerichtet, die Selbstbestimmung und die Autonomie unterstützungsbedürftiger Personen im Vorfeld und innerhalb der rechtlichen Betreuung zu stärken.

5.2.2 Der Leitgedanke des Betreuungsrechts

Merksatz:

▶ *Leitgedanke ist die Fragestellung, wie die Selbstbestimmung der rechtlich betreuten Person im Rahmen betreuungsrechtlicher Rechtsfürsorge sichergestellt und verwirklicht werden kann.*

Dieser Leitgedanke ergibt sich maßgeblich aus dem Menschenbild des Grundgesetzes. Es kann beschrieben werden als Spannungsfeld zwischen der Eigenverantwortlichkeit des Individuums sowie der Gemeinschaftsbezogenheit und Gemeinschaftsgebundenheit der Person. Der Einzelne muss sich diejenigen Schranken seiner Handlungsfreiheit gefallen lassen, die der Gesetzgeber zur Pflege und Förderung des sozialen Zusammenlebens in den Grenzen des bei dem gegebenen Sachverhalt allgemein Zumutbaren zieht, vorausgesetzt, dass dabei die Eigenständigkeit der Person gewahrt bleibt.

Ebenso wie die Gesellschaft unterliegt das Menschenbild einer stetigen Entwicklung. Im Betreuungsrecht lebt es im Spannungsfeld zwischen der Verwirklichung der Wünsche und dem Schutz vor erheblichem Schaden.

Beispiele für die stetige Entwicklung sind das Dritte Gesetz zur Änderung des Betreuungsrechts vom 29.7.2009, mit dem die Wirksamkeit der Patientenverfügung geregelt worden ist, das am 26.2.2013 in Kraft getretene Gesetz „zur Regelung der betreuungsrechtlichen Einwilligung in eine ärztliche Zwangsmaßnahme" und das zum 1.1.2023 in Kraft getretene Gesetz zur Reform des Vormundschafts- und Betreuungsrechts. Die letzte Änderung hat der Gesetzgeber mit dem Ziel verbunden, das Gebot größtmöglicher Selbstbestimmung von Menschen mit Behinderungen[472] im Vorfeld und innerhalb der rechtlichen Betreuung besser zu verwirklichen.

5.2.3 Die zentrale Norm zur Führung der rechtlichen Betreuung

Wo findet sich die zentrale Norm zur Führung der rechtlichen Betreuung?

Die zentrale Norm für Führung der rechtlichen Betreuung findet sich im § 1821 BGB. Sie ist inhaltlicher Maßstab für jedes Handeln aller am rechtlichen Betreuungswesen beteiligten Akteure. Sie wirkt unmittelbar in die gerichtliche Aufsicht und in die gerichtlichen Genehmigungsverfahren. Diese Norm stellt sicher, dass die Wahrung und die Verwirklichung der Selbstbestimmung der rechtlich betreuten Personen im Mittelpunkt stehen und ihr Schutz gewährleistet wird.

Schon zuvor war das individuelle subjektive Wohl, das sich an den Wünschen und Vorstellungen der rechtlich betreuten Person zu orientieren hat, für das Handeln der rechtlichen Betreuer*innen maßgeblich. Trotz der Vorgaben des Grundgesetzes, der UN-BRK und der höchstrichterlichen Rechtsprechung[473] bestand die Gefahr, dass sich Entscheidungen an einem „objektiven" Wohl im Sinne objektiver Interessen der rechtlich betreuten Person ausrichten. Ein am „best interest" orientiertes Recht, das die Handlungsmaxime der gesetzlichen Vertretung objektiven Interessen der vertretenen Person unterwirft, ist mit den genannten Prinzipien nicht vereinbar.[474]

472 I.S.v. Artikel 12 des Übereinkommens der Vereinten Nationen vom 13. Dezember 2006 über die Rechte von Menschen mit Behinderungen (BGBl. 2008 II S. 1419, 1420; UN-Behindertenrechtskonvention, UN-BRK)

473 Vgl. insb. BGH, Urt. v. 22.6.2009 – XII ZR 77/06

474 Vgl. BT-Drucks. 19/24445, S. 249

Wird sich meine Arbeit nach dem 1.1.2023 ändern müssen?

Im Rahmen von Veranstaltungen zur Einführung des zum 1.1.2023 in Kraft getretenen Betreuungsrechts wurde von den erfahrenen rechtlichen Betreuer*innen immer gefragt, ob und an welcher Stelle sich die Praxis ändern müsse. Diese Frage kann nur jeder für sich beantworten. In erster Linie kommt es darauf an, ob die auch schon vor dem 1.1.2023 geltenden Selbstbestimmungsrechte rechtlich betreuter Personen und das auch damals geltende Prinzip der „Unterstützung vor Vertretung" geachtet worden sind.

5.2.4 Tätigkeiten rechtlicher Betreuer*innen

Welche Tätigkeiten sind von rechtlichen Betreuern*innen zu erledigen?

> „Der Betreuer nimmt alle Tätigkeiten vor, die erforderlich sind, um die Angelegenheiten des Betreuten rechtlich zu besorgen."[475]

Diese Norm dient dem Ziel, Tätigkeiten gegenüber sozialen und tatsächlichen Hilfen auf die Rechtsfürsorge zu begrenzen. Zudem wird der Umfang der konkreten Aufgaben des Betreuers durch die Anordnung der Aufgabenbereiche durch das Betreuungsgericht begrenzt.[476] Die Norm dient dazu, unberechtigten Erwartungen an ein umfassendes Kümmern zu begegnen. Allerdings sind sämtliche Tätigkeiten umfasst, die erforderlich sind, um im Vorfeld einer Entscheidung die Wünsche des Betreuten festzustellen. Die Rechtsfürsorge darf sich demzufolge nicht in einer verwaltenden Tätigkeit erschöpfen.[477]

„Bei der Prüfung der Erforderlichkeit von faktischen Maßnahmen zur Rechtsfürsorge ist ein großzügiger Maßstab anzulegen und insbesondere auf das Postulat persönlicher Betreuung Bedacht zu nehmen: Die hierfür gebotene Ermittlung von Willen und Wünschen des Betreuten wird dem Betreuer vielfach nur auf der Grundlage eines Vertrauensverhältnisses zum Betreuten gelingen, das durch Maßnahmen persönlicher Zuwendung aufgebaut und erhalten werden will."[478]

Zu den Tätigkeiten rechtlicher Betreuer gehören unter anderem:

- Tätigkeiten, die der Herstellung einer tragfähigen Arbeitsbeziehung / eines Vertrauensverhältnisses dienen,
- Tätigkeiten, die der Feststellung der in den jeweiligen Aufgabenbereichen zu regelnden rechtlichen Angelegenheiten dienen,
- Tätigkeiten, die der Feststellung des Sachverhaltes zu den jeweilig zu regelnden rechtlichen Angelegenheiten in den jeweiligen Aufgabenbereichen dienen,
- Tätigkeiten, die der Feststellung der Wünsche, des Willens und der Präferenzen, ggf. des mutmaßlichen Willens zu den zu erledigenden rechtlichen Angelegenheiten in den jeweiligen Aufgabenbereichen dienen,

475 § 1821 Abs. 1 Satz 1 BGB
476 § 1815 BGB
477 Vgl. BT-Drucks. 19/24445, S. 251
478 BT-Drucks. 13/7158, S. 33

- Tätigkeiten, die der Feststellung des Vorhandenseins vorrangiger Hilfen zu den zu erledigenden rechtlichen Angelegenheiten in den jeweiligen Aufgabenbereichen dienen,
- Tätigkeiten, die der Feststellung der Entscheidungs- und Handlungsfähigkeit der rechtlich betreuten Person zu den zu erledigenden rechtlichen Angelegenheiten in den jeweiligen Aufgabenbereichen dienen,
- Tätigkeiten, die der Unterstützung der rechtlich betreuten Person bei der Entscheidungsfindung zu den zu erledigenden rechtlichen Angelegenheiten in den jeweiligen Aufgabenbereichen dienen,
- Tätigkeiten, die der Unterstützung der rechtlich betreuten Person bei der Erledigung der rechtlichen Angelegenheiten in den jeweiligen Aufgabenbereichen dienen,
- Tätigkeiten, die erforderlich sind, die rechtlich betreute Person im Rechtsverkehr zu vertreten.

5.2.5 Persönliche rechtliche Betreuung

Gibt es Vorgaben zu anzuwendenden Methoden?

Der Gesetzgeber hat schon 1992 bei der Schaffung des Betreuungsrechtes die vorherrschende Methode der Führung der damaligen Vormundschaften und Pflegschaften im Wege der anonymen Verwaltung zugunsten einer persönlichen rechtlichen Betreuung beseitigen wollen. Hierzu heißt es aktuell im Gesetz:

> „Der Betreuer hat den erforderlichen persönlichen Kontakt mit dem Betreuten zu halten, sich regelmäßig einen persönlichen Eindruck von ihm zu verschaffen und dessen Angelegenheiten mit ihm zu besprechen."[479]

Hieraus ergeben sich drei Rechtspflichten des rechtlichen Betreuers:

- Die Pflicht zum erforderlichen persönlichen Kontakt. Diese Pflicht ist darauf ausgerichtet, deutlich zu machen, dass rechtliche Betreuung eine aufsuchende Hilfe ist. Der rechtliche Betreuer hat aktiv auf die Herstellung eines persönlichen Kontaktes hinzuwirken. Selbst wenn die rechtlich betreute Person zu Anfang den persönlichen Kontakt verweigern sollte, hat der rechtliche Betreuer Angebote zu machen, die es der rechtlich betreuten Personen dennoch ermöglichen, in irgendeiner Form den persönlichen Kontakt zum rechtlichen Betreuer aufzubauen. Soweit es rechtliche Berufsbetreuer betrifft, geschieht dies auf der Grundlage einer vertrauensvollen Arbeitsbeziehung. Entsprechend ist diese Beziehung unabhängig vom tatsächlich auftretenden rechtlichen Handlungsbedarf herzustellen und zu erhalten. Die rechtliche betreute Person soll sich mit ihren Anliegen vertrauensvoll an den rechtlichen Betreuer wenden können.
- Die Pflicht zur regelmäßigen Verschaffung eines persönlichen Eindrucks. Auch diese Pflicht ist nicht in erster Linie auf die Erledigung konkreter rechtlicher Angelegenheiten ausgerichtet. Vielmehr verpflichtet diese Regelung den rechtlichen Betreuer auch in Fällen, in denen keine rechtlichen Angelegenheiten zu entscheiden sind, sich einen regel-

479 § 1821 Abs. 5 BGB

mäßigen persönlichen Eindruck von der Situation der rechtlich betreuten Personen zu verschaffen. Diese Verpflichtung gilt insbesondere dann, wenn die rechtlich betreute Person nicht in der Lage ist zu kommunizieren.

- Die Pflicht zur Besprechung der anstehenden zu regelnden rechtlichen Angelegenheiten der Aufgabenbereiche. Diese Pflicht war in der Vergangenheit insoweit ausgestaltet, als der Gesetzgeber die Besprechung wichtiger Angelegenheiten verlangt hat. Die Beschränkung auf wichtige Angelegenheiten warf die Frage auf, welcher Maßstab für die Wichtigkeit angenommen werden musste. Um hier Missverständnisse zu vermeiden, hat der Gesetzgeber die Pflicht zur Besprechung in keiner Weise beschränkt. Die Pflicht zur Besprechung ergibt sich somit ausschließlich aus dem Willen und den Wünschen der rechtlich betreuten Person. Auch diese Pflicht ist aktiv auszugestalten und als Handlungsvorgabe zu verstehen. Nicht die rechtliche Person muss eine Besprechung verlangen, sondern der rechtliche Betreuer hat entsprechende Angebote zu machen.

Insgesamt bleibt festzustellen, dass die Regelung eine Vorgabe zur Methode, mit der das Ziel erreicht werden soll, beinhaltet. Die sich aus den Aufgabenbereichen ergebenden rechtlichen Angelegenheiten sind nicht unpersönlich vom Schreibtisch aus zu regeln. Vielmehr soll der rechtliche Betreuer in der persönlichen Begegnung mit der rechtlich betreuten Person ihren Willen und ihre Wünsche erfahren. Er soll sie, soweit es möglich ist, mit einbeziehen und dafür Sorge tragen, dass sie weitgehend selbstbestimmt entscheiden und handeln kann. Die so gewonnenen Erkenntnisse soll er zur Grundlage seines Handelns als rechtlicher Betreuer machen.

Der rechtliche Betreuer kann seine Unterstützung, Entscheidungen und sein Handeln nur dann an dem Willen der rechtlich betreuten Person ausrichten, wenn er, soweit dies möglich ist, mit der rechtlich betreuten Person die anstehenden Fragen bespricht und sie persönlich kennt. Der rechtliche Betreuer darf sich also nicht auf die Erledigung des anfallenden Schriftverkehrs beschränken. Die wichtigste Voraussetzung zur Erledigung der Aufgaben des rechtlichen Betreuers ist somit der persönliche Kontakt.

Weiteres Wissen zu Methoden der Gestaltung der erforderlichen Arbeitsbeziehung findet sich im Modul 10 und 11 – Abschnitt 5.10 und 5.11. An dieser Stelle sind die im Folgenden beschriebenen Rahmenbedingungen von Bedeutung.

Wie ist der persönliche Kontakt zu gestalten?

Grundsätzlich ist der Kontakt mit der rechtlich betreuten Person individuell zu gestalten. Kriterien für Art und Umfang sind unter anderem:

- der beschlossene Aufgabenkreis,
- die zu regelnden Angelegenheiten,
- der Wunsch der rechtlich betreuten Person,
- die Möglichkeiten der rechtlich betreuten Person zu kommunizieren,
- seine tatsächlichen Fähigkeiten, eigenverantwortlich oder mit rechtlicher Unterstützung zu entscheiden und die anstehenden Angelegenheiten selbst zu erledigen bzw. an deren Erledigung mitzuwirken,

- die Pflege der Beziehung,
- die Dynamik, mit der sich die Lebenssituation der rechtlich betreuten Person ändert.

Im Folgenden werden unterschiedliche Formen des Kontaktes zum betreuten Menschen beschrieben und hinsichtlich der Vor- und Nachteile diskutiert. Dabei wird jede Form isoliert für sich betrachtet. In der Praxis wird diese isolierte Betrachtung keine Anwendung finden. Regelmäßig wird nach Bedarf und Fallverlauf immer wieder neu zu entscheiden sein, welche Form des Kontaktes am besten geeignet ist, der methodischen Vorgabe zur persönlichen rechtlichen Betreuung gerecht zu werden.

Wie häufig muss der persönliche Kontakt stattfinden?

Die Frequenz der persönlichen Kontakte ist abhängig von den individuellen Gegebenheiten und kann nicht durch eine feste Regel beschrieben werden.

Immer wieder ist im Verlauf der letzten 30 Jahre diskutiert worden, ob der Gesetzgeber die Kontakthäufigkeit regeln sollte. Davon ist bisher wegen der Vielgestaltigkeit der in der Lebenswirklichkeit in Betracht kommenden Fallkonstellationen abgesehen worden. Es obliegt somit der Verantwortung des rechtlichen Betreuers, die Kontakthäufigkeit zu gestalten. Der rechtliche Betreuer ist verpflichtet, gegenüber dem Betreuungsgericht (im Jahresbericht oder nach Aufforderung) Angaben über Art, Umfang und Anlass seiner persönlichen Kontakte zur rechtlich betreuten Person sowie zu seinem persönlichen Eindruck von ihr zu machen. Das Betreuungsgericht prüft dann, ob die Kontaktgestaltung den gesetzlichen Bestimmungen entsprochen hat.[480]

Parameter für die Häufigkeit der Kontakte können sein:

- die diesbezüglichen Wünsche der rechtlich betreuten Person,
- die Fähigkeit der rechtlich betreuten Person, sich zu konzentrieren,
- die Fähigkeit, sich zu erinnern,
- die Häufigkeit, mit der eine Information aus dem direkten Umfeld abgefragt werden muss,
- die Häufigkeit, mit der die gemeinsame Erledigung der anstehenden Angelegenheiten geschehen kann,
- die Häufigkeit, mit der das vertragliche Leistungsgeschehen mit der rechtlich betreuten Person besprochen werden kann/muss.

Die Erlebniswelt der rechtlich betreuten Person kann von der objektiven Notwendigkeit zum persönlichen Kontakt deutlich abweichen. So kann die rechtlich betreute Person den subjektiven Wunsch haben, den rechtlichen Betreuer wesentlich öfter oder auch seltener als erforderlich zu sehen.

480 § 1863 Abs. 3 Satz 3 Nr. 1 BGB

Wie beeinflusst die Konzentrationsfähigkeit der rechtlich betreuten Person die Häufigkeit der erforderlichen Kontakte?

Für die Besprechung kann es erforderlich sein, die rechtlich betreuten Person öfter aufzusuchen. Dies ist immer dann der Fall, wenn sie nicht in der Lage ist, sich über die notwendige Besprechungsdauer auf die zu besprechenden Themen zu konzentrieren. Insbesondere bei älteren Menschen kann die Tagesform entscheidend sein. Ist die rechtlich betreute Person zur aktuellen Zeit nicht oder nur eingeschränkt in der Lage, einem Gespräch zu folgen, muss der rechtliche Betreuer zu einem anderen Zeitpunkt einen neuen Versuch unternehmen.

Dagegen abzugrenzen sind andauernde Konzentrationsstörungen, die therapeutische Maßnahmen erforderlich machen oder gar nicht geändert werden können. Hier wäre eine inhaltlich effektive Besprechung erst nach oder im Rahmen einer Therapie möglich. Die erforderliche Therapie gehört aber nicht zu den Leistungen der rechtlichen Betreuung.

Wie beeinflusst das Erinnerungsvermögen die Häufigkeit der erforderlichen Kontakte?

Eine Vielzahl der für die Einrichtung der rechtlichen Betreuung Anlass gebenden Erkrankungen hat zur Folge, dass die Fähigkeit der Erinnerung beeinträchtigt ist. Ungeachtet dessen kann der rechtliche Betreuer ein Meinungsbild dadurch erhalten, dass er in mehreren aufeinanderfolgenden Terminen ein und dieselbe Angelegenheit zur Besprechung stellt. Ergibt sich dabei ein einheitliches Ergebnis, kann davon ausgegangen werden, dass dies den regelmäßigen Wunsch der rechtlich betreuten Person widerspiegelt. Unterschiedliche Ergebnisse lassen sich nur für diesen Moment deuten und sind für weiterreichende Entscheidungen wenig hilfreich.

Beispiel:

Bei einer 98-jährigen krebskranken Frau ist die Ernährung über eine Sonde zu entscheiden. Im Gespräch erscheint sie geistig vollkommen klar, es ist möglich, die Situation mit ihr zu besprechen, und sie macht nachvollziehbar deutlich, dass sie keine künstliche Ernährung wünscht. Sie habe ihr Leben gelebt und wolle nun in Würde sterben. Schon fünf Minuten nach dem Gespräch ist sie nicht mehr in der Lage, den Verlauf und das Ergebnis wiederzugeben. Sie kann sich nicht erinnern, mit dem rechtlichen Betreuer gesprochen zu haben. Um für diese schwierige Frage eine stabile Willenserklärung zu erhalten, ist es erforderlich, das Gespräch zu unterschiedlicher Zeit zu wiederholen.

Welche Bedeutung haben Informationen aus dem direkten Umfeld?

Ist die rechtlich betreute Person nur sehr eingeschränkt oder gar nicht in der Lage, sich hinsichtlich der anstehenden Angelegenheit zu äußern, müssen die erforderlichen Informationen durch Inaugenscheinnahme der Situation und des direkten Umfeldes abgefragt werden. Ein konkreter Anlass bildet damit den Grund für den Besuch.

Beispiele:

- *Eine Änderung des Krankheitsbildes macht die Besprechung der weiteren Behandlung erforderlich.*
- *Die rechtlich betreute Person lebt in einem Heim und soll in ein anderes Zimmer verlegt werden.*
- *Die Versorgung/Pflege soll überprüft oder geändert werden.*

Welche Angelegenheiten müssen besprochen werden?

Welche Angelegenheiten wie ausführlich besprochen werden müssen, hängt davon ab, ob die zu regelnden Angelegenheiten dem Aufgabenkreis zuzuordnen sind und die rechtlich betreute Person die angebotene Besprechung wünscht.

Die Einhaltung der Besprechungspflicht setzt nicht voraus, dass mit der rechtlich betreuten Person ein aus objektiver Sicht „vernünftiges" Gespräch möglich ist. Vielmehr geht es darum, mit der rechtlich betreuten Person in einer für sie verständlichen Sprache einen Sachverhalt zu besprechen und, soweit eine echte Entscheidung (im Sinne der Auswahl aus mehreren möglichen Varianten) möglich ist, die entsprechenden Wünsche in Erfahrung zu bringen.

Die Notwendigkeit, den Sachverhalt in einer für die rechtlich betreute Person verständlichen Sprache und/oder vereinfachten Weise darzustellen, kann dazu führen, dass Feinheiten einzelner Entscheidungsvarianten verloren gehen.

An dieser Stelle wird der Unterschied der rechtlichen Betreuung zu den Möglichkeiten vorrangiger fachlicher Beratung und Unterstützung durch andere Hilfen deutlich. Andere Hilfen sind verpflichtet, umfassend und zu allen Aspekten zu informieren. Vom Empfänger der Beratung erfordert dies die Fähigkeit, den Sachverhalt umfassend erfassen, verstehen und das Für und Wider gegeneinander abwägen zu können.

Die rechtliche Betreuung konzentriert sich auf die verbliebenen Fähigkeiten der rechtlich betreuten Person und ist befugt, eine Form der Darstellung zu finden, die von ihr verstanden wird. Soweit durch den Zwang zur Vereinfachung dabei Entscheidungsvarianten verloren gehen, sind diese bei der Entscheidungsfindung auf der Grundlage des festgestellten und/oder gemutmaßten Willens zu berücksichtigen.

Wann entfällt die Besprechungspflicht?

Die Besprechungspflicht entfällt nur,

- wenn durch die Besprechung erhebliche Nachteile für die Gesundheit der rechtlich betreuten Person zu befürchten sind,
- die rechtliche betreute Person die Besprechung nicht wünscht und verhindert,
- die Besprechung mit einer erheblichen Gefahr für den rechtlichen Betreuer verbunden ist.

Wann sind durch die Besprechung erhebliche Nachteile für die Gesundheit der rechtlich betreuten Person zu befürchten?

Erheblichkeit setzt qualitativ gesteigerte, besonders schwere, insbesondere irreversible oder lebensgefährliche gesundheitliche Schäden voraus. Vorübergehende oder kurzfristige Beeinträchtigungen, z.B. Erregungszustände, die nicht von Dauer sind, oder leicht zu beseitigende Beeinträchtigungen des Wohlergehens, denen mit Medikamenten oder durch Hinzuziehung eines Arztes begegnet werden kann, reichen nicht aus.[481]

Beispiele:

- *eine anhaltende Dekompensation oder eine Verschlimmerung der Symptomatik mit der Folge einer Selbstgefährdung (Suizid),*
- *die konkrete Gefahr einer Herzattacke, eines Schlaganfalles,*
- *die Infektion durch einen Virus bei schwerem Verlauf.*

Die erhebliche gesundheitliche Gefährdung muss konkret belegt sein. Es gilt, eine Prognose für den Einzelfall zu erstellen.

Im Jahr 2020 wurde die Corona-Pandemie als Anlass genommen zu diskutieren, ob zum Schutz rechtlich betreuter Personen unabhängig vom Einzelfall auf das persönliche Aufeinandertreffen gänzlich verzichtet werden kann. Diese allgemein geführte Diskussion geht fehl, da die Gründe für einen Verzicht der persönlichen Begegnung individuell zu bewerten sind. Dabei geht es nicht darum, Gründe zu suchen, die gegen eine persönliche Begegnung sprechen, sondern Mittel und Wege zu finden, die Begegnung zu ermöglichen.

Die Covid-19-Pandemie hat(te)[482] alle am Verfahren Beteiligten in besonderer Weise belastet und herausgefordert. Gerade rechtlich betreute Menschen zählen (zählten) zum besonders gefährdeten Personenkreis und der Zugang zu Wohnheimen ist (war) nur unter entsprechend aufwendigen Vorkehrungen möglich. Trotz oder gerade wegen der damit verbundenen Isolation muss nach Möglichkeiten gesucht werden, die Besprechung durchzuführen. Der dafür erforderliche Aufwand (Test, Wartezeiten, Infektionsschutz etc.) ist in Kauf zu nehmen.

Kann die rechtliche betreute Person die Besprechung verweigern?

Grundsätzlich kann der rechtliche Betreuer die Besprechung nicht erzwingen. Er muss jedoch, soweit es in seiner Macht liegt, alle Hürden, die eine Besprechung behindern, auf das kleinstmögliche Maß reduzieren.

Wann rechtfertigt erhebliche Gefahr für den rechtlichen Betreuer, die Besprechung zu unterlassen?

Dass rechtliche Betreuer durch eine Besprechung in Gefahr geraten können, ist nicht sehr häufig der Fall, aber auch nicht unmöglich. Es handelt sich um Einzelfälle, die beispiels-

481 Dodegge, BtPrax 3/2020 S. 76
482 In der Hoffnung auf ein baldiges Ende

weise durch aggressive Verhaltensweisen der rechtlich betreuten Person gegen den rechtlichen Betreuer gekennzeichnet sind.

Natürlich kann niemand vom rechtlichen Betreuer erwarten, dass er sich einer konkret drohenden Gefahr aussetzt. Dennoch sollten auch in diesen Fällen die Überlegungen auf Ideen, die eine Besprechung ermöglichen, gerichtet sein.

Denkbar sind auch Gefahren, die aus gefährlichen übertragbaren Krankheiten resultieren. Mit den entsprechenden Schutzvorkehrungen sollten die notwendigen Besprechungen auch hier möglich gemacht werden.

Der rechtliche Betreuer hat die Besprechung im Zweifel vorzunehmen. Für den Fall, dass der Betreuer von der Pflicht zur Besprechung abweichen will oder muss, ist dies dem Betreuungsgericht mitzuteilen. Die Besprechung sollte so bald wie möglich nachgeholt werden.

Welche Möglichkeiten des Kontaktes können genutzt werden?

- Besuche am tatsächlichen Aufenthaltsort

Besuche am tatsächlichen Aufenthaltsort (Wohnung, Heim, Krankenhaus) der rechtlich betreuten Person sind im Allgemeinen die „erste Wahl" der Kontaktgestaltung. Zwingend erforderlich sind Besuche, wenn die rechtlich betreute Person nicht in der Lage ist, den tatsächlichen Aufenthaltsort zu verlassen, oder der rechtliche Betreuer einen persönlichen Eindruck von ihrem Lebensumfeld benötigt. Voraussetzung ist, dass der Besuch von der rechtlich betreuten Person zugelassen wird.

In Gerichtsakten ist immer wieder zu lesen, dass eine Kommunikation mit dem rechtlich betreuten Menschen nicht möglich ist und daher von der persönlichen Anhörung und dem Besuch abgesehen wurde. Dieser Auffassung kann sich der rechtliche Betreuer nicht kritiklos anschließen. Die Fachlichkeit insbesondere des rechtlichen Berufsbetreuers besteht in erster Linie in seiner Fähigkeit zur Kommunikation. Es kann erwartet werden, dass ihm der Kontakt gelingt, wo andere am Verfahren beteiligte Personen keinen Kontakt herstellen können. Es mag keine aktive Kommunikation möglich sein. Die sensible Wahrnehmung der rechtlich betreuten Person in ihrem Lebensumfeld vermittelt dem rechtlichen Betreuer wertvolle Informationen über Stimmungen wie Wohlbefinden, Leiden, Freude, Trauer usw. Diese Stimmungen gilt es aufzugreifen und mit in die anstehenden Entscheidungsprozesse einzubeziehen.

- Treffen an neutralem Ort

Treffen mit der rechtlich betreuten Person an einem vereinbarten Ort (Amtsgericht, Behörde, Arzt, Café, Einkaufsmeile, Angehörige) machen Sinn, wenn sie dies wünscht oder der Ort zur Erledigung der anstehenden Angelegenheit von Bedeutung ist. Das Treffen an einem neutralen Ort ist geeignet, eine evtl. bestehende Befangenheit aufzulösen. Es fördert Mobilität, Selbstständigkeit und Teilhabe an realen Gegebenheiten.

Beispiele:

- *Der betreute Mensch will niemanden in die Wohnung lassen.*
- *Das Betreten der Wohnung ist dem Betreuer nicht zuzumuten.*
- *Der betreute Mensch hat keine eigene Wohnung.*
- *Es muss ein Vertrag in einer Geschäftsstelle abgeschlossen werden.*
- *Krankheitsbedingt (paranoide Schizophrenie) beschuldigt der betreute Mensch den Betreuer unter Missachtung der realen Gegebenheiten des Diebstahls, Missbrauchs etc. Der neutrale Ort gewährleistet einen nachweisbaren Verlauf.*

- Besuch der rechtlich betreuten Person beim rechtlichen Betreuer

Diese Form des persönlichen Kontaktes soll dann gewählt werden, wenn die rechtlich betreute Person dies wünscht oder sie in der Lage ist, an der Erledigung der anstehenden Angelegenheit teilzunehmen/mitzuwirken und dies im Büro des rechtlichen Betreuers effektiver/abschließend geschehen kann. Die rechtlich betreute Person kann Art und Umfang der Bearbeitung ihrer Angelegenheiten besser/überhaupt erfassen. Darüber hinaus kann sie die Arbeitsweise des rechtlichen Betreuers direkt erfahren. So können unter anderem Unklarheiten hinsichtlich der Rolle des rechtlichen Betreuers aufgelöst werden. Das Treffen beim rechtlichen Betreuer fördert Mobilität, Selbstständigkeit und Teilhabe an realen Gegebenheiten.

- Telefonat

Auch Telefonate sind eine Form des persönlichen Kontaktes. Voraussetzung ist, dass die geistige und körperliche Leistungsfähigkeit des rechtlich betreuten Menschen ein Telefonat ermöglichen. Diese Form des persönlichen Kontaktes dient dazu, schnell, direkt und kurzfristig Regelungen herbeizuführen. Fühlt die rechtlich betreute Person sich im Kontakt – face to face – gehemmt oder kann sie sich dann nur schwer äußern, ist das Telefonat geeignet, ihre Intimsphäre zu schützen, und kann dazu beitragen, dass sie sich freier äußern kann. Das Telefonat ist auch dann als Form des persönlichen Kontakts zu wählen, wenn vermutet wird oder als sicher gilt, dass ein persönliches Treffen mit der rechtlich betreuten Person den rechtlichen Betreuer gefährden würde.

- Sprachnachrichten, Videobotschaften und Kontakt über soziale Medien

Nicht mehr wegzudenken aus dem Repertoire der Kommunikationsmöglichkeiten sind Sprachnachrichten Videobotschaften, Videobesprechungen und andere Kontakte über soziale Medien. Zum allgemeinen Umgang mit den Medien finden sie Informationen unter dem Abschnitt 2.3.4. Die Erfahrung zeigt, dass insbesondere in ihrer Kommunikation eingeschränkte rechtlich betreute Personen sich dieser Medien teilweise gut bedienen können. Hier ist sehr individuell zu entscheiden, ob sich mit der Hilfe dieser Medien der persönliche Kontakt in der geeigneten Weise gestalten lässt.

- Schriftliche Kontakte

Schriftliche Kontakte können in Form von Briefen, Faxsendungen, E-Mails, SMS und in den Briefkasten gelegten Kurzmitteilungen ebenfalls eine Art der persönlichen rechtlichen Betreuung sein. Die Weiterleitung von wichtiger beim rechtlichen Betreuer eingegangener

Post an den betreuten Menschen bindet ihn in das für die Erledigung seiner rechtlichen Angelegenheiten relevante Geschehen ein. Es wird der rechtlich betreuten Person deutlich, dass sie an der Erledigung ihrer Angelegenheiten beteiligt ist und der rechtliche Betreuer als ihr Sachwalter fungiert.

Die Beziehung der rechtlich betreuten Person zum rechtlichen Betreuer kann schwierige Phasen durchlaufen, die einen direkten persönlichen Kontakt nicht ermöglichen, sodass der Schriftweg die einzige Möglichkeit der Kommunikation bleibt. Bei dauerhafter Störung der Möglichkeit zur direkten persönlichen Kommunikation sollte geprüft werden, ob ein Wechsel in der Person des rechtlichen Betreuers einen neuen Anfang und damit eine direkte Kommunikation mit der rechtlich betreuten Person ermöglicht.

Beispiele:

- *Der rechtlich betreute Mensch entzieht sich jeder anderen persönlichen Kontaktaufnahme. Er ist mit der Betreuung nicht einverstanden.*
- *Der rechtlich betreute Mensch ist nicht sesshaft und nur über Postfach oder eine Hilfsorganisation zu erreichen.*
- *Der rechtlich betreute Mensch ist im Gefängnis und der persönliche Kontakt verboten.*
- *Der persönliche Kontakt zum betreuten Menschen ist mit Gefahr für den rechtlichen Betreuer verbunden.*

Es mag lächerlich klingen, dass an dieser Stelle auf die folgenden Voraussetzungen hingewiesen wird, aber es ist keineswegs ungewöhnlich, dass die rechtlich betreute Person eigene Defizite zu vertuschen weiß und diese erst viel später sichtbar werden. Sie muss schreiben und lesen können. Die an sie gerichteten Schreiben müssen ihrem Sprachverständnis angepasst sein. Entsprechend sollte von der Benutzung von Fremdwörtern, juristischen Sprachwendungen, Fachbegriffen sowie von langen und verschachtelten Sätzen abgesehen werden. Wenn nötig, ist der Text in leichter Sprache zu verfassen. Aber Vorsicht, mach einer fühlt sich durch die Verwendung leichter Sprache beleidigt. Es ist also wichtig, zu Beginn des Kontaktes einfühlsam das Sprachverständnis kennenzulernen.

Für den Versand von Faxen, E-Mails und SMS müssen die entsprechenden technischen Voraussetzungen vorhanden sein. Insbesondere sollte sich der rechtliche Betreuer vergewissern, dass Anschlüsse noch bestehen und nicht z.B. wegen Zahlungsschwierigkeiten abgeschaltet worden sind.

Für den Empfang von Briefen müssen eine Postadresse und ein richtig beschrifteter Briefkasten vorhanden sein.

Auch unter der Rubrik „schon da gewesen" zu vermerken: Der an die rechtlich betreute Person gerichtete Brief kommt zurück, da der eigene Postnachsendeantrag übersehen worden ist.

- Indirekte Kontakte

Mit indirekten Kontakten ist die Kommunikation über Dritte (Vertrauenspersonen der rechtlich betreuten Person) gemeint. Diese können Angehörige, Bekannte, Freunde, Nachbarn, Mitarbeiter*innen vom Pflegedienst, medizinisch behandelnde Personen oder andere Mitarbeiter von Dienstleistern etc. sein.

Je nach Krankheitsbild kann die direkte Kommunikation ausschließlich auf die Wahrnehmung von Stimmungen beschränkt sein. Diese einzuordnen, um damit den mutmaßlichen Willen der rechtlich betreuten Person zu erfahren, wird möglich im reflektierenden Gespräch mit Personen aus dem direkten sozialen Umfeld.

Insbesondere für rechtliche Berufsbetreuer ist es keine seltene Erfahrung, dass die rechtlich betreute Person die rechtliche Betreuung und damit den rechtlichen Betreuer von Beginn an ablehnt und den Kontakt verweigert. Natürlich wird sich der rechtliche Betreuer dennoch um einen direkten persönlichen Kontakt bemühen. Diese Bemühungen können jedoch erfolglos bleiben. Die Ablehnung kann so weit gehen, dass die rechtlich betreute Person das Gericht und den rechtlichen Betreuer als „den Feind" erkennt. Dagegen können andere Personen aufgrund ihrer Beziehung und/oder ihrer Position das Vertrauen der rechtlich betreuten Person genießen.

Beispiele:

- *Die rechtlich betreute Person ist fixiert (häufig bei Autisten) auf eine Bezugsperson, die nicht zum rechtlichen Betreuer bestellt werden kann. Selbst die Anwesenheit einer anderen Person verhindert, dass sie sich frei äußern kann.*
- *Die rechtlich betreute Person ist mit der rechtlichen Betreuung nicht einverstanden und boykottiert die Kontaktaufnahme.*
- *Die rechtlich betreute Person ist im Gefängnis und der persönliche Kontakt verboten.*
- *Der persönliche Kontakt zur rechtlich betreuten Person ist mit Gefahr für den rechtlichen Betreuer verbunden.*
- *Die rechtlich betreute Person liegt im Koma.*

Je nach Notwendigkeit, unliebsame Entscheidungen umsetzen zu müssen, kann es dazu kommen, dass der rechtliche Betreuer aus der Sicht der rechtlich betreuten Person eine übergeordnete Autorität darstellt. Es kann sogar ein Ziel der rechtlichen Betreuung sein, die Verantwortung strittiger Entscheidungen auf den rechtlichen Betreuer zu fokussieren, um damit andere höherwertige persönliche Kontakte (Familie, Freunde, Hilfsdienste) wieder zu ermöglichen und/oder zu entlasten. Der rechtliche Betreuer konzentriert sich auf die Erledigung der rechtlichen Angelegenheiten. Andere Bezugspersonen können – davon entlastet – der rechtlich betreuten Person begegnen. Die Verpflichtung, dem Willen und den Wünschen des betreuten Menschen gerecht zu werden, erfüllt der rechtliche Betreuer, indem er die gute persönliche Beziehung der Vertrauenspersonen zu der rechtlich betreuten Person nutzt. Die rechtlich betreute Person wird ihre Wünsche gegenüber ihren Vertrauenspersonen freier äußern können.

Beispiel:

Der betreute Mensch ist geistig behindert und nicht in der Lage, mit dem vorhandenen Geld zu rechnen. In Unkenntnis des Wertes und zur Befriedigung seiner aktuellen Bedürfnisse tätigt er Geschäfte, die er nicht bezahlen kann. Mit allen Mitteln ist versucht worden, die Einsicht in den Wert der Dinge und die Notwendigkeit, den eigenen Konsum zu begrenzen, zu erreichen. Leider ist dies nicht gelungen. Der Betreuer muss von seinem Einwilligungsvorbehalt Gebrauch machen und einen erheblichen Teil der Geschäfte unter Rückgabe der Produkte erledigen. Der betreute Mensch reagiert ähnlich wie ein kleines Kind, wenn ihm ein geliebtes Spielzeug genommen wird. Der Betreuer wird zum Bösewicht. Die tatsächlichen Helfer können ungeachtet dieses Konfliktes die eigene Arbeit fortsetzen.

5.2.6 Erreichbarkeit

Zu allgemeinen Aspekten der Erreichbarkeit finden Sie Informationen in den Abschnitten 2.4.3. und 3.4.7. An dieser Stelle geht es um fallbezogene Aspekte der Erreichbarkeit.

Angelehnt an die Begrifflichkeit des SGB IX und der UN-Konvention über die Rechte von Personen mit Behinderung[483] soll die rechtliche Betreuung dazu dienen, der rechtlich betreute Person, bezogen auf den jeweiligen Aufgabenkreis, die selbstbestimmte Teilhabe am Rechtsverkehr zu ermöglichen. Ob und wie weit die rechtliche Betreuung die selbstbestimmte Teilhabe am Rechtsverkehr für die rechtlich betreute Person ohne Hindernis ermöglicht, wird von der zeitnahen und qualitativen Erledigung der jeweiligen Angelegenheiten abhängen.

Daraus leitet sich ab, dass der rechtliche Betreuer durch seine Erreichbarkeit gewährleisten muss, von allen wichtigen Angelegenheiten, die seine Aufgabenbereiche betreffen, zu erfahren. Die Erreichbarkeit muss so zeitnah sein, dass dem rechtlichen Betreuer die Möglichkeit gegeben ist, alle zur Unterstützung und/oder Vertretung erforderlichen Schritte zur Erledigung der anstehenden Angelegenheit vorzunehmen. Dies beinhaltet auch die erforderliche Zeit, diese mit der rechtlich betreuten Person vorher zu besprechen.

Merksatz:

Die eigene Büroorganisation sollte ein hohes Maß der Erreichbarkeit gewährleisten und dem rechtlichen Betreuer schnelle Reaktionen ermöglichen. Die Bewerbung enthält die Kontaktdaten und Angaben zur Erreichbarkeit.

Welche Aspekte bestimmen die Erreichbarkeit im Einzelfall?

Im Einzelfall bestimmt die Dringlichkeit der zu regelnden Aspekte die erforderliche Erreichbarkeit. Aber nicht nur die sachliche Dringlichkeit, sondern auch die von der rechtlich be-

483 BT-Drucks. 16/10808.

treuten Person subjektiv empfundene Dringlichkeit spielen eine Rolle für das vom rechtlichen Betreuer vorzuhaltende Angebot hinsichtlich seiner Erreichbarkeit.

Beispiele:

- *Die rechtlich betreute Person ist im Hinblick auf den Ablauf der Zeit nicht orientiert, Stunden, Tage, Wochen oder Monate kann sie nicht voneinander entsprechend den realen Gegebenheiten unterscheiden. In der Konsequenz sind für sie alle Angelegenheiten, die sie aktuell in ihrem Erlebnisfeld wahrnimmt, sofort zu erledigen. Auch Wochenende, Feiertage oder Ähnliches werden von ihr nicht wahrgenommen. Sie fordert von der rechtlichen Betreuung eine ständige Erreichbarkeit.*
- *In einem anderen Fall ist die rechtlich betreute Person hinsichtlich der Tageszeit nicht orientiert und möchte den rechtlichen Betreuer auch zu nächtlicher Zeit erreichen können.*

Worüber wird in der Praxis gestritten?

Über das „Wie und wie schnell" der rechtliche Betreuer erreichbar sein muss, gibt es öfter Streit. Immer wieder beschweren sich rechtlich betreute Personen, Angehörige, Heime oder andere Beteiligte, dass der rechtliche Betreuer für sie nicht erreichbar sei, zu spät oder gar nicht auf Nachrichten reagiere oder nicht bereit sei, den persönlichen Kontakt in der Häufigkeit, wie dies gewünscht wird, zu ermöglichen.

Dagegen ist von rechtlichen Betreuern zu erfahren, dass die an sie herangetragenen Ansprüche nahezu grenzenlos sind. Der rechtliche Betreuer soll sich den Zeitplänen von Krankenhäusern, Heimen und Behörden unterordnen. Selbst bei vorher vereinbarten Terminen werden vom rechtlichen Betreuer oft lange Wartezeiten verlangt.

Der Konflikt ist systembedingt und ergibt sich aus der Tatsache, dass ein großer Teil der Arbeitszeit des rechtlichen Betreuers aufgewendet wird, um mit den rechtlich betreuten Personen zu sprechen und persönlich Termine bei Ärzten, Gerichten, Behörden oder anderen Stellen wahrzunehmen. Während dieser Zeiten kann er nicht gleichzeitig für andere persönlich erreichbar sein. Der Konflikt kann durch den Einsatz angestellter Personen oder technische Hilfen entschärft werden.

Kann die Erreichbarkeit über Mitarbeiter hergestellt werden?

Unstrittig kann die Erreichbarkeit gegenüber Dritten durch eine beim rechtlichen Betreuer angestellte Person hergestellt werden. Der rechtliche Betreuer hat im Innenverhältnis Strukturen zu schaffen, die gewährleisten, dass ihn Nachrichten erreichen und weiterbearbeitet werden. Die Verantwortung für das Handeln der angestellten Person liegt beim rechtlichen Betreuer.

Für die rechtlich betreuten Personen muss der rechtliche Betreuer persönlich zu erreichen sein. Ob und wie weit hier auf Hilfe von Mitarbeitern zurückgegriffen werden kann, ist vom Einzelfall abhängig. Rechtliche Betreuer*innen sollten auf jeden Fall zurückrufen und die erforderliche Besprechung mit der rechtlich betreuten Person persönlich vornehmen. Dem angestellten Personal die Besprechung zu überlassen, ist nicht zulässig. Zulässig sind beispielsweise die Entgegennahme von Nachrichten, die Erteilung einer konkreten gewünschten Information oder auch Terminvereinbarungen.

Tipp

Stellen Sie der rechtlich betreuten Person die bei Ihnen angestellten Personen vor und erklären Sie Ihre Arbeitsweise. Besprechen Sie, wann und wie die rechtlich betreute Person Sie und ggf. Ihre Mitarbeiter erreichen kann.

Zur Nutzung von Anrufbeantwortern, Sprachnachrichten und Ähnlichem ist bereits oben ausgeführt. Auch hier gilt, dass die bloße Übermittlung von Nachrichten eine von der rechtlich betreuten Person gewünschte Besprechung nicht ersetzen kann.

Muss der rechtliche Betreuer für Krisen und Notfälle erreichbar sein?

Für viele Angelegenheiten wird oft Eile vermittelt, obwohl bei genauerem Hinsehen institutionelle Organisationsvorgaben – Dienstpläne etc. – und nicht die Sache selbst Eile erfordern. Die meisten Angelegenheiten haben so viel Zeit, dass sie tatsächlich auf dem Postweg erledigt werden können oder mit etwas Voraussicht im Vorfeld zu erledigen sind.

Unter Krisen oder Notfällen können im Betreuungsrecht Situationen verstanden werden, die einen akuten, nicht aufschiebbaren rechtlichen Handlungsbedarf nach sich ziehen.

Beispiele:

- *Zustimmung zu einer medizinischen Notfallbehandlung bei akutem Handlungsbedarf (Sturz im Altenheim) unter Berücksichtigung des bekannten Willens / mutmaßlichen Willens / einer Patientenverfügung, wenn vom Standard der Notfallversorgung abgewichen werden soll, weil die Patientenverfügung beispielsweise die intensivmedizinische Behandlung verbietet.*
- *Zustimmung zu einer freiheitsentziehenden Maßnahme als Folge eines akuten Krankheitsverlaufs mit Selbstgefährdung, insbesondere, wenn dadurch die ansonsten notfallmäßig vorzunehmende Maßnahme für die betroffene Person in ihrem Erleben gemildert ablaufen kann.*[484]

Der ein oder andere rechtliche Betreuer mag sich auf den Standpunkt stellen, dass es im Betreuungsrecht keine Notfälle geben kann, weil alle denkbaren Notfälle durch entsprechende Notfallbefugnisse für die Handelnden Personen geregelt werden können. Zudem ist ein Handeln nach den Grundsätzen der Geschäftsführung ohne Auftrag allgemein anerkannt. Damit geht es im Notfall immer auch ohne rechtlichen Betreuer.

An dem Beispiel des medizinischen Notfalls muss diese Sichtweise relativiert werden. Dem rechtlichen Betreuer fällt ein höherer Grad an Verantwortung – jedoch nicht die alleinige – zu.

484 Wurzel, Zwischen Schutz und Trauma – Die zwangsweise Unterbringung psychisch kranker Personen als Herausforderung, BtPrax 4/2006, S. 137

In Notfallsituationen und unter der Voraussetzung, dass der Patient sich nicht äußern kann, ist die medizinisch indizierte Behandlung einzuleiten, die im Zweifel auf die Erhaltung des Lebens gerichtet ist. Alle Notfallregelungen berücksichtigen allgemeine ethische, rechtliche und gesellschaftliche Standards. In der fraglichen Situation kann der Wille des Einzelnen nur einfließen, wenn dieser in rechtlich genügender Form bekannt ist. Kann die rechtlich betreute Person sich nicht selbst rechtserheblich äußern, ist die Erreichbarkeit des rechtlichen Betreuers entscheidend, um einem von den Standards abweichenden Willen der rechtlich betreuen Person Gehör zu verschaffen.

Der freiberufliche rechtliche Betreuer kann sich nicht auf zu enge Grenzen seiner Erreichbarkeit oder feste Dienstzeiten zurückziehen. Bei der Gestaltung seiner Erreichbarkeit hat der rechtliche Betreuer das Interesse der von ihm rechtlich betreuten Personen in hohem Maß zu berücksichtigen. Es kann erwartet werden, dass er eigene Unbequemlichkeiten hinnimmt. Ständige persönliche Erreichbarkeit kann nicht verlangt werden. Es muss möglich sein, Nachrichten zu hinterlassen, die zeitnah zur Kenntnis des rechtlichen Betreuers gelangen.

5.2.7 Erforderlichkeit und Nachrang im Innenverhältnis

Die Frage der Erforderlichkeit und des Nachrangs der rechtlichen Betreuung gegenüber anderen Hilfen ist bereits an verschiedenen Stellen angesprochen worden und ist auch vollumfänglich auf das Innenverhältnis anzuwenden (siehe Abschnitt 5.1.3). Unter dem Gesichtspunkt, dass die rechtliche Betreuung stets ein erheblicher Eingriff in die Persönlichkeitsrechte der betroffenen Personen bedeutet, ergibt sich, dass die größtmögliche Autonomie den kleinstmöglichen betreuungsrechtlichen Eingriff fordert.

Wie grenzt sich rechtliche Unterstützung gegen vorrangige Hilfe ab?

Im Innenverhältnis ist die rechtliche Betreuung gegen vorrangige Beratung, Assistenz, pädagogische, therapeutische und verwandte andere Hilfen abzugrenzen. Soweit diese Hilfen inhaltlich ausreichen, besteht die betreuungsrechtliche Aufgabe darin, die erforderlichen Hilfen zu organisieren und/oder geltend zu machen. Es ist ausdrücklich nicht die Aufgabe der rechtlichen Betreuung, diese Hilfen zu ersetzen.

Richtig ist, dass die Träger der entsprechenden Leistungen dies nicht flächendeckend und in ausreichendem Maß bereitstellen.[485] Dies kann betreuungsrechtlich lediglich dazu führen, dass der rechtliche Betreuer den Anspruch der rechtlich betreuten Person mit entsprechendem Nachdruck, ggf. im Wege der Klage, durchzusetzen hat.

Den genannten Hilfen ist gemeinsam, dass sie, ebenso wie die rechtliche Betreuung, unter anderem auf die Prozesse der Entscheidungsfindung und der Willensbildung gerichtete Unterstützung anbieten. Insbesondere pädagogische und therapeutische Hilfen gehen dabei über die Unterstützung zum vollständigen Erfassen des Sachverhaltes und der Unterstützung bei der Abwägung von Vor- und Nachteilen hinaus. Der Mensch wird hier mit all seiner Emotionalität, in seinem Umfeld und mit seiner Lebenserfahrung wahrgenommen.

485 Zu den Hintergründen: Rosenow; Eingliederungshilfe und rechtliche Betreuung, Teil 1 BtPrax 5/2021 & Teil 2 BtPrax 6/2021

Vereinbarter Teil der Hilfen können auch Lernprozesse und Prozesse zur Verhaltensänderung sein. Geschäftsgrundlage ist eine entsprechende Vereinbarung mit dem eigenverantwortlich handelnden Klienten oder seinem gesetzlichen/rechtlichen Vertreter.

Dagegen setzt die betreuungsrechtliche Unterstützung dort an, wo die Möglichkeiten der vorgenannten Hilfen enden. Inhaltlich lassen sich Überschneidungen nicht gänzlich vermeiden. Als Besonderheit der rechtlichen Betreuung ist zu sehen, dass der rechtliche Betreuer die anstehenden rechtlichen Entscheidungen mit oder sogar allein zu verantworten hat und ihn eine gesetzlich begründete Schutzpflicht trifft (siehe Abschnitt 4.2). Die Geschäftsgrundlage ist der im Rahmen der beschlossenen rechtlichen Betreuung bestimmte Aufgabenkreis.

Kann die rechtlich bereute Person zwischen betreuungsrechtlicher Hilfe und vorrangigen Formen der Hilfe wählen?

In der Praxis entsteht häufig das Problem, dass vorrangige Hilfen vorhanden sind, die rechtlich betreute Person jedoch lieber die Hilfe des bestellten rechtlichen Betreuers in Anspruch nimmt.

Beispiel:

Die rechtlich betreute Person erhält Eingliederungshilfe in Form von „ambulant betreutem Wohnen“. Im Rahmen dieser Hilfe wird sie in der Beantragung von Sozialleistungen beraten und unterstützt. Die Beratung und Unterstützung kann sie verstehen und mit ihrer Hilfe auch die Anträge selbst fertigen und die erforderlichen Verfahrensschritte begleitet durch die Bezugsbetreuerin erledigen. Nun kommt die rechtlich betreute Person zum rechtlichen Betreuer und fordert, dass er zukünftig diese Anträge stellen soll. Sie habe keine Lust, so viel Zeit mit der Besprechung von Anträgen und bei Behörden zu verbringen. Zudem teilt sie mit, dass sie den Vertrag mit dem Leistungserbringer der Eingliederungshilfe gekündigt habe.

Auf den ersten Blick erscheint die eingangs gestellte Frage für den geschilderten Fall einfach zu beantworten. Eine vorrangige Hilfe ist vorhanden und hat entsprechend in Anspruch genommen zu werden. Rechtstheoretisch ist sogar zu überlegen, ob die rechtliche Betreuung hinsichtlich der Geltendmachung von Sozialleistungen aufgehoben werden kann.

Erst bei näherem Hinsehen wird deutlich, dass die jeweiligen Situationen einzelfallbezogen zu bewerten ist. Grundsätzlich stellt sich die Frage, ob und wie weit die vom Gericht gesehene krankheitsbedingte Einschränkung, die eigenen rechtlichen Angelegenheiten zu erledigen, auch die Geltendmachung von Sozialleistungen erfasst hat. Ist beispielsweise das Unvermögen der rechtlich betreuten Person, mit dem Anbieter der Eingliederungshilfe zusammenzuarbeiten, auf die Krankheit oder Behinderung zurückzuführen? Sollte das der Fall sein, kann sich der rechtliche Betreuer der Bitte der betreuten Person nicht ohne Weiteres verschließen, insbesondere dann nicht, wenn ein Wechsel des Anbieters praktisch nicht möglich ist.

Hin und wieder entsteht in der Praxis beim rechtlichen Betreuer auch schon mal der Eindruck, dass nicht die Krankheit oder die Behinderung die Erledigung der eigenen Angelegenheiten unmöglich macht, sondern sich die rechtlich betreute Person „hängen lässt" und einfach keine Lust hat, hier mitzuwirken.

Hier einfach die Mitwirkung von der rechtlich betreuten Person zu verlangen und ohne die Erfüllung einer vermuteten Mitwirkungspflicht untätig zu bleiben, greift zu kurz. Entsteht durch die Untätigkeit des rechtlichen Betreuers ein Schaden, hätte dieser nachzuweisen, dass sein Nichthandeln gerechtfertigt gewesen ist. Dieser Nachweis wird regelmäßig sehr schwierig zu erbringen sein, da die Zivilgerichte den Beweis verlangen würden, dass die rechtlich betreute Person tatsächlich in der Lage gewesen wäre, die erforderlichen Schritte zur Vermeidung des Schadens eigenverantwortlich zu leisten. Als Lösung aus diesem Dilemma bietet sich lediglich der Bericht an das Betreuungsgericht an. Der rechtliche Betreuer kann anregen, den Aufgabenkreis einzuschränken und diese Anregung mit seinem Eindruck begründen. Das Betreuungsgericht mag seinerseits klären, ob es dieser Anregung folgt.

5.2.8 Unterstützung vor Vertretung

Die Vorrangigkeit rechtlicher Unterstützung vor rechtlicher Vertretung ergibt sich aus dem Gesetz. Dort heißt es:

> „Er unterstützt den Betreuten dabei, seine Angelegenheiten rechtlich selbst zu besorgen, und macht von seiner Vertretungsmacht nach § 1823 nur Gebrauch, soweit dies erforderlich ist."[486]

Erst nachrangig soll der rechtliche Betreuer stellvertretend handeln oder/und entscheiden.

Allgemeine Gedanken zur rechtlichen Unterstützung

Die vorrangig zu leistende rechtliche Unterstützung beschreibt die Methode (Art und Weise), wie das gewünschte Ziel erreicht werden soll.

Die Nähe der rechtlichen Betreuung u.a. zur Sozialarbeit, dem Fall-Manager (Case Manager) und anderen sozialen Tätigkeiten führt insbesondere rechtliche Berufsbetreuer*innen in Versuchung, die dort beschriebenen Methoden übernehmen zu wollen. Dem steht nichts im Weg, wenn eine Anpassung an die besonderen Bedingungen der rechtlichen Betreuung erfolgt.

Welche Rahmenbedingungen gelten für „andere Hilfen"?

Die im Rahmen unterschiedlicher Unterstützungsleistungen wissenschaftlich beschriebenen Methoden haben als gemeinsame Grundlage die Zusammenarbeit mit dem rechtlich eigenverantwortlich handelnden Klienten. Die jeweiligen Prozesse erfordern und legitimieren sich durch die Entscheidung des Klienten zur freiwilligen Zusammenarbeit. Der Klient kann wählen, ob er sich auf die eine oder andere Hilfe einlässt. Aus der Eigenverantwortung und der Wahlfreiheit des Klienten erwächst die Freiheit der helfenden Person, ihr Angebot auch methodisch zu gestalten. Unter der Voraussetzung, dass dies vorher vereinbart

486 § 1821 Abs. 1 Satz 2 BGB

wurde, sind Leistungen legitim, die Einfluss auf die Individualität nehmen sowie das Denken und Handeln des Klienten verändern (Therapie).

Worin liegt die Besonderheit rechtlicher Unterstützung bei rechtlicher Betreuung?

Demgegenüber erstreckt sich die betreuungsrechtliche Hilfe auf rechtliche Prozesse/Angelegenheiten, die sich dem Verstehen des betreuten Menschen teilweise oder in vollem Umfang entziehen. Sie beginnt mit der Klärung des Sachverhaltes, reicht über die Unterstützung bei der Entscheidungsfindung bis hin zur Umsetzung der als richtig erkannten Entscheidung.

Teilweise oder ganz ist der rechtlich betreute Mensch nicht in der Lage, diesen Weg eigenverantwortlich zu gehen. Entsprechend eingeschränkt ist der betreute Mensch in der Lage, das Handeln des rechtlichen Betreuers zu legitimieren. Die Handlungs- und Wahlmöglichkeiten des rechtlich betreuten Menschen sind beschränkt. Der rechtliche Betreuer hat sein „Angebot" und insbesondere die Methode eng an der Individualität des betreuten Menschen und den gesetzlichen Vorgaben[487] auszurichten. Er hat den Willen und die Wünsche zu ermitteln und nicht zu beeinflussen. Eine therapeutische Einflussnahme ist weder Aufgabe noch legitimiert.

Merksatz:

▶ *Das methodische Handeln des rechtlichen Betreuers basiert auf dem dem Gesetz zugrunde liegenden Menschenbild, dem im Betreuungsrecht definierte Auftrag und der Individualität der rechtlich betreuenden Person.*

Methodischer Eckpunkt ist das Prinzip „rechtliche Unterstützung vor rechtlicher Vertretung". Dieser Grundsatz ist vom rechtlichen Betreuer für jede rechtliche Angelegenheit, die es zu regeln gilt, neu zu berücksichtigen.

Was kann der rechtliche Betreuer tun, um die Selbstvertretung zu unterstützen?

Regelmäßig erfasst der Aufgabenkreis eine Gruppe von Angelegenheiten, die aktuell oder zukünftig der Regelung bedürfen. Möglicherweise können einzelne Angelegenheiten dieser Gruppe vorrangig von der rechtlich betreuten Person eigenverantwortlich oder mit vorrangiger Hilfe Dritter erledigt werden. Andere wiederum erfordern die Unterstützung oder Vertretung durch den bestellten rechtlichen Betreuer.

Für den Rechtsverkehr besteht oft große Unsicherheit, ob die Erklärung der rechtlich betreuten Person als rechtswirksam anzusehen ist.

487 § 1821 BGB

Beispiel:

Die von Geburt an geistig behinderte Frau V. kann mit dem Arzt über die Symptome ihrer Erkältung sprechen und die Behandlungsvorschläge verstehen und sich für die Behandlung entscheiden. Die Erklärung zum diagnostizierten inzidentellen Aneurysma kann sie weder verstehen noch kann sie erfassen, welche Gefahren damit verbunden sind. Nutzen und Vorteil der vorgeschlagenen Behandlung kann sie ebenfalls nicht erkennen. Die ärztlich behandelnde Person ist unsicher, ob sie überhaupt eine Entscheidung der rechtlich betreuten Person gelten lassen kann.

Auf das Beispiel bezogen ergibt sich, dass Frau V. zur Einwilligung in die Behandlung der Erkältung keine betreuungsrechtliche Unterstützung benötigt, hingegen die Behandlung des inzidentellen Aneurysmas der Einwilligung durch den rechtlichen Betreuer bedarf.

Der rechtliche Betreuer hat sodann dem Rechtsverkehr mitzuteilen, ob die jeweilige Angelegenheit von der rechtlich betreuten Person selbst eigenverantwortlich erledigt werden kann oder nicht.

Welche besonderen Merkmale hat die rechtliche Unterstützung?

Zu unterscheiden ist die rechtliche Unterstützung im Innenverhältnis (zwischen der rechtlich betreuten Person und dem rechtlichen Betreuer) von der rechtlichen Unterstützung im Außenverhältnis, also zwischen dem rechtlichen Gegenüber und der rechtlich betreuten Person und/oder dem rechtlichen Betreuer.

Im Innenverhältnis setzt die betreuungsrechtliche Unterstützung an, wo die rechtlich betreute Person auf Grund ihrer Krankheit/Behinderung Sachverhalte nicht erkennen, einordnen, bewerten, daraus schlussfolgern oder/und diese vorausschauend durchdenken kann. Die Aufgabe des rechtlichen Betreuers besteht darin, den Prozess der Darstellung und der Entscheidungsfindung so weit zu unterstützen, dass der infrage stehende Sachverhalt für die rechtlich betreute Person in ihrer Erlebniswelt erfahrbar gemacht wird. Das kann unter anderem bedeuten,

- den Sachverhalt zu vereinfachen,
- den Sachverhalt bildlich darzustellen,
- den Sachverhalt als Vergleich mit einem dem betreuten Menschen geläufigen Thema darzustellen,
- die Wirkung einer anstehenden Entscheidung in einer vorwegnehmenden Versuchsphase erfahrbar zu machen.

Derartige Darstellungen können den Sinn verändern oder/und die Entscheidungsspannbreite einschränken. Vereinfachungen führen zum Verlust von Differenzierungen. Der rechtliche Betreuer hat dabei streng zu beachten, dass er der rechtlich betreuten Person ermöglicht, ihre subjektive Sichtweise frei zu entfalten.

Die Legitimation des rechtlichen Betreuers trägt nur so weit, wie sich die Unterstützung am Willen – auch dem (mutmaßlichen) Willen – der rechtlich betreuten Person orientiert bzw. Eingriffe zum Abwenden einer erheblichen Gefahr zwingend erforderlich sind.

Merksatz:

▶ *Der rechtliche Betreuer darf seinen Einfluss auf die Darstellung des Sachverhaltes und die Entscheidungsfindung nicht missbrauchen, indem er versucht, die Entscheidung in eine bestimmte Richtung zu lenken.*

Der Vorrang der rechtlichen Unterstützung im Außenverhältnis ist in erster Linie darauf gerichtet, die rechtlich betreute Person zu unterstützen, im Rechtsverkehr allein oder mit der benötigten Hilfe handeln zu können.

Mit besonderer Sorgfalt muss der rechtliche Betreuer darauf achten, dass die Stimme der rechtlich betreuten Person nicht untergeht, sondern gehört wird. Es ist die Aufgabe des rechtlichen Betreuers, das Übergehen des Willens zu verhindern, auch wenn Gedanken der Fürsorge oder die Abwehr anderer weniger erheblicher Schäden dies nahelegen.

Sollte der rechtliche Betreuer Lernprozesse oder persönlichkeitsbildende Prozesse bewirken?

Es ist nicht die Aufgabe des rechtlichen Betreuers zu therapieren, zu erziehen oder zu belehren. Wenn entsprechende Hilfen von der rechtlich betreuten Person gewünscht und benötigt werden, besteht die Aufgabe des rechtlichen Betreuers darin, diese zu organisieren. Er selbst ist nicht Leistungserbringer.

Wer handelt im Außenverhältnis?

Soweit die rechtlich betreute Person die anstehende Angelegenheit nicht eigenverantwortlich erledigen kann, gilt das Prinzip der Unterstützung vor Vertretung auch im Außenverhältnis. Wo immer es geht, soll die rechtliche betreute Person im Vordergrund stehen und der rechtliche Betreuer vorhandene Lücken bei der rechtlichen Umsetzung der zuvor gefundenen Entscheidung füllen.

Der Vorrang der rechtlichen Unterstützung im Außenverhältnis gilt für alle Rechtsgeschäfte, die gemeinsames Handeln/Erklären von der rechtlich betreuten Person und dem rechtlichen Betreuer zulassen. Dabei kann der rechtliche Betreuer durch formgerechtes Beitreten einer ansonsten von der rechtlich betreuten Person nicht wirksam vorgetragenen Entscheidung Geltung verschaffen. Entsprechend kann der rechtliche Betreuer die Entscheidung der geschäftsunfähigen rechtlich betreuten Person (auch im Nachhinein) legitimieren.

Bei gemeinsamer Handlung/Erklärung bleibt die Verantwortung für die richtige und sachgerechte Erledigung beim rechtlichen Betreuer.

Unterstützung vor Vertretung – wie geht das?

Wie läuft der Prozess zur Regelung einer rechtlichen Angelegenheit ab?

1. Schritt: Klärung der Zuständigkeit

Gemeint ist die Klärung der Frage, ob die zu regelnde Angelegenheiten als Bestandteil des Aufgabenkreises zu sehen ist. Außerhalb seines Aufgabenkreises hat der rechtliche Betreuer keine Befugnisse. Allenfalls kann er klären, ob eine Änderung des Aufgabenkreises erforderlich ist (siehe Abschnitt 5.1.9.6).

2. Schritt: Klärung des Sachverhaltes

Schon die Klärung des Sachverhaltes ist, soweit dies möglich ist, mit der rechtlich betreuten Person zusammen zu erledigen. Welche Angelegenheit ist zu entscheiden? Welche Informationen werden benötigt? Was ist zu tun, um die benötigten Informationen zu erhalten? Wer kann beraten? Wer macht was?

3. Schritt: Kann die Angelegenheit von der rechtlich betreuten Person eigenverantwortlich oder mit vorrangiger Hilfe entschieden und erledigt werden?

Auf der Grundlage des ermittelten Sachverhaltes bespricht der rechtliche Betreuer mit der rechtlich betreuten Person die regelungsbedürftige Angelegenheit. Dabei macht er sich ein eigenes aktuelles Bild zu der Fähigkeit der rechtlich betreuten Person, die anstehenden Angelegenheiten zur Entscheidung und eigenverantwortlich oder mit vorrangiger Hilfe zu bewältigen.

Kann die rechtlich betreute Person den Sachverhalt verstehen, das Für und Wider abwägen und einen von Krankheit/Behinderung unbeeinflussten Willen bilden? Kann sie eine als zutreffend erkannte Entscheidung im Rechtsverkehr umsetzen? Kann sie andere Hilfen in Anspruch nehmen? Kann mit diesen Hilfen die Angelegenheit geregelt werden?

Oft scheuen sich rechtliche Betreuer, die Fähigkeiten des betreuten Menschen einzuschätzen, oder sind unsicher. Hilfreich ist die Besprechung mit Personen aus dem Umfeld des Geschehens (Angehörige, nahestehende Personen, tatsächliche Helfer ...), um zu einer fundierten Einschätzung zu gelangen.

Im Ergebnis ergibt sich ein Bild zu den Fähigkeiten der rechtlich betreuten Person. Daraus ableitend, stellt der Betreuer fest, ob die zu regelnde Angelegenheit eigenverantwortlich von der rechtlich betreuten Person, mit tatsächlichen Hilfen Dritter oder mit rechtlicher Unterstützung erledigt werden kann. Ist rechtliche Hilfe erforderlich, beschränkt sich die rechtliche Unterstützung auf den Ausgleich der im oben genannten Prozess festgestellten Grenzen der Fähigkeiten.

Beispiel:

Der geistig behinderte Herr T. möchte aus dem Heim in eine gemietete Wohnung umziehen. Er kennt die große schöne Wohnung seines Freundes, der eine gute Rente hat. Er selbst lebt von der Sozialhilfe und ist nicht in der Lage, die Mathematik der Haushaltsplanung zu verstehen. Zu entscheiden ist der materielle Rahmen für die Wohnungssuche.

Im Gespräch erfährt der rechtliche Betreuer die Grenzen des Verständnisses des Herrn T. Er ist nicht in der Lage, die sich aus dem Einkommen ergebenden Grenzen für die Wohnungssuche in vollem Umfang zu erfassen. Insbesondere ist er nicht in der Lage zu verstehen, dass bei höherer Miete der verbleibende Betrag für den Lebensunterhalt geringer ausfällt.

Mit tatsächlicher Unterstützung des Sozialarbeiters im Heim wurde versucht, Herrn T. beim Erlernen der Mathematik für die Haushaltsführung behilflich zu sein. Dies hatte keinen Erfolg. Die Sozialarbeiter stoßen an die Grenzen tatsächlicher Hilfen, wo die erforderliche umfassende Beratung und Aufklärung nicht erfolgen kann.

Die Grenzen seiner materiellen Möglichkeiten können Herrn T. nur verdeutlicht werden, indem der Sachverhalt stark vereinfacht wird. „Wenn die Miete zu hoch ist, ist nichts mehr zu essen da". Dabei können zwangsläufig entscheidungsrelevante Aspekte nicht vermittelt werden. Rechtliche Unterstützung meint an dieser Stelle, dass der rechtliche Betreuer den Sachverhalt umfassend erfasst, für die Vermittlung an Herrn T. vereinfacht und ggf. Einzelbereiche vorentscheidet, um zu einer Darstellung zu gelangen, die Herrn T. den größtmöglichen Entscheidungsspielraum lässt.

Der rechtliche Betreuer muss ein Haushaltsbuch erstellen und auf der Grundlage der Wünsche der rechtlich betreuten Person berechnen, welche Beträge wofür verwendet werden müssen und wie viel Geld für die Wohnung ausgegeben werden kann.

Nach der so erfolgten Klärung der materiellen Rahmenbedingungen konnte Herr T. mit tatsächlicher Unterstützung der Sozialarbeiter eine Wohnung suchen und finden. Bei der Entscheidung zum Abschluss des Mietvertrages war die vorausgehende Besprechung des Mietvertrages wegen der erforderlichen Vereinfachung Sache des Betreuers. Im Innenverhältnis konnte so die Entscheidung zur Anmietung der Wohnung rechtlich unterstützt werden. Der formelle Abschluss des Mietvertrages bedurfte zur formellen Rechtswirksamkeit der Stellvertretung durch den rechtlichen Betreuer.

Der Vorgang zeigt, dass sowohl unterstützende als auch vertretende Elemente auf dem Weg zur Erledigung einer Angelegenheit eine Rolle spielen können. Das Prinzip rechtliche Unterstützung vor rechtlicher Vertretung sollte insgesamt zu einvernehmlichem Zusammenwirken führen, ohne zu verdecken, welche Anteile von der rechtlich betreuten Person und welche Anteile vom rechtlichen Betreuer zu verantworten sind.

Die vollständige stellvertretende Erledigung einer anstehenden Angelegenheit gebietet sich erst dann, wenn der betreute Mensch in keinem Teilbereich des Prozesses mitwirken kann.

Das folgende Ablaufdiagramm zeigt den Weg zur unterstützten Regelung der rechtlichen Angelegenheiten.

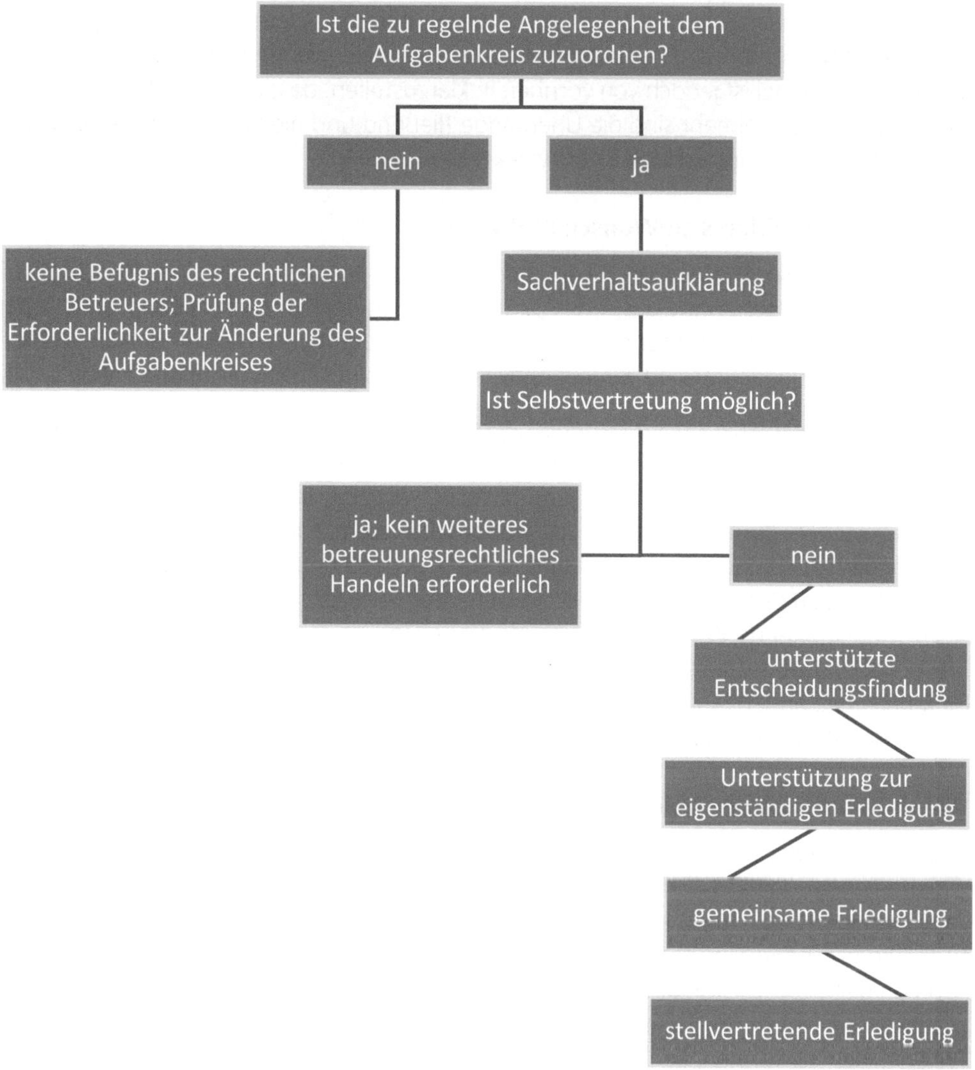

Ablauf unterstützte Regelung rechtlicher Angelegenheiten

5.2.9 Wille, Wünsche, mutmaßlicher Wille, Präferenzen

Die Frage welche Wünsche/Willenserklärungen der betroffenen Person zu beachten sind und an welcher Stelle zum Schutz der betroffenen Person von der Beachtung der Willenserklärung abgewichen werden kann, zieht sich durch das gesamte Betreuungsrecht. Der Gesetzgeber und die Rechtsprechung unterscheiden zwischen dem „freien Willen", dem „natürlichen Willen", dem „mutmaßlichen Willen" und mit der zum 1.1.2023 in Kraft getretenen Änderung des Betreuungsgesetzes ist in der Begründung des Gesetzentwurfs und der Verordnung über die Registrierung von beruflichen Betreuern (Betreuerregistrierungsverordnung – BtRegV) der Begriff der „Präferenzen" mit einbezogen worden. Im Gesetzestext wird der Begriff Wünsche verwendet.

Wegen der grundsätzlichen Bedeutung für alle Akteure des Betreuungsrechts wird in den folgenden Abschnitten der Versuch unternommen, die einzelnen Begriffe gegeneinander abzugrenzen. Dabei ist jedoch von vornherein klarzustellen, dass eine scharfe Abgrenzung nicht möglich ist. Vielmehr sind die Übergänge fließend und die Praxis ist gekennzeichnet von der Abwägung unterschiedlicher Aspekte.

Worin unterscheiden sich Wunsch und Wille?

Wunsch und Wille sind verwandte Begriffe. Ein Wunsch kann immer gebildet und aufrechterhalten werden, ohne dass etwas Weiteres geschieht. Ich kann mir den Weltfrieden wünschen, ohne je die Hoffnung zu haben, dass sich mein Wunsch erfüllt. Der Wille hingegen ist mehr zielgerichtet und fordert Aktivität, um das gesetzte Ziel zu erreichen.

Der Wille als Rechtsbegriff im betreuungsrechtlichen Kontext beschreibt die tatsächlich vorhandenen Absichten, Wünsche, Wertungen und Handlungsintentionen einer Person. Der Wille kann alles das beinhalten, was die rechtlich betreute Person mit dem Ziel, ihr Leben zu gestalten, zum Ausdruck bringt. Dabei sollen nicht nur verbal geäußerte Erklärungen, sondern auch das z.B. durch Gesten deutlich gemachte Begehren berücksichtigt werden. Es spielt zunächst keine Rolle, ob der erklärte Wille tatsächlich erfüllt werden kann. Auch widerstreitende Willenserklärungen sind beachtlich. Der Wille ist auch dann zu berücksichtigen, wenn die rechtlich betreute Person diesen gegenüber Dritten, z.B. dem Heimpersonal, äußert. Es ist daher wichtig, dass der rechtliche Betreuer einen guten Kontakt zu den Personen aus dem Umfeld der betreuten Person hat.

Wie definiert sich der freie Wille?

In unserem Rechtssystem wird die freie Willensbildung bis zum Beweis des Gegenteils als gegeben angenommen. Der freie Wille ist beschrieben als die Fähigkeit, den Willen – frei von Geistesstörung – nach Abwägung des Für und Wider bei sachlicher Prüfung der in Betracht kommenden Gesichtspunkte zu ermöglichen. Diese Beschreibung steht dem im Rahmen der Geschäftsfähigkeit verwendeten Definition zur Fähigkeit der „freien Willensbestimmung" im Kern gleich.[488] Der rechtlichen Beurteilung der Fähigkeit, einen freien Willen bilden zu können, liegt somit folgendes Denkmodell zugrunde.

488 § 104 BGB

Freier Wille ist die Fähigkeit

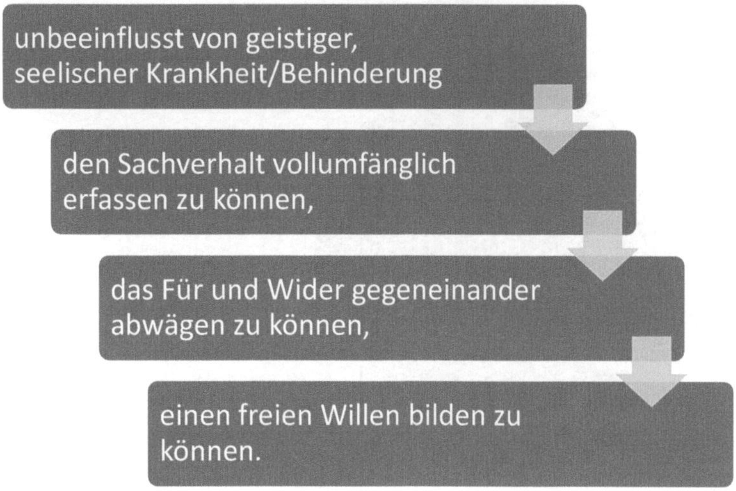

Denkmodell Beurteilung freie Willensbildung

Entscheidend ist, ob eine freie Entscheidung nach Abwägung des Für und Wider bei sachlicher Prüfung der in Betracht kommenden Gesichtspunkte möglich ist. Lediglich die Fähigkeit, die rechtlichen Entscheidungen in dieser Weise vorzunehmen, ist gefordert. Nicht gefordert ist, dass die Entscheidungsprozesse diesem Denkmodell folgen. Es ist auch nicht erforderlich, dass alle Wünsche und jedes Handeln auf diesem Denkmodell basieren. Maßgeblich ist lediglich, ob die betroffene Person auf der Grundlage dieses Denkmodells entscheiden und handeln könnte. Es steht ihr frei, ihre Wünsche und ihr Handeln durch andere Aspekte leiten zu lassen. Oft sind es nicht vernünftige Erwägungen, sondern beispielsweise emotionale, kulturelle, ideologische oder andere Wertvorstellungen, die unser Denken und Handeln tragen.

Kommentar

Das zuvor beschriebene Denkmodell vernachlässigt, dass die meisten Entscheidungen des Menschen nicht ausschließlich auf dem vollumfänglichen Erfassen des Sachverhaltes und der Abwägung des Für und Wider beruhen. Oft sind es intuitive und emotionale Aspekte, die zu unseren Entscheidungen führen. Wir alle leben nicht isoliert von einer Entscheidung zur anderen, sondern in jede Entscheidung fließt die gesamte Erfahrung unseres bisherigen „Seins" mit ein.

Es ist eine Täuschung, die Entscheidungsfindung als ein auf dem „freien" Willen basierendes kausales oder messbares Konstrukt zu erkennen. Das folgende Schaubild gibt einen Eindruck von Aspekten, die meinen Willen und meine Entscheidungen beeinflussen können. Dieser Einfluss besteht teilweise, ohne dass ich ihn tatsächlich wahrnehme.

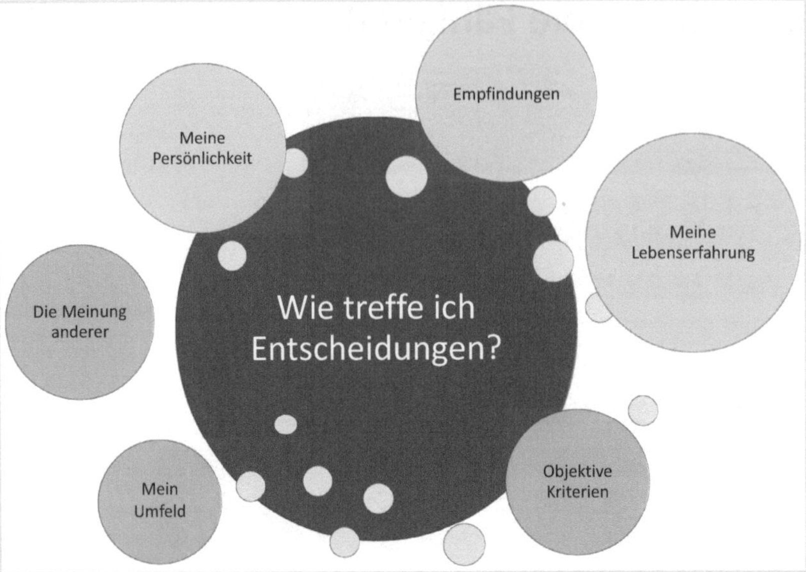

Beeinflussung von Wille und Entscheidungen

Die Forderung, dass die Willensbildung frei vom Einfluss geistiger Krankheit/Behinderung sein soll, ist besonders dann nicht zielführend, wenn die geistige Krankheit/Behinderung als Bestandteil des Lebens des betroffenen Menschen erkannt werden muss.

Die Gerichte treffen die Feststellungen zur Fähigkeit der „freien" Willensbildung in der Regel mit Hilfe medizinischer Gutachter. Die fachpsychiatrische Sichtweise konzentriert sich auf die Feststellung der Erkrankung/Behinderung und ist damit bei der Bewertung von Verhaltensweisen und Entscheidungen des betroffenen Menschen vorbelastet.

Für die Beurteilung der Fähigkeit, eigenverantwortlich entscheiden zu können, sollte ein tiefes Verständnis der Lebensumstände und der Erlebniswelt des betroffenen Menschen Voraussetzung sein. Es ist entscheidend, sich auf das Wahrnehmungsgefüge des betroffenen Menschen einzulassen, um Fähigkeiten und Kompetenz erkennen zu können.[489] Es bedarf einer die Erlebenswelt des betroffenen Menschen in all ihren Aspekten umfassenden Sichtweise. Eine allein im klinischen Umfeld getätigte Beobachtung ist hier nicht ausreichend.

Wie ist der natürliche Wille definiert?

Dem oben beschriebenen juristischen Denkmodell folgend ergibt sich, dass die Fähigkeit zur freien Willensbestimmung nur dann eingeschränkt bzw. erloschen ist, wenn eine Krankheit/Behinderung innerhalb des oben beschriebenen Denkmodells an einer beliebigen Stelle entscheidenden Einfluss nimmt.[490] In diesem Fall ist jede Willensäußerung als

489 Siehe auch Warmbrunn, Wann ist der Wille frei? BtPrax 2006, S. 167 ff.

490 Rechtsprechung zu § 104 BGB (Geschäftsfähigkeit), vgl. auch BGH, Beschl. v. 22.1.2014 – XII ZB 632/12, BtPrax 2014, S. 140

natürlicher Wille anzusehen. Als natürlicher Wille sind die tatsächlich vorhandenen Absichten, Wünsche, Wertungen und Handlungsintentionen einer Person zu erkennen, unabhängig davon, ob diese unbeeinflusst von geistiger Krankheit oder Leistungsminderung zustande gekommen sind.

Ob und wie weit eine Krankheit/Behinderung Einfluss auf die Fähigkeit zur freien Willensbildung nimmt, ist abhängig von vielen individuellen Faktoren und keineswegs allgemein verbindlich zu beantworten.

Beispiele:

- *Eine wahnhafte Erkrankung kann zur Folge haben, dass Personen, Orte, Situationen oder anderes nicht entsprechend den realen Gegebenheiten wahrgenommen werden können.*
- *Eine geistige Behinderung kann zur Folge haben, dass die betroffene Person die späteren Folgen einer Entscheidung nicht erfassen kann.*

Selbstbestimmung setzt zudem eine eigene – also unabhängige – Entscheidung voraus.

Jedem steht aber das Recht zu, Interessen Dritter bei seiner Willensbildung zu berücksichtigen. Je deutlicher jedoch die Interessen Dritter den Belangen der betroffenen Person widersprechen, desto eher wird ein beherrschender Einfluss Dritter anzunehmen sein. Entscheidend ist, ob die Einflussnahme Dritter von der betroffenen Person gewollt ist oder eine Krankheit/Behinderung es der betroffenen Person unmöglich macht, die Einflussnahme zu erkennen bzw. sich ggf. dagegen zu wehren.

Insgesamt dürfen keine überspannten Anforderungen an die Auffassungsgabe des betroffenen Menschen gestellt werden. Abzustellen ist jeweils auf das Krankheitsbild der betroffenen Person. So vermag möglicherweise ein an einer Psychose erkrankter Mensch das Wesen und die Bedeutung einer anstehenden rechtlichen Entscheidung im Detail eher zu begreifen als der an einer Demenz leidende Mensch, wobei die umgekehrte Beschreibung ebenso zutreffend sein könnte. Die Diagnose bestimmt nicht die Fähigkeit.

Der mutmaßliche Wille

Der mutmaßliche Wille bezeichnet einen hilfsweise angenommenen Willen, welcher an die Stelle eines freien Willens beziehungsweise einer natürlichen Willensäußerung gestellt wird, wenn dies erforderlich ist.

Der BGH hat hierzu formuliert:

> „Der Betreuer stellt letztlich eine These auf, wie sich der Betroffene selbst in der konkreten Situation entschieden hätte, wenn er noch über sich selbst bestimmen könnte."[491]

Der mutmaßliche Wille ist ausschließlich auf der Grundlage subjektiver Kriterien zu ermitteln. Die Ermittlung des mutmaßlichen Willens erstreckt sich auf alle erkennbaren Umstände, die für die Willensrichtung der betroffenen Person Bedeutung haben können.

491 Beschl. v. 8.2.2017 – XII ZB 604/15, Rn. 34

Hierzu zählen insbesondere:

- frühere Willenserklärungen,
- subjektive Wertvorstellungen,
- die Art und Weise früherer Entscheidungsfindung,

  (Welche Aspekte haben Entscheidungen in der Vergangenheit getragen?)
- subjektive Präferenzen,

  (Vorlieben den Vorzug geben: Ich esse lieber Brot statt Brötchen; die immer gleiche Auswahl aus einer Menge möglicher Alternativen: Ich sehe im Fernsehen lieber einen Krimi als Nachrichten; Risikopräferenz; der Grad der Bereitschaft, bei der Auswahl einer Handlungsalternative unsichere Ereignismöglichkeiten in Kauf zu nehmen: Ich lege auch mal riskanter an, um mehr Gewinn zu erwirtschaften. Ich will kein Geld verlieren. Sicher ist sicher.)
- die Sozialisation, das soziale Umfeld, die sozialen Bindungen.

  (Wie würde ein Mensch in der konkreten Situation und mit dem über ihn bekannten Hintergrund normalerweise handeln oder entscheiden?).

Alle möglichen Informationsquellen sind nutzbar zu machen. Als Informationsquellen können Angehörige, sonstige Vertrauenspersonen oder Personen aus dem Umfeld der rechtlich bereuten Person dienen. Dabei reicht es nicht aus, sich auf Hörensagen zu verlassen. Die gewonnenen Erkenntnisse müssen auf ihre Zuverlässigkeit und Richtigkeit geprüft werden. Angaben von Personen, die weder genannt werden wollen oder bei denen nicht bekannt werden soll, welche Angaben sie gemacht haben, können bestenfalls als Anhaltspunkt für die weiteren Ermittlungen dienen. Für sich genommen können sie einen mutmaßlichen Willen nicht begründen.

Die bei der Ermittlung des mutmaßlichen Willens gewonnenen Erkenntnisse sind im letzten Schritt daraufhin zu prüfen, ob die rechtlich betreute Person auch unter den geänderten Umständen an der ermittelten Entscheidung festhalten würde. Auch diese Mutmaßung ist auf der Grundlage subjektiver Aspekte vorzunehmen.

Beispiel:

Frau F. lebt allein in ihrer Wohnung. Bisher ist sie gut zurechtgekommen. Sie ist eine Frau „alter Schule" und begleicht ihre Rechnungen in der Regel mit Bargeld. Entsprechend hat sie eine erhebliche Summe Bargeld ständig im Haus. Zwischenzeitlich hat sich die Demenz verschlimmert. Sie ist nicht mehr in der Lage, einkaufen zu gehen, und überwiegend bettlägerig. Bargeld benötigt sie nur noch selten. Sie wird durch Pflegedienst und ambulante Hilfen unterstützt. Entsprechend haben viele unterschiedliche Personen Zugang zur Wohnung. Die ambulanten Helfer haben jeweils Schlüssel, um selbstständig die Wohnung betreten zu können.

Frau F. möchte nach wie vor eine größere Summe Bargeld in ihrer Wohnung haben. Ohne Bargeld hat sie das Gefühl, hilflos zu sein. Frau F. verwahrt dieses Bargeld in einer Handtasche und in unterschiedlichen Tüten, die sie in ihrem Bett aufbewahrt. Zwischenzeitlich beklagt sie, dass Geld weggekommen sei. Objektiv kann ermittelt werden, dass kein Geld fehlt. Subjektiv ist Frau F. nicht davon zu überzeugen, dass alles mit rechten Dingen zugegangen ist. Das Angebot, das Geld sicher auf der Bank zu verwahren, lehnt sie ab.

Der Pflegedienst sieht sich in seiner Integrität gefährdet und zieht die Kündigung des Vertrages in Erwägung. Das weitere Vorgehen ist zu entscheiden. Frau F. ist noch in der Lage, ihrer Wünsche zu äußern. Wegen der fehlenden Fähigkeit, die realen Gegebenheiten in vollem Umfang zu erfassen und die Bedrohung ihrer Versorgung zu erkennen, ist zu fragen, wie sie selbst entscheiden würde, wenn sie die Situation in vollem Umfang erkennen und bewerten könnte.

Liegen keine Anhaltspunkte dafür vor, dass die rechtlich betreute Person anders entschieden hätte, wird allerdings davon auszugehen sein, dass ihr (hypothetischer) Wille mit dem übereinstimmt, was gemeinhin als normal und vernünftig angesehen wird.

5.2.10 Die Feststellung des Willens, der Wünsche und der Präferenzen

Zentrale Aufgabe des rechtlichen Betreuers ist es, die Wünsche der rechtlich betreuten Personen festzustellen und der rechtlich betreuten Personen zu ermöglichen, ihr Leben frei nach ihren Wünschen zu gestalten. Dieser Auftrag ist als aktive Pflicht zu verstehen.[492]

Alle Möglichkeiten der verbalen, nonverbalen und unterstützten Kommunikation und entsprechende Hilfen und Hilfsmittel sind auszuschöpfen. Dabei ist die rechtliche Betreuung nicht nur als Reaktion auf einen akuten oder aktuellen Handlungsbedarf zu sehen. Die Pflicht zur Ermittlung der Wünsche hat die zukünftig wahrscheinlich auftretenden rechtlichen Angelegenheiten mit zu berücksichtigen. Insbesondere, wenn erkennbar ist, dass der Krankheitsverlauf oder die Behinderung im Sinne einer Verschlimmerung fortschreitet, sollte der rechtliche Betreuer vorhersehbare rechtliche Angelegenheiten frühzeitig mit der rechtlich betreuten Person besprechen. Dies trifft besonders bei Krankheiten zu, die einen Verlauf mit besseren und schlechteren Zeiten kennen. Bei gebessertem Verlauf ist die Zeit zu besprechen, wie für den Fall einer Verschlimmerung gehandelt und entschieden werden soll. Dies insbesondere für den Fall, dass die rechtlich betreute Person im Fall der Verschlimmerung nicht mehr in der Lage ist, ihre Wünsche zu äußern. Bezogen auf die Gesundheitssorge kann versucht werden, eine Patientenverfügung zur erstellen. Für alle anderen Aufgabenbereiche bietet sich die Formulierung einer Betreuungsvereinbarung an. Ausgehend von der aktuellen Situation, der Beschreibung des rechtlichen Entscheidungs- und Handlungsbedarfs können die Ergebnisse aus den Besprechungen zu den Wünschen dokumentiert werden. Sodann kann beschrieben werden, welche Entscheidungen und Handlungen mit welchem Ziel durch den rechtlichen Betreuer vorgenommen werden sollen.

Dabei hat der rechtliche Betreuer jede eigene Wertung zu unterlassen. Es ist nicht seine Aufgabe, den Willen in irgendeine Richtung zu lenken. Besonders schwierig wird dies, wenn der rechtliche Betreuer auf den mutmaßlichen Willen zurückgreifen muss und diesen

492 § 1821 Abs. 2 Satz 2 BGB

nur durch Zeugenaussagen, Beobachtungen oder Erfahrungswerte belegen kann. Bei all diesen Aspekten muss der rechtliche Betreuer berücksichtigen, dass sie immer unter dem Einfluss der beobachtenden/aussagenden Person zustande gekommen sind (siehe Modul 10 und 11 Abschnitte 5.10 und 5.11).

Bei der vorbehaltlosen Ermittlung der Wünsche kommt es zunächst nicht darauf an, ob diese Wünsche tatsächlich realisiert werden können. Es kommt auch nicht darauf an, ob sie geradlinig einem roten Faden folgen. Genauso kommt es nicht darauf an, ob sich Wünsche inhaltlich gegeneinander ausschließen.

Als Grundlage der rechtlichen Betreuung sind die Wünsche zu dokumentieren und Bestandteil jedes Antrags und jeder Berichterstattung.

Erst im weiteren Verlauf, bei der Entscheidungsfindung, wird es darum gehen, die von rechtlich betreuten Personen geäußerten Wünsche auf ihre Machbarkeit und Umsetzbarkeit hin zu besprechen. Auch im Rahmen dieser Besprechung hat der rechtliche Betreuer sich, soweit es eben geht, der eigenen Wertung zu enthalten. Die von der rechtlich betreuten Person vorgenommene Einordnung der Wichtigkeit unterschiedlicher Wünsche ist in erster Linie zu akzeptieren.

5.2.11 Die Pflicht, den Wünschen zu folgen

Welche Bedeutung hat der freie Wille?

Gegen den freien Willen der volljährigen Person darf ein rechtlicher Betreuer nicht bestellt werden.[493] Gegen den freien Willen darf die rechtliche Betreuung nicht fortgesetzt werden und der rechtlichen Betreuer darf nicht gegen den freien Willen entscheiden und handeln.

Unser Rechtssystem garantiert,[494] dass niemand zum Objekt staatlichen Handelns in der Weise werden darf, dass seine Persönlichkeit (Subjektqualität) prinzipiell infrage gestellt wird. Jeder hat somit das Recht, sein Leben nach seinen Vorstellungen zu gestalten, soweit nicht Rechte Dritter oder andere mit Verfassungsrang ausgestattete Rechtsgüter betroffen sind.[495] Der Staat hat nicht das Recht, den zur freien Willensbestimmung fähigen Menschen zu erziehen, zu bessern oder daran zu hindern, sich selbst zu schädigen.

Einige Sätze aus der Begründung des Gesetzentwurfs der am 1.1.2023 in Kraft getretenen Änderung des Betreuungsrechts, die das Spannungsfeld der Beachtlichkeit des freien Willens aufzeigen:

- „Ungeschriebene – da selbstverständliche – Norm ist, dass der Wille des Betreuten, solange dieser ihn frei bilden kann, stets zu beachten ist und nicht von ihm abgewichen werden darf."[496]
- „Die Selbstbestimmung steht gerade nicht in Konkurrenz zu anderen hohen Rechtsgütern des Betreuten, sondern überragt sie."[497]

---

493 § 1814 Absatz 2 BGB
494 Artikel 1 Absatz 1 GG
495 Artikel 2 Absatz 1 GG
496 BT-Drucks. 19/24445, S. 250
497 BT-Drucks. 19/24445, S. 271

- „Gleichzeitig ist zu vermeiden, die Verantwortung für eine schädigende Entscheidung auf einen entscheidungsunfähigen Betreuten abzuwälzen."[498]

Muss ich den Wünschen und dem natürlichen Willen folgen?

> „Der Betreuer hat die Angelegenheiten des Betreuten so zu besorgen, dass dieser im Rahmen seiner Möglichkeiten sein Leben nach seinen Wünschen gestalten kann."[499]

Die zum 1.1.2023 in Kraft getretene Reform hat diese Vorschrift im Kern aus dem alten Recht übernommen. In der Begründung zum Gesetzentwurf wurde klargestellt, dass die Vorschrift für alle Aufgabenbereiche in gleicher Weise gilt, also auch für Tätigkeiten der Vermögenssorge oder bei der Regelung behördlicher Angelegenheiten. Es gelten folglich – anders als im Vormundschaftsrecht – weder allgemein übliche objektive Maßstäbe noch die Grundsätze einer wirtschaftlichen Vermögensverwaltung. Dabei kommt es nicht darauf an, ob der Wunsch auf einer rationalen Grundlage zustande gekommen ist, ob die rechtlich betreute Person geschäftsfähig ist oder nicht oder ob der Wunsch nach objektiven Maßstäben vernünftig ist. Er muss allerdings im Rahmen des Möglichen realisierbar sein.

Eine Begrenzung ergibt sich nur durch äußere Rahmenbedingungen („im Rahmen seiner Möglichkeiten"). Wünsche, die aufgrund mangelnder persönlicher, wirtschaftlicher oder sonstiger Ressourcen nicht zu verwirklichen sind, hat der Betreuer demnach nicht zu verfolgen.[500]

Wie ist mit widerstreitenden Wünschen umzugehen?

Jeder kennt widerstreitende Wünsche aus seinem eigenen Alltag. Eigentlich will man „dies", aber auch gleichzeitig „das", beides gleichzeitig geht aber nicht. Für neue Schuhe ist Geld da, aber eigentlich würde ich auch gerne eine neue Hose haben. Beides gleichzeitig kann ich mir nicht leisten.

Es müssen Prioritäten gebildet werden. Werden in dieser Situation keine Prioritäten gebildet, geschieht entweder nichts, der Lauf der Dinge entscheidet oder der unschlüssigen Person wird die Entscheidung von Dritten abgenommen.

Qualitätsmerkmal des rechtlichen Betreuers ist, in dieser Situation eine Entscheidung in einvernehmlichem Zusammenwirken erreichen zu können. Einvernehmliches Zusammenwirken ist erreicht, wenn die betreute Person dem eingeschlagenen Weg zustimmen kann, ohne die Einzelheiten vollständig verstehen zu können. Sie vertraut auf die Richtigkeit des Handelns des rechtlichen Betreuers. Die Entscheidung des rechtlichen Betreuers kann auch stillschweigend angenommen werden. Dieser Vorgang entspricht der Lebenspraxis. Jeder von uns akzeptiert von Zeit zu Zeit den Lauf der Dinge oder die Entscheidung durch Dritte, ohne sich aktiv zu beteiligen.

In diesem Sinne erreichtes einvernehmliches Zusammenwirken ist sehr genau vom Übergehen der Wünsche der rechtlich betreuten Person zu unterscheiden. Auch eine von ihr gebil-

498 BT-Drucks. 19/24445, S. 272
499 § 1821 Abs. 2 Satz 1 BGB
500 Vgl. BT-Drucks. 19/24445, S. 252

dete, wenn auch nur schwach erkennbare Priorität ist als solche zu akzeptieren. Will der rechtliche Betreuer hiergegen entscheiden, wird aus Einvernehmen Zwang.

Welche Methode kann genutzt werden, um bei widerstreitenden Wünschen den richtigen Weg zu finden?

Als eine für die Balance der Werte in der Praxis anwendbare Methode hat Prof. Dr. Renate Kosuch in ihrem Eröffnungsvortrag zum 16. Betreuungsgerichtstag vom 13. bis 15.9.2018 das von Nicolai Hartmann (1926) entwickelte Werte- und Entwicklungsquadrat vorgestellt.

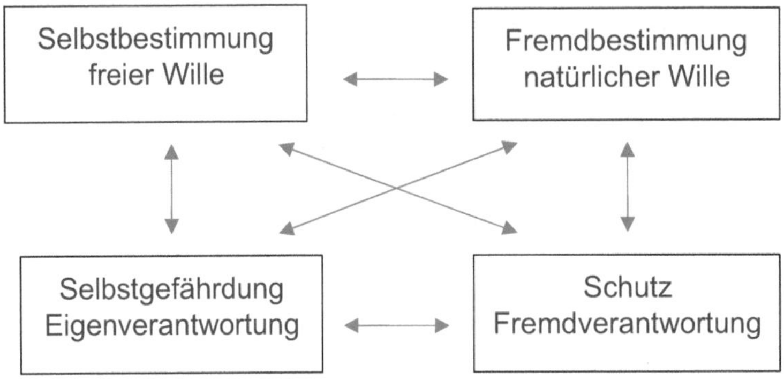

Werte- und Entwicklungsquadrat nach Nicolai Hartmann (1926)

Das wie in der Abbildung gefüllte Werte- und Entwicklungsquadrat eignet sich über die Nutzung in der Praxis hinaus auch zur Prüfung der im Gesetz vorgenommenen Gewichtung der einzelnen Qualitäten.

Ausgangspunkt ist die These, dass jeder der in der Abbildung eingetragenen Werte seine volle konstruktive Wirkung entfaltet, wenn er sich in einer ausgeglichenen Spannung zu seinem Gegenwert befindet. Ohne diese Balance werden einzelne Werte und ihre Folgen dominierend. Die Entwicklungsrichtung findet sich in den Diagonalen.

Wer die Selbstbestimmung übertreibt und damit für das menschliche Zusammenleben notwendige fremdbestimmte Regeln verneint, ist den Gefahren aus seinen Handlungen schutzlos ausgeliefert. Ohne Selbstbestimmung verkommt das Leben hingegen im fremdbestimmten „goldenen Käfig".

5.2.12 Die Schutzpflicht

Der Staat hat die Pflicht, die Menschenrechte des Einzelnen zu schützen. Diese Pflicht ergibt sich als rechtsstaatliche Pflicht, welche aus dem staatlichen Gewaltmonopol resultiert. Art und Umfang der Schutzpflicht ergeben sich aus den Grundrechten.

Dieser Schutzgedanke kommt im Betreuungsrecht in zweifacher Hinsicht zur Geltung. Zunächst folgt das Betreuungsrecht dem Grundrecht: „Niemand darf wegen seiner Behinderung benachteiligt werden."[501] Eine Benachteiligung wäre gegeben, wenn Menschen mit

501 Art. 3 Abs. 3 Satz 2 GG

einer Behinderung auf Grund der Auswirkung ihrer Behinderung keinen oder nur eingeschränkten Zugang zum Rechtsverkehr hätten. Ohne die Unterstützung durch einen rechtlichen Betreuer wäre dies teilweise gegeben. Beispielsweise wäre Menschen, die im Sinne des Gesetzes nicht geschäftsfähig sind, der Zugang zum Rechtsverkehr mit einigen Ausnahmen verwehrt.[502] Durch die Ausgestaltung des Betreuungsrechts und insbesondere durch die Befugnis des rechtlichen Betreuers, die rechtliche betreute Person gesetzlich zu vertreten, sichert der Gesetzgeber die Teilhabe von Menschen mit Behinderung am Rechtsverkehr.

Die Tatsache, dass die rechtliche Betreuung mit der Befugnis zur rechtlichen Stellvertretung ausgestattet ist, führt zu der Pflicht des Staates sicherzustellen, dass von dieser Befugnis im Sinne der Verwirklichung der Grundrechte richtig Gebrauch gemacht wird.

„Jeder hat das Recht auf die freie Entfaltung seiner Persönlichkeit, soweit er nicht die Rechte anderer verletzt und nicht gegen die verfassungsmäßige Ordnung oder das Sittengesetz verstößt."[503] In Verbindung mit Artikel 12 Abs. 4 der UN-BRK hat der Staat somit die Pflicht, dass die rechtliche Betreuung dem Willen, den Wünschen und Präferenzen der rechtlich betreuten Person gerecht wird.

Ein anderer Aspekt der Schutzpflicht ergibt sich aus dem Grundrecht: „Jeder hat das Recht auf Leben und körperliche Unversehrtheit."[504]

Der Staat hat somit die Pflicht, das Recht auf Leben und körperliche Unversehrtheit zu schützen und den Einzelnen vor entsprechender Schädigung zu bewahren. Der Staat hat hingegen nicht das Recht, seine erwachsenen und zur freien Willensbestimmung fähigen Bürger zu ‚bessern' oder zu hindern, sich selbst gesundheitlich zu schädigen.[505] Entscheidend ist die bereits weiter oben besprochene Fähigkeit, in der jeweiligen Situation einen freien Willen bilden zu können. Ist dies nicht der Fall, hat der Staat die Pflicht, den Einzelnen vor einer auf einem unfreien Willen beruhenden Selbstschädigung zu schützen.

Die Diskussion des Verhältnisses von Selbstbestimmung und Schutz hat eine geschichtliche Dimension und wird im Betreuungsrecht vorwiegend unter dem Aspekt, wann gegen die Wünsche der rechtlich betreuten Person entschieden und gehandelt werden kann/muss, geführt. Dabei kann gesagt werden, dass sich die dem Betreuungsrecht innewohnende Gewichtung der Selbstbestimmung durch die Veränderung gesellschaftlicher Wertmaßstäbe, die ihrerseits Eingang in die Gesetzgebung und Rechtsprechung gefunden haben, mitentwickelt hat.

Die Gründer*innen des Betreuungsrechts haben noch einen Mittelweg zwischen einer engeren Lösung, die Wünsche der rechtlich betreuten Person nur bei wichtigen Angelegenheiten berücksichtigt, und weitergehenden Vorschlägen, wonach Wünsche der rechtlich betreuten Person lediglich bei der Gefahr einer schweren Selbstschädigung unbeachtlich sein sollen, diskutiert und für das Handeln des rechtlichen Betreuers zugrunde gelegt.[506]

502 §§ 104 und 105 BGB
503 Art 2 Abs. 2 Satz 1 GG
504 Art. 2 Abs. 2 Satz 2 GG
505 Vgl. BVerfGE 22, 180/219 f.; BayObLG FamRZ 1995, 510; BT-Drucks. 15/2494, S. 27 f.
506 BT-Drucks. 11/4528, S. 133

Im Verlauf der letzten 30 Jahre hat die stetige Diskussion dieses Spannungsfeldes eine Änderung dieser Sichtweise bewirkt.

Am deutlichsten wird diese Änderung an der Rechtsprechung des BGH. Wird im Urteil vom 22.7.2009 noch festgestellt, dass die Selbstbestimmung höherrangigen Rechtsgütern unterliegen kann, stellt die zum 1.1.2023 in Kraft getretene Änderung des Betreuungsrechts unmissverständlich klar, dass es keine Entscheidung gegen den freien Willen geben kann, auch dann nicht, wenn höherrangige Rechtsgüter gefährdet sind.

Das Deutsche Institut für Menschenrechte als die Monitoring-Stelle für die UN-BRK hat bezugnehmend auf den Bericht des UN-Fachausschusses empfohlen, den bis zum 1.1.2023 dem Betreuungsgesetz innewohnenden „Wohlbegriff" aus dem Gesetz zu streichen, weil er aus menschenrechtlicher Perspektive kein geeigneter Maßstab in Bezug auf unterstützungsbedürftige Erwachsene sei. Er sei ein Relikt aus der 1992 abgeschafften Vormundschaft und damit ein Einfallstor einer überkommenen Praxis der Vormundschaft.[507]

In der Fach-Arbeitsgruppe, die sich im Diskussionsprozess zentral mit der Selbstbestimmung befasst hat, wurde ebenfalls einhellig vorgeschlagen, den bisher verwendeten Begriff des Wohls zu ersetzen oder zu konkretisieren.

Das bedeutet jedoch nicht, dass rechtliche Betreuer verpflichtet sind, dem Willen blind zu folgen. In der Begründung der zum 1.1.2023 in Kraft getretenen Änderung des Betreuungsrechts heißt es hierzu

> „Gleichzeitig ist zu vermeiden, dass die Verantwortung für eine schädigende Entscheidung auf einen entscheidungsunfähigen Betreuten abgewälzt wird. Der Betreuer bleibt in der Verantwortung zu erkennen, ob der Wunsch Ausdruck der Selbstbestimmung ist."[508]

Damit verlässt das Gesetz den zuvor geltenden Mittelweg und verpflichtet den rechtlichen Betreuer dazu, den Wünschen der rechtlich betreuten Person bis zum Eintreten erheblicher Gefahren zu folgen. Mit der neuen Formulierung soll der Selbstbestimmung deutlicher als bisher Vorrang vor einer gut gemeinten, aber fremdbestimmten Fürsorge eingeräumt werden.

Merksatz:

▶ *Die Schranke für die Wunschbefolgungspflicht ergibt sich erst, wenn die Erfüllung des Wunsches der rechtlich betreuten Person mit einer erheblichen Gefahr für ihre Person oder ihr Vermögen verbunden ist und sie diese Gefahr aufgrund einer Krankheit/Behinderung nicht erkennen kann oder nicht nach dieser Einsicht handeln kann.*

507 Vgl. Degener, BtPrax 2016, S. 205 ff.
508 BT-Drucks. 19/24445, S. 272

Gefahrenbeurteilung und Schutzpflicht

Welcher Wertmaßstab gilt für die Bewertung der Gefahren?

Die Bewertung, ob die Erfüllung eines Wunsches zu einer erheblichen Gefahr führt, ist dabei allein aufgrund subjektiver Kriterien vorzunehmen. Betreuungsrechtliches Handeln zur Abwehr von erheblichen Gefahren ist daher stets individuelles Handeln und kann aufgrund der Vielzahl der möglichen Fallkonstellationen nicht mit standardisierten Ergebnissen aufwarten.

Beispiele:

- *Die rechtlich betreute Person äußert den Wunsch, Drachen zu fliegen. Alle Bemühungen, eine auf die körperliche Behinderung angepasste Möglichkeit zu realisieren, schlagen fehl. Aufgrund ihrer körperlichen Behinderung kann ihr dieser Wunsch nicht erfüllt werden.*
- *Die rechtlich betreute Person äußert den Wunsch, eine Weltreise zu machen, ohne dass die Mittel dafür zur Verfügung stehen.*
- *Ein psychisch kranker Mensch will das Heim verlassen, um zukünftig auf der Straße zu leben. Ein Wunsch, der ihm nicht erfüllt werden kann, weil er nicht die dafür notwendige Fähigkeit zum Überleben besitzt.*

Merksatz:

Das Spannungsfeld zwischen Selbstbestimmung und Schutz kann nur auf den Einzelfall bezogen aufgelöst werden.

Gehe ich nicht Risiken ein, wenn ich dem Willen folge?

Das Spannungsfeld ist im Einzelfall schwierig aufzulösen. Insbesondere die aus dem Haftungsrecht abgeleitete Argumentation sieht den rechtlichen Betreuer oft nicht den individuellen Wünschen der rechtlich betreuten Person verpflichtet, sondern orientiert sich mehr an der statistischen Normalität. Die rechtliche Betreuung kann aber nur individuelle subjektive Aspekte zum Maßstab haben. Begriffe wie zum Beispiel Lebensplanung und Lebensqualität bedürfen einer den Handicaps des Einzelnen angepassten Sichtweise. Dennoch hat der rechtliche Betreuer der rechtlich betreuten Person ein Leben nach eigenen Vorstellungen zu ermöglichen.

Beispiele:

- *Der rechtliche Betreuer ist nicht verpflichtet, das vorhandene Vermögen um jeden Preis zusammenzuhalten, sondern hat der rechtlich betreuten Person einen angemessenen Luxus zu ermöglichen, solange dadurch nicht ihre Möglichkeit, sich selbst zu unterhalten, gefährdet wird.*
- *Der rechtliche Betreuer hat der rechtlich betreuten Person zuzugestehen, dass sie selbst über ihren Körper bestimmt, soweit sie sich dadurch keinen erheblichen gesundheitlichen Schaden zufügt. Neben den schwierigen Fragen am Ende des Lebens geht es auch um Entscheidungen für oder gegen medizinische Behandlungen, Vorsorge, Substanzmittelmissbrauch, ungesunde Lebensführung bei konkreter Gefahr für die Verschlimmerung einer Erkrankung. Also um Fragen, mit denen wir alle irgendwann konfrontiert werden.*
- *Auch die rechtlich betreute Person hat ein Recht, über den Zustand ihrer Wohnung zu bestimmen.*

Leider ist es in der Praxis gar nicht einfach, dieser gesetzlichen Norm gerecht zu werden. Wenn zum Beispiel ein verwirrter Mensch Dinge tut, die ungewöhnlich sind, Peinlichkeit hervorrufen, oder andere sich allein aufgrund seiner Verwirrtheit gefährdet sehen, entsteht ein großer Druck auf den rechtlichen Betreuer mit dem Ziel, eine Veränderung herbeizuführen.

Von Zeit zu Zeit sollten wir uns bewusst machen, dass auch unser Leben sich nicht in einem rein sachlichen Rahmen bewegt. Alle unsere Entscheidungen werden wesentlich von unserem subjektiven Empfinden beeinflusst. Dabei gehen wir Risiken ein, die objektiv betrachtet eine Gefahr für uns, unsere Gesundheit oder unser Vermögen bedeuten können. Dieses Recht, Fehler zu machen und Risiken einzugehen, darf der rechtlich betreuten Person nicht verweigert werden. Der rechtliche Betreuer soll sich bemühen, die Sichtweise der rechtlich betreuten Person kennenzulernen. Dabei sollte er sich bewusst sein, dass wir allzu schnell versucht sind, die eigenen Normen und Wertvorstellungen auf andere zu übertragen. Fremde Gedanken erscheinen uns schnell unverständlich und undurchführbar.

Die Grenze des Zumutbaren

Grundsätzlich ist es rechtlichen Betreuern nicht erlaubt, gegen den erklärten freien Willen der rechtlich betreuten Person zu handeln. Erlaubt ist es jedoch, eine von der rechtlich betreuten Person verlangte Handlung zu verweigern, wenn diese dem rechtlichen Betreuer nicht zuzumuten ist.[509] Unzumutbar sind unter anderem:

- das Verlangen zur Beteiligung an einer Selbstschädigung,
- das Verlangen nach einer Handlung, die Dritte oder die Allgemeinheit gefährdet,
- das Verlangen nach einer Handlung, die gegen geltendes Recht verstößt.

Insbesondere das Verlangen nach einer Handlung, die gegen geltendes Recht verstößt, ist stets zu missachten. Rechtliche Betreuer sind grundsätzlich zu rechtstreuem Verhalten verpflichtet. Selbst kleinere, möglicherweise unbedeutende Verstöße dürfen nicht vorgenommen werden.

Dass es sich hierbei nicht um ein unbedeutendes Problem handelt, mit dem sich rechtliche Betreuer auseinandersetzen müssen, mögen folgende Beispiele belegen.

Beispiele:

- *Die rechtlich betreute Person bezieht Leistungen der Grundsicherung gemäß SGB XII und erhält von den Eltern regelmäßig 100,00 Euro auf das eigene Girokonto überwiesen. Die rechtlich betreute Person verlangt von dem rechtlichen Betreuer, die Zahlung der monatlichen Einnahmen dem Träger der Sozialleistungen zu verschweigen.*
- *Die rechtlich betreute Person wird durch eine fremde Person versorgt und gepflegt. Die monatliche Vergütung für diese Leistung beträgt 800,00 €. Die pflegende Person ist weder angestellt noch angemeldet. Die rechtlich betreute Person verlangt, es bei dieser Regelung zu belassen und die gesetzeskonforme Begründung eines Anstellungsverhältnisses zu unterlassen.*

Ein Widerspruch der verlangten Handlungen zu eigenen Wertvorstellungen kann nicht als unzumutbar bewertet werden. Grundsätzlich hat sich der rechtliche Betreuer an den Wertvorstellungen der rechtlich betreuten Person zu orientieren. Treten diese in Konflikt zu eigenen Wertvorstellungen, hat er dies dem Betreuungsgericht zu melden und um seine Entlassung zu bitten. Sodann kann das Betreuungsgericht einen anderen rechtlichen Betreuer bestellen.

5.2.13 Ablauf der Prüfung zur (Nicht-)Erfüllung der Wünsche

Das folgende Ablaufdiagramm zeigt die Folge der Schritte auf dem Weg vom Wunsch zu seiner (Nicht-)Erfüllung.

509 § 1821 Abs. 3 Satz 1 Nr. 2 BGB

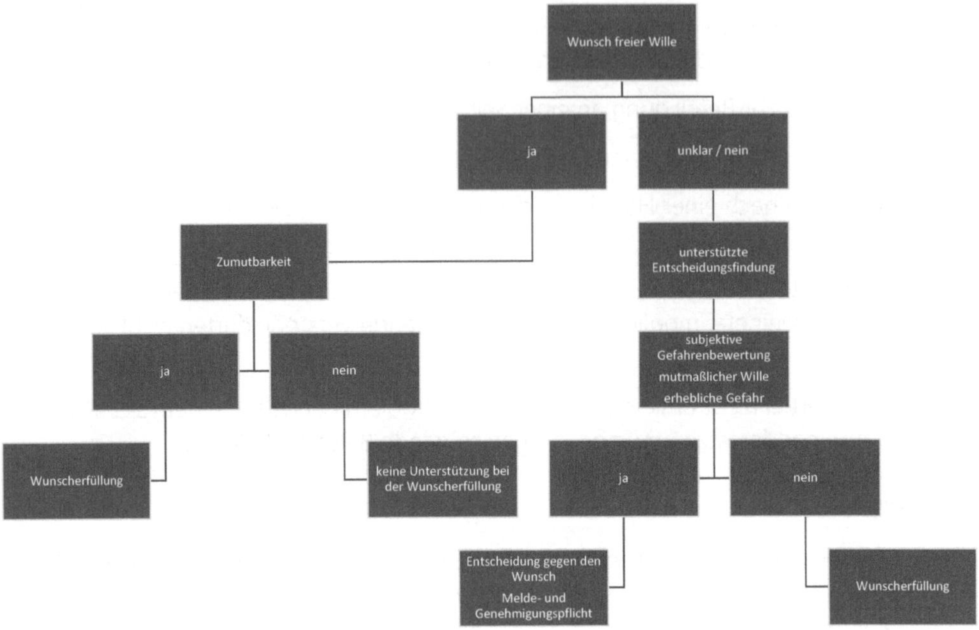

Ablauf: vom Wunsch zur (Nicht-)Erfüllung

Was ist zu tun, wenn vom erklärten Wunsch abgewichen werden muss?

Mit Wirkung zum 1.1.2023 haben sich die Mitteilungspflicht für Maßnahmen, die gegen den Willen der rechtlich betreuten Person vorgenommen werden müssen, geändert.

Das Gesetz fordert, jede wesentliche Änderung der persönlichen und wirtschaftlichen Verhältnisse unverzüglich mitzuteilen.[510] Als wesentliche Änderung der persönlichen und wirtschaftlichen Verhältnisse ist das Ende des einvernehmlichen Zusammenwirkens zwischen dem rechtlichen Betreuer und der rechtlich betreuten Person zu sehen.

Ist die rechtliche Betreuung mit dem Einverständnis der rechtlich betreuten Person eingerichtet worden, geht das Betreuungsgericht regelmäßig davon aus, dass einvernehmliches Zusammenwirken die tragende Säule der betreuungsrechtlichen Hilfe ist. In der Regel bildet das Einverständnis im Verfahren die Grundlage für die Bestellung der rechtlichen Betreuung und es wird nicht differenziert untersucht, ob die rechtliche Betreuung auch gegen den erklärten Willen hätte eingerichtet werden müssen. Werden jetzt Maßnahmen gegen den erklärten Willen der rechtlich betreuten Person erforderlich, ist somit zu prüfen, ob die rechtliche Betreuung auch gegen den Willen bestehen bleiben kann.

Darüber hinaus sind alle Maßnahmen, die gegen den Willen der rechtlich betreuten Personen vorgenommen werden müssen, im Rahmen der Berichte (Anfangsbericht, Jahresbericht) mitzuteilen und zu begründen.[511]

Eine Besonderheit findet sich im Bereich der Vermögenssorge. Hier ist neben dem Abweichen von dem Willen der rechtlich betreuten Person auch unverzüglich mitzuteilen, wenn

510 § 1864 Abs. 2 BGB
511 § 1863 BGB

bei der Wahrnehmung der Vermögensangelegenheiten, entsprechend dem Willen der rechtlich betreuten Person, von der im Gesetz bestimmten Richtschnur für die Vermögensverwaltung abgewichen werden soll.[512]

Wie sieht die Meldung an das Betreuungsgericht aus?

Von beruflich tätigen rechtlichen Betreuern wird eine fachlich qualifizierte Meldung erwartet. Dabei ist zunächst der Sachverhalt darzustellen. Die Meldung informiert über die anstehende Entscheidung und die möglichen Entscheidungsvarianten. Sie beschreibt die damit jeweils verbundenen Auswirkungen und Gefahren. Zu berichten ist, welche Schritte unternommen worden sind, um die anstehende Angelegenheit mit der rechtlich betreuten Person zu besprechen. Die Sichtweise und die Wünsche der rechtlich betreuten Person sind zu benennen.

Vom rechtlichen Berufsbetreuer kann zudem erwartet werden, dass dieser eine begründete eigene Einschätzung zu der Fähigkeit der rechtlich betreuten Person, im Hinblick auf die anstehende Fragestellung einen freien Willen zu bilden, abgeben kann. Dabei geht es nicht um die Darstellung einer Diagnose, sondern um die Beschreibung konkreter, aus dem Denken und Handeln der rechtlich betreuten Person abgeleiteter Aspekte, die darauf schließen lassen, dass die freie Willensbildung auf Grund einer Krankheit/Behinderung beeinträchtigt ist.

Beispiele:

- *Die anstehende Entscheidung bewegt sich in einem Zahlenraum, der von der rechtlich betreuten Person nicht mehr verstanden werden kann. Die rechtlich betreute Person wünscht, dass Ausgaben getätigt werden, die aus dem vorhandenen Einkommen/Vermögen nicht getragen werden können, ohne die Zahlung der laufenden Kosten für den Lebensunterhalten zu gefährden. Ein Einvernehmen ist nicht herzustellen. Der rechtliche Betreuer kann dem Wunsch nicht folgen.*
- *Das Denken der rechtlich betreuten Person wird von der nicht zutreffenden Vorstellung beherrscht, dass die vorhandene Erkrankung ausgeheilt ist. Sie will die Medikamentengabe nicht mehr zulassen.*

5.2.14 Rehabilitation

> „Der Betreuer hat innerhalb seines Aufgabenkreises dazu beizutragen, dass Möglichkeiten genutzt werden, die Fähigkeit des Betreuten, seine eigenen Angelegenheiten zu besorgen, wiederherzustellen oder zu verbessern."[513]

Das Gesetz macht deutlich, dass es nicht (allein) um eine gesundheitliche Rehabilitation geht. Der rechtliche Betreuer hat auf die Beseitigung aller Gründe hinzuwirken, die eine

512 §§ 1839–1843 BGB
513 § 1821 Abs. 6 BGB

rechtliche Betreuung erforderlich gemacht haben. Liegen die Gründe außerhalb seines durch den Aufgabenkreis definierten Einflusses, teilt er dies dem Betreuungsgericht mit.

Maßnahmen, die eine rechtliche Betreuung entbehrlich machen können, sind unter anderem:

- die Besserung der Erkrankung, die zur Erforderlichkeit der rechtlichen Betreuung geführt hat,
- die abschließende Erledigung der Angelegenheiten, für die die rechtliche Betreuung beschlossen worden ist,
- die Vereinfachung der Angelegenheiten, für die die rechtliche Betreuung beschlossen worden ist, sodass die rechtlich betreute Person diese nun eigenverantwortlich entscheiden und/oder erledigen kann,
- die Vermittlung von Hilfen zum Erlernen der eigenverantwortlichen Wahrnehmung der rechtlichen Angelegenheiten,
- die Initiierung wirksamer „anderer Hilfen" (siehe Abschnitt 5.1.3)
- ...

Der rechtliche Betreuer muss in diesem Sinne aktiv tätig werden. Nach Möglichkeit soll die rechtlich betreute Person – auch bei weiterhin bestehender Erkrankung oder Behinderung – befähigt werden, ihre rechtlichen Angelegenheiten wieder selbst oder mit anderer Hilfe zu besorgen.

Im Rahmen der Vermögenssorge kann der Betreuer zum Beispiel den betreuten Menschen so unterweisen, dass er in der Lage ist, zumindest Teilbereiche selbst zu erledigen. Der rechtliche Betreuer kann versuchen, die Vermögensangelegenheiten so zu ordnen und zu vereinfachen, dass die rechtlich betreute Person den verloren gegangenen Überblick wiederbekommt.

Die gesetzliche Formulierung bedeutet nicht, dass der rechtliche Betreuer die Aktivierung der rechtlich betreuten Person ohne oder gegen ihren Willen betreiben soll. Vielmehr soll, ohne dass dies im Aufgabenbereich extra benannt wird, deutlich werden, dass die rechtliche Betreuung nicht nur stabilisierenden, sondern auch fördernden Charakter hat.

5.2.15 Der Beginn einer rechtlichen Betreuung

Am Anfang der Führung einer rechtlichen Betreuung für eine fremde Person steht das Kennenlernen der Person selbst. Hat es noch kein Kennenlerngespräch gegeben, sollte alsbald eine erste Begegnung zum gegenseitigen Kennenlernen stattfinden. Dieses Kennenlerngespräch ist dann auch der erste Schritt zum Aufbau des für die Arbeitsbeziehung erforderlichen Vertrauensverhältnisses. Soweit dies möglich ist, können in diesem Gespräch die Wünsche und Sichtweisen der rechtlich betreuten Person bezüglich der Erwartungen an die rechtliche Betreuung angesprochen werden. Oft sind es sehr konkrete Anliegen, die im Erleben der rechtlich betreuten Person eine besondere Rolle spielen.

Im Erstgespräch sollten auf jeden Fall die mögliche Kommunikation und die Kommunikationswege besprochen werden. Bezüglich der zum Aufgabenkreis gehörenden zu regelnden rechtlichen Angelegenheiten ist zu klären, welche Informationen bereits vorhanden sind, welche Informationen noch benötigt werden, wer diese Informationen auf welchem Weg beschafft und welche Handlungen durch wen zu erledigen sind. Kurz gesagt geht es darum, einen ersten Eindruck vom Unterstützungs- bzw. Vertretungsbedarf zu erhalten.

Oft gestaltet sich der Beginn einer rechtlichen Betreuung recht schwierig. Die persönlichen und wirtschaftlichen Verhältnisse der rechtlich betreuten Person sind nicht oder nur unzureichend bekannt. Die vorgefundenen oder übernommenen Unterlagen sind möglicherweise weder vollständig noch geordnet. Hier helfen Checkliste oder die verwendete Software bei der Strukturierung der vom rechtlichen Betreuer zu erledigenden Aufgaben.

Die rechtliche Betreuung wurde aufgrund der im Betreuungsverfahren gewonnenen Erkenntnisse vom Betreuungsgericht beschlossen. Die Arbeit des rechtlichen Betreuers baut somit auf diesen Erkenntnissen auf. Neben der Kontaktaufnahme zur rechtlich betreuten Person sollte es somit einer der ersten Schritte des rechtlichen Betreuers sein, die Akte des Betreuungsgerichts einzusehen und die dort erfassten Daten bezüglich der beschlossenen Aufgabenbereiche festzustellen.

Bei dieser Gelegenheit kann auch geprüft werden, ob die persönlichen Daten der rechtlich betreuten Person oder des rechtlichen Betreuers so wie die Aufgabenbereiche korrekt in den Beschluss und die Bestellungsurkunde übernommen worden sind. Diesbezügliche Fehler sind nicht häufig, aber, wenn sie denn auftreten, sehr hinderlich bei der Arbeit.

Als weitere wichtige Information kann der Akte des Betreuungsgerichts entnommen werden, ob die rechtliche Betreuung mit Einverständnis der rechtlich betreuten Person oder gegen ihren Willen beschlossen worden ist.

Der Sozialbericht der Betreuungsbehörde enthält viele wichtige Informationen über das soziale Umfeld der rechtlich betreuten Personen. Es kann auch festgestellt werden, ob und welche vorrangigen Hilfen die Betreuungsbehörde geprüft hat. Hier finden sich die Anknüpfungspunkte für die eigene Feststellung und Ermittlung vorrangiger Hilfe. Mit den entsprechenden Stellen und Personen sollte Kontakt aufgenommen werden und geprüft werden, ob zwischenzeitlich Änderungen eingetreten sind, die eine zunächst unmöglich erscheinende vorrangige Hilfe möglich gemacht haben.

Zudem lohnt der Blick in ein möglicherweise vorhandenes Gutachten oder das vorhandene Attest, um festzustellen, ob und wie weit Aussagen zur Fähigkeit, einen freien Willen zu bilden, dort zu finden sind und vom Gericht als Tatsachen im Verfahren verwendet worden sind.

Die rechtliche Betreuung wird für einzelne Aufgabenbereiche beschlossen. Die Befugnisse des Betreuers reichen nur so weit, wie es die Aufgabenbereiche bestimmen. Darüber hinaus dürfen Daten ohne die Zustimmung der rechtlich betreuten Person weder gesammelt noch erfasst werden (siehe Abschnitt 2.3.2).

So ergibt sich nach und nach ein differenziertes Bild zur Ausgangssituation der rechtlichen Betreuung sowohl im Hinblick auf die zu regelnden rechtlichen Angelegenheiten der jeweiligen Aufgabenbereiche, der diesbezüglichen Sichtweise der rechtlich betreuten Person als auch im Hinblick auf die mögliche Kommunikation, die erforderliche rechtliche Unterstützung oder notwendige rechtliche Vertretung. Diese Erkenntnisse werden, soweit dies individuell möglich ist, mit der rechtlich betreuten Person besprochen und im Anfangsbericht zusammengefasst dem Gericht übermittelt (siehe Abschnitt 5.1.10.3).

Weitere Kenntnisse zur Ermittlung der Ausgangslage im Bereich der Personensorge finden sich in den Modulen 3 bis 5 (Abschnitte 5.3 bis 5.5), zur Vermögenssorge in den Modulen 6 und 7 (Abschnitte 5.6. und 5.7), zum Sozialleistungsbezug in den Modulen 8 und 9 (Abschnitte 5.8. und 5.9) sowie zu den Möglichkeiten der Kommunikation in den Modulen 10 und 11 (Abschnitte 5.10. und 5.11).

5.3 Modul 3

Thema des Moduls

Recht der Unterbringung und der ärztlichen Zwangsmaßnahmen

Zeitaufwand in Zeitstunden: 15

Liste der vorgegebenen Inhalte:

- Freiheitsentziehende Unterbringung und sonstige freiheitsentziehende Maßnahmen nach Betreuungsrecht und nach öffentlichem Recht
- Voraussetzungen und Verfahren
- Einwilligung in ärztliche Zwangsmaßnahmen: Voraussetzungen und Verfahren
- Aufgaben des Betreuers während des Vollzugs einer freiheitsentziehenden Unterbringung, sonstiger freiheitsentziehender Maßnahmen und ärztlicher Zwangsmaßnahmen

In dem Modul 3 des Sachkundelehrgangs geht es um die freiheitsentziehende Unterbringung, freiheitsentziehende Maßnahmen und Zwangsbehandlung. Das Modul beinhaltet die betreuungsrechtlichen Grundlagen der Unterbringung und freiheitsentziehender Maßnahmen sowie der Zwangsbehandlung. Zudem wird die mögliche Aufgabe rechtlicher Betreuer*innen bei entsprechenden öffentlich-rechtlichen Maßnahmen behandelt. Das Modul beschäftigt sich u.a. mit folgenden Fragen:

- Wie definieren sich freiheitsentziehende Unterbringung, sonstige freiheitsentziehende Maßnahmen und Zwangsbehandlung?
- Wie unterscheiden sich öffentlich-rechtliche und betreuungsrechtliche Unterbringung?
- Welche Voraussetzungen können eine der genannten betreuungsrechtlichen Maßnahme rechtfertigen?
- Wann ist die im Betreuungsrecht definierte Schwelle zu einer erheblichen Gefahr überschritten und wie wird diese in der Praxis festgestellt?
- Wie sieht das betreuungsrechtliche Verfahren aus?
- Was ist im Verlauf der Unterbringung zu beachten?
- Was gilt für eine freiheitsentziehende Unterbringung in der eigenen Wohnung?

Die vermittelten Kenntnisse befähigen rechtliche Berufsbetreuer*innen zusammen mit der Unterstützung durch beteiligte medizinische, therapeutische und pädagogische Hilfe, die

Erheblichkeit einer Gefahrensituation und des diesbezüglichen Willens sowie die Wünsche der rechtlich betreuten Person einzuschätzen. Dabei kann an dieser Stelle nur theoretisches Wissen beschrieben werden. Für das Erlernen der genannten Kenntnisse ist eine ausführliche praxisbezogenen Auseinandersetzung erforderlich. Hier ist insbesondere die Bewertung der erheblichen Gefahr unter Berücksichtigung vorrangiger Sicherheitsmaßnahmen zu diskutieren. Modul 3 und 4 greifen dabei ineinander. Modul 3 legt die Grundlagen für die vertiefende praxisbezogene Auseinandersetzung im Modul 4.

5.3.1 Die Bedeutung freiheitsentziehender Unterbringung und freiheitsentziehender Maßnahmen sowie der Zwangsbehandlung

Einwilligungen rechtlicher Betreuer in eine freiheitsentziehende Unterbringung, eine freiheitsentziehende Maßnahme oder eine Zwangsbehandlung sind als schwerste Eingriffe in die Grundrechte der rechtlich betreuten Person zu sehen. Auch wenn dies unter dem Deckmantel der gerichtlichen Genehmigungen oft nicht so verstanden wird, handelt es sich hierbei ausschließlich um eine Entscheidung des rechtlichen Betreuers. Der rechtliche Betreuer ordnet die freiheitsentziehende Unterbringung, die freiheitsentziehenden Maßnahmen sowie der Zwangsbehandlung an und das Gericht überprüft lediglich, ob die Entscheidung des rechtlichen Betreuers den gesetzlichen Anforderungen entspricht. Grundsätzlich dürfen Maßnahmen, die gegen den Willen und gegen die Wünsche der rechtlich betreuten Person vorgenommen werden müssen, nur nach Ausschöpfung aller anderen Möglichkeiten – als letztes Mittel – angewendet werden. Sie sind deswegen auch nicht die Regel, sondern sind Ausnahme im Alltag der Arbeit rechtlicher Berufsbetreuer*innen.

Im Jahr 2016 hat es 53.982 Genehmigungen in Verfahren zu Unterbringungen gegeben.[514] Diese Zahl erfasst auch Verlängerungen und mehrfache Genehmigungen für den Einzelfall. Bezogen auf eine geschätzte Zahl von 1.200.000 (belastbare Zahlen wurden nicht bundesweit erhoben) bundesweit geführten Betreuungsverfahren ergibt sich eine 4,5-prozentige Wahrscheinlichkeit, dass Sie in einem Fall mit einer freiheitsentziehenden Unterbringung befasst werden.

Schon im Rahmen der Diskussion des am 1.1.1992 in Kraft getretenen Betreuungsrechts wurde diskutiert, ob es nicht möglich ist, im Betreuungsrecht ganz auf Maßnahmen zur freiheitsentziehenden Unterbringung und sonstige freiheitsentziehende Maßnahmen sowie Anordnung der Zwangsbehandlung zu verzichten. Die Gegner der Maßnahmen argumentieren, dass nur ein Verbot den Missbrauch und das Wegsperren von Menschen mit Behinderung verhindert. Zudem sei eine gegen den Willen der rechtlich betreuten Person gerichtete Maßnahme mit einem nicht wiedergutzumachenden Vertrauensverlust verbunden.

Demgegenüber steht die auch durch das Bundesverfassungsgericht bestätigte staatliche Schutzpflicht (siehe Abschnitt 5.2.12). Für die Beibehaltung der betreuungsrechtlichen Re-

514 https://www.bundesjustizamt.de/SharedDocs/Downloads/DE/Justizstatistik/Betreuungsverfahren.pdf?__blob=publicationFile&v=1 (Zugriff: 1.9.2022)

gelung spricht, dass ihre Abschaffung mit erheblichen Nachteilen verbunden wäre. Hierdurch wäre die Entscheidung über Notwendigkeit und Dauer der Unterbringung ausschließlich in die Hand von Behörden und Gerichten gegeben, die insbesondere bei länger dauernden Unterbringungen keinen vergleichbar engen Kontakt zur untergebrachten Person hätten, wie sie der rechtliche Betreuer wegen des Grundsatzes der persönlichen Betreuung haben muss.[515]

Seit 1992 sind die Bestimmungen zur freiheitsentziehenden Unterbringung, zu freiheitsentziehenden Maßnahmen und zur Zwangsbehandlung stetig weiterentwickelt worden. Die Entwicklung im Betreuungsrecht ist so weit fortgeschritten, dass die zum 01.01.2023 in Kraft getretene Reform die Regelung nahezu wortgleich übernehmen konnte.

5.3.2 Die freiheitsentziehende Unterbringung und freiheitsentziehende Maßnahmen

Was ist eine freiheitsentziehende Unterbringung?

Eine freiheitsentziehende Unterbringung ist eine Form der freiheitsentziehenden Maßnahme, die der betroffenen Person einen bestimmten Lebensraum in einer als geschlossen definierten Einrichtung zuweist und sie am Verlassen dieser Einrichtung hindert. Dies kann durch die Anordnung des Aufenthalts auf einer geschlossenen Station einer psychiatrischen Klinik, eines Krankenhauses, eines Heims oder einer sonstigen Einrichtung geschehen.[516]

Eine Freiheitsentziehung ist dann gegeben, wenn die betroffene Person ihren Willen, sich frei zu bewegen, wohin und wann sie will, auf Dauer oder regelmäßig nicht durchsetzen kann.[517] Einer bettlägerigen Person kann somit nicht durch das Verschließen der Stationstür die Freiheit entzogen werden. Gleiches gilt für eine bewegungsunfähige Person, deren Bett mit einem Bettgitter versehen ist. Auf den Umfang der Bewegungsmöglichkeiten in einem Heim oder in einer Einrichtung kommt es dabei nicht an.

Was sind unterbringungsähnliche Maßnahmen?

Neben der Zuweisung des Aufenthalts in einer als geschlossen definierten Einrichtung gelten Maßnahmen, mit denen einer Person regelmäßig (zur gleichen Zeit und aus gleichem Grund) oder über einen längeren Zeitraum („etwas länger" als zwei Tage) die Freiheit entzogen werden soll, ohne untergebracht zu sein, als unterbringungsähnliche Maßnahmen.[518] Beispielsweise sind dies:

- mechanische Vorrichtungen wie verschlossene Türen, zugestellte Türen, Trickschlösser,
- gerontologische Stühle (Stühle mit Bauchgurt, mechanische Vorrichtungen, die das Aufstehen verhindern),
- Bettgitter, Hand- und Fußfesseln, Bauchgurte,

515 Vgl. BT-Drucks. 11/4528, S. 80
516 § 1831 BGB
517 AG Kamen, Beschl. v. 21.10.1982 – 5 VII P 682, FamRZ 83, 299
518 § 1831 Abs. 4 BGB

- die Wegnahme u.a. von Kleidung, Geh- oder Sehhilfen,
- elektronische Aufenthaltskontrolle (z.B. Lichtschranken, die Alarm auslösen), die beim Auslösen dazu führt, dass die rechtlich betreute Person in ihrer Bewegungsfreiheit durch Personal gehindert wird,
- Die Türkontrolle mit dem Zweck, die betroffene Person am Verlassen des Aufenthaltsortes zu hindern,
- Medikamente, die in erster Linie das Ziel verfolgen, den Wunsch nach Bewegung zu sedieren.

Hinzu kommen Maßnahmen, die nicht allgemein, aber auf den Einzelfall bezogen eine freiheitsentziehende Maßnahme darstellen. Beispielsweise trifft dies zu für

- eine Tür, die über ein Zahlenschloss geöffnet werden muss, auch wenn das Zahlenfeld und der Code gut sichtbar angebracht sind, die rechtlich betreute Person aufgrund ihrer Krankheit/Behinderung den Öffnungsmechanismus jedoch nicht begreifen kann;
- eine Tür, die durch eine Tapete beklebt ist, die den Eindruck erweckt, dass es sich nicht um eine Tür, sondern um ein Möbelstück handelt.

Wie ist eine „Freiwilligkeitserklärung" zu bewerten?

Die einwilligungsfähige Person kann die Anwendung einer freiheitsentziehenden Unterbringung und/oder freiheitsentziehender Maßnahmen erlauben. Um ihre Einwilligung erteilen zu können, muss die betroffene Person zunächst über die beabsichtigte Maßnahme informiert sein. Sie muss ihr hinsichtlich ihrer Bedeutung, Wirkung und der damit verbundenen Risiken verständlich sein. Darüber hinaus muss sie in der Lage sein, sich in Bezug auf die beabsichtigte Maßnahme einen Willen zu bilden und diesen ausdrücken können.

Die freiwillige Einwilligung kann von der betroffenen Person jederzeit widerrufen werden. Die Maßnahme ist dann sofort aufzuheben.

Die Freiwilligkeitserklärung für eine Freiheitsentziehung durch die Gabe von sedierenden Medikamenten ist besonders fragwürdig. Dies ergibt sich daraus, dass die Medikamente neben der sedierenden Wirkung häufig auch die Willensbildung beeinträchtigen. Die betroffene Person ist durch die Behandlung möglicherweise nicht mehr in der Lage, den freiheitsentziehenden Charakter zu erkennen. Sie kann ihre einmal gegebene Einwilligung nicht widerrufen. In diesen Fällen sollte die Freiwilligkeitserklärung von der betroffenen Person befristet werden.

Welcher Aufgabenkreis berechtigt zur Anordnung einer mit Freiheitsentziehung verbundenen Unterbringung und freiheitsentziehender Maßnahmen?

Mit der Änderung des Betreuungsrechts zum 1.1.2023 hat der Gesetzgeber bestimmt, dass rechtliche Betreuer nur bei deren ausdrücklicher Anordnung des entsprechenden Aufgabenbereichs tätig werden und Entscheidungen treffen können.

Für Entscheidungen über eine mit einer Freiheitsentziehung verbundene Unterbringung sowie über freiheitsentziehende Maßnahmen sind grundsätzlich Genehmigungsverfahren vorgesehen, weswegen bei der Einführung des Betreuungsrechts im Jahr 1992 von dem Erfordernis einer ausdrücklichen Benennung im Aufgabenkreis bewusst abgesehen worden ist.[519] Allerdings kann ein rechtlicher Betreuer in beiden Bereichen auch schon vor einer gerichtlichen Genehmigung Entscheidungen treffen. So kann etwa ein rechtlicher Betreuer bei Gefahr im Verzug eine freiheitsentziehende Unterbringung auch schon vor einer gerichtlichen Genehmigung durchführen. Zudem ist die Anwendung einer freiheitsentziehenden Maßnahme in der Häuslichkeit von der Pflicht zur Genehmigung ausgenommen. Damit auch diese Maßnahmen entsprechend ihrer Bedeutung unter den besonderen Schutz des Gerichts gestellt werden, benötigen rechtliche Betreuer dafür den entsprechenden ausdrücklich benannten Aufgabenbereich. Die Benennung des Aufgabenbereichs bedarf seinerseits der entsprechenden Erforderlichkeit (siehe auch Abschnitt 5.1).[520]

Wann ist die Genehmigung des Betreuungsgerichts einzuholen?

In der Regel müssen eine durch den rechtlichen Betreuer veranlasste freiheitsentziehende Unterbringung oder eine freiheitsentziehende Maßnahme **vorher** vom Gericht genehmigt werden.[521]

Ausnahmen bilden freiheitsentziehende Maßnahmen, die im Rahmen der Familienpflege vollzogen werden. Sie unterliegen keiner gerichtlichen Kontrolle nach dem Betreuungs- und/oder Unterbringungsrecht. Die fehlende Pflicht zur Genehmigung freiheitsentziehender Maßnahmen im Rahmen der eigenen Wohnung ist umstritten. In Übereinstimmung mit dem Landgericht Hamburg[522] gehen die Autoren davon aus, dass auch eine freiheitsentziehende Maßnahme in der eigenen Wohnung unter Umständen der gerichtlichen Kontrolle unterliegt. Wird die tatsächliche Pflege, Betreuung und Beaufsichtigung durch ambulante Dienste oder andere professionell tätige Helfer gewährleistet, handelt es sich nicht mehr um eine rein private und familieninterne Regelung. Die eigene Wohnung verliert einen entscheidenden Teil ihres privaten Charakters. Fremde Personen haben unkontrollierten Zutritt. Die Wohnung wird den Erfordernissen der Pflege und Beaufsichtigung entsprechend umgestaltet. Sie wird so zu einer „sonstigen Einrichtung".[523]

Wann ist die Einwilligung des rechtlichen Betreuers in eine freiheitsentziehende Unterbringung oder freiheitseinschränkende Maßnahme gerechtfertigt?

Die gesetzliche Regelung vollzieht einen Drahtseilakt. Einerseits muss jedes Handeln des rechtlichen Betreuers dem Wunsch/Willen/mutmaßlichen Willen der rechtlich betreuten Person entsprechen, auf der anderen Seite kann nichts darüber hinwegtäuschen, dass es sich um eine mittels Zwangs durchgesetzte Maßnahme handelt. Aus diesem Grund ist stets eine einzelfallbezogene Abwägung der Freiheitsrechte und der Schutzaspekte der rechtlich betreuten Person vorzunehmen.

---

519 Vgl. BT-Drucks 11/4528, S. 124
520 Vgl. BT-Drucks. 19/24445, S. 235
521 § 1831 Abs. 2 Satz 1 BGB
522 LG Hamburg, Beschl. v. 9.9.1994 – 301 T 206/94, BtPrax 1995, 31
523 § 1831 Abs. 4 BGB

Voraussetzung für die Einwilligung des rechtlichen Betreuers in eine freiheitsentziehende Unterbringung oder freiheitseinschränkende Maßnahme ist das Zusammentreffen folgender Bedingungen:

- Es muss eine erhebliche gesundheitliche Gefahrenlage für die rechtlich betreute Person bestehen,
- der rechtlichen betreuten Person muss aufgrund von Krankheit oder Behinderung die Fähigkeit fehlen, einen freien Willen bilden zu können (siehe Abschnitt 5.2),
- die Abwehr der erkannten erheblichen Gefahr muss dem Wunsch/Willen/mutmaßlichen Willen der rechtlich betreuten Person entsprechen (siehe Abschnitt 5.2),
- die Maßnahme muss geeignet sein, die erhebliche Gefahr abzuwehren,
- die Maßnahme muss verhältnismäßig sein.

Welche Gefahren können eine freiheitsentziehende Unterbringung oder freiheitsentziehende Maßnahmen rechtfertigen?

These

> Wissenschaftlich sind kaum Gefahren denkbar, die nicht durch andere als durch eine freiheitsentziehende Unterbringung oder eine freiheitsentziehende Maßnahme abgewendet werden können.

An dieser Stelle gibt es eine enge Verwandtschaft zum im Modul behandelten Thema der Möglichkeiten zur Vermeidung freiheitsentziehender Unterbringung und freiheitsentziehender Maßnahmen (siehe Modul 4, Abschnitt 5.4). Tatsächlich kommt es immer auf den Einzelfall, die real verfügbaren Alternativen und die Vorhersehbarkeit von Ereignissen an.

Der Gesetzgeber geht davon aus, dass folgende Gefahren eine freiheitsentziehende Unterbringung oder/und eine freiheitsentziehende Maßnahme rechtfertigen können. Gerechtfertigt sind die genannten Maßnahmen:

- wenn sich die rechtlich betreute Person selbst töten will,
- wenn sich die rechtlich betreute Person erheblichen gesundheitlichen Schaden zufügt/zufügen will,
- wenn zur Abwendung eines drohenden erheblichen gesundheitlichen Schadens eine Untersuchung des Gesundheitszustands, eine Heilbehandlung oder ein ärztlicher Eingriff notwendig sind.[524]

Die erhebliche Gefahr muss „ernstlich und konkret" sein. Die Gefahrenlage sollte sich aus der akuten Situation ergeben. Sie kann sich aber auch aus der Kenntnis einer konkret erkennbaren bevorstehenden krisenhaften Zuspitzung des Krankheitsgeschehens ableiten. Dabei reicht es nicht aus, wenn eine statistische Wahrscheinlichkeit für das Eintreten der befürchteten erheblichen Gefahr besteht. Vielmehr müssen konkrete, auf die rechtlich betreute Person bezogene Anzeichen für das Eintreten dieser Gefahr erkennbar sein.

524 § 1831 Abs. 1 Satz 1

Beispiele:

- *Herr M. verlässt im Winter nur mit Unterwäsche bekleidet die Wohnung und läuft ohne Orientierung umher. Er droht zu erfrieren.*
- *Frau P. hört Stimmen, die ihr mit dem Tod ihres Kindes drohen, wenn sie sich nicht die Finger abschneidet.*

Kann eine Gefahr für Dritte eine freiheitsentziehende Unterbringung oder freiheitsentziehende Maßnahmen rechtfertigen?

Alle Maßnahmen des rechtlichen Betreuers dienen ausschließlich den Interessen der rechtlich betreuten Person. Der rechtliche Betreuer hat grundsätzlich keine ordnungsrechtliche Funktion, hat nicht zu erziehen oder zu sanktionieren.

Tatsächlich ist die Unterscheidung von selbst und Fremdgefährdung oft nicht einfach. Insbesondere wenn die Interessen Dritter eine Rolle spielen, werden schon mal die wildesten Konstruktionen gebildet, um den rechtlichen Betreuer zum Handeln zu zwingen.

Beispiel:

Herr F. ist Mieter einer Wohnung in einem Mehrfamilienhaus. Er randaliert im Hausflur. Er selbst hat keinen Leidensdruck. Um den rechtlichen Betreuer zum Handeln zu zwingen, wird argumentiert, dass sich die rechtlich betreute Person selbst gefährde. Immerhin riskiere Herr F., mit erbosten Nachbarn in Konflikt zu geraten und verletzt zu werden.

Die künstlich konstruierte Eigengefährdung gerät in ein anderes Licht, wenn sich die unkontrolliert randalierende rechtlich betreute Person durch Schläge gegen Wände oder andere Gegenstände selbst erheblich verletzt.

Die Interessen Dritter können allenfalls indirekt (ohne dass dies die eigentliche Absicht ist) vom Handeln des rechtlichen Betreuers profitieren. Insbesondere ist es nicht Aufgabe des rechtlichen Betreuers, Straftaten, fremdaggressives Verhalten oder Belästigungen, welche durch die rechtlich betreute Person begangen werden, zu verhindern. Andererseits ist es sehr wohl Aufgabe des rechtlichen Betreuers einzuschreiten, wenn die rechtlich betreute Person auf Grund des durch Krankheit oder Behinderung fehlgeleiteten Verhaltens ihre ihm subjektiv wertvolle persönliche Existenz gefährdet.

Kann ein drohender Vermögensschaden eine freiheitsentziehende Unterbringung oder eine freiheitsentziehende Maßnahme rechtfertigen?

Die Gefahr anderer als gesundheitlicher Schäden vermag eine Unterbringung durch den rechtlichen Betreuer nicht zu rechtfertigen. Dies gilt insbesondere für Vermögensschäden. Droht durch ein Verhalten der rechtlich betreuten Person eine Schädigung ihres eigenen Vermögens, so ist dem durch andere Maßnahmen zu begegnen. Notfalls ist ein umfassender Einwilligungsvorbehalt anzuordnen. Die rechtlich betreute Person kann dann über ihr Vermögen ohne Einwilligung des rechtlichen Betreuers nicht mehr wirksam verfügen; sie kann auch nicht in wirksamer Weise Verpflichtungen eingehen. Besteht die Gefahr, dass die rechtlich betreute Person ihr Vermögen durch ein rein tatsächliches Handeln schädigt – etwa ihre wertvollen Gemälde zerstört –, so kann dieser Gefahr auch ohne Unterbringung begegnet werden. Notfalls sind diese Gegenstände an einem sicheren Ort zu verwahren.

Zu beachten ist allerdings, dass Schäden an anderen Rechtsgütern mittelbar auch zu einer Gefahr für Leben oder Gesundheit der rechtlich betreuten Person führen können. So ist es etwa möglich, dass eine psychisch kranke Person, die nicht untergebracht ist, durch ihr Verhalten ihre familiären Beziehungen zerstört. In manchen Fällen kann mit Sicherheit gesagt werden, dass dies zu einer nachhaltigen Verschlimmerung ihres Leidens führen wird. Unter solchen Umständen kann eine vorübergehende freiheitsentziehende Unterbringung zur Beruhigung der Situation und/oder Bewältigung von Krisen in Betracht kommen.[525]

Was ist bei der Beurteilung der Gefahrenlage zu berücksichtigen?

Die Frage der Fähigkeit zur freien Willensbildung wurde bereits in Abschnitt 5.2 ausgeführt. An dieser Stelle sind die dort entwickelten Gedanken praktisch zu konkretisieren.

Viele Personen leben mit schweren Krankheiten, ohne die vom Arzt vorgeschlagene Behandlung durchzuführen. Infarktpatienten, Diabetiker, Hypertoniker rauchen, essen, trinken und leben ihr Leben in alten Bahnen, obwohl dieses Verhalten mit schweren gesundheitlichen Schäden verbunden ist. Sie gefährden ihre Gesundheit und riskieren einen vorzeitigen Tod.

Im Rahmen somatischer Erkrankungen billigt die Gesellschaft der betroffenen Person ein Recht auf ihre Krankheit zu. Wenn die betroffene Person sich für oder gegen die Behandlung ihrer Krankheiten entscheidet, tut sie dies nicht nur nach der objektiven Notwendigkeit. Tragende Bestandteile ihrer Entscheidung sind nicht rational nachvollziehbare Elemente aus ihrer Gefühls- und Erlebniswelt. Dieses Recht, die Entscheidung zur Behandlung auch von nicht rationalen Gedanken abhängig zu machen, steht auch der kranken oder behinderten Person zu.

Diese Überlegungen führen zu folgenden Fragen, deren Beantwortung die Einschätzung der Gefahrenlage unterstützen kann:

- Ist die betroffene Person wirklich so eingeschränkt, dass sie ihre Krankheit nicht erkennen kann?
- Leidet die betroffene Person an ihrer Krankheit?
- Wie drückt sich ihr Leiden aus?
- Was bedeutet ein Leben mit der Krankheit?
- Wie hoch ist die Aussicht auf Heilung durch die beabsichtigte Behandlung?
- Wird die Behandlung der betroffenen Person eine subjektive Besserung ermöglichen?
- Rechtfertigt der prognostizierte Erfolg die zur Anwendung kommenden Mittel (z.B. Freiheitsentzug)?

525 BT-Drucks. 11/4528, S. 146.

Was ist bei der Freiheitsentziehung im Pflegeheim zu berücksichtigen?

Unterbringungsähnliche Maßnahmen wie Fixierungen und Bettgitter wurden im Jahr 2014 in 60.438 Fällen genehmigt (2013: 75.727; 2012: 85.132). Der massive Rückgang von über 9.400 Fällen (11,04 %) im Jahr 2013 gegenüber 2012 hat sich 2014 mit einem weiteren Rückgang um 15.289 Fälle (20,2 %) noch einmal deutlich gesteigert. Damit hat sich die sinkende Genehmigungszahl erneut fortgesetzt und beschleunigt.[526]

Dies dürfte ein deutlicher Erfolg von Initiativen wie ReduFix[527] und dem Werdenfelser Weg[528] sein. Zwischenzeitlich dürften Niederflurbetten und Maßnahmen zur Sturzprophylaxe als Grundausstattung der Pflegeheime anzusehen sein. Entsprechend bedarf es regelmäßig keiner Fixierungen oder Bettgitter mehr.

5.3.3 Verfahren zur Genehmigung von Maßnahmen zur freiheitsentziehenden Unterbringung und freiheitsentziehender Maßnahmen

Wie sieht das Verfahren aus?

Die folgende Grafik zeigt die unterschiedlichen Möglichkeiten der Verfahrensweise bei Anordnung von freiheitsentziehenden Maßnahmen durch den rechtlichen Betreuer. Sie sollen im Folgenden erörtert werden.

526 https://www.lexikon-betreuungsrecht.de/Betreuungszahlen (Zugriff 3.9.2022)
527 Weiterführend www.redufix.de (Zugriff 3.9.2022)
528 Weiterführend Kirsch/Wassermann, Eine Initiative zur Reduzierung von Fixierungsmaßnahmen mit verfahrensrechtlichem Ansatz. Der Werdenfelser Weg, BtPrax 2009, S. 109 ff.; siehe auch https://www.werdenfelser-weg-original.de/ (Zugriff 3.9.2022)

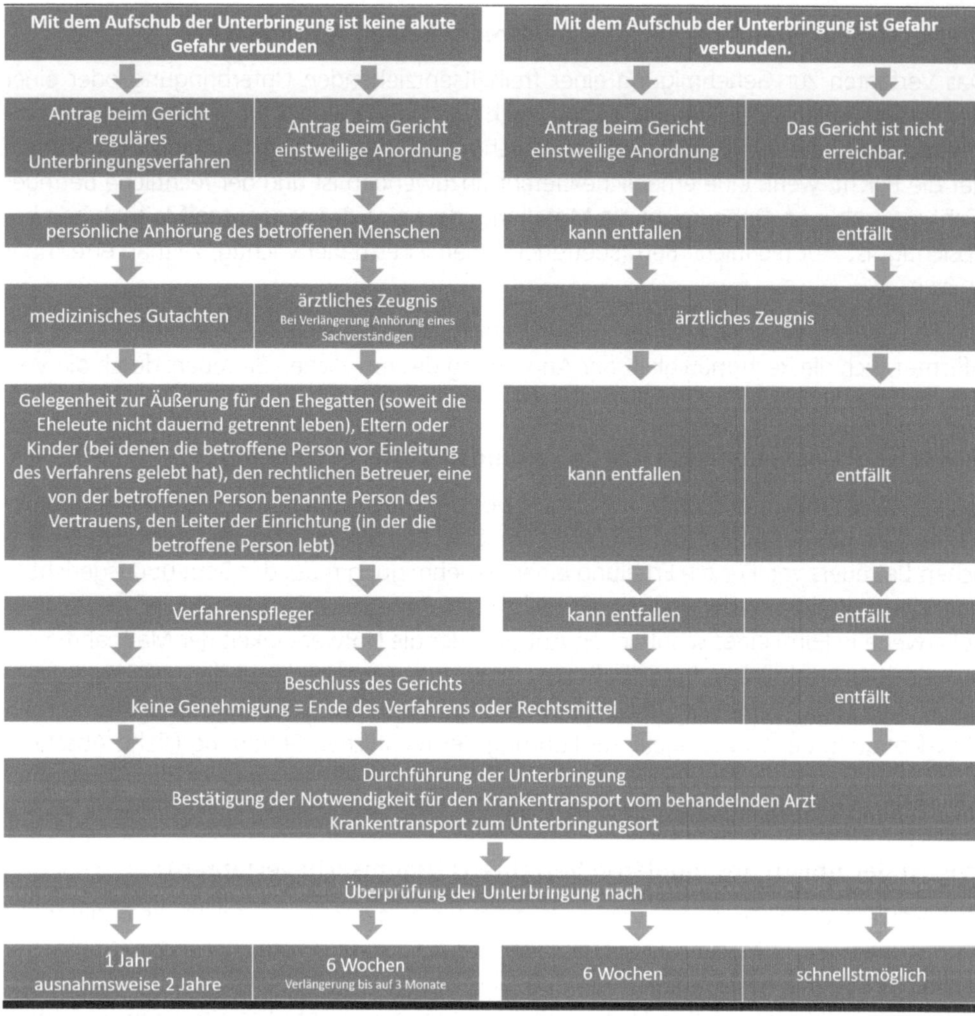

Schaubild: Unterbringungsverfahren

Wer ordnet die Maßnahme an?

Bei der nach dem Betreuungsrecht vollzogenen freiheitsentziehenden Unterbringung oder bei freiheitsentziehenden Maßnahmen handelt es sich um vom rechtlichen Betreuer angeordnete Maßnahmen, die durch das Gericht genehmigt werden müssen. Die Verantwortung für die Entscheidung liegt damit allein beim rechtlichen Betreuer.[529] Die Ausnahme ist da gegeben, wo der rechtliche Betreuer an der Ausübung seines Amtes gehindert ist und das Gericht an seiner Stelle tätig wird.[530] Das Verfahren beginnt regelmäßig mit einem entsprechenden Antrag des rechtlichen Betreuers.

529 § 1831 BGB
530 § 1867 BGB

Was geschieht, wenn der rechtliche Betreuer keinen Antrag stellt?

Das Verfahren zur Genehmigung einer freiheitsentziehenden Unterbringung oder einer freiheitsentziehenden Maßnahme kann auch von beispielsweise dem Pflegeheim, Krankenhaus, der Betreuungsbehörde oder Angehörigen angeregt werden. Hierzu besteht sogar die Pflicht, wenn eine erhebliche Gefahr abzuwenden ist und der rechtliche Betreuer nicht erreichbar ist. Dabei reicht die Mitteilung, dass eine der genannten Maßnahmen beabsichtigt ist. Für rechtliche Berufsbetreuer*innen ist es daher wichtig, zeitnah erreichbar zu sein.

Die Einrichtung, in der die Unterbringung stattfindet (Krankenhaus, Heim usw.), ist verpflichtet, sich die Rechtmäßigkeit der Anordnung des rechtlichen Betreuers durch die Vorlage der gerichtlichen Genehmigung nachweisen zu lassen.

Wann ist die Genehmigung des Betreuungsgerichts einzuholen?

Grundsätzlich muss der rechtliche Betreuer vor der Durchführung der Maßnahme die Genehmigung des Betreuungsgerichts einholen. Das Gesetz schreibt keinen Antrag des rechtlichen Betreuers vor. Für die Erteilung einer Genehmigung muss das Betreuungsgericht in irgendeiner Weise von der Absicht des rechtlichen Betreuers erfahren. Dies geschieht sinnvollerweise in Form eines schriftlichen Antrags, der die Notwendigkeit der Maßnahme begründet. Von rechtlichen Berufsbetreuer*innen kann entsprechend der vorausgesetzten Sachkunde erwartet werden, dass sie in der Lage sind, dem Betreuungsgericht unter Berücksichtigung der Grundregeln zur Führung der rechtlichen Betreuung (siehe Abschnitt 5.2)[531] eine fundierte Abwägung zwischen den Freiheitsrechten und der den Antrag begründenden Schutzverpflichtung vorzutragen.

Wie ist der Ablauf des regulären Verfahrens (Hauptsacheverfahren)?

Das reguläre Verfahren ist mit weitreichenden Rechtsgarantien versehen. Es beginnt mit dem Antrag des rechtlichen Betreuers oder der Anregung durch eine andere Stelle. Der rechtliche Betreuer hat eine konkrete Maßnahme zu benennen, die er veranlassen will. Insbesondere rechtliche Berufsbetreuer sind gehalten, die für ihre Entscheidung relevanten Tatsachen sorgfältig zu ermitteln und dem Betreuungsgericht darzulegen.

Das Betreuungsgericht hat von Amts wegen zu ermitteln. Es stützt sich dabei auf den Vortrag der Beteiligten und prüft, welche weiteren Ermittlungen erforderlich sind. Der Grundsatz der Amtsermittlung bedeutet, dass eine Rücknahme des Antrages das Verfahren nicht zwangsläufig beendet. Entsprechend hat der Antrag des rechtlichen Betreuers auslösende Funktion. Der Antrag steuert nicht das Verfahren. Das Betreuungsgericht hat auf jeden Fall folgende Verfahrensschritte durchzuführen.

- Zunächst ist der Sachverhalte zu ermitteln. Hierzu hat zumindest vor einer freiheitsentziehenden Unterbringung eine förmliche Beweisaufnahme durch Einholung eines Gutachtens über die Notwendigkeit der Maßnahme stattzufinden. Die sachverständige Person hat die betroffene Person vor der Erstattung des Gutachtens persönlich zu untersuchen oder zu befragen. Das Gutachten soll sich auch auf die erforderliche Dauer der

531 § 1821 BGB

freiheitsentziehenden Unterbringung erstrecken. Die sachverständige Person soll Ärztin/Arzt für Psychiatrie sein und muss Erfahrung auf dem Gebiet der Psychiatrie haben. Für eine freiheitsentziehende Maßnahme genügt ein ärztliches Zeugnis.[532]

- Das Betreuungsgericht hat die rechtlich betreute Person persönlich anzuhören und sich einen persönlichen Eindruck zu verschaffen. Es hat die ermittelten Tatsachen, die verwendet werden, um eine Entscheidung gegen den Willen der betroffenen Person zu treffen, der betroffenen Person bekannt zu machen und ihr Gelegenheiten zur Äußerung zu geben. Der schriftliche Antrag des rechtlichen Betreuers ist der rechtlich betreuten Person ebenso wie das eingeholte Gutachten und alle anderen relevanten Beweismittel (auch telefonisch eingeholte Ermittlungsergebnisse) bekannt zu machen. In der Anhörung erörtert das Betreuungsgericht mit der betroffenen Person das Verfahren, das Ergebnis des übermittelten Gutachtens und die mögliche Dauer einer freiheitsentziehenden Unterbringung oder freiheitsentziehenden Maßnahme. Hat das Betreuungsgericht der betroffenen Person eine*n Verfahrenspfleger*in bestellt, soll die persönliche Anhörung in ihrer/seiner Anwesenheit stattfinden.[533]

  Das Gutachten ist der rechtlich betreuten Person, der für die Verfahrenspflegschaft bestellten Person und dem rechtlichen Betreuer bekannt zu geben.[534]

- Das Betreuungsgericht hat eine*n Verfahrenspfleger*in zu bestellen, soweit die rechtlich betreute Person ihre Interessen im Verfahren nicht selbst vertreten kann. Bestellt das Gericht der betroffenen Person keine*n Verfahrenspfleger*in, ist dies in der Entscheidung, durch die eine Unterbringungsmaßnahme genehmigt oder angeordnet wird, zu begründen.

  Die/der Verfahrenspfleger*in hat die Wünsche, hilfsweise den mutmaßlichen Willen der rechtlich betreuten Person festzustellen und im gerichtlichen Verfahren zur Geltung zu bringen. Sie/er hat die betroffene Person über den Ablauf und den möglichen Ausgang des Verfahrens zur Genehmigung der freiheitsentziehenden Unterbringung oder freiheitsentziehenden Maßnahme in geeigneter Weise zu informieren und sie bei Bedarf bei der Ausübung ihrer Rechte im Verfahren zu unterstützen. Sie/er ist nicht gesetzlicher Vertreter*in der betroffenen Person und kann somit nicht entscheiden.[535]

- Das Betreuungsgericht hat weitere Beteiligte anzuhören. Die zuständige Betreuungsbehörde ist auf ihren Antrag zu beteiligen. Darüber hinaus können auf Wunsch und im Interesse der rechtlich betreuten Person der Ehegatte/Lebenspartner, soweit die Eheleute/Lebenspartner nicht dauernd getrennt leben, die Eltern oder Kinder, bei denen die betroffene Person vor Einleitung des Verfahrens gelebt hat, eine von der betroffenen Person benannte Person des Vertrauens und die die Einrichtung, in der die rechtlich betreute Person lebt, leitende Person beteiligt werden.

532 § 321 FamFG
533 § 319 FamFG
534 BGH, Beschl. v. 8.5.2019 – XII ZB 2/19, BtPrax 2019, 153
535 § 317 FamFG

- Die Verfahrenshandlungen sollen durch das die Sache entscheidende Gericht vorgenommen werden. Insbesondere soll die Anhörung nicht im Wege der Rechtshilfe vorgenommen werden.
- Am Ende des Verfahrens steht die Entscheidung des Betreuungsgerichts.

Was ist zu tun, wenn das reguläre Verfahren nicht abgewartet werden kann?

Wenn das reguläre Verfahren nicht abgewartet werden kann, besteht die Möglichkeit, das Verfahren durch die Verkürzung oder das Weglassen von Verfahrensschritten zu beschleunigen. Wegen der Schwere des Eingriffs in die Grundrechte der rechtlich betreuten Person muss das Betreuungsgericht dennoch alle zur Verfügung stehenden Möglichkeiten zur Aufklärung des Sachverhaltes ausschöpfen.

Das Verfahren kann in zwei Schritten beschleunigt werden.

Schritt 1:

Die freiheitsentziehende Unterbringung oder freiheitsentziehende Maßnahme kann im Rahmen einer einstweiligen Anordnung genehmigt werden, wenn dringende Gründe für die Annahme bestehen, dass die Voraussetzungen für die Genehmigung oder Anordnung einer Unterbringungsmaßnahme gegeben sind und ein dringendes Bedürfnis nach einem sofortigen Tätigwerden besteht.[536]

Der rechtliche Betreuer teilt dem Betreuungsgericht das Eilbedürfnis mit. Die Mitteilung sollte mit einer Begründung versehen werden. Grundsätzlich ist die einstweilige Anordnung mit dem Verlust einiger der im regulären Verfahren gegebenen Rechtsgarantien verbunden. Aus diesem Grund sollte diese Möglichkeit vermieden werden. Hierzu siehe auch Abschnitt 5.4.

Statt des sonst vorgeschriebenen Gutachtens kann sich das Gericht auf ein fachärztliches Zeugnis (Fachrichtung Psychiatrie), welches über den Zustand der betroffenen Person und über die Notwendigkeit der Maßnahme Auskunft gibt, stützen. Verfahrenspfleger*in und die betroffene Person sind anzuhören. Die Anhörung kann im Wege der Rechtshilfe erfolgen.

Die Anhörung anderer Beteiligter ist dem Betreuungsgericht im Rahmen eines Verfahrens zur einstweiligen Anordnung nicht vorgeschrieben.[537]

Schritt 2:

Der zweite Schritt der Beschleunigung dient der Abwehr von „Gefahr im Verzug". Für den Fall der „Gefahr im Verzug" kann das Betreuungsgericht eine einstweilige Anordnung bereits vor Anhörung des Betroffenen sowie vor Anhörung und Bestellung des Verfahrenspflegers erlassen. Diese Verfahrenshandlungen sind unverzüglich nachzuholen.[538]

---

536 § 331 FamFG
537 § 331 FamFG
538 § 332 FamFG

Was bedeutet „Gefahr im Verzug"?

„Gefahr im Verzug" bedeutet, dass mit dem Aufschub der Maßnahme eine existenzielle Gefährdung für das Leben oder die Gesundheit der rechtlich betreuten Person verbunden ist. Es handelt sich um eine Krisensituation, die unvorhergesehen aufgetreten ist und die das sofortige Handeln zur Abwehr der existenziellen Gefährdung erforderlich macht.

Was ist zu tun, wenn das Gericht nicht erreicht werden kann?

Unvorhergesehene Krisensituationen richten sich nicht nach den Öffnungszeiten der Gerichte. In dieser Situation gibt das Gesetz dem rechtlichen Betreuer die Möglichkeit, auch ohne vorhergehende Genehmigung lediglich mit dem ärztlichen Attest die notwendige freiheitsentziehende Maßnahme zu veranlassen. Die Genehmigung ist unverzüglich nachzuholen.[539]

Was ist hinsichtlich der Durchführung der Maßnahme zu berücksichtigen?

Die Durchführung der freiheitsentziehenden Unterbringung oder freiheitsentziehender Maßnahme obliegt der Einrichtung, in der sich die rechtlich betreute Person aufhält. Im Fall einer freiheitsentziehenden Maßnahme in der eigenen Wohnung wird diese entsprechend von den vom rechtlichen Betreuer bestimmten Hilfsdiensten durchgeführt. Sie wird von dafür ausgebildetem und berechtigtem Personal vorgenommen. Beginn, Verlauf und Ende der Maßnahme sind zu dokumentieren.

Bei einer mit Ortswechsel verbundenen freiheitsentziehenden Unterbringung ist der Transport zu organisieren. In der Regel wird ein Krankentransport erforderlich sein. Die Notwendigkeit des Krankentransports muss vom Hausarzt bescheinigt sein. Die Anordnung des rechtlichen Betreuers und der Beschluss des Gerichts sind für die Krankenversicherung nicht unbedingt eine ausreichende Begründung zur Übernahme der Transportkosten.

Was ist zu tun, wenn die rechtlich betreute Person sich der Zuführung widersetzt?

Für den Fall, dass sich die rechtlich betreute Person der freiheitsentziehenden Unterbringung widersetzt und die Anwendung von unmittelbarem Zwang notwendig ist, kann der rechtliche Betreuer die zuständige Behörde um Unterstützung bitten. Über Art und Weise der Unterstützung entscheidet die Betreuungsbehörde. Die Unterstützung kann darin bestehen, die rechtliche betreute Person zu suchen, wenn sie sich beispielsweise der Unterbringung durch Flucht entzogen hat. Sie kann darin bestehen, den Widerstand der rechtlich betreuten Person gegen die Zuführung zur freiheitsentziehenden Unterbringung zu überwinden. Dabei darf die Behörde nur aufgrund einer besonderen gerichtlichen Entscheidung Gewalt anwenden. Für den Fall einer entsprechenden Entscheidung ist sie befugt, bei den polizeilichen Vollzugsorganen um Unterstützung nachzusuchen.

Die Wohnung der betroffenen Person darf ohne ihre Einwilligung nur gewaltsam geöffnet, betreten und durchsucht werden, wenn das Betreuungsgericht dies zu dessen Zuführung zur Unterbringung ausdrücklich angeordnet hat. Vor der Anordnung ist die rechtlich betreute Person persönlich anzuhören. Bei Gefahr im Verzug kann die Anordnung durch die

539 § 1831 Abs. 2 Satz 2 BGB

zuständige Behörde ohne vorherige Anhörung des Betroffenen erfolgen. Durch diese Regelung wird das Grundrecht auf Unverletzlichkeit der Wohnung aus Artikel 13 Absatz 1 des Grundgesetzes eingeschränkt.[540]

Wegen der Erforderlichkeit entsprechender betreuungsgerichtlicher Beschlüsse sollte der rechtliche Betreuer bereits bei der Antragstellung über den Ablauf der Zuführung nachdenken. Ist ein entsprechender Widerstand der rechtlich betreuten Person bei der Zuführung zur Unterbringung vorhersehbar, sollte dies dem Gericht unter Darlegung der Situation und der Gründe, die eine solche Befürchtung stützen, mitgeteilt werden. Mit dem Antrag kann die Erteilung der Erlaubnis zur Anwendung von Gewalt und ggf. zum Betreten der Wohnung angeregt werden.

Die Anwendung von Gewalt bei einer Unterbringung ohne vorherige gerichtliche Genehmigung ist nicht geregelt. Bei entsprechender Gefahr für die öffentliche Sicherheit und Ordnung ist jedoch das Tätigwerden des Ordnungsamtes oder der Polizei möglich.

Wie lange kann die Unterbringung dauern?

Die im regulären Verfahren genehmigte Unterbringung endet spätestens mit Ablauf eines Jahres, bei offensichtlich längerer Unterbringungsbedürftigkeit spätestens mit Ablauf von zwei Jahren, wenn sie nicht vorher verlängert wird.[541]

Die Dauer der Unterbringung im Rahmen der einstweiligen Anordnung ist beschränkt auf längstens sechs Wochen und kann auf drei Monate verlängert werden.[542]

5.3.4 Einwilligung in eine ärztliche Zwangsmaßnahme (Zwangsbehandlung)

Wann wird von einer Zwangsbehandlung gesprochen?

Jede Behandlung gegen den natürlichen Willen des Patienten gilt als Zwangsbehandlung. Neben der verbalen Äußerung ist jede Weigerung der Medikamenteneinnahme beispielsweise durch Wegdrehen des Kopfes, Wegschieben der Medikamente oder andere Verhaltensweisen, aus denen sich ableiten lässt, dass die Behandlung nicht gewünscht ist, beachtlich.

Behandlungen, die stillschweigend hingenommen werden, gelten nicht als Zwangsbehandlung. Dies gilt auch, wenn struktureller Zwang die stillschweigende Duldung der Behandlung bewirkt. Beispielsweise ist dies der Fall, wenn der Patient, um möglichst schnell aus der stationären Behandlung entlassen zu werden, die Medikamente einnimmt.

Zwangsbehandlungen können alle zulässigen ärztlichen Maßnahmen sein. Die Zwangsbehandlung kann sich sowohl auf die Anlasserkrankung[543] als auch auf eine Begleiterkrankung beziehen. In der Psychiatrie handelt es sich in der Regel um die Gabe von Medikamenten.

540 § 326 FamFG
541 § 329 FamFG
542 § 333 FamFG
543 Die Krankheit bzw. Behinderung, die zur Bestellung der rechtlichen Betreuung geführt hat

Die Zwangsbehandlung erlaubt die Anwendung von unmittelbarem Zwang (Fixierung) zur Gabe der Medikamente bzw. zur Durchführung der Maßnahmen.

Wie ist der Stand der Diskussion?

Zwangsbehandlungen sind ständiger Gegenstand der kontrovers geführten Diskussion in der Fachöffentlichkeit. Ein Resümee der Diskussion könnte so lauten:

These

> Die Notwendigkeit einer Zwangsbehandlung ergibt sich aus dem Fehlen struktureller und finanzieller Mittel zur Umsetzung erprobter Konzepte der Vermeidung von Zwang.

Dem rechtlichen Betreuer fällt auch die Aufgabe zu, vorhandene Strukturen zu hinterfragen und im Einzelfall alternative Lösungen einzufordern. Dennoch regiert in der Praxis nicht die Maxime des Wünschenswerten, sondern die des tatsächlich vorhandenen Angebots.

Wie weit darf sich die rechtlich betreute Person selbst schädigen?

Die Rechtsprechung betont sowohl die Wirksamkeit einer auf dem freien Willen (siehe Abschnitt 5.2.9) basierenden Entscheidung zur Krankheit und damit das Recht, auf Heilung zielende Eingriffe abzulehnen, als auch die Freiheit zur Selbstschädigung.[544] Entsprechend muss die Arbeit des rechtlichen Betreuers in erster Linie darauf gerichtet sein, die rechtlich betreute Person zu befähigen, einen freien Willen zu bilden. Mit besonderer Sorgfalt muss der rechtliche Betreuer darauf achten, dass der freie Wille nicht untergeht, sondern gehört wird. Es ist Aufgabe des rechtlichen Betreuers, das Übergehen des freien Willens zu verhindern, auch wenn Gedanken der Fürsorge oder die Abwehr anderer Schäden dies nahelegen.

Welchen Stellenwert haben die Patientenverfügung und der mutmaßliche Wille?

Von Psychiatrieerfahrenen wird die Patientenverfügung als Mittel des eigenverantwortlichen Umgangs mit sich selbst gesehen und beworben. Die mit ihrer *„Ver-rücktheit"* vertraute Person kennt sich selbst am besten und kann beschreiben, was sie will und was sie nicht will.

Die Zwangsbehandlung ist unzulässig, wenn die rechtlich betreute Person dies im Rahmen einer wirksamen und auf den beabsichtigten ärztlichen Eingriff zutreffenden Patientenverfügung untersagt hat oder sie gegen den mutmaßlichen Willen gerichtet ist. Dies ist vom rechtlichen Betreuer zu akzeptieren. Diesbezüglichen Konflikten zu eigenen ethischen Grundwerten kann der rechtliche Betreuer nur durch einen Antrag zu seiner Entlassung aus dem Amt entgehen.

Viel schwerwiegender trifft den rechtlichen Betreuer die Verantwortung gegenüber denjenigen, die es nie bis zu dem Punkt geschafft haben, sich selbst zu erkennen, und entspre-

544 BVerfG, Beschl. v. 23.3.2011 – 2 BvR 882/09, BtPrax 2001, 112 (mit Anm. Kammeier)

chend keine Chance hatten, eine Patientenverfügung zu formulieren. Es sind all diejenigen, die nicht Akteure im Umgang mit sich selbst sind und die schrittweise das private Umfeld verloren haben.

Der professionelle rechtliche Betreuer wird seiner Verantwortung am ehesten gerecht, indem er – möglichst bevor Gefahren entstehen – mit der rechtlich betreuten Person bespricht, wie sie mit ihren *„Ver-rücktheiten"* umgehen möchte? Empfindet sie ihre *„Ver-rücktheiten"* als Leid? Zerstört sie mit ihren *„Ver-rücktheiten" ihre* Beziehungen und/oder ihre sozialen Lebensgrundlagen? Wie weit will sie ihr Leiden und den Verlust ihrer Beziehungen aushalten? Welche Mittel will sie nutzen, um ihre *„Ver-rücktheiten"* zu steuern?

Das Ergebnis dieser Gespräche kann im besten Fall eine Patientenverfügung ergeben. Ist dies nicht möglich, kann der Wille der rechtlich betreuten Person dokumentiert werden und im Fall der Fälle als Anhaltspunkt für die Bildung des mutmaßlichen Willens gelten.

Unter welchen Voraussetzungen kann/muss der rechtliche Betreuer in eine Zwangsbehandlung einwilligen?

Widerspricht eine Untersuchung des Gesundheitszustands, eine Heilbehandlung oder ein ärztlicher Eingriff dem natürlichen Willen der rechtlich betreuten Person, so kann der rechtliche Betreuer in die ärztliche Zwangsmaßnahme nur einwilligen, wenn

1. die ärztliche Zwangsmaßnahme notwendig ist, um einen drohenden erheblichen gesundheitlichen Schaden vom Betreuten abzuwenden,
2. die rechtlich betreute Person aufgrund einer psychischen Krankheit oder einer geistigen oder seelischen Behinderung die Notwendigkeit der ärztlichen Maßnahme nicht erkennen oder nicht nach dieser Einsicht handeln kann,
3. die ärztliche Zwangsmaßnahme dem zu beachtenden Willen / mutmaßlichen Willen[545] der rechtlich betreuten Person entspricht,
4. zuvor ernsthaft, mit dem nötigen Zeitaufwand und ohne Ausübung unzulässigen Drucks versucht wurde, die rechtlich betreute Person von der Notwendigkeit der ärztlichen Maßnahme zu überzeugen,
5. der drohende erhebliche gesundheitliche Schaden durch keine andere, die rechtlich betreute Person weniger belastende Maßnahme abgewendet werden kann,
6. der zu erwartende Nutzen der ärztlichen Zwangsmaßnahme die zu erwartenden Beeinträchtigungen deutlich überwiegt und
7. die ärztliche Zwangsmaßnahme im Rahmen eines stationären Aufenthalts in einem Krankenhaus, in dem die gebotene medizinische Versorgung der rechtlich betreuten Person einschließlich einer erforderlichen Nachbehandlung sichergestellt ist, durchgeführt wird.[546]

Nur das Zusammentreffen aller genannten Voraussetzungen rechtfertigt ausnahmsweise die Zwangsbehandlung.

545 Siehe § 1827 BGB
546 § 1832 BGB.

Wann fehlt es an der erforderlichen Einsichts- und Steuerungsfähigkeit?

Solange eine Person die Folgen der eigenen Handlungen überblickt (= einsichtig ist), hat diese Person das Recht, selbstschädigend zu handeln. An dieser Stelle kann es auch nicht um den vorübergehenden Verlust der Einsichts- und Steuerungsfähigkeit gehen, wie er beispielsweise im volltrunkenen Zustand, bei einem Durchgangssyndrom nach einer Narkose oder im Rahmen von extremen emotionalen Belastungen vorkommt. Eine Selbstgefährdung lässt sich in diesen Fällen in der Regel ohne medikamentöse Behandlung oder im Rahmen der Notfallbefugnisse abwenden.

Auch der chronisch *„ver-rückten"* Person muss es erlaubt sein, über die eigene Krankheit zu entscheiden.

Es reicht nicht aus, allgemein festzustellen, dass die rechtlich betreute Person geschäftsunfähig ist. Erforderlich ist, dass sie nicht in der Lage ist, ihre aktuelle Erkrankung, die daraus erwachsende Gefahr und die Behandlungsbedürftigkeit zu erkennen. Denkbar ist auch, dass sie die Krankheit, die Gefahr und die Behandlungsmöglichkeit zwar erkennen kann, ihre „Stimmen" aber von ihr verlangen, sich zu opfern. In diesem Fall wäre die Einsicht vorhanden, der Patient könnte sein Verhalten aber nicht entsprechend steuern.

Welche Aspekte sind beim Überzeugungsversuch zu berücksichtigen?

Das vorrangige Prinzip des einvernehmlichen Zusammenwirkens gehört zum Alltag der Arbeitsbeziehung zwischen der rechtlich betreuten Person und dem rechtlichen Betreuer. Das Gesetz bestimmt ausdrücklich, dass der rechtliche Betreuer nur dann in eine Zwangsbehandlung einwilligen kann, wenn zuvor versucht wurde, die rechtlich betreute Person von der Notwendigkeit der ärztlichen Maßnahme zu überzeugen.[547]

Der Gesetzgeber geht davon aus, dass der Versuch im Sinne einer vertrauensvollen Unterstützung mit dem nötigen Zeitaufwand und ohne Ausübung unzulässigen Drucks erfolgt. Ziel ist es, den Betreuten von der Notwendigkeit der Maßnahme zu überzeugen, d.h., dass der Betreute seinen natürlichen Willen so ändert, dass dieser nicht mehr gegen die Maßnahme gerichtet ist.[548] Erst wenn dieser Versuch gescheitert ist und alle anderen Bedingungen erfüllt sind, kann der rechtliche Betreuer in eine Zwangsbehandlung einwilligen. Näheres ist nicht geregelt.

Wann hat der Versuch zu erfolgen?

Der Versuch muss zwischen dem Auftreten der Erforderlichkeit einer Zwangsbehandlung und der Einwilligung des rechtlichen Betreuers erfolgen. Es kann also nicht auf Mutmaßungen und zurückliegende Gespräche Bezug genommen werden. Der Versuch der Überzeugung muss in zeitlicher Nähe zur Einwilligung des rechtlichen Betreuers in die Zwangsbehandlung liegen, damit der rechtliche Betreuer die Möglichkeit hat, alle Meinungsänderungen der rechtlich betreuten Person berücksichtigen zu können.

547 § 1832 Abs. 1 Satz 1 Nr. 4 BGB

548 Deutscher Bundestag; Rechtsausschuss; Ausschussdrucksache Nr. 17(6)230, 11.1.2013

Die Maßgabe, den Versuch im Sinne einer vertrauensvollen Unterstützung mit dem nötigen Zeitaufwand und ohne Ausübung unzulässigen Drucks durchzuführen, erfordert, dass die rechtlich betreute Person sich subjektiv in der Gesprächssituation nicht unter Druck gesetzt fühlt. Gegebenenfalls ist der Versuch zu einem späteren Zeitpunkt zu wiederholen, wenn die Gesprächssituation für die rechtlich betreute Person nicht mehr so belastend ist oder das Gespräch unter Hinzuziehung anderer Personen mehr Erfolg verspricht.

Ist es möglich, auf der geschlossenen Station des Krankenhauses eine „entspannte" Situation zu haben?

Zwangsbehandlungen vollziehen sich regelmäßig im Rahmen einer freiheitsentziehenden Unterbringung. Der Überzeugungsversuch ist somit im Rahmen dieser freiheitsentziehenden Unterbringung vorzunehmen. Es erscheint irrational, in der Atmosphäre einer gegen den natürlichen Willen gerichteten freiheitsentziehenden Unterbringung ein vertrauensvolles Gespräch führen zu wollen.

Dennoch zeigt die Erfahrung, dass eine Unterbringung zur Folge haben kann, dass hinsichtlich der Behandlung einvernehmliches Zusammenwirken zwischen der rechtlich betreuten Person und dem rechtlichen Betreuer möglich wird. Hiergegen wäre einzuwenden, dass die Einnahme der Medikamente nicht als freiwillig gelten kann, wenn diese unter der „Androhung", weiter eingesperrt zu bleiben, zustande kommt. Eine solche Annahme für sich genommen müsste jede Behandlung im Rahmen einer gerichtlich bewilligten freiheitsentziehenden Unterbringung zur Zwangsbehandlung machen. Diese Sichtweise übersieht die Möglichkeit, dass die durch die Unterbringung erfolgte Herausnahme aus der durch die Krise belasteten Situation für die rechtlich betreute Person alles in anderem Licht erscheinen lassen kann. Nach einigen Tagen des Abstandes und der Möglichkeit, mit anderen die Situation zu besprechen, kann einvernehmliches Zusammenwirken erreicht werden.

Bis zur Einwilligung in die Zwangsbehandlung sollte zu folgenden Gelegenheiten eine Besprechung der notwendigen Behandlung stattgefunden haben:

- Bei der sich abzeichnenden Verschlimmerung der Krankheit sollte der Versuch, von der Notwendigkeit der ambulanten Behandlung zu überzeugen, erfolgt sein.
- Vor dem Antrag auf stationäre Unterbringung sollte der Versuch, von der Notwendigkeit der stationären Behandlung zu überzeugen, erfolgt sein.
- Zuletzt ist der Versuch, von der Notwendigkeit der medizinischen Behandlung im Rahmen der erfolgten Unterbringung zu überzeugen, zu unternehmen.

Wer muss den Überzeugungsversuch unternehmen?

Das Gesetz bestimmt nicht ausdrücklich, dass der Versuch zur Überzeugung vom rechtlichen Betreuer durchzuführen ist. Entscheidend ist, wer in dem oben genannten Zeitfenster die erforderliche Beziehung zur betroffenen Person herstellen kann.

War es dem rechtlichen Betreuer möglich, seine vertrauensvolle Arbeitsbeziehung zur rechtlich betreuten Person über die Turbulenzen der sich auf die Zwangsbehandlung zuspitzenden Situation zu retten, ist es in erster Linie seine Pflicht (wenn möglich zusammen mit der ärztlich behandelnden Person), die anstehende Behandlung mit der rechtlich betreuten Person zu besprechen und eine einvernehmliche Entscheidung herbeizuführen.

Empfindet die rechtlich betreute Person subjektiv Misstrauen, Angst, Ohnmacht, Hass oder Ähnliches gegenüber seinem rechtlichen Betreuer, muss nach einer anderen Person gesucht werden, die den auf Vertrauen basierenden Versuch der Überzeugung unternehmen kann. Dies kann beispielsweise ein Angehöriger, eine Person aus dem näheren Umfeld oder eine ärztlich behandelnde oder pflegende Person sein.

Wie muss der Überzeugungsversuch dokumentiert werden?

Die Form der Dokumentation ist nicht geregelt. Der Antrag zur Genehmigung der Einwilligung in eine Zwangsbehandlung setzt voraus, dass der Versuch, die rechtlich betreute Person von der Notwendigkeit der ärztlichen Maßnahme zu überzeugen, erfolglos verlaufen ist. Dies im Antrag allein zu behaupten, dürfte nicht ausreichend sein. Dem Antrag könnte ein Verlaufsprotokoll des Versuchs beigefügt werden. Zu benennen wären Datum, Zeit, Ort, Beteiligte und Verlauf des Gesprächs. Zu beschreiben wäre die Beziehung der Gesprächspartner. Konnte keine Person eine vertrauensvolle Beziehung herstellen, sind die entsprechenden Versuche zu beschreiben.

Welche Gefahrenlage kann eine Zwangsbehandlung rechtfertigen?

Das Betreuungsrecht dient ausschließlich den Interessen der rechtlich betreuten Person. Eine Zwangsbehandlung darf daher nie der Abwehr von Gefahren für Dritte dienen. Die Zwangsbehandlung ist nur zulässig, wenn damit ein drohender erheblicher gesundheitlicher Schaden abgewendet werden kann.

Als erhebliche, die Gesundheit und das Leben gefährdende Krankheitsverläufe sind von der Rechtsprechung etwa qualifiziert worden:

- die krankheitsbedingte Durchführung von suizidalen bzw. parasuizidalen Handlungen, die zum Tod oder zu irreversiblen Gesundheitsschäden führen,
- das Vorliegen eines Krankheitsbildes mit einer Wahnsymptomatik, einem Aggressionspotenzial und einer Realitätsverkennung, das bei entsprechender situativer Zuspitzung zu suizidalen Handlungen führt,
- die dauerhafte Schädigung des Magen-Darm-Traktes und der Knochensubstanz bzw. der Eintritt einer lebensbedrohlichen Situation bei Ablehnung einer Nahrungsaufnahme durch eine magersüchtige betroffene Person bzw. Eintreten eines Body-Mass-Index von unter 13, da dann jederzeit ein Mangelzustand bei akuter Lebensgefahr eintreten kann,
- die nachhaltige Nahrungsverweigerung aufgrund eines Vergiftungswahns,
- die krankheitsbedingte Ablehnung einer Diabetes-Behandlung mit der konkreten Gefahr eines Komas,
- die Fortdauer krankheitsbedingter Selbstgefährdung mit der Unfähigkeit, am sozialen Leben teilzunehmen, und anhaltendem Leidensdruck;
- die konkrete Gefahr der Selbstverstümmelung bzw. Gifteinnahme;
- das Heraufbeschwören eines gesundheitlichen Rückfalls durch Ablehnung der Einnahme der zur Behandlung erforderlichen Medikamente, was zu einer Chronifizierung

mit der Notwendigkeit dauerhafter stationärer Behandlung bzw. einem Leben in beschützter Umgebung bei Verlust der sozialen Kompetenzen oder zum Eintreten psychischer Defekte wie Intelligenzminderung oder Wesensänderung führen würde. Auch bei bereits eingetretener Chronifizierung kann eine weitere Verschlimmerung mit irreversiblen Folgen drohen, wenn es in der Vergangenheit bei vergleichbarer Krankheitssituation ernsthafte Suizidversuche gegeben hat.

Beispiele für Situationen, die zu einer Zwangsbehandlung führen können:

- *Frau R. lebt in einer kleinen Wohnung im Haus ihrer Mutter. Frau R. glaubt, dass sie verfolgt wird und vergiftet werden soll. Sie will in Ruhe leben. Schon seit längerer Zeit hat sie sich in die Wohnung zurückgezogen. Geld oder Essen werden nicht angenommen. Ab und zu ist Frau R. durch das Küchenfenster zu sehen. Sie hat stark an Gewicht verloren und droht zu verhungern. Sie wird mit der Polizei aus der Wohnung ins Krankenhaus gebracht. Sie sieht sich bestätigt und glaubt, dass auch ihr Essen in der Klinik vergiftet ist.*
- *Herr J. lebt in seiner eigenen, „ver-rückten" Welt. Die anderen sind alle irgendwie von einer fremden Macht gesteuert. Er selbst traut niemandem und schützt sich vor der Beeinflussung durch einen Hut aus Aluminiumfolie. Eigentlich kommt er damit ganz gut zurecht. In letzter Zeit geht es ihm schlechter. Einmal ist er zusammengebrochen. Im Krankenhaus hat man ihm gesagt, dass seine Nieren versagen und er sterben wird, wenn er sich nicht behandeln lässt. Das kann er nicht glauben. Er vermutet eine Intrige der Außerirdischen. Er will nach Hause in sein altes Leben.*

Dagegen genügen weniger gewichtige Schäden, etwa die Verweigerung einer Behandlung und Medikamenteneinnahme mit der unbestimmten Gefahr eines Krankheitsrückfalls oder der Verlängerung einer manischen Phase, nicht.

Wann sind alle vorrangigen Mittel ausgeschöpft?

Die Tatsache, dass die Behandlung kranker Personen mancherorts nahezu ohne Zwangsbehandlung auskommt, hat deutlich gemacht, dass es auch anders geht. Bauliche Strukturen, personelle Ausstattung, geduldiges Verhandeln, „Dabeisein", im Gespräch bleiben, Freiräume für „*Ver-rücktheit*" haben oft zu einer einvernehmlichen Behandlung geführt. Der rechtliche Betreuer ist gehalten, ein die Zwangsbehandlung vermeidendes Konzept der Behandlung einzufordern. Dies auch dann, wenn sich dadurch die Dauer der Unterbringung verlängern sollte. Die Einwilligung in die Zwangsbehandlung setzt voraus, dass alle anderen möglichen Konzepte gescheitert sind. Der rechtliche Betreuer darf sich nicht vorschnell mit dem Hinweis auf die gegebenen Strukturen der Klinik abfinden. Es ist Aufgabe der Kliniken, die bekannten Konzepte und Methoden zur Vermeidung von Zwangsbehandlung umzusetzen.

Jeder Einzelfall ist anders und muss für sich betrachtet werden.

Wann überwiegt der Nutzen einer Behandlung das Risiko?

Der zu erwartende Nutzen der ärztlichen Zwangsmaßnahme muss die zu erwartenden Beeinträchtigungen deutlich überwiegen. Nutzen und Risiken müssen in jedem einzelnen Fall sorgfältig ermittelt, geprüft und gewichtet werden. Dabei hat der rechtliche Betreuer neben den ärztlichen Erklärungen zu Wirkung und Nebenwirkungen der Behandlung alle anderen Folgen der Zwangsbehandlung in gleicher Weise zu berücksichtigen. Wie wird die mit der Zwangsbehandlung verbundene Gewalt von der rechtlich betreuten Person erlebt und verarbeitet? Kann sie das Dämpfungsfeld der Medikamente akzeptieren? Welche Folge hat die Zwangsbehandlung für ihre Lebensführung und ist diese Folge von ihr gewollt?

Wie lange darf die Zwangsbehandlung dauern?

Die Genehmigung einer Einwilligung in eine ärztliche Zwangsmaßnahme oder deren Anordnung darf die Dauer von sechs Wochen nicht überschreiten, wenn sie nicht vorher verlängert wird.[549]

Wie ist der Antrag zur Genehmigung der Zwangsbehandlung zu formulieren?

Die Einwilligung in die ärztliche Zwangsmaßnahme bedarf der Genehmigung des Betreuungsgerichts und ist nur im Rahmen einer freiheitsentziehenden Unterbringung möglich.

Der Antrag kann wie folgt gegliedert werden:

Aufbau eines Antrags zur Genehmigung der Zwangsbehandlung:

- Antrag

  Beantragt wird die betreuungsgerichtliche Genehmigung einer ärztlichen Zwangsmaßnahme der rechtlich betreuten Person.

- Beschreibung der Maßnahme

  Die ärztlichen Zwangsmaßnahmen bestehen aus … *(konkrete Beschreibung der medizinischen Maßnahme und der erforderlichen Zwangsmittel).*

- Einwilligungsunfähigkeit

  In Übereinstimmung mit der ärztlich attestierten Auffassung komme ich als rechtlicher Betreuer zu dem Schluss, dass die rechtlich betreute Person aufgrund … *(Benennung der psychischen Krankheit oder geistigen oder seelischen Behinderung)* nicht in der Lage ist, einen freien Willen zu bilden, und die Notwendigkeit der ärztlichen Maßnahme nicht erkennen kann.

- Zwang gegen den natürlichen Willen

  Die Maßnahme widerspricht ihrem natürlichen Willen. Es folgt die Beschreibung, wie sie dies zum Ausdruck bringt.

549 § 329 Abs. 1 Satz 2

- Überzeugungsversuch

  Folgende Versuche wurden unternommen, um die rechtlich betreute Person von der Notwendigkeit der ärztlichen Maßnahme zu überzeugen:

  Aufklärungsgespräch zwischen ... und ... am ...

  Besprechung zwischen der rechtlich betreuten Person *(und ggf. weiteren Personen)* und dem rechtlichen Betreuer am ...

  Einbeziehung folgender Vertrauenspersonen ...

  Als Anlage wird das Protokoll ... beigefügt.

- Abwehr eines schweren gesundheitlichen Schadens

  Die ärztliche Zwangsmaßnahme ist zur Abwehr eines drohenden erheblichen Schadens / zur Besserung eines bereits eingetretenen erheblichen Schadens für die rechtlich betreute Person erforderlich. *(Hier folgt die konkrete Beschreibung der drohenden/bestehenden Gefahr.)*

- Ausschluss alternativer Maßnahmen

  Der beschriebene gesundheitliche Schaden kann durch keine andere der rechtlich betreuten Person zumutbare Maßnahme abgewendet werden. Alternativ wurden folgende Maßnahmen geprüft und als nicht durchführbar verworfen: ...

- Nutzen

  Von der Zwangsmaßnahme ist folgender Nutzen zu erwarten: ... *(Hier folgt eine konkrete Beschreibung des Nutzens.)*

- Risiken/Beeinträchtigungen

  Demgegenüber sind von der Maßnahme folgende Beeinträchtigungen zu erwarten: ... *(Alle medizinischen sozialen und persönlichen Beeinträchtigungen sind vollständig aus der subjektiven Perspektive der rechtlich betreuten Person zu benennen.)*

  In Abwägung von Nutzen und Beeinträchtigung komme ich zu dem Ergebnis, dass der Nutzen deutlich überwiegt, weil ...

- Dauer der Maßnahme

  Die ärztliche Zwangsmaßnahme ist voraussichtlich für die Dauer von ... erforderlich.

5.3.5 Verfahren zur gerichtlichen Genehmigung der ärztlichen Zwangsmaßnahme

Die Einwilligung des rechtlichen Betreuers in eine ärztliche Zwangsmaßnahme bedarf der Genehmigung durch das Betreuungsgericht[550]. Auch eine Patientenverfügung, die eine

550 § 1832 Abs. 2 BGB

ärztliche Zwangsmaßnahme ausdrücklich gestattet, lässt den gerichtlichen Genehmigungsvorbehalt nicht entfallen.[551]

Kommentar

Damit wird eine gewünschte Zwangsbehandlung unmöglich, wenn nicht die im Gesetz definierten inhaltlichen Voraussetzungen für eine Zwangsbehandlung gegeben sind. Beispielsweise könnte eine an einer Psychose erkrankte Person wünschen, dass frühzeitig (auch wenn nötig mittels einer Zwangsbehandlung) eingegriffen wird, auch wenn lediglich weniger schwere Gefahren oder andere als die im Gesetz genannten Gefahren dadurch abgewendet werden sollen.

Bleibt nicht genug Zeit, um eine gerichtliche Genehmigung einzuholen, kann eine ärztliche Zwangsmaßnahme nur im Rahmen eines krankheitsbedingten akuten Notfalles erfolgen.

Das Verfahren zur Genehmigung ärztlicher Zwangsmaßnahme richtet sich nach den Bestimmungen in Unterbringungssachen.[552] Zu den Einzelheiten des Verfahrens gilt das im Abschnitt 5.3.3 Gesagte.

5.3.6 Aufgaben des rechtlichen Betreuers während des Vollzugs der freiheitsentziehenden Unterbringung, freiheitsentziehender Maßnahmen und der ärztlichen Zwangsmaßnahme

Freiheitsentziehende Unterbringung, freiheitsentziehende Maßnahmen und ärztliche Zwangsmaßnahme sind nur so lange zulässig, wie die Voraussetzungen gegeben sind. Entfallen die Voraussetzungen, ist die jeweilige Maßnahme zu beenden. Der rechtliche Betreuer hat die Einwilligung in die Maßnahme entsprechend zu widerrufen, wenn ihre Voraussetzungen weggefallen sind. Er hat den Widerruf dem Betreuungsgericht unverzüglich anzuzeigen und das Ende der Maßnahme bekannt zu geben. Wird die rechtlich betreute Person im Verlauf der Maßnahme beispielsweise wieder einwilligungsfähig, ist die Einwilligung in die Maßnahme zu widerrufen und die rechtlich betreute Person hat in eigener Verantwortung über den weiteren Verlauf zu entscheiden. Dabei darf sich der rechtliche Betreuer nicht ausschließlich auf eine entsprechende ärztliche Meldung vom Krankenhaus oder der Einrichtung, die die Maßnahme vollzieht, verlassen. Entsprechend dem vermuteten Verlauf hat er sich einen persönlichen Eindruck zu verschaffen und die jeweils aktuelle Situation zu besprechen.

Der rechtliche Betreuer hat darauf zu achten, dass die entsprechenden Dokumentationspflichten eingehalten werden. Eine Kopie in den eigenen Akten ist hilfreich, um den Verlauf der Maßnahme mit der rechtlich betreuten Person aufarbeiten zu können.

551 BT-Drucks. 18/11240, S. 20
552 § 312 Abs. 1 Nr. 3 FamFG

Mit entsprechendem Aufgabenbereich hat der rechtliche Betreuer die Versorgung der rechtlich betreuten Person im Krankenhaus / der Einrichtung (Wäsche, Taschengeld ...) zu organisieren.

Im Anschluss an die Maßnahme ist die Nachsorge mit der ärztlich weiterbehandelnden Praxis abzustimmen.

Nach der Entlassung sollte der Bericht des Krankenhauses angefordert werden. Hieraus können wertvolle Hinweise für die Weiterbehandlung und zur Vermeidung zukünftiger Zwangsmaßnahmen entnommen werden.

5.3.7 Die Aufgaben und die Beteiligung des rechtlichen Betreuers bei der öffentlich-rechtlichen Unterbringung des Betreuten[553]

Warum gibt es das Nebeneinander von betreuungsrechtlicher und öffentlich-rechtlicher Unterbringung?

Der Gesetzgeber hat bewusst das Nebeneinander von der bereits beschriebenen betreuungsrechtlichen Unterbringung und der öffentlich-rechtlichen Unterbringung erhalten. Anlass für Kritik und „Zuständigkeitsgerangel" bieten sich teilweilweise überschneidende Regelungen. Im Unterschied zum Betreuungsrecht, welche eine Unterbringung der rechtlich betreuten Person nur zur Abwehr einer ihr drohenden erheblichen gesundheitlichen Gefahr erlaubt, beinhaltet die öffentlich-rechtliche Regelung traditionell auch Maßnahmen aus Gründen der öffentlichen Sicherheit und Ordnung. Dieses Rechtsgebiet war ursprünglich ausschließlich als Polizeirecht und damit als Angelegenheit des Landesrechts verstanden worden.[554] Die Abwehr einer von der rechtlich betreuten Person ausgehenden Gefahr für Dritte oder die öffentliche Ordnung ist nicht Angelegenheit der rechtlichen Betreuung, sondern erfordert das Tätigwerden der nach dem Landesrecht dafür bestimmten Behörde.

Wer ist wann zuständig?

Die Frage, ob in der aktuellen Situation eher die Gefahr für Dritte abzuwenden ist oder ob es um das Abwenden einer erheblichen Gefahr für die Gesundheit und/oder das Leben der rechtlich betreuten Person geht, bietet oft Anlass zu Streitigkeiten.

Teilweise vertritt die zuständige Behörde die Auffassung, dass der rechtliche Betreuer grundsätzlich vorrangig tätig werden muss. Dem ist entgegenzuhalten, dass die zuständige Behörde, die von einem Sachverhalt in Kenntnis gesetzt ist, von Amts wegen prüfen muss, ob die Unterbringungsvoraussetzungen nach dem jeweiligen Landesrecht vorliegen. Insbesondere ist von der Behörde zu prüfen, ob wegen Gefahr im Verzug die sofortige Unterbringung der betroffenen Person erforderlich ist.

Die Behörde kann ihre Zuständigkeit mit dem Hinweis auf die Zuständigkeit des rechtlichen Betreuers nicht ablehnen, wenn der rechtliche Betreuer oder/und das Betreuungsgericht

553 Vgl. Walther, BtPrax 2017, S. 217–220
554 Vgl. BT-Drucks. 11/4528, S. 80 ff.

nicht erreichbar sind oder beispielsweise nicht bekannt ist, ob der erforderliche Aufgabenbereich überhaupt Bestandteil des Aufgabenkreises des rechtlichen Betreuers ist. Die betreuungsrechtliche Unterbringung durch den hierzu berechtigten rechtlichen Betreuer bei Gefahr im Verzug stößt zudem an ihre Grenzen, wenn Gewalt angewendet werden muss oder die Wohnung zu öffnen ist. Hier kann der rechtliche Betreuer nicht ohne entsprechenden betreuungsgerichtlichen Beschuss handeln.

Viele rechtliche Betreuer sind erleichtert, wenn eine erforderliche Unterbringung im Wege der öffentlich-rechtlichen Unterbringung nach Landesrecht erfolgt. Sie sind von der Pflicht zum Antrag zur Genehmigung der Maßnahme entledigt. Dabei vergessen sie, dass gerade ihre Kenntnis zur rechtlich betreuten Person die Achtung der Wünsche, des Willens, auch des mutmaßlichen Willens, sicherstellen soll. Entsprechend ist die betreuungsrechtliche Unterbringung gegenüber der öffentlich-rechtlichen Unterbringung, wenn es um die Abwehr einer Gefahr für das Leben und die Gesundheit der rechtlichen betreuten Person geht, stets vorrangig. Die öffentlich-rechtliche Unterbringung springt in diesen Fällen nur ein, wenn die betreuungsrechtliche Unterbringung aus tatsächlichen Gründen nicht durchgeführt werden kann.

Hat der rechtliche Betreuer im öffentlich-rechtlichen Unterbringungsverfahren Aufgaben zu erledigen?

Auch wenn sich die jeweiligen Unterbringungsgesetze der Länder unterscheiden, fällt dem rechtlichen Betreuer doch die eine oder andere Aufgabe zu. Die differenzierte Darstellung der landesrechtlichen Regelung würde den Rahmen des Werkes sprengen und soll dem Unterricht zum Modul vorbehalten bleiben. Denkbar ist, dass die Teilnehmenden im Rahmen des Unterrichtes die für ihr Land geltende Bestimmung und die sich daraus konkret ergebenden Aufgaben kennenlernen.

An dieser Stelle sollen Hinweise gegeben werden, woraufhin die jeweiligen landesrechtlichen Bestimmungen untersucht werden können.

- Das Verfahren zur freiheitsentziehenden Unterbringung, freiheitsentziehenden Maßnahme oder ärztlichen Zwangsmaßnahme bei volljährigen Personen nach den Landesgesetzen über die Unterbringung psychisch kranker Personen ist entsprechend den bereits beschriebenen Bestimmungen für das betreuungsrechtliche Verfahren geregelt (siehe Abschnitt 5.3.3).[555] Der rechtliche Betreuer – mit entsprechendem Aufgabenbereich – ist Beteiligter.
- In den landesrechtlichen Bestimmungen kann dem rechtlichen Betreuer die Möglichkeit der Akteneinsicht eingeräumt sein. Mit entsprechendem Aufgabenbereich ist er befugt, die Krankenakte des Krankenhauses einzusehen.
- Es bestehen unterschiedliche Regelungen bezüglich der Informationen, die über die Maßnahme als solche und deren Verlauf an den rechtlichen Betreuer zu geben sind.
- Nach erfolgter Unterbringung ist ein Behandlungsplan zu erstellen. Der rechtliche Betreuer hat hier eine möglicherweise vorhandene Patientenverfügung oder andere Er-

555 § 312 Nr. 4

kenntnisse, die für den Behandlungsplan von Bedeutung sein können, mit einzubringen und dem Willen der rechtlich betreuten Person Gehör zu verschaffen.

- Zu prüfen ist, ob und wie weit die Regelungen zur Nachsorge den rechtlichen Betreuer mit einbeziehen.
- Der rechtliche Betreuer mit entsprechendem Aufgabenbereich ist bei der Regulierung der Kosten der Unterbringung (soweit diese nicht von anderer Stelle zu übernehmen sind) und der Verfahrenskosten beteiligt.
- Mit entsprechendem Aufgabenbereich hat der rechtliche Betreuer die Versorgung (z.B. Wäsche, Taschengeld) der rechtlich betreuten Person im Krankenhaus zu organisieren.

5.4 Modul 4

Thema des Moduls

Personensorge 1

Zeitaufwand in Zeitstunden: 15

Liste der vorgegebenen Inhalte:

- Grundkenntnisse über typische betreuungsrelevante Erkrankungen und Behinderungen, deren Auswirkungen, Gefahren und Behandlungsmöglichkeiten
- Möglichkeiten der Vermeidung einer freiheitsentziehenden Unterbringung, sonstiger freiheitsentziehender Maßnahmen und ärztlicher Zwangsmaßnahmen

In dem Modul 4 des Sachkundelehrgangs geht es um das Kennenlernen typischer betreuungsrelevanter Erkrankungen und Behinderungen, sogenannter „Anlasserkrankungen". Sie sind ursächlich für den Verlust der Fähigkeit, die eignen rechtlichen Angelegenheiten zu regeln.

Inhalte sind die Diagnostik, Verlauf und die Behandlung. Betreuungsrechtlich von besonderer Bedeutung ist die Besprechung der Auswirkung einzelner Krankheitsbilder im Hinblick auf die Fähigkeit, einen freien Willen bilden zu können und die eigenen rechtlichen Angelegenheiten erledigen zu können. Auch das Wissen um einen sehr unterschiedlichen Verlauf ist für den Umgang mit erkrankten bzw. behinderten Personen von erheblicher Bedeutung.

Weitere Inhalte sind die Formen der betreuungsrelevanten Behinderungen. Rechtliche Betreuer benötigen das Wissen zu der Auswirkung unterschiedlicher Schweregrade von Behinderungen auf die Fähigkeit, einen freien Willen bilden zu können und die eigenen rechtlichen Angelegenheiten erledigen zu können. Zudem gilt es, Rahmenbedingungen und Trainingsmöglichkeiten kennenzulernen, die einen möglichst großen Raum für Selbstbestimmung geben.

Als besondere Herausforderung sind Wechselwirkungen beim Vorliegen unterschiedlicher Krankheiten oder von Krankheit und Behinderung zu besprechen.

Der zweite Themenkomplex beschäftigt sich mit den Möglichkeiten der Vermeidung von freiheitsentziehender Unterbringung, freiheitsentziehender Maßnahmen und ärztlicher Zwangsmaßnahmen. Zu unterscheiden sind hier die großen Bereiche:

- Vermeidung von Zwangsmaßnahmen im psychiatrischen Hilfesystem,
- Vermeidung von Zwangsmaßnahme in der Pflege älterer und von Menschen mit Behinderung.

An dieser Stelle können die medizinischen Aspekte der unterschiedlichen Krankheitsbilder nicht referiert werden. Dies bleibt der entsprechenden Fachliteratur und dem Sachkundelehrgang vorbehalten. Im Folgenden sollen einige Aspekte der betreuungsrechtlichen Praxis der Gesundheitssorge angesprochen werden. Das Thema wird im Modul 5 weiterbehandelt.

5.4.1 Betreuungsrelevante Erkrankungen und Behinderungen

Eine rechtliche Betreuung darf nur für Aufgabenbereiche bestellt werden, in denen die Unfähigkeit zur Besorgung von Angelegenheiten auf einer Krankheit oder Behinderung beruht.[556] Entsprechend ist betreuungsrechtliche Unterstützung/Vertretung immer die Unterstützung/Vertretung für eine erkrankte oder Person mit einer Behinderung.

Nach der Evaluation des zweiten Betreuungsrechtsänderungsgesetzes 2009 waren in mehr als der Hälfte der Fälle psychische Krankheiten oder/und Suchterkrankungen Grundlage für die Bestellung von rechtlichen Berufsbetreuern.[557]

Freiberuflich tätige rechtliche Berufsbetreuer*innen vertreten am häufigsten Menschen mit psychischen Störungen einschließlich Persönlichkeitsstörungen. An zweiter Stelle der Häufigkeit stehen Mischformen von Krankheit und Behinderung gefolgt von psychischen Störungen als Folge von Abhängigkeitserkrankungen. Insgesamt werden freiberuflich tätige rechtliche Berufsbetreuer*innen eher für jüngere als ältere Menschen für die Führung einer rechtlichen Betreuung bestellt. Bei den älteren Menschen stehen unterschiedliche Formen der Demenz im Vordergrund. Am wenigsten häufig ist die Bestellung für Personen mit geistiger oder körperlicher Behinderung.[558]

Neben den Grundkenntnissen zu den Krankheiten und Behinderungen sind die Kenntnisse zu dem jeweiligen Hilfesystem von besonderer Bedeutung. Die entsprechende Infrastruktur ist örtlich sehr unterschiedlich ausgestaltet und hat maßgeblichen Einfluss auf die Möglichkeiten der Behandlung und oder die Möglichkeiten, das Leben mit der Krankheit zu gestalten.

---

556 § 1814 Abs. 1 BGB

557 Köller/Engels, Rechtliche Betreuung in Deutschland – Evaluation des Zweiten Betreuungsrechtsänderungsgesetzes, Bundesanzeiger Verlag 2009, S. 76

558 ISG, Qualität in der rechtlichen Betreuung, Abschlussbericht, S. 68 ff.

Tipp

Für Ihre Praxis biete sich an, dass Sie ein auf Ihre Örtlichkeit bezogenes Organigramm zu der angebotenen Infrastruktur erstellen.

Die folgende Erörterung zu den Versorgungssystemen wird ergänzt durch die im Rahmen von Sozialleistungen gewährten Hilfen, die im Rahmen der Module 8 und 9 besprochen werden. Ein von Ihnen erstelltes Organigramm wird sich somit über die Module weiter vervollständigen. Im Organigramm können die konkreten Ansprechpartner für die jeweiligen Hilfen eingetragen werden. Zudem ist es hilfreich, die Strukturen und Konzepte der Anbieter kennenzulernen. Im folgenden Abschnitt werden Hinweise zur Erstellung eines Organigramms am Beispiel der sozialpsychiatrischen Hilfen gegeben. Bei der Erstellung des Organigramms zu den Hilfen für ältere und Personen mit Behinderung kann in gleicher Weise vorgegangen werden.

5.4.2 Sozialpsychiatrische Hilfen

Jede Hilfe muss die betroffene Person in ihrer Erlebniswelt sehen und daran anknüpfen.

Wie erlebt sich die betroffene Person selbst?

> „Ver-rücktheiten sind sehr unterschiedlich, aber sie müssen keine Krankheit sein oder werden: Ver-rücktheiten können uns helfen, mehr über uns selber zu erfahren, neue Sichtweisen kennenzulernen und können Phantasie und Kreativität freisetzen. Ver-rücktheiten können aber auch Leiden verursachen, unsere Beziehungen und die sozialen Lebensgrundlagen zerstören, dazu führen, in der Psychiatrie zu landen und schlimmstenfalls den Tod verursachen."[559]

Von *„Ver-rücktheit"* betroffene Personen erleben sich nicht zwingend als krank. Dem Krankheitsbegriff kann folgende These gegenübergestellt werden:

> „Ver-rücktheit ist eine Begabung, allerdings eine Begabung, mit der man lernen muss, umzugehen. Krieg gegen das Ver-rücktsein zu eröffnen, ist dagegen, als eröffne man das Feuer gegen sich selber."[560]

Der Umgang mit der eigenen *„Ver-rücktheit"* ist mühsam und muss erlernt werden. Eckpunkte sind:

- das Anerkennen und Akzeptieren der eigenen *„Ver-rücktheit"* und der damit verbundenen Krisen,
- die Analyse der Situationen, die in die Krise führen,
- das Anerkennen der Verantwortung für sich selbst,
- ein eigener Plan, die *„Ver-rücktheit"* zu steuern,
- Personen, die helfen.

559 Siehe Landesverband Psychiatrie-Erfahrener NRW www.psychiatrie-erfahrene-nrw.de >> Psychopharmaka und Ver-rücktheit >> Tipps und Tricks, um Ver-rücktheiten zu steuern (Zugriff: 4.2.2020)

560 Landesverband Psychiatrie-Erfahrener NRW, a.a.O.

Tendenziell dürfte sich der Anteil von Personen mit psychiatrischer Erkrankung an den von freiberuflich geführten rechtlichen Betreuungen weiter erhöht haben.

Eine der Ursachen kann darin erkannt werden, dass die Hilfen für Personen mit *„Ver-rückt-heiten"* zwar konzeptionell ausgereift sind, jedoch nicht flächendeckend bereitgestellt werden. Es erfordert viel Kraft und Willensstärke, die benötigten Leistungen zu erhalten. Gelingt dies nicht, führt dies zur Ausgrenzung. Besonders betroffen sind Personen mit chronischer hochgradiger *„Ver-rücktheit"*. Die betroffenen Personen befinden sich in Krisensituationen, welche ihre materielle Existenz oder die körperliche Gesundheit bedrohen. Die betreuungsrechtliche Hilfe hat die Aufgabe, den Zugang zum Hilfesystem zu ermöglichen. Erklärtes Ziel ist es, der rechtlich betreuten Person zu ermöglichen, mit ihrer *„Ver-rücktheit"* das eigene Leben selbstbestimmt und eigenverantwortlich zu gestalten und die rechtliche Betreuung aufheben zu können.

Erforderlich ist ein gutes Wissen über die örtlichen Strukturen der privaten und professionellen Hilfe für psychisch kranke Personen.

Wie kann ich etwas über die privaten und professionellen Strukturen des gemeindenahen sozialpsychiatrischen Netzwerkes erfahren?

Der globalen Vernetzung sei Dank, die meisten Informationen sind im Internet zu finden. Vielerorts haben sich die Leistungserbringer und Leistungsträger von psychiatrischen und sozialpsychiatrischen Hilfen im örtlichen Gemeindepsychiatrischen Verbund (GPV) oder in Arbeitsgemeinschaften für psychisch kranke Personen zusammengeschlossen. Diesen Zusammenschlüssen sollten auch Selbsthilfegruppen und Personen mit Erfahrung aus der Psychiatrie angehören. Die jeweiligen Zusammenschlüsse verfolgen das Ziel, wohnortnahe Leistungen für erwachsene Personen mit psychischen Beeinträchtigungen sicherzustellen. Dies darf nicht darüber hinwegtäuschen, dass die Hilfen für psychisch kranke Personen durch unterschiedliche Kostenträger stark voneinander abgeschottet sind.

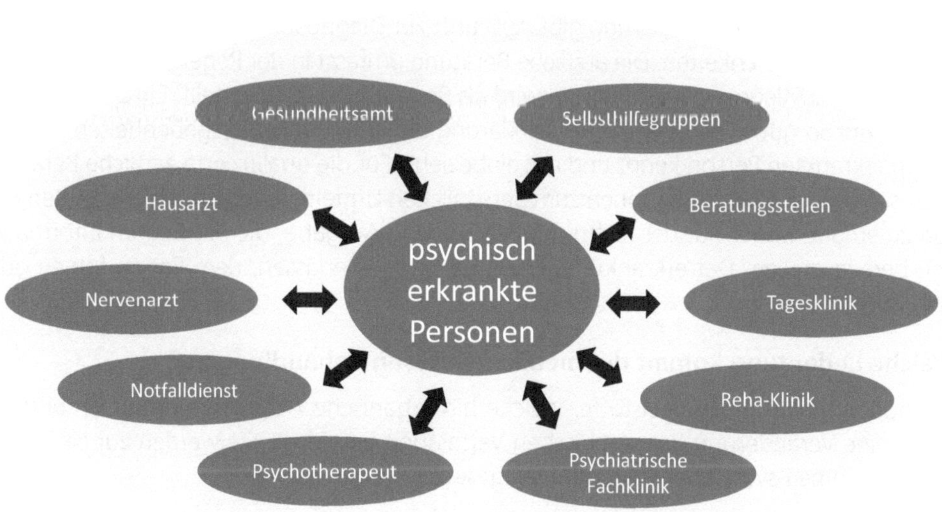

Schaubild: Hilfen für psychisch kranke Personen

Innerhalb des jeweiligen Teilbereichs ist das System weiter zersplittert. Das bedeutet, dass unterschiedliche Kostenträger/Anbieter mit den jeweiligen Leistungsvoraussetzungen und Konzepten Teilbereiche des Hilfebedarfs abdecken und eine integrierte ganzheitliche Hilfe nicht angeboten wird.

Der einfachste Weg, das sozialpsychiatrische Netzwerk kennenzulernen, ist der persönliche Kontakt zu Arbeitskreisen, den Anbietern und Beratungsstellen. Wichtig sind nicht nur allgemeine Informationen zu den Leistungen. Gleichermaßen bedeutsam ist das Wissen um die dahinterstehenden Strukturen und Konditionen, zu denen die einzelnen Anbieter gestalten können.

5.4.2.1 Medizinische Behandlung

Die an erster Stelle gesetzte Besprechung der medizinischen Hilfe wird dem Glauben der Justiz und der Kostenträger an den medizinischen Sachverstand gerecht. Tatsächlich hat die medizinische Behandlung im System der sozialpsychiatrischen Hilfen eine Bedeutung, aber nicht zwingend die entscheidende Bedeutung.

Der Begriff „psychische Erkrankungen" umfasst verschiedene Krankheitsbilder, die in unterschiedlichen Schweregraden auftreten. In den meisten Fällen haben psychisch erkrankte Personen, für die eine rechtliche Berufsbetreuung bestellt wird, bereits einen längeren, schweren Krankheitsverlauf hinter sich.

Zur rechtlichen Wirkung der Einwilligung in eine ärztliche Maßnahme, der Einwilligungsfähigkeit und zur Beachtlichkeit des Patientenwillens wird auf Abschnitt 5.5 verwiesen. Für die weiteren Ausführungen wird davon ausgegangen, dass die rechtlich betreute Person rechtliche Unterstützung bei der Entscheidungsfindung benötigt oder sogar eine stellvertretende Entscheidung erforderlich ist.

Welche Rolle kommt der ärztlichen Beratung/Aufklärung zu?

Die ärztliche Beratung/Aufklärung gibt Auskunft zur Diagnostik und zu den medizinischen Behandlungsmöglichkeiten. Die ärztliche Beratung umfasst in der Regel die Leistungen der Kranken- und Pflegeversicherung und wird als Behandlungsplan erstellt. Ein Behandlungsplan ist nur so gut, wie die ärztliche Aufklärung die individuellen Gegebenheiten der psychisch erkrankten Person kennt und mit einbezieht. Für die qualifizierte ärztliche Beratung ist es somit wichtig, Informationen zum persönlichen Umfeld der psychisch erkrankten Person zu erhalten. Hier hat der rechtliche Betreuer die Aufgabe, die benötigten Informationen bereitzustellen. Der erkrankten Person bleibt es überlassen, dem Rat zu folgen oder eben nicht.

Welche Bedeutung kommt der medikamentösen Behandlung zu?

Psychopharmaka sind Arzneistoffe, welche hirnorganische Abläufe beeinflussen und dadurch eine Veränderung der psychischen Verfassung bewirken. Sie werden zur Linderung der Symptome psychischer Störungen eingesetzt.

Zu unterscheiden sind die Behandlung in der akuten Krise und die Langzeitbehandlung.

Bei einer Krise ist ein Punkt der inneren Erregung überschritten und der Sprung aus der Realität geschehen. Wenn das, aus welchen Gründen auch immer, passiert ist, geht es in erster Linie darum, das Überleben abzusichern. Medikamente sind dann oft der einzig verbleibende Weg, wieder einen Fuß in die Realität zu bekommen.

Nach der Bewältigung der Krise wird vom Arzt regelmäßig zur Prophylaxe erneuter Krisen eine Dauermedikation empfohlen.

Welche Aspekte sind bei der Entscheidung für oder gegen die Dauermedikation zu berücksichtigen?

Zu klären ist, ob die Dauermedikation tatsächlich erforderlich ist oder noch andere Möglichkeiten bestehen, die *„Ver-rücktheit"* zu steuern. In die Überlegung sollten folgende Aspekte einbezogen werden:

- den Alltag auf Belastungen prüfen (soziale Isolierung, unbefriedigende Arbeitssituation, zu wenig oder zu viel Stress, Konflikte, Schulden, Wohnungslosigkeit usw.);
- Substanzmittelmissbrauch;
- Ernährung;
- Raum für *„ver-rückte"* Zustände leichterer Art schaffen;
- Verschlimmerungen bemerken;
- Notfallplan;
- private Hilfen, die vorhanden sind oder aktiviert werden können.

Zudem sollten die möglichen Hilfen durch andere Stellen geprüft werden. Die folgende Grafik zeigt die möglichen Ansprechpartner.

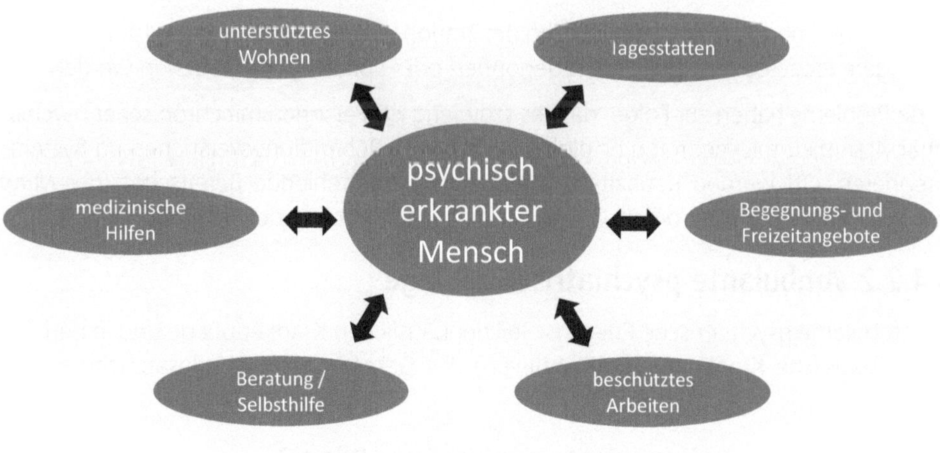

Schaubild: Weitere Hilfen für psychisch kranke Personen

Gegen die Vorteile der Medikamente sind die nicht erwünschten Wirkungen abzuwägen, z.B.

- physische oder psychische Abhängigkeit;
- notwendige Kontrolluntersuchungen;
- Toleranzentwicklung (in der Krise bedarf es einer höheren Dosierung);
- Wechselwirkung mit anderen Arzneistoffen;
- überschießende Gegenreaktion bei abruptem Absetzen;
- Gedächtnisprobleme;
- stark schwankende Wirksamkeit;
- Wirkung auf Herz, Leber, Nieren;
- Einschränkung der Fahrtüchtigkeit.

Medikamente verhindern zudem das Training eigener Kräfte, mit der *„Ver-rücktheit"* zurechtzukommen. Die Abwägung zur Einnahme einer Dauermedikation ist aus der subjektiven Sicht der rechtlich betreuten Personen vorzunehmen (siehe auch Modul 5, Abschnitt 5.5).

Welche Probleme gibt es bei der Suche nach wirksamer Hilfe?

Allgemein werden im System der medizinischen Versorgung psychisch kranker Personen folgende Probleme beschrieben:

- In der ambulanten Versorgung fehlen Fachärzte.
- Die stationäre Behandlung ist nur sehr schwach mit der ambulanten Versorgung verzahnt.
- Der zunehmende Druck zur Kürzung der stationären Aufenthaltsdauer führt dazu, dass längere Prozesse entweder nicht begonnen oder vorzeitig abgebrochen werden.

Diese Probleme haben zur Folge, dass es schwierig ist, Personen mit chronischer psychiatrischer Krankheit mit mehreren erfolglos verlaufenen Behandlungsversuchen im System zu integrieren. Oft werden Kapazitätsprobleme oder die fehlende Bereitschaft der Mitwirkung der erkrankten Person als Grund für die Einschränkung der Hilfe angegeben.

5.4.2.2 Ambulante psychiatrische Pflege

Die ambulante psychiatrische Pflege ist Teil der häuslichen Krankenpflege und in den Richtlinien (Häusliche Krankenpflege-Richtlinien) des Gemeinsamen Bundesausschusses konkretisiert.

Wer hat Anspruch auf ambulante psychiatrische Pflege?

Bei Menschen mit psychischer Erkrankung ist Voraussetzung für die Verordnung von Maßnahmen der psychiatrischen Krankenpflege, dass der Versicherte über eine ausreichende Behandlungsfähigkeit verfügt. Voraussetzung ist das krankheitsbedingte Vorliegen einer Fähigkeitsstörung. Als Fähigkeitsstörungen gelten:

- das Leben im Alltag nicht mehr selbstständig bewältigen oder koordinieren zu können;

- Störungen des Antriebs oder der Ausdauer oder der Belastbarkeit in Verbindung mit der Unfähigkeit der Tagesstrukturierung oder der Einschränkung des planenden Denkens oder des Realitätsbezugs;
- Einbußen bei
  - der Kontaktfähigkeit,
  - den kognitiven Fähigkeiten wie Konzentration, Merkfähigkeit, Lernleistung und problemlösendes Denken,
  - dem Zugang zur eigenen Krankheitssymptomatik,
  - dem Erkennen und Überwinden von Konfliktsituationen und Krisen.

Im Pflegeprozess muss die Fähigkeitsstörung positiv beeinflusst werden. Die Verordnung durch den Facharzt kann zunächst für 14 Tage und danach für länger erfolgen.[561]

Was leistet die ambulante psychiatrische Pflege?

Ziel ist die Behebung oder Milderung der Fähigkeitsstörung. Der Patient soll die Fähigkeit, die eigenen Lebensprobleme selbstständig zu lösen, zurückerlangen. Die ambulante psychiatrische Pflege versucht, das Umfeld zu beteiligen und einer Isolation entgegenzuwirken. Dadurch sollen wiederkehrende Klinikaufenthalte vermieden werden. Die ambulante psychiatrische Pflege ist ein flexibles aufsuchendes Angebot und unterstützt das Behandlungskonzept. Sie ist Bindeglied zwischen Beratungsstellen, Kliniken, Rehabilitationseinrichtungen, Ärzten, Therapeuten, Tageskliniken, betreutem Wohnen und anderen psychosozialen Diensten und Angeboten in der Gemeinde. Die Häufigkeit der Besuche orientiert sich am Bedarf der Patienten und kann von mehrmals täglich bis einmal monatlich variieren.

5.4.2.3 Teilhabeleistungen

Teilhabeleistungen bilden eine tragende Säule bei der Behandlung insbesondere chronisch verlaufender psychiatrischer Erkrankungen. Die möglichen Leistungen werden im Modul 9 Abschnitt 5.9 behandelt.

5.4.2.4 Tagesstruktur

Welche Bedeutung hat die Tagesstruktur für die betroffene Person im Umgang mit der eigenen „Ver-rücktheit"?

Tagesstrukturierende Maßnahmen unterstützen und ermutigen dabei, einen Weg in gemeinschaftliche Aktivitäten zu finden. Sie lösen aus der sozialen Isolierung und helfen dabei, in ein soziales Umfeld eingebunden zu werden. Es bietet sich Raum für ein Leben mit der eigenen *„Ver-rücktheit"*. Das soziale Umfeld kann helfen zu merken, wenn „es" wieder losgeht. Die Tagesstruktur dient dem Erhalt von Fähigkeiten und Fertigkeiten, Förderung der eigenen Kompetenzen zur Selbstversorgung und Förderung der individuellen Lebenszufriedenheit und Entwicklung der Persönlichkeit. Die Hilfen können bis zur Integration in

561 Siehe § 4 Häusliche Krankenpflege-Richtlinien, www.g-ba.de/informationen/richtlinien/11/ (Zugriff: 5.9.2022)

den ersten Arbeitsmarkt führen und werden ebenfalls im Modul 9 Abschnitt 5.9 behandelt.

5.4.3 Möglichkeiten der Vermeidung einer freiheitsentziehenden Unterbringung, sonstiger freiheitsentziehender Maßnahmen und ärztlicher Zwangsmaßnahmen

Grundsätzlich ist Zwang immer das letzte Mittel. Vorrangig sind alle Maßnahmen, welche die Anwendung von Zwang vermeiden können. Die rechtliche Voraussetzung der Genehmigung von freiheitsentziehender Unterbringung, sonstiger freiheitsentziehender Maßnahmen und ärztlicher Zwangsmaßnahmen wurde bereits im Modul 3 besprochen.

Im Folgenden geht es um Aspekte, die der Vermeidung freiheitsentziehender Unterbringung, sonstiger freiheitsentziehender Maßnahmen und ärztlicher Zwangsmaßnahmen dienen und vom rechtlichen Betreuer zu berücksichtigen sind. Beispielhaft werden die Vermeidung von Zwangsmaßnahmen im psychiatrischen Hilfesystem und die Vermeidung von freiheitsentziehenden Maßnahmen in der Pflege älterer Menschen und von Menschen mit Behinderung besprochen. Vertiefend ist zu empfehlen, konkrete Fallbeispiele zu besprechen und den jeweiligen Verlauf zu analysieren.

Das Handeln des rechtlichen Betreuers ist immer auf den Einzelfall abzustellen. Die Schwere des Eingriffs in die Freiheitsrechte der rechtlich betreuten Person und die schwierig abzuwägenden Schutzpflichten sind für alle Beteiligten mit einer erheblichen fachlichen, aber auch persönlichen Belastung verbunden. Rechtlichen Berufsbetreuer*innen kann daher dringend empfohlen werden, sich Möglichkeiten zu schaffen, um die jeweiligen Situationen reflektieren und besprechen zu können. Möglichkeiten sind beispielsweise die kollegiale Beratung, Supervision oder die ethische Fallbesprechung im Krankenhaus.

5.4.3.1 Vermeidung von Zwangsmaßnahmen im psychiatrischen Hilfesystem

Die Vermeidung von Zwang im psychiatrischen Hilfesystem baut auf dem zuvor Gesagten auf und folgt der These, dass ein funktionierendes sozialpsychiatrisches System auf Zwang verzichten kann. Dennoch wird es immer Situationen geben, die eine Unterbringung oder eine ärztliche Zwangsmaßnahme erforderlich machen.

Zu unterscheiden sind zwei grundlegende Ausgangssituationen.

a) Die Zwangsmaßnahme soll der (erst kürzlich) erkranken Person die Möglichkeit geben, die eigene Krankheit zu erkennen, um später selbstbestimmt entscheiden zu können, wie sie behandelt werden will. Aus der Behandlung psychiatrischer Erkrankungen ist bekannt, dass der Verlauf sehr unterschiedlich sein kann. Eine schleichende Verschlimmerung kann über längere Zeit deutlich unterhalb der gesetzlich definierten Schwelle für einen erheblichen Schaden bleiben. So kann ein erst im Nachhinein erkennbarer irreparabler Grad der Chronifizierung erreicht werden. Hieraus ergibt sich die individuelle und subjektiv zu beantwortende Frage, welche Gefahr als erheblich angesehen werden muss.

Gleichermaßen schwierig ist die Frage zu beantworten, wie oft der unter Anwendung von Zwang vorgenommene Versuch, der rechtlich betreuten Person eine freie Willensbildung zu ermöglichen, vorgenommen werden soll, bevor, nach wiederholtem Scheitern, ihr Wille zu akzeptieren ist, mit ihrer Krankheit und der damit verbundenen existenziellen Gefahr zu leben.

Bei der Beantwortung dieser Fragen ist auf die individuellen Aspekte abzustellen. Hilfen finden Sie unter anderem im Rahmen von ethischen Fallbesprechungen, wie sie teilweise von Krankenhäusern angeboten werden, oder (kollegialer) Supervision.

b) Die zweite Ausgangssituation ist gekennzeichnet durch die bereits eingetretene Chronifizierung der psychiatrischen Erkrankung. Die erkrankte Person hat sich entschieden, ihre Ver-rücktheit zu akzeptieren, die subjektiv erlebten negativen Folgen von Behandlung nicht zu akzeptieren, auch wenn damit in Kauf genommen wird, dass von Zeit zu Zeit eine lebensbedrohliche Verschlimmerung eintritt, die nur durch die Anwendung von Zwang behoben werden kann. Dabei nimmt sie in Kauf, dass der erforderliche Zwang zu spät kommen kann.

Die Vermeidung von Zwang beginnt bereits am ersten Tag der rechtlichen Betreuung. Das Kennenlernen der rechtlich betreuten Personen mit ihren Wünschen, ihrem Willen und ihrer eigenen Erlebniswelt bildet die Grundlage für das Handeln des rechtlichen Betreuers. Der rechtliche Betreuer hat in dem bereits oben genannten Hilfesystem dafür zu sorgen, dass die rechtlich betreute Person in ihrer Individualität gesehen wird und ihre Wünsche gehört werden. Entscheidend ist, dass der rechtliche Betreuer das Gesamtsystem im Blick hat und dafür sorgt, dass die möglichen Hilfen passgenau auf die individuellen Verhältnisse der rechtlich betreuten Personen zugeschnitten werden. Normalerweise müsste das Hilfesystem ohne die rechtliche Betreuung funktionieren. Tatsache ist aber, dass die einzelnen Bestandteile des Hilfesystems zum einen überlastet sind und zum anderen in ihren Standards so weit festgefahren agieren, dass wenig Raum für den individuellen und passgenauen Zuschnitt der Hilfe bleibt.

Bestandteile der Vermeidung von Zwangsmaßnahmen im psychiatrischen Hilfesystem sind:

- das Kennen der Erlebniswelt der rechtlich betreuten Person sowie die subjektive Sichtweise zur eigenen Krankheit,
- vorausschauende Besprechung von Handlungsschritten, die unter vereinbarten Voraussetzungen erfolgen sollen (Behandlungsvereinbarung, Patientenverfügung),
- Zwang zu thematisieren, auch wenn dies öfter angegangen werden muss (Zwang darf kein Tabuthema sein),
- das Kennen und Pflegen guter Beziehungen zum sozialpsychiatrischen Netzwerk mit seinen Einrichtungen und seinen Akteuren,
- die Einbindung von wichtigen Personen aus dem sozialen Umfeld der rechtlich betreuten Person,
- Nachbesprechung durchlaufener Zwangsmaßnahmen.

5.4.3.2 Vermeidung von freiheitsentziehenden Maßnahmen in der Pflege älterer Menschen und von Menschen mit Behinderung

Situationen, die mit freiheitsentziehenden Maßnahmen in der Pflege älterer Menschen oder Menschen mit Behinderung einhergehen, sind sowohl in der stationären als auch in der ambulanten Pflege und Versorgung bekannt. Die Vermeidung von freiheitsentziehenden Maßnahmen muss an folgenden Aspekten ansetzen.

Zum einen geht es darum, das tatsächliche Umfeld so zu gestalten, dass mögliche Gefahren nicht erst entstehen.

a) Vorbeugung durch Erhalt der körperlichen und geistigen Leistungsfähigkeit. Bestandteile sind:
   1. Verbesserung der Vitalfunktion durch medizinische Behandlung, medizinische Rehabilitation u.Ä.,
   2. ausreichendes Essen und Trinken,
   3. mobilisierende Pflege,
   4. subjektive Zufriedenheit mit der eigenen Situation.

b) Beseitigung von Gefahren durch bauliche/technische Änderungen mit dem Ziel der Anpassung der Wohnsituation an die Behinderung. Bestandteile sind unter anderem:
   1. Umbau des Bades,
   2. Absenken des Bettes,
   3. Sturzprophylaxe durch entsprechende Kleidung, Beseitigung von Stolperfallen.

c) Ausreichende personelle Kapazitäten für die Pflege und die Alltagsbegleitung.

d) Notfallhilfe (Notrufknopf im Zimmer/Hausnotruf).

e) Mildere Mittel:
   1. Signalgeber, um das Verlassen des Hauses anzuzeigen und dann Begleitung zu ermöglichen,
   2. Personenortung für Personen, denen die örtliche Orientierung fehlt.

Der zweite Aspekt ist ein verfahrensrechtlicher Ansatz und ist unter dem Begriff „Werdenfelser Weg" weit verbreitet. Der Werdenfelser Weg bemüht sich, oft vorhandenes starres Sicherheitsdenken aufzubrechen und eine verantwortungsvolle Abwägung aller Aspekte, die eine freiheitsentziehende Unterbringung / freiheitsentziehende Maßnahme nahelegen, zu ermöglichen. Es ist ein Ansatz, der sowohl den Einzelfall im Blick hat, dabei aber auch Bewusstsein innerhalb der örtlichen Infrastruktur der Altenpflege schaffen will.

Im Einzelfall geht es um eine individuelle, nicht an bloßen Standards orientierte Bewertung der bestehenden Risiken. Dabei sind sowohl die Risiken, die vermieden werden sollen, als auch die Risiken, die durch die freiheitsentziehende Unterbringung oder die freiheitsentziehende Maßnahme entstehen, kritisch auf der Grundlage der subjektiven Erlebniswelt der rechtlich betreuten Person gegenüberzustellen.

Bezogen auf Infrastruktur lebt der Werdenfelser Weg dadurch, dass er auf den bewussten verantwortungsvollen Austausch zwischen den pflegenden Personen, den Einrichtungen, dem Betreuungsgericht, den Verfahrenspfleger*innen, den rechtlichen Betreuern und anderen Beteiligten setzt. Dieser Austausch steht unter dem erklärten Ziel der weitgehenden Vermeidung von freiheitsentziehender Unterbringung und freiheitsentziehenden Maßnahme in der stationären, aber auch der ambulanten Pflege.[562]

5.5 Modul 5

Thema des Moduls

Personensorge 2

Zeitaufwand in Zeitstunden: 15

Liste der vorgegebenen Inhalte:

- Behandlungsvertragsrecht
- Einwilligungsfähigkeit und Patientenrechte
- Behandlungswünsche
- Patientenverfügung
- Sterbewunsch
- Einwilligung des Betreuers bei gefährlichen ärztlichen Maßnahmen: Voraussetzungen und Verfahren
- Aufgabe von Wohnraum
- Umgangs- und Aufenthaltsbestimmung

Das Modul 5 des Sachkundelehrgangs hat inhaltlich ein sehr breites Spektrum und beschäftigt sich mit Fragen der Gesundheitssorge, soweit diese nicht mit Zwangsmaßnahmen einhergehen und bereits in der vorangegangenen Modulen 3 und 4 besprochen worden sind.

5.5.1 Die Sorge für die Gesundheit

Ein Aufgabenbereich, der teilweise oder insgesamt die Gesundheitssorge erfasst, kann nur beschlossen werden, wenn in einem bereits aktuell bestehenden Krankheitsgeschehen oder einem zukünftig zu erwartenden Krankheitsgeschehen ein Bedarf für rechtliche Unterstützung beziehungsweise rechtliche Vertretung anzunehmen ist. Entsprechend ist es die erste Aufgabe des rechtlichen Betreuers, alle vorhandenen Informationen über die dem Aufgabenkreis zuzurechnenden Krankheitsverläufe einzuholen.

562 https://www.werdenfelser-weg-original.de/ (Zugriff 5.9.2022)

Hier sind insbesondere zu nennen:

- das im Betreuungsverfahren eingeholte Gutachten,
- Gutachten aus anderen Verfahren (Pflegeversicherung u.Ä.),
- Berichte aus erfolgten Kranken-, oder Rehabilitationsbehandlungen,
- Berichte zum Verlauf ambulanter Maßnahmen.

Der rechtliche Betreuer bespricht die so gewonnenen Erkenntnisse mit der rechtlich betreuten Person. Die folgenden Abschnitte befassen sich mit einzelnen Aspekten der Gesundheitssorge.

5.5.2 Behandlungsvertragsrecht

Der Behandlungsvertrag ist ein zivilrechtlicher Vertrag zwischen dem Behandelnden und dem Patienten.

> „Durch den Behandlungsvertrag wird derjenige, welcher die medizinische Behandlung eines Patienten zusagt (Behandelnder), zur Leistung der versprochenen Behandlung, der andere Teil (Patient) zur Gewährung der vereinbarten Vergütung verpflichtet, soweit nicht ein Dritter zur Zahlung verpflichtet ist."[563]

Der Vertrag beinhaltet somit Regelungen aus dem Bereich der Gesundheitssorge, aber Regelungen der Finanzierung, die einem anderen Aufgabenbereich zuzurechnen sind. Stimmt der rechtliche Betreuer einer ärztlichen Maßnahme zu, wird hierdurch in der Regel ein kostenrelevantes Vertragsverhältnis begründet. Erstrecken sich die Aufgabenbereiche des rechtlichen Betreuers neben der Sorge für die Gesundheit auch auf die Regelung finanzieller Angelegenheiten, ergeben sich hierdurch keine Probleme. Der rechtliche Betreuer hat ohnehin für die Regulierung der Behandlungskosten zu sorgen. Erstreckt sich der Aufgabenbereich lediglich auf die Sorge für die Gesundheit, hat der rechtliche Betreuer darauf hinzuweisen, dass seine Entscheidung keinen Vertrag zur Übernahme der Kosten begründet. In diesem Fall ist die Entscheidung zur Regulierung der Kosten von der rechtlich betreuten Person selbst vorzunehmen. Ist sie hierzu nicht in der Lage und greift für diesen Fall weder die Befugnis des Ehegatten in Angelegenheiten der Gesundheitssorge (siehe Abschnitt 5.1.3.3)[564] noch die Befugnis eines Bevollmächtigten, hat der rechtliche Betreuer die Erweiterung der rechtlichen Betreuung beim Betreuungsgericht anzuregen.

> „Die Behandlung hat nach den zum Zeitpunkt der Behandlung bestehenden, allgemein anerkannten fachlichen Standards zu erfolgen, soweit nicht etwas anderes vereinbart ist."[565]

Die behandelnde Person schuldet eine ordnungsgemäße Behandlung unter Beachtung der jeweils geltenden allgemein anerkannten fachlichen Standards. Die Behandlung erfasst Diagnostik und, soweit eine medizinische Behandlung angemessen ist (bei entsprechender Indikation), eine Therapie. Der im Gesetz vorgegebene Bezug zu den allgemein anerkann-

563 § 630a Abs. 1 BGB
564 § 1358 BGB
565 § 630a Abs. 2 BGB

ten fachlichen Standards bindet den Arzt, soweit nicht mit dem Patienten eine andere Vereinbarung getroffen ist.

5.5.3 Patientenrechte

Zu den Patientenrechten gehören

1. die Beziehung auf „Augenhöhe",
2. das Recht auf Aufklärung,
3. das Recht, über evtl. Kosten aufgeklärt zu werden,
4. das Recht, über Behandlungsfehler informiert zu werden,
5. das Recht auf Selbstbestimmung,
6. das Recht auf Dokumentation und Akteneinsicht.

5.5.3.1 Die Beziehung auf „Augenhöhe"

> „Behandelnder und Patient sollen zur Durchführung der Behandlung zusammenwirken."[566]

Die medizinische Behandlung soll auf „Augenhöhe" erfolgen. An der von der behandelnden Person geschuldeten Leistung hat der Patient insoweit mitzuwirken, als er die für die Behandlung bedeutsamen Umstände offenlegt und dem Behandelnden auf diese Weise ermöglicht, sich ein Bild von den körperlichen, aber auch den seelischen Rahmenbedingungen des Patienten bezüglich des erlebten Leidens zu verschaffen. Ist die rechtlich betreute Person nicht in der Lage, in diesem Sinne Auskunft zu erteilen, sind die entsprechenden Informationen des rechtlichen Betreuers mit einzubringen.

5.5.3.2 Das Recht auf Aufklärung

Worüber ist aufzuklären?

Patienten haben das Recht, in verständlicher Weise zu Beginn der Behandlung und, soweit erforderlich, in deren Verlauf sämtliche für die Behandlung wesentlichen Umstände erläutert zu bekommen. Insbesondere ist über die Diagnose, die voraussichtliche gesundheitliche Entwicklung, die Therapie und die zu und nach der Therapie zu ergreifenden Maßnahmen aufzuklären.[567] Dazu gehören insbesondere Art, Umfang, Durchführung, zu erwartende Folgen und Risiken der Maßnahme sowie ihre Notwendigkeit, Dringlichkeit, Eignung und Erfolgsaussichten im Hinblick auf die Diagnose oder die Therapie. Bei der Aufklärung ist auch auf Alternativen zur Maßnahme hinzuweisen, wenn mehrere medizinisch gleichermaßen indizierte und übliche Methoden zu wesentlich unterschiedlichen Belastungen, Risiken oder Heilungschancen führen können.

566 § 630c Abs. 1
567 § 630c Abs. 2 Satz 1

Wie hat die Aufklärung zu erfolgen?

Die Aufklärung muss mündlich durch den Behandelnden oder durch eine Person erfolgen, die über die zur Durchführung der Maßnahme notwendige Ausbildung verfügt. Dieses Gespräch kann sich auf ausgehändigte Unterlagen beziehen. Die Aufklärung hat so rechtzeitig zu erfolgen, dass die erkrankte Person oder die rechtlich vertretende Person ihre Entscheidung über die Einwilligung wohlüberlegt treffen kann. Die Aufklärung muss für die erkrankte Person verständlich sein.[568]

Das Gesetz verpflichtet die behandelnde Person, die Aufklärung in für den Patienten verständlicher Art und Weise durchzuführen. Damit die behandelnde Person dies tun kann, sollte sie wissen, in welcher Art und Weise sie mit dem Patienten sprechen kann. Hier kommt dem rechtlichen Betreuer die Aufgabe zu, die erforderlichen Informationen an die behandelnde Person zu geben und ggf. in eine für die rechtlich betreute Person verständliche Art und Weise zu übersetzen.

Wann kann auf die Aufklärung verzichtet werden?

Die Informationspflichten bestehen nicht, wenn die Behandlung unaufschiebbar ist (Notfall). Sie besteht auch nicht, wenn der Patient von seinem Recht Gebrauch macht, nichts wissen zu wollen, und dies klar und unmissverständlich zum Ausdruck bringt.

Wer ist aufzuklären?

Das Gespräch zwischen Behandler und erkrankter Person ist regelmäßig vertraulich. Auch die rechtlich betreute Person hat den Anspruch, ein vertrauliches Gespräch mit dem Behandler führen zu können. Die Tatsache, dass eine rechtliche Betreuung mit dem Aufgabenbereich der Gesundheitssorge beschlossen ist, zwingt nicht dazu, den rechtlichen Betreuer in jedem Fall mit einzubeziehen.

Durch die rechtliche Betreuung befinden sich alle Beteiligten in einer für sie ungewohnten Situation, die sie verunsichern kann. Der Erfolg einer medizinischen Behandlung basiert zu einem großen Teil auf dem Vertrauen der erkrankten Person in die Fähigkeiten des Behandelnden und dem Vertrauen des Behandelnden in die Offenheit der erkrankten Person. Es ist somit Aufgabe aller Beteiligten, eine vertrauensvolle Zusammenarbeit zu gewährleisten, um Störungen zu vermeiden.

Soweit also die rechtlich betreute Person dem Aufklärungsgespräch folgen kann, in der Lage ist, die unterschiedlichen Behandlungsmöglichkeiten zu erkennen, Vor- und Nachteile gegeneinander abzuwägen und zu einer Entscheidung zu kommen, ist das Hinzuziehen des Betreuers nicht zwingend erforderlich. Dabei dürfen keine überzogenen Anforderungen an das Verständnis gestellt werden.

Erst wenn der Behandler zu der Auffassung gelangt, die rechtlich betreute Person dem Aufklärungsgespräch nicht folgen kann oder der rechtlich betreuten Person die Entscheidung unmöglich ist, ist der rechtliche Betreuer hinzuzuziehen.

Ist die Beteiligung des rechtlichen Betreuers erforderlich, stellt das Gespräch aller drei Beteiligten die ideale Form der Kommunikation dar. Die rechtlich betreute Person und der recht-

568 § 630e BGB

liche Betreuer erfahren Notwendigkeit, Ziel und Risiken der beabsichtigten Maßnahme. Der Behandler hat die Möglichkeit, mehr über die rechtlich betreute Person, ihre Vorerkrankungen und ihre Vorgeschichte zu erfahren. Selbst wenn die rechtlich betreute Person hochgradig dement ist, niemanden erkennt und ihre kognitiven Fähigkeiten keine adäquate Willenserklärung zulassen, ist es mit dem nötigen Einfühlungsvermögen zu erreichen, ihren emotionalen Willen zu erfahren und in die weitere Entscheidungsfindung mit einfließen zu lassen.

Das Gespräch sollte nicht zwischen „Tür und Angel", sondern nach vorheriger Terminabsprache und ohne Zeitdruck geführt werden.

Kann auf das Gespräch mit der rechtlich betreuten Person verzichtet werden?

Es ist möglich, dass die mit dem gemeinsamen Gespräch verbundene Belastung die Gesundheit des betreuten Menschen gefährdet. In diesem Fall muss der rechtliche Betreuer auf der Grundlage des mutmaßlichen Willens des betreuten Menschen entscheiden. Die Gewichtung des Rechts auf eine eigene Entscheidung und der möglichen gesundheitlichen Gefährdung muss verantwortlich vorgenommen werden. Auf keinen Fall darf auf die Einbeziehung der rechtlich betreuten Person verzichtet werden, nur weil dies der einfachere Weg ist.

Die Entscheidung, den betreuten Menschen nicht miteinzubeziehen, muss nachvollziehbar sein und kann nur durch eine erkennbare Gefährdung begründet sein. Auf keinen Fall sollten Terminschwierigkeiten oder Bequemlichkeit ausschlaggebend sein.

Für den Fall, dass sich der Arzt weigert, das gewünschte Gespräch zu führen, besteht die Möglichkeit, sich bei der Kassenärztlichen Vereinigung oder der Ärztekammer zu beschweren. Im Fall eines behandelnden Arztes im Krankenhaus besteht die Möglichkeit der Beschwerde beim Chefarzt und bei dem Träger des Krankenhauses. Die Beschwerde sollte dem Arzt vorher angekündigt werden. Alternativ könnte ein informelles Gespräch zwischen Arzt und Richter klärend wirken. Für den Arzt besteht die Möglichkeit, sich beim Vorgesetzten für den Fall, dass der Betreuer bei einem Verein oder einer Behörde angestellt ist, oder bei dem zuständigen Betreuungsgericht über den rechtlichen Betreuer zu beschweren.

5.5.3.3 Das Recht, über evtl. Kosten aufgeklärt zu werden

Weiß die behandelnde Person, dass eine vollständige Übernahme der Behandlungskosten durch einen Dritten nicht gesichert ist, oder ergeben sich nach den Umständen hierfür hinreichende Anhaltspunkte, muss sie den Patienten vor Beginn der Behandlung über die voraussichtlichen Kosten der Behandlung in Textform informieren.[569]

569 § 630c Abs. 3 BGB

5.5.3.4 Das Recht, über Behandlungsfehler informiert zu werden

Sind für die behandelnde Person Umstände erkennbar, die die Annahme eines Behandlungsfehlers begründen, hat sie den Patienten über diese auf Nachfrage oder zur Abwendung gesundheitlicher Gefahren zu informieren.[570]

5.5.3.5 Das Recht auf Selbstbestimmung

Patienten haben das Recht, über die Behandlung zu entscheiden. Dies ergibt sich aus der Bestimmung, dass die behandelnde Person vor Durchführung einer medizinischen Maßnahme, insbesondere eines Eingriffs in den Körper oder die Gesundheit, verpflichtet ist, die Einwilligung des Patienten einzuholen.[571] Auch bei einwilligungsunfähigen Patienten hat die behandelnde Person die erforderliche Einwilligung von einer hierzu berechtigten Person einzuholen. Das Einholen einer Einwilligung ist nicht erforderlich, soweit eine Patientenverfügung[572] die Maßnahme gestattet oder untersagt. Kann eine Einwilligung für eine unaufschiebbare Maßnahme nicht rechtzeitig eingeholt werden, darf sie ohne Einwilligung durchgeführt werden, wenn sie dem mutmaßlichen Willen des Patienten entspricht.[573] Weiteres zur Einwilligungsfähigkeit finden Sie im folgenden Abschnitt.

5.5.3.6 Das Recht auf Dokumentation und Akteneinsicht[574]

Die behandelnde Person ist verpflichtet, zum Zweck der Dokumentation in unmittelbarem zeitlichem Zusammenhang mit der Behandlung eine Patientenakte in Papierform oder elektronisch zu führen. Berichtigungen und Änderungen von Eintragungen in der Patientenakte sind nur zulässig, wenn neben dem ursprünglichen Inhalt erkennbar bleibt, wann sie vorgenommen worden sind. Dies ist auch für elektronisch geführte Patientenakten sicherzustellen.

Die behandelnde Person ist verpflichtet, in der Patientenakte sämtliche aus fachlicher Sicht für die derzeitige und künftige Behandlung wesentlichen Maßnahmen und deren Ergebnisse aufzuzeichnen, insbesondere die Anamnese, Diagnosen, Untersuchungen, Untersuchungsergebnisse, Befunde, Therapien und ihre Wirkungen, Eingriffe und ihre Wirkungen, Einwilligungen und Aufklärungen. Arztbriefe sind in die Patientenakte aufzunehmen.

Die behandelnde Person hat die Patientenakte für die Dauer von zehn Jahren nach Abschluss der Behandlung aufzubewahren.

Dem Patienten ist auf Verlangen unverzüglich Einsicht in die vollständige ihn betreffende Patientenakte zu gewähren, soweit der Einsichtnahme nicht erhebliche therapeutische Gründe oder sonstige erhebliche Rechte Dritter entgegenstehen. Die Ablehnung der Einsichtnahme ist zu begründen.

Der Patient kann auch elektronische Abschriften von der Patientenakte verlangen. Er hat dem Behandelnden die entstandenen Kosten zu erstatten.

---

570 § 630c Abs. 2 Satz 2
571 § 630d Abs. 1 Satz 1
572 § 1827 BGB
573 § 630 d Abs. 1 BGB
574 § 630f und § 630g BGB

5.5.4 Einwilligungsfähigkeit

Die rechtlich betreute Person ist an erster Stelle berechtigt und verpflichtet, über ihre Gesundheit zu entscheiden. Sie darf diese Entscheidung nicht aus bloßer Bequemlichkeit dem rechtlichen Betreuer überlassen. Gleichermaßen darf der Behandler nicht auf einer Entscheidung des rechtlichen Betreuers bestehen, wenn die rechtlich betreute Person in der Lage ist, die anstehende Entscheidung selbst zu verantworten.

Die Fähigkeit zur Einwilligung in die beabsichtigte ärztliche Maßnahme ist dabei nicht abhängig von der Geschäftsfähigkeit,[575] sondern von der „natürlichen Einsichts- und Steuerungsfähigkeit".[576] Diese Fähigkeit kann nicht pauschaliert beurteilt werden. Sie ist eng mit der aktuellen körperlichen, geistigen und seelischen Gesundheit der rechtlich betreuten Person verbunden und abhängig von der Art und den zu erwartenden Folgen der beabsichtigten Maßnahme.

Insbesondere wenn mehrere Möglichkeiten der Behandlung zur Wahl stehen, wird es schnell kompliziert. Manchen Menschen mit durch Krankheit oder geistiger Behinderung eingeschränkter geistiger Leistungsfähigkeit ist die Abwägung von ineinander verschachtelten „Wenn-dann"-Konstrukten oder/und tendenziellen Überlegungen nicht oder nur eingeschränkt möglich. Rechtliche Unterstützung schließt an die umfassende Aufklärung des Arztes an und versucht, den Sachverhalt auf ein für den betreuten Menschen verständliches Bild zu reduzieren. Die Vereinfachung hat regelmäßig zur Folge, dass für den Entscheidungsprozess wichtige Einzelheiten oder Entscheidungsvarianten verloren gehen. Es obliegt der rechtlichen Verantwortung des Betreuers, so viel wie nötig, aber nur so wenig wie möglich zu vereinfachen.

In der ambulanten Behandlung willigt die erkrankte Person ein, indem sie die ärztliche Untersuchung zulässt und verordnete Maßnahmen (z.B. Einnahme von Medikamenten) durchführt bzw. durchführen lässt. Niemand kann gegen seinen Willen gezwungen werden, eine ambulante Arztpraxis zu besuchen.

Erst wenn alle Möglichkeiten ausgeschöpft worden sind, der rechtlich betreuten Person die Tragweite der notwendigen Entscheidung klarzumachen, sie diese nicht erkennt und somit selbst nicht einwilligen kann, handelt der rechtliche Betreuer für die rechtlich betreute Person entsprechend ihrem (auch zuvor) erklärten Willen, dem mutmaßlichen Willen oder zur Abwendung einer erheblichen Gefahr. In der Praxis wird es oft vorkommen, dass die rechtlich betreute Person einfache Maßnahmen eigenverantwortlich entscheiden kann, hingegen komplexe Zusammenhänge – z.B. bei Gefäßoperationen – nicht vollständig verstehen kann.

Häufig ist es so, dass keine unbedingte Klarheit in Bezug auf die Einsichts- und Steuerungsfähigkeit der rechtlich betreuten Person besteht. Für den Behandler ist es wichtig, eine unstrittige Einwilligung zu erhalten. Herrscht Einvernehmen zwischen der rechtlich betreuten Person und dem rechtlichen Betreuer, kann diese Unsicherheit durch eine gemeinsame Erklärung behoben werden.

575 § 104 BGB
576 BT-Drucks. 11/4528, S. 140

Ist die rechtlich betreute Person nicht in der Lage, über die anstehende Behandlung ihrer Krankheit zu entscheiden, wird das Handeln des rechtlichen Betreuers erforderlich. Dabei wird er entweder als Bote oder als gesetzlicher Vertreter tätig.

5.5.5 Patientenverfügung – der rechtliche Betreuer als Bote

Die Patientenverfügung, früher auch „Patiententestament" genannt, enthält Willenserklärungen der verfassenden Person, ob, wann, unter welchen Bedingungen und in welcher Art und Weise sie eine medizinische Untersuchung oder Behandlung wünscht. Sie kann auch die Frage der Organspende behandeln. Es ist heute gesetzlich sowohl im Betreuungsrecht[577] als auch im Arztrecht[578] normiert, dass die Patientenverfügung als Ausdruck des Selbstbestimmungsrechts verbindlich ist.

Die ärztlich behandelnde Person hat auf der Grundlage der Patientenverfügung zu beraten und zu entscheiden. Voraussetzung ist, dass eine wirksame Patientenverfügung vorliegt, die auf die aktuelle Lebens- und Behandlungssituation zutrifft, also eine Kongruenz vorliegt. Bestehen Zweifel an der Kongruenz, kommt entweder

- der Ehegatte/Lebenspartner (für den Fall der Anwendbarkeit der gegenseitigen Vertretung von Ehegatten in Angelegenheiten der Gesundheitssorge; siehe auch Abschnitt 2.2),[579]
- die bevollmächtigte Person (für den Fall des Vorliegens einer entsprechenden Vollmacht zur Vorsorge; siehe Abschnitt 2.3),
- bzw. die vom Gericht mit der rechtlichen Betreuung betraute Person

zum Zuge. Der Patientenwille ist dann im gemeinsamen Gespräch von erkrankter, behandelnder und rechtlich vertretender Person zu ermitteln.[580]

Durch das Dritte Gesetz zur Änderung des Betreuungsrechts vom 29.7.2009[581] hat der Deutsche Bundestag eine gesetzliche Regelung zu Form, Inhalt und Wirksamkeit der Patientenverfügung und des Patientenwillens getroffen, die am 1.9.2009 in Kraft getreten ist.[582] Das Dritte Betreuungsrechtsänderungsgesetz regelt zunächst nur den Umgang mit Patientenverfügungen bei rechtlicher Betreuung oder wirksamer Vollmacht zur Vorsorge. Darüber hinaus stellt es Bedingungen für die Wirksamkeit von Patientenverfügungen im Rechtsverkehr im Allgemeinen, also insbesondere im Verhältnis zur ärztlich behandelnden Person, auf.

Durch das Gesetz zur Verbesserung der Rechte von Patientinnen und Patienten vom 20.2.2013 ist die Patientenverfügung Bestandteil des Arztrechts mit der Möglichkeit der unmittelbaren antizipierten Zustimmung oder Ablehnung der Behandlung geworden. Damit ist auf diesem wichtigen Gebiet klargestellt, dass die Selbstbestimmung ohne Ein-

577 § 1827 BGB
578 §§ 630a bis h BGB
579 § 1358 BGB
580 § 1828 BGB
581 BGBl I 2009, S. 2286
582 Bisher §§ 1901a ff. überführt in §§ 1827 BGB

schränkungen Vorrang hat. Es ist klargestellt, dass die Aufgabe der rechtlich vertretenden Person darin besteht, dem Patientenwillen rechtliches Gehör zu verschaffen. Sie ist Bote des Willens der betroffenen Person.

Volljährige können in einer schriftlichen Patientenverfügung im Voraus festlegen, ob und wie sie später ärztlich behandelt werden wollen, wenn sie ihren Willen nicht mehr selbst äußern können. Entsprechend sind rechtliche Betreuer und bevollmächtigte Personen im Fall der Entscheidungsunfähigkeit der betroffenen Person an ihre schriftliche Patientenverfügung gebunden. Sie müssen zusammen mit der ärztlich behandelnden Person prüfen, ob die Festlegungen in der Patientenverfügung der aktuellen Lebens- und Behandlungssituation entsprechen und den aktuellen Willen der betroffenen Person wiedergeben. Ist dies der Fall, so ist die Patientenverfügung unmittelbar umzusetzen. In diesem Fall ist eine Einwilligung einer rechtlich vertretenden Person nicht erforderlich, da die betroffene Person diese Entscheidung selbst in einer alle Beteiligten bindenden Weise getroffen hat. Der rechtlich vertretenden Person obliegt es in diesem Fall nur noch, dem in der Patientenverfügung niedergelegten Willen Ausdruck und Geltung zu verschaffen.[583]

Was kann in einer Patientenverfügung geregelt werden?

Eine Reichweitenbegrenzung, die den Patientenwillen kraft Gesetzes in bestimmten Fällen für unbeachtlich erklärt, gibt es nicht. Dem Patientenwillen ist immer zu folgen. Dabei ist es unerheblich, ob dieser als vernünftig angesehen wird. Es kommt auch nicht darauf an, ob aus objektiver Sicht eine andere Entscheidung zu treffen wäre. Entscheidend ist lediglich, ob der Patientenwille unter Beachtung aller für die Entscheidung relevanten Aspekte zustande gekommen ist. Haben sich zwischenzeitlich Änderungen ergeben oder das Krankheitsbild kann mit neuen Methoden besser behandelt werden, muss dies in die Entscheidung mit einbezogen werden.

Gegenstand der Patientenverfügung sind jedwede Behandlungsmaßnahmen, gleichgültig, ob sie von einem Arzt oder dem Pflegepersonal vorgenommen werden. Oft werden Patientenverfügungen formuliert, um krankheitsbedingte Zustände zu beschreiben, die nicht gewollt sind. In der Folge wird verfügt, dass ärztliche Maßnahmen, die diesen Zustand erhalten, unterbleiben sollen. Insoweit beschäftigt sich die Patientenverfügung somit mit der Frage, wie ich die letzte Phase meines Lebens gestalten will.

Der Inhalt einer Patientenverfügung muss sich aber nicht derart beschränken. Zu allen denkbaren Erkrankungen kann die gewünschte oder nicht gewünschte ärztliche Behandlung verfügt werden. Viele Erkrankungen haben unterschiedliche Optionen für die Behandlung. Erfolg und die mit der Behandlung verbundenen Belastungen sind dabei nicht immer mit Sicherheit zu benennen. Entsprechend macht es Sinn, die Behandlung vorhersehbarer Erkrankungen im Wege der Patientenverfügung vorher zu entscheiden. Nur so kann ich gewährleisten, dass die Behandlung für den Fall meiner eigenen Entscheidungsunfähigkeit in der von mir gewünschten Art und Weise durchgeführt wird.

583 § 1827 Abs. 1 BGB

Reichen allgemeine Richtlinien?

Diese noch nicht unmittelbar bevorstehenden Maßnahmen müssen genügend bestimmt sein (Bestimmungserfordernis). Es muss also konkret erkennbar sein, dass der in der Patientenverfügung formulierte Wille tatsächlich auf die vorliegende Situation zutrifft. Die Einwilligung oder Nichteinwilligung muss sich nicht zwingend auf eine bestimmte Krankheit beziehen; vielmehr genügt es, wenn bei der Formulierung der Patientenverfügung ein krankheitsbedingter Zustand und die Prognose für den Behandlungsverlauf beschrieben werden, die auf die aktuelle Situation zutreffen. Entsprechend kann bestimmt werden, welche ärztlichen Maßnahmen gewollt oder nicht gewollt sind. Die Anforderungen an das Bestimmtheitserfordernis lassen viele Patientenverfügungen wegen ihrer Allgemeinheit ungeeignet erscheinen und bieten dann lediglich Anhaltspunkte zur Ermittlung des mutmaßlichen Willens.

Um nicht Gefahr zu laufen, dass die Patientenverfügung später wegen fehlender Bestimmtheit an Wirksamkeit verliert, sollte die Patientenverfügung konkrete Formulierungen für voraussehbare Krankheitsverläufe beinhalten. Hier empfiehlt sich, ärztliche Beratung zu den eigenen Risikofaktoren und die dadurch bedingten Krankheitsverläufe in Anspruch zu nehmen.

Viele Menschen formulieren eine Patientenverfügung, nachdem sie bereits einen längeren Krankheitsverlauf hinter sich haben. Gerade diese Personen haben viel Erfahrung im Umgang mit der eigenen Erkrankung. Sie können daher recht genau formulieren, welche Behandlungen sie wünschen und welche unterlassen werden sollen.

Die Deutungshoheit, ob das Bestimmtheitserfordernis eingehalten worden ist, liegt vornehmlich bei der ärztlich behandelnden Person und der rechtlich vertretenden Person. Kommen sie einvernehmlich zu dem Ergebnis, dass die Patientenverfügung nicht kongruent ist, kann sie nur zur Bestimmung des mutmaßlichen Willens herangezogen werden.

Nicht durch eine Patientenverfügung auszuschließen sind Maßnahmen der Basisversorgung, für die in jedem Fall Sorge zu tragen ist. Dies bezieht sich insbesondere auf Körperpflege, das Lindern von Schmerzen, Atemnot und Übelkeit sowie das Stillen von Hunger und Durst auf natürlichem Wege.

Im Ergebnis ist festzuhalten, dass eine Patientenverfügung ihre Wirkung nur dann entfaltet, wenn sie auf die aktuelle Lebens- und Behandlungssituation zutrifft, für diese Situation eine Entscheidung über die anstehende ärztliche Maßnahme enthält und diese noch dem aktuellen Willen der erkrankten Person entspricht. Zu Fragen ist, ob die aktuelle Lebenssituation seinerzeit mit bedacht wurde. Zudem ist zu prüfen, ob aktuelle Äußerungen und Verhaltensweisen auf eine von der Patientenverfügung abweichende Entscheidung schließen lassen. Hierbei sind nicht nur klare Äußerungen, sondern auch nonverbale oder andere Verhaltensweisen zu berücksichtigen.

Muss ich mich ärztlich beraten lassen?

Die bisher strittige Frage, ob und inwieweit eine ärztliche Aufklärung für die Wirksamkeit einer Entscheidung erforderlich ist, ist nunmehr geklärt.[584] Die Wirksamkeit der Einwilli-

584 § 630d Abs. 1 Satz 1 und Abs. 2 BGB

gung in eine ärztliche Maßnahme setzt voraus, dass die erkrankte Person oder ihre zur Einwilligung berufene rechtlich vertretende Person vor der Einwilligung aufgeklärt worden sind. Eine Verfügung, welche die Zustimmung zu einer Maßnahme enthält, wird als positive Patientenverfügung bezeichnet und bedarf der vorherigen Aufklärung. Die im Gegensatz dazu im Wege der negativen Patientenverfügung verfügte Ablehnung der medizinisch indizierten Maßnahme bedarf der Aufklärung nicht.

Beispiel:

Bei Abfassung der Patientenverfügung zeichnet sich die Gefahr der Bildung eines „Raucherbeines" ab.

Die vorweggenommene Zustimmung zu einer möglicherweise später einmal erforderlichen Amputation kann nur nach vorheriger ärztlicher Aufklärung wirksam erteilt werden. Die vorweggenommene Ablehnung einer Amputation mit möglicherweise lebensbedrohlichem Risiko kann dagegen ohne vorherige ärztliche Aufklärung verfügt werden.

Die Wirksamkeit der Zustimmung zur Amputation würde eine ärztliche Aufklärung voraussetzen. Ob und wie aufgeklärt worden ist, wäre in der Patientenverfügung zu dokumentieren.

Ist die zwingende Bindung an die Patientenverfügung immer sinnvoll?

Jede zur freien Willensbildung fähige mündige Person kann selbstbestimmt Behandlungsverbote ohne Wenn und Aber vornehmen. Die im Rahmen einer Patientenverfügung getroffene Entscheidung ist dem – quasi als verlängerter Arm – gleichgestellt. Diese bedingungslose Akzeptanz des „freien Willens" ist keineswegs unumstritten. Man denke nur an die höchst riskanten Behandlungsverbote der Zeugen Jehovas oder der „Christlichen Wissenschaftler".

Der Absolutheit eines derartigen Behandlungsverbotes kann unter Berücksichtigung der geltenden Rechtslage nur entgegengewirkt werden, wenn im Rahmen der Patientenverfügung Bedingungen formuliert werden, die es der rechtlich vertretenden Person erlauben, anders zu entscheiden.

Für eine solche Erlaubnis spricht auch das Ergebnis einer Umfrage bei Intensivmedizinern, die die Erfahrung gemacht haben, dass die meisten Patienten ihre Meinung gegenüber einer Therapie ändern, wenn sie plötzlich selbst betroffen sind und sich bewusst in diesem Krankheitserleben befinden, direkt mit der Thematik konfrontiert werden und das Leben auf einmal endlich erscheint.[585] Sie halten besonders den Verzicht auf bestimmte medizinische Maßnahmen durch die Patientenverfügung für fehlerhaft, weil nicht selten eine Differenzierung von Akutsituation und Dauerzuständen fehle und viele Menschen von falschen Vorstellungen von der medizinischen Praxis und den heutigen diagnostischen und therapeutischen Möglichkeiten ausgingen.[586]

585 Langer/Knorr/Berg, Probleme durch pauschale Formulierungen, Dt. Ärztebl. Jg. 110, v. 15.11.2013, S. C1870

586 A.a.O.

Was kann in einer Patientenverfügung nicht geregelt werden?

Verpflichtender Inhalt einer Patientenverfügung – unmittelbar gegenüber der zukünftig ärztlich behandelnden Person oder mittelbar gegenüber dem rechtlichen Vertreter – kann nur rechtlich erlaubtes Handeln sein. Daher kann das Unterlassen ärztlicher Bemühungen um eine Lebensverlängerung (passive Sterbehilfe) zwar wirksam angeordnet, nicht aber die Vornahme ärztlicher Maßnahmen zur direkten Lebensbeendigung (aktive Sterbehilfe) verlangt werden, die nach geltendem Recht als Tötung auf Verlangen strafbar ist.[587]

Nicht strafbar ist hingegen die indirekte Sterbehilfe, worunter die Gabe schmerzlindernder Mittel unter Inkaufnahme einer möglichen Lebensverkürzung verstanden wird.

Wie kann ich meiner Patientenverfügung mehr Gewicht verleihen?

Um den eigenen Willen zu unterstreichen und damit die Ernsthaftigkeit zu bezeugen, ist es sinnvoll, die Patientenverfügung als frei formulierten Text zu gestalten. Darüber hinaus sollte die Patientenverfügung regelmäßig, insbesondere nach dem Auftreten einer Erkrankung und vor größeren Operationen, erneuert werden.

Niemand ist gezwungen, eine Patientenverfügung zu verfassen. Patientenverfügungen können jederzeit formlos widerrufen werden.

Unterliegt die psychiatrische Patientenverfügung einer Sonderbehandlung?

Nach der Systematik des deutschen Patientenrechts und der unbedingten Patientenautonomie verbietet sich eine Sonderbehandlung der psychiatrischen Patientenverfügung. Dennoch wird sie im Hinblick auf ihr wirksames Zustandekommen und ihre Reichweite diskutiert. Insbesondere hinsichtlich des Bestimmtheitserfordernisses und des Zustandekommens im „Zustand der nicht anzweifelbaren Normalität" gibt es in der Praxis schnell Unsicherheiten.

Was ist das Besondere an einer psychiatrischen Patientenverfügung?

Die Behandlung psychiatrischer Erkrankungen ist auch heute noch ein sehr komplexes Thema. Die Vielschichtigkeit der in der Psychiatrie definierten Krankheitsbilder und die unterschiedlichen Möglichkeiten der Behandlung machen die Abwägung von Nutzen und Risiko der Behandlung in besonderer Weise schwierig.

Eine Patientenverfügung beschreibt immer die Sichtweise der betroffenen Person zu sich selbst.

- Wie definiere ich für mich selbst Krankheit?
- Wie möchte ich, dass mit mir umgegangen wird?
- Welche Risiken bin ich bereit zu tragen?

Es gibt dabei nicht „die eine objektiv richtige Sichtweise", sondern lediglich das subjektive Erleben.

Menschen mit langjähriger Erfahrung mit einer von der Medizin diagnostizierten psychiatrischen Erkrankung haben viel Erfahrung mit ihrem eigenen Dasein. Sie empfinden sich oft

587 § 216 StGB

nicht als erkrankt. Hier sollte nicht vorschnell von fehlender Einsicht ausgegangen werden. Gerade die Selbstwahrnehmung wird insbesondere bei langjährigem Verlauf oft Thema ausführlicher Gespräche gewesen sein.

- Was ist normal?
- Was ist krank?

Mit der Patientenverfügung wollen sich Menschen mit psychiatrischen Diagnosen oft vor nicht gewollter Behandlung schützen oder gewollte Behandlung für den Fall des von ihnen nicht gewünschten Krankheitsverlaufs bestimmen.

Beispielsweise können sich Menschen mit psychiatrischen Diagnosen selbst im Unterschied zu gesunden Menschen im Zustand von „*Ver-rücktheit*" sehen. Der Begriff „*Ver-rücktheit*" wird dabei nicht mit der umgangssprachlichen Bedeutung verwendet, sondern im Sinne der Wortbedeutung als ein Zustand der eigenen Psyche, welcher von dem „Mainstream" seitlich verrückt ist.

Die langjährige Erfahrung mit sich selbst bietet die Möglichkeit, den Nutzen und das Risiko aus den bisherigen medizinischen Behandlungen zu dokumentieren und für die Zukunft zu bestimmen, welche Maßnahmen gewünscht beziehungsweise nicht gewünscht sind.

Wie kann eine psychiatrische Patientenverfügung aussehen?

Bei vielen Psychiatrie-Erfahrenen herrscht große Unsicherheit, wie eine Patientenverfügung für die Psychiatrie zu erstellen ist und wie sichergestellt werden kann, dass der so dokumentierte Wille später auch Beachtung findet.

Eines der ersten Probleme besteht darin, die eigene Selbstwahrnehmung in eine Sprache zu übersetzen, die von den medizinisch behandelnden Personen verstanden werden kann. In einem ersten Schritt geht es also darum, die eigene körperliche als auch seelische Selbstwahrnehmung zu beschreiben.

Beispiel:

Im Alter von ungefähr 23 Jahren wurde bei mir eine bipolare Störung diagnostiziert. In den ersten Jahren danach hatte ich im Zwei-Jahres-Rhythmus hypomanische und manische Krankheitsepisoden, jeweils gefolgt von schlimmen depressiven Phasen. In den maniformen Krankheitsphasen habe ich jeweils eine psychiatrische Klinik besucht.

Mit 27 Jahren folgte eine fast acht Jahre dauernde Zeit der Gesundheit. In den letzten Jahren folgten erneut im Zwei-Jahres-Rhythmus maniforme Episoden.

Im letzten Jahr hatte ich eine außergewöhnlich lang andauernde manische Phase, in der ich viele für mich und für andere nachteilige Handlungen begangen habe. Diese Handlungen möchte ich in Zukunft nicht mehr machen. So habe ich Freunde belästigt und keinen Kontakt zu meiner Familie gehabt. Ich habe viel Geld ausgegeben und habe nun ein Privatinsolvenzverfahren beginnen müssen. Des Weiteren bin ich im krankhaften Zustand mit dem Gesetz in Konflikt gekommen, was zudem nie wieder vorkommen darf.

Die im Folgenden formulierte Patientenverfügung soll einer Verschlimmerung meiner Krankheit vorbeugen, bei den ersten Anzeichen einer Verschlimmerung helfen, dem zu begegnen, und für den Fall einer weitergehenden Verschlimmerung Maßnahmen beschreiben, die auch gegen meinen Willen erfolgen sollen.

Die Patientenverfügung behält ihre Gültigkeit bis zum wirksamen Widerruf. Für die Wirksamkeit dieser Patientenverfügung kommt es darauf an, dass ich beim Erstellen und bei zukünftigen Änderungen in der Lage bin, eine von meiner Krankheit unbeeinflussten Willen zu bilden. Diese Bedingung ist durch Dr. … bescheinigt.

Im Weiteren geht es in der Patientenverfügung um die gewünschten beziehungsweise nicht gewünschten Maßnahmen.

Welches Risiko hat die Ablehnung der Behandlung?

Die Patientenverfügung ist in ihrer Reichweite nicht begrenzt. Das Recht auf Selbstbestimmung beinhaltet auch das Recht, Maßnahmen der Behandlung zu verweigern. War die betroffene Person beim Verfassen ihrer psychiatrischen Patientenverfügung frei verantwortlich, dann trägt sie auch das Risiko, an ihrer Verfügung festgehalten zu werden, denn genau darin liegt der Zweck einer psychiatrischen Patientenverfügung, bei der die verfassende Person offenbar das größere Risiko in einer Behandlung sieht.[588]

In der Vergangenheit sind vermeintlich psychisch erkrankte Personen zur Behandlung gedrängt worden. In den letzten Jahren hat sich hier einiges geändert. Das Angebot ambulanter und stationärer Behandlungsmöglichkeiten hinkt dem Bedarf hinterher. Kostengründe haben das Angebot reduziert. Termine für ambulante oder stationäre Behandlungen sind lange im Voraus vergeben. Die gemeindenahe Psychiatrie kann so der Dynamik des Krankheitsverlaufs nicht gerecht werden. In dieser Situation kann eine Patientenverfügung, die überwiegend die Verweigerung medizinischer Behandlungen zum Ausdruck bringt, schnell zu einer Falle werden. Auch wenn es nicht offen zugegeben wird, führt die Prüfung der Anwendbarkeit der Patientenverfügung im Zweifel zu einer Entscheidung gegen die Behandlung und damit womöglich auch gegen das Leben.

Wann muss der Staat eingreifen?

Das eigene Recht, eine Maßnahme zu verweigern oder zu wünschen, trifft auf seine Grenzen, wo der staatliche Schutz der Grundrechte anderer Personen zu gewährleisten ist. Die autonome Willensentscheidung kann nur so weit reichen, wie die eigenen Rechte betroffen sind. Dieser Grundsatz gilt für jeden.

Der Gesetzgeber hat diesen Grundsatz durch Ge- und Verbote, die Definition von Ordnungswidrigkeiten und Straftaten in den entsprechenden gesetzlichen Bestimmungen umgesetzt.

Gefährdet eine Person die Rechte Dritter im Zustand krankhafter seelischer Störung, wegen einer tiefgreifenden Bewusstseinsstörung oder wegen einer Intelligenzminderung oder einer schweren anderen seelischen Störung, gelten gesonderte gesetzliche Bestim-

588 Brosey, Psychiatrische Patientenverfügung nach dem 3. Betreuungsrechtsänderungsgesetz, BtPrax 2010, 161, 165

mungen. Auf Grund dieser Bestimmungen können freiheitsentziehende Unterbringungen und Zwangsbehandlungen angeordnet werden.

Beispiel:

In wahnhafter Verkennung der Situation glaubt sich die psychisch erkrankte Person durch den Nachbarn bedroht und will sich durch einen tätlichen Angriff vor der vermeintlichen Bedrohung schützen. Es kommt zum Eingreifen der Ordnungsbehörden und zur Einweisung in eine psychiatrische Klinik.

Für die Wirksamkeit der Patientenverfügung bedeutet dies, dass in das Recht der autonomen Entscheidung nur so weit eingegriffen werden darf, wie es erforderlich ist, den Eingriff in die Rechte anderer zu unterbinden.

Zum Umgang mit Patientenverfügungen

Die routinemäßige Erfassung einer Patientenverfügung bei der Aufnahme in ein Krankenhaus oder eine stationäre Einrichtung der Altenhilfe gehört heute zum Standard. Patienten – bzw. bei Einwilligungsunfähigkeit deren Angehörige – werden spätestens bei der ärztlichen oder bei der pflegerischen Anamnese gefragt, ob eine Patientenverfügung vorliegt und ob sie in die Patientenakte übernommen werden soll. Ob dies einer Verwaltungskraft bei der formalen Aufnahme überlassen werden kann, erscheint zweifelhaft, da die antizipierte Entscheidung bzgl. einer Behandlung nicht anders wie die aktuelle zu behandeln ist, und die wird auch nicht mit der Verwaltung besprochen. Auch eine „Vorprüfung" der Wirksamkeit der Patientenverfügung dürfte bedenklich sein, da die Deutungshoheit in der Hand der ärztlich behandelnden Personen und der rechtlich vertretenden Person liegt.

Soweit häufig empfohlen wird, vor einer risikoreichen Operation den Inhalt der Patientenverfügung zu erörtern und diese gegebenenfalls zu aktualisieren, bleibt klarzustellen, dass die Patientenverfügung nur dann Anwendung findet, wenn die Fähigkeit zur Einwilligung aufgehoben ist. Steht die Behandlung unmittelbar bevor, gilt es, die Einwilligungsfähigkeit festzustellen und bejahendenfalls die der Einsichtsfähigkeit entsprechende Aufklärung vorzunehmen und die aktuelle Einwilligung einzuholen, die den bevorstehenden Behandlungszeitraum, z.B. während der Narkose, abdeckt.

Erst dann, wenn sich die Einwilligungsunfähigkeit herausstellt, kommt die Patientenverfügung unmittelbar oder mittelbar zum Zuge.

5.5.6 Sterbewunsch

Kann ich mir wünschen, sterben zu wollen?

Das Selbstbestimmungsrecht des Patienten schließt auch das Recht ein, sterben zu wollen. Normalerweise ist der Patient selbst in der Lage, seine Wünsche zu äußern.

Wann muss der rechtliche Betreuer tätig werden?

Hat der Patient keine private Vorsorge getroffen und selbst keine Vertrauensperson bevollmächtigt, ist es Aufgabe des rechtlichen Betreuers, dem Willen / mutmaßlichen Willen Gehör zu verschaffen. Voraussetzung für sein Tätigwerden ist zum einen die sich aus dem Aufgabenbereich ergebende Befugnis und zum anderen die Notwendigkeit einer Rechtshandlung.

Bei welchen Rechtshandlungen ist ein Sterbewunsch zu berücksichtigen?

Für unterschiedliche Rechtshandlungen kann ein Sterbewunsch entscheidend sein. Am deutlichsten ist dies bei Entscheidungen für oder gegen eine indizierte medizinische Behandlung, wenn diese Entscheidung das Ableben des Patienten zur Folge hat.

Beispiele:

- *Die betroffene Person verlangt eine Schmerzmedikation, die als „Nebenwirkung" eine Verkürzung des Lebens zur Folge hat.*
- *Die betroffene Person verweigert die Zustimmung in eine lebensrettende Operation.*

Aber auch andere Entscheidungen können das vorzeitige Ableben des Patienten zur Folge haben.

Beispiel:

Frau F. ist 93 Jahre alt und lebt in einer gemieteten Wohnung. Bei ihr sind unterschiedliche Erkrankungen bekannt, die vom Hausarzt behandelt werden. Zu befürchten ist eine akute Verschlimmerung, die schnelle Hilfe erfordern würde. Frau F. wünscht weder die Installation von Hausnotrufen noch den Umzug in ein Pflegeheim. Sie selbst sagt von sich, dass sie ein gutes Leben gehabt hat und sich nun in Gottes Hände begibt.

Ist aktive Sterbehilfe erlaubt?

Die Entscheidung zu einer Rechtshandlung, die das Töten der betroffenen Person gestattet (aktive Sterbehilfe) unterliegt nicht dem Selbstbestimmungsrecht, welches den rechtlichen Betreuer bindet. Der Patient kann über seine Behandlung frei entscheiden, nicht aber seine Tötung gestatten. Sie liegt außerhalb seines Selbstbestimmungsrechts. Die Patientenautonomie vermag deshalb die „aktive Sterbehilfe" in keinem Fall zu rechtfertigen. Die Tötung auf Verlangen ist strafbar.[589] Zwischen dem Recht jedes Menschen auf den eigenen Tod in Würde und der „aktiven Sterbehilfe" genannten Tötung auf Wunsch des Patienten besteht demnach ein prinzipieller Unterschied![590]

Wie stellt sich das Verhältnis zwischen verbotener aktiver Sterbehilfe und dem ärztlich assistierten Selbstmord dar?

Mittlerweile beginnen Unterschiede zwischen der verbotenen aktiven Sterbehilfe und dem ärztlich assistierten Selbstmord zu verschwimmen. Die erst jüngst aufgeflammte Diskus-

589 § 216 StGB
590 Lipp, BtPrax 2002, 47 bis 53

sion um den ärztlich assistierten Selbstmord, wie er u.a. vom Humanistischen Verband schon lange gefordert wird, beschwört gesellschaftlich schwerwiegende Konflikte herauf, die bisher mit der Berücksichtigung der allgemeinen und persönlichen Wertvorstellungen in der weit weniger brisanten Frage des Behandlungsabbruchs durch Beendigung lebenserhaltender Maßnahmen vermieden wurden.

In einer pluralen und zunehmend multireligiösen Gesellschaft sind daher bei Konflikten zwischen dem von der rechtlich vertretenden Person geltend gemachten Patientenwillen und den Vorstellungen der ärztlich behandelnden Personen nicht die allgemein gültigen, sondern die jeweiligen Wertvorstellungen der Gemeinschaft, welcher die betroffene Person angehört, ebenso in die Waagschale der Justitia zu legen wie die der helfenden Institutionen, soweit nicht eine zweifelsfrei die Situation treffende Entscheidung des Patienten vorliegt.

Zu befürchten ist eine qualitative Änderung der Praxis der Sterbehilfe. Damit wird der assistierte Selbstmord zu einer schnell verfügbaren Dienstleistung. Menschen könnten zur Selbsttötung verleitet werden, die dies ohne die schnelle Verfügbarkeit ein solches Angebot nicht tun würden.

Was sagt das Bundesverfassungsgericht?

Das Bundesverfassungsgericht hat mit dem Urteil des Zweiten Senats vom 26. Februar 2020 die Diskussion neu eröffnet, indem es § 217 StGB für verfassungswidrig und nichtig erklärt. In den Leitsätzen heißt es hierzu:

> „1. a) Das allgemeine Persönlichkeitsrecht (Art. 2 Abs. 1 i.V.m. Art. 1 Abs. 1 GG) umfasst als Ausdruck persönlicher Autonomie ein Recht auf selbstbestimmtes Sterben.
>
> b) Das Recht auf selbstbestimmtes Sterben schließt die Freiheit ein, sich das Leben zu nehmen. Die Entscheidung des Einzelnen, seinem Leben entsprechend seinem Verständnis von Lebensqualität und Sinnhaftigkeit der eigenen Existenz ein Ende zu setzen, ist im Ausgangspunkt als Akt autonomer Selbstbestimmung von Staat und Gesellschaft zu respektieren.
>
> c) Die Freiheit, sich das Leben zu nehmen, umfasst auch die Freiheit, hierfür bei Dritten Hilfe zu suchen und Hilfe, soweit sie angeboten wird, in Anspruch zu nehmen.
>
> 2. Auch staatliche Maßnahmen, die eine mittelbare oder faktische Wirkung entfalten, können Grundrechte beeinträchtigen und müssen daher von Verfassungs wegen hinreichend gerechtfertigt sein. Das in § 217 Abs. 1 StGB strafbewehrte Verbot der geschäftsmäßigen Förderung der Selbsttötung macht es Suizidwilligen faktisch unmöglich, die von ihnen gewählte, geschäftsmäßig angebotene Suizidhilfe in Anspruch zu nehmen.
>
> 3. a) Das Verbot der geschäftsmäßigen Förderung der Selbsttötung ist am Maßstab strikter Verhältnismäßigkeit zu messen.
>
> b) Bei der Zumutbarkeitsprüfung ist zu berücksichtigen, dass die Regelung der assistierten Selbsttötung sich in einem Spannungsfeld unterschiedlicher verfassungsrechtlicher Schutzaspekte bewegt. Die Achtung vor dem grundlegenden, auch das eigene Lebensende umfassenden Selbstbestimmungsrecht desjenigen, der sich in eigener Verantwortung dazu entscheidet, sein Leben selbst zu beenden, und hierfür Unterstützung sucht, tritt in Kollision zu der Pflicht des Staates, die Autonomie Suizidwilliger und darüber auch das hohe Rechtsgut Leben zu schützen.

4. Der hohe Rang, den die Verfassung der Autonomie und dem Leben beimisst, ist grundsätzlich geeignet, deren effektiven präventiven Schutz auch mit Mitteln des Strafrechts zu rechtfertigen. Wenn die Rechtsordnung bestimmte, für die Autonomie gefährliche Formen der Suizidhilfe unter Strafe stellt, muss sie sicherstellen, dass trotz des Verbots im Einzelfall ein Zugang zu freiwillig bereitgestellter Suizidhilfe real eröffnet bleibt.

5. Das Verbot der geschäftsmäßigen Förderung der Selbsttötung in § 217 Abs. 1 StGB verengt die Möglichkeiten einer assistierten Selbsttötung in einem solchen Umfang, dass dem Einzelnen faktisch kein Raum zur Wahrnehmung seiner verfassungsrechtlich geschützten Freiheit verbleibt.

6. Niemand kann verpflichtet werden, Suizidhilfe zu leisten."[591]

Das Urteil wird kontrovers diskutiert. Sterbehilfevereine begrüßen das Urteil. Palliativmediziner*innen und Hospize befürchten, dass der häufigste Grund für einen Sterbewunsch – niemandem zur Last fallen zu wollen – zu einem Druck wird, der besonders alte und kranke Menschen dazu nötigt, aus dem Leben scheiden zu wollen.

Wann ist ein Suizid nicht freiverantwortlich?

Ein Suizid ist nach der Rechtsprechung nicht freiverantwortlich, wenn dem Suizidenten die Einsichts- und Urteilsfähigkeit fehlt, um die Tragweite und Bedeutung seines Entschlusses zu erkennen, oder die Fähigkeit, abzuwägen und sich nach seiner Einsicht zu richten (z.B. aufgrund von Alter, Krankheit, psychischer Störung oder Alkohol- oder Drogeneinfluss.) Er ist ebenfalls nicht freiverantwortlich, wenn der Entschluss zur Selbsttötung auf Zwang, Drohung oder Täuschung beruht, es an einer tieferen Reflexion über den eigenen Todeswunsch fehlt oder der Wunsch nicht von innerer Festigkeit und Zielstrebigkeit getragen ist.

Wer einen solchen nicht freiverantwortlichen Suizid zulässt oder gar unterstützt, kann sich je nach den Umständen des Einzelfalles wegen unterlassener Hilfeleistung[592], Tötung durch Unterlassen[593], u.U. auch wegen einer fahrlässigen Tötung[594] oder wegen einer vorsätzlichen Tötung[595] strafbar machen.

Welche Auswirkung hat die Palliativversorgung am Lebensende?

In der Behandlungsrealität wird durch die Stärkung der Palliativversorgung der aktiven Sterbehilfe praktisch der Boden entzogen. Wenn Patienten aus Angst vor „unerträglichen Schmerzen" und „unwürdigen" Bedingungen in der Pflege die „Todespille" verlangen, einen Behandlungsabbruch aktuell oder im Voraus verfügen, dann könnte die Freiverantwortlichkeit wegen einer Täuschung über die nunmehr gesetzlich verankerte Palliativversorgung entfallen.

Durch das Hospiz- und Palliativgesetz vom 8.12.2015 wird die Versorgung der Menschen am Lebensende erheblich verbessert. Das Gesetz regelt die Versorgung Sterbender zu Hause, im Hospiz oder in Pflegeeinrichtungen und Krankenhäusern.

---

591 BVerfG, Urt. v. 26.2.2020 – 2 BvR 2347/15; 2 BvR 651/16; 2 BvR 1261/16; 2 BvR 1593/16; 2 BvR 2354/16; 2 BvR 2527/16

592 § 323c StGB

593 §§ 212, 13 StGB

594 § 222 StGB

595 § 212 StGB

Mit dem Gesetz wurde die Palliativversorgung ausdrücklich Bestandteil der Regelversorgung in der gesetzlichen Krankenversicherung. Im vertragsärztlichen Bereich vereinbarten die Selbstverwaltungsparteien zusätzlich vergütete Leistungen zur Steigerung der Qualität der Palliativversorgung, zur Zusatzqualifikation der Haus- und Fachärzte sowie zur Förderung der Netzwerkarbeit.

Die Sterbebegleitung wurde ausdrücklich Bestandteil des Versorgungsauftrags der sozialen Pflegeversicherung, was durch Kooperationsverträge mit Haus- und Fachärzten umgesetzt werden muss, die eine zusätzliche Vergütung erhalten.

Damit wird eine Entwicklung gestärkt, die von der Krankenschwester und Ärztin Dame Cicily Saunders (1918–2005) ins Leben gerufen wurde und zum Ziel hat, durch eine umfassende Hospiz- und Palliativversorgung ein gutes Leben bis zuletzt zu ermöglichen durch eine Verbesserung der Lebensqualität und größtmögliche Schmerzlinderung.

Ein wichtiger Schritt zur Anerkennung und Institutionalisierung war 1990 die konzeptionelle Beschreibung der „palliative care" – lindernde Pflege – durch die WHO.

Nach der im Jahre 2002 von der WHO angepassten Definition ist die palliative care ein Ansatz zur Verbesserung der Lebensqualität von erkrankten Personen und ihren Angehörigen, die mit einer lebensbedrohlichen Krankheit konfrontiert sind. Dies geschieht durch Vorbeugen und frühzeitiges Erkennen von Leiden, sorgfältige Einschätzung und Behandlung von Schmerzen sowie anderen Problemen körperlicher, psychosozialer und spiritueller Art. Die hiermit von der WHO eingefügten Begriffe „Vorbeugen und frühzeitiges Erkennen" verlegen den Einsatz der Palliativmedizin zeitlich nach vorne von der letzten Phase schon an den Beginn der schweren Erkrankung mit der Diagnosestellung: Der Gegensatz von curativer und palliativer Behandlung wird damit überwunden.

Dies hat in der Gesetzgebung und den daraus resultierenden Vereinbarungen der Helferinstitutionen mit den Kostenträgern weitreichende Folgen für die betroffenen Personen.

Der § 132 g SGB V ermöglicht folgerichtig seit Beginn des Jahres 2018 den stationären Pflegeeinrichtungen und Einrichtungen der Eingliederungshilfe für Menschen mit Behinderung eine „gesundheitliche Versorgungsplanung für die letzte Lebensphase" – finanziert durch die gesetzlichen Krankenversicherungen. Damit wird auch formal das international etablierte Konzept des Advance Care Planning (ACP), Behandlung im Voraus planen (BVP), eingeführt.

Gerade auch für die Versorgung zu Hause bietet sich die spezialisierte ambulante Palliativversorgung (SAPV),[596] bei schweren Pflegefällen ein ergänzendes Versorgungsangebot durch das Palliativ-Care-Team (PCT), bestehend aus Ärzten, Pflegenden und einer Koordinationskraft, an.

Versicherte und ihre Angehörigen haben einen Anspruch auf individuelle Beratung und Hilfestellung durch die gesetzliche Krankenversicherung bei der Auswahl und Inanspruchnahme von Leistungen der Palliativ- und Hospizversorgung. Dabei sollen die Krankenkassen auch allgemein über Möglichkeiten persönlicher Vorsorge für die letzte Lebensphase

596 §§ 132d, 37b SBG V

informieren, insbesondere über Patientenverfügung, Vorsorgevollmacht und Betreuungsverfügung.

Dies ist jedoch beschränkt auf die „allgemeine" Information unter Wahrung der Patientenautonomie und berechtigt die Kassen nicht zur Kenntnisnahme der individuellen Patientenverfügung.

Ist Suizidbeihilfe bald auch eine Aufgabe des Betreuers?

„Vor diesem Hintergrund ist noch einmal der Bezug zur Entscheidung am Lebensende beim Behandlungsabbruch herzustellen. Während in diesem Bereich geklärt ist, dass der Betreuer sein Handeln nach dem Willen des Betreuten auszurichten hat und sein eigenes Gewissen ihn nicht von seiner Handlungspflicht entbindet, sondern vielmehr den Betreuer als ungeeignet erscheinen ließe, zeigen sich für die Selbstbestimmung am Lebensende durch einen Suizid Unterschiede. Während auf der einen Seite das Recht auf Selbsttötung Teil des Rechts selbstbestimmten Sterbens darstellt, besteht kein Anspruch auf Hilfe zum Suizid und die Gewissensentscheidung des Dritten, nicht zu helfen, ist vom Suizidenten zu akzeptieren. Während der Betreuer das Selbstbestimmungsrecht am Lebensende in den Konstellationen des § 1827 BGB und somit des Behandlungsabbruchs bzw. -verzichts in Situationen umsetzt, in denen der Betreute nicht mehr selbst entscheiden kann, ist die Beihilfe zum Suizid nur zulässig, wenn der Suizid als Akt autonomer Selbstbestimmung erfolgt. In diesen Fallkonstellationen kann sich der Betreuer einerseits zurückziehen und hat andererseits keinen Schutzauftrag zur Verhinderung des Suizids."[597]

5.5.7 Der rechtliche Betreuer als gesetzlicher Vertreter

Was geschieht, wenn die Wirksamkeit der Patientenverfügung zweifelhaft ist und die rechtlich betreute Person nicht einwilligen kann?

An dieser Stelle wird davon ausgegangen, dass keine ausreichend bestimmte oder wirksame Patientenverfügung vorliegt und die rechtlich betreute Person nicht einwilligungsfähig ist. Die Entscheidung zu der vorzunehmenden/zu unterlassenden medizinischen Behandlung muss somit durch den rechtlichen Betreuer unterstützt oder stellvertretend vorgenommen werden. Für den Fall, dass die rechtlich betreute Person nicht in der Lage ist, selbst in Eigenverantwortung in die beabsichtigte Maßnahme einzuwilligen, ist es die Aufgabe des rechtlichen Betreuers, die rechtliche Handlungsfähigkeit herzustellen und damit die gewünschte oder zwingend erforderliche Behandlung zu ermöglichen.

Welches Verständnis von Krankheit ist zugrunde zu legen?

In der Medizin ist die Zuordnung von Erkrankungen zu abstrakten „Krankheitskategorien" für die Entwicklung fachlicher Standards zur Behandlung und Kostenregulierung wichtig. Eine zu diesem Zweck entwickelte Systematik ist die internationale Klassifikation der Krankheiten und verwandter Gesundheitsprobleme (ICD-10). Diese Zuordnung wird oft dazu verwendet, um objektive Anhaltspunkte für die Beurteilung und die Behandlung von Erkrankungen zu erhalten. Wie bereits ausgeführt, sind es aber nicht objektive Anhalts-

597 Henking, BtPrax 2021, 92 bis 96

punkte, die für die rechtliche Betreuung maßgeblich sind. Entscheidend ist die subjektive, auf die rechtlich betreute Person bezogene Sichtweise.

Seit Jahrhunderten wird über die Definition des Krankheitsbegriffs diskutiert. Dabei wird Krankheit oft im Gegensatz zu Gesundheit gesehen. Krankheit ist keine biologische Konstante, sondern ein kulturelles wertbezogenes Konstrukt. Die Übergänge zwischen Gesundheit und Krankheit sind fließend. Die Behandlung einer Krankheit ist eine höchst persönliche Angelegenheit. Der religiöse Glaube, das Körperempfinden, das eigene ästhetische Empfinden, Lebensführung und Lebensumfeld, die ganz persönlichen Wertvorstellungen haben Auswirkung auf die Entscheidung, ob und wie wir behandelt werden wollen. Jeder von uns hat sein eigenes Verständnis von Krankheit. Dieses Verständnis gilt es herauszufinden und zur Grundlage der rechtlichen Unterstützung beziehungsweise rechtlichen Vertretung zu machen.

Es ist somit zu klären, ob ideologische, religiöse oder andere Wertvorstellungen die Wünsche der rechtlich betreuten Personen tragen.

Wie geht Unterstützung vor Vertretung in der Gesundheitssorge?

Wenn nicht ohnehin ein aktuelles Krankheitsgeschehen die Aufmerksamkeit des rechtlichen Betreuers auf sich gezogen hat, steht am Anfang das Unwohlsein der rechtlich betreuten Person oder die Krankheitsvermutung aus ihrem Umfeld.

Mit Zustimmung der rechtlich betreuten Person wird ärztliche Hilfe der entsprechenden Fachrichtung hinzugezogen. Schon an dieser Stelle ist ein möglicher zuvor geäußerter freiverantworteter Sterbewille zu berücksichtigen.

Es kann sein, dass die rechtlich betreute Person selbst keine gesundheitlichen Einschränkungen erlebt bzw. diese nicht erkennen will. Ob und wieweit in diesem Fall weitere Untersuchungen zulässig sind, war bereits Inhalt der Module 3 und 4 (siehe Abschnitte 5.3. und 5.4.).

Es folgen Diagnose, Aufklärung, Einwilligung und Behandlung (siehe Abschnitt 5.5.3 und 5.5.4). Hierbei sind die im Modul 2 (siehe Abschnitt 5.2.) besprochenen Grundsätze zu beachten. Diese Maßnahme begleitet der rechtliche Betreuer durch entsprechende Besprechung der einzelnen Schritte (Aufklärungsgespräch), soweit die rechtlich betreute Person nicht selbst in der Lage ist, die ärztliche Aufklärung zu verstehen.

Unter welchen Umständen ist stellvertretendes Handeln erforderlich?

Stellvertretendes handeln ist erforderlich, wenn Zweifel an der Einwilligungsfähigkeit der rechtlich betreuten Person bestehen oder die rechtlich betreute Person nicht einwilligungsfähig ist. Stellvertretendes Handeln macht der rechtliche Betreuer stets von den Wünschen und dem Willen der rechtlich betreuten Person abhängig. Lässt sich kein aktueller Wille ermitteln, ist auf dem mutmaßlichen Willen zurückzugreifen (siehe Abschnitt 5.2.9).

5.5.8 Einwilligung in gefährliche ärztliche Maßnahmen

Wann muss das Betreuungsgericht die Entscheidung des rechtlichen Betreuers genehmigen?

Das Gesetz sagt hierzu:

> „Die Einwilligung des Betreuers in eine Untersuchung des Gesundheitszustands, eine Heilbehandlung oder einen ärztlichen Eingriff bedarf der Genehmigung des Betreuungsgerichts, wenn die begründete Gefahr besteht, dass der Betreute aufgrund der Maßnahme stirbt oder einen schweren und länger dauernden gesundheitlichen Schaden erleidet. Ohne die Genehmigung darf die Maßnahme nur durchgeführt werden, wenn mit dem Aufschub Gefahr verbunden ist.
>
> Die Nichteinwilligung oder der Widerruf der Einwilligung des Betreuers in eine Untersuchung des Gesundheitszustands, eine Heilbehandlung oder einen ärztlichen Eingriff bedarf der Genehmigung des Betreuungsgerichts, wenn die Maßnahme medizinisch angezeigt ist und die begründete Gefahr besteht, dass der Betreute aufgrund des Unterbleibens oder des Abbruchs der Maßnahme stirbt oder einen schweren und länger dauernden gesundheitlichen Schaden erleidet."[598]

Wozu dient die Genehmigung des Betreuungsgerichts?

Vorab muss gesagt werden, dass die Pflicht zur Genehmigung ärztlicher Maßnahmen nicht die Qualität ärztlicher Behandlung sichern soll. Sie sichert die Qualität der rechtlichen Betreuung. Bei der Beurteilung des Risikos muss davon ausgegangen werden, dass die beabsichtigte Maßnahme gemäß den Regeln der ärztlichen Kunst durchgeführt wird. Die Möglichkeit, durch einen „ärztlichen Kunstfehler" einen schweren Schaden zu erleiden, führt nicht zur Pflicht der Genehmigung einer ansonsten weniger gefährlichen Maßnahme.

Woraus ergibt sich die Pflicht, die Genehmigung durch das Betreuungsgericht zu beantragen?

Erste Voraussetzung ist es, dass es sich um eine Entscheidung des rechtlichen Betreuers handelt. Die rechtlich betreute Person ist also nicht in der Lage, über die anstehende Behandlung eigenverantwortlich zu entscheiden. Eine Entscheidung des rechtlichen Betreuers liegt auch dann nicht vor, wenn er lediglich den aus der Patientenverfügung bekannten Willen als Bote weiterträgt.

Die gesetzliche Vorschrift ist gespickt mit unbestimmten Rechtsbegriffen. Was ist eine „begründete Gefahr"? Wie lange muss der gesundheitliche Schaden andauern, um als „länger dauernd" bezeichnet zu werden? Sind die beabsichtigten Folgen einer Maßnahme (z.B. Amputation eines Beines) auch hier einzuordnen? Wer sagt, ob ein Schaden schwer oder nicht so schwer wiegt? Die Liste der Fragen ließe sich beliebig fortsetzen.

Die Pflicht zur Genehmigung ergibt sich aus der Schwere, der Dauer und der Wahrscheinlichkeit des Eintretens der mit der beabsichtigten Maßnahme verbundenen unbeabsichtigten Wirkung (Nebenwirkung).

598 § 1829 Abs. 1&2 BGB

Gibt es einen Katalog zu den genehmigungspflichtigen ärztlichen Maßnahmen?

Einen Katalog mit genehmigungspflichtigen ärztlichen Maßnahmen gibt es nicht. Bei der Beurteilung der Gefahrenlage sind allgemeingültige Aussagen fehl am Platz. Entscheidend sind die gesundheitliche Konstitution der rechtlich betreuten Person und die konkret zu erwartenden Risiken.

Folgende ärztliche Eingriffe[599] sind als Beispiele für eine mögliche betreuungsgerichtliche Genehmigungspflicht genannt:

- gefäßchirurgische Eingriffe an großen (arteriellen) Gefäßen,
- Operationen im Gehirn und im Rückenmark,
- Operationen am offenen Thorax,
- Transplantationen von unpaaren Organen (z.B. Herz, Leber) und Knochenmark,
- radikale Eingriffe und Behandlungsmaßnahmen bei fortgeschrittenen Krebserkrankungen,
- systemische Chemotherapie/Bestrahlung,
- unter Umständen die Entfernung von inneren Organen oder Organteilen,
- intravasale Diagnostik mit Ausnahme einfacher Rechtsherzkatheteruntersuchungen, interventionelle Radiologie,
- Behandlung mit in Deutschland nicht zugelassenen Medikamenten (individueller Heilversuch).

Es soll nochmals betont werden, dass die Liste nicht vollständig ist.

Während hierbei das aktive ärztliche Handeln das Risiko des Ablebens des Patienten beinhaltet, wird auch der Behandlungsabbruch als ärztliches Untätigbleiben mit tödlichem Ausgang[600] als einer richterlichen Genehmigung zugängliche Entscheidung des rechtlichen Betreuers angesehen.

Der Behandlungsabbruch – auch wenn der Sterbevorgang noch nicht eingesetzt hat – setzt den entsprechenden Willen (z.B. in einer Patientenverfügung geäußerter Willen) oder wenigstens mutmaßlichen Willen des betroffenen Menschen voraus. Dies dürfte insbesondere bei der Sondenernährung bei einem Patienten im komatösen Zustand von Bedeutung sein und zu einer „Hilfe zum Sterben" führen, die dann eine Folge des Selbstbestimmungsrechts des Patienten ist.

Hierbei kommen alle Beteiligte in eine Grenzsituation. Die Entscheidung als „Herren über Leben und Tod" ist nur schwer zu bewältigen und kann „Unmenschliches" abverlangen. Entsprechend sollte beispielsweise schon bei der oftmals „mit leichter Hand" eingeleiteten Sondenernährung an die Folgen gedacht werden. Insbesondere ist zu prüfen, ob nicht das Unterlassen der Anlegung der Sonde (passive Sterbehilfe) eher der Selbstbestimmung und

599 In Anlehnung an das Ergebnis der Arbeitsgruppe 4 des 4. Vormundschaftsgerichtstages, Bundesanzeiger 1994, 131 ff.
600 OLG Frankfurt BtPrax 1998, S. 186 ff.

der Weisung an den rechtlichen Betreuer entspricht als später der aktive Behandlungsabbruch.

Ist die medikamentöse Behandlung psychiatrischer Krankheiten genehmigungspflichtig?

In der Öffentlichkeit werden vor allem Psychopharmaka als gefährliche Medikamente eingeschätzt. Bei genauer Betrachtung muss festgestellt werden, dass mit den gleichen Substanzen auch einige somatische Krankheiten behandelt werden. Daneben sind auch Medikamente, die überwiegend in der somatischen Medizin Verwendung finden, zum Teil mit erheblichen Risiken verbunden. Für den Bereich der medikamentösen Behandlung beschränkt sich die Pflicht zur Genehmigung somit nicht nur auf Psychopharmaka oder Neuroleptika, sondern findet auch Anwendung auf eine Vielzahl anderer Medikamente, die selbst bei sachgemäßer Anwendung, schwere und länger andauernde Schäden verursachen können.

Insbesondere zur Behandlung durch Neuroleptika ist zu sagen, dass diese, eine entsprechend fachgerechte Anwendung und Kontrolle vorausgesetzt, beispielsweise erst nach Auftreten der ersten minimalen Anzeichen von Spätdyskinesien[601] oder anderen vergleichbaren unerwünschten Wirkungen genehmigungsbedürftig sind.[602]

Die Kritik muss da ansetzen, wo Missbrauch und Überdosierung gegeben sein können. Neuroleptika gehören zu den am häufigsten missbräuchlich eingesetzten Substanzen. Manchmal werden sie als Beruhigungsmittel zur dauernden Behandlung geistig behinderter Menschen oder überdosiert zur Behandlung psychisch erkrankter Menschen ohne die nötige individuelle Anpassung gegeben. Hier hat der rechtliche Betreuer die Aufgabe, Missbrauch aufzudecken und zu unterbinden. Die Pflicht zur Genehmigung ärztlicher Maßnahmen hilft hier nicht weiter.

Gibt es eine Vorschrift zur Form des Antrages?

Kommt der rechtliche Betreuer zu dem Schluss, dass er anstelle der rechtlich betreuten Person über die beabsichtigte Maßnahme entscheiden (Einwilligung, Nichteinwilligung, Widerruf der Einwilligung) muss, und ist diese Entscheidung vom Betreuungsgericht zu genehmigen, trägt er dem Betreuungsgericht unter Angabe einer Begründung seine Entscheidung vor und beantragt die Genehmigung. Die Form des Antrags ist nicht vorgeschrieben. Er kann formlos schriftlich oder mündlich gestellt werden.

Was entscheidet das Betreuungsgericht?

Zu unterscheiden sind Genehmigungsverfahren auf dem Hintergrund einer Patientenverfügung oder des festgestellten mutmaßlichen Willens von jenen Verfahren, die sich weder auf eine Patientenverfügung noch den festgestellten mutmaßlichen Willen stützen können.

---

601 Nebenwirkungen, oft Dauerschäden, spontane nicht kontrollierbare Bewegungen der Mund- und Gesichtsmuskulatur, manchmal sind auch andere Muskelgruppen (Arme und Beine) betroffen. Weiter zur Definition von Spätdyskinesie z.B. Asmus Finzen.

602 Vgl. 4. Vormundschaftsgerichtstag, Bundesanzeiger 1994, 131 ff.

Beim Vorliegen einer Patientenverfügung oder des festgestellten mutmaßlichen Willens entscheidet das Betreuungsgericht nur, wenn zwischen dem rechtlichen Betreuer und dem ärztlich Behandelnden kein Einvernehmen darüber besteht, dass die Erteilung, die Nichterteilung oder der Widerruf der Einwilligung der medizinischen Maßnahme dem festgestellten Willen der betroffenen Person entspricht.[603]

In allen anderen Verfahren beurteilt das Betreuungsgericht die Entscheidung des rechtlichen Betreuers. Sinn der richterlichen Genehmigung ist es, in besonders wichtigen und folgenschweren Angelegenheiten das Handeln des rechtlichen Betreuers zu kontrollieren. Sein Handeln erfährt eine Überprüfung und zusätzliche Legitimierung, die den Schutz vor möglicher Haftung verstärkt.

Es erteilt oder verweigert die Genehmigung. Bis auf wenige seltene Ausnahmen[604] ist das Betreuungsgericht nicht befugt, eine eigene Entscheidung bezüglich der anstehenden ärztlichen Maßnahme vorzunehmen. Verweigert das Betreuungsgericht die Genehmigung der Entscheidung des rechtlichen Betreuers, hat dieser über die Angelegenheit neu zu befinden und gegebenenfalls seine Entscheidung dem Gericht zur Genehmigung erneut vorzulegen.

Was ist im Verfahren zu erledigen?

Zuständig ist die Richterin / der Richter. Wenn nötig, bestellt das Betreuungsgericht eine*n Verfahrenspfleger*in. Bei der Entscheidung zur Nichteinwilligung oder im Fall des Widerrufs der Einwilligung ist stets ein*e Verfahrenspfleger*in zu bestellen.[605]

Bei Verfahren, denen eine Patientenverfügung zugrunde liegt, hat das Betreuungsgericht die zuvor von der ärztlich behandelnden Person und dem rechtlichen Betreuer getätigten Ermittlungen zum Patientenwillen oder zum mutmaßlichen Willen zu prüfen bzw. zu ergänzen. Die Genehmigung ist zu erteilen, wenn die Einwilligung, die Nichteinwilligung oder der Widerruf der Einwilligung dem Willen der betroffenen Person entspricht.[606]

Auch in allen anderen Verfahren hat das Betreuungsgericht den Willen der betroffenen Person zu ermitteln.

In allen Verfahren hat das Betreuungsgericht die betroffene Person anzuhören. Auf Verlangen der betroffenen Person hat das Betreuungsgericht eine ihr nahestehende Person anzuhören, wenn dies ohne erhebliche Verzögerung möglich ist.

Vor der Entscheidung ist ein Sachverständigengutachten einzuholen. Der Sachverständige soll nicht auch der behandelnde Arzt sein.[607]

Ist die Entscheidung des Betreuungsgerichts bindend?

Der rechtliche Betreuer kann, muss aber keinen Gebrauch von der Genehmigung des Betreuungsgerichts machen. Er hat jede Veränderung der Situation in seine Entscheidung mit einfließen zu lassen (siehe die folgende Grafik).

603 § 1829 Absatz 4 BGB
604 § 1867 BGB; einstweilige Maßnahmen des Betreuungsgerichts
605 § 298 FamFG
606 § 1829 Absatz 3 BGB
607 § 298 FamFG

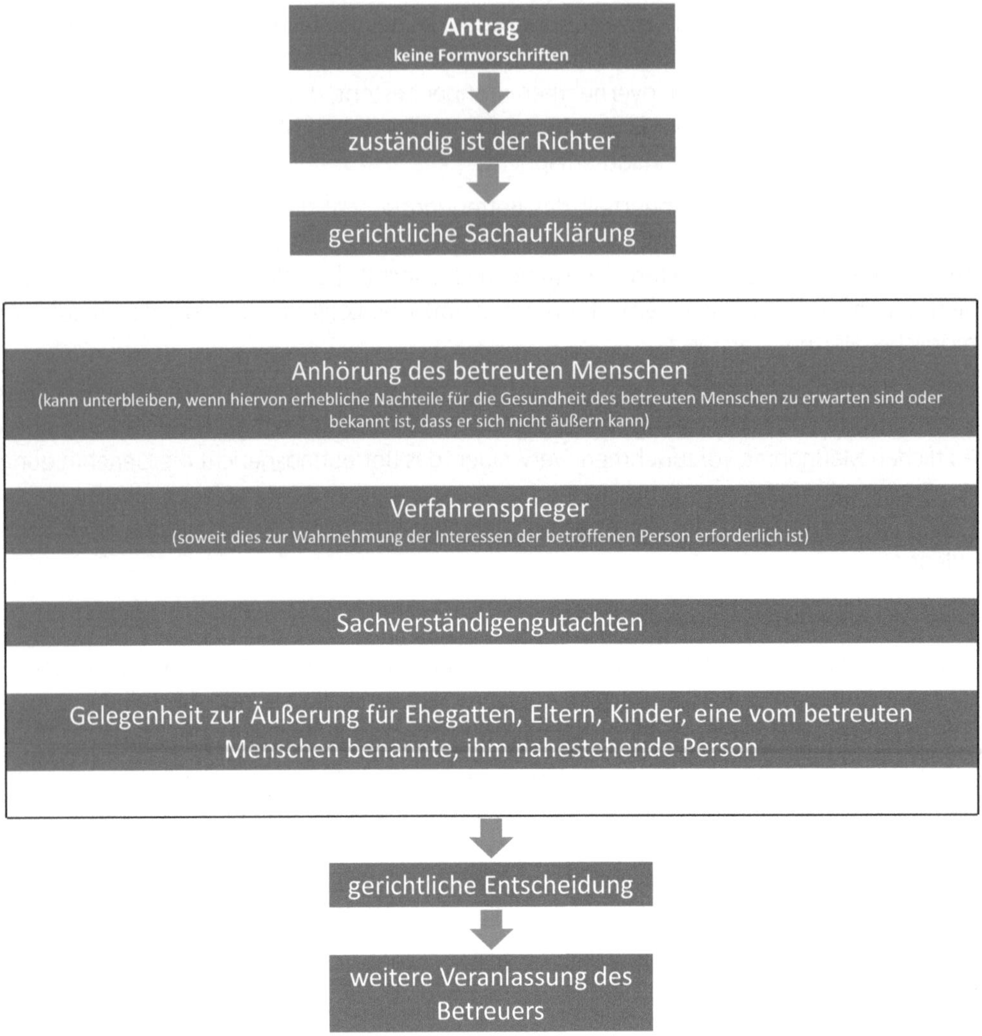

Ablauf: vom Antrag zu weiteren Veranlassungen

Kann das Verfahren beschleunigt werden?

Das Einholen der betreuungsgerichtlichen Genehmigung setzt voraus, dass die Maßnahme bis zur Erteilung der Genehmigung aufgeschoben werden kann. Ist mit diesem Aufschub eine Gefahr für die Gesundheit der betroffenen Person verbunden, müssen der rechtliche Betreuer und die ärztlich behandelnde Person ohne die Genehmigung des Gerichtes handeln.[608] Die nachträgliche Genehmigung ist nicht vorgesehen.

Die Praxis zeigt, dass die erwartete Flut von Anträgen zur Genehmigung von medizinischen Maßnahmen überwiegend ausgeblieben ist. Vermutet werden kann, dass Eingriffe wie Transplantationen, die frühzeitig bekannt sind und genügend Zeit für eine vorherige Genehmigung lassen, eher die Ausnahme im betreuungsrechtlichen Alltag sind. Kritisch an-

608 § 1829 Absatz 1 Satz 2 BGB

zumerken ist, dass die durch den Kostendruck im System der gesundheitlichen Versorgung verursachte Beschleunigung besonders des stationären Behandlungsablaufes der erkrankten und rechtlichen vertretenden Person eine in Ruhe abgewogene Entscheidung immer schwieriger macht. Häufig kommt es vor, dass rechtliche Betreuer erst einen Tag vor der Operation von dem beabsichtigten Eingriff erfahren. Für das Einholen der gerichtlichen Genehmigung bleibt nicht mehr genügend Zeit.

Eine befriedigende Lösung dieser strukturell bedingten Mängel ist nicht erkennbar. Der rechtlichen Betreuer kann sich regelmäßig bei der ärztlich behandelnden Person über den Gesundheitszustand der von ihm rechtlich zu betreuenden Person erkundigen. Er sollte nicht nur den aktuellen Zustand erfragen, sondern auch versuchen, eine Prognose zu erfahren. Dabei ist es selbstverständlich, dass diese Prognose nur ein Anhaltspunkt sein kann und keine verbindliche Vorhersage des Arztes darstellt. Trotzdem wird die Eigendynamik immer wieder Situationen schaffen, die eine schnelle Entscheidung verlangen.

Zusammenfassend bestehen folgende Möglichkeiten für eine rechtswirksame Einwilligung in eine medizinische Maßnahme, die mit erheblichen Gefahren verbunden ist:

- durch den einwilligungsfähigen rechtlich betreuten Menschen selbst,
- durch die vorweggenommene in einer Patientenverfügung dokumentierte Einwilligung der betroffenen Person,
- durch den rechtlichen Betreuer, soweit Einvernehmen mit dem behandelnden Arzt besteht und die Behandlung dem Willen bzw. dem mutmaßlichen Willen des betreuten Menschen entspricht,
- durch den Betreuer mit Zustimmung des Gerichtes,
- durch den Betreuer auch ohne Zustimmung des Gerichtes, wenn mit dem Aufschub der Maßnahme eine Gefährdung der Gesundheit des betreuten Menschen verbunden ist,
- durch das Amtsgericht, wenn der Betreuer verhindert ist, sein Amt auszuüben.

5.5.9 Aufgabe von Wohnraum

In der Regel bildet die Wohnung den örtlichen Lebensmittelpunkt eines Menschen. Aus verschiedenen Anlässen besteht scheinbar oder tatsächlich die Notwendigkeit, diesen örtlichen Lebensmittelpunkt für eine begrenzte Zeit oder auf Dauer zu ändern.

Die Bestimmung des dauernden Aufenthaltes in einem anderen Wohnumfeld ist eine der schwierigsten Entscheidungen. Der Leser mag sich vorstellen, welche Überlegungen, Befürchtungen und Ängste er selbst hätte, wenn ein Wechsel der Wohnsituation ansteht. Ungleich schwieriger stellt sich diese Situation für Menschen dar, die aufgrund einer geistigen Leistungsminderung nicht in der Lage sind, die Gründe für einen Wohnortwechsel zu erkennen, und zudem die zukünftige Situation nicht überblicken können. Die Angst vor dem Ungewissen sowie die Angst, das bisher Gewohnte zu verlieren, schaffen bei rechtlich betreuten Personen eine emotionale Lage, die ein hohes Maß an Aufmerksamkeit und Einfühlungsvermögen verlangt. Der Wechsel in ein anderes Wohnumfeld ist insbesondere für ältere demente Menschen eine starke Belastung. Dies kann schwerwiegende Folgen für die geistige und körperliche Gesundheit haben. Entsprechend hoch ist die vom rechtlichen Betreuer zu tragende Verantwortung in diesem Entscheidungsprozess.

Beispiele für einen erforderlichen Wechsel des Aufenthaltes:

- der Umzug wegen zu großer, zu kleiner oder zu teurer Wohnung,
- die Kündigung der Wohnung durch den Vermieter,
- die notwendige Versorgung kann nicht sichergestellt werden.

Welche rechtlichen Angelegenheiten sind im Zusammenhang mit der Wohnsituation zu regeln?

Beispiele:

- *Angelegenheiten in Zusammenhang mit einem Wohnrecht*
- *Abschluss von den Wohnraum betreffenden Verträgen (z.B. Miet-, Nutzungs-, Heimvertrag)*
- *Kündigung von den Wohnraum betreffenden Verträgen (z.B. Miet-, Nutzungs-, Heimvertrag)*
- *Rechtliche Erfüllung bestehender Verträge (hierbei geht es z.B. um Nebenkostenabrechnungen, Schadensmeldungen, Beschwerden, Feuermelder etc.)*
- *Sicherung der Finanzierung der Kosten für den Wohnraum (Grundbesitzabgaben, Miet-, Neben-, Strom-, Wasserkosten, Telefongebühren, GEZ, Kabelanschluss, Heimkosten). Wenn dies notwendig ist, muss der Aufgabenkreis auf die Vermögenssorge erweitert werden.*
- *Geltendmachung von Leistung zur Förderung des Wohnraums (Wohngeld; Mittel zum Umbau – Krankenversicherung und andere Fördermöglichkeiten)*
- *Organisation von Reparaturen und Renovierung der Wohnung. Für mittellose Menschen kann die Übernahme der Kosten beim Sozialamt beantragt werden.*
- *Organisation des Umzuges*

Welcher Aufgabenbereich berechtigt den rechtlichen Betreuer für die Regelung rechtlicher Angelegenheiten rund um die Wohnsituation?

Hier gilt es bei der Formulierung des Aufgabenbereiches genau hinzusehen. Geht es um die Regulierung von rechtlichen Angelegenheiten im Zusammenhang mit einer bestehenden und zu erhaltenden Wohnsituation oder geht es auch um eine Veränderung der Wohnsituation.

Der lebensbestimmende Charakter der mit dem Wohnraum zusammenhängenden Entscheidung legt nahe, die mit der Wohnsituation zusammenhängenden Angelegenheiten als gesonderten Aufgabenbereich zu formulieren. Einige Gerichte vertreten die Ansicht, dass das Zusammentreffen der Aufgabenkreise „Aufenthaltsbestimmung", „Vermögenssorge" und „Gesundheitsfürsorge" auch die Zuständigkeit für Regelung von Wohnungsangelegenheiten ergibt. Im Zweifel sollte der Betreuer den Richter um eine Klarstellung bitten.

Mögliche Formulierung sind unter anderem:

- Aufenthaltsbestimmung,
- Wohnungsangelegenheiten,
- Heimangelegenheiten,
- Angelegenheiten in Zusammenhang mit einem Wechsel der Wohnsituation.

Ein weiteres Problem ergibt sich daraus, dass die Regelung rechtlicher Angelegenheiten im Rahmen der Wohnsituation in der Regel auch die Regelung finanzrechtlicher Angelegenheiten zur Folge hat. Soweit ein Wechsel der Wohnsituation beabsichtigt ist, spielen oft noch gesundheitliche Aspekte eine besondere Rolle. Dieses Zusammentreffen verschiedener Aufgabenbereiche zur Regelung einer rechtlichen Angelegenheit erfordert das Zusammenwirken der rechtlich betreuten Person mit dem rechtlichen Betreuer beziehungsweise der Person, die für die Regelung der nicht dem Aufgabenbereich des rechtlichen Betreuers zuzuordnenden Angelegenheiten zuständig (z.B. bevollmächtigte Person) ist. Ist dieses Zusammenwirken nicht gegeben, müssen neben dem Aufgabenbereich, welcher sich auf die Wohnsituation bezieht, auch andere Aufgabenbereiche aus dem Bereich der Vermögenssorge und der Gesundheitssorge mit beschlossen werden.

Trifft der rechtliche Betreuer Entscheidungen gegen den erkennbaren natürlichen Willen der rechtlich betreuten Person, ohne dass damit eine freiheitsentziehende Unterbringung oder freiheitsentziehende Maßnahme verbunden ist, hängt die Wirksamkeit seiner Entscheidung von der Anordnung eines Einwilligungsvorbehaltes ab.

Wo setzt die betreuungsrechtliche Hilfe bezüglich der Wohnsituation an?

Zunächst gilt es, das Bewusstsein für die aktuelle Situation der rechtlich betreuten Person zu schärfen. Welche Probleme/Gefahren werden von wem beschrieben? Wer fordert eine Veränderung? Welche Probleme/Gefahren sind tatsächlich gegeben? Sind diese neu aufgetreten? Welche Möglichkeiten der Kompensation haben in der Vergangenheit bestanden?

Viel zu schnell wird ein Wechsel in ein anderes Wohnumfeld von dritter Seite gewünscht. Unter dem Deckmantel, den betroffenen Menschen schützen zu wollen, sind nicht selten andere eigene Motive versteckt. Diese gilt es aufzudecken und die Situation nur aus dem Blickwinkel der rechtlich betreuten Person zu sehen. Der rechtliche Betreuer hat sich selbst daraufhin zu prüfen, ob seine Wahrnehmung nicht durch ein vermutetes/tatsächliches Haftungsrisiko für die anstehende Entscheidung beeinflusst wird.

Vor dem Wechsel des Wohnortes, insbesondere dann, wenn dieser Wechsel vom betreuten Menschen nicht gewünscht wird, ist zu prüfen, ob technische und personelle Hilfen organisiert werden können, den erkannten Problemen/Gefahren zu begegnen.

Eine besondere Bedeutung kommt der Rehabilitation und Mobilisierung zu. Mit fortschreitendem Alter wird die medizinische Rehabilitation einerseits aufgrund der altersbedingten körperlichen Fähigkeiten, aber auch aufgrund des gewachsenen Kostendrucks immer schwieriger durchzusetzen sein. Es kommt darauf an, den betreuten Menschen zur Rehabilitation und Mobilisierung seiner verbliebenen Fähigkeiten zu motivieren und die benötigte Hilfe beim Kostenträger durchzusetzen. In jüngeren Jahren sind es finanzielle und personelle Hilfen zum selbstständigen Wohnen, die im Rahmen von Sozialleistungen bewilligt werden können, die den drohenden Verlust der selbstständigen Wohnsituation abwenden können (siehe Modul 8 und 9 Abschnitte 5.8 und 5.9).

Vor einer Entscheidung hat sich der Betreuer entsprechend über die vorhandenen Möglichkeiten zu informieren. Besonders häufig wird die Entscheidung über den Wechsel des Aufenthaltes in Verbindung mit aufgetretenen altersbedingten oder/und gesundheitsbedingten Beeinträchtigungen erforderlich. Die Kenntnis der Möglichkeiten, diese in der eigenen Wohnung auszugleichen, ist an dieser Stelle von besonderer Bedeutung und soll deshalb im Folgenden behandelt werden.

5.5.9.1 Pflege und Versorgung in der gewohnten Umgebung

Überblick

Selbstbestimmung	maximal
Ausgleich gesundheitlicher Beeinträchtigungen	• nur durch bauliche Gegebenheiten begrenzt; • je nach Größe des Wohnraums ist selbst die ständige Anwesenheit einer Hilfe möglich.
Selbstbestimmung	maximal
Benötigte finanzielle Mittel	• entsprechend dem Hilfebedarf steigend; • schnell über Heimkostenniveau; • aufwändige Umbauarbeiten können nur in geringem Umfang über die Sozialversicherung finanziert werden.

Überblick: Pflege und Versorgung in der gewohnten Umgebung

Welchen Wert hat die eigene Wohnung?

Die meisten älteren Personen leben selbstständig in einer Wohnung. Die selbstständige Lebensführung ist ein Ausdruck persönlicher Kompetenz und für das Selbstwertgefühl einer Person höchst wichtig. Das Leben in der eigenen Wohnung wird von den meisten Personen problemlos bewältigt. Die Bereitschaft älterer Personen, die Wohnung zu wechseln, ist sehr gering. Eher wird akzeptiert, in mangelhaften Wohnbedingungen zu leben, als eine Übersiedlung in Kauf zu nehmen. Selbst wenn die Wohnungsausstattung objektiv mangelhaft ist oder viele Dinge nicht mehr möglich sind, wollen ältere Personen in ihrer gewohnten Umgebung bleiben.

Wir Menschen haben die Fähigkeit, mit Mängeln zu leben, diese zu kompensieren und dabei noch recht zufrieden zu sein. Manche Personen kommen mit Wohnverhältnissen zurecht, die einem Außenstehenden als unsauber, verwahrlost oder gar krankmachend erscheinen.

Krankheit oder altersbedingte Gebrechlichkeit zwingen dazu, Lösungen für bisher selbstverständliche Verrichtungen oder entstandene Gefahren zu finden.

These

Grundsätzlich ist jede denkbare erforderliche Pflege und Versorgung in der eigenen Wohnung möglich. Es bedarf lediglich der dazu benötigten finanziellen und personellen Ausstattung.

Wo sind die Grenzen des Machbaren?

Die regelmäßig an der Pflege und Versorgung in der eigenen Wohnung Beteiligten sind aus der folgenden Grafik zu erkennen:

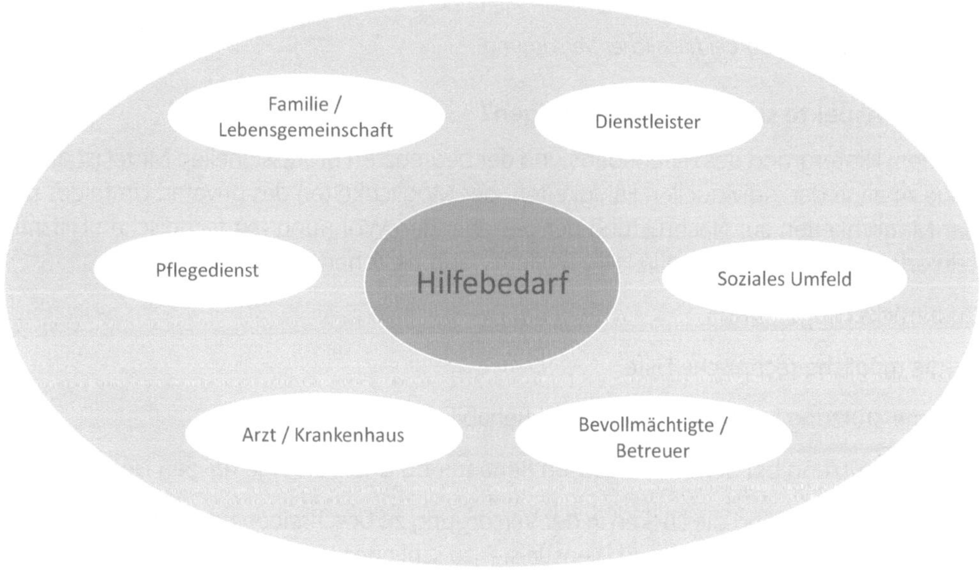

Schaubild: Beteiligte bei Pflege und Versorgung in der häuslichen Umgebung

Mit den entsprechenden finanziellen Mitteln kann fast jede Situation durch den Einkauf entsprechender Hilfen in der häuslichen Umgebung bewältigt werden.

Ist die betroffene Person allein auf Leistungen der Sozialversicherung und der Sozialhilfe angewiesen, werden die hier gewährten Mittel früher oder später nicht ausreichen, um die Kosten der benötigten Dienstleistungen zu tragen.

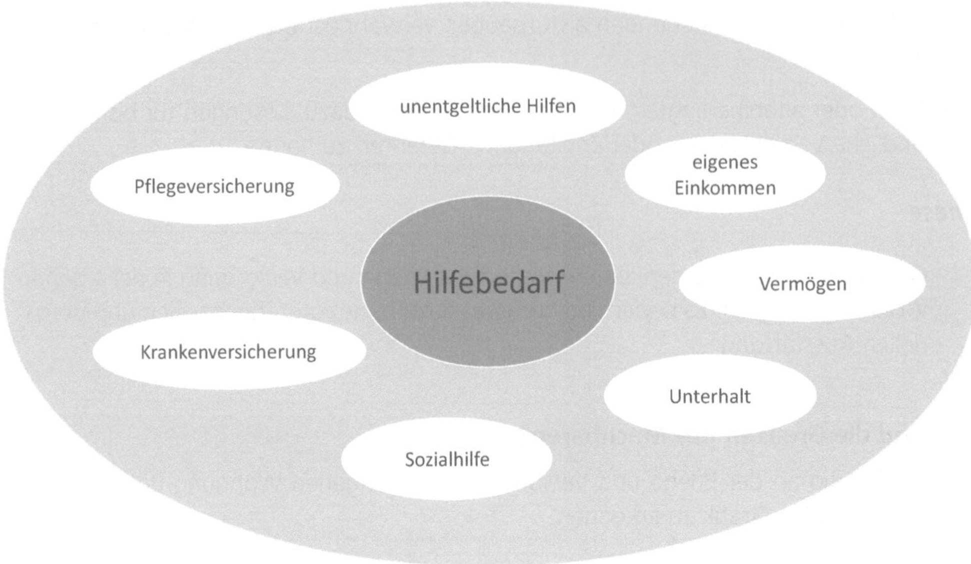

Schaubild: Finanzierung bei häuslicher Versorgung

Welche Aspekte sind zu berücksichtigen?

Vor dem Hintergrund des Hilfebedarfs und der begrenzten professionellen Mittel ist die genaue Analyse der individuellen Fähigkeiten, der Möglichkeiten des privaten Umfeldes und der Möglichkeiten zur Nachrüstung der bestehenden Wohnung mit technischen Hilfsmitteln erforderlich. Professionelle Hilfe schließt dann bestehende Lücken.

Zu berücksichtigen sind:

- die mögliche technische Hilfe,
- Unterstützung zur Mobilisierung und Rehabilitation,
- Unterstützung bei der medizinischen Behandlung und Vorsorge für den Notfall.

Im zweiten Schritt sind die Lücken in der Versorgung zu beschreiben und durch den Einsatz professioneller Pflegedienste und Dienstleister zu schließen. Dabei ist unbedingt zu berücksichtigen, dass soziale Kontakte erhalten und gefördert werden. Ebenso dürfen private und ehrenamtliche Helfer nicht überfordert werden.

Was ist bei häuslicher Pflege rund um die Uhr zu beachten?

Wünschenswert oder/und notwendig ist die Anwesenheit einer anderen Person rund um die Uhr. Häufig wird diese Versorgung durch Familienangehörige gesichert. Die alleinige Versorgung der pflegebedürftigen Person durch eine ihr nahestehende Person ist mit einer außerordentlichen Belastung für den Pflegenden verbunden.

Die Förderung der Pflege durch eine der pflegebedürftigen Person nahestehende Person wird durch die Pflegeversicherung (zuständig ist die jeweilige Krankenkasse) und durch das

Bundessozialhilfegesetz (zuständig ist der örtlich zuständige Träger der Sozialhilfe[609] – Hilfe zur Pflege) geregelt (siehe Modul 8 und 9; Abschnitte 5.8 und 5.9).[610]

Die angebotenen die pflegende Person entlastenden Hilfen stehen in keinem Verhältnis zu der Leistung, die von der pflegenden Person erbracht wird. Der rechtliche Betreuer hat darauf zu achten, dass die Pflege den Erfordernissen entspricht und die pflegenden Personen sich nicht selbst zu viel zumuten. Er muss die notwendige Entlastung organisieren. Ziel dieser Hilfe sollte es sein, die Situation aller Beteiligten so weit zu stabilisieren und zu unterstützen, dass die Pflege möglichst lange gewährleistet wird und in einer positiven Atmosphäre geschehen kann.

Die professionelle Hilfe rund um die Uhr wird fast flächendeckend angeboten. Die Organisation der medizinischen Versorgung, der Körperpflege und der Haushaltsführung muss ergänzt werden durch Helfer, die sich in der Wohnung aufhalten, die zu pflegende Person bei ihren Spaziergängen begleiten und dafür sorgen, dass ggf. ihre krankheitsbedingte Orientierungslosigkeit nicht zu einer ernsten Gefahr wird.

Wie kann Technik helfen?

Technische Hilfen können viele alltägliche Verrichtungen vereinfachen. Hierzu zählen z.B.: Badewannenlift, Haltegriffe, rutschfester Fußbodenbelag im Nassbereich. Sinnvoll sind Treppenlifte, zusätzliche Haltegriffe und der Einbau von Schiebetüren im Bad, Entfernen von „Stolperfallen“ wie ungesicherte Teppiche und unbefestigte Kabel. Sofern die rechtlich betreute Person nicht selbst Besitzer der Wohnung ist, müssen Änderungen am Zuschnitt der Wohnung, wie z.B. breitere Türen oder ein vergrößertes Bad, mit dem Vermieter abgesprochen werden.

Der Gefahr von Zimmerbränden kann z.B. durch den entsprechenden Umbau der Technik begegnet werden. Öl-, Kohle- und offene Gastechnik kann durch Elektrotechnik ersetzt werden. Elektrische Heizung ist im Unterhalt teuer, aber in der Anwendung problemloser und weniger gefährlich. Der elektrische Herd ist in der Regel mit eigenen Sicherungen versehen, die ausgeschaltet werden können, wenn die pflegebedürftige Person dazu neigt, die Herdplatten eingeschaltet zu lassen. Zeitschaltuhren können ein automatisches Abschalten sicherstellen. Steckdosen können mit Kindersicherungen versehen werden.

Darüber hinaus gibt es eine Vielzahl von Möglichkeiten, die Einrichtung und Technik der Wohnung so zu gestalten, dass Gefährdungen vermieden werden. Unterstützung bieten die Beratungsstellen der Krankenkassen.

Welche Rollen spielen Mobilisierung und Aktivierung?

Der Hilfebedarf der pflegebedürftigen Person ist zu einem großen Teil von ihrer Mobilität und ihrer Gesundheit abhängig. Entsprechenden Stellenwert haben die medizinische Behandlung und Rehabilitation.

Mit fortschreitendem Alter wird die Rehabilitation, z.B. nach einem Schlaganfall oder einem Oberschenkelhalsbruch, immer schwieriger. Die Maßnahme als solche ist oft schmerz-

609 Abhängig von den örtlichen Strukturen können die Ansprechpartner bei unterschiedlichen Stellen sitzen. Siehe auch § 98 SGB XII.

610 Weiterführend: Besche/Vieweg, Die Pflegeversicherung, 8. Auflage.

haft und erfordert einen starken Willen. Hinzu kommt, dass die Erwartung auf eine vollständige Wiederherstellung der ursprünglichen Fähigkeiten meist nicht zu erfüllen ist. Dennoch ist es wichtig, dass sich die pflegebedürftige Person in dieser Situation nicht ihrem Schicksal ergibt.

Es kommt darauf an, die pflegebedürftige Person zur Rehabilitation und Mobilisierung ihrer verbliebenen Fähigkeiten zu motivieren. Wichtig ist das Zusammenwirken von ärztlicher Hilfe, Pflegekräften, Bezugspersonen und rechtlichem Betreuer.

Der regelmäßige Kontakt zum Arzt kann durch entsprechende Begleitung durch die tatsächlichen Helfer oder durch Hausbesuche gewährleistet werden. Die notwendige Überwachung der Medikamenteneinnahme kann von ärztlicher Seite verordnet werden. Die Maßnahme wird vom ambulanten Krankenpflegedienst durchgeführt und von der Krankenkasse als Behandlungspflege finanziert. Diese Form der Medikamentengabe sollte einer Depotgabe vorgezogen werden, da so eine tägliche Überwachung des Gesundheitszustandes durch eine Fachkraft gegeben ist.

Belastende Untersuchungen sollten nur erfolgen, wenn sich aus dem Ergebnis eine konkrete Behandlung ergeben würde. Beispielsweise ist es nicht sinnvoll, eine wahrscheinliche Krebserkrankung durch weitere belastende Untersuchungen zu differenzieren, wenn der Allgemeinzustand eine mögliche Behandlung nicht ratsam erscheinen lässt.

Welche Aspekte sind bei Hilfen aus dem sozialen Umfeld von Bedeutung

Tatsächliche Hilfe im Haushalt, bei alltäglichen Verrichtungen, Begleitung und Botengänge werden oft durch die Familie, Bekannte, Nachbarn oder andere Personen aus dem näheren Umfeld geleistet. Diese zumeist unentgeltlich erbrachten Hilfen machen es möglich, auch mit begrenzten Mitteln in der eigenen Wohnung zu verbleiben.

Was bedeutet die Bestellung eines rechtlichen Betreuers?

Wird in dieser Situation ein rechtlicher Berufsbetreuer bestellt, ist dies ein Zeichen dafür, dass die Helfer aus dem Umfeld sich die rechtliche Vertretung nicht zutrauen, dass die Helfer vom Betreuungsgericht als ungeeignet erachtet werden, dass die Helfer überfordert sind oder andere Konflikte bestehen. Dies ergibt sich aus dem Umkehrschluss der im Gesetz bestimmten Nachrangigkeit der Bestellung eines rechtlichen Berufsbetreuers.

Welchen Auftrag hat der rechtliche Betreuer bezüglich der Hilfen aus dem sozialen Umfeld?

An dieser Stelle wird der Wunsch der rechtlich betreuten Person unterstellt, weiter in der eigenen Wohnung zu bleiben. Es ist somit die Aufgabe des rechtlichen Betreuers, das vorhandene Netzwerk zu erhalten und zu stärken. Dabei sollte der rechtliche Betreuer die Möglichkeiten der Tandembetreuung (siehe Abschnitt 5.1.7.5) mit einbeziehen.

Folgende Problemfelder sind häufig auch in Kombination anzutreffen:

- Die Helfer sehen sich mit der Erledigung der rechtlichen Angelegenheiten überfordert und benötigen Unterstützung. Der rechtliche Berufsbetreuer wird als Unterstützung gewollt. Von ihm werden die zur Erledigung der rechtlichen Angelegenheiten benötigten

Fachkenntnisse erwartet. Es besteht der Wunsch, von dem „Papierkrieg" entlastet zu werden.

- Die Helfer sehen sich der mit der Personensorge verbundenen Verantwortung nicht gewachsen. Mit der Absicht, das Richtige zu tun, stoßen sie auf den Widerstand der rechtlich betreuten Person. Sie nimmt den Rat aus ihrem Umfeld nicht an. Hintergrund sind oft familiäre Rollenkonflikte. Im günstigen Fall wird vom rechtlichen Berufsbetreuer erwartet, dass er als Vermittler tätig wird. Im ungünstigen Fall erwarten beide Seiten kompromisslos, dass die Situation sich nun endlich entsprechend der eigenen Vorstellung entwickelt. Von jeder Seite wird gewollt, dass der rechtliche Berufsbetreuer ein „Machtwort" spricht.
- Die Helfer sind überfordert und wollen sich am liebsten zurückziehen. Der rechtliche Berufsbetreuer wird als Ersatz für die bisher durch die Helfer erbrachte Hilfe gesehen.
- Das Umfeld (die Familie) ist zerstritten. Der rechtliche Berufsbetreuer wird von allen Seiten instrumentalisiert oder abgelehnt, um die eigenen Interessen durchzusetzen.
- Das Umfeld nutzt die Hilflosigkeit der rechtlich betreuten Person zum eigenen Vorteil aus. Der rechtliche Berufsbetreuer wird vom Umfeld als Bedrohung erkannt, da der bisher aus der Situation gezogene Vorteil verloren geht.

Was ist zu tun?

Der rechtliche Berufsbetreuer kommt als Fremder in dieses Netzwerk, welches bisher mit ganz eigenen Strukturen und Regeln die benötigte Hilfe geleistet hat. Mit viel Feingefühl sind die vorhandenen Problemfelder zu ermitteln. Erforderlich sind soziologische, psychologische und pädagogische Grundkenntnisse zu Familienstrukturen, Gruppendynamik, Rollenverhalten und Gemeinwesenarbeit. Diese Kenntnisse können nicht allein durch Lesen erlernt werden. Erforderlich ist eine praxisorientierte Qualifizierung durch entsprechende Seminare oder Ausbildungsgänge (siehe Modul 10 und 11, Abschnitte 5.10. und 5.11).

Ausgehend von den ermittelten Problemfeldern ist nach Lösungen zu suchen, die dem eingangs definierten Ziel gerecht werden. Dabei kommt der rechtliche Berufsbetreuer schnell an die Grenzen seines rechtlichen Auftrags.

- Einige Helfer fordern Veränderungen, obwohl sie lediglich von Zeit zu Zeit jemanden benötigen, um sich auszusprechen.
- Die Konten der rechtlich betreuten Person und der helfenden Familienangehörigen werden nicht getrennt geführt. Der Geldfluss ist nicht nachvollziehbar. Der Trennung wird widersprochen.
- Im Hilfesystem sind Personen beschäftigt, ohne angemeldet zu sein. Diese wollen sich nicht anmelden lassen, da sie subjektive Nachteile hätten.
- Das System von Geben und Nehmen (Pflege gegen Geschenk) kann vom Berufsbetreuer nicht beibehalten werden.

Manche Hilfssysteme können nicht aufrechterhalten werden. Für andere Hilfssysteme können sich individuelle Lösungen bieten. Als Entlastung für pflegende Angehörige können z.B. die Teilnahme an Gesprächskreisen, die Tagespflege oder Urlaub durch vorübergehende Heimaufnahme überlegt werden. Diesbezügliche Unterstützung bietet die Pflegeberatung der zuständigen Kranken- und Pflegeversicherung.

5.5.9.2 Die Mehrgenerationenfamilie

Überblick

Selbstbestimmung	• abhängig vom Konsens im Familienverbund. • durch bauliche Gegebenheiten und die familiäre Leistungsfähigkeit begrenzt.
Benötigte finanzielle Mittel	• abhängig davon, ob und in welchem Umfang Leistungen eingekauft werden müssen; • aufwändige Umbauarbeiten können nur in geringem Umfang über die Sozialversicherung finanziert werden.

Überblick: Mehrgenerationenfamilie

Heute fordert die Berufs- und Arbeitswelt von allen immer mehr Flexibilität und Mobilität. Dadurch fällt die Familie nach dem Erwachsenwerden der Kinder oft räumlich weit auseinander. Dennoch ist die familiäre Beziehung innigster Wunsch insbesondere älterer Personen. Vielleicht gerade deswegen gewinnt die Vorstellung, in einer Mehrgenerationenfamilie zu leben, immer mehr an Bedeutung.

Für das Zusammenleben mit der jüngeren Generation muss die Familienstruktur oftmals neu eingerichtet werden. Im Gegensatz zum Erhalt einer integrierten familiären Lebensgemeinschaft ist es schwieriger, wenn Personen im Alter in einen Haushalt aufgenommen werden. Alle Beteiligten müssen ihren gewohnten Lebensstil den neuen Bedingungen anpassen, müssen Beschränkungen durch vorgegebene Wohnungsgrößen hinnehmen und die eigene Lebensführung den geänderten Bedingungen anpassen. Im Gegenzug wird, soweit dies möglich ist, Kinderbetreuung und finanzielle Unterstützung geleistet. Die Rente und Sozialleistungen (Pflegeversicherung) sowie Vermögen fließen mit in den Haushalt der Familie ein.

Bei schwerer körperlicher oder/und geistiger gesundheitlicher Beeinträchtigung werden der Pflegeaufwand und die damit verbundenen Einschränkungen für die pflegenden Angehörigen schnell sehr groß. Die für das Zusammenleben erforderliche gegenseitige Rücksichtnahme gerät ins Wanken. In der Folge wird der Frieden innerhalb der Familie stark belastet.

Der Einblick in die Bedingungen familiärer Pflege ist nur selten möglich und kommt häufig erst in extremen Situationen zustande. Entsprechend sind Themen wie z.B. Gewalt in der pflegenden Familie wenig öffentlich erörtert und wissenschaftlich untersucht worden. Es scheint, dass insbesondere ältere Personen mit gesundheitlichen Problemen Gewalt erfahren. Zugleich sind pflegebedürftige Personen Akteure und auch pflegende Angehörige eindeutig Opfer.[611]

Zu den möglichen Hilfen und Unterstützungen gilt das in den vorangegangenen Abschnitten Dargelegte.

5.5.9.3 Betreutes Wohnen

Überblick

Selbstbestimmung	• hoch • begrenzt durch das geänderte Umfeld
Ausgleich gesundheitlicher Beeinträchtigungen	• Die Wohnform ist für mobile Senioren mit geringen altersbedingten gesundheitlichen Einschränkungen konzipiert und stößt an ihre Grenzen, wenn dauernde Hilfe und Aufsicht notwendig sind. • Die Räumlichkeiten sind regelmäßig nicht für die dauernde Anwesenheit eines Helfers ausgelegt.
Benötigte finanzielle Mittel	• Sofern nicht über den sozialen Wohnungsbau mitfinanziert, sind die Wohnkosten überdurchschnittlich hoch. • Weitere Kosten entstehen entsprechend dem Hilfebedarf und können schnell über das Heimkostenniveau ansteigen. • Sozialleistungen können diese evtl. nicht decken.

Überblick: Betreutes Wohnen

Was ist Betreutes Wohnen?

Diese Wohnform ist nicht klar definiert und gesetzlich nicht fixiert. Die Bezeichnungen sind vielfältig („Betreutes Wohnen", „Wohnen mit Service", „Seniorenwohnen", „Wohnen Plus"). Es handelt sich zumeist um eigens für Senioren erbaute Wohnanlagen. Die Angebote haben in den letzten Jahren stark zugenommen. Dem Bewohner wird ein selbstständiges Leben in der eigenen Wohnung versprochen, ohne bei Bedarf auf qualifizierte Hilfeleistungen, Sicherheit und Geborgenheit verzichten zu müssen. Die fehlenden Standards haben einen unübersichtlichen Markt geschaffen. Die genaue Kenntnis des jeweiligen An-

611 Herbst/Kotlenga/Nägele/Rabold, Kriminalitäts- und Gewalterfahrungen im Leben älterer Personen, 5. Auflage, Bundesministerium für Familie, Senioren, Frauen und Jugend 2012; Zusammenfassung abrufbar unter www.bmfsfj.de/blob/94188/26fade4c1250f7888ef17b68f2437673/kriminalitaets-und-gewalterfahrungen-aelterer-data.pdf (Zugriff: 7.9.2022).

gebots ist wichtig, um den eigenen Bedarf zu einem angemessenen Preis zu erhalten. Dabei ist die Kostenstruktur zu prüfen, um nachher nicht überhöhte Mieten mit zweifelhaften Serviceangeboten oder umgekehrt scheinbar günstige Mieten mit überzogenen Betreuungspauschalen zahlen zu müssen.

Wie prüfe ich das Angebot?

Wohnanlagen, die genau das halten, was sie versprechen, und das zu einem angemessenen Preis, verfügen über klar beschriebene Standards. Zum Standard sollte barrierefreier, abgeschlossener Wohnraum mit zumindest Kochgelegenheit und behindertengerechter Nasszelle sowie einer Notfallklingel mit angeschlossener externer oder interner Sozialstation gehören. Das Angebot sollte Gemeinschaftsverpflegung und altersgerechtes Beschäftigungsprogramm umfassen, ohne dass hiermit eine Verpflichtung zur Teilnahme oder zur Zahlung verbunden ist. Das Angebot kann als Paket über einen Anbieter oder über unterschiedliche Verträge mit mehreren Unternehmen abgeschlossen werden. Der Wohnraum kann gekauft oder gemietet werden.

Was ist über die Kosten zu sagen?

Betreutes Wohnen ist eine kostenintensive Wohnform, die erst durch den sozialen Wohnungsbau auch für Personen mit geringem Einkommen erschwinglich wird. Barrierefreies Bauen ist gegenüber dem allgemeinen Standard ungleich teurer. Seniorenanlagen sind auf Personen mit gesundheitlichen Einschränkungen funktional ausgerichtet.

Was ist beim Wechsel in eine Wohnanlage noch zu berücksichtigen?

Der Wechsel in eine Seniorenanlage ist mit der Änderung des sozialen Umfeldes verbunden. Die tägliche Erlebniswelt wird gekennzeichnet durch die Begegnung mit gebrechlichen Personen und professionellen Hilfskräften.

5.5.9.4 Organisierte und nichtorganisierte Wohngemeinschaften

Überblick

Selbstbestimmung	• hoch • Erfordert eine vorausschauende Lebensplanung oder viel Glück bei der Suche nach einem Platz.
Ausgleich gesundheitlicher Beeinträchtigungen	• Kommt auf die tatsächlichen Verhältnisse und die Konzeption an.
Benötigte finanzielle Mittel	• Muss für den Einzelfall abgefragt werden. • Evtl. ist die Förderung im Rahmen der Sozialhilfe möglich.

Überblick: Wohngemeinschaften

Von stillschweigend sich gegenseitig helfenden mehreren Singlehaushalten (selbst organisierte Nachbarschaftshilfe) bis zu Wohngruppen von höchstpflegebedürftigen Personen ist alles möglich.

Welche Besonderheiten zeichnen nichtorganisierte Wohngemeinschaften aus?

Nichtorganisierte Systeme zeichnen sich durch ein hohes Verantwortungsbewusstsein der beteiligten Personen aus. Die Idee, gemeinsam mit Freunden eine Hausgemeinschaft zu gründen, ist reizvoll. Zu Beginn bedarf es bei der Umsetzung ausreichender Vitalität der Beteiligten. Die Personen, die sich so zusammenfinden, streben mehr als eine verlässliche Nachbarschaft an. Ähnlich der familiären Bindung soll ein generationenverbindendes Leben in einer Solidargemeinschaft entstehen.

Diese Form der Lebensgemeinschaft fordert von den Bewohnern, sich in jungen Jahren über das Leben im Alter Gedanken zu machen. Dabei muss kein endgültiges, starres Lebenskonzept entstehen. Das Fundament für das spätere Miteinander will durchdacht, geschaffen und gepflegt werden. Es gilt, auch auf die Situation des Ausscheidens von einem oder mehreren Mitbewohnern vorbereitet zu sein.

Welche Vorteile haben professionell organisierte Wohngemeinschaften?

Vereins- oder professionell organisierte Wohngemeinschaften richten sich in erster Linie an pflegebedürftige Personen. Hier wird oft die Unterstützung durch Angehörige erwartet. Wohngemeinschaften haben für die flächendeckende Versorgung nur geringe Bedeutung.

5.5.9.5 Alten- und Pflegeheim

Überblick

Selbstbestimmung	• gering • weitgehende Fremdbestimmung durch Organisation der Einrichtung.
Ausgleich gesundheitlicher Beeinträchtigungen	• Nahezu alle Beeinträchtigungen können in der geeigneten Einrichtung aufgefangen werden.
Benötigte finanzielle Mittel:	• hoch • Förderung über Pflegewohngeld und Sozialhilfe

Überblick: Alten- und Pflegeheim

Diese Einrichtung ist klar definiert und wird staatlich überwacht und reglementiert. Es werden nur pflegebedürftige Personen und Selbstzahler aufgenommen.

Worauf erstreckt sich das Angebot?

Die Unterbringung erfolgt meist in 1- bis 2-Bett-Zimmern. Vollversorgung (vier Mahlzeiten), Pflegeleistung und Beschäftigungsprogramm sind obligatorisch. Der Personalschlüssel für die pflegerische Betreuung wird genau berechnet. Der Tagesablauf ist weitgehend nach organisatorischen Erfordernissen des Pflegeheims festgelegt.

Die Aufgabe der Heime hat sich zunehmend in Richtung Versorgung schwerstpflegebedürftiger Personen verschoben. Hierzu tragen neben den Bestimmungen der Pflegeversicherung auch die Regelungen zur Übernahme der das Einkommen übersteigenden Heimkosten in der Sozialhilfe bei. Förderrichtlinien und die Heimgesetzgebung geben die Struktur der Einrichtungen vor.

Was geschieht mit der Einrichtung der bisherigen Wohnung?

Das Leben in einem Heim ist mit der Aufgabe des gewohnten Lebensraums verbunden. Der größte Teil der Wohnungseinrichtung muss aufgegeben werden. Teilweise können nur wenige kleinere persönliche Gegenstände mitgenommen werden.

Wie weit wird die Privatsphäre respektiert?

Die Intimsphäre ist im Heim nur minimal zu realisieren. Mehrbettzimmer, räumliche Gestaltung, Kleidung und Verhalten des Pflegepersonals (z.B. eintreten, ohne anzuklopfen) verschieben die bisherige Wohnatmosphäre in Richtung einer Krankenhausatmosphäre.

Nicht verkannt werden darf die Scheu und die Scham, die mit der Inanspruchnahme von Pflege verbunden ist. Diese Gefühle sind individuell völlig unterschiedlich. Einige Personen wollen lieber von fremden Personen versorgt werden. Andere möchten lieber von ihnen nahestehenden Personen gepflegt werden. Wiederum andere empfinden so viel Widerwillen gegen die Pflege durch Dritte, dass sie lieber im eigenen „Dreck" liegen bleiben, als die Pflege zuzulassen.

In der Praxis ist zu beobachten, dass einige der ins Heim übergesiedelten Personen schon in den ersten Monaten der Aufnahme versterben. Dies hängt unter anderem damit zusammen, dass die Heimaufnahme oft Folge einer ernsten lebensbedrohlichen gesundheitlichen Störung ist, die auch stationär im Sinne einer Heilung nicht mehr behandelt werden kann.

Einzelne Personen kommen mit dem Wechsel der Umgebung nicht mehr zurecht. Sie verlieren ihren Lebenswillen. Der Umzug ins Heim kann dann mit einer wesentlichen Verschlechterung des psychischen und körperlichen Gesundheitszustandes verbunden sein. Ein Wechsel der Umgebung wird auch von an Demenz erkrankten Personen wahrgenommen, die im Alltag ihre Umgebung nicht mehr wahrzunehmen scheinen.

5.5.9.6 Die Wünsche der rechtlich betreuten Person

Am Anfang der Überlegungen zum Wechsel der Wohnsituation steht die Frage nach den Wünschen der rechtlich betreuten Person. Dabei ist in Erfahrung zu bringen, ob die rechtlich betreute Person überhaupt einen Wechsel der Wohnsituation für sich in Erwägung zieht. Es ist unerheblich, ob ihr Wunsch aus objektiver Sicht „gut" und/oder „machbar" ist. Die Aufgabe des rechtlichen Betreuers ist es, die Wünsche unvoreingenommen kennenzulernen.

Kann sich die rechtliche betreute Person nicht äußern, ist der mutmaßliche Wille zu ermitteln. Dabei können folgende Fragen behilflich sein:

- Wie hat die betroffen Person ihr Leben im Hinblick auf ihr räumliches und soziales Umfeld gestaltet?
- Ist ihr ihre Wohnung wichtig?
- War sie kontaktfreudig oder lebte sie bisher mehr zurückgezogen?
- Bestehen soziale Kontakte nur zu professionellen Helfern oder auch zu Familie, Freunden und Bekannten?
- Ergeben sich aus den bekannten Wertbezügen Gründe dafür, dass sie sich ihrer derzeitigen Situation schämt und nicht will, dass sie in einem breiteren Kreis öffentlich wird?
- Welchen Wert hat sie ihrer individuellen Lebensführung in Bezug auf die Gestaltung ihrer Umgebung und ihrer Privatsphäre beigemessen?
- Welchen Stellenwert haben die persönlichen Pflege und Versorgung?

Im Ergebnis ergibt sich ein Bild zu der Frage, ob und in welche Wohnform die rechtlich betreute Person wechseln möchte.

Im Folgenden soll der am häufigsten vorkommende Wechsel in einer Einrichtung der stationären Altenhilfe besprochen werden.

Aus der Besprechung mit der rechtlich bereuten Person könne folgende Konsequenzen für das Handeln des rechtlichen Betreuers abgeleitet werden:

- Die rechtlich betreute Person möchte in vollem Bewusstsein der Tragweite und der Konsequenzen ins Heim umziehen. Eine Entscheidung des rechtlichen Betreuers ist nicht notwendig. Benötigt wird die betreuungsrechtliche Unterstützung zur Umsetzung dieses Ziels.
- Die rechtlich betreute Person stimmt einem Umzug in ein Pflegeheim zu. Sie wird jedoch zu dieser Entscheidung von ihrem Umfeld gedrängt. An dieser Stelle hat der rechtliche Betreuer die Aufgabe, genauer hinzusehen und zu versuchen, der rechtlich betreuten Person eine eigene Entscheidung zu ermoglichen.
- Die rechtlich betreute Person möchte nicht in ein Heim umziehen. Alle ambulanten Hilfen müssen ausgeschöpft werden. Verfügt die rechtlich betreute Person über ausreichendes Vermögen, ist der Umzug ins Heim auf jeden Fall zu vermeiden. Auch im häuslichen Bereich ist es möglich, Pflege rund um die Uhr zu gewährleisten.
- Ist die Abwehr einer drohenden erheblichen Gefahr nur durch einen Umzug in eine Einrichtung der Altenhilfe möglich, prüft der rechtliche Betreuer, ob er gegen den erklärten Willen der rechtlich betreuten Person entscheiden muss. Es ist zu prüfen, ob die Weigerung, in ein Heim zu gehen, einen Akt der freien Willensbildung darstellt oder die Bildung eines freien Willes durch Krankheit/Behinderung beeinträchtigt ist. Sodann ist vor der Schaffung vollendeter Tatsachen das Betreuungsgericht mit einzubeziehen.
- Die rechtlich betreute Person kann sich nicht äußern. Der mutmaßliche Willen ist zu rekonstruieren (siehe Abschnitt 5.2.9).

Wie ist die geeignete Einrichtung der Altenhilfe auszuwählen?

Ist die Entscheidung für eine Heimaufnahme gefallen, stellt sich die Frage nach der Auswahl des Heims. Das Platzangebot in den Heimen ist regional sehr unterschiedlich. Mancherorts muss der Heimplatz mehr als ein Jahr vorher angemeldet werden. In anderen Regionen besteht die Möglichkeit der Wahl zwischen mehreren Heimen mit unterschiedlicher Konzeption. Ist die sofortige Aufnahme notwendig, besteht meist nur die Möglichkeit, den erstbesten Platz, der angeboten wird, zu nehmen.

Soweit dies möglich ist, sollte die Auswahl des Heimplatzes zusammen mit der rechtlich betreuten Person nach einer vorherigen Besichtigung der infrage kommenden Einrichtung entschieden werden. Dabei dürfte es kaum ausreichen, sich nur mit dem schriftlichen Konzept oder Prospekt der Einrichtung vertraut zu machen. Der Unterschied zwischen „Schein" und „Sein" ist oft gravierend.

Die Beurteilung dieser Abweichung zum Positiven oder Negativen ist ausschließlich aus der subjektiven Sicht der rechtliche betreuten Person vorzunehmen. Hier kommt es auf ihre individuelle Erwartungshaltung an. Örtliche Lage, Gebäude, räumliche Aufteilung, Einrichtung, Zimmerbelegung, Arbeitsbedingungen, Anzahl und Ausbildung des Personals, Personalführung, Konzeption, der Träger und andere Bedingungen prägen die Atmosphäre in einem Heim. Die Bandbreite geht hierbei über eine mehr familiäre Atmosphäre mit der Sicherheit einer vorgegebenen Tagesstruktur, die keine eigenen Aktivitäten abverlangt, bis hin zu einer einem Hotel gleichenden Einrichtung, die das größtmögliche Maß an eigenverantwortlicher Tageseinteilung erlaubt und verlangt.

Besondere Verantwortung trifft den rechtlichen Betreuer bei der Auswahl eines Heims für eine weitgehend desorientierte, aber körperlich noch rüstige rechtlich betreute Person. Es besteht die Gefahr, dass sie die Einrichtung verlässt, sich verirrt, nicht mehr zurückfindet, durch ihr Verhalten im Straßenverkehr einen Unfall verursacht oder anderweitig Schaden erleidet. In nicht seltenen Fällen kommt es vor, dass die Fixierung mit Bettgittern, gerontologischem Stuhl oder die medikamentöse Ruhigstellung angewendet werden, um den Wunsch nach Bewegung zu kontrollieren und diesen Gefahren vorzubeugen.

Andere Einrichtungen können auf derartige Maßnahmen verzichten. Mit den entsprechenden baulichen Gegebenheiten, dem ausgebildeten Personal und dem notwendigen Konzept lässt sich dieser Gefährdung mit weniger freiheitseinschränkenden Mitteln begegnen. In diesem Zusammenhang sei als Modell in Haarlem/Niederlande auf das Altenheim „Anton Pieck Hofje" hingewiesen. Fixierung und medikamentöse Ruhigstellung werden nicht angewandt. In ersten Ansätzen wird die dort praktizierte Möglichkeit für ein lebenswertes Leben für demente alte Menschen auch in hiesigen Heimen angewendet. Der Betreuer sollte sich vor der Heimaufnahme vergewissern, wie der Gefährdung dementer alter Menschen begegnet wird.

Erklärtes Ziel der meisten Heime ist die „aktivierende Pflege". Verbliebene Fähigkeiten sollen gefördert werden, verlorene Fähigkeiten eventuell reaktiviert werden. Leider ist die Situation in Bezug auf Ausbildung und Zahl der Pflegekräfte in den Heimen mitunter mangelhaft und wird allgemein schon seit Jahren als „Pflegenotstand" beschrieben. Eine grundlegende Änderung ist nach wie vor nicht in Sicht. Trotzdem geben sich die meisten Einrichtungen alle Mühe, die gesteckte Zielsetzung zu erreichen.

Leider werden immer wieder Einrichtungen bekannt, die ihre Bewohner – ohne dazu berechtigt zu sein – oft über Tage, Wochen oder Monate fixieren, die nötige Pflege nicht leisten oder in anderer Form die Würde der Menschen missachten, um sich unter anderem auch selbst zu bereichern.

Die meisten Einrichtungen haben Vereinbarungen zu der Höhe der Kosten mit dem zuständigen Träger der Sozialhilfe. Trägt der Bewohner selbst die Kosten, wird in den Verträgen zumeist die Höhe der Pflegesätze als Entgelt vereinbart. Private Heime bieten Plätze mitunter zu geringeren oder höheren Entgelten an. Die Heimkosten werden auf Anfrage von den Einrichtungen oder der Behörde bekannt gegeben. Werden die Heimkosten aus dem Einkommen und Vermögen des betreuten Menschen bestritten, darf die Auswahl des Heimplatzes durch den Betreuer nicht ausschließlich auf der Grundlage der kostengünstigsten Möglichkeit erfolgen. Die Überlegungen müssen sich zunächst an den Wünschen und Bedürfnissen des Betroffenen orientieren.

Was ist zu tun, wenn die Aufnahme ins Heim eilig erfolgen muss?

Beispiel:

Ein Anruf erreicht das Gericht. Es geht um einen 85 Jahre alten Mann, der nach einem Schlaganfall im Krankenhaus behandelt worden ist. Die Behandlung sei in drei Tagen abgeschlossen. Danach benötige der Patient jedoch dauernde Pflege und Betreuung, da er bettlägerig und zudem sehr unruhig sei. Er bedürfe einer ständigen Beaufsichtigung. Aufgrund der krankheitsbedingten hirnorganischen Veränderung sei eine Verständigung nicht mehr möglich. Der Mann habe bisher allein in seiner Wohnung gelebt. Angehörige oder ihm nahestehende Personen sind nicht bekannt. Das Krankenhaus regt an, im Rahmen einer einstweiligen Anordnung einen Betreuer zu bestellen, der die notwendigen Angelegenheiten zur Aufnahme im Altenheim (ein Platz wurde bereits gefunden) erledigen soll.

Ein Eilverfahren bedeutet Stress für alle Beteiligten. Das Betreuungsgericht muss in kürzester Zeit zu einer Entscheidung gelangen. Der sonst eher schwerfällige Verwaltungsapparat des Betreuungsgerichts wird zu Höchstleistungen veranlasst. Im Eilverfahren werden die üblichen Ermittlungen auf ein Minimum verkürzt. Die Anhörung des betroffenen Menschen, der Angehörigen oder anderer dem betroffenen Menschen nahestehender Personen bleibt vor der Beschlussfassung häufig aus. Die Auswahl des rechtlichen Betreuers richtet sich nach der aktuellen Verfügbarkeit. Die Bestimmung der Notwendigkeit einer rechtlichen Betreuung und die Festsetzung der Aufgabenbereiche ergeben sich aus den vorhandenen Informationen und, wenn das Betreuungsgericht die Anhörung durchgeführt hat, aus dem ersten Eindruck. Im Wege der einstweiligen Anordnung wird ein rechtlicher Betreuer für die Dauer von sechs Monaten bestimmt.

Nachdem der Beschluss des Betreuungsgerichts entweder durch die Anordnung der sofortigen Wirksamkeit oder Bekanntgabe an den rechtlichen Betreuer wirksam geworden ist, hat dieser nur noch wenig Zeit, mit der erforderlichen Sorgfalt vorzugehen. Das Krankenhaus drängt mittlerweile auf die Entlassung, weil die Behandlung abgeschlossen ist und der weitere Aufenthalt nicht mehr von der Krankenkasse bezahlt wird.

Für den Fall, dass keine Person aus dem näheren Umfeld der rechtlich betreuten Person als rechtlicher Betreuer gefunden wurde, muss sich auch der rechtliche Betreuer auf die wenigen vorhandenen Informationen stützen. Die genauen Wohn- und Vermögensverhältnisse sind unbekannt. Die individuellen Wertvorstellungen der rechtlich betreuten Person sind, sofern sie sie nicht selbst äußern kann, ebenfalls nicht bekannt.

Möglicherweise verfügt der rechtliche Betreuer über ausreichend gute Kontakte zu den örtlichen ambulanten Hilfsorganisationen, um die häusliche Pflege kurzfristig organisieren zu können.

In der oben beschriebenen Situation wird in dem ärztlichen Attest unruhiges Verhalten bescheinigt. Dies erfordert die Pflege und Versorgung rund um die Uhr. Diese Form der häuslichen Pflege lässt sich, wenn die Einkommens- und Vermögensverhältnisse unbekannt sind, beim besten Willen nicht kurzfristig organisieren. In dieser Situation bleibt dem rechtlichen Betreuer nur die Möglichkeit der Kurzzeitpflege. Bei der Kurzzeitpflege wird lediglich ein befristeter Vertrag mit der Einrichtung abgeschlossen. Die Kurzzeitpflege schafft keine vollendeten Tatsachen, sondern gibt ausreichend Zeit, die persönlichen und wirtschaftlichen Verhältnisse der rechtlich betreuten Personen kennenzulernen und im weiteren Verlauf über die Wohnsituation zu entscheiden.

Das Heim wird vor der Aufnahme eine Garantie zur Übernahme der entstehenden Kosten verlangen. Zur ersten Absicherung der Kosten wird ein Sozialhilfeantrag notwendig sein. Das Sozialamt kann vorbehaltlich der noch zu ermittelnden Bedürftigkeit auch ohne die genaue Kenntnis der Vermögenssituation kurzfristig eine vorläufige Kostenanerkenntnis erteilen.

Diese Entscheidung sollte nur als vorläufig angesehen werden. Das Gericht hat nach der Einrichtung einer vorläufigen rechtlichen Betreuung maximal sechs Monate Zeit, die rechtliche Betreuung formgerecht einzurichten. Der rechtliche Betreuer hat jedoch die Ermittlung der persönlichen Verhältnisse der rechtlich betreuten Person schneller zum Ergebnis zu führen. Zum einen ist die Kostenübernahme abschließend zu klären. Zum anderen ist es wichtig, die Entscheidung für die Heimunterbringung unter den oben genannten Gesichtspunkten neu zu überdenken und gegebenenfalls die Rückkehr in die eigene Wohnung zu organisieren.

Eilentscheidungen sind notwendig, um bestehende Gefahren oder erhebliche Nachteile, die sich aus der aktuellen Situation des betroffenen Menschen ergeben, abzuwenden. Kritisch hinterfragt werden sollte, von wem und durch welche Interessen die Notwendigkeit zum sofortigen Handeln definiert wird. Die Eilentscheidung bedeutet, einen rechtlichen Eingriff vorzunehmen, ohne eine gründliche Kenntnis der Situation zu haben.

5.5.9.7 Verfahren bei Aufgabe von selbst genutztem Wohnraum

Ein nicht nur vorübergehender Wechsel der Wohnsituation ist in der Regel mit der Aufgabe des bisher genutzten Wohnraums verbunden. Wird der bisherige selbst genutzte Wohnraum durch den rechtlichen Betreuer aufgegeben, steht dieser Vorgang unter besonderem Schutz.

Gilt der besondere Schutz auch, wenn die rechtlich betreute Person selbst entscheidet und handelt?

Soweit die rechtlich betreute Person selbst rechtlich handeln kann, zum Beispiel durch eine selbst vorgenommene Kündigung, und der rechtliche Betreuer sich auf eine unterstützende Tätigkeit beschränken kann, hat er dies auf der Grundlage der allgemeinen Grundsätze zur Führung der rechtlichen Betreuung zu tun (siehe Modul 2, Abschnitt 5.2). Der besondere Schutz (Genehmigungspflichten[612]) greift dann nicht.

Die Verantwortung beispielsweise für eine Kündigung der Wohnung darf aber nicht vorschnell auf die entscheidungsunfähige rechtlich betreute Person abgewälzt werden. Hier ist der rechtliche Betreuer in der Pflicht, gewissenhaft zu prüfen, ob die rechtlich betreute Person in der Lage ist, einen freien Willen zu bilden. Grundsätzlich ausgeschlossen ist insoweit rechtswirksames rechtliches Handeln durch eine geschäftsunfähige Person. In diesen Fällen muss die Kündigung stellvertretend ausgesprochen werden und unterliegt somit dem besonderen Schutz des Gesetzes, auch wenn sie dem Willen der rechtlich betreuten Personen entspricht.

Was wird geschützt?

Die gesetzliche Bestimmung ist mit Absicht in der Personensorge verankert. Damit wird deutlich, dass nicht der Schutz vermögensrechtlicher Aspekte im Vordergrund der Wohnungsaufgabe steht, sondern in erster Linie die Wohnung als private, individuell gestaltete Lebenswelt geschützt werden soll. Zum schützenswerten selbst genutzten Wohnraum kann auch ein Zimmer in einer Wohngemeinschaft oder in einem Alten- oder Pflegeheim gehören. Wohnraum, der als Anlageobjekt gehalten wird, ist nicht erfasst.

Die gesetzliche Bestimmung ist umfassend zu verstehen und bezieht sich auf alle denkbaren rechtlichen und tatsächlichen Möglichkeiten der Aufgabe des Wohnraums.

Beispiele:

- *die Besitzaufgabe,*
- *die Verlagerung des tatsächlichen Lebensmittelpunktes (Umzug ohne Aufgabe des Wohnraumes),*
- *die Wohnungsauflösung (auch wenn die Wohnung nicht gekündigt wird),*
- *den Verlust der bisherigen Wohnung (durch z.B. Kündigung des Vermieters),*
- *die Unmöglichkeit der tatsächlichen Nutzung der bisherigen Wohnung,*
- *die Unmöglichkeit der dauerhaften Rückkehr in die eigene Wohnung.*

Wann kann selbst genutzter Wohnraum aufgegeben werden?

Wird der bisher genutzte Wohnraum durch den rechtlichen Betreuer aufgegeben, kann dies nur erfolgen, wenn die Aufgabe des bisherigen Wohnraumes dem Willen der rechtlich betreuten Person entspricht oder eine erhebliche Gefährdung der Person oder des Vermö-

612 § 1833 Abs. 3 BGB

gens der rechtlich betreuten Person zu befürchten ist, wenn der Wohnraum erhalten bleibt.

Das Gesetz sagt hierzu:

> „Eine Aufgabe von Wohnraum, der vom Betreuten selbst genutzt wird, durch den Betreuer ist nur nach Maßgabe des § 1821 Absatz 2 bis 4 zulässig.[613]

Möchte die rechtlich betreute Person zum Beispiel selbst ihre Wohnung aufgeben, um in ein Pflegeheim zu ziehen, ist aber nicht in der Lage, diesen Wunsch rechtlich umzusetzen, bedarf es keiner objektiven Beurteilung oder gar einer Gefährdung. Insoweit ist die Wunschbefolgung ausreichende Grundlage.

Auf eine Gefährdung kommt es nur dann an, wenn der rechtliche Betreuer den selbst genutzten Wohnraum gegen oder ohne den geäußerten Wunsch der rechtlich betreuten Person aufgeben will.

Das Gesetz beschreibt das Vorliegen einer Gefährdung wie folgt:

> „Eine Gefährdung im Sinne des § 1821 Absatz 3 Nummer 1 liegt insbesondere dann vor, wenn eine Finanzierung des Wohnraums trotz Ausschöpfung aller dem Betreuten zur Verfügung stehenden Ressourcen nicht möglich ist oder eine häusliche Versorgung trotz umfassender Zuhilfenahme aller ambulanten Dienste zu einer erheblichen gesundheitlichen Gefährdung des Betreuten führen würde."[614]

Wann muss die bevorstehende Aufgabe oder der drohende Verlust des selbst genutzten Wohnraums gemeldet werden?

> „Beabsichtigt der Betreuer, vom Betreuten selbst genutzten Wohnraum aufzugeben, so hat er dies unter Angabe der Gründe und der Sichtweise des Betreuten dem Betreuungsgericht unverzüglich anzuzeigen. Ist mit einer Aufgabe des Wohnraums aus anderen Gründen zu rechnen, so hat der Betreuer auch dies sowie die von ihm beabsichtigten Maßnahmen dem Betreuungsgericht unverzüglich anzuzeigen, wenn sein Aufgabenkreis die entsprechende Angelegenheit umfasst."[615]

Treten Umstände ein, die einen Verlust des selbst genutzten Wohnraumes zur Folge haben können, hat der rechtliche Betreuer dies dem Betreuungsgericht unverzüglich mitzuteilen.

Beispiele:

- *Kündigung durch den Vermieter*
- *Abmahnungen des Vermieters wegen störender Verhaltensweisen des betreuten Menschen*
- *Bereits vor der Bestellung eines Betreuers erfolgte Heimaufnahme*
- *Zwangsversteigerung des Wohnungseigentums*
- *Nicht mehr zu finanzierende Miete*

---

613 § 1833 Abs. 1 Satz 1 BGB
614 § 1833 Abs. 1 Satz 2 BGB
615 § 1833 Abs. 2 BGB

- *Das aktuelle Heim ist nicht länger geeignet*
- *Wechsel des Zimmers im Heim (nicht bei Kurzzeitpflege)*

Muss ich die bevorstehende Aufgabe oder den drohenden Verlust des selbst genutzten Wohnraums melden, wenn der Aufgabenkreis die Wohnungsangelegenheiten nicht erfasst?

Die Pflicht zur Mitteilung trifft in erster Linie den rechtlichen Betreuer, dessen Aufgabenkreis die Regelung der Wohnungsangelegenheiten miterfasst. Darüber hinaus ist auch der rechtliche Betreuer, dessen Aufgabenkreis die Wohnungsangelegenheiten nicht erfasst, zur Meldung verpflichtet, wenn er von dem drohenden Verlust der Wohnung erfährt. Das Betreuungsgericht hat dann ggf. die Notwendigkeit der Erweiterung des Aufgabenkreises zu prüfen. Die Pflicht zur Mitteilung hat den Sinn, dem Betreuungsgericht frühzeitig Gelegenheit zu geben, eingreifen zu können.

Das Betreuungsgericht hat zum Beispiel zu verhindern, dass der unbequeme betreute Mensch vom rechtlichen Betreuer in ein Heim gebracht wird, weil die rechtliche Betreuung so leichter zu führen ist.

Was ist bei bevorstehender Aufgabe oder dem drohenden Verlust des selbst genutzten Wohnraums zu tun?

Ist der rechtliche Betreuer zuständig, wird er sich ein vollständiges Bild der Situation durch Gespräche mit dem Vermieter, den Nachbarn, der Heimleitung usw. verschaffen und insbesondere mit der rechtlich betreuten Person sprechen. Er hat sich einen persönlichen Eindruck von der Situation zu verschaffen.

Beispiele:

- *Droht der Verlust der Wohnung nach einer Kündigung durch den Vermieter, ist es die Aufgabe des rechtlichen Betreuers, unter Abwägung des Prozessrisikos gegen die Kündigung vorzugehen. Im Rahmen der Beratungshilfe kann er sich beim Rechtsanwalt informieren. Der Betreuer kann auch einen Anwalt mit der Wahrnehmung der diesbezüglichen Interessen der rechtlich betreuten Person und der Prozessführung beauftragen.*
- *Ist die Aufnahme ins Heim bereits vor Einrichtung der rechtlichen Betreuung erfolgt, sollte der rechtlichen Betreuer die Schaffung vollendeter Tatsachen verhindern und für die Aufrechterhaltung der Wohnung sorgen. Im Fall der Mittellosigkeit besteht die Möglichkeit, die Übernahme der Kosten zur Aufrechterhaltung der bisherigen Wohnung beim zuständigen Sozialleistungsträger zu beantragen. Hierdurch soll sichergestellt werden, dass die rechtlich betreute Person für den Fall einer Besserung ihres Gesundheitszustandes oder aus anderen Gründen in ihre Wohnung zurückkehren kann.*

Wann bedarf es einer betreuungsgerichtlichen Genehmigung zur Aufgabe des selbst genutzten Wohnraums?

„Der Betreuer bedarf bei vom Betreuten selbst genutzten Wohnraum der Genehmigung des Betreuungsgerichts

1. zur Kündigung des Mietverhältnisses,
2. zu einer Willenserklärung, die auf die Aufhebung des Mietverhältnisses gerichtet ist,
3. zur Vermietung solchen Wohnraums und
4. zur Verfügung über ein Grundstück oder über ein Recht an einem Grundstück, sofern dies mit der Aufgabe des Wohnraums verbunden ist."[616]

Genehmigungspflichtig sind alle Willenserklärungen, die der rechtliche Betreuer in Vertretung der rechtlich betreuten Person zur Beendigung des Mietverhältnisses abgibt. Die Pflicht zur Genehmigung der Kündigung eines Mietverhältnisses bezieht sich nicht auf die Kündigung eines Heimplatzes, da es sich nicht um ein Mietverhältnis handelt, sondern um einen eigenen zivilrechtlichen Vertragstyp, der Wohnraum zuweist. Deshalb ist eine beabsichtigte Heimplatzkündigung dem Betreuungsgericht lediglich anzuzeigen.

Von der Pflicht zur Genehmigung sind auch durch den rechtlichen Betreuer abgegebene Willenserklärungen erfasst, die im engeren Sinn keine Kündigung eines Mietvertrages sind, aber auf die Aufhebung eines Mietvertrags oder beispielsweise die Aufgabe eines Wohnrechts zielen, wenn damit eine Wohnungsauflösung einhergeht. Das bedeutet, dass Schritte zur Auflösung der Wohnung, auch wenn der Wohnraum als solches erhalten bleibt, vom Betreuungsgericht zu genehmigen sind. Es dürfen somit nicht voreilig Gegenstände aus der Wohnung entfernt werden in der Annahme, dass diese ohnehin nicht mehr gebraucht werden, weil die rechtlich betreute Person nicht mehr zurückkehren wird.

Auch die Vermietung von bisher von der rechtlich betreuten Person genutztem Wohnraum bedarf der Genehmigung des Betreuungsgerichts. Unerheblich ist dabei, ob der Wohnraum im Eigentum der rechtlich betreuten Person steht. Die Vermietung kann sowohl die Weitervermietung des gemieteten, selbst genutzten Wohnraums sowie die Vermietung des selbst genutzten Eigentums oder Wohnungseigentums betreffen. Diese Regelung soll sicherstellen, dass auch der Wechsel des gewohnten Umfeldes der Kontrolle des Betreuungsgerichts unterliegt, wenn die bisherige Wohnung weder gekündigt noch aufgelöst wird. Wird die bisherige Wohnung weitervermietet, ist es der rechtlich betreuten Person nicht mehr möglich, jederzeit zurückzukehren.

Genehmigt werden müssen weiterhin Aufhebungsverträge, Verzichtsverträge und der gerichtliche Räumungsvergleich. Im Wortlaut ist das Nutzungsverhältnis (z.B. Obdachlosenunterkunft) nicht erfasst. Trotzdem ist auch die Aufgabe von Nutzungsverhältnissen vom Gericht zu genehmigen, da der Sinn der Vorschrift auf die Erhaltung des häuslichen Milieus abstellt.

616 § 1833 Abs. 3 BGB

Wie sieht der Antrag zur Genehmigung aus?

Für den Antrag gibt es keine Formvorschrift. Der Antrag sollte folgenden Inhalt haben:

- Angaben zur Rechtsgrundlage des Wohnverhältnisses (Belege: Mietvertrag, Eigentumsnachweis, Nutzungsvertrag, Nachweis zu einem bestehenden Wohnrecht)
- Subjektive Begründung zur Aufgabe des Wohnraumes
- Ggf. erhebliche konkret belegbare Gefahren, denen durch den Wechsel der Wohnsituation begegnet werden soll
- Wohnform und Rechtsgrundlage der zukünftigen Wohnsituation
- Sichtweise der rechtlich betreuten Person bezüglich des Wechsels der Wohnsituation

Wie sieht das Verfahren zur Genehmigung aus?

Das folgende Ablaufdiagramm zeigt den Verlauf des Verfahrens.

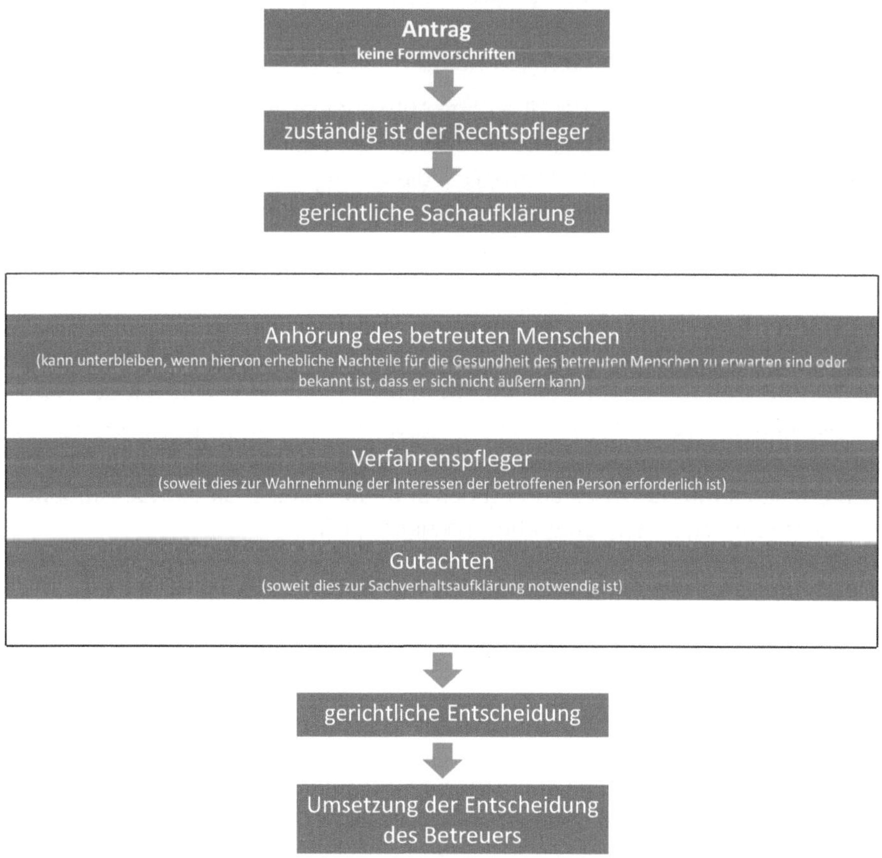

Schaubild: Verfahrensverlauf

5.5.9.8 Durchführung des Wohnraumwechsels

Bei dem praktischen Vorgang der Wohnungsauflösung ist der Verbleib des Hausrates zu klären. Insbesondere beim Umzug in ein Heim kann oft nur ein kleiner Bruchteil des Hausrates mitgenommen werden. Der rechtliche Betreuer sollte dafür sorgen, dass die rechtlich betreute Person so viel, wie sie will und möglich ist, mitnehmen kann. Vor allem für geistig verwirrte Menschen ist es wichtig, dass sie mit Dingen umgeben sind, die ihnen vertraut sind. Sie können sich so besser orientieren und der geistige Abbau kann sich verlangsamen.

Die Verwertung des überflüssigen Hausrates ist abhängig von der Aufwands- und Ertragsrechnung. Übersteigt der zu erwartende Aufwand für die Räumung der Wohnung und den Verkauf des Hausrates den zu erwartenden Ertrag, kann beispielsweise nach einem Interessenten (z.B. Möbellager karitativer oder gemeinnütziger Einrichtungen) gesucht werden, der als Gegenleistung für die Räumung der Wohnung den gesamten Hausrat erhält. Die Wohnung (auch Keller, Abstellräume und Dachboden) ist sorgfältig nach Wertgegenständen durchzusehen. Manche „Reichtümer" haben sich schon öfter in Sesselritzen, hinter Schränken oder in sonstigen Verstecken gefunden.

Notwendigkeit und Umfang der vor der Übergabe notwendigen Renovierung ergeben sich aus dem Mietvertrag. Die Wohnung sollte vertragsgemäß übergeben werden. Die Übergabe sollte entsprechend protokolliert werden. Ist die vertragsgemäße Übergabe zum Beispiel wegen fehlender Mittel zur Renovierung nicht möglich, kann die Wohnung nur im vorherrschenden Zustand übergeben werden.

5.5.10 Die Aufenthaltsbestimmung

Vor der am 1.1.2023 in Kraft getretenen Änderung des Betreuungsrechts hat der Aufgabenbereich „Aufenthaltsbestimmung" dem rechtlichen Betreuer oft auch die Befugnis zu Entscheidungen zur freiheitsentziehenden Unterbringung und/oder freiheitsentziehenden Maßnahmen erteilt. Aufgrund der Änderung des Betreuungsrechts sind diese Aufgabenbereiche nun gesondert zu benennen (siehe Abschnitt 5.1.8).

Welche Rechte umfasst der Aufgabenbereich der Aufenthaltsbestimmung?

In der Regel bildet die Wohnung den örtlichen Lebensmittelpunkt eines Menschen. Aus verschiedenen Anlässen besteht scheinbar oder tatsächlich die Notwendigkeit, diesen örtlichen Lebensmittelpunkt für eine begrenzte Zeit zu ändern (z.B. notwendige Behandlung im Krankenhaus).

Kann die rechtlich betreute Person nicht eigenverantwortlich in den Wechsel des Aufenthaltes einwilligen, ist der rechtliche Betreuer auf Grund dieses Aufgabenbereiches befugt, die rechtliche betreute Person bei entsprechenden Entscheidungen zu unterstützen oder ggf. stellvertretend einzuwilligen. Diese Befugnis greift nur, soweit einvernehmliches Zusammenwirken möglich ist oder kein entgegenstehender Wunsch oder Wille der rechtlich betreuten Person gegeben ist.

Der Aufgabenbereich berechtigt nicht, den Aufenthalt der rechtlich betreuten Person gegen ihren Willen (zwangsweise) vorzunehmen. Trifft der rechtliche Betreuer Entscheidungen gegen den erkennbaren Willen der rechtlich betreuten Person, hängt die Wirksamkeit seiner Entscheidung von der Anordnung eines Einwilligungsvorbehaltes ab. Darüber hinausgehende mit Freiheitsentziehung verbundene Maßnahmen sind nicht dem Aufgabenbereich zuzuordnen.

Der Aufgabenbereich „Aufenthaltsbestimmung" umfasst:

- das Recht des rechtlichen Betreuers, den Aufenthalt der rechtlich betreuten Person auch mit Wirkung für und gegen Dritte zu bestimmen. Die Aufenthaltsbestimmung durch den rechtlichen Betreuer ist auch von Dritten zu beachten. Beispielsweise ist es unzulässig, dass ein Angehöriger die rechtlich betreute Person einfach in ein anderes Heim bringt oder sie aus dem Heim dauerhaft zu sich nach Hause holt.[617]
- das (notfalls gerichtlich geltend zu machende) Herausgabeverlangen gegenüber einem Dritten.

Was ist bei der Bestimmung des Aufenthaltes im Ausland zu berücksichtigen?

Die Befugnis zur Bestimmung des gewöhnlichen Aufenthalts der rechtlich betreuten Person im Ausland ist als gesonderter Aufgabenbereich anzuordnen.[618] Der klassische Fall wäre die Verbringung eines pflegebedürftigen Betreuten in eine im Ausland gelegene Pflegeeinrichtung, etwa aus Kostengründen. In Grenznähe kann die örtlich nächste geeignete Einrichtung auch im Ausland liegen.

Allein aus dem Aufgabenbereich „Aufenthaltsbestimmung" ergibt sich diese Befugnis nicht. Eine solche Entscheidung greift in erheblicher Weise in die Rechte der rechtlich betreuten Person ein. Gegebenenfalls können durch eine solche Entscheidung die Geltung und Schutzwirkung des deutschen Betreuungsrechts außer Kraft gesetzt werden. Durch die ausdrückliche Ausweisung dieser Angelegenheit als gesondert anzuordnender Aufgabenbereich soll dem Betreuungsgericht eine Kontrollmöglichkeit gegeben werden.[619]

5.5.11 Bestimmung des Umgangs

Die in die persönliche Lebensführung der rechtlich betreuten Person auf besonders einschneidende Weise eingreifende Bestimmung des Umgangsrechts erfordert die ausdrückliche Ausweisung dieser Angelegenheit durch gesonderte Benennung des Aufgabenbereiches.[620]

Das Recht des rechtlichen Betreuers, den Umgang der rechtlich betreuten Person auch mit Wirkung für und gegen Dritte zu bestimmen, ist nur gegeben, wenn

- die rechtlich betreute Person dies selbst wünscht oder
- eine konkrete erhebliche Gefahr für ihre Person oder ihr Vermögen droht und sie diese erhebliche Gefahr auf Grund einer Krankheit/Behinderung nicht erkennen kann bzw. nicht in der Lage ist, entsprechend der eigenen Erkenntnis zu handeln.[621]

617 § 1834 Abs. 2
618 § 1815 Abs. 2 Nr. 3
619 Vgl. BT-Drucks. 19/24445, S. 235 f.
620 § 1815 Abs. 2 Nr. 4
621 § 1834 Abs. 1 i.V.m. §1821 Abs. 3 Nr. 1 BGB

Grundsätzlich kann jeder – auch die rechtlich betreute Person – selbst bestimmen, mit wem sie Umgang pflegen will. Wie immer müssen die Entscheidungen der rechtlich betreuten Person nicht den Wertvorstellungen des rechtlichen Betreuers entsprechen. Das Selbstbestimmungsrecht muss daher in größtmöglichem Umfang erhalten und unterstützt werden.

Ein Eingriffsrecht des rechtlichen Betreuers besteht nur, wenn eine konkrete erhebliche Schädigung der rechtlich betreuten Person zu befürchten ist. Dies kann ein erheblicher Gesundheitsschaden sein, weil sich die rechtlich betreute Person bei Besuchen des Herrn T. so sehr aufregt und ein Herzinfarkt droht.

Aber auch ein Vermögensschaden ist denkbar, etwa wenn eine dritte Person ständig Geld von der rechtlich betreuten Person erbettelt, die rechtlich betreute Person sich hiergegen nicht wehren kann und sie durch das Weggeben des Geldes ihre eigene Lebensgrundlage gefährdet.

Keinesfalls selten ist die Situation, dass die rechtlich betreute Person den rechtlichen Betreuer bittet, dafür zu sorgen, dass eine bestimmte Person nicht mehr zu Besuch kommt. Da die Umgangsbestimmung auch mit Wirkung für und gegen Dritte ausgesprochen werden kann, hat der rechtliche Betreuer eine solche auch auf Wunsch des Betreuten vorzunehmen. Schwierig sind derartige betreuungsrechtliche Maßnahmen immer dann, wenn die rechtlich betreute Person ihre Meinung sehr schnell ändert oder durch ihr tatsächliches Verhalten den eigentlich untersagten Besuch stattfinden lässt.

5.6 Modul 6

Thema des Moduls:

Vermögenssorge 1

Zeitaufwand in Zeitstunden: 15

Liste der vorgegebenen Inhalte:

Grundkenntnisse über

- Geschäftsfähigkeit
- Recht der Stellvertretung
- allgemeines Schuldrecht einschließlich Haftungsfragen
- Kaufvertragsrecht
- Schuldenregulierung, Mahn- und Vollstreckungsbescheid, Zwangsvollstreckung, Insolvenzverfahren

Das Modul 6 vermittelt allgemeine Grundkenntnisse zu angegebenen Rechtsgebieten sowie die betreuungsrechtliche Bedeutung der Rechtsgebiete. Der folgende Text behandelt praxisrelevante Schwerpunkte.

5.6.1 Geschäftsfähigkeit

Dieser Abschnitt betrifft die allgemeine Regelung zur Geschäftsunfähigkeit und ergänzt die verwandten Themen des Abschnitts 5.2.9 (Wille, Wünsche, mutmaßlicher Wille, Präferenzen) und des Abschnittes 5.5.4 (Einwilligungsfähigkeit). Zur Geschäftsfähigkeit als Voraussetzung zur Abgabe verbindlicher Willenserklärungen wird auf die Ausführungen unten zu 5.6.3 verwiesen.

Hat die rechtliche Betreuung Auswirkungen auf die Geschäftsfähigkeit?

Durch die Anordnung einer rechtlichen Betreuung für den Bereich der Vermögenssorge wird die rechtsgeschäftliche Handlungsfähigkeit der rechtlich betreuten Person dem Grundsatz nach nicht eingeschränkt. Die rechtlich betreute Person ist wie zuvor berechtigt, selbstständig Geschäfte abzuschließen. Die Gültigkeit der von der rechtlich betreuten Person vorgenommenen Rechtsgeschäfte richtet sich wie bei jedem Menschen danach, ob sie im Sinne des Gesetzes geschäftsfähig ist.

Wann ist eine Person geschäftsunfähig?

Geschäftsunfähigkeit eines erwachsenen Menschen liegt dann vor, wenn er sich in einem die freie Willensbestimmung ausschließenden Zustande krankhafter Störung der Geistestätigkeit befindet, sofern nicht der Zustand seiner Natur nach ein vorübergehender ist.[622] Diese Regelung ist unabhängig von der Anordnung einer rechtlichen Betreuung. Eine geschäftsunfähige Person kann grundsätzlich keine Verträge schließen. In der Betreuungspraxis gibt es viele Fälle, in denen zwar die Betreuung in der Vermögenssorge zu Recht angeordnet wurde, dies aber nicht mit einer (allgemeinen) Geschäftsunfähigkeit einhergeht. Vom Aufgabenkreis Vermögenssorge kann deshalb nicht automatisch auf eine Geschäftsunfähigkeit geschlossen werden. Andererseits gibt es auch Betreuungsfälle, in denen sowohl betreuungsrechtlich die Vermögenssorge angeordnet als auch die Geschäftsunfähigkeit festgestellt wurde.

Welche Auswirkung hat die rechtliche Betreuung im Finanzwesen?

Neben dem Vorteil für die rechtlich betreute Person, auch weiter ungehindert am Rechtsverkehr teilnehmen zu können, hat die fehlende Klärung der Geschäftsfähigkeit im Betreuungsverfahren häufig eine Verunsicherung für die Geschäftspartner zur Folge.

Nachdem die rechtliche Betreuung bekannt geworden ist, kommt es vor, dass die Willenserklärungen der rechtlich betreuten Person nicht mehr akzeptiert werden. Die Geschäftspartner begründen ihre Haltung mit dem Argument, dass die Anordnung einer rechtlichen Betreuung mit dem Aufgabenbereich „Vermögenssorge" voraussetzt, dass die betroffene Person ihre diesbezüglichen Angelegenheiten nicht selbstständig erledigen kann. Dies wird als starkes Indiz für das Vorliegen der Geschäftsunfähigkeit angesehen.

Mit dieser Haltung versucht der Geschäftspartner, sich vor der späteren Aufhebung oder Rückabwicklung der Verträge wegen der möglicherweise gegebenen Geschäftsunfähigkeit der rechtlich betreuten Person zu schützen.

622 § 104 BGB

Andere wiederum wollen ihre Geschäfte ausschließlich mit der rechtlich betreuten Person ohne den rechtlichen Betreuer abwickeln, da sie sich hiervon eine einfachere Verfahrensweise und eine Entlastung ihrer Verwaltung versprechen.

Auffallend ist, dass die jeweilige Geschäftspraktik von der Interessenslage der Vertragspartner abhängt. Es zeigt sich eine Tendenz dahin gehend, dass Geschäftspartner, denen durch die Bestellung eines rechtlichen Betreuers ein Nachteil entstehen könnte, verstärkt dazu neigen, die Legitimation des rechtlichen Betreuers anzuzweifeln. Entsprechend umgekehrt verhalten sich Geschäftspartner, die sich vom rechtlichen Betreuer einen reibungsloseren Ablauf der Geschäftsverbindung erhoffen.

Beispiele:

- *Die titulierte Forderung eines Gläubigers wurde erfolglos vollstreckt. Durch „böse" Briefe hat sich die rechtlich betreute Person gezwungen gesehen, einen Teil ihrer Sozialhilfe als Ratenzahlung einzusetzen. Ihr selbst bleibt nicht genug für den Lebensunterhalt. Da durch die Zahlungen noch nicht einmal die überhöhten Zinsen gedeckt werden, wachsen die Schulden immer weiter. Durch die Bestellung des rechtlichen Betreuers werden die Zahlungen eingestellt. Der Gläubiger missachtet die rechtliche Betreuung und den Wunsch der rechtlich betreuten Person, zukünftig mit dem rechtlichen Betreuer zu verhandeln, und setzt sie immer wieder in verbal aggressiver Form unter Druck, die Zahlungen weiter zu leisten.*
- *Auch Ämter verhalten sich gegenüber rechtlichen Betreuern ambivalent. Kann vom rechtlichen Betreuer erwartet werden, dass er die Interessen der rechtlich betreuten Person so vertritt, dass die Behörde mehr Leistungen erbringen muss, wird die Legitimation sehr genau geprüft. Verwaltungstechnische Hürden erweisen sich zum Teil als kaum zu überwinden. Verspricht sich die Behörde eine Entlastung, weil sie zum Beispiel nicht mehr mit dem querulatorisch veranlagten betroffenen Menschen umgehen muss, wird vom rechtlichen Betreuer oft mehr verlangt, als der beschlossene Aufgabenbereich möglich macht.*
- *Banken verhandeln oft nur noch mit dem rechtlichen Betreuer. Zuvor eingeräumte Kontokorrentkredite werden aufgehoben, Automatenkarten eingezogen. Auszahlungen an die rechtlich betreute Person werden nur nach Rücksprache mit dem rechtlichen Betreuer und nach Überprüfung durch den Bankangestellten vorgenommen.*

Was ist zu tun, wenn die geschäftsunfähige rechtlich betreute Person einen Vertrag abgeschlossen hat?

Mit dem Abschluss dieses Vertrages hat die rechtlich betreute Person normalerweise bekundet, dass sie den Wunsch hat, die vertraglich zugesicherte Leistung in Anspruch zu nehmen.

Personen, die geschäftsunfähig sind, können keine wirksamen Verträge abschließen.[623] Ausnahmen gelten für Verträge, die lediglich einen Vorteil für die rechtlich betreute Person mit sich bringen oder aus dem dafür zur Verfügung gestellten Geld bestritten werden.

Der rechtliche Betreuer hat zu prüfen, ob er die Wirksamkeit des Vertrages im Nachhinein herstellen kann oder auf der Rückabwicklung bestehen muss. Er hat dabei das Recht auf Selbstbestimmung abzuwägen gegen den Auftrag, das Vermögen der rechtlich betreuten Person vor erheblichem Schaden zu schützen.

Beispiele:

Die rechtlich betreute Person schließt den dritten Handyvertrag ab.

Fall 1: Die rechtlich betreute Person lebt von der Sozialhilfe und der Handyvertrag reduziert den für den Lebensunterhalt zur Verfügung stehenden Betrag dauerhaft so weit, dass der Einkauf der erforderlichen Lebensmittel und die Deckung der laufenden Lebenshaltungskosten nicht gewährleistet sind.

Fall 2: Die rechtlich betreute Person verfügt über ausreichend Einkommen und Vermögen, um die Zahlungsverpflichtung aus dem Vertrag tragen zu können, ohne dass eine Gefährdung für die Deckung der laufenden und zukünftigen Lebenshaltungskosten besteht.

Im ersten Fall ergibt sich eine erhebliche Gefährdung für Einkommen und Vermögen der rechtlich betreuten Person. Dem Vertrag kann nachträglich nicht zugestimmt werden. Die Rückabwicklung ist erforderlich. Das Betreuungsgericht ist über die Entscheidung gegen den erklärten Willen der rechtlich betreuten Personen zu informieren.

Im zweiten Fall ergibt sich keine erhebliche Gefährdung für das Einkommen und Vermögen der rechtlich betreuten Person. Der rechtliche Betreuer versucht, zusammen mit der rechtlich betreuten Person Kosten und den Nutzen aus dem Vertrag zu besprechen, um zu klären, ob der Vertrag tatsächlich dem Willen der rechtlich betreuten Person entspricht. Soweit dies der Fall ist, stimmt er dem Vertrag zu und stellt die Wirksamkeit des Vertrages her.

Für den Fall der Geschäftsunfähigkeit ist der rechtliche Betreuer verpflichtet, Verträge, welche von der rechtlich betreuten Person unwirksam geschlossen wurden und die, gemessen an seinem Wünschen und seinen wirtschaftlichen Möglichkeiten, zu einer erheblichen Gefährdung der materiellen Lebensgrundlage führen, zu kündigen und rückabzuwickeln.

Wer muss die Geschäftsunfähigkeit beweisen?

Soll ein Vertrag wegen der Geschäftsunfähigkeit aufgehoben werden, ist der rechtliche Betreuer stellvertretend für die rechtlich betreute Person verpflichtet, den Beweis für ihre Geschäftsunfähigkeit zu erbringen. Die Beweisführung ist nicht einfach. Wird zwischen den Vertragspartnern keine außergerichtliche Lösung gefunden, kann die Geschäftsunfähigkeit abschließend nur gerichtlich geklärt werden.

623 § 105 BGB

Wie ist zu verfahren, wenn die Geschäftsunfähigkeit im Gutachten festgestellt ist?

Überwiegend wird im Betreuungsverfahren bei der Bestellung des rechtlichen Betreuers ein Gutachten eingeholt (siehe Abschnitt 5.1.5). Auch wenn danach nicht ausdrücklich gefragt wird, äußern sich einige Gutachter zur Geschäftsfähigkeit. Bescheinigt der Gutachter im Rahmen seines Gutachtens, dass die betroffene Person geschäftsunfähig im Sinne des § 104 BGB ist, und wird dann im weiteren Verfahren auf den im Gutachten festgestellten Sachverhalt Bezug genommen, ohne dass dieser im Gutachten festgestellte Sachverhalt relativiert ist, muss der Betreuer für sein Handeln die Geschäftsunfähigkeit als Tatsache annehmen. Ist der Betreuer der Auffassung, dass der vom Gutachter festgestellte Sachverhalt so nicht zutrifft oder sich geändert hat, teilt er dies dem Betreuungsgericht, ggf. zusammen mit der Anregung zur Änderung der rechtlichen Betreuung, mit.

Die Willenserklärung eines Geschäftsunfähigen ist nichtig.[624] Banken und Geschäftspartner, die mehr als nur Taschengeldgeschäfte mit dem betreuten Menschen abschließen, sind zu informieren. Im Außenverhältnis muss der Betreuer den betreuten Menschen vertreten. Das Prinzip des Vorrangs rechtlicher Unterstützung vor rechtlicher Vertretung kann sich hier nur auf das Innenverhältnis bei der im Vorfeld einer rechtsgeschäftlichen Erklärung erforderlichen Willensbildung erstrecken.

Wie kann eine geschäftsunfähige Person Geschäfte des täglichen Lebens erledigen?

Mit dem § 105a BGB hat der Gesetzgeber mit Wirkung zum 1.8.2002 bestimmt, dass ein von einem geschäftsunfähigen Menschen abgeschlossenes Geschäft des täglichen Lebens (Alltagsgeschäfte), welches mit geringwertigen Mitteln getätigt worden ist, soweit Leistung und Gegenleistung erfolgt sind, als rechtswirksam anzusehen ist. Nach dem Abschluss des Geschäftes besteht damit kein Anspruch auf Rückabwicklung.

Die Regelung findet gleichermaßen Anwendung, wenn beide Vertragspartner volljährige geschäftsunfähige Menschen sind (z.B. bei einem Tauschvertrag zwischen zwei aufgrund ihrer Behinderung geschäftsunfähigen Menschen). Wenn das Betreuungsgericht nichts anderes anordnet, gilt dies auch für rechtliche Betreuungen, für die im Aufgabenbereich der Vermögenssorge ein Einwilligungsvorbehalt beschlossen worden ist.[625]

Die Regelung meint sowohl entgeltliche als auch unentgeltliche Verträge (auch Schenkungen des Alltags), die als „Geschäfte des täglichen Lebens" im Rechtsalltag allgegenwärtig sind und denen aufgrund ihrer Bagatellhaftigkeit niemand besondere Aufmerksamkeit zukommen lässt.[626] Es kommt nicht darauf an, dass dieses Rechtsgeschäft für den geschäftsunfähigen Menschen zum Alltag gehört und für ihn eine Bagatelle bedeutet. Das Rechtsgeschäft muss so beschaffen sein, dass es als Alltagsbagatellgeschäft dem allgemeinen Preis-Leistungs-Gefüge entspricht. Es darf z.B. nicht überteuert sein. Die Bewertung bezieht sich jeweils auf den Vertragsabschluss insgesamt. Werden beispielsweise mehrere Dinge mit ein und demselben Vorgang erworben, so ist die Summe des Gesamtkaufpreises

---

624 § 105 BGB
625 § 1825 BGB
626 BT-Drucks. 14/9266, S. 43

maßgeblich. Gemeint sind z B: der Kauf von Lebensmitteln, Genussmitteln, Büchern, Zeitungen, Textilien.

Ein unter § 105a BGB fallendes Geschäft wird erst wirksam, wenn Leistung und Gegenleistung erbracht sind, der Kaufpreis bezahlt ist und die Ware ausgehändigt wurde.

Der geschäftsunfähige Mensch bleibt nicht gänzlich ohne Schutz, wenn sich aus dem Geschäft für die Person oder das Vermögen des geschäftsunfähigen Menschen eine erhebliche Gefahr ergeben würde.[627] Eine Gefahr wäre z.B. dann gegeben, wenn der geschäftsunfähige Mensch immer wieder für seine Verhältnisse sinnlose Einkäufe tätigt, obwohl ihm dann kein Geld für den Lebensunterhalt verbleiben würde und er buchstäblich Hunger leiden müsste. Denkbar ist auch, dass der geschäftsunfähige Mensch zu einem fortgegebenen Gegenstand eine so starke Bindung hat, dass die Erkenntnis des Verlustes seine Gesundheit gefährden würde. Für diesen sicherlich seltenen Fall kann die Rückabwicklung verlangt werden.

5.6.2 Recht der Stellvertretung für Erwachsene

Es gibt unterschiedliche rechtliche Regelung der rechtlichen Stellvertretung für Erwachsene. Zu nennen sind:

- die Ehegattenvertretung (hierzu wird vollumfänglich auf Abschnitt 5.1.3.3 verwiesen),
- Vollmacht/Vollmacht zur Vorsorge (hierzu wird vollumfänglich auf Abschnitt 5.1.3.1 verwiesen),
- Stellvertretung durch den rechtlichen Betreuer (zur Vertretung im Verwaltungsverfahren wird zu Abschnitt 5.8.2 verwiesen).

5.6.3 Stellvertretung durch den rechtlichen Betreuer

> „In seinem Aufgabenkreis kann der Betreuer den Betreuten gerichtlich und außergerichtlich vertreten."[628]

Welche Befugnisse hat der rechtliche Betreuer?

Der rechtliche Betreuer kann die rechtlich betreute Person im Rahmen des vom Betreuungsgericht beschlossenen Aufgabenkreises im Rechtsverkehr gerichtlich und außergerichtlich vertreten.[629] Damit ist der rechtliche Betreuer im Rahmen des Aufgabenkreises befugt, rechtsgeschäftliche Willenserklärungen abzugeben und zu empfangen. Mit seiner Bestellung wird der rechtliche Betreuer bezogen auf den Aufgabenkreis gesetzlicher Vertreter der rechtlich betreuten Person.

Im Gegensatz zu einem zivilrechtlichen Auftrag, einer Bevollmächtigung oder anderen beispielsweise sich aus dem Sozialrecht ergebenden Assistenz- und oder Unterstützungsbe-

627 § 105a Satz 2 BGB
628 § 1823 BGB
629 § 1823 BGB

ziehungen kann die rechtlich betreute Person den Auftrag des rechtlichen Betreuers weder durch eigene Erklärung begründen noch beenden. Die rechtliche Betreuung beginnt mit Beschluss und endet durch Beschluss, Zeitablauf oder Tod der rechtlich betreuten Person.

Die Befugnis des rechtlichen Betreuers erstreckt sich ausschließlich auf die Regelung rechtlicher Angelegenheiten. Er ist weder berechtigt noch verpflichtet, praktische Hilfe zu leisten im Sinne von z.B.:

- Versorgungsleistungen (Einkauf, Wäschewaschen, Pflege usw.),
- therapeutische Betreuung oder Gespräche,
- handwerkliche Arbeiten,
- Transportdienste.

Übernimmt der rechtliche Betreuer solche oder ähnliche Aufgaben, tut er dies als Privatperson. Entsprechend werden mögliche Schäden nicht durch die Haftpflichtversicherung für die rechtliche Betreuung gedeckt.

Besteht die Pflicht zur gesetzlichen Vertretung?

Von seiner Vertretungsmacht darf der rechtliche Betreuer nur Gebrauch machen, soweit dies erforderlich ist.[630] Vorrangig hat der rechtliche Betreuer alles zu unternehmen, damit die rechtlich betreute Person ihre rechtlichen Angelegenheiten selbst erledigen kann.

Die Erforderlichkeit zur gesetzlichen Vertretung ergibt sich somit ausschließlich aus den jeweiligen Grenzen der Fähigkeit der rechtlich betreuten Person zur Erledigung der eigenen rechtlichen Angelegenheiten.

Die Prüfung der Erforderlichkeit der gesetzlichen Vertretung im Rechtsverkehr kann anhand des folgenden Ablaufdiagramms vorgenommen werden.

630 § 1821 Abs. 1

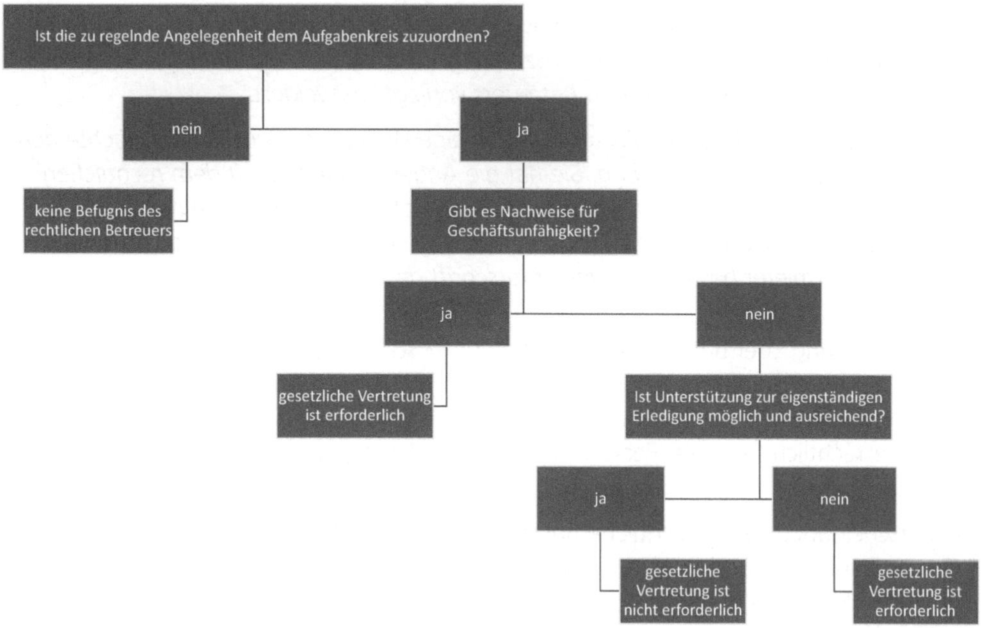

Schaubild: Erforderlichkeitsprüfung

Im Vertretungsrecht ist zu unterscheiden, ob es sich um eine zwingende Vertretung oder um eine gewählte (freiwillige) Vertretung handelt. Eine zwingende Vertretung lässt nur ein Handeln des Vertreters (unter Ausschluss des Vertretenen) zu und gilt in der Regel für gesetzliche Vertreter: Minderjährige Kinder werden durch ihre Eltern vertreten, eine GmbH wird durch den Geschäftsführer vertreten, ein Insolvenzverwalter „vertritt" den Schuldner, im Betreuungsverfahren wurde ein Einwilligungsvorbehalt angeordnet (dann vertritt faktisch allein der Betreuer die betreute Person). Anders ist es bei einer Vertretung, die zusätzlich zur uneingeschränkt fortbestehenden Handlungsmacht des Vertretenen besteht. In der Regel übernimmt der rechtliche Betreuer nur die Rolle eines zusätzlichen Vertreters, die betreute Person kann oft weiterhin rechtlich verfügen, Verpflichtungen können also sowohl vom rechtlichen Betreuer als auch von der betreuten Person begründet werden.

Darf der Rechtsverkehr die gesetzliche Vertretung durch den rechtlichen Betreuer verlangen?

Beispiele:

- *Der rechtliche Betreuer wird aufgefordert, die Zustimmung zur bevorstehenden medizinischen Behandlung zu erteilen, obwohl mit der rechtlich betreuten Person ein geordnetes Aufklärungsgespräch möglich war, sie den Sachverhalten offensichtlich verstanden hat und der bevorstehenden Behandlung bereits zugestimmt hat. Zur Begründung wird ausgeführt, dass ja eine rechtliche Betreuung mit dem Aufgabenbereich der Gesundheitssorge bestehen würde.*
- *Die rechtlich betreute Person steht am Bankschalter und verlangt die Auszahlung eines Teils des vorhandenen Guthabens. Die rechtliche Betreuung ist bei der Bank bekannt. Eine Beschränkung der Berechtigung zur Verfügung für die rechtliche*

betreute Person wurde weder beschlossen (Einwilligungsvorbehalt) noch anders begründet vereinbart.[631] *Die Auszahlung wird mit der Begründung, dass keine Zustimmung des rechtlichen Betreuers vorliegt, verweigert.*

- *Die rechtliche betreute Person hat sich eine Wohnung gesucht und möchte den Mietvertrag unterschreiben. Sie hat die Angelegenheiten mit dem rechtlichen Betreuer besprochen. Dieser hat dem Vermieter erklärt, dass die rechtlich betreute Person in der Lage ist, den Vertrag eigenverantwortlich abzuschließen. Der Vermieter besteht auf der Unterschrift des rechtlichen Betreuers.*

Die Formulierung „der Betreuer kann vertreten"[632] stellt klar, dass keine Pflicht zur Vertretung besteht. Der rechtliche Betreuer hat bei jeder Willenserklärung eigens zu prüfen, ob er von seiner Vertretungsmacht überhaupt Gebrauch machen darf. Dies ist nicht der Fall, wenn die rechtlich betreute Person die Willenserklärung selbst rechtswirksam abgeben kann.

Die Entscheidung, ob der rechtliche Betreuer als Vertreter handelt oder nicht, ist von ihm selbst vorzunehmen und Dritten im Rechtsverkehr mitzuteilen. Die Vertretungsmacht des rechtlichen Betreuers gegenüber Dritten ist nicht eingeschränkt. Dritte haben somit nicht die Befugnis, die Vertretungsmacht des Betreuers im Rahmen des angeordneten Aufgabenkreises in Frage zu stellen. Dies gilt auch für seine Entscheidung, nicht zu vertreten, wenn die rechtsgeschäftliche Handlung von der rechtlich betreuten Person selbst vorgenommen werden kann.

Die Prüfung dieser Entscheidung obliegt allein dem Innenverhältnis. Seine Entscheidung muss der rechtliche Betreuer deshalb jederzeit gegenüber dem Betreuungsgericht begründen können. Der Betreuer handelt pflichtwidrig, wenn er sich nicht an die Vorgabe der Erforderlichkeit der Vertretung hält. Nach außen ist seine Erklärung jedoch wirksam.

Der rechtliche Betreuer bewegt sich im Spannungsfeld zwischen der gesetzlichen Vorgabe „Unterstützung vor Vertretung" und möglichen Haftungsansprüchen für Schäden, die durch unterlassene rechtliche Vertretung, die im Nachhinein als erforderlich erachtet wird, verursacht worden sind. Es gilt somit bei jeder einzelnen Angelegenheit zu prüfen, ob die rechtlich betreute Person tatsächlich in der Lage ist, sich bezüglich der anstehenden rechtlichen Angelegenheit selbst eigenverantwortlich zu vertreten. Dabei ist nicht nur zu klären, ob sie in der Lage ist, eigenverantwortlich zu entscheiden. Es ist darüber hinaus auch festzustellen, ob die rechtlich betreute Person die erforderlichen rechtlichen Schritte zur Erledigung der Angelegenheit auch tatsächlich vornimmt.

631 Eine Begründung wäre beispielsweise die bereits festgestellte Geschäftsunfähigkeit.

632 § 1823 BGB

5.6.4 Grenzen der Stellvertretung

Die Stellvertretung ist zulässig bei allen Rechtsgeschäften, solange sie nicht höchstpersönlicher Natur sind, z.B.

- die Eheschließung[633],
- die Testamentserrichtung[634] oder
- etwaige andere Regelungen (insbesondere) im Familien- und Erbrecht.

5.6.5 Der Umgang mit den Schulden der rechtlich betreuten Person

Ein großer Teil der rechtlich betreuten Personen ist verschuldet. Die Verschuldung selbst kann jedoch keine rechtliche Betreuung auslösen.

Welcher Aufgabenbereich berechtigt/verpflichtet den rechtlichen Betreuer, sich mit den Schulden der rechtlich betreuten Person zu beschäftigen?

Die Tilgung von Schulden, die Begleichung von Forderungen, die Dritte gegen die rechtlich betreute Person haben (oder zu haben behaupten), gehört zu den Angelegenheiten einer geordneten Wirtschaftsführung und ist immer dann der Aufgabe des rechtlichen Betreuers zuzurechnen, wenn der Aufgabenkreis die Wirtschaftsführung erfasst.

Von Schulden oder Schuldenregulierung wird überwiegend dann gesprochen, wenn bestehende Forderungen nicht mehr aus dem vorhandenen Vermögen oder den vorhandenen Einnahmen reguliert werden können. Schuldenregulierung beschäftigt sich mit der Überschuldung der rechtlich betreuten Person. Allgemein wird daher angenommen, dass der Aufgabenbereich „Vermögenssorge" die Schuldenregulierung einschließlich der Vertretung in einem Insolvenzverfahren ermöglicht. Darüber hinaus sind konkrete Formulierungen wie „Regulierung der Schulden" oder „Vertretung im Insolvenzverfahren" immer dann zu empfehlen, wenn zum Zeitpunkt der Einrichtung der rechtlichen Betreuung eine vorhandene Überschuldung bekannt ist und erkennbar ist, dass eine Besserung der Situation von der rechtlich betreuten Person gewünscht ist und auch erreichbar ist.

Wie sind die Schulden zu erfassen?

Im Rahmen der Erstellung des Vermögensverzeichnisses hat der rechtliche Betreuer auch die ihm bekannten Schulden aufzulisten. Diese Aufgabe ist mitunter nicht einfach zu bewältigen. Die rechtlich betreute Person verfügt selten über geordnete Unterlagen. Es handelt sich zumeist auch nicht um eine einzelne Forderung, sondern überwiegend um eine Vielzahl unterschiedlicher Forderungen, deren Historie durch die mehrfache Weitergabe an unterschiedliche Inkassounternehmen kaum zu überschauen ist. Oft bleibt nur der Weg, die eingehende Post abzuwarten, um so nach und nach die Liste der Gläubiger zu vervollständigen. Entsprechend kann in dem Vermögensverzeichnis lediglich der anfäng-

633 § 1311 BGB
634 § 2064 BGB

lich bekannte Sachstand verzeichnet werden. Das Vermögensverzeichnis ist jeweils um neu bekannt gewordene Forderungen zu ergänzen. Zudem ist anzugeben, wie der Verfahrensstand zu den jeweiligen Forderungen ist. Zu unterscheiden ist zwischen:

- dem außergerichtlichen Verfahren (Widerspruch; Mahnung; Ratenvereinbarung; Vergleich ...),
- dem gerichtlichen Mahnverfahren (Mahnbescheid; Vollstreckungsbescheid),
- dem streitig geführten gerichtlichen Verfahren (Widerspruch gegen den Mahnbescheid; Einspruch gegen den Vollstreckungsbescheid),
- der erfolgten oder drohenden Zwangsvollstreckung (Vermögensauskunft des Schuldners; Pfändung ...).

Wird die Forderung eines Gläubigers erstmalig bekannt, ist zudem zu prüfen, ob die Forderung zu Recht erhoben wird. Dabei ist insbesondere zu klären, ob der Vertrag, welcher der Forderung des Gläubigers zugrunde liegt, rechtswirksam zustande gekommen ist. Unterschiedliche Gründe können zur Nichtigkeit eines Vertrages führen. Nichtigkeit bedeutet, dass der Vertrag als nicht geschlossen gilt. Nichtigkeitsgründe können sein:

- die Geschäftsunfähigkeit einer der Vertragsparteien (siehe Abschnitt 5.6.1.),
- die Anfechtung des Vertrages (z.B. wegen des Irrtums zu wesentlichen Eigenschaften der gekauften Sache),
- Willensmängel einer der Vertragsparteien (ein Vertrag wird nur zum Scherz abgeschlossen),[635]
- dass der Vertrag gegen geltendes Recht verstößt,[636]
- ein Verstoß gegen gute Sitten (Wucher),[637]
- wenn der Vertrag eine gesetzliche Formvorschrift verletzt.[638]

Einer der häufigsten Gründe für die Nichtigkeit von Verträgen im Zusammenhang mit rechtlicher Betreuung ist die zum Zeitpunkt des Vertragsabschlusses gegebene Geschäftsunfähigkeit der rechtlich betreuten Person. Es ist somit wichtig zu wissen, ob und wann die rechtlich betreute Person möglicherweise geschäftsunfähig gewesen ist. Es bedarf deshalb der genauen Kenntnis des Krankheitsverlaufs sowie der vorhandenen medizinischen Unterlagen. Soweit die rechtliche Betreuung nicht zugleich auch für den Aufgabenbereich der Gesundheitsfürsorge bestellt worden ist, wird der rechtliche Betreuer auf die Mitwirkung der rechtlich betreuten Person angewiesen sein.

Welche Kriterien bestimmen den Umgang mit der Überschuldung?

Hier gilt es an erster Stelle, den Willen und die Wünsche der rechtlich betreuten Personen zu erkunden. Das subjektive Erleben der eigenen Überschuldung kann sehr unterschiedlich sein.

635 §§ 116 ff. BGB
636 § 134 BGB
637 § 138 BGB
638 § 125 BGB

Beispiele:

- *Der rechtliche Betreuer F. hat eine Aufstellung zu den bekannten Schulden der Frau L. gefertigt. F. empfiehlt L., eine Schuldenberatung in Anspruch zu nehmen. Frau L will sich damit aber nicht belasten. Ihrer Meinung nach reiche das bestehende P-Konto (Pfändungsschutzkonto). Sie entscheidet, kein Privatinsolvenzverfahren durchzuführen zu wollen.*
- *Herr T. ist nach einem Schlaganfall halbseitig gelähmt und sein Sprachverständnis und seine Artikulation sind gestört. Er kann nicht mehr lesen und auch nicht mehr schreiben. Er wird wohl nie wieder arbeiten können. Vor seinem Schlaganfall war er als Facharbeiter in einer großen Firma tätig und hat gut verdient. Für seine Wohnungseinrichtung hat er bei unterschiedlichen Warenhäusern Ratenvereinbarungen abgeschlossen. Nach seinem Schlaganfall hat er sein Einkommen verloren und ist nicht mehr in der Lage, die Forderungen seiner Gläubiger zu erfüllen. Die Hoffnungslosigkeit seiner finanziellen Situation belastet ihn sehr und er hat wenig Mut, um gegen seine Erkrankung anzukämpfen. Er wünscht sich, von der Last seiner Schulden befreit zu sein.*

Sind Schritte zur Verringerung oder der Beseitigung einer Überschuldung von rechtlich betreuten Personen nicht gewünscht, ist dies dem Betreuungsgericht unter Angabe der Gründe mitzuteilen.

Wann kann/soll fachliche Beratung (Schuldenberatung) hinzugezogen werden?

Besteht der Wunsch, die überschuldete Situation zu beseitigen, sollte der Weg über eine Schuldenberatungsstelle gewählt werden. Der Gang zu einer anerkannten Schuldenberatungsstelle ist zudem verpflichtend, wenn ein Insolvenzverfahren angestrebt wird. Durch die Inanspruchnahme der Schuldenberatung sichert der rechtliche Betreuer der rechtlich betreuten Person eine qualifizierte fachliche Beratung und Unterstützung bei der Erstellung des Verzeichnisses zu den vorhandenen Schulden und bei der Prüfung möglicher Schritte zur Regulierung der Forderungen. Zudem unterstützt eine anerkannte Beratungsstelle bei dem Einstieg in das (Verbraucher-)Insolvenzverfahren.

5.6.6 Allgemeines Schuldrecht einschließlich Haftungsfragen

Welche Themen regelt das Allgemeine Schuldrecht?

Das Allgemeine Schuldrecht regelt vertragliche Beziehungen der handelnden Parteien. Es ist Teil des Privatrechts und entfaltet Wirkung nur zwischen den betroffenen Personen. Diese relativen Rechte gelten also nur für die Beteiligten. Im Gegensatz dazu stehen absolute Rechte wie das Eigentum, die gegenüber jedermann wirken, ohne dass es eines Vertrages bedarf.

Das Allgemeine Schuldrecht ist Teil des Bürgerlichen Gesetzbuches (BGB) und dort in den §§ 241–423 BGB geregelt. Das BGB gliedert sich hier in sieben Abschnitte:

1. Inhalt der Schuldverhältnisse[639]
2. Gestaltung rechtsgeschäftlicher Schuldverhältnisse durch Allgemeine Geschäftsbedingungen[640]
3. Schuldverhältnisse aus Verträgen[641]
4. Erlöschen der Schuldverhältnisse[642]
5. Übertragung einer Forderung[643]
6. Schuldübernahme[644]
7. Mehrheit von Schuldnern und Gläubigern[645]

Wie kommen Schuldverhältnisse zustande?

Wie rechtsgeschäftliche Schuldverhältnisse aber zustande kommen, ist nicht im Allgemeinen Schuldrecht geregelt, sondern im Allgemeinen Teil des BGB. Von besonderer Bedeutung sind hier die Bereiche

- Willenserklärung[646]
- Vertrag[647]

Was ist eine Willenserklärung?

Rechtsgeschäftliche Schuldverhältnisse kommen durch übereinstimmende Willenserklärung zustande. Eine Willenserklärung ist die Äußerung des eigenen Willens, die auf Herbeiführen einer bestimmten Rechtsfolge gerichtet ist. Ein geheimer Vorbehalt[648] oder eine Mangel an Ernstlichkeit[649] führt zur Nichtigkeit der Willenserklärung.

Welche Formvorschriften für Willenserklärungen gibt es?

Grundsätzlich sind keine besonderen Formvorschriften zu beachten, es reicht eine mündliche Erklärung, die man aber im Zweifel auch beweisen muss. Zum Schutz des Rechtsverkehrs oder zum Schutz der handelnden Personen hat der Gesetzgeber aber für bestimmte Geschäfte unterschiedliche Formvorschriften erlassen. Früher waren hauptsächlich zwei Formarten maßgeblich, nämlich die Schriftform mit persönlicher Unterschrift[650] oder die

639 §§ 241–304 BGB
640 §§ 305–310 BGB
641 §§ 311–361 BGB
642 §§ 362–397 BGB
643 §§ 398–413 BGB
644 §§ 414–419 BGB
645 §§ 420–432 BGB
646 §§ 116–144 BGB
647 §§ 145–157 BGB
648 § 116 BGB
649 § 118 BGB
650 § 120 BGB

notarielle Beurkundung.[651] Wegen der heute üblichen elektronische Kommunikation per Mail, Messenger oder über das Internet war die Einführung weiterer Formarten notwendig, nämlich die elektronische Form mit einer qualifizierten elektronischen Signatur[652] und die Textform auf einem dauerhaften Datenträger.[653]

Wer kann Willenserklärungen abgeben?

Eine rechtsverbindliche Willenserklärung können nur Geschäftsfähige abgeben. Geschäftsunfähig sind Kinder, die das siebte Lebensjahr nicht vollendet haben, oder Personen, die sich in einem die freie Willensbestimmung ausschließenden Zustand krankhafter Störung der Geistestätigkeit befinden, sofern nicht der Zustand seiner Natur nach ein vorübergehender ist.[654]

Kinder über sieben Jahre und Jugendliche sind beschränkt geschäftsfähig[655], d.h., ihre Willenserklärungen werden erst durch Einwilligung ihres gesetzlichen Vertreters wirksam, wenn der Minderjährige durch die Willenserklärung nicht lediglich einen rechtlichen Vorteil erlangt.[656] Eine Ausnahme ist der so genannte Taschengeldparagraf, danach ist ein Vertrag von Minderjährigen wirksam, wenn er mit Mitteln bewirkt wurde, die dem beschränkt Geschäftsfähigen zu diesem Zweck oder zur freien Verfügung überlassen wurden.[657] Richtigerweise wurde diese Regelung für Kinder über 7 Jahre und Jugendliche durch die allgemeine Regelung von Geschäften des täglichen Bedarfs (s.o.) ergänzt.[658]

Können andere für einen eine Willenserklärung abgeben?

Man kann sich zur Abgabe von Willenserklärungen vertreten lassen, sei es durch einen gesetzlichen oder einen freiwillig gewählten (gewillkürten) Vertreter. Zu den Einzelheiten wird auf die Ausführungen oben zur Stellvertretung verwiesen.

Kann man eine Willenserklärung zurücknehmen?

Grundsätzlich gilt die einmal abgegebene Willenserklärung. Sie kann aber bei Irrtum über eine verkehrswesentliche Eigenschaft[659] oder wegen Täuschung oder Drohung[660] angefochten werden. Für besondere Geschäfte (Haustürgeschäfte, Fernabsatzgeschäfte etc.) ermöglicht der Widerruf ohne Angaben von Gründen faktisch eine Rücknahme.

Wann geht eine Willenserklärung unter Abwesenden zu?

Unter Abwesenden ist eine Willenserklärung zugegangen, wenn sie so in den Machtbereich des Empfängers gelangt ist, dass er Kenntnis nehmen kann und unter normalen Umständen mit der Kenntnisnahme zu rechnen ist. Auf die tatsächliche Kenntnisnahme im

651 § 128 BGB
652 § 126a BGB
653 § 126b BGB
654 § 104 BGB
655 § 106 BGB
656 § 107 BGB
657 § 110 BGB
658 § 105a BGB
659 § 119 Abs. 2 BGB
660 § 123 BGB

Einzelfall kommt es nicht an. Deshalb gehen Willenserklärungen auch im Urlaub des Empfängers zu.

Wenn eine Frist ohne eigenes Verschulden versäumt wurde, kann man in Zivilverfahren Wiedereinsetzung in den vorigen Stand[661] beantragen und die versäumte Rechtshandlung sofort nachholen. Dieses Prinzip gilt auch im allgemeinen Rechtsverkehr. Bei einem rechtlichen Betreuer wird man eine Urlaubsvertretung und Fristenkontrolle erwarten können, bei Privatleuten nicht, soweit sie nicht mit dem Zugang rechnen mussten.

Wenn Willenserklärungen zum Nachweis des Zugangs per Einschreiben versandt werden, sollte nur ein Einwurfeinschreiben gewählt werden. Bei einem Einschreiben mit Rückantwort liegt kein Zugang vor, wenn die Annahme/Unterschrift verweigert wird (dann wäre eine Kündigung beispielsweise nicht wirksam geworden).

Wie kann ein rechtlicher Betreuer Willenserklärungen und Dokumente im elektronischen Rechtsverkehr übertragen?

Rechtliche Betreuer können Dokumente im elektronischen Rechtsverkehr übertragen, müssen es aber in dieser Form nicht. Anders ist das bei Rechtsanwälten und Behörden, die seit dem 1.1.2022 in Gerichtsverfahren zwingend in elektronischer Form Dokumente übertragen müssen.[662]

Für Sachverständige, Insolvenzverwalter oder rechtliche Betreuer hat der Gesetzgeber ab 1.1.2022[663] das elektronische Bürger- und Organisationenpostfach eBO eingeführt. Geregelt wird dies in § 10 ERVV. Neben Bürgern und Unternehmen sollen insbesondere andere Verfahrensbeteiligte wie „beispielsweise Gerichtsvollzieherinnen und Gerichtsvollzieher, Sachverständige, Dolmetscherinnen und Dolmetscher, Betreuerinnen und Betreuer, Insolvenzverwalterinnen und -verwalter oder Steuerberaterinnen und Steuerberater Dokumente auf elektronischem Weg an die Gerichte übersenden und auch umgekehrt von den Gerichten elektronisch adressiert werden."[664]

Auch wenn das eBO formell zum 1.1.2022 eingeführt wurde, war es tatsächlich erst ab Ende 2022/Anfang 2023 nach Redaktionsschluss verfügbar. Deshalb können hier noch keine praktischen Erfahrungen geschildert werden.

Wie kommen Verträge zustande?

Verträge kommen durch Angebot und Annahme zustande, wird ein Angebot bei der Annahme verändert, gilt das als neues Angebot, das angenommen werden muss.[665]

Was sind Schuldverhältnisse?

Wenn die Parteien vereinbaren, dass der Gläubiger vom Schuldner eine Leistung (das kann auch ein Unterlassen sein) verlangen kann, liegt ein Schuldverhältnis vor.[666] Das ist eine sehr weit gefasste Definition. Sie ist Ausdruck der Vertragsfreiheit der Parteien. Grenzen

661 § 233 ZPO
662 § 130d ZPO
663 BGBl I 2021, S. 4607 v. 11.10.2021
664 Vgl. Regierungsentwurf BT-Drucks. 19/28399, S. 23
665 §§ 145, 150 BGB
666 § 241 BGB

wären ein sittenwidriges Geschäft[667] oder ein gesetzliches Verbot, dann wäre das Schuldverhältnis nichtig. Wenn die Parteien sich wechselseitig zu Leistungen verpflichten, spricht man von gegenseitigen Verträgen.

Wie ist das Verhältnis von allgemeinen zu besonderen Schuldverhältnissen?

Häufig vorkommende Schuldverhältnisse hat der Gesetzgeber in konkreten Details in den besonderen Schuldverhältnissen einzeln geregelt. Dazu zählen etwa Kauf,[668] Miete[669] mit dem Sonderfall der Wohnraummiete[670], Darlehen[671] mit Sondervorschriften zum Verbraucherdarlehen[672] oder anderen Finanzierungshilfen für Verbraucher[673]. Soweit Regelungen zu diesen einzelnen Schuldverhältnissen eingreifen, entfällt der Rückgriff auf das Allgemeine Schuldverhältnis. Es hat im Ergebnis damit eine Auffangfunktion.

Was ist noch im Allgemeinen Schuldrecht geregelt?

Wird die Leistung nicht fristgerecht oder mit Fehlern erbracht, dann sind Leistungsstörungen und Schadensersatz ebenfalls im Allgemeinen Schuldrecht geregelt. Der rechtliche Betreuer ist mit solch allgemeinen Fragen aber in der Praxis selten betroffen. Ihre Darstellung würde zudem auch den Rahmen dieses Werkes sprengen.

Es gibt aber im Allgemeinen Schuldrecht Vorschriften zu Teilbereichen, die in der Betreuungspraxis häufig eine Rolle spielen und auch Haftungsprobleme von rechtlichen Betreuern nach sich ziehen können. Auf diese ausgewählten Einzelfragen zu Mahnung, Tilgungsbestimmung, AGBs und zum Widerruf von bestimmten Verbraucherverträgen wird deshalb nachfolgend eingegangen.

Sonderfall Mahnung

Nach einem weitverbreiteten Irrtum wird geglaubt, bis zur ersten Mahnung kann noch nichts passieren, erst danach fängt es mit Zusatzkosten an. Das ist so nicht allgemein gültig, es kommt auf die Einzelheiten an.

Leistet der Schuldner auf eine Mahnung des Gläubigers nicht, die nach dem Eintritt der Fälligkeit erfolgt, so kommt er (erst) durch die Mahnung in Verzug.[674] Er muss dann den Verzugsschaden ersetzen und auch Verzugszinsen in Höhe von fünf Prozentpunkten über dem Basiszinssatz zahlen.[675]

Etwas anderes gilt aber, wenn für die Leistung eine Zeit nach dem Kalender bestimmt ist, dann tritt der Verzug automatisch ohne Mahnung mit Ablauf des Datums ein.[676] Zur Abgrenzung einige häufige Fallvarianten:

667 § 138 BGB
668 §§ 433 ff. BGB
669 §§ 535 BGB
670 §§ 549 BGB
671 § 488 ff. BGB
672 §§ 491 ff. BGB
673 §§ 506 ff. BGB
674 § 286 Abs. 1 BGB
675 § 288 BGB
676 § 286 Abs. 2 Nr. 1 BGB

Beispiele:

- *Der Rechnungsbetrag ist zahlbar innerhalb von zwei Wochen.*
- *Die Rechnung ist sofort zu zahlen.*
- *Sie müssen den Betrag spätestens innerhalb von sieben Tagen bezahlen.*
- *Bitte überweisen Sie den Betrag bis zum Monatsende.*
- *Es wird höflich um Zahlung bis zum 1.7.2023 gebeten.*

Die ersten vier Fälle enthalten keine kalendermäßig bestimmte Frist, das ist nur im letzten Beispiel der Fall, dort befindet sich der Schuldner ab dem 2.7.2023 ohne weitere Mahnung in Verzug. Ist der Schuldner in Verzug, kann der Gläubiger auch die Bezahlung der Kosten eines eingeschalteten Rechtsanwalts als Verzugsschaden verlangen.

Von rechtlichen Betreuern kann erwartet werden, dass sie mit den Voraussetzungen des Verzugseintritts vertraut sind und einen vermeidbaren Verzugsschaden verhindern. Auch wenn die rechtlich betreute Person nicht über ausreichende Mittel zur fristgerechten Bezahlung verfügt, ist eine Ansprache des Gläubigers durch den rechtlichen Betreuer vor Eintritt des Verzuges anzuraten.

Tilgungsbestimmung/Anrechnung von Zinsen und Kosten

Hat ein Schuldner Forderungen aus mehreren Schuldverhältnissen zu begleichen, dann kann er bei Teilleistungen die Forderungen, auf die er leistet, bestimmen.[677] Trifft der Schuldner keine Bestimmung, so wird zunächst die fällige Schuld, unter mehreren fälligen Schulden diejenige, welche dem Gläubiger geringere Sicherheit bietet, unter mehreren gleich sicheren die dem Schuldner lästigere, unter mehreren gleich lästigen die ältere Schuld und bei gleichem Alter jede Schuld verhältnismäßig getilgt.[678]

Hat der Schuldner außer der Hauptleistung Zinsen und Kosten zu entrichten, so wird eine zur Tilgung der ganzen Schuld nicht ausreichende Leistung zunächst auf die Kosten, dann auf die Zinsen und zuletzt auf die Hauptleistung angerechnet.[679] Bestimmt der Schuldner eine andere Anrechnung, so kann der Gläubiger die Annahme der Leistung ablehnen.[680]

Was sich auf den ersten Blick wie eine unwichtige Formalie aussieht, ist in der Praxis von erheblicher Bedeutung. Wegen immer wieder geltend gemachter neuer Kosten und Zinsen zahlen Schuldner über Jahre und Jahrzehnten ein Vielfaches der ursprünglichen Hauptforderung, die nicht abnimmt. Solche Geschäfte mit der Armut stützen sich auf die vorrangige Anrechnung von Kosten und Zinsen (und auf Umschuldung).

Rechtliche Betreuer sollten deshalb bei oft notwendigen Teilzahlungen auf eine Leistungsbestimmung zur Tilgung auf die Hauptforderung achten. Gläubiger weisen solchen Zahlungen in der Regel nicht zurück. Ein Widerspruch des Gläubigers ist zudem dann unerheblich, wenn er trotz dieses Widerspruchs die Leistung annimmt.

677 § 366 Abs. 1 BGB
678 § 366 Abs. 2 BGB
679 § 367 Abs. 1 BGB
680 § 367 Abs. 2 BGB

Verjährung von Zinsen

Betragsmäßig ausgewiesene vergangene Zinsen in einem Urteil oder einem anderen Titel (vor Rechtskraft) verjähren nach 30 Jahren.[681] Nach Rechtskraft angefallene Zinsen verjähren als wiederkehrende Leistungen nach drei Jahren.[682] Die Verjährung beginnt mit dem Schluss des Jahres, in dem die Zinsen entstanden sind. Zum Nachteil der Verbraucher ist bei Verbraucherkreditverträgen eine Besonderheit zu beachten, hier verjähren nach Rechtskraft entstandene Zinsen nach 30 Jahren.[683]

AGB

Allgemeine Geschäftsbedingungen (AGB) werden meist von Unternehmen als wirtschaftlich Starker für Endverbraucher (wirtschaftlich schwächer) erstellt. Deshalb hat zuerst die Rechtsprechung Grenzen für die AGB-Gestaltung gezogen, die der Gesetzgeber 1977 mit dem AGB-Gesetz fortentwickelte. Ab 2002 sind die AGB-Regeln jetzt im BGB mit den §§ 305–310 BGB enthalten.

Allgemeine Geschäftsbedingungen sind alle für eine Vielzahl von Verträgen vorformulierte Vertragsbedingungen, die eine Vertragspartei (Verwender) der anderen Vertragspartei bei Abschluss eines Vertrags stellt.[684] Sie können üblicherweise nicht verändert werden. Für rechtliche Betreuer ist aber eine Vorschrift von besonderer Bedeutung, nämlich der Vorrang von Individualabreden vor AGBs.[685] Das Problem ist in Praxis aber der Nachweis einer solchen Individualabrede. Hier ist der heute übliche Mailverkehr von Vorteil, um solche Absprachen zu dokumentieren (zur Not auch nach Vertragsschluss mit einer Dankesmail).

Überraschende und mehrdeutige Klauseln sind ungültig.[686]

Widerruf besonderer Verbraucherverträge

Nach 10-jährigen Bemühungen wurde Ende 1985 das Haustürwiderrufsgesetz verabschiedet, das ein Widerrufsrecht einführte. Nach verschiedenen EU-Richtlinien sind Widerrufsrechte für bestimmte Verbraucherverträge jetzt im BGB geregelt.[687]

Für außerhalb von Geschäftsräumen geschlossene Verträge und Fernabsatzverträge gibt es neben Informationspflichten und Entgeltgrenzen ein Widerrufsrecht.[688] Wenn die rechtlich betreute Person solche Verträge schließt, muss der rechtliche Betreuer die Möglichkeit des Widerrufs prüfen.

Auch für Verbraucherkreditverträge gibt es Sonderregeln und auch ein Widerrufsrecht.[689]

681 § 197 Abs. 1 Nr. 3 BGB
682 §§ 197, 195 BGB
683 § 497 Abs. 3 S. 4 BGB
684 § 305 BGB
685 § 305b BGB
686 § 305c BGB
687 §§ 312 ff. BGB
688 § 312g BGB
689 § 495 BGB

5.6.7 Kaufvertragsrecht

Das Kaufvertragsrecht ist zwar Gegenstand des Moduls Vermögenssorge 1, in der Praxis sind aber selten Fälle bekannt geworden, in denen rechtliche Betreuer besonders mit dem allgemeinen Kaufrecht befasst waren. Dagegen fehlt das in der Praxis wichtige Mietrecht.

Durch den Kaufvertrag wird der Verkäufer einer Sache verpflichtet, dem Käufer die Sache zu übergeben und das Eigentum an der Sache zu verschaffen. Der Verkäufer hat dem Käufer die Sache frei von Sach- und Rechtsmängeln zu verschaffen.[690] Der Käufer ist verpflichtet, dem Verkäufer den vereinbarten Kaufpreis zu zahlen und die gekaufte Sache abzunehmen.[691]

Um das Prinzip des Kaufvertrages zu verstehen, muss man wissen, dass im deutschen Recht zwischen einem Verpflichtungsgeschäft (z.B. Kaufvertrag) und dem Verfügungsgeschäft (Eigentumsübertragung) getrennt wird (Trennungs- oder Abstraktionsprinzip). Dazu ein Beispiel: Ein Zeitungskäufer legt am Kiosk den Kaufpreis hin und nimmt sich eine Zeitung, der Verkäufer nickt ihm nur zu. Hier wurden stillschweigend zwei Verträge geschlossen. Ein Kaufvertrag über die Zeitung und eine Übertragung des Eigentums an den Käufer.

Ist die Kaufsache mangelhaft, kann der Käufer Nacherfüllung,[692] Herabsetzung des Kaufpreises (Minderung)[693] oder die Rückabwicklung, d.h. Rücktritt[694] (bis 2002 Wandelung), verlangen.

Sonderregeln gibt es für den Verbrauchsgüterkauf. Das sind Verträge, durch die ein Verbraucher von einem Unternehmer eine Ware kauft. Um einen Verbrauchsgüterkauf handelt es sich auch bei einem Vertrag, der neben dem Verkauf einer Ware die Erbringung einer Dienstleistung durch den Unternehmer zum Gegenstand hat.[695] Tritt hier ein Mangel innerhalb des ersten Jahres nach Übergabe auf, wird vermutet, dass er schon bei Vertragsschluss vorlag. Bei Waren mit digitalen Elementen gilt eine Beweislastumkehr für zwei Jahre.[696]

5.6.8 Mahnverfahren

Mahn- und Vollstreckungsverfahren sind sehr häufig bei rechtlich betreuten Personen anzutreffen. Deshalb sollten rechtliche Betreuer mit den Verfahren vertraut sein. Mahn- und Vollstreckungsbescheide werden in automatisierten Verfahren von Zentralen Mahngerichten erstellt.

Wenn ein Gläubiger einen Mahnbescheid beantragt hat, kann der Schuldner Widerspruch gegen den Anspruch insgesamt oder gegen Teile einlegen.[697] Der Widerspruch ist inner-

690 § 433 Abs. 1 BGB
691 § 433 Abs. 2 BGB
692 § 439 BGB
693 § 441 BGB
694 § 440 BGB
695 § 474 BGB
696 § 477 BGB
697 § 694 ZPO

halb von 14 Tagen einzulegen. Der Mahnbescheid wird in einem gelben Umschlag mit Vermerk des Zustellungsdatums zugestellt. Der Umschlag ist unbedingt aufzubewahren.

Wenn Widerspruch eingelegt ist, beginnt ein normales Gerichtsverfahren, auch streitiges Verfahren genannt. Abhängig vom Streitwert ist das Amtsgericht (bis 500 EUR) oder das Landgericht zuständig. Außerdem wird die Sache vom Zentralen Mahngericht an das örtlich zuständige Gericht abgegeben.

Die Mahngerichte haben auch eine Internetseite www.online-Mahnantrag.de (gepflegt vom Land Baden-Württemberg) erstellt, die auch für Widersprüche oder Einsprüche genutzt werden kann.

Ein Mahnbescheid ist keine gerichtliche Entscheidung (Titel), der vollstreckt werden kann, sondern nur eine Vorstufe.

5.6.8 Vollstreckungsverfahren

Wird kein Widerspruch eingelegt, kann der Gläubiger einen Vollstreckungsbescheid beantragen, der dem Schuldner wiederum zugestellt wird. Gegen einen Vollstreckungsbescheid kann der Schuldner innerhalb von 14 Tagen Einspruch einlegen. Tut er das, beginnt ein normales streitiges Verfahren. Legt er keinen Einspruch ein, sendet das Mahngericht dem Gläubiger den Vollstreckungsbescheid zur Zwangsvollstreckung zu.

5.6.9 Zwangsvollstreckung

Was ist ein Titel?

Wenn ein Gläubiger eine vollstreckbare Gerichtsentscheidung (oder Behördenentscheidung), einen so genannten Titel, erwirkt hat, kann er die Zwangsvollstreckung betreiben Titel sind Urteile oder Beschlüsse von Gerichten, ein Vollstreckungsbescheid, ein Strafbefehl, ein Bescheid einer Behörde (z.B. Bußgeldbescheid).

Was ist eine Vollstreckungsklausel?

Von einem Urteil gibt es in der Regel mehrere Ausfertigungen, deshalb besteht grundsätzlich die Gefahr, dass ein Gläubiger eine Forderung mehrfach vollstreckt. Um dies zu verhindern, muss das Urteil nach der Zustellung mit einer Vollstreckungsklausel[698] als vollstreckbare Ausfertigung versehen werden.

Diese ist notwendiger Bestandteil jeder vollstreckbaren Ausfertigung; sie lautet: „Vorstehende Ausfertigung wird dem usw. (Bezeichnung der Partei) zum Zweck der Zwangsvollstreckung erteilt." Sie muss vom Urkundsbeamten des Gerichts unterschrieben und mit dem Gerichtssiegel versehen sein.

Hat der Schuldner die Forderungen bezahlt (freiwillig oder über den Gerichtsvollzieher), erhält er die vollstreckbare Ausfertigung.[699]

698 § 725 ZPO
699 § 757 ZPO

Was ist vor Pfändungen geschützt?

Es darf nicht alles gepfändet werden. Ein Existenzminimum ist geschützt, z.B. für eine bescheidende Lebens- und Haushaltsführung.[700] Außerdem wird ein pfändungsfreier Betrag des Arbeitseinkommens in § 850c ZPO bestimmt, der regelmäßig angepasst wird. Ein geringer Bargeldbetrag ist ebenfalls pfändungsfrei, nämlich ein Fünftel des täglichen Freibetrags.[701]

Bis zum 30.6.2023 beträgt der **unpfändbare Teil** des Nettoeinkommens 1 330,16 € (ohne Unterhaltspflichten) monatlich.[702]

Für **Sozialleistungen** (Arbeitslosengeld, Grundsicherung, Krankengeld, Kindergeld, Elterngeld, Renten usw.) gelten zwar besondere Schutzvorschriften, grundsätzlich sind aber viele dieser Leistungen pfändbar.

Besonders wichtig ist der Pfändungsschutz von Konten. In „normale" Konten kann durchvollstreckt werden. Zum Schutz der Schuldner wurde aber ein Pfändungsschutzkonto (P-Konto)[703] eingeführt.

Was ist eine Kontenpfändung bzw. eine Lohnpfändung?

Ein Gläubiger kann wählen, bei wem er vollstreckt. Da Pfändungen der persönlichen Habe in der Wohnung des Schuldners selten erfolgreich sind, wird in der Regel bei Dritten, die, vereinfacht ausgedrückt, Geld des Schuldners haben, gepfändet. Wenn ein Schuldner ein Bankkonto hat oder abhängig beschäftigt ist, sind das Kreditinstitut oder der Arbeitgeber so genannte Drittschuldner. Der Gläubiger versucht bei ihnen, quasi an der Quelle, das Geld abzuschöpfen. Die Drittschuldner müssen innerhalb von 14 Tagen erklären, ob sie die Pfändung beachten (Drittschuldnererklärung[704]). In der Praxis spielen Kontenpfändungen die größte Rolle.

Wie hilft ein P-Konto?

Die üblichen Konten sind nicht vor Pfändungen geschützt, nur das Pfändungsschutzkonto (P-Konto) sichert unpfändbare Beträge. Die Einrichtung oder Umwandlung in ein P-Konto auf Guthabenbasis muss aber bei dem Kreditinstitut beantragt werden.[705]

Wird Guthaben auf dem Pfändungsschutzkonto des Schuldners gepfändet, kann der Schuldner jeweils bis zum Ende des Kalendermonats aus dem Guthaben über einen Betrag verfügen, dessen Höhe sich nach Aufrundung des monatlichen Freibetrages nach § 850c Absatz 1 auf den nächsten vollen 10-€-Betrag ergibt.[706]

---

700 Vgl. § 811 ZPO
701 § 811 Abs. 1 Nr. 3 ZPO
702 Pfändungsfreigrenzenbekanntmachung 2022 vom 25.5.2022, BGBl I S. 825
703 § 850k ZPO
704 § 840 ZPO
705 § 850k ZPO
706 §§ 899 ff. BGB

Was ist eine Vermögensauskunft?

Wenn der Gläubiger einen vollstreckbaren Titel gegen den Schuldner besitzt, kann der die Zwangsvollstreckung betreiben. Um erfolgreich zu vollstrecken, muss der Gläubiger aber Kenntnis über die Vermögensverhältnisse des Schuldners haben, die ihm aber regelmäßig fehlt. Deshalb wird der Gläubiger zu Beginn die Abgabe einer Vermögensauskunft über den Gerichtsvollzieher beantragen.[707] Früher hieß die Vermögensauskunft Eidesstattliche Versicherung[708] und war erst nach einer erfolglosen Vollstreckung abzugeben. Seit 2013 hat faktisch die vorherige Vermögensauskunft ohne Vollstreckungsversuch Vorrang.

Rechtliche Betreuer werden regelmäßig rechtliche betreute Personen vertreten, die Vermögensauskünfte erteilen müssen.

Zusammenarbeit mit Schuldnerberatungsstelle

Das Zwangsvollstreckungsrecht kann hier nur in groben Zügen dargestellt werden. In der Praxis kommt es darüber hinaus häufig auf Detailwissen an. Rechtlichen Betreuern ist deshalb anzuraten, mit Schuldnerberatungsstellen zusammenzuarbeiten. Sie gehören routinemäßig zum Netzwerk von rechtlichen Betreuern.

5.6.10 Schuldenregulierung

Viele rechtliche betreute Personen haben Schulden, oft sind die Schulden höher als das absehbare Einkommen. Mit der Frage der Schuldenregulierung werden rechtliche Betreuer oft Berührung haben. Zumindest in den Anfangsjahren der Arbeit als rechtlicher Betreuer sollte eng mit Schuldnerberatungsstellen zusammengearbeitet werden. Die Beratungsstellen können Fachknowhow beisteuern, der rechtliche Betreuer wichtige Informationen über Gläubiger und Schuldnervermögen. Mit zunehmender Erfahrung des rechtlichen Betreuers kann er Einzelfragen selbst beurteilen, die Zusammenarbeit mit den Beratungsstellen ist aber dauerhaft unverzichtbar, weil sie die für das Verbraucherinsolvenzverfahren notwendige Bescheinigung ausstellen können.

Weil Insolvenzverfahren mit Nullquoten für die Gläubiger alltäglich sind, sind manche Gläubiger in den letzten Jahren für Vergleiche empfänglicher, d.h. Teilzahlungen aus dem unpfändbaren Vermögen gegen (Teil-)Erlass. Zu beachten ist aber, dass das Insolvenzverfahren oft einen kompletten Schuldenerlass ohne Zahlungen aus dem unpfändbaren Vermögen ermöglicht. Bei der Frage, welcher Weg eingeschlagen wird, ist der Wille der betreuten Person maßgeblich. Die Aufgabe des Betreuers ist es aber immer, über die Alternativen zu informieren.

5.6.11 Insolvenzverfahren

Von 1877 bis Ende 1998 konnten nur Unternehmen oder Unternehmer Insolvenz beantragen. Mit dem Inkrafttreten der Insolvenzordnung (InsO) zum 1.1.1999 wurde auch das

707 § 802c ZPO
708 § 807 ZPO a.F.

Verbraucherinsolvenzverfahren möglich. Viele Bundesländer (auch solche, die sonst für Chancengleichheit und Bildungssaufstieg eintraten) scheuten aber die Kosten der Prozesskostenhilfe und blockierten eine klare Gesetzesregelung. Erst ab 1.1.2002 wurde ein Anspruch auf Stundung der Verfahrenskosten durch § 4a InsO eingeführt. Flächendeckend wurden Verbraucherinsolvenzverfahren damit faktisch ab 2002 eingeführt.

Die Insolvenzordnung kennt zwei Hauptverfahrensarten, das Regelverfahren für Unternehmen/Unternehmer, auch wegen des Aktenzeichens IN-Verfahren genannt, und das Verbraucherinsolvenzverfahren, auch IK-Verfahren genannt.

Wer kann ein Verbraucherinsolvenzverfahren beantragen?

Ein Verbraucherinsolvenzverfahren ist möglich für natürliche Personen, die keine selbstständige wirtschaftliche Tätigkeit ausübt oder ausgeübt haben. Ehemals wirtschaftlich Selbstständige können auch in dieses Verfahren, wenn ihre Vermögensverhältnisse überschaubar sind und keine Forderungen aus Arbeitsverhältnissen bestehen. Überschaubar sind die Vermögensverhältnisse, wenn der Schuldner beim Antrag auf Eröffnung des Insolvenzverfahrens weniger als 20 Gläubiger hat.[709]

Wann kann ein Verbraucherinsolvenzverfahren beantragt werden?

Der Antrag auf Eröffnung eines Verbraucherinsolvenzverfahrens (und auf Erteilung einer Restschuldbefreiung) ist nur nach einem außergerichtlichen Vorverfahren möglich, indem die Vermögensverhältnisse, vor allem auch die Gläubiger und ihre Forderungen, aufgearbeitet und eine außergerichtliche Einigung geprüft wurde. Das muss von einer anerkannten Beratungsstelle nach persönlicher Beratung bescheinigt werden.[710] Für die Darstellung der Vermögensaufstellung gibt es ein bundeseinheitliches Formular.[711]

Wie lange dauert ein Verbraucherinsolvenzverfahren?

Die meisten Verbraucherinsolvenzverfahren sind nach wenigen Monaten beendet, in der Regel ist kein pfändbares Vermögen an die Gläubiger zu verteilen. Davon ist auch der Gesetzgeber ausgegangen. Deshalb ist zugunsten der Gläubiger eine sogenannte Wohlverhaltensperiode eingeführt. Sie beträgt jetzt drei Jahre und beginnt mit der Eröffnung des Verbraucherinsolvenzverfahrens.

Was ist die Wohlverhaltensphase?

In dieser Zeit tritt der Schuldner seine pfändbaren Forderungen auf Bezüge aus einem Dienstverhältnis oder auf an deren Stelle tretende laufende Bezüge an einen vom Gericht zu bestimmenden Treuhänder ab.[712] Ab Beginn der Abtretungsfrist bis zur Beendigung des Insolvenzverfahrens obliegt es dem Schuldner, eine angemessene Erwerbstätigkeit auszuüben und, wenn er ohne Beschäftigung ist, sich um eine solche zu bemühen und keine zumutbare Tätigkeit abzulehnen (Erwerbsobliegenheit).[713]

---

709 § 304 InsO
710 Vgl. § 305 InsO
711 Vgl. Verbraucherinsolvenzformularverordnung (VbrInsFV)
712 § 287 Abs. 2 InsO
713 § 287b InsO

Wann bekommt man einen Schuldenerlass?

Das Insolvenzgericht entscheidet nach Ablauf der dreijährigen Abtretungsfrist über die Erteilung der Restschuldbefreiung.[714] Der Schuldner muss sich vorher nur um eine Tätigkeit bemüht haben, er muss keine Quote seiner Schulden an pfändbarem Einkommen erzielt haben. Vor der Entscheidung werden die Gläubiger angehört. Sie können einen Antrag auf Versagung der Restschuldbefreiung stellen.[715] Die Restschuldbefreiung wird versagt, wenn der Schuldner Vermögen verschweigt, am Verfahren nicht mitwirkt oder seiner Erwerbsobliegenheit nicht nachkommt.

Gilt die Restschuldbefreiung für alle Forderungen?

Grundsätzlich gilt die Restschuldbefreiung für alle Forderungen. Es gibt aber Ausnahmen, bestimmte Forderungen können von der Restschuldbefreiung ausgenommen werden:

- Verbindlichkeiten des Schuldners aus einer vorsätzlich begangenen unerlaubten Handlung,
- Verbindlichkeiten aus rückständigem gesetzlichem Unterhalt, den der Schuldner vorsätzlich pflichtwidrig nicht gewährt hat,
- Verbindlichkeiten aus einem Steuerschuldverhältnis, sofern der Schuldner im Zusammenhang damit wegen einer Steuerstraftat nach den §§ 370, 373 oder § 374 der Abgabenordnung rechtskräftig verurteilt worden ist – der Gläubiger hat die entsprechende Forderung unter Angabe dieses Rechtsgrundes nach § 174 Absatz 2 InsO anzumelden,
- Geldstrafen und die diesen in § 39 Abs. 1 Nr. 3 InsO gleichgestellten Verbindlichkeiten des Schuldners,
- Verbindlichkeiten aus zinslosen Darlehen, die dem Schuldner zur Begleichung der Kosten des Insolvenzverfahrens gewährt wurden.[716]

Die unerlaubte Handlung ist ein Teil des im BGB geregelten Deliktsrechts, es ist in § 823 BGB geregelt. Danach ist derjenige schadensersatzpflichtig, der vorsätzlich oder fahrlässig das Leben, den Körper, die Gesundheit, die Freiheit, das Eigentum oder ein sonstiges Recht eines anderen widerrechtlich verletzt[717] oder gegen ein Schutzgesetz verstoßen hat.[718]

Rückzahlung der Verfahrenskosten

Wenn der Schuldner bei Erteilung Restschuldbefreiung die gestundeten Kosten noch nicht vollständig zurückgezahlt hat, gibt es eine vierjährige Verlängerungsfrist. Danach entfallen Rückzahlungsverpflichtungen im Ergebnis.[719]

714 § 300 InsO
715 § 290 InsO
716 § 302 InsO
717 § 823 Abs. 1 BGB
718 § 823 Abs. 2 BGB
719 § 4b InsO

Was ist die Rolle des rechtlichen Betreuers im Verbraucherinsolvenzverfahren?

Für das Vorverfahren ist die Beratungsstelle zuständig, sie klärt die Fachfragen, der rechtliche Betreuer unterstützt diese mit Information zum Schuldner und zu den Gläubigern. Aus Sicht des Gesetzgebers ist die Aufgabe der Beratungsstellen mit der Eröffnung des Verbraucherinsolvenzverfahrens erledigt, obwohl die meisten Schuldner auch weiterhin Beratung und Unterstützung benötigen. Diese Unterstützung und der Versuch, Versagungsgründe zu vermeiden, gehört zur Arbeit des rechtlichen Betreuers.

5.7 Modul 7

Thema des Moduls:

Vermögenssorge 2

Zeitaufwand in Zeitstunden: 15

Liste der vorgegebenen Inhalte:

- Vermögensverwaltung und Verfügungen über das Betreutenvermögen
- Vermögensverzeichnis
- Rechnungslegung
- Genehmigungsvorbehalte
- Betreuungsrelevante Aspekte des Miet- und Heimrechts
- Betreuungsrelevante Aspekte des Erb- und Familienrechts

Das Modul 7 vermittelt allgemeine betreuungsspezifische Kenntnisse zur Vermögenssorge und ergänzt die Aspekte der bereits im Modul 1, Abschnitt 5.1.10. besprochenen Aufsicht durch das Betreuungsgericht.

5.7.1 Allgemeines zur Vermögenssorge

Welcher Aufgabenbereich berechtigt zur Wahrnehmung der Vermögensangelegenheiten?

Die Regelung finanzieller Angelegenheiten ist nicht automatisch Bestandteil einer rechtlichen Betreuung. Das Gericht muss Art und Umfang des Aufgabenbereichs definieren. Der Aufgabenbereich „Vermögenssorge" wird als übergeordneter Begriff verstanden und meint die Regelung aller finanziellen Angelegenheiten einschließlich der Geltendmachung von Sozialleistungs- und Sozialversicherungsansprüchen. In seltenen Fällen wurde und wird der Aufgabenbereich „Vermögenssorge" bei Behörden oder Sozialversicherungen nicht als ausreichend anerkannt. Hier ist die Klarstellung oder ggf. die Erweiterung des Aufgabenkreises durch das Betreuungsgericht vonnöten.

Entsprechend der Notwendigkeit kann der Aufgabenbereich auf einen Teil der Vermögenssorge beschränkt werden.

Was ist zu tun, wenn der Aufgabenkreis die Regelung der Angelegenheit nur teilweise ermöglicht?

Entsprechend dem Prinzip der Erforderlichkeit kann der Aufgabenbereich auf einen Teil der Vermögenssorge beschränkt werden. Ist der Aufgabenkreis eingeschränkt und bedarf die Regelung der anstehenden Angelegenheit ergänzender, über den Aufgabenkreis hinausgehender Informationen und Entscheidungen, ist einvernehmliche Zusammenarbeit mit der rechtlich betreuten Person zwingend erforderlich.

Beispiel:

Das Betreuungsgericht hat für Frau U. eine Betreuung mit dem Aufgabenkreis „Vertretung gegenüber Sozialleistungsträgern und der Sozialversicherung" angeordnet. Es ist ein Sozialhilfeantrag zu stellen. Im Antrag werden Kontodaten und die Offenlegung aller persönlichen und wirtschaftlichen Verhältnisse gefordert. Die über den Aufgabenkreis hinausreichenden Angaben und Nachweise sind von der rechtlich betreuten Person selbst einzubringen und zu verantworten. Dies ist im Antrag kenntlich zu machen und von der rechtlich betreuten Person durch ihre Unterschrift zu bestätigen. Würde der rechtliche Betreuer den Antrag allein stellen – ohne deutlich gemacht zu haben, welche Angaben von ihm und welche Angaben von der rechtlich betreuten Person zu verantworten sind –, wäre er für die Richtigkeit aller Angaben verantwortlich und haftbar.

Außerhalb seines Aufgabenkreises ist der rechtliche Betreuer nicht berechtigt, tätig zu werden. Wird er dennoch tätig, handelt er nicht in Ausübung seines Amtes.

Vorsicht

Dies hat zur Folge, dass die für die berufliche Tätigkeit abgeschlossene Haftpflichtversicherung nicht greift.

Wie ist das Vermögen zu ermitteln und zu sichern?

Die folgenden Ausführungen beziehen sich im Wesentlichen auf rechtlich betreute Personen ohne oder mit kleinerem Vermögen. Die Verwaltung größerer Vermögen obliegt in der Regel dafür besonders qualifizierten rechtlichen Betreuern oder aber vom rechtlichen Betreuer beauftragten Fachleuten und übersteigt die als Grundlagen anzusehenden Kenntnisse, die im Rahmen des Sachkundenachweises verlangt werden.

Woran kann sich der rechtliche Betreuer bei der Ermittlung des Sachverhalts orientieren?

Am Anfang der Betreuung steht die Ermittlung der aktuellen finanziellen Situation. Hierbei können Checklisten, die in einigen Softwarelösungen enthalten sind, bei der Datenerfassung hilfreich sein.

Die ersten Informationen erhält der rechtliche Betreuer bei der Einsicht in die Akte des Betreuungsgerichts und bei der Durchsicht und dem Ordnen der Unterlagen der rechtlich betreuten Person. Oft sind diese ungeordnet oder/und unvollständig. Fehlende Informationen und Unterlagen muss der rechtliche Betreuer durch eigene Ermittlung ergänzen.

Welche Vorgehensweise ist zu empfehlen?

Der rechtliche Betreuer wird zunächst herausfinden müssen, welche Geschäftsverbindungen die rechtlich betreute Person unterhalten hat. Die Auskunft der Bank über die Buchungen des Girokontos (Daueraufträge, Abbuchungen, Überweisungen) ergibt in der Regel erste Hinweise. Der rechtliche Betreuer wird die Geschäftspartner anschreiben und um Auskunft zu der bestehenden Geschäftsverbindung bitten. Sofern erforderlich, sollten die Geschäftspartner darauf hingewiesen werden, den zukünftigen Schriftwechsel an den rechtlichen Betreuer zu richten.

Tipp

Vergessen Sie nicht, eine Kopie der Bestellungsurkunde beizufügen!

Ist ein Nachsendeantrag hilfreich?

Die Frage, ob ein Nachsendeantrag eingerichtet werden soll, bespricht der rechtliche Betreuer mit der rechtlich betreuten Person. Oft wird von ihr gewünscht, dass die Geschäftspost direkt beim rechtlichen Betreuer ankommt.

Wenn es der Aufgabenkreis[720] ermöglicht und eingehende Geschäftspost nicht mit ausreichender Zuverlässigkeit von der rechtlich betreuten Person zum rechtlichen Betreuer gelangt, kann ein Nachsendeantrag geschaltet werden.

An dieser Stelle ist noch einmal zu wiederholen, dass der rechtliche Betreuer nicht ohne Weiteres gegen den erklärten Willen der rechtlich betreuten Person einen Nachsendeantrag schalten darf. Gegen den erklärten Willen kann der Nachsendeantrag nur geschaltet werden, wenn die rechtliche Betreuung gegen den Willen der rechtlich betreuten Person beschlossen worden ist und dem Betreuungsgericht bekannt ist, das die rechtlich betreute Person mit der Schaltung des Nachsendeantrags nicht einverstanden ist. Gegebenenfalls ist ein Einwilligungsvorbehalt zu beantragen.

Der Nachsendeauftrag hat den Vorteil, dass weniger Post verloren gehen kann. Der Nachsendeauftrag bei der Deutschen Post AG erstreckt sich nicht auf andere Anbieter im Briefverkehr. Die Kosten für den Nachsendeantrag hat der rechtliche Betreuer zu tragen. Eine gesonderte Erstattung der Auslagen ist nicht möglich. Es handelt sich bei diesen Kosten um typische anlässlich der Führung der rechtlichen Betreuung entstandene Aufwendungen, die mit der pauschalen Vergütung abgegolten sind.[721]

---

720 § 1815 Abs. 2 Nr. 6 BGB
721 OLG Köln, 21.8.2006 – 16 Wx 164/06

Wie ist das Vermögen zu sichern?

Der rechtliche Betreuer hat dafür zu sorgen, dass kein Dritter ohne sein Wissen über das Vermögen unberechtigt verfügen kann. Zur Sicherung des Vermögens ist die Verfügungsberechtigung, beispielsweise über die Konten, zu überprüfen.

Was ist zu tun, wenn andere Personen verfügungsberechtigt sind?

Sind weitere Personen schon vor Einrichtung der rechtlichen Betreuung von der rechtlich betreuten Person beispielsweise mittels einer Bankvollmacht bevollmächtigt worden zu verfügen, ist zu prüfen, ob diese Berechtigung wie andere Vollmachten zu behandeln ist (siehe Abschnitt 5.1.3).

Handelt es sich um eine Vollmacht mit dem Ziel, eine rechtliche Betreuung zu erübrigen, ist diese als Vollmacht zur Vorsorge zu behandeln und kann nicht ohne Weiteres widerrufen werden. Die bestehende Vollmacht ist dem Betreuungsgericht mitzuteilen[722] und es ist zu klären, ob die bevollmächtigte Person im Rahmen ihrer Vollmacht tätig werden will.

Handelt es sich um eine einfache Bankvollmacht, ohne dass daraus die Zielsetzung zur Verhinderung einer rechtlichen Betreuung ersichtlich ist, kann der rechtliche Betreuer diese nach Rücksprache mit der rechtlich betreuten Person widerrufen. Ein dem Widerruf entgegenstehender Wille der rechtlich betreuten Person ist dem Betreuungsgericht mitzuteilen und es ist zu klären, wer zukünftig welche Aufgaben erledigen soll.

Es ist sicherzustellen, dass das Einkommen und das Vermögen ausschließlich im Interesse der rechtlich betreuten Person verwendet werden.

Wie ist die rechtlich betreute Person einzubeziehen?

Die einzelnen Schritte zur Ermittlung der finanziellen Verhältnisse, die jeweiligen Ergebnisse der Ermittlung und der Plan zur weiteren Verwaltung des Vermögens sind Angelegenheiten, die mit der rechtlich betreuten Person zu besprechen sind. Dabei sollte geklärt werden, welche Angelegenheiten die rechtlich betreute Person selbstständig oder mit vorrangiger Hilfe erledigen kann und an welcher Stelle die rechtliche Unterstützung/Vertretung erforderlich ist.

Wie ist das Betreuungsgericht zu informieren?

Das Betreuungsgericht ist durch den zu erstellenden Anfangsbericht (siehe Abschnitt 5.1.10.3) und das zu erstellende Vermögensverzeichnis zu informieren.

Checkliste zur Ermittlung der finanziellen Verhältnisse

Die folgende Liste hat keinen Anspruch, vollständig zu sein. In der Praxis hat sie sich als Gedankenstütze bei der Ermittlung und der Verwaltung des Vermögens erwiesen. Am Anfang stellt sich die Frage: „Existieren ...?", später kann die Liste als Hilfe für die Frage: „Was ist noch zu tun?", dienen.

722 § 1820 BGB

Vermögen

- ☐ Immobilien
- ☐ Erwerbsgeschäfte
- ☐ Geld, Banknoten, Wertpapiere, Bank-, Sparkassen-, Postsparguthaben, sonstige Guthaben
- ☐ Wertpapiere
- ☐ Forderungen gegen Dritte (abgesichert durch z.B. Hypotheken, Grund- oder Rentenschuld)
- ☐ Erbansprüche
- ☐ Schmuck
- ☐ Antiquitäten
- ☐ Kunstgegenstände
- ☐ Auto, Motorrad
- ☐ Kapitalversicherungen

Einkommen/Einnahmen/Geldanlage

- ☐ Aus Betrieben und selbstständiger Arbeit
  Die Betriebsleitung erfordert eine fachkundige Person. Hilfe bieten unter anderem Steuerberater, Rechtsanwälte oder der fachkundige Betriebsleiter.
- ☐ Aus Anlagevermögen
  Hilfe bieten unter anderem Steuerberater, Rechtsanwälte oder der fachkundige Anlageberater. Eine enge Abstimmung mit dem Betreuungsgericht ist zu empfehlen. Siehe auch den Abschnitt zu den genehmigungspflichtigen Entscheidungen. Siehe auch Checkliste zur Pflicht der gerichtlichen Genehmigung.
- ☐ Aus der Verwaltung von Immobilien, Nießbrauchrechten, Rente aus Übertragungsverträgen
  Hilfe bieten unter anderem Steuerberater, Rechtsanwälte oder der fachkundige Immobilienberater.
- ☐ Aus Unterhaltsansprüchen nach der Scheidung, gegenüber Eltern, Großeltern, Kindern und Enkeln
  Hilfe bieten unter anderem Rechtsanwälte.
- ☐ Aus nicht selbstständiger Arbeit
  Hilfe bieten unter anderem Betrieb, Betriebsrat, Gewerkschaft.
- ☐ Bezüge aus betrieblichem Sozialplan
  Hilfe bieten unter anderem Betrieb, Betriebsrat, Gewerkschaft.
- ☐ Krankengeld
  Hilfe bietet unter anderem die Krankenkasse, Betrieb, Betriebsrat, Gewerkschaft.

- ☐ Rente (Erwerbsunfähigkeitsrente, Altersrente, Kriegsschadensrente, Versorgungsrente usw.)
  Hilfe bieten unter anderem die Rentenversicherungsträger, Versicherungsälteste.
- ☐ Zusatzversorgung/Betriebsrente
  Hilfe bieten unter anderem Betrieb, Betriebsrat, Gewerkschaft.
- ☐ Opferentschädigung
  Hilfe bieten unter anderem Versorgungsamt, Hinterbliebenenverbände.
- ☐ Leistungen der Arbeitsförderung SGB III
  Hilfe bieten unter anderem die Agentur für Arbeit, Beratungsstellen.
- ☐ Bürgergeld SGB II
  Hilfe bieten unter anderem das Jobcenter, Beratungsstellen.
- ☐ Kindergeld (auch für über 18-Jährige)
  Hilfe bieten unter anderem die Agentur für Arbeit, Beratungsstellen.
- ☐ Erziehungsgeld
  Hilfe bieten unter anderem die Agentur für Arbeit, Beratungsstellen.
- ☐ Wohngeld/Pflegewohngeld
  Hilfe bieten unter anderem die Wohngeldstelle bei der Stadt- oder Kreisverwaltung, Beratungsstellen.
- ☐ Leistungen aus der Pflegeversicherung (SGB XI)
  Hilfe bieten unter anderem die Krankenkasse, Pflegedienste, Sozialamt, Beratungsstellen.
- ☐ Blindenhilfe (SGB XII)
  Hilfe bieten unter anderem die Krankenkasse, Sozialamt, Behindertenvereine, Beratungsstellen.
- ☐ Leistungen der Rehabilitation und Teilhabe von Menschen mit Behinderungen (SGB IX)
  Hilfe bieten unter anderem Sozialamt, Behindertenvereine, Beratungsstellen.
- ☐ Zuschüsse für Personen mit anerkannter Schwerbehinderung
  Hilfe bieten unter anderem die Krankenkasse, Sozialamt, Behindertenvereine, Beratungsstellen.
- ☐ Sozialhilfe (SGB XII)
  Hilfe bieten unter anderem das Sozialamt, Beratungsstellen.

Andere Rechte

- ☐ Schwerbehindertenausweis & Freifahrt im Nahverkehr
  Hilfe bieten unter anderem das Versorgungsamt, Behindertenverbände, Beratungsstellen.
- ☐ Befreiung von der Pflicht zur Zahlung der Rundfunkgebühren
  Hilfe bieten unter anderem das Sozialamt, Beratungsstellen.
- ☐ Ermäßigung von Telefongebühren
  Hilfe bieten unter anderem das Sozialamt, Telekom, Beratungsstellen.

Ausgaben

- ☐ Lebensunterhalt
  Dazu gehören unter anderem Lebensmittel, Dinge des täglichen Gebrauchs, Energiekosten (Kochen, Warmwasser, Licht), Taschengeld, Rundfunkgebühren/Kabelgebühren, Telefon.
- ☐ Kosten der Unterkunft
  Dazu gehören unter anderem Grundbesitzabgaben (Steuer, Wasser, Abwasser, Müll usw.), Instandhaltungskosten, Umlagen, Heizkosten, Miete, Möblierung.
- ☐ Anschaffungen
- ☐ Versicherungen
- ☐ Dienstleistungen
  Dazu gehören unter anderem Pflegedienst, Haushaltshilfe.
- ☐ Schuldenregulierung
  Was ist zu tun?
  Einholen einer Schufa-Selbstauskunft, Erstellen einer Liste der Verpflichtungen, Überprüfen der Verträge, Verhandlung mit den Gläubigern (über z.B. Rückabwicklung, Stundung, Niederschlagung, Regulierungsverhandlungen).
  Hilfe bieten unter anderem Rechtsanwälte, Beratungsstellen.
- ☐ Freizeit und Urlaub entsprechend den Wünschen, den materiellen und persönlichen Möglichkeiten des betreuten Menschen.

Vergünstigungen bzw. Befreiungsmöglichkeiten

- ☐ Steuerfreibeträge
  Hilfe bieten Steuerberater, Finanzamt.
- ☐ Ermäßigung für die Telefongebühren
  Hilfe bieten unter anderem das Sozialamt, Beratungsstellen.
- ☐ Befreiung von der Pflicht zur Zahlung von Rundfunkgebühren
  Hilfe bieten unter anderem das Sozialamt, Beratungsstellen.
- ☐ Befreiung von der Zuzahlung zu Medikamenten usw.
  Hilfe bieten die Krankenkassen, Beratungsstellen.
- ☐ Freifahrtberechtigung für Schwerbehinderte
  Hilfe bieten Versorgungsämter, Beratungsstellen.
- ☐ Ferienpässe
  Hilfe bieten Stadt- oder Gemeindeverwaltung, Beratungsstellen.
- ☐ Vergünstigungen zur Nutzung öffentlicher Einrichtungen
  Hilfe bieten Stadt- oder Gemeindeverwaltung, Beratungsstellen.

5.7.2 Vermögensverzeichnis

> „Soweit die Verwaltung des Vermögens des Betreuten zum Aufgabenkreis des Betreuers gehört, hat er zum Zeitpunkt seiner Bestellung ein Verzeichnis über das Vermögen des Betreuten zu erstellen und dieses dem Betreuungsgericht mit der Versicherung der Richtigkeit und Vollständigkeit einzureichen."[723]

Das Vermögensverzeichnis bildet die Grundlage für die Aufsicht des Betreuungsgerichts über die Führung der Vermögenssorge. Es ist zu erstellen, wenn die Vermögensangelegenheiten insgesamt oder zu Teilen als Aufgabenbereich bestimmt worden sind.

In der Regel ist kein Mensch besonders begeistert, wenn er einer Behörde oder dem Gericht bis in die letzte Kleinigkeit sein Vermögen offenlegen soll. In diesem Fall dient das Vermögensverzeichnis dem Schutz der rechtlich betreuten Person.

Der ordnungsgemäße Nachweis des Vermögens und seiner späteren Verwendung liegt aber auch im Interesse des rechtlichen Betreuers. Der Nachweis verhindert spätere Konflikte zur ordnungsgemäßen Verwendung des Vermögens.

Was ist im Vermögensverzeichnis anzugeben?

Zu erfassen sind alle Vermögenswerte, die der Verwaltung des rechtlichen Betreuers unterliegen.

Die Auflistung muss nicht jedes einzelne Teil erfassen. Für beispielsweise Hausrat oder die sonstigen zum persönlichen Gebrauch bestimmten Gegenstände von geringem Wert können zusammenfassende Angaben gemacht werden. Sachvermögen von erheblichem Wert ist detailliert anzugeben.

Soweit der Aufgabenkreis des rechtlichen Betreuers auch die Verwaltung der Einnahmen, Ausgaben und des Verfügungsgeldes erfasst, müssen im Rahmen des Vermögensverzeichnisses auch Angaben zu den regelmäßigen Einnahmen und Ausgaben gemacht werden.

Was ist nicht anzugeben?

Vermögenswerte, die nicht der Verwaltung durch den rechtlichen Betreuer unterliegen, müssen nicht angegeben werden. Denkbar ist beispielsweise, dass ein Teil des Vermögens von der rechtlich betreuten Person selbst verwaltet wird oder Teile des Vermögens durch einen Testamentsvollstrecker verwaltet werden.

Ungeachtet dieser gesetzlichen Regelung bestehen die Betreuungsgerichte oft darauf, ein umfassendes Vermögensverzeichnis zu erhalten. Dieses Ansinnen resultiert aus der Pflicht des Betreuungsgerichts, die mit der rechtlichen Betreuung verbundenen Kosten auf der Grundlage des Gesamtvermögens zu ermitteln. Vorzugsweise verwendet das Betreuungsgericht dann das Vermögensverzeichnis als Grundlage dieser Berechnungen. Das Vermögensverzeichnis dient aber ausschließlich der Aufsicht über Führung der Vermögenssorge durch den rechtlichen Betreuer. Entsprechend sind die Angaben, welche für die Ermittlung der Gerichtskosten benötigt werden, hiervon zu trennen und gesondert zu erfassen.

723 § 1835 Abs. 1 Satz 1 BGB

Wie müssen die Angaben belegt werden?

Der rechtliche Betreuer ist nicht verpflichtet, die einzelnen Vermögensgegenstände zu bewerten.

Für die Berechnung der Gerichtskosten und der Kosten der rechtlichen Betreuung kann die Bewertung von Bedeutung sein.

Soweit Angaben zum Wert gemacht werden, sind diese durch Belege nachzuweisen. Es ist nicht festgelegt, welcher Art diese Belege sein müssen. Das Betreuungsgericht hat hier einen Ermessensspielraum und kann beispielsweise die Kopien oder den Ausdruck digitaler Dokumente gelten lassen.

Der rechtliche Betreuer hat die Richtigkeit und Vollständigkeit seiner Angaben zu versichern.

Kann der rechtliche Betreuer Unterstützung beim Erstellen des Vermögensverzeichnisses erhalten?

Von rechtlichen Berufsbetreuern ist grundsätzlich zu erwarten, dass sie zur Erstellung eines ordnungsgemäßen Vermögensverzeichnisses ohne Hinzuziehung eines Dritten in der Lage sind.

Kann das Gericht eine Kontrolle bei der Erstellung des Vermögensverzeichnisses anordnen?

„Bestehen nach den Umständen des Einzelfalls konkrete Anhaltspunkte dafür, dass die Kontrolle der Richtigkeit und Vollständigkeit des Vermögensverzeichnisses durch eine dritte Person zum Schutz des Vermögens des Betreuten oder zur Vermeidung von Rechtsstreitigkeiten erforderlich ist, kann das Betreuungsgericht eine dritte Person als Zeuge bei der Erstellung des Vermögensverzeichnisses, insbesondere bei einer Inaugenscheinnahme von Vermögensgegenständen, hinzuziehen."[724]

Der Zeuge benötigt keine spezifischen Fachkenntnisse. Als Zeuge kann beispielsweise die zuständige Behörde, ein zuständiger Beamter, Notar, Sachverständiger oder eine andere geeignete Person bestellt werden.

Konkrete Anhaltspunkte bestehen dann, wenn dem Betreuungsgericht bereits bei der Bestellung das Vorhandensein größeren Vermögens bekannt ist. Zudem ist es wichtig, zum Schutz des rechtlichen Betreuers einen Zeugen hinzuzuziehen, wenn mit einem konfliktreichen Verlauf der rechtlichen Betreuung zu rechnen ist.

Der rechtliche Betreuer kann die Hinzuziehung eines Zeugen anregen.

Zu welchem Stichtag sind die Angaben zu machen?

Stichtag für die Erstellung des Vermögensverzeichnisses ist der Zeitpunkt der Wirksamkeit der rechtlichen Betreuung (Siehe Abschnitt 5.1.9.4).[725] Dies ist normalerweise der Zeitpunkt, mit dem die rechtliche Betreuung dem rechtlichen Betreuer bekannt gegeben worden ist. Unerheblich ist dabei, ob diese Bekanntgabe mündlich oder durch die Zustellung

---

724 § 1835 Abs. 4 Satz 1 BGB
725 § 287 Abs. 1 und 2 FamFG

des Beschlusses erfolgt ist. Sofern ausnahmsweise die sofortige Wirksamkeit angeordnet worden ist, gilt als Stichtag das Datum der diesbezüglichen Anordnung.

Das Vermögensverzeichnis ist auch bei einem Wechsel des rechtlichen Betreuers zu erstellen. Der neue rechtliche Betreuer kann dabei das bereits bestehende Vermögensverzeichnis prüfen und gegebenenfalls ergänzen.

Wann muss das Vermögensverzeichnis abgegeben werden?

Das Vermögensverzeichnis ist dem Betreuungsgericht zusammen mit dem Anfangsbericht vorzulegen.

Muss das Vermögensverzeichnis mit der rechtlich betreuten Person besprochen werden?

Wie bei allen Angelegenheiten gilt auch hier, dass die rechtlich betreute Person, soweit es möglich ist, in die Erstellung des Vermögensverzeichnisses eingebunden werden soll. Dabei steht es der rechtlich betreuten Personen jedoch nicht zu, vom rechtlichen Betreuer zu verlangen, dass bestimmte Vermögenswerte dem Gericht nicht mitgeteilt werden.

Das Gericht ist verpflichtet, der rechtlich betreuten Personen das Vermögensverzeichnis bekannt zu geben.

5.7.3 Verwaltung und Verfügung über Einkommen und Vermögen

5.7.3.1 Allgemeine Grundsätze der Besorgung von Vermögensangelegenheiten

Welche allgemeinen Grundsätze gelten bei Besorgung von Vermögensangelegenheiten?

Im Bereich der Personensorge ergibt sich der Maßstab für das Verhältnis einerseits der Pflicht zur Wunschbefolgung und andererseits der Pflicht, erheblichen Schaden abzuwenden, allein aus den individuellen und subjektiv zu verstehenden Interessen der rechtlich betreuten Person. Auch im Bereich der Vermögensangelegenheiten hat der rechtliche Betreuer seine Tätigkeit an diesen Grundsätzen zur Führung der rechtlichen Betreuung auszurichten.[726] Er hat dem Willen der rechtlich betreuten Person zu entsprechen und erhebliche Schäden abzuwenden.

Gibt es allgemeine Regeln zur Wahrnehmung der Vermögensangelegenheiten?

Im Gegensatz zur Personensorge gibt der Gesetzgeber im Bereich der Vermögenssorge bestimmte Regeln zur Wahrnehmung der Vermögensangelegenheiten vor. Hierzu heißt es im Gesetz

726 § 1838 Abs. 1 Satz 1 i.V.m. § 1821 BGB

> „Es wird vermutet, dass eine Wahrnehmung der Vermögensangelegenheiten nach den §§ 1839 bis 1843 dem mutmaßlichen Willen des Betreuten nach § 1821 Absatz 4 entspricht, wenn keine hinreichenden konkreten Anhaltspunkte für einen hiervon abweichenden Willen/mutmaßlichen Willen bestehen."[727]

Als weitere Hürde, dem Willen der rechtlich betreuten Person außerhalb der genannten Regeln zu folgen, wird die gerichtliche Überprüfung dieser außerhalb der Regeln vorgenommenen Tätigkeiten im Gesetz bestimmt.

> „Soweit die nach Absatz 1 Satz 1 gebotene Wahrnehmung der Vermögensangelegenheiten von den in den §§ 1839 bis 1843 festgelegten Grundsätzen abweicht, hat der Betreuer dies dem Betreuungsgericht unverzüglich unter Darlegung der Wünsche des Betreuten anzuzeigen. Das Betreuungsgericht kann die Anwendung der §§ 1839 bis 1843 oder einzelner Vorschriften ausdrücklich anordnen, wenn andernfalls eine Gefährdung im Sinne des § 1821 Absatz 3 Nummer 1 zu besorgen wäre."[728]

Jede Abweichung von den im Gesetz formulierten Grundsätzen ist dem Betreuungsgericht somit unverzüglich mitzuteilen und zu begründen. Ziel dieser Bestimmung ist es zu vermeiden, dass die Verantwortung für eine schädigende Entscheidung auf eine entscheidungsunfähige rechtlich betreute Person abgewälzt wird. Der rechtliche Betreuer bleibt in der Verantwortung zu erkennen, ob der Wunsch Ausdruck der Selbstbestimmung ist.[729]

Was ist im Hinblick auf den Grundsatz der Erforderlichkeit zu beachten?

Die Bestellung einer rechtlichen Betreuung mit dem Aufgabenbereich Vermögenssorge setzt voraus, dass die rechtlich betreute Person ihre Angelegenheiten in diesem Bereich zumindest teilweise nicht ohne die Unterstützung eines rechtlichen Betreuers selbst besorgen kann.

Der beschlossene Aufgabenbereich beschreibt jedoch nicht den ins Detail gehenden Grad der Einschränkung und den Grad der Hilfsbedürftigkeit. Lediglich die Feststellung der Geschäftsunfähigkeit[730] zwingt den Betreuer zur umfassenden Vertretung der rechtlich betreuten Person im Aufgabenbereich.

Die Erkenntnisse des Gerichts sind als Momentaufnahme einer sich weiter entwickelnden Situation zu verstehen. Der Aufgabenbereich beschreibt Grenzen, die der Betreuer nicht überschreiten darf. Innerhalb dieser Grenzen hat er eine differenzierte Einschätzung der aktuellen und konkreten Erforderlichkeit für sein Handeln vorzunehmen. Die Verantwortung dieser Einschätzung obliegt dem rechtlichen Betreuer. Für Fehleinschätzungen und dadurch verursachte Schäden haftet der Betreuer (zur Haftung siehe Abschnitt 10).

Bei seiner Einschätzung hat der rechtliche Betreuer die jeweilige Entwicklung der für die Einrichtung der Betreuung zugrunde liegenden Krankheit/Behinderung und die damit verbundenen Einschränkungen, die eigenen rechtlichen Angelegenheiten zu erledigen, zu berücksichtigen. Eine von der in der Akte des Gerichts festgehaltenen Feststellung abwei-

727 § 1838 Abs. 1 Satz 2 BGB
728 § 1838 Abs. 2 BGB
729 BT-Drucks. 19/24445, S. 272
730 §§ 104 und 105 BGB

chende Einschätzung ist für die rückblickende Bewertung mit entsprechenden Beweismitteln gerichtsfest zu dokumentieren.

Der rechtliche Betreuer hat seine Tätigkeit so auszurichten, dass die rechtlich betreute Person nach Möglichkeit ihre finanziellen Geschäfte ganz oder teilweise eigenverantwortlich erledigen kann.

Im Einzelfall ergibt sich ein unterschiedliches Maß der Einflussnahme auf die Rechtsgeschäfte der rechtlich betreuten Person. Von der Übernahme aller geschäftlichen Aktivitäten bis hin zur selbstständigen Verwaltung des Vermögens durch die rechtlich betreute Person sind alle Varianten denkbar. Soweit und sobald die rechtlich betreute Person in der Lage ist, ihre Angelegenheiten dauerhaft eigenverantwortlich zu erledigen, hat der rechtliche Betreuer dies dem Betreuungsgericht mitzuteilen und die Aufhebung der rechtlichen Betreuung bzw. die Einschränkung des Aufgabenkreises anzuregen.

Mit zunehmender Selbstständigkeit wird die rechtlich betreute Person das Bedürfnis haben, ohne die Kontrolle durch den rechtlichen Betreuer handeln zu können. Dieses Bedürfnis kollidiert mit der Pflicht des rechtlichen Betreuers, möglichen erheblichen Schaden abzuwenden, und der Pflicht, dem Betreuungsgericht über die Verwaltung des Vermögens Rechenschaft abzulegen. Dennoch darf allein die vage Möglichkeit eines erheblichen Schadens oder das Interesse der lückenlosen Kontrolle kein Grund sein, der rechtlich betreuten Person die ihr mögliche Selbstständigkeit und Privatheit zu verweigern.

Gleichwohl muss der Betreuer seine Entscheidungen (auch die Entscheidung, wie groß der Freiraum für die rechtlich betreute Person ist) von klaren und nachvollziehbaren Überlegungen abhängig machen. Der Betreuer sollte seine Argumente dokumentieren und dem Gericht zur Kenntnis geben. Das Gericht ist seinerseits verpflichtet, bei Pflichtverletzungen des rechtlichen Betreuers einzugreifen. Im Zweifel kann der rechtliche Betreuer das Gericht um Rat fragen.

Auf dem Weg zur selbstständigen Erledigung ihrer geschäftlichen Angelegenheiten sollte die betroffene Person, so wie wir alle, Fehler machen dürfen und „Lehrgeld bezahlen" können. Leider gibt es hier keine Möglichkeit, den rechtlichen Betreuer von seiner Verantwortung im Vorfeld zu entlasten, ohne nicht gleichzeitig die rechtliche Betreuung für den Aufgabenbereich aufzuheben. Es obliegt somit der Verantwortung des rechtlichen Betreuers, ob und wie weit er bereit ist, Risiken für Fehler der rechtlich betreuten Person einzugehen. Im Einzelnen sind die folgenden Regeln zu beachten.

5.7.3.2 Verfügungsgeld

Was ist Verfügungsgeld?

Der Gesetzgeber unterscheidet Verfügungsgeld und Anlagevermögen. Verfügungsgeld ist Geld, welches für die laufenden Ausgaben benötigt wird. Laufende Ausgaben sind nicht nur die monatlichen Bedarfe, sondern auch Beträge, die als Rücklage für geplante Anschaffungen, den Ersatz von Hausrat, die Regulierung jährlicher Abrechnungen, den Urlaub etc. benötigt werden. Als Verfügungsgeld sind auch Beträge für beispielsweise die Rücklagen für anfallende Reparaturen einer Eigentumswohnung zu führen.

Die Unterscheidung zwischen Verfügungsgeld und Anlagevermögen hat den Sinn, dem rechtlichen Betreuer einen Spielraum für Beträge einzuräumen, die er zur kurzfristigen Verfügung halten kann. Anlagevermögen fällt unter die besondere gerichtliche Aufsicht. Soweit der rechtliche Betreuer nicht zum Personenkreis der befreiten Betreuer (siehe Abschnitt 5.8).[731] gehört, ist die Verfügung nur mit entsprechender Genehmigung durch das Betreuungsgericht möglich.

Wie ist Verfügungsgeld zu verwahren?

Das Verfügungsgeld hat der rechtliche Betreuer auf einem Girokonto zu verwahren. Soweit Beträge aus dem Verfügungsgeld als Rücklage dienen und ein Zinsertrag möglich ist, kann es auch auf ein kurzfristig verfügbares Anlagekonto (Tagesgeld) eingezahlt werden.[732] Grundsätzlich soll vermieden werden, dass sich Bargeld in den Händen des rechtlichen Betreuers befindet. Aus diesem Grund ist auch die Führung als Anderkonto[733] nicht zulässig.

Der rechtliche Betreuer ist nicht verpflichtet, für die Anlage von Verfügungsgeld einen Sperrvermerk zu vereinbaren, und kann über Geld, welches auf diese Weise für die laufenden Ausgaben bereitgehalten wird, frei verfügen.[734]

Soweit für die Verwaltung des Verfügungsgeldes vom rechtlichen Betreuer neue Konten eröffnet werden, hat er dies dem Betreuungsgericht unverzüglich mitzuteilen.[735] Die Mitteilungspflicht erstreckt sich auf:

1. die genaue Bezeichnung der Kontoverbindung,
2. der Angabe, dass es sich um Verfügungsgeld handelt,
3. die Höhe des Guthabens bei Kontoeröffnung,
4. die Höhe und Verzinsung bei kurzfristig angelegtem Verfügungsgeld.

Welcher Betrag kann als Verfügungsgeld angesehen werden?

Es liegt im Ermessen des rechtlichen Betreuers, zusammen mit der rechtlich betreuten Person über die Summen des benötigten Verfügungsgelds zu befinden. Die Beträge, welche als Verfügungsgeld bereitgehalten werden, können individuell sehr unterschiedlich sein und orientieren sich in der Regel an den Lebensverhältnissen der rechtlich betreuten Person.

Lediglich bei einem Verstoß gegen die Grundsätze zur Führung der rechtlichen Betreuung[736] oder einem Ermessenfehlgebrauch ist das Betreuungsgericht berufen einzuschreiten. Damit das Betreuungsgericht seiner Verpflichtung zur Aufsicht nachkommen kann, hat der rechtliche Betreuer im Anfangsbericht die Zuordnung der Gelder vorzunehmen, die Eröffnung eines Girokontos und die Anlage von Verfügungsgeld auf einem Anlagekonto

731 §§ 1859 und 1860 BGB
732 § 1839 BGB
733 Anderkonto (oder Treuhandanderkonto) ist ein Bankkonto, das der Vermögensverwaltung von fremdem Vermögen dient, also nicht auf den Namen des Eigentümers des Vermögens lautet.
734 § 1845 Abs. 1 Satz 2 BGB
735 § 1846 BGB
736 § 1821 BGB

mitzuteilen und in der Rechnungslegung / ggf. Schlussrechnungslegung den Verwendungsnachweis zu führen.

Kann das Kreditinstitut dennoch einen Sperrvermerk verlangen?

Im Außenverhältnis steht es dem Kreditinstitut nicht zu, die Entscheidungen des rechtlichen Betreuers hinsichtlich des als Verfügungsgeld bereitzuhaltenden Betrags zu hinterfragen. Sperrvermerke sind dementsprechend nur dann einzurichten, wenn das hinterlegte Vermögen durch den rechtlichen Betreuer als Anlagevermögen gekennzeichnet ist.[737]

5.7.3.3 Bargeldloser Zahlungsverkehr

Der rechtliche Betreuer hat den Zahlungsverkehr bargeldlos über das für das Verfügungsgeld zu unterhaltende Girokonto durchzuführen.[738] Es besteht damit die grundsätzliche Pflicht zum bargeldlosen Zahlungsverkehr, insbesondere für die Erfüllung von Zahlungsverpflichtungen der rechtlich betreuten Person gegenüber Dritten als auch für die Entgegennahme von an die rechtlich betreute Person gerichteten Zahlungen Dritter.

Dies entspricht den heutigen Gepflogenheiten im Geschäftsverkehr und stellt sicher, dass die Geldgeschäfte im Bereich der Lebenshaltung anhand der Kontobewegungen vom Betreuungsgericht nachvollzogen und überprüft werden können. Hierzu kann der rechtliche Betreuer sich auch der elektronischen Kontoführung bedienen, was den Vorteil bietet, dass er dann über elektronische Belege verfügt, die er als Ausdruck beim Gericht vorlegen kann.[739]

Anderer Zahlungsmittel kann sich der rechtliche Betreuer dagegen nicht bedienen. Dies gilt beispielsweise für elektronische Bezahlverfahren (z.B. „amazon pay" und „Pay Pal"), insbesondere aber auch für die von einem Emittenten im klassischen Sinn losgelösten im Internet generierten Zahlungsmittel, wie zum Beispiel „Bitcoin" oder „Ripple". Die Sicherheit der gesetzlichen Zahlungsmittel[740] und ihre sichere Verwahrung bei einem Kreditinstitut hat Vorrang vor etwa gegebenen praktischen Zahlungserleichterungen oder sonstigen Vorteilen. Dies gilt auch bei einem Auslandsbezug der rechtlich betreuten Person für die bankkontenmäßige Verwaltung von Geld in Fremdwährungen.[741]

Gibt es Ausnahmen von der Pflicht zum bargeldlosen Zahlungsverkehr?

Die Pflicht zum bargeldlosen Zahlungsverkehr gilt nicht, soweit Barzahlung im Geschäftsverkehr üblich ist oder von der rechtlich betreuten Person gewünscht wird. In seiner Begründung zum Gesetzentwurf hat der Gesetzgeber als Beispiele die Bezahlung von Friseur oder Fußpflege im Heim oder sonstige Bargeschäfte des täglichen Lebens genannt. Auch die Auszahlung von Bargeld an die rechtlich betreute Person, soweit diese nicht selbst Abhebungen vom Konto durchführt, soll demnach möglich sein. Der rechtlich betreuten Person ist Bargeld zur eigenen Verwaltung zu überlassen, wenn sie es wünscht. Die Überlas-

737 § 1845 BGB
738 § 1840 Abs. 1 BGB
739 Siehe BT-Drucks. 19/24445, S. 275
740 Für die Bundesrepublik Deutschland der Euro gemäß § 14 Abs. 1 Satz 2 Gesetz über die Deutsche Bundesbank – BbankG.
741 Siehe BT-Drucks. 19/24445, S. 275

sung von Bargeld kann sogar geboten sein, wenn dadurch die eigenständige Lebensgestaltung gefördert wird.[742]

Gibt es ungeklärte Fragen zur Pflicht der Verwahrung des Verfügungsgeldes auf einem Girokonto in Verbindung mit der Pflicht zum bargeldlosen Zahlungsverkehr?

Die Pflicht zum bargeldlosen Zahlungsverkehr hat einige besondere Aspekte, denen im Folgenden beispielhaft nachgegangen werden soll.

Wie passt das Taschengeldkonto im Heim in die genannten Bestimmungen?

In einer Vielzahl von Fällen werden die Einkommensansprüche der Heimbewohner zur Regulierung der Heimkosten direkt an den Träger der Einrichtung überwiesen. Der dann noch möglicherweise vorhandene Restbetrag beziehungsweise das von der Sozialhilfe freibleibende Taschengeld wird häufig im Heim, also beim Träger der Einrichtung, als Taschengeldkonto (kein eigenes Bankkonto) verwaltet.

Die Verwaltung als Taschengeldkonto im Heim ermöglicht eine sichere Verwahrung und die tägliche Verfügbarkeit für die rechtlich betreute Person. Ohne das Taschengeldkonto müsste das bare Verfügungsgeld in den Räumlichkeiten der rechtlich betreuten Person aufbewahrt werden. Die bare Verwahrung in den Räumlichkeiten der rechtlich betreuten Person ist in der Praxis jedoch mit erheblichen Problemen belastet. Oft entstehen Konflikte durch abhandengekommene Gelder oder den vermuteten oder tatsächlichen Diebstahl.

Soweit die rechtlich betreute Person über das Taschengeldkonto als Eigengeldkonto verfügen kann, unterliegt es nicht der Verwaltung des rechtlichen Betreuers. In diesem Fall entfällt die Pflicht der Verwahrung auf einem Girokonto beziehungsweise die Bindung an den bargeldlosen Zahlungsverkehr.

Weiterhin entfällt die Pflicht zur Verwahrung auf dem Girokonto in Verbindung mit der Bindung an den bargeldlosen Zahlungsverkehr, wenn die Verwaltung des Taschengeldes über das Taschengeldkonto im Heim dem Willen (auch dem mutmaßlichen Willen) der rechtlich betreuten Person entspricht.

Rechtlich unklar ist die Verwaltung des Taschengeldes, wenn der rechtliche Betreuer hierzu einzelne oder alle Zahlungsabläufe legitimiert. In diesem Fall würde das Taschengeldkonto als durch den rechtlichen Betreuer verwaltet gelten. Da es sich aber in dem vom Heim geführten Konto nicht um ein Bankkonto der rechtlich betreuten Person handelt, ergibt sich die Frage, ob die Verwaltung des Taschengeldes über ein Heimkonto weiterhin zulässig ist.

742 Siehe BT-Drucks. 19/24445, S. 275

Wie kann die sozialhilferechtlich verpflichtend zu bildende Ansparleistung für Personen, deren Konto einer Pfändung unterliegt, verwahrt werden?

Fallbeispiele:

- *Herr P. ist verschuldet. Ob neben den bisher bekannten Forderungen noch weitere titulierte Forderungen aus länger zurückliegender Zeit bestehen, ist nicht bekannt. Herr P. hat entsprechende Befürchtungen.*

  Das Girokonto wird als P-Konto geführt. Eine Kontopfändung ist eingetragen.

  Herr P bezieht pauschale Grundsicherung gem. SGB XII.

- *Frau S. ist verschuldet. Sie lebt in einem Pflegeheim. Sie hat kein eigenes Einkommen. Die Kosten der Heimunterbringung werden vom zuständigen Sozialleistungsträger übernommen. Sie selbst bekommt für den monatlichen Bedarf ein geringes Taschengeld. Zusätzlich zum Taschengeld wird monatlich ein pauschaler Betrag für den Einkauf von Bekleidung gewährt. Dieser Betrag soll bis zum Einkauf der Kleidung angespart werden. Ein Gläubiger hat das Taschengeldkonto gepfändet.*

Exkurs pauschale Grundsicherung/Bürgergeld:

2005 wurde die Bemessung der Regelsätze geändert und die bis dahin gesondert zu beantragenden einmaligen Leistungen (für Bekleidung, Wäsche, Schuhe, Hausrat, besondere Anlässe usw.) bis auf wenige Ausnahmen in den Regelsatz einbezogen. Seitdem obliegt es der Selbstverantwortung des Leistungsberechtigten, einen Teil der monatlichen Leistungen anzusparen, um bei entstehendem Bedarf auch größere Anschaffungen zu tätigen.[743]

Wie hoch die Ansparleistung sein soll/muss, ist im Gesetz nicht geregelt und in die Verantwortung des Leistungsempfängers gestellt. Soweit der rechtliche Betreuer für die wirtschaftliche Haushaltsführung mit oder alleinig verantwortlich ist, hat er dementsprechend eine Rücklage für die anfallenden Bedarfe (für Bekleidung, Wäsche, Schuhe, Hausrat, besondere Anlässe usw.) zu bilden.

Die Höhe der zu bildenden Rücklagen ist individuell zu bemessen. Die Rücklage kann aber nicht gegen 0,00 € gehen, da früher oder später ein entsprechender Bedarf entstehen wird.

Beispielsweise sind im Regelsatz die Kosten der Belieferung mit elektrischer Energie enthalten. Diese werden überwiegend über monatliche Abschläge gezahlt. Die Rücklage würde hier zu bilden sein, um eine aus der Jahresrechnung resultierende Forderung regulieren zu können. Wird die Forderung aus der Jahresrechnung nicht gezahlt, droht die Einstellung der Belieferung mit elektrischer Energie.

Einen Anhaltspunkt zur Höhe der Ansparleistung kann aus dem Blick auf die Berechnung des Regelbedarfs abgeleitet werden.

743 BT-Drucks. 15/1514, S. 59

Der Regelsatz wird jährlich neu anhand der Preisentwicklung für regelbedarfsrelevante Güter und Einkommens- sowie Verbrauchstichproben aufgrund des Regelbedarfsermittlungsgesetzes (RBEG) berechnet. Für den Einpersonenhaushalt wird Folgendes als regelbedarfsrelevante Verbrauchsausgaben anerkannt:[744]

Anteil am Regelbedarf	*in % von der RL*
Abteilung 1 und 2 (Nahrungsmittel, Getränke, Tabakwaren)	*34,69 %*
Abteilung 3 Bekleidung, Schuhe	*8,29 %*
Abteilung 4 Wohnen, Energie, Wohninstandhaltung	*8,58 %*
Abteilung 5 Innenausstattung, Haushaltsgeräte, Haushaltsgegenstände, laufende Haushaltsführung	*6,08 %*
Abteilung 6 Gesundheitspflege	*3,81 %*
Abteilung 7 Verkehr	*8,96 %*
Abteilung 8 Post und Telekommunikation	*8,93 %*
Abteilung 9 Freizeit, Unterhaltung, Kultur	*9,76 %*
Abteilung 10 Bildungswesen	*0,36 %*
Abteilung 11 Beherbergungs- und Gaststättendienstleistungen	*2,60 %*
Abteilung 12 Andere Waren und Dienstleistungen	*7,97 %*

Die früher als einmaliger Bedarf gewährten Leistungen sind in verschiedenen Abteilen (außer Abteilung 1; 2; 10; 11; 12) mehr oder weniger umfangreich eingeflossen.

***Beispiele** für wichtige Bedarfe, welche aus der Rücklage zu zahlen sind:*[745]

- *Abteilung 3: Bekleidung 8,29 % = 36,97 €,*[746]
- *Abteilung 4: kleinere vom Mieter selbst vorzunehmende Reparaturen; Schönheitsreparaturen; Jahresabrechnung aus der Belieferung mit elektrischer Energie,*
- *Abteilung 5: Reparatur/Anschaffung von Möblierung; Haushaltsgeräte, Waschmaschine; Kühlschrank … 6,08 % = 27,11 €,*
- *Abteilung 6: Eigenanteil Medikamente 3,81 % = 16,99 €,*
- *Abteilung 7: Pflege und Rep. von Fahrzeugen,*
- *Abteilung 8: Kauf und Reparatur von Festnetz und Mobiltelefonen sowie anderen Kommunikationsgeräten,*

744 § 5 RBEG
745 BR-Drucks. 486/20, S. 19 ff.
746 Alle Beträge vom Regelsatz (446,00 € für Alleinstehende) § 8 1. RBEG (Stand 2021)

- *Abteilung 9: Fernseher, DVD-Player/Recorder, Datenverarbeitungsgeräte, langlebige Gebrauchsgüter, Ausrüstungen für Sport, Camping und Erholung, Musikinstrumente ...,*

Abteilung 3, 5 und 6 beziehen sich fast ausschließlich auf Bedarfe, für die eine Rücklage gebildet werden muss. Entsprechend wären aus dem Regelsatz allein zu diesen Zwecken monatlich ca. 80,00 € zurückzulegen.

Der Gesetzgeber hat eine Obergrenze für die Ansparleistung festgesetzt. Die Sozialhilfe darf nicht abhängig gemacht werden von kleineren Barbeträgen (10.000 €).[747]

Die Ansparleistung ist nicht gegen eine Pfändung geschützt.[748] Gläubiger können Kontopfändungen vornehmen. Das P-Konto bietet keine Möglichkeit, die gesetzliche Ansparleistung über den erforderlichen Zeitraum zu deponieren.

Es ergibt sich die Frage: Wie soll die Ansparleistung deponiert werden, ohne dem Gläubiger damit den Zugriff auf eine Sozialleistung zu ermöglichen und gleichzeitig der Prämisse des bargeldlosen Zahlungsverkehrs zu entsprechen?

Wie lösen nicht rechtlich betreute Personen dieses Problem im Alltag?

In der Praxis wird der Leistungsempfänger sein Geld „unter dem Kopfkissen verwahren".

Welche Lösungen können angeboten werden?

Der Autor kann an dieser Stelle keine Lösung für dieses Problem anbieten. Bemühungen, die durch das Sozialhilfegesetz bestimmte Ansparleistung in den Bereich des Pfändungsschutzes zu integrieren, sind bisher ergebnislos verlaufen.

5.7.3.4 Anlagepflicht; Depotverwahrung, Hinterlegung von Wertpapieren und Verwahrung von Wertgegenständen

> „Geld des Betreuten, das nicht für Ausgaben nach § 1839 benötigt wird, hat der Betreuer anzulegen (Anlagegeld)."[749]

Warum muss Vermögen angelegt werden?

Ziele der Anlagepflicht sind:

- mit der Anlage das Vermögen für die rechtlich betreute Person zu erhalten und nach Möglichkeit einen Vermögensertrag zu erwirtschaften und
- durch die Anlegung das Vermögen sicher zu verwahren und vor unberechtigten Verfügungen des rechtlichen Betreuers oder Dritten zu schützen.

747 § 90 Abs. 2 Nr. 9 i.V.m. Verordnung zur Durchführung des § 90 Abs. 2 Nr. 9 des Zwölften Buches Sozialgesetzbuches Stand 2021
748 LG Kassel, Beschl. v. 4.4.2006 – 3 T 94/06
749 § 1841 BGB

In einer Phase von Null-Zins oder Negativzins lässt sich das erste der genannten Ziele nicht erreichen. Hier steht die Sicherung des Vermögens im Vordergrund. Die Sicherung des Vermögens ist zudem einer eher risikoreichen, aber Gewinn versprechenden Anlage vorzuziehen.

Wie ist das Vermögen normalerweise anzulegen?

Die Anlage soll auf einem zur verzinslichen Anlage geeigneten Konto bei einem Kreditinstitut erfolgen. Das Kreditinstitut, bei dem die Anlage erfolgt, muss einer für die jeweiligen Geldeinlagen auf dem Giro- oder Anlagekonto ausreichenden Sicherungseinrichtung angehören.[750] Die Sicherungseinrichtung hat als Aufgabe, die Kundenanlagen der Bank dauerhaft zu sichern. Hierzu wendet sie drohende oder bestehende wirtschaftliche Schwierigkeiten bei den angeschlossenen Banken ab. Ob und welcher Sicherheitseinrichtung die jeweilige Bank angehört, ist bei der Bank selbst zu erfragen. Soweit Zweifel bestehen, ob die Zugehörigkeit zur jeweiligen Sicherheitseinrichtung aus betreuungsgerichtlicher Sicht ausreichend ist, kann beim Betreuungsgericht die entsprechende Auskunft eingeholt werden.

Andere Formen der Kapitalanlage schreibt das Gesetz nicht vor.

Was ist bei der Anlage auf Konto bei einem Kreditinstitut zu beachten?

Diese Form der Anlage ist für den rechtlichen Betreuer ohne größeren Verwaltungsaufwand handhabbar. Bei der Eröffnung des entsprechenden Kontos bedarf es keiner Mitwirkung des Betreuungsgerichts. Für alle Formen der Geldanlage – ausgenommen ist Verfügungsgeld – ist mit dem Kreditinstitut zu vereinbaren, dass der rechtliche Betreuer über die Anlage nur mit Genehmigung des Betreuungsgerichts verfügen darf (Sperrvereinbarung).[751]

Der rechtliche Betreuer hat die Eröffnung des Anlagekontos dem Betreuungsgericht unverzüglich mitzuteilen.[752] Die Mitteilungspflicht erstreckt sich auf:

1. die genaue Bezeichnung der Anlage,
2. die Höhe des Guthabens bei Kontoeröffnung,
3. die Höhe und Verzinsung der Anlage,
4. die Dauer der Festlegung,
5. die Sperrvereinbarung.

Wählt der rechtliche Betreuer für das Anlagegeld eine andere Art der Anlegung, bedarf es zur Wirksamkeit der Anlegung der Genehmigung des Betreuungsgerichts.[753]

750 § 1842 BGB
751 § 1845 Abs. 1 BGB
752 § 1846 BGB
753 § 1849 BGB

Was ist bei Depotverwahrung und Hinterlegung von Wertpapieren zu beachten?

Der rechtliche Betreuer hat Wertpapiere der rechtlich betreuten Person bei einem Kreditinstitut in Einzel- oder Sammelverwahrung verwahren zu lassen. Dies betrifft alle depotfähigen Wertpapiere. Informationen zur Depotfähigkeit erhalten Sie von der Bank. Sonstige Wertpapiere sind in einem Schließfach eines Kreditinstituts zu hinterlegen. Die Pflicht zur Depotverwahrung oder zur Hinterlegung besteht nicht, wenn diese nach den Umständen des Einzelfalls unter Berücksichtigung der Art der Wertpapiere zur Sicherung des Vermögens des Betreuten nicht geboten ist.[754]

In seiner Begründung zum Gesetzentwurf nennt der Gesetzgeber folgende Beispiele für das Fehlen der Pflicht zur Depotverwahrung oder zur Hinterlegung im Schließfach. Sie ist nicht erforderlich, wenn

die rechtlich betreute Person sie nicht wünscht (Liebhaberstücke, wie etwa Aktien und Anleihen von Fußballvereinen oder dem (ehemaligen) Arbeitgeber),

die Depotführungs- oder Schließfachkosten die zu erwartenden Erträge der Wertpapiere erreichen oder gar überschreiten und damit nach den Umständen des Einzelfalls die Hinterlegung wirtschaftlich nicht sinnvoll ist,

Wertpapiere demnächst verbraucht werden (Sparbuch, auf dem Verfügungsgeld angelegt ist, oder bei einem dem Unterhalt dienenden Scheck),

ein Sparbuch mit Sperrvermerk versehen ist und das anderweitig zuverlässig verwahrt und damit vor Verlust geschützt ist.

Für die Ausnahme von der Hinterlegungspflicht ist weiter der Umstand maßgeblich, wie die fraglichen Papiere anderweitig so aufbewahrt werden können, dass sie gegen zufälligen Verlust gesichert sind.[755]

Der rechtliche Betreuer hat die Eröffnung des Depots oder die Hinterlegung von Wertpapieren dem Betreuungsgericht unverzüglich mitzuteilen.[756] Die Mitteilungspflicht erstreckt sich auf:

1. die genaue Bezeichnung des Depots der Hinterlegung (Schließfach ...),
2. die Höhe des Guthabens / des Wertes,
3. die Höhe und Verzinsung / erwartete Wertentwicklung,
4. die Dauer der Festlegung und Verfügbarkeit,
5. die Sperrvereinbarung (auch für das Schließfach).

Der Betreuer hat dem Gericht anzuzeigen, wenn er eine Umschreibung oder Umwandlung von Wertpapieren vornimmt und eine Depotverwahrung oder Hinterlegung unterlässt, und Angaben zu den Gründen hierfür sowie zu der anderweitigen Aufbewahrung zu machen.[757]

754 § 1843 BGB
755 BT-Drucks. 19/24445, S. 278
756 § 1846 BGB
757 § 1846 Abs. 1 Nr. 4, Abs. 2 Nr. 4 BGB

Was ist bei der Verwahrung von Wertgegenständen zu beachten?

Im Rahmen der Erstellung des Vermögensverzeichnisses zu Beginn einer rechtlichen Betreuung sind Wertgegenstände anzugeben. Anzugeben ist deren Bezeichnung und deren Wert.

Für Wertgegenstände gilt das Gleiche wie für das übrige Vermögen. Auch Wertgegenstände sind gegen den unbefugten Zugriff zu sichern. Insbesondere ist zu prüfen, ob die bisherige Verwahrung der von der rechtlich betreuten Person gewünschten Sicherheit gegen den Verlust der Wertgegenstände entspricht. Über die Art und Weise der Sicherung ist dem Betreuungsgericht Mitteilung zu machen.

Beispiel:

Die rechtlich betreute Person hat mehrere wertvolle Gemälde in ihrer Wohnung. Die Wohnung ist gegen Einbrüche gut gesichert. Fremden Personen wurde der Zutritt zur Wohnung nur unter vertrauensvoller Aufsicht gewährt. Zwischenzeitlich ist die rechtlich betreute Person pflegebedürftig und bedarf mehrmals am Tag der Pflege und Versorgung. Hierfür ist ein Pflegedienst beauftragt. In der Pflege sind mehrere sich abwechselnde fremde Personen tätig. Es ergibt sich die Frage, ob die rechtlich betreute Person unter diesen veränderten Voraussetzungen eine andere Sicherung der Gemälde wünscht beziehungsweise gewünscht hätte.

Das Betreuungsgericht kann die Hinterlegung von Wertgegenständen anordnen.[758] Maßstab der gerichtlichen Entscheidung ist zunächst der Wille der rechtlich betreuten Person.[759]

So kann es beispielsweise dem Willen und den Gepflogenheiten der rechtlich betreuten Person entsprechen, wertvollen Schmuck bei sich zu haben, um diesen regelmäßig tragen zu können.

Das Betreuungsgericht kann die Hinterlegung bei einer Hinterlegungsstelle oder bei einer anderen geeigneten Stelle anordnen. Die Hinterlegung an einer anderen geeigneten Stelle ist beispielsweise dann vorzunehmen, wenn dies etwa zur Substanzerhaltung des Wertgegenstandes erforderlich ist. Dies kann zum Beispiel für wertvolle Gemälde eine dafür besonders geeignete Lagerhalle sein. Für hinterlegte Wertgegenstände besteht die Pflicht zur Vereinbarung einer Herausgabesperre mit dem Hinterleger.[760]

5.7.3.5 Selbstbestimmung und Schutz im Bereich der Vermögensverwaltung

Teilweise haben rechtlich betreute Personen aufgrund ihrer Krankheit oder Behinderung weder den Wunsch noch die Antriebskraft oder die Fähigkeit, durch Willenserklärungen am Rechtsverkehr teilzunehmen. Häufig sind sie froh, jemanden zu haben, der diese Dinge

758 § 1844 BGB
759 § 1821 Abs. 2 bis 4 BGB
760 § 1845 Abs. 2 Satz 2 BGB

für sie erledigt. Ziel der rechtlichen Betreuung ist es, soweit es möglich ist, der rechtlich betreuten Person die selbstbestimmte Teilhabe am Rechtsverkehr zu ermöglichen.

Für andere Menschen ist die Bestellung eines rechtlichen Betreuers gleichbedeutend mit der Einmischung eines Fremden in die persönlichen Angelegenheiten. Sie ist verbunden mit einer weitgehenden Offenbarung der finanziellen Angelegenheiten. Mit dieser Einstellung erleben die betroffenen Menschen die rechtliche Betreuung als einen persönlichen Angriff und fühlen sich oft persönlich beleidigt, weil ihnen bescheinigt worden ist, dass sie nicht in der Lage sind, für sich selbst zu sorgen.

Zum Verständnis der emotionalen Situation der rechtlich betreuten Personen oder auch zur Erklärung der Widerstände mancher Angehörigen müssen wir uns vergegenwärtigen, dass die Anordnung einer rechtlichen Betreuung für den betroffenen Menschen – neben der uneingeschränkten Offenbarung seiner den Aufgabenkreis betreffenden Verhältnisse – nicht immer nur Vorteile mit sich bringt. Jede kostenmindernde Maßnahme oder jedes Mittel zur Erzielung von Einkünften, das nicht den gesetzlichen Bestimmungen entspricht, ist durch die rechtliche Betreuung ausgeschlossen.

Beispiele:

Einem Betreuer ist es nicht möglich,

- *die Hauswirtschafterin ohne Anmeldung bei der Sozialversicherung zu beschäftigen,*
- *das vom betreuten Menschen „nebenbei" erzielte Einkommen beim Sozialamt nicht anzugeben,*
- *unterhaltspflichtige Verwandte zu schonen,*
- *dem Sozialamt Schenkungen zu verschweigen (z.B. die Übertragung eines Hauses).*

In diesem Sinne kann die Einrichtung der rechtlichen Betreuung für das individuelle Erleben der rechtlich betreuten Person oder aus der Sicht der Erben mit konkreten materiellen Nachteilen verbunden sein. Hinzu kommen die Kosten der rechtlichen Betreuung (siehe Abschnitt 4.1), die, wenn sie nicht von der rechtlich betreuten Person selbst getragen werden, einen Unterhaltsanspruch begründen können oder auf jeden Fall zulasten des Nachlasses gehen. Dass dies nicht ohne den Widerstand der Betroffenen vor sich geht, dürfte verständlich sein.

Es gibt viele Gründe, die dazu führen können, dass die rechtlich betreute Person die Verwaltung ihres Vermögens in Teilbereichen, bezogen auf einzelne Vorgänge oder insgesamt, außerhalb der vom Gesetzgeber vorgegebenen Grundsätze wünscht. Soweit hierdurch kein erheblicher Schaden entsteht und es dem rechtlichen Betreuer zuzumuten (siehe Abschnitt 5.2.13) ist, hat er dem Wunsch zu folgen.

Darf der rechtliche Betreuer gegen den freien Willen handeln?

Gegen den freien Willen (siehe Abschnitt 3.4.1) darf der rechtliche Betreuer auch im Bereich der Vermögenssorge nicht handeln. Der rechtliche Betreuer hat dementsprechend dafür zu sorgen, dass die geschäftsfähige rechtlich betreute Person weiterhin ungehindert am Rechtsverkehr teilnehmen kann.

Damit hat der Gesetzgeber mit Wirkung zum 1.1. 2023 einen entscheidenden Schritt zur Verwirklichung der Selbstbestimmung getan. Bis zu diesem Zeitpunkt konnte und musste der rechtliche Betreuer in wenigen Ausnahmefällen auch gegen den freien Willen der rechtlich betreuten Personen handeln. Der rechtliche Betreuer hatte zu verhindern, dass die rechtlich betreute Person sich der wirtschaftlichen Grundlage für das zukünftige Leben beraubt.

Das jetzt geltende Recht verbietet jedes Handeln gegen den freien Willen, selbst wenn die rechtlich betreute Person durch ihr Handeln ihre wirtschaftliche Existenz gefährdet.

Was ist zu tun, wenn die rechtlich betreute Person mit freiem Willen ihr Vermögen erheblich gefährdet?

Der rechtliche Betreuer ist verpflichtet, die rechtlich betreute Person über die normalerweise bestehenden Grundsätze der Vermögensverwaltung zu beraten und zu informieren. Zudem ist der rechtliche Betreuer verpflichtet, dem Gericht unverzüglich mitzuteilen, wenn er bei der Wahrnehmung der Vermögensangelegenheiten von den allgemeinen Grundsätzen der Vermögensverwaltung (siehe Abschnitt 3.4.3) abweichen will. Das Abweichen ist zu begründen und der diesbezügliche Wille der rechtlich betreuten Person mitzuteilen.[761]

Die Meldepflicht dient dem Schutz der rechtlich betreuten Person vor einer vorschnellen Behauptung des rechtlichen Betreuers, dass bei Eintritt eines Vermögensschadens dieser die Folge der Wunschbefolgung sei. Die Meldung sichert aber auch den rechtlichen Betreuer ab. Durch die Meldung wird das Betreuungsgericht in die Lage versetzt, Entscheidungen oder Verfügungen, die unsicher sind, gerichtlich zu beaufsichtigen.

Wird beispielsweise Bargeld nicht sicher verwahrt und ist dadurch die Diebstahlsgefahr, der Missbrauch durch den rechtlichen Betreuer oder die Möglichkeit der Kontrolle des Betreuungsgerichts nicht mehr gegeben, hat das Betreuungsgericht zu prüfen, ob die Art der abweichenden Vermögensverwaltung als Ausdruck des Selbstbestimmungsrechts der rechtlich betreuten Person zu erkennen ist.

Vom rechtlichen Betreuer kann nicht erwartet werden, dass er sich aktiv an der erheblichen Schädigung des Vermögens beteiligt. Insoweit hat er zu entscheiden, ob ihm die abverlangte Umsetzung des freien Willens der rechtlich betreuten Personen zuzumuten ist. Seine Entscheidung, an der Umsetzung des erheblich schädigenden Willens nicht mitzuwirken, unterliegt ebenfalls der Aufsicht des Betreuungsgerichts. Der gesamte Vorgang ist dem Betreuungsgericht mitzuteilen.

5.7.4 Genehmigungsvorbehalte in der Vermögenssorge

Die genehmigungsbedürftigen Rechtsgeschäfte im Bereich der Vermögenssorge finden sich in den §§ 1848 bis 1853 BGB. Eine Liste der zu genehmigenden Rechtsgeschäfte in der Vermögenssorge finden Sie im Abschnitt 5.1.10.9. Die gesetzlichen Bestimmungen zu

761 § 1838 Abs. 2 BGB

den Genehmigungspflichten sind sehr umfangreich. Aus diesem Grund empfiehlt sich eine enge Abstimmung mit dem Betreuungsgericht. Als Faustregel für Anlage- und Geldgeschäfte kann gelten:

Faustregel:

▶ *Alle Geschäfte, Vertragsabschlüsse oder Einzelverfügungen über nicht zum Verfügungsgeld gehörendes Vermögen (auch Wertgegenstände) sind vom Gericht zu genehmigen.*

Das Unterbleiben der Genehmigung hat die Nichtigkeit der Rechtsgeschäfte zur Folge.

Wie sieht das Verfahren zur Genehmigung aus?

Das Verfahren wird regelmäßig durch einen entsprechenden Antrag des rechtlichen Betreuers ausgelöst. Im Rahmen seines Antrages hat der rechtliche Betreuer die beabsichtigte Entscheidung darzulegen. Hier wird er die entsprechenden Entwürfe der Verträge, Urkunden oder sonstige geeignete Dokumente vorlegen. Zudem wird der rechtliche Betreuer die seiner Absicht zugrunde liegenden Gründe und die diesbezügliche Sichtweise der rechtlich betreuten Person darlegen.

Für das Genehmigungsverfahren gilt der Amtsermittlungsgrundsatz.[762] Wenn dies erforderlich ist, bestellt das Gericht eine*n Verfahrenspfleger*in. Zuständig ist die/der Rechtspfleger*in.[763] Das Gericht ist befugt, die Vorlage von Urkunden und Belegen zu verlangen. Vor seiner Entscheidung soll das Gericht die rechtlich betreute Person persönlich anhören.[764]

Das Gericht prüft:

- ob ein genehmigungsbedürftiges Rechtsgeschäft vorliegt (besser einmal zu viel als einmal zu wenig beantragen),
- ob das Rechtsgeschäft formgerecht und wirksam ist,
- ob das Rechtsgeschäft den Wünschen und dem Willen der rechtlich betreuten Person entspricht oder, wenn dies nicht der Fall ist, zur Verhinderung einer erheblichen Gefährdung abgeschlossen werden muss.[765]

Die Entscheidung ergeht durch Beschluss. Ein Beschluss, der die Genehmigung eines Rechtsgeschäfts zum Gegenstand hat, wird erst mit Rechtskraft wirksam. Dies ist mit der Entscheidung auszusprechen[766] Nach Ablauf der Rechtsmittelfrist erhält der rechtliche Betreuer eine Ausfertigung des Beschlusses mit Rechtskraftvermerk. In einigen Fällen ist die Genehmigung in öffentlicher Urkunde nachzuweisen.

762 § 26 FamFG
763 § 3 Ziffer 2b i.V.m §§ 271 und 340
764 § 299 FamFG
765 § 1821 BGB
766 § 40 Abs. 2 FamFG

Was gilt, wenn Rechtsgeschäften ohne die erforderliche Genehmigung abgeschlossen worden sind?

Rechtsgeschäfte, die ohne die erforderliche Genehmigung abgeschlossen werden, sind „schwebend unwirksam". Das heißt, die Gültigkeit des Rechtsgeschäftes hängt von der nachträglichen Genehmigung des Gerichtes ab.[767]

Die Genehmigung sowie deren Verweigerung wird dem anderen Teil gegenüber erst wirksam, wenn ihm die wirksam gewordene Genehmigung oder Verweigerung durch den Betreuer mitgeteilt wird.

Fordert der andere Teil den Betreuer zur Mitteilung darüber auf, ob die Genehmigung erteilt sei, so kann die Mitteilung der Genehmigung nur bis zum Ablauf des zweiten Monats nach dem Empfang der Aufforderung erfolgen; wird die Genehmigung nicht mitgeteilt, so gilt sie als verweigert.

Soweit die Betreuung zwischenzeitlich aufgehoben oder beendet ist, tritt die Genehmigung des Betreuten an die Stelle der Genehmigung des Betreuungsgerichts.

Erteilt das Gericht keine Genehmigung, ist auch das Rechtsgeschäft unwirksam. Ein Rechtsgeschäft, das ohne die erforderliche Genehmigung abgeschlossen wurde und vom Gericht nicht nachträglich genehmigt wird, kann insbesondere dann, wenn der Geschäftspartner nicht über die erforderliche Genehmigung informiert worden ist, einen Haftungsanspruch gegen den Betreuer zur Folge haben.

5.7.5 Rechnungslegung

> „Der Betreuer hat dem Betreuungsgericht über die Vermögensverwaltung Rechnung zu legen, soweit sein Aufgabenkreis die Vermögensverwaltung umfasst."[768]

Wozu dient die Rechnungslegung?

Mit der Rechnungslegung wird die ordnungsgemäße Verwendung des Vermögens geprüft. Dem Betreuungsgericht ist damit ein frühzeitiges Einschreiten bei wirtschaftlichen Fehlentwicklungen möglich. Unabsichtliches oder absichtliches Fehlverhalten kann ebenfalls frühzeitig aufgedeckt werden. Umgekehrt kann sich der rechtliche Betreuer nach erfolgter Prüfung auf diese berufen und nachweisen, dass er seinen Pflichten ordnungsgemäß nachgekommen ist.

Wie oft ist die Rechnungslegung zu erstellen?

Die Rechnungslegung ist jährlich zu erstellen.[769] Darüber hinaus kann das Gericht jederzeit Auskunft über den Stand und die Verwendung des Vermögens verlangen.

767 § 1856 BGB
768 § 1865 Abs. 1 BGB
769 § 1865 Abs. 2 BGB

Worauf erstreckt sich die Rechnungslegung?

Zu erfassen ist Vermögen, das der Verwaltung oder Mitverwaltung (z. B. Erbengemeinschaft) des rechtlichen Betreuers unterliegt. Die Rechnungslegung erstreckt sich nicht auf Vermögen, das die rechtlich betreute Person selbst verwaltet, das vom Aufgabenkreis nicht erfasst ist oder das kraft Gesetzes von Dritten verwaltet wird (z.B. Testamentsvollstreckung).

Mitverwaltung ist schon dann gegeben, wenn der rechtliche Betreuer im Verlauf des Jahres eine Verfügung über das ansonsten von der rechtlich betreuten Person verwaltete Konto getätigt hat. Gleiches gilt für Taschengeldkonten in Einrichtungen. Hat der rechtliche Betreuer im Verlauf des Jahres einmal über die Verwendung des Taschengeldes entschieden, muss das Taschengeldkonto insgesamt mit in die Rechnungslegung aufgenommen werden.

Beispiel:

Das Taschengeldkonto wird im Heim geführt. Regelmäßig steht für die rechtlich betreute Person Taschengeld zur freien Verfügung. Der rechtliche Betreuer hat verfügt, dass die Überweisung der Vorauszahlung zur jährlichen Befreiung von der Zuzahlung in der Krankenversicherung getätigt wird.

Wie ist die Rechnungslegung zu erstellen?

Grundlage der Rechnungslegung ist eine über das Jahr erstellte Aufstellung zu den Vermögensänderungen/Kontobewegungen (Einnahmen und Ausgaben). Rechtliche Berufsbetreuer*innen verwenden hierzu überwiegend die berufsspezifischen Softwarelösungen (siehe Abschnitt 4.2.5). Es besteht auch die Möglichkeit, ein vom Betreuungsgericht zur Verfügung gestellte Formular zu verwenden.

Die Rechnungslegung soll eine geordnete Zusammenstellung der Einnahmen und Ausgaben enthalten. Überwiegend wird dabei eine Zusammenstellung getrennt nach Konten verwendet. Zu jeder Einnahme und Ausgabe gehört ein entsprechender Beleg. Der Verlauf der Einnahme und Ausgaben ist durch die Vorlage der Kontoauszüge nachzuweisen. Bei der Führung der Konten kann sich der rechtliche Betreuer auch der elektronischen Kontoführung bedienen, was den Vorteil bietet, dass er dann über elektronische Belege verfügt, die er als Ausdruck beim Gericht vorlegen kann.[770] Je nach Art und Umfang des Vermögens kann das Betreuungsgericht Einzelheiten zur Erstellung der Zusammenstellung bestimmen.

Wird vom rechtlichen Betreuten ein Erwerbsgeschäft mit kaufmännischer Buchführung betrieben, so genügt als Rechnung ein aus den Büchern gezogener Jahresabschluss. Das Betreuungsgericht kann Vorlage der Bücher und sonstigen Belege verlangen.[771]

770 Vgl. BT-Drucks. 19/24445, S. 275
771 § 1865 Abs. 4 BGB

Müssen Belege eingereicht werden?

Grundsätzlich besteht die Pflicht, die Vermögensverwaltung durch geeignete Belege nachzuweisen. Von dieser Regel kann das Betreuungsgericht Ausnahmen zulassen. Eine Ausnahme ist beispielsweise dann möglich, wenn die Einnahmen und Ausgaben über die Jahre einen gleichbleibenden Verlauf haben.[772] Die Rechnungslegung umfasst somit eine geordnete Zusammenstellung der jeweiligen Kontoauszüge mit den dazugehörigen Belegen zu den einzelnen Kontobewegungen. Ein Umfang von mehr als hundert Seiten ist selbst in einfachen Fallgestaltungen keine Seltenheit. Vor dem Versenden der Rechnungslegung an das Betreuungsgericht empfiehlt es sich, eine (elektronische) Kopie zu fertigen. Zum einen bleibt die Kopie erhalten, wenn die versendete Rechnungslegung auf dem Postweg verloren geht. Die Kopie ist bei der Beantwortung von Nachfragen des Betreuungsgerichts hilfreich. Es ist zu erwarten, dass die Rechnungslegung mittelfristig in elektronischer Form einzureichen ist.

Wie ist die Selbstverwaltung durch die rechtlich betreute Person nachzuweisen?

Über die Verwendung von Mitteln, die der rechtlich betreuten Person überlassen sind, oder über Vermögen, das sie ausschließlich selbst verwaltet, macht der rechtliche Betreuer eine Mitteilung an das Betreuungsgericht. Zum Nachweis für die Selbstverwaltung reicht eine Erklärung der rechtlich betreuten Person. Kann der rechtliche Betreuer von der rechtlich betreuten Person diese Erklärung nicht erlangen, kann hilfsweise eine Versicherung des rechtlichen Betreuers an Eides statt über die Richtigkeit seiner Mitteilung genügen. Sollten beim Betreuungsgericht Zweifel verbleiben, steht es ihm frei, sich auf andere Weise, etwa durch Anhörung der rechtlich betreuten Person, Gewissheit zu verschaffen.[773]

Wer ist von der Pflicht zur Rechnungslegung befreit?

Von der Pflicht zur Rechnungslegung sind Verwandte in gerader Linie, Geschwister, Ehegatten, der Betreuungsverein oder ein Vereinsbetreuer, die Betreuungsbehörde oder ein Behördenbetreuer befreit. Das Betreuungsgericht kann andere rechtliche Betreuer*innen befreien, wenn die rechtlich betreute Person dies vor der Bestellung der Betreuung schriftlich verfügt hat. Dies gilt nicht, wenn die rechtlich betreute Person erkennbar an diesem Wunsch nicht festhalten will.

Das Betreuungsgericht hat die Befreiungen aufzuheben, wenn ohne die Aufsicht des Betreuungsgerichts eine Gefährdung der dem Gesetz entsprechenden Verwaltung des Vermögens zu befürchten ist.

Befreite rechtliche Betreuer haben dem Betreuungsgericht jährlich eine Übersicht über den Bestand des ihrer Verwaltung unterliegenden Vermögens (Vermögensübersicht) einzureichen. Das Betreuungsgericht kann anordnen, dass die Vermögensübersicht in längeren, höchstens fünfjährigen Zeiträumen einzureichen ist.

772 § 1865 Abs. 3 BGB
773 BT-Drucks. 19/24445, S. 305

Ist das Betreuungsgericht verpflichtet, die Rechnungslegung zu prüfen?

Das Betreuungsgericht hat die Rechnung sachlich und rechnerisch zu prüfen und, soweit erforderlich, ihre Berichtigung und Ergänzung durch den rechtlichen Betreuer herbeizuführen. Eine Korrektur darf nur durch den rechtlichen Betreuer vorgenommen werden.

Maßstab der gerichtlichen Prüfung sind die Wünsche und der Wille der rechtlich betreuten Person, soweit nicht zum Schutz vor einer erheblichen Gefahr anders zu verwalten ist (siehe Abschnitt 5.2), insbesondere

- die formelle Prüfung,
- ob die Rechnung in sich schlüssig ist,
- ob die angegebenen Ausgaben plausibel und ausreichend nachgewiesen wurden,
- ob der Abschluss korrekt ist,
- ob alle Einnahmen aufgeführt sind,
- ob die Ausgaben erforderlich und angemessen waren,
- ob die Vorschriften über die Verwaltung des Geldes[774] beachtet wurden.

Ist die rechtlich betreute Person mit der Verwaltung des Vermögens durch den rechtlichen Betreuer nicht einverstanden und leitet sie daraus Ansprüche ab, müssen diese ungeachtet von der Rechnungslegung vor dem Zivilgericht geltend gemacht werden. Mit der Geltendmachung seiner Ansprüche braucht die rechtlich betreute Person nicht bis zum Ende der rechtlichen Betreuung warten. Sie kann ihre Ansprüche jederzeit gerichtlich und außergerichtlich geltend machen.

5.7.6 Betreuungsrelevante Aspekte des Miet- und Heimrechts

Das Miet- und Heimrecht ist ein sehr umfangreiches Rechtsgebiet und beschäftigt häufig darauf spezialisierte Anwaltskanzleien.

Wenn es an dieser Stelle um das Mietrecht geht, ist die Miete beziehungsweise Vermietung von Wohnraum gemeint. Mietverträge zu anderen Objekten sind hier nicht gemeint.

Betreuer haben immer wieder mit Streitigkeiten im Zusammenhang mit Mietverträgen zu tun. Dabei geht es häufig um den von der rechtlich betreuten Person bewohnten Wohnraum. Auf der anderen Seite kann es aber auch darum gehen, eine zum Vermögen der rechtlich betreuten Person gehörende Immobilie und die dazugehörigen Mietverträge zu verwalten.

Die folgenden Ausführungen beschränken sich auf den von der rechtlich betreuten Person gemieteten Wohnraum. Streitigkeiten zu von der rechtlich betreuten Person vermieteten Wohnraums sollten regelmäßig von entsprechenden qualifizierten Personen erledigt werden. In diesem Zusammenhang ist der Abschluss einer entsprechenden Versicherung zu empfehlen.

---

774 §§ 1838 ff. BGB

Auch wenn das Heimrecht sehr differenziert ausgestaltet ist und das Vertragsverhältnis zwischen Heimbetreiber und Heimbewohner regelt, gibt es doch immer Einzelfragen, die einer Auslegung oder einer Klärung bedürfen.

Im Rahmen des Moduls 5 (siehe Abschnitt 5.5.9) wurden bereits einige Aspekte des Miet- und Heimrechts insbesondere in Bezug auf die Aufgabe von Wohnraum besprochen. Hier finden sich auch die gesetzlich normierten Mitteilungspflichten des rechtlichen Betreuers gegenüber dem Betreuungsgericht.

Die im Rahmen der Anlage zu § 3 Absatz 4 BtRegV konkretisierten inhaltlichen Anforderungen und der bestimmte zeitliche Umfang der Unterrichtszeit ergeben, dass es nicht darum gehen kann, umfangreiche Kenntnisse zum Miet- und Heimrecht zu vermitteln und vorauszusetzen. Rechtliche Betreuer benötigen aber Grundkenntnisse, die ihnen eine Sensibilität für möglichen Handlungsbedarf vermitteln. Die folgenden Abschnitte behandeln ausgewählte, häufig vorkommende Fragen. Grundsätzlich ist zu empfehlen, frühzeitig anwaltlichen Rat hinzuzuziehen.

Welcher Aufgabenbereich berechtigt den rechtlichen Betreuer für die Regelung rechtlicher Angelegenheiten zum Miet- und Heimrecht?

Der grundrechtliche Schutz des eigenen Wohnraums legt nahe, dass die Anordnung einer rechtlichen Betreuung, welche in dieses Grundrecht eingreifen kann, extra benannt sein sollte. Hier gilt es, bei der Formulierung des Aufgabenbereiches genau hinzusehen.

Einige Gerichte vertreten die Ansicht, dass das Zusammentreffen der Aufgabenkreise „Aufenthaltsbestimmung", „Vermögenssorge" und „Gesundheitsfürsorge" auch die Zuständigkeit für Regelung von Angelegenheiten des Miet- und Heimrechts ergibt. Im Zweifel sollte der Betreuer den Richter um eine Klarstellung bitten.

Klarer kann der Aufgabenbereich mit „Wohnungsangelegenheiten" und „Heimangelegenheiten" benannt werden.

Ein weiteres Problem ergibt sich daraus, dass die Regelung aus dem Miet- und Heimvertragsrecht in der Regel auch die Regelung finanzrechtlicher Angelegenheiten zur Folge hat. Oft haben auch noch gesundheitliche Aspekte eine besondere Rolle. Dieses Zusammentreffen verschiedener Aufgabenbereiche zur Regelung einer rechtlichen Angelegenheit erfordert das Zusammenwirken der rechtlich betreuten Person mit dem rechtlichen Betreuer. Ist dieses Zusammenwirken nicht gegeben, müssen neben den Aufgabenbereichen „Wohnungsangelegenheiten" und „Heimangelegenheiten" andere Aufgabenbereiche aus dem Bereich der Vermögenssorge und der Gesundheitssorge mitbeschlossen werden.

Trifft der rechtliche Betreuer Entscheidungen gegen den erkennbaren natürlichen Willen der rechtlich betreuten Person, ohne dass damit eine freiheitsentziehende Unterbringung oder freiheitsentziehende Maßnahme verbunden ist, hängt die Wirksamkeit seiner Entscheidung von der Anordnung eines Einwilligungsvorbehaltes ab.

5.7.6.1 Mietvertragsrecht

Was ist ein Mietvertrag?

Ein Mietvertrag ist ein gegenseitiger schuldrechtlicher Vertrag zur zeitweisen Gebrauchsüberlassung gegen Entgelt. Der Vermieter ist dazu verpflichtet, dem Mieter den Gebrauch der gemieteten Sache gewähren. Der Mieter ist zur Zahlung der vereinbarten Miete verpflichtet.

Wo finden sich die gesetzlichen Vorschriften zu Mietverhältnissen über Wohnraum?

Die allgemeinen Vorschriften für Mietverhältnisse finden sich in den §§ 535 bis 548 BGB, die für die Gestaltung von Formularverträgen in den §§ 305 bis 310 BGB. Für Mietverhältnisse über Wohnraum gelten zusätzlich die §§ 549 bis 577a BGB. Das Wohnraummietrecht enthält Spezialvorschriften

- zur Form des Mietvertrages (§ 550 BGB),
- zur Höhe der Kaution (§ 551 BGB),
- zur Barrierereduzierung, E-Mobilität und Einbruchsschutz (§ 554 BGB),
- zu den Erhaltungsmaßnahmen (§ 555a BGB),
- zu den Modernisierungsmaßnahmen (§§ 555b bis 555f BGB),
- zu den Miet- und Betriebskosten und deren Erhöhung (§§ 556a bis § 561 BGB),
- zum Vermieterpfandrecht (§§ 562a bis § 562d BGB),
- zum Wechsel der Vertragspartner (§§ 563 bis § 567b BGB),
- zur Kündigung (§§ 568 bis § 574c BGB)
- zu Zeitmietverträgen (§ 575 & § 575a BGB)
- zu Werkmietwohnungen (§§ 576 bis § 576b BGB).

Wichtige Nebengesetze sind die Betriebskostenverordnung (BetrKV) und die Heizkostenverordnung (HeizV). Weitergehende Einschränkungen gelten bei öffentlich gefordertem Wohnraum (WoFG, WoBindG).

Welches sind die häufig vorkommenden Konfliktfelder?

- *Nachbarschaftsstreitigkeiten*

  Die Vielschichtigkeit der denkbaren Konfliktfelder im Zusammenhang mit Nachbarschaftsstreitigkeiten macht eine allgemeine Diskussion schwierig. In jedem Einzelfall sind die konkreten Umstände sorgfältig zu ermitteln und nach Möglichkeit mit der rechtlich betreuten Person zu besprechen. Dabei ist darauf zu achten, dass die rechtliche Betreuung immer die Interessen und den Schutz der rechtlich betreuten Person zum Ziel hat. Drittinteressen oder gar die Gefahrenabwehr für Dritte ist nicht Aufgabe der rechtlichen Betreuung.

- *Streitigkeiten zur Nutzung der Wohnung*

  Rechtliche Berufsbetreuer*innen sind nicht selten mit Streitigkeiten zum Nutzungsverhalten der rechtlich betreuten Person befasst. An dieser Stelle geht es weniger um die Belästigung vorhandener Nachbarn, sondern mehr um beispielsweise die Frage, ob und wie weit der Vermieter die „Vermüllung" der Wohnung oder Schäden an der Wohnung zu dulden hat. Derartige Situationen sind regelmäßig nicht ausschließlich aus mietrechtlicher Sicht zu behandeln. Zumeist ergeben sich weitere Fragen im Hinblick auf die ärztliche und persönliche Versorgung der rechtlich betreuten Person.

- *Zahlungsschwierigkeiten*

  Zahlungsschwierigkeiten können aus den unterschiedlichsten Situationen heraus entstehen. Oft wird die rechtliche Betreuung erst bestellt, wenn bereits Mietrückstände entstanden sind. Ist der entsprechende Aufgabenbereich beschlossen, sind die Kosten für den Erhalt des Wohnraumes vorrangig zu bedienen. Entsprechend vorrangig sollten alle Möglichkeiten der rechtlichen Unterstützung der rechtlich betreuten Person zur Zahlung der Kosten für den Wohnraum genutzt werden. Gedacht ist hierbei insbesondere an Vereinbarungen zur Verwaltung des Einkommens und die rechtzeitige Geltendmachung aller möglichen Sozialleistungen wie Wohngeld oder Grundsicherungsleistungen.

- *Vertragsgerechte Rückgabe der Wohnung nach Umzug*

  Probleme ergeben sich, wenn nach einem erfolgten Umzug nicht mehr ausreichend Mittel zur Verfügung stehen, um die Wohnung im vertragsgemäßen Zustand zurückgeben zu können. Hier hat der rechtliche Betreuer, soweit ihm das der Aufgabenkreis erlaubt, für die Abwicklung der erforderlichen Arbeiten und die Regulierung der Kosten zu sorgen. Gegebenenfalls müssen die entsprechenden Sozialleistungen geltend gemacht werden. In manchen Situationen will der Vermieter ein langwieriges und im Ausgang unsicheres Sozialleistungsverfahren nicht abwarten. Hier kann versucht werden, eine Vereinbarung zur Übergabe der Wohnung im gegebenen Zustand zu erzielen. In diesem Zusammenhang ist darauf zu achten, dass nicht vorschnell Rechte am Eigentum der rechtlich betreuten Person aufgegeben werden.

Weitere wichtige Themen sind Nebenkostenabrechnung, Mieterhöhung und Kündigung.

Was ist bei Nebenkostenabrechnungen zu beachten?

An sich muss der Vermieter die Nebenkosten tragen, üblicherweise werden diese aber dem Mieter auferlegt.[775] Welche Betriebskosten umgelegt werden können, ist durch die Betriebskostenverordnung geregelt. Vorauszahlungen für Betriebskosten sind jährlich abzurechnen; dabei ist der Grundsatz der Wirtschaftlichkeit zu beachten. Die Abrechnung ist dem Mieter spätestens bis zum Ablauf des zwölften Monats nach Ende des Abrechnungszeitraums mitzuteilen. Nach Ablauf dieser Frist ist die Geltendmachung einer Nachforderung durch den Vermieter ausgeschlossen, es sei denn, der Vermieter hat die verspätete Geltendmachung nicht zu vertreten. Der Vermieter ist zu Teilabrechnungen nicht verpflichtet. Einwendungen gegen die Abrechnung hat der Mieter dem Vermieter spätestens bis

775 § 566 BGB

zum Ablauf des zwölften Monats nach Zugang der Abrechnung mitzuteilen. Nach Ablauf dieser Frist kann der Mieter Einwendungen nicht mehr geltend machen, es sei denn, der Mieter hat die verspätete Geltendmachung nicht zu vertreten.[776]

Rechtliche Betreuer müssen insbesondere auf die Frist für den Ausschluss von Nachforderungen achten.

Wann kann die Miete erhöht werden?

Die Miete kann nicht frei erhöht werden, sondern nur nach bestimmten Vorgaben.[777] Der Vermieter kann die Zustimmung zu einer Erhöhung der Miete nur bis zur ortsüblichen Vergleichsmiete verlangen.[778] Die Mieterhöhung ist in Textform abzufassen und muss besonders begründet werden (durch Mietspiegel, Mietdatenbank, Sachverständigengutachten oder drei Vergleichswohnungen).[779]

Was ist bei Kündigungen zu beachten?

Der Vermieter muss für eine Kündigung[780] besondere Gründe haben, der Mieter muss das nicht, hat aber die Kündigungsfristen einzuhalten. Bei der Kündigung ist die Schriftform (mit Unterschrift) zu beachten (eine bloße Mail ist unwirksam).

Wenn die Wohnung einer betreuten Person gekündigt werden soll, ist vieles zu beachten. Wenn Rechtsanwälte eine Kündigung aussprechen wollen, ist zweifelhaft, ob dazu eine einfache Vollmacht ausreicht. Üblicherweise lassen sich Anwälte deshalb vorsorglich eine besondere Kündigungsvollmacht ausstellen. Die Kündigung sollte daher möglichst von der betreuten Person selbst unterschrieben werden. Ist das nicht möglich, wäre ein klar beschriebener Aufgabenkreis des rechtlichen Betreuers unter Nennung des Rechts zur Wohnungsaufgabe/Wohnungswechsel vorzugswürdig.

Die Kündigung ist eine empfangsbedürftige Willenserklärung. Sie wird erst ab Zugang beim Vermieter wirksam. Eine Kündigung sollte mit Einwurfeinschreiben verschickt werden. Auf keinen Fall sollte ein Einschreiben mit Rückschein verwendet werden. Denn wenn der Vermieter die Unterschrift verweigert, geht ihm die Kündigung nicht zu.

Mahn- und Vollstreckungsverfahren sind sehr häufig bei betreuten Personen anzutreffen. Deshalb sollten rechtliche Betreuer mit den Verfahren vertraut sein.

Zu mietrechtliche Streitigkeiten, die über informelle Besprechungen und Beschwerden hinausgehen (wenn beispielsweise eine Kündigung des Mietverhältnisses droht), sollte rechtlicher Rat eingeholt werden.

---

776 § 566 Abs. 3 BGB
777 § 557 BGB
778 § 558 BGB
779 Vgl. § 558a BGB
780 §§ 568 ff. BGB

5.7.6.2 Heimrecht

Der Heimvertrag wird zwischen dem Heimträger und dem Heimbewohner abgeschlossen.

Was regelt der Heimvertrag?

Der Heimvertrag regelt

- die Überlassung von Wohnraum
- und die Erbringung von Pflege- oder Betreuungsleistungen, die der Bewältigung eines durch Lebensalter, Pflegebedürftigkeit oder Behinderung bedingten Hilfebedarfs dienen.[781]

Wo findet sich die Rechtsgrundlage des Heimvertrags?

Heimverträge unterliegen dem Wohn- und Betreuungsvertragsgesetz (WBVG).

Ein Heimvertrag liegt dann vor, wenn im Vertrag die Überlassung von Wohnraum zusammen mit der Erbringung von Pflege- oder Betreuungsleistungen vereinbart wird. Dies gilt auch, wenn verschiedene Verträge unterschiedliche Bestandteile des Leistungsgeschehens behandeln, aber so gekoppelt sind, dass der Bestand der Verträge voneinander abhängig ist.

Der Heimträger hat die rechtlich betreute Person rechtzeitig vor der Unterzeichnung des Vertrages in Textform und in leicht verständlicher Sprache über sein allgemeines Leistungsangebot und über den wesentlichen Inhalt seiner für die rechtlich betreute Person in Betracht kommenden Leistungen zu informieren.

Worüber hat der Heimträger zu informieren?

Der Heimträger hat eine weitgehende Informationspflicht. Zu informieren ist über

- die Ausstattung und Lage des Gebäudes, in dem sich der Wohnraum befindet, sowie die dem gemeinschaftlichen Gebrauch dienenden Anlagen und Einrichtungen und deren Nutzungsbedingungen,
- die im Vertrag enthaltenen Leistungen nach Art, Inhalt und Umfang,
- der Ergebnisse der Qualitätsprüfungen,[782]
- den Wohnraum,
- die Pflege- oder Betreuungsleistungen,
- gegebenenfalls die Verpflegung als Teil der Betreuungsleistungen,
- die einzelnen weiteren Leistungen nach Art, Inhalt und Umfang,
- die den Pflege- oder Betreuungsleistungen zugrunde liegenden Leistungskonzepte,
- die zu zahlenden Entgelte,

781 § 1 WBVG
782 Soweit sie nach § 115 Abs. 1a Satz 1 SGB XI oder nach landesrechtlichen Vorschriften zu veröffentlichen sind.

- die gesondert berechenbaren Investitionskosten,[783]
- das Gesamtentgelt,
- die Voraussetzungen für mögliche Leistungs- und Entgeltveränderungen,
- den Umfang und die Folgen eines Ausschlusses der Vertragsanpassung bei Änderungen des Pflege- oder Betreuungsbedarfs.

Erfüllt der Heimträger seine Informationspflichten nicht, kann der Vertrag jederzeit ohne Einhaltung einer Frist gekündigt werden.[784]

Wie lange gilt der Heimvertrag?

Der Vertrag wird auf unbestimmte Zeit geschlossen. Die Vereinbarung einer Befristung ist zulässig, wenn die Befristung den Interessen des Verbrauchers nicht widerspricht (Beispiel: Kurzzeitpflege). Mit dem Tod der rechtlich betreuten Person endet der Heimvertrag. Eine Fortgeltung des Vertrags kann für die Überlassung des Wohnraums gegen Fortzahlung der darauf entfallenden Entgeltbestandteile vereinbart werden, soweit ein Zeitraum von zwei Wochen nach dem Sterbetag des Verbrauchers nicht überschritten wird.[785]

Bewohner*innen können den Vertrag spätestens am dritten Werktag eines Kalendermonats zum Ablauf desselben Monats schriftlich kündigen. Innerhalb von zwei Wochen nach Beginn des Vertragsverhältnisses ist die Kündigung ohne Einhaltung einer Frist möglich.[786]

Der Heimträger kann den Vertrag nur aus wichtigem Grund schriftlich kündigen. Wichtige Gründe können sein,

- dass der Heimträger den Betrieb einstellt, wesentlich einschränkt oder in seiner Art verändert und die Fortsetzung des Vertrags für den Heimträger eine unzumutbare Härte bedeuten würde,
- dass der Heimträger eine fachgerechte Pflege- oder Betreuungsleistung nicht erbringen kann, weil die vom Heimträger angebotene Anpassung der Leistungen nicht angenommen wird und dem Unternehmer deshalb ein Festhalten an dem Vertrag nicht zumutbar ist,
- die/der Bewohner*in seine vertraglichen Pflichten schuldhaft so groblich verletzt, dass dem Heimträger die Fortsetzung des Vertrags nicht mehr zugemutet werden kann, oder
- die/der Bewohner*in für zwei aufeinander folgende Termine mit der Entrichtung des Entgelts oder eines Teils des Entgelts, der das Entgelt für einen Monat übersteigt, im Verzug ist oder
- in einem Zeitraum, der sich über mehr als zwei Termine erstreckt, mit der Entrichtung des Entgelts in Höhe eines Betrags in Verzug gekommen ist, der das Entgelt für zwei Monate erreicht.[787]

783 § 82 Absatz 3 und 4 des SGB XI
784 § 3 WBVG
785 § 4 WBVG
786 § 11 WBVG
787 § 12 WBVG

Gibt es Formvorschriften?

Der Vertrag ist schriftlich abzuschließen. Der Vertrag muss mindestens

- die Leistungen des Unternehmers nach Art, Inhalt und Umfang einzeln beschreiben,
- die für diese Leistungen jeweils zu zahlenden Entgelte, getrennt nach Überlassung des Wohnraums, Pflege- oder Betreuungsleistungen, gegebenenfalls Verpflegung als Teil der Betreuungsleistungen sowie die einzelnen weiteren Leistungen, die gesondert berechenbaren Investitionskosten und das Gesamtentgelt angeben,
- die oben genannten Informationen benennen und mögliche Abweichungen von den vorvertraglichen Informationen gesondert kenntlich machen,
- die Informationen über Streitbeilegungsverfahren enthalten.

Was geschieht bei reduziertem oder gesteigertem Pflege- und/oder Betreuungsbedarf?

Ändert sich der Pflege- oder Betreuungsbedarf, muss eine entsprechende Anpassung der Leistungen angeboten werden. In Verträgen, die Leistungen aus der Pflegeversicherung in Anspruch nehmen oder denen Hilfe in Einrichtungen der Sozialhilfe gewährt wird, kann der Heimträger durch einseitige Erklärung anpassen. Die Anpassung ist schriftlich darzustellen und zu begründen.[788]

Was macht die Heimaufsicht

Die Heimaufsicht prüft, ob die Heime ihre Leistung entsprechend den gesetzlichen Bestimmungen erbringen. Sie wird tätig

- um die Würde sowie die Interessen und Bedürfnisse der Bewohnerinnen und Bewohner von Heimen vor Beeinträchtigungen zu schützen,
- die Selbstständigkeit, die Selbstbestimmung und die Selbstverantwortung der Bewohnerinnen und Bewohner zu wahren und zu fördern,
- die Einhaltung der dem Träger des Heims gegenüber den Bewohnerinnen und Bewohnern obliegenden Pflichten zu sichern,
- die Mitwirkung der Bewohnerinnen und Bewohner zu sichern,
- eine dem allgemein anerkannten Stand der fachlichen Erkenntnisse entsprechende Qualität des Wohnens und der Betreuung zu sichern,
- die Beratung in Heimangelegenheiten zu fördern sowie
- die Zusammenarbeit der für die Durchführung dieses Gesetzes zuständigen Behörden mit den Trägern und deren Verbänden, den Pflegekassen, dem Medizinischen Dienst der Krankenversicherung sowie den Trägern der Sozialhilfe zu fördern.[789]

Die Heimaufsicht berät unter anderem Bewohner*innen und Betreuer über ihre Rechte und Pflichten und ist Anlaufstelle im Konfliktfall. Die Heime werden von den zuständigen

788 § 8 WBVG
789 Vgl. § 2 HeimG

Behörden durch wiederkehrende oder anlassbezogene Prüfungen (mindestens einmal jährlich) überwacht.[790]

Welches sind die häufigen Konfliktfelder?

Mängel in der Heimversorgung sind leider keine Seltenheit und Fehler können immer wieder passieren. Probleme kann es in nahezu allen Bereichen geben. Häufige Klagen gibt es zu folgenden Stichworten.

- Nicht erbrachte Pflegeleistung
- Mangelhafte Qualität der Pflegeleistung (mangelhafte Körperpflege, regelmäßige Stürze, nicht gewechselte Windeln)
- Schlechtes Essen
- Respektloser Umgang mit der rechtlich betreuten Person
- Abhandengekommene Gegenstände
- Eingriffe in die Privatsphäre
- Missachtung der Freiheitsrechte der rechtlich betreuten Person
- Drohende Kündigung des Heimvertrages wegen des krankheitsbedingten Verhaltens der rechtlich betreuten Person

Welche Pflichten hat der rechtliche Betreuer?

Im Heimvertrag werden Leistung und Gegenleistung vereinbart. Ergeben sich Mängel im Leistungsgeschehen des Pflegeheims, ist dies eine Verletzung des Vertrages. Die Überwachung und Forderungen zum Leistungsgeschehen sind rechtliche Angelegenheiten, um die sich der rechtliche Betreuer zu kümmern hat. Aus diesem Grund hat der Gesetzgeber den rechtlichen Betreuer verpflichtet, sich regelmäßig einen persönlichen Eindruck von der Situation der rechtlich betreuten Personen zu verschaffen.[791] Die Häufigkeit, mit der dies zu tun ist, hängt unter anderem davon ab, ob und mit welcher Häufigkeit Probleme bezüglich der Versorgung im Heim zu erwarten sind. Hier das richtige Maß zu finden, erfordert Erfahrung mit der Einrichtung. Es ist daher von Vorteil, wenn Sie mehrere rechtliche Betreuungen in einer Einrichtung führen. So sind strukturelle Mängel besser zu erkennen.

Was ist zu tun?

Grundsätzlich sollten Mängel dokumentiert werden. Es sollte darauf geachtet werden, dass Beschwerden zu Mängeln bei Ihnen und in der Dokumentation der Pflegeeinrichtung aufgenommen werden. Nicht jeder Mangel und jede Beschwerde deutet auf grundlegende Probleme hin. Fehler passieren auch im Heim. In jedem Einzelfall gilt es somit zu prüfen, ob und mit welchen Mitteln eingegriffen werden muss. Der erste Schritt ist das Gespräch mit der rechtlich betreuten Person und mit dem Personal. Zeichnet sich hier keine Lösung ab, kann die Pflegedienstleitung und die Heimleitung hinzugezogen werden. Hierzu sollte ein Termin vereinbart werden. Die Besprechung sollte dokumentiert werden.

790 § 15 HeimG
791 § 1821 Abs. 5 BGB

Die Dokumentation der Besprechung sollte allen Beteiligten übersendet werden. Dies verleiht der Besprechung mehr Gewicht.

Wenn alle Gespräche nicht helfen, können die Pflegekasse und die Heimaufsicht eingeschaltet werden. Zudem besteht die Möglichkeit, Leistungen und Schadenersatz im Wege der Klage geltend zu machen. Ist diese Schwelle der Eskalation erreicht, sollte anwaltliche Hilfe hinzugezogen werden.

5.7.7 Betreuungsrelevante Aspekte des Erb- und Familienrechts

Das Erbrecht ist ein sehr umfangreiches Thema und Betreuer*innen haben immer wieder mit Erbfällen zu tun, sei es, dass die rechtlich betreute Person erbt oder dass sie Unterlagen an die Erben der verstorbenen rechtlich betreuten Person herausgeben oder ihnen gegenüber Rechenschaft (siehe 5.1.10.8) ablegen müssen.

Die im Rahmen der Anlage zu § 3 Absatz 4 BtRegV konkretisierten inhaltlichen Anforderungen und der bestimmte zeitliche Umfang der Unterrichtszeit ergibt, dass es nicht darum gehen kann, umfangreiche Kenntnisse bezüglich des Erbrechtes zu vermitteln. Im Anschluss an die in diesem Umfang behandelte Thematik kann von rechtlichen Betreuer*innen erwartet werden, dass sie ihre Aufgaben im Nachlassverfahren kennen und eine Sensibilität für das Rechtsgebiet entwickelt haben, um zu wissen, welche Fragen gestellt werden müssen und wann anwaltlicher Beistand hinzugezogen werden muss.

Welcher Aufgabenbereich berechtigt zur rechtlichen Unterstützung/Vertretung im Erbfall?

Der Aufgabenbereich „Vermögenssorge" oder ein konkret beschlossener Aufgabenbereich (z.B.: „Erbangelegenheiten") berechtigen den rechtlichen Betreuer, im Erb- oder Pflichtteilsverfahren die rechtlich betreute Person rechtlich zu unterstützen oder zu vertreten.

5.7.7.1 Meldepflicht/Vergütung/Sozialleistungen

Ist eine Erbschaft dem Betreuungsgericht zu melden?

Das Anfallen einer Erbschaft ist regelmäßig als wesentliche Änderungen der persönlichen und wirtschaftlichen Verhältnisse der rechtlich betreuten Person zu sehen und unverzüglich mitzuteilen.[792] Wichtig ist zu berücksichtigen, dass eine Erbschaft den vergütungsrechtlich relevanten Status ändern kann. Einer zuvor mittellosen rechtlich betreute Person fließt ggf. Vermögen zu. Sie ist damit verpflichtet, die Kosten der rechtlichen Betreuung selbst zu tragen. Darüber hinaus kann die Landeskasse Regress für bisher ausgelegte Kosten der rechtlichen Betreuung verlangen (siehe Abschnitt 4.1).

Eine Meldepflicht besteht auch in allen Sozialleistungsverfahren für Leistungen, die den Einsatz des eigenen Einkommens und Vermögens fordern.

792 § 1864 Abs. 2 Satz 1 BGB

5.7.7.2 Testierfähigkeit – Errichtung eines Testamentes

Kann ich die rechtlich betreute Person bei der Errichtung eines Testamentes rechtlich unterstützen/vertreten?

Ein Testament bestimmt, wie das Vermögen der verstorbenen Person verwendet werden soll. Der Erblasser muss ein Testament persönlich errichten. Es handelt sich um eine höchst persönliche Angelegenheit, die keine rechtliche Vertretung zulässt.[793] Die Errichtung oder Unterstützung bei der Errichtung eines Testamentes der rechtlich betreuten Person kann also keine Aufgabe des rechtlichen Betreuers sein.

Muss ich mich um die Testierfähigkeit der rechtlich betreuten Person kümmern?

Ob ein von der rechtlich betreuten Person errichtetes Testament wirksam ist, wird regelmäßig erst nach dem Tod des Erblassers (rechtlich betreute Person) geprüft und ist somit für die Arbeit des rechtlichen Betreuers ohne Bedeutung.

In äußerst seltenen Fällen kann diese Frage bedeutsam werden, wenn eine rechtliche betreute Person, ohne testierfähig zu sein, ein Testament errichtet, welches schon zu ihren Lebzeiten eine erhebliche Gefahr für ihre Person oder ihr Vermögen heraufbeschwört. Beispielsweise kann dies der Fall sein, wenn als Folge des Testamentes eine bisher von nahestehenden Personen gewährte persönliche oder materielle Unterstützung entzogen wird und durch das Fehlen dieser Unterstützung erhebliche Gefahren für die rechtlich betreute Person oder ihr Vermögen entstehen. In diesen Fällen sollte anwaltlicher Rat eingeholt werden.

Muss ich mich um die Testierfähigkeit des Erblassers kümmern, wenn die rechtlich betreute Person Miterbe oder Erbe geworden ist?

Nicht selten entbrennt nach dem Erbfall ein Streit unter den als Erben in Betracht kommenden Personen über die Frage, ob der Erblasser zum Zeitpunkt der Errichtung des Testamentes noch in der Lage war, die Tragweite seiner Verfügung zu erkennen. Hier können die rechtlich betreute Person und somit der rechtliche Betreuer beteiligt sein. Dies geschieht in der Regel vor dem Nachlassgericht im Rahmen eines Erbscheinverfahrens. Das Wissen um die Durchführung derart streitiger Verfahren (Anfechtung des Testamentes) führt über die geforderte Sachkunde hinaus. Hier sollte anwaltliche Hilfe hinzugezogen werden.

5.7.7.3 Zustandekommen einer Erbschaft

Wann ist die rechtlich betreute Person Erbe?

Die Erbschaft kommt automatisch durch stillschweigende Zustimmung zustande. Es bedarf keiner ausdrücklichen Erklärung zur Annahme der Erbschaft.[794]

Die Erbschaft kann durch Verfügung von Todes wegen (Testament oder Erbvertrag) oder durch gesetzliche Erbfolge begründet sein.

793 §§ 2064, 2065 BGB
794 § 1922 BGB

Die gesetzliche Erbfolge bestimmt den Erben, wenn:

- keine Verfügung von Todes wegen vorhanden ist,
- die letztwillige Verfügung erfolgreich angefochten wurde,
- der testamentarische Erbe die Erbschaft ausgeschlagen hat, und für den Fall,
- dass der Erblasser nur über einen Teil seines Vermögens wirksam letztwillig verfügt hat.

Die gesetzliche Erbfolge ist in einer Erbenordnung geregelt. Verwandte erben neben dem Ehegatten. Mehrere Erben der gleichen Ordnung erben zu gleichen Teilen. Ein Verwandter ist nicht zur Erbfolge berufen, solange ein Verwandter einer vorhergehenden Ordnung vorhanden ist.[795]

- Gesetzliche Erben der ersten Ordnung sind die Abkömmlinge des Erblassers.[796]
- Gesetzliche Erben der zweiten Ordnung sind die Eltern des Erblassers und deren Abkömmlinge. Leben zur Zeit des Erbfalls die Eltern, so erben sie allein und zu gleichen Teilen. Lebt zur Zeit des Erbfalls der Vater oder die Mutter nicht mehr, so treten an die Stelle des Verstorbenen deren Abkömmlinge nach den für die Beerbung in der ersten Ordnung geltenden Vorschriften. Sind Abkömmlinge nicht vorhanden, so erbt der überlebende Teil allein.[797]
- Gesetzliche Erben der dritten Ordnung sind die Großeltern des Erblassers und deren Abkömmlinge. Leben zur Zeit des Erbfalls die Großeltern, so erben sie allein und zu gleichen Teilen. Lebt zur Zeit des Erbfalls von einem Großelternpaar der Großvater oder die Großmutter nicht mehr, so treten an die Stelle des Verstorbenen deren Abkömmlinge. Sind Abkömmlinge nicht vorhanden, so fällt der Anteil des Verstorbenen dem anderen Teil des Großelternpaars und, wenn dieser nicht mehr lebt, dessen Abkömmlingen zu. Lebt zur Zeit des Erbfalls ein Großelternpaar nicht mehr und sind Abkömmlinge der Verstorbenen nicht vorhanden, so erben die anderen Großeltern oder ihre Abkömmlinge allein.[798]
- Gesetzliche Erben der vierten Ordnung sind die Urgroßeltern des Erblassers und deren Abkömmlinge. Leben zur Zeit des Erbfalls Urgroßeltern, so erben sie allein; mehrere erben zu gleichen Teilen, ohne Unterschied, ob sie derselben Linie oder verschiedenen Linien angehören. Leben zur Zeit des Erbfalls Urgroßeltern nicht mehr, so erbt von ihren Abkömmlingen derjenige, welcher mit dem Erblasser dem Grade nach am nächsten verwandt ist; mehrere gleich nahe Verwandte erben zu gleichen Teilen.[799]
- Gesetzliche Erben der fünften Ordnung und der ferneren Ordnungen sind die entfernteren Voreltern des Erblassers und deren Abkömmlinge.[800]

Voraussetzung für das Erbrecht des Ehegatten ist, dass die Ehe zum Zeitpunkt des Todes des Erblassers bestanden hat. Der Ehegatte ist neben Verwandten der ersten Ordnung zu

795 § 1930 BGB
796 § 1924 Abs. 1 BGB
797 § 1925 BGB
798 § 1926 BGB
799 § 1928 BGB
800 § 1929 BGB

einem Viertel, neben Verwandten der zweiten Ordnung oder neben Großeltern zur Hälfte der Erbschaft als gesetzlicher Erbe berufen. Treffen mit Großeltern Abkömmlinge von Großeltern zusammen, so erhält der Ehegatte auch von der anderen Hälfte den Anteil, der den Abkömmlingen zufallen würde. Sind weder Verwandte der ersten oder der zweiten Ordnung noch Großeltern vorhanden, so erhält der überlebende Ehegatte die ganze Erbschaft. Bestand beim Erbfall Gütertrennung und sind als gesetzliche Erben neben dem überlebenden Ehegatten ein oder zwei Kinder des Erblassers berufen, so erben der überlebende Ehegatte und jedes Kind zu gleichen Teilen.[801] Ist der überlebende Ehegatte neben Verwandten der zweiten Ordnung oder neben Großeltern gesetzlicher Erbe, so gebühren ihm außer dem Erbteil die zum ehelichen Haushalt gehörenden Gegenstände, soweit sie nicht Zubehör eines Grundstücks sind, und die Hochzeitsgeschenke als Voraus. Ist der überlebende Ehegatte neben Verwandten der ersten Ordnung gesetzlicher Erbe, so gebühren ihm diese Gegenstände, soweit er sie zur Führung eines angemessenen Haushalts benötigt.[802]

Bei Eheleuten ist der gesetzliche Güterstand der Zugewinngemeinschaft der Regelfall. Damit steht dem überlebenden Ehegatten ein pauschalierter Zugewinnausgleich in Höhe eines Viertels der Erbschaft zu.[803]

Beispiel:

Ein Ehepaar hat zwei Kinder und lebte in Zugewinngemeinschaft. Nach dem Tod des Ehegatten erbt der Überlebende nach gesetzlicher Erbfolge die Hälfte (ein Viertel Erbteil und ein weiteres Viertel als pauschalierter Zugewinnausgleich), die andere Hälfte erben die Kinder.

Lebenspartner sind wie Ehegatten einzuordnen. Sollten Unklarheiten bezüglich des Zustandekommens der Erbschaft bestehen oder weitere Besonderheiten zu berücksichtigen sein, wäre hier wieder der anwaltliche Rat einzuholen.

5.7.7.4 Erbschaft und Haftung

Was wird vererbt?

Das Vermögen geht als Ganzes an den/die Erben über. Vererbt werden entsprechen Guthaben, aber auch Schulden.[804]

Kann die Haftung für Schulden begrenzt werden?

Grundsätzlich haftet ein Erbe für Schulden aus dem Erbfall und für die Schulden des Erblassers mit seinem Eigenvermögen und dem Nachlass unbeschränkt. Die Haftung kann auf den Nachlass beschränkt werden. Hierzu ist die Durchführung eines Haftungsbeschränkungsverfahrens erforderlich. Die Haftung des Erben für die Nachlassverbindlichkeiten beschränkt sich auf den Nachlass, wenn eine Nachlasspflegschaft zum Zwecke der Befriedi-

801 § 1931 BGB
802 § 1932 BGB
803 § 1371 BGB
804 § 1922 BGB

gung der Nachlassgläubiger (Nachlassverwaltung) angeordnet oder das Nachlassinsolvenzverfahren eröffnet ist.[805] Hier sollte anwaltliche Hilfe hinzugezogen werden bzw. zuvor überlegt werden, ob die Erbschaft nicht ausgeschlagen oder eine bereits erfolgte Annahme angefochten werden kann.

5.7.7.5 Erbausschlagung

Wann kann eine Erbschaft ausgeschlagen werden?

Dem oben beschriebenen Automatismus – Erbe zu werden – kann durch eine Erbausschlagung begegnet werden. Es kann unterschiedliche Gründe dafür geben, eine Erbschaft auszuschlagen.

Beispiele:

Die Ausschlagung kann erfolgen:

- *wegen der Überschuldung des Nachlasses,*
- *weil der Erbe selbst überschuldet ist und durch die Ausschlagung verhindern will, dass seine Eigengläubiger auf den (ausgeschlagenen) Nachlass zugreifen können,*
- *um die Erbschaft nachfolgend Berechtigten zukommen zu lassen,*
- *um den Pflichtteil zu erhalten (sofern der Erbe zum Kreis der pflichtteilsberechtigten Personen gehört),*
- *weil der überlebende Ehegatte im Güterstand der Zugewinngemeinschaft lebt und durch die Ausschlagung die güterrechtliche Lösung wählen will,*
- *um die Testierfreiheit wieder zu erlangen (bei Bindung durch beispielsweise ein gemeinschaftliches Testament).*

Welche Schritte sind vor einer Erbausschlagung zu erledigen?

Vor einer Entscheidung über die Erbausschlagung hat der rechtliche Betreuer die Angelegenheit mit der rechtlich betreuten Person zu besprechen. Insbesondere bespricht er die Motive, welche für oder gegen eine Erbausschlagung sprechen. Die so in Erfahrung gebrachten Wünsche sind zu dokumentieren. Grundlage dieser Besprechung ist die vorherige Kenntnis über Art und Wert des Nachlasses.

Für den rechtlichen Betreuer ist es wichtig zu wissen, wie er ganz praktisch Kenntnis vom Umfang des Nachlasses und seiner Verbindlichkeiten erhält. Diese Ermittlungen müssen so frühzeitig abgeschlossen sein, dass alle weiteren Schritte zur Erbausschlagung innerhalb der gesetzlichen Frist von sechs Wochen erfolgen können.

Die Ermittlungen zum Nachlass gestalten sich in ähnlicher Weise wie die anfänglichen Ermittlungen zu den wirtschaftlichen Verhältnissen der rechtlich betreuten Personen.

805 § 1975 BGB

Folgende Schritte sind zu erledigen:

- Soweit die rechtlich betreute Person keinen eigenen Zugriff auf den Nachlass hat, ist festzustellen, wer tatsächlich über den Nachlass aktuell verfügt.
- Wenn möglich sind die Unterlagen in der Wohnung der verstorbenen Person auf Hinweise zu vorhandenem Vermögen oder vorhandene Verbindlichkeiten zu prüfen.
- Hilfreich ist auch der Einblick in das Schuldnerverzeichnis.
- Zu den Nachlassverbindlichkeiten gehören auch die Kosten der Bestattung. Entsprechend kann beim Bestatter nachgefragt werden, ob noch offene Forderungen bestehen bzw. wer die Kosten getragen hat. Bestatter haben oft Informationen über die Einkommens- und Vermögensverhältnisse erhalten, auch insoweit können sie Auskunft erteilen.
- Als weitere Informationsquelle können die kontoführenden Geldinstitute der verstorbenen Person angesprochen werden.
- Hat die verstorbene Person Sozialleistungen bezogen, können wichtige Angaben über die wirtschaftlichen Verhältnisse von dem zuständigen Sozialleistungsträger erfragt werden. Zu berücksichtigen ist, dass der Erbe verpflichtet ist, die in den letzten 10 Jahren von der verstorbenen Person bezogenen Sozialhilfeleistungen zurückzuzahlen.[806]
- Vom Nachlassgericht kann erfahren werden, ob bereits vorrangig berufene Erben ausgeschlagen haben.
- Das Finanzamt kann zu Steuerforderungen Auskunft geben. Die letzte Einkommensteuererklärung kann von dort abgefragt werden.

Der Zeitdruck und das Problem, dass die angesprochenen Stellen oft keine Auskunft erteilen wollen, führt dazu, dass die Entscheidung über die Ausschlagung, insbesondere wenn es um die Ausschlagung wegen der Überschuldung des Nachlasses geht, nicht auf die Kenntnis aller Einzelheiten zum Wert des Nachlasses gestützt werden kann.

Welche Folgen hat eine Erbausschlagung?

Die Erbschaft geht auf den Nächstberufenen über.[807] Schlagen alle nachfolgend Erbberechtigten aus, wird der Fiskus als Erbe festgestellt.[808]. Davon unberührt bleibt die landesrechtlich geregelte Pflicht zur Regelung der Beerdigung.

Wie sieht das Verfahren zur Erbausschlagung aus?

> „Die Ausschlagung erfolgt durch Erklärung gegenüber dem Nachlassgericht; die Erklärung ist zur Niederschrift des Nachlassgerichts oder in öffentlich beglaubigter Form abzugeben."[809]

806 § 102 SGB XII
807 § 1953 Abs. 2 BGB
808 § 1964 BGB
809 § 1945 Abs. 1 und 2 BGB

Welche Frist ist einzuhalten?

Die Ausschlagung ist erst möglich, wenn der Erbfall eingetreten ist. Die Ausschlagung kann nur binnen sechs Wochen erfolgen. Die Frist beginnt mit dem Zeitpunkt, in welchem der Erbe von dem Anfall und dem Grund der Berufung Kenntnis erlangt. Ist der Erbe durch Verfügung von Todes wegen berufen, beginnt die Frist nicht vor Bekanntgabe der Verfügung von Todes wegen durch das Nachlassgericht. Die Frist beträgt sechs Monate, wenn der Erblasser seinen letzten Wohnsitz nur im Ausland gehabt hat oder wenn sich der Erbe bei dem Beginn der Frist im Ausland aufhält.[810]

Ist die Erbausschlagung vom Betreuungsgericht zu genehmigen?

Die Erbausschlagung bedarf der Genehmigung des Betreuungsgerichts.[811] In diesen Fällen ist das vom Betreuer ohne die erforderliche Genehmigung des Betreuungsgerichts vorgenommene einseitige Rechtsgeschäft ausnahmsweise schwebend unwirksam. Das Rechtsgeschäft wird mit Rechtskraft der Genehmigung wirksam. Während der Dauer des Genehmigungsverfahrens vor dem Betreuungsgericht ist der Fristablauf der gesetzlichen Frist gehemmt.[812] Es genügt daher, wenn die erforderliche Genehmigung vor dem Ablauf der Frist beantragt wird.

5.7.7.6 Erbschein

Mit dem Erbschein wird festgestellt, wer Erbe ist. Der Erbschein kann nur durch persönliches Erscheinen beim Nachlassgericht beantragt werden. Sind mehrere Erben vorhanden, können sie entweder gemeinsam oder einzeln erscheinen oder sich gegenseitig bevollmächtigen. Mit dem Antrag auf einen Erbschein gilt die Erbschaft als angenommen und kann nicht mehr ausgeschlagen werden.

Ist ein Erbschein erforderlich?

Grundsätzlich ist der Nachweis der Erbschaft durch Erbschein nicht vorgeschrieben. Dennoch empfiehlt es sich für rechtliche Betreuer, einen Erbschein für die rechtlich betreute Person zu beantragen. Der Erbschein ist von besonderer Bedeutung, wenn weitere Personen neben der rechtlich betreuten Person erben oder Dritte einen rechtssicheren Nachweis der Erbstellung verlangen. Der Erbschein bescheinigt den jeweiligen Erbanteil.

Für verschiedene Rechtsgeschäfte ist die Vorlage eines Erbscheins erforderlich. Dazu zählen unter anderem die Regelung der Bankkonten und die Abwicklung von Grundstücksangelegenheiten.

Hat der rechtliche Betreuer nach dem Tod der rechtlich betreuten Person das Vermögen und die Unterlagen an den Rechtsnachfolger herauszugeben, ist er berechtigt, sich die Rechtsnachfolge durch die Vorlage eines Erbscheins nachweisen zu lassen.

810 § 1944 BGB
811 § 1851 Abs. 1 Nr. 1. BGB
812 § 1858 Abs. 3 z.B. die Frist des § 1944 Absatz 1 BGB

5.7.7.7 Der Pflichtteil

Der Pflichtteil sichert den nächsten Angehörigen eine Mindestbeteiligung am Nachlass, wenn sie durch letztwillige Verfügung von der Erbfolge ausgeschlossen worden sind. Der Pflichtteil steht den Kindern, den Eltern und dem Ehegatten des Verstorbenen zu. Der Pflichtteil besteht in der Hälfte des Wertes des gesetzlichen Erbteils.[813]

5.7.7.8 Erbengemeinschaft/Nachlassauseinandersetzung

Ist eine Verfügung von Todes wegen vorhanden, muss der Nachlass entsprechend den verfügten Bedingungen verwendet werden. Sind keine Bedingungen vorgegeben und ist die rechtlich betreute Person Alleinerbe, fällt der Nachlass dem Vermögen der rechtlich betreuten Personen zu und ist entsprechend den allgemeinen Regeln der Vermögensverwaltung zu behandeln.

Sind mehrere Personen durch Testament oder gesetzliche Erbfolge als Erben berufen, handelt es sich um eine Gemeinschaft von Personen, denen ein Vermögen gemeinschaftlich zusteht. Ohne Zustimmung aller Erben können keine Verfügungen getroffen werden. Diese Erbengemeinschaft wird nach Begleichung aller Nachlassverbindlichkeiten durch Aufteilung des Nachlasses, die Erbauseinandersetzung, aufgelöst.

Die Rechte der rechtlich betreuten Person an der Verwaltung und Auseinandersetzung des Nachlasses unterliegen den allgemeinen Bedingungen der betreuungsrechtlichen Vermögenssorge.

5.7.7.9 Haftungsbegrenzung/Nachlassverwaltung/Nachlassinsolvenz

Alle Erben können nur gemeinsam für den Nachlass handeln, sie „verwalten" ihn im umgangssprachlichen Sinne gemeinsam. Im juristischen Sprachgebrauch dagegen versteht man unter „Nachlassverwaltung" eine Trennung des Nachlasses vom Vermögen des oder der Erben unter Bestellung einer Nachlasspflegschaft, um die Haftung des Erben auf das Nachlassvermögen zu begrenzen.[814]

Sind die Nachlassverbindlichkeiten höher als die Nachlassaktiva, ist eine Nachlassinsolvenz durchzuführen.

Ist der Nachlass überschuldet, sollte die Erbschaft ausgeschlagen werden. Lässt sich die Höhe von Passiva und Aktiva eines Nachlasses nicht innerhalb von sechs Wochen bestimmen, ist die Erbausschlagung möglich, aber nicht zwingend notwendig, denn es gibt auch noch die Haftungsbegrenzung durch Nachlassverwaltung.

Durch die Nachlassverwaltung oder Nachlassinsolvenz können Erben also ihre Haftung auf den Nachlass begrenzen, sie haften dann nicht mit ihrem eigenen Vermögen. In bestimmten Fällen kann man auch die Annahme eines Erbes nachträglich anfechten, wenn die Überschuldung nicht bekannt war. In diesen Fällen sollte anwaltlicher Rat eingeholt werden.

813 § 2303 BGB
814 § 1975 BGB

5.8 Modul 8

Thema des Moduls:

Sozialrecht 1: Kenntnisse des Sozialrechts

Zeitaufwand in Zeitstunden: 30

Liste der vorgegebenen Inhalte

Das Sozialrecht (SGB und SGG) im Überblick, insbesondere

- Leistungen zur Sicherung des Lebensunterhalts einschließlich der Kosten der Unterkunft, vor allem nach dem SGB II und XII
- Sozialleistungsansprüche nach dem SGB V, VI und XI
- Ermittlung, Geltendmachung und Durchsetzung von sozialrechtlichen Ansprüchen sowie
- sozialrechtliche Mitwirkungspflichten

Das Modul 8 vermittelt Grundkenntnisse zu den angegebenen Rechtsgebieten. An dieser Stelle ist es nicht möglich, die geforderten Kenntnisse vollumfänglich darzustellen. Diese Darstellung würde den Rahmen des Werkes sprengen.

Aus diesem Grund beschränken sich die folgenden Ausführungen auf die für die Praxis relevanten Aspekte der Abgrenzung der rechtlichen Betreuung gegen vorrangige Hilfen auf Grund sozialer Rechte.[815] Für die Qualifizierung zum Leistungsumfang der unterschiedlichen Sozialgesetzbücher wird empfohlen, die hierzu angebotenen Lehrgänge zu besuchen. Die häufigen Änderungen im Sozialrecht machen zudem eine regelmäßige Fortbildung erforderlich.

5.8.1 Zur Erforderlichkeit rechtlicher Betreuung in Sozialleistungsverfahren

Der überwiegende Anteil (ca. 88 %)[816] rechtlich betreuter Personen ist mittellos und auf Sozialleistungen angewiesen. Rechtstheoretisch ist ein barrierefreier Zugang zu den Leistungen zu gewährleisten. Entsprechend dürfte die rechtliche Unterstützung und Vertretung nur in wenigen Fällen erforderlich sein. Tatsächlich sind rechtliche Betreuer mit einem hohen Anteil ihres zeitlichen Einsatzes mit der Regelung sozialrechtlicher Angelegenheiten beschäftigt.

Mit der zum 1.1.2023 in Kraft getretenen Reform des Betreuungsrechts hat der Gesetzgeber noch mal deutlich gemacht, dass die Hilfen auf Grund „sozialer Rechte"[817] der rechtlichen Betreuung vorrangig sind und entsprechend auszuschöpfen sind. Diese Klarstellung

815 § 1814 Abs. 3 Satz 2 Nr. 2 BGB
816 ISG, Qualität in der rechtlichen Betreuung, Abschlussbericht, S. 69
817 § 1814 Abs. 3 Satz 2 Nr. 2 i.V.m. § 2 SGB I

war erforderlich, da nach der Rechtsprechung des Bundessozialgerichts[818] bis dahin die Gewährung sozialer Hilfen dann nicht in Betracht gekommen ist, wenn ein rechtlicher Betreuer bestellt war, der die „soziale Leistung" erbringt, d.h., nach der Rechtsprechung des BSG war das Vorhandensein einer rechtlichen Betreuung bei der Leistungsgewährung der Sozialleistungsträger zu berücksichtigen. Die Klarstellung erfolgte, um zu vermeiden, dass hieraus der Schluss gezogen wurde, die Bestellung eines rechtlichen Betreuers sei bereits angezeigt, sobald eine Unterstützung des Betroffenen bei der Beratung zu etwaigen sozialrechtlichen Leistungsansprüchen notwendig erscheint. Insbesondere im Bereich der Eingliederungshilfe sind die zuständigen Sozialleistungsträger nach der Neuregelung in § 106 SGB IX zu umfassender Beratung und Unterstützung der antragstellenden Personen verpflichtet, was unter anderem auch die Unterstützung bei der Antragstellung umfasst. Ist der Volljährige allerdings auch nach umfassender Sicherstellung der den Sozialleistungsträgern obliegenden Beratungs- und Unterstützungspflichten nicht in der Lage, die zur Realisierung seiner Leistungsansprüche notwendigen Rechtshandlungen vorzunehmen, insbesondere, weil ihm insoweit die erforderliche Fähigkeit zur Mitwirkung fehlt, kann die Bestellung eines rechtlichen Betreuers erforderlich sein.[819]

Dennoch haben Betreuer*innen in einer großen Zahl der Fälle die Aufgabe, rechtlich betreute Personen in unterschiedlichen Lebenslagen bei der Geltendmachung von Sozialleistungen zu unterstützen bzw. zu vertreten.

Die wichtigste Erfahrung aus der Betreuungspraxis ist die Diskrepanz zwischen Recht haben und Recht bekommen. Dabei steht dem, was nötig ist, das Mögliche und im Einzelfall konkret Organisierbare gegenüber. Gründe sind:

- das seit Jahren unverändert zergliederte System der Sozialleistungsansprüche,
- der ständige Streit über Zuständigkeiten,
- der fehlende politische Wille zur Umsetzung der gesetzlichen Vorgaben,
- fehlende Mittel zur Umsetzung gesetzlich vorgesehener Leistungen.[820]

Der Erforderlichkeitsgrundsatz endet nicht durch die Bestellung einer rechtlichen Betreuung. Er ist für jeden einzelnen Schritt zur Regelung der rechtlichen Angelegenheiten der rechtlich betreuten Person zu berücksichtigen. Die erste Aufgabe rechtlicher Betreuer*innen ist es, die im Sozialleistungsrecht definierten Beratungs- und Unterstützungsleistungen geltend zu machen und deren wirksame Umsetzung zu gewährleisten und zu unterstützen. Erst nachrangig ist eigenes Handeln erforderlich.

818 BSG, Urt. v. 30.6.2016 – B 8 SO 7/15 R, Rn. 21 f.
819 Vgl. BT-Drucks. 19/24445, S. 233
820 Rosenow, Eingliederungshilfe und rechtliche Betreuung, BtPrax 05/2021, S. 163–167 und BtPrax 6/2021, S. 212–215

5.8.2 Vertretung im Verwaltungsverfahren

§ 53 ZPO ist die zentrale Vorschrift zur Prozess- und Verfahrensfähigkeit von Menschen, für die eine rechtliche Betreuung bestellt ist. Durch Verweise[821] reicht die Wirkung dieser Regelung in nahezu alle im Rahmen der Aufgabenbereiche zu erledigenden Verfahren:

> „(1) Bei Personen, für die ein Betreuer bestellt ist, richtet sich die Prozessfähigkeit nach den allgemeinen Vorschriften.
>
> (2) Wird ein Betreuter in einem Rechtsstreit durch einen Betreuer vertreten, kann der Betreuer in jeder Lage des Verfahrens gegenüber dem Prozessgericht schriftlich oder zu Protokoll der Geschäftsstelle erklären, dass der Rechtsstreit ausschließlich durch ihn geführt wird (Ausschließlichkeitserklärung). Mit Eingang der Ausschließlichkeitserklärung steht der Betreute für den weiteren Rechtsstreit einer nicht prozessfähigen Person gleich. Der Betreuer kann die Ausschließlichkeitserklärung jederzeit mit Wirkung für die Zukunft zurücknehmen."[822]

Ergänzt wird diese Regelung durch **§ 170a ZPO** (Zustellung bei rechtlicher Betreuung):

> „(1) Wird an eine Person zugestellt, für die ein Betreuer bestellt ist, ist diesem eine Abschrift des zugestellten Dokuments mitzuteilen, soweit er bekannt ist und sein Aufgabenkreis betroffen ist.
>
> (2) Wird nach § 170 Absatz 1 an den Betreuer zugestellt, ist dem Betreuten eine Abschrift des zugestellten Dokuments mitzuteilen."[823]

Damit ist gemeinsames Handeln im Verfahren möglich. Methodisch sind damit alle Formen des unterstützten Handelns möglich.

Die Ausschließlichkeitserklärung ist das Instrument, um die rechtlich betreute Person vor erheblichen Gefahren zu schützen. Rechtliche Betreuer*innen machen von diesem Instrument Gebrauch, wenn beispielsweise die Gefahr besteht, dass die rechtlich betreute Person aufgrund einer Erkrankung/Behinderung den im Verfahren zugrunde liegenden Sachverhalt verkennt und durch das eigene Handeln das mögliche und gewünschte Ergebnis gefährdet und dadurch eine erhebliche Gefahr für die rechtlich betreute Person oder ihr Vermögen entsteht.

Geht es beispielsweise in einem Sozialleistungsverfahren um den Nachweis der Erwerbsunfähigkeit und befindet sich die rechtlich betreute Person gerade in einer manischen Phase ihrer Erkrankung – mit der Vorstellung, in vollem Umfang erwerbstätig sein zu können – führt die Ausschließlichkeitserklärung dazu, dass die rechtlich betreuten Personen keine wirksamen Prozesshandlungen im jeweiligen Verfahren vornehmen kann. Ist die manische Phase abgeklungen, wird die Ausschließlichkeitserklärung zurückgenommen und die rechtlich betreute Person ist im Verfahren wieder voll handlungsfähig.

Abgabe und Rückgabe der Ausschließlichkeitserklärung müssen gegenüber der verfahrensführenden Stelle nicht begründet werden. Die Kontrolle der sachgerechten Verwen-

---

821 Verweise: § 79 AO; § 53 Abs. 2 und § 58 Abs. 2 Satz 2 FGO; § 9 Abs. 5 FamFG; § 63 Abs. 2 Satz 1 und § 71 Abs. 6 SGG; § 56 Abs. 2 und § 62 Abs. 4 VwGO; § 12 VwVfG; § 11 SGB X

822 § 53 ZPO

823 Durch § 170a ZPO

dung dieses Instrumentes ergibt sich aus den Regelungen des Innenverhältnisses (§ 1821 BGB siehe Abschnitt 4). Die Anwendung der Ausschließlichkeitserklärung ist damit in vollem Umfang gegenüber der rechtlich betreuten Person und/oder dem Betreuungsgericht zu begründen. Da sich die Maßnahme gegen den erklärten Willen der rechtlich betreuten Personen richtet, ist die Abgabe der Ausschließlichkeitserklärung dem Betreuungsgericht im Rahmen der Berichtspflichten mitzuteilen (siehe Abschnitt 5.9 und 5.10).

Die Regeln zur Zustellung sollen dazu dienen, dass die rechtliche Betreuung effektiv zum Schutz der rechtlich betreuten Personen geführt werden kann. Betreuer*innen werden in die Lage versetzt, soweit geboten und erforderlich, in das Verfahren einzugreifen.

Welche Auswirkungen hat die Änderung auf das Verhältnis zu vorrangigen Hilfen, insbesondere solcher, die auf sozialen Rechten beruhen?

In vielen Fällen haben die Sozialleistungsträger in der Vergangenheit vorrangige unterstützende Hilfen für die Geltendmachung der eigenen Rechte in Verwaltungsverfahren bei bestehender rechtlicher Betreuung abgelehnt. Zur Begründung wurde darauf verwiesen, dass die rechtlich betreute Person im Verfahren nicht mehr handeln kann und somit kein eigener Bedarf besteht. Im Hinblick auf die Entscheidungsfindung bestünde ebenfalls kein Unterstützungsbedarf aus sozialrechtlichen Mitteln, da sich dieser Prozess im Innenverhältnis zwischen Betreuer*in und der rechtlich betreuten Person vollzieht.

Durch die zum 1.1.2023 wirksam gewordene Änderung des § 53 ZPO ergibt sich eine neue Rechtslage. Auch wenn eine rechtliche Betreuung bestellt ist, soll und kann die rechtlich betreute Person in den eigenen Verfahren teilweise oder vollumfänglich entscheiden und handeln. Entsprechend sind alle auf der Sozialgesetzgebung beruhenden möglichen Hilfen so zu gewähren, als ob die rechtliche Betreuung nicht bestünde. Das betrifft insbesondere Beratung, Hilfe beim Ausfüllen von Anträgen, Unterstützung bei der Kommunikation mit der zuständigen verfahrensführenden Stelle, Begleitung zu Terminen sowie alle Hilfen, die dazu führen können, eigenverantwortliches Entscheiden und Handeln teilweise oder ganz zu erlernen.

Die rechtliche Betreuung unterstützt und ergänzt erst, wenn die zuvor genannten Hilfen nicht ausreichend sind, das Verfahren zu bewältigen.

Diese Änderung fordert von den Akteuren des Betreuungsrechts, die Erforderlichkeit der rechtlichen Betreuung im Rahmen von Verwaltungsverfahren differenziert zu beschreiben und vorrangige Hilfen einzufordern.

Die Sozialleistungsträger sind aufgefordert, die Instrumente zur Bedarfsermittlung so zu gestalten, dass die benötigten Hilfen zur teilweisen oder eigenständigen Bewältigung der Sozialleistungs- und Verwaltungsverfahren erfasst und in ausreichendem Maß bei der Bewilligung berücksichtigt werden können.

Die Leistungserbringer sind aufgefordert, das Leistungsgeschehen an die neuen Regelungen anzupassen. Betreuer*innen und Leistungserbringer müssen eng zusammenarbeiten, um den betroffenen Personen größtmöglichen Raum für eigenverantwortliches Entscheiden und Handeln bieten zu können. Dabei ist der betreuungsrechtliche Eingriff auf ein Mindestmaß zu beschränken.

Zu befürchten ist ein erheblicher betreuungsrechtlicher Aufwand, um die neuen Bestimmungen bekannt zu machen und den Willen zur Umsetzung im Sozialleistungssystem zu wecken. Die Erfahrung aus der Vergangenheit zeigt, dass die Kostenträger keinesfalls gewillt sind, mehr Geld auszugeben. Hier ist mit erheblichem Widerstand zu rechnen.

5.8.3 Beratungs- und Aufklärungspflichten der Sozialleistungsträger

Wie bereits oben ausgeführt, ist es zuerst Aufgabe der Sozialleistungsträger, den Zugang zu den Sozialleistungen zu sichern. Die bürokratischen Hürden müssen so gering wie möglich gehalten werden. Es dürfen auch keine überzogen hohen Ansprüche an die Mitwirkung erhoben werden.

Alle Träger von Sozialleistungen sind zu allgemeiner Information, Beratung und Auskunft verpflichtet.[824] Hinzu kommt die fallbezogene individuelle Beratung und Unterstützung, die in den einzelnen Sozialgesetzbüchern geregelt ist.

Die weitgehendste Unterstützung ergibt sich aus dem § 106 SGB IX. Leistungen aus dem SGB IX sind dem Modul 9 zugeordnet. Der besondere Beratungs- und Unterstützungsauftrag soll an dieser Stelle behandelt werden.

(1) Zur Erfüllung der Aufgaben dieses Teils werden die Leistungsberechtigten, auf ihren Wunsch auch im Beisein einer Person ihres Vertrauens, vom Träger der Eingliederungshilfe beraten und, soweit erforderlich, unterstützt. Die Beratung erfolgt in einer für den Leistungsberechtigten wahrnehmbaren Form.

(2) Die Beratung umfasst insbesondere

1. die persönliche Situation des Leistungsberechtigten, den Bedarf, die eigenen Kräfte und Mittel sowie die mögliche Stärkung der Selbsthilfe zur Teilhabe am Leben in der Gemeinschaft einschließlich eines gesellschaftlichen Engagements,
2. die Leistungen der Eingliederungshilfe einschließlich des Zugangs zum Leistungssystem,
3. die Leistungen anderer Leistungsträger,
4. die Verwaltungsabläufe,
5. Hinweise auf Leistungsanbieter und andere Hilfemöglichkeiten im Sozialraum und auf Möglichkeiten zur Leistungserbringung,
6. Hinweise auf andere Beratungsangebote im Sozialraum,
7. eine gebotene Budgetberatung.

(3) Die Unterstützung umfasst insbesondere

1. Hilfe bei der Antragstellung,
2. Hilfe bei der Klärung weiterer zuständiger Leistungsträger,

824 §§ 14 und 15 SGB I

3. das Hinwirken auf zeitnahe Entscheidungen und Leistungen der anderen Leistungsträger,
4. Hilfe bei der Erfüllung von Mitwirkungspflichten,
5. Hilfe bei der Inanspruchnahme von Leistungen,
6. die Vorbereitung von Möglichkeiten der Teilhabe am Leben in der Gemeinschaft einschließlich des gesellschaftlichen Engagements,
7. die Vorbereitung von Kontakten und Begleitung zu Leistungsanbietern und anderen Hilfemöglichkeiten,
8. Hilfe bei der Entscheidung über Leistungserbringer sowie bei der Aushandlung und dem Abschluss von Verträgen mit Leistungserbringern sowie
9. Hilfe bei der Erfüllung von Verpflichtungen aus der Zielvereinbarung und dem Bewilligungsbescheid.

(4) Die Leistungsberechtigten sind hinzuweisen auf die ergänzende unabhängige Teilhabeberatung nach § 32, auf die Beratung und Unterstützung von Verbänden der Freien Wohlfahrtspflege sowie von Angehörigen der rechtsberatenden Berufe und von sonstigen Stellen.

Die Auflistung der Aufgaben ist nicht abschließend. Mit Unterstützung sind alle Tätigkeiten bzw. Dienstleistungen gemeint, die den vorrangig auf Kommunikation beruhenden Prozess der Beratung in praktischer Hinsicht ergänzen (einen Antrag ausfüllen, einen Termin mit einem Dritten absprechen bis hin zu einer Begleitung zum Termin, z.B. zu einem Leistungsträger oder Leistungserbringer).

> „Des Weiteren werden mögliche Beratungsgegenstände aufgegriffen, die der besonderen Situation der Menschen mit Behinderungen Rechnung tragen. Hierzu gehört zum einen eine Beratung über die Leistungen der Eingliederungshilfe einschließlich des Zugangs zum Leistungssystem. Da Menschen mit Behinderungen oftmals auch (vorrangige) Ansprüche nach anderen Sozialleistungsgesetzen haben, umfasst die Beratung weiterhin die Leistungen der anderen Leistungsträger einschließlich der dazugehörigen Beratung. Die jeweiligen Verwaltungsabläufe gehören ebenfalls zur Beratung. Zur bestmöglichen Förderung einer gleichberechtigten Teilhabe am Leben in einer inklusiven Gesellschaft sind auch Hinweise zur Leistungserbringung und zu Angeboten im jeweiligen Sozialraum Gegenstand der Beratung. In gleicher Weise konkretisiert Absatz 3 in einem nicht abschließenden Aufgabenkatalog die Unterstützung durch die Träger der Eingliederungshilfe. Diese Regelungen sollen dazu beitragen, dass die Leistungsberechtigten nicht nur informiert werden, sondern zügig und erfolgreich die notwendigen Leistungen zur Förderung einer gleichberechtigten Teilhabe am Leben in einer inklusiven Gesellschaft erhalten. Die Unterstützung hat zum einen während des gesamten Verwaltungsverfahrens zu erfolgen wie beispielsweise bei der Antragstellung oder der Erfüllung von Mitwirkungspflichten. Unterstützung durch den Träger der Eingliederungshilfe ist aber auch im Zusammenhang mit der Leistungserbringung zu leisten, beispielsweise bei der Vorbereitung zur Auswahl von sowie zur Kontaktaufnahme und Begleitung zu Leistungsanbietern oder bei der Entscheidung über Leistungserbringer."[825]

825 BT-Drucks. 18/9522, S. 281

5.8.4 Mitwirkungspflichten

Der oben beschriebenen Beratungs- und Unterstützungspflichten der Behörde stehen Mitwirkungspflichten gegenüber. Wer sorgt dafür, dass geforderte Unterlagen wie Kontoauszüge etc. eingereicht werden? Antragsteller*innen bekommen oft nur eine Liste mit, welche Unterlagen für die Antragsbearbeitung vorzulegen sind. Es wird dann mitgeteilt, dass der Antrag erst weiterbearbeitet werden kann, wenn die Unterlagen komplett sind. Reichen Antragsteller*innen die Unterlagen nicht ein, droht die Ablehnung des Antrages wegen mangelnder Mitwirkung. Oder es gibt den Verweis, dass der rechtliche Betreuer diese Unterlagen beibringen muss. Jedenfalls kümmert sich keine Person des Leistungsträgers darum, gemeinsam mit dem Antragsteller die Unterlagen zu Hause zu suchen.

Rehabilitationsträger sind verpflichtet, den Sachverhalt von Amts wegen aufzuklären.[826] Dem gegenüber stehen die Mitwirkungspflichten der antragstellenden Person[827]. Mitwirkungspflicht besteht unter anderem nicht, wenn ihre Erfüllung der betroffenen Person aus einem wichtigen Grund nicht zugemutet werden kann.[828] Ein wichtiger Grund besteht dann, wenn die antragstellende Person wegen einer Krankheit oder Behinderung nur eingeschränkt mitwirken kann. Entsprechend erhöht sich die Amtsermittlungspflicht der Behörde. In diesen Fällen besteht Anspruch auf die bereits oben beschriebene erweiterte Unterstützung.[829]

Es kann also gesagt werden, dass der oben beschriebene übliche Ablauf in der Praxis der Antragsbearbeitung die gesetzlichen Vorgaben nur eingeschränkt erfüllt. Jeder Antrag ist gem. den Bedingungen des Einzelfalls zu entscheiden. Zu beraten ist „nach Bedarf"[830] und Unterstützung ist „nach Erforderlichkeit"[831] zu gewähren.

Die rechtliche Betreuung ersetzt nicht die Beratungs- und Unterstützungspflichten der Leistungsträger.

5.9 Modul 9

Thema des Moduls:

Sozialrecht 2: Sozial- und Hilfestrukturen in der Praxis

Zeitaufwand in Zeitstunden: 45

Liste der vorgegebenen Inhalte:

Das Sozialrecht (SGB und SGG) im Überblick, insbesondere:

- Teilhabeleistungen vor allem nach SGB IX
- Teilhabe- und Gesamtplanverfahren

826 § 20 SGB X
827 §§ 60 ff. SGB I
828 § 65 Abs. 1 Satz 1 Nr. 2
829 § 106 SGB IX
830 § 106 Abs. 2 SGB IX
831 § 106 Abs. 3 SGB IX

- Rehabilitations- und Teilhabeleistungen der verschiedenen Rehabilitationsträger
- Leistungsformen der Eingliederungshilfe (z.B. Teilhabe am Arbeitsleben, medizinische Rehabilitation, Teilhabe an Bildung und Leistungen zur sozialen Teilhabe)
- Besondere Wohnformen und ambulant betreute Wohngemeinschaften
- Pflegeleistungen in Kombination mit anderen SGB-Leistungen
- Leistungen der Pflegeversicherung einschließlich Aufklärung, Auskunft und Pflegeberatung nach den §§ 7 ff. SGB XI sowie das Verhältnis zu anderen Sozialleistungen nach § 13 SGB XI
- Leistungen der Hilfe zur Pflege nach SGB XII
- Leistungen der gesetzlichen Krankenversicherung im Pflegefall (z.B. häusliche Krankenpflege und weitere Leistungen nach den §§ 37 ff. SGB V, medizinische Rehabilitation)
- Leistungen der Eingliederungshilfe im Pflegefall
- Methoden zur fallbezogenen Erschließung und Nutzung von Beratungs-, Sozial- und Hilfestrukturen sowie von Netzwerken

Das neunte Modul des Sachkundelehrgangs baut auf den Inhalten des achten Moduls auf. Es erweitert das Wissen im ersten Schwerpunkt um die Leistungen zur Rehabilitation und Teilhabe von Menschen mit Behinderungen.[832] Gegenstand des Moduls sind die dort verankerten Ziele und Leistungen.

Von rechtlichen Berufsbetreuer*innen kann erwartet werden, dass sie über das rechtstheoretische Wissen zu den Leistungen aus den Gesetzbüchern V; IX, XI und XII verfügen. Kenntnisse der Bedarfsermittlung (landesspezifisches Bedarfsermittlungsinstrument) und Leistungsplanung im Rahmen des Teilhabe- und Gesamtplanverfahrens können vorausgesetzt werden. Gleiches gilt für die Möglichkeiten und Grenzen „besonderer Wohnformen" und ambulanter betreuter Wohngemeinschaften. Rechtliche Betreuer*innen sollten, die Leistungsfähigkeit und das jeweilige Platzangebot der örtlichen Anbieter kennen und wissen, ob und wie weit auch „herausfordernde Klienten" dort angebunden werden können.

Sie sollten in der Lage sein, die Auswirkungen unterschiedlicher Leistungsangebote auf den Alltag der rechtlich betreuten Person zu verstehen. Wie verändert welche Hilfe mein Leben? Unter Beachtung der örtlich tatsächlich gegebenen Möglichkeiten müssen sie in der Lage sein, bezogen auf die individuelle Situation der rechtlich betreuten Person unterschiedliche Entscheidungsvarianten zum Leistungsgeschehen aufzuzeigen und den Prozess zur Findung der Entscheidung zu unterstützen. Hier geht es darum zu entscheiden, welche Leistungen beantragt werden können und sollen.

Es kann erwartet werden, dass rechtliche Berufsbetreuer*innen die Kontaktwege und den Wert guter Kontakte zu den örtlichen zuständigen Leistungsträgern, Beratungsmöglichkeiten und Leistungsanbietern kennen. Die vorhandene Infrastruktur kann in einem Organigramm dargestellt und fortgeschrieben werden. Aus diesem Grund müssen sich rechtliche Betreuer*innen ganz praktisch mit dem in ihrem Arbeitsbereich bestehenden sozialen Netzwerk beschäftigen.

832 SGB IX

Zudem ist es erforderlich, sich in dieser Infrastruktur zu positionieren, um die eigene betreuungsrechtliche Aufgabe gegen Leistungen aus den sozialen Rechten abgrenzen zu können. In diesem Spannungsfeld ist das Wissen um die Strukturen, Konzepte und Rahmenbedingungen der vor Ort tätigen Leistungsträger und Leistungsanbieter erforderlich, um die eigene Rolle als Initiator und Interessensvertreter bei der Geltendmachung von Hilfen aus sozialen Leistungen im Wege kollegialer Zusammenarbeit dauerhaft ausüben zu können.

Der zweite Schwerpunkt des Moduls baut ebenfalls auf dem Wissen aus Modul 8 auf. Das dort erlernte Wissen zu den Leistungen aus der Krankenversicherung (SGB V) und der Pflegeversicherung (SGB XI) gilt es in der Praxis umzusetzen. Herauszuarbeiten sind die jeweilige qualitative und quantitative Leistungsfähigkeit der örtlichen Anbieter. Zudem ist zu klären, ob und wie weit auch Personen in schwierigen häuslichen und pflegerischen Verhältnissen dort angebunden werden können.

Zu klären ist, ob das rechtstheoretische Versprechen der „Leistung aus einer Hand" (SGB IX) örtlich tatsächlich umgesetzt wird und welche Methoden (Vorgehensweisen) zur fallbezogenen Erschließung und Nutzung von Beratungs-, Sozial- und Hilfestrukturen angewendet werden können.

Ähnlich wie im Modul 8 beschränken sich die Autoren auf wenige ausgewählte Aspekte der sehr umfangreichen Thematik.

5.9.1 Fallgestaltungen/Zielgruppen

Wenn Sie nicht gerade eine besondere Präferenz für das Sozialrecht haben und sich entsprechend breites Wissen aneignen wollen, empfiehlt es sich, das eigene Leistungsangebot zur Führung rechtlicher Betreuung zielgruppenbezogen anzubieten. Das zielgruppenbezogene Arbeiten grenzt das benötigte Wissen auf die Sozialleistungen, welche für diese Zielgruppe am häufigsten zur Anwendung kommen, ein. Auch die Kenntnisse zum örtlichen sozialen Netzwerk konzentrieren sich auf Leistungsträger und Leistungsanbieter, die vornehmlich für die ausgewählte Zielgruppe tätig sind.

Zielgruppen können sein:

- jüngere psychisch erkrankte (Doppeldiagnose) Personen in der eigenen Wohnung,
- jüngere psychisch erkrankte (Doppeldiagnose) Personen in besonderer Wohnform,
- obdachlose/wohnungslose Personen,
- ältere psychisch erkrankte/pflegebedürftige Personen in der eigenen Wohnung,
- ältere pflegebedürftige Personen im Pflegeheim.

5.9.2 Teilhabeleistungen

Teilhabeleistungen erhalten Menschen mit Behinderungen oder von Behinderung bedrohte Menschen. Die **Sozialleistungen** haben die Förderung der Selbstbestimmung und die Verwirklichung der vollen und gleichberechtigten Teilhabe am Leben in der Gesellschaft zum Ziel. Es gilt, Benachteiligungen zu vermeiden oder ihnen entgegenzuwirken.[833] Leistungen zur Teilhabe haben Vorrang vor **Rentenleistungen** nach dem **SGB VI, BVG, SGB VII** und vor anderen Sozialleistungen sowie vor Pflegeleistungen.[834]

Zur Teilhabe am Leben in der Gesellschaft werden erbracht:

1. Leistungen zur medizinischen Rehabilitation,
2. Leistungen zur Teilhabe am Arbeitsleben,
3. unterhaltssichernde und andere ergänzende Leistungen,
4. Leistungen zur Teilhabe an Bildung und
5. Leistungen zur sozialen Teilhabe.[835]

Wer ist zuständig?

Bei der Erarbeitung des SGB IX hat der Gesetzgeber versucht, eine Hilfe „aus einer Hand" zu gestalten. Grundsätzlich sind für die einzelnen Leistungen zur Teilhabe jeweils unterschiedliche Träger zuständig.[836] Der Wirrwarr der Zuständigkeiten ist also erhalten geblieben.

Träger der Leistungen zur Teilhabe (Rehabilitationsträger) können entsprechend den vorliegenden Voraussetzungen sein:

1. die gesetzlichen Krankenkassen für Leistungen zur medizinischen Rehabilitation und unterhaltssichernde und andere ergänzende Leistungen,
2. die Bundesagentur für Arbeit für Leistungen zur Teilhabe am Arbeitsleben und unterhaltssichernde und andere ergänzende Leistungen,
3. die Träger der gesetzlichen Unfallversicherung für Leistungen zur medizinischen Rehabilitation, unterhaltssichernde und andere ergänzende Leistungen und Leistungen zur sozialen Teilhabe,
4. die Träger der gesetzlichen Rentenversicherung (Träger der Alterssicherung der Landwirte) für Leistungen zur medizinischen Rehabilitation und unterhaltssichernde und andere ergänzende Leistungen,
5. die Träger der Kriegsopferversorgung und die Träger der Kriegsopferfürsorge im Rahmen des Rechts der sozialen Entschädigung bei Gesundheitsschäden für alle Leistungen,
6. die Träger der öffentlichen Jugendhilfe für alle Leistungen außer unterhaltssichernden und anderen ergänzenden Leistungen,
7. die Träger der Eingliederungshilfe für alle Leistungen außer unterhaltssichernden und anderen ergänzenden Leistungen.[837]

833 § 1 SGB IX
834 § 9 SGB IX
835 § 5 SGB IX
836 § 6 SGB IX
837 § 6 SGB IX

Als Verbesserung ist zu erkennen, dass ein einziger Reha-Antrag ausreichend sein soll, um ein umfassendes Prüf- und Entscheidungsverfahren in Gang zu setzen. Dafür sind die Regelungen zur Zuständigkeit und zur Einführung eines trägerübergreifenden Teilhabeplanverfahrens für alle Rehabilitationsträger gesetzlich definiert worden.

Soweit Leistungen verschiedener Leistungsgruppen oder mehrerer Rehabilitationsträger erforderlich sind, ist der leistende Rehabilitationsträger dafür verantwortlich, dass er und die anderen beteiligten Rehabilitationsträger im Benehmen miteinander und in Abstimmung mit den Leistungsberechtigten die nach dem individuellen Bedarf voraussichtlich erforderlichen Leistungen hinsichtlich Ziel, Art und Umfang funktionsbezogen feststellen und schriftlich oder elektronisch so zusammenstellen, dass sie nahtlos ineinandergreifen.[838]

Kann der Antrag wegen fehlender Zuständigkeit zurückgewiesen werden?

Im Sinne einer zügigen Antragsbearbeitung ist es sinnvoll, den Antrag bei dem zuständigen Leistungsträger einzureichen. Häufig ist jedoch nicht klar, welcher Leistungsträger zuständig ist. In diesen Fällen reicht es, den Antrag bei demjenigen Leistungsträger einzureichen, bei dem die Zuständigkeit am wahrscheinlichsten gegeben ist.

Nicht selten kommt es dann vor, dass der erste angegangene Leistungsträger, der sich selbst für nicht zuständig hält, den Antrag mit dem Hinweis, den Antrag beim zuständigen Leistungsträger einzureichen, zurückschickt. Diese Verfahrensweise ist jedoch falsch, da der zuerst angegangene Leistungsträger, der sich für nicht zuständig hält, den Antrag an die zuständige Stelle hätte weiterleiten müssen. Diese Weiterleitung ist auch von besonderer Bedeutung, da der Antrag mit dem Datum des Eingangs beim zuerst angegangenen Leistungsträger als gestellt gilt. Das Gesetz formuliert hierzu:

> „Anträge auf Sozialleistungen sind beim zuständigen Leistungsträger zu stellen. Sie werden auch von allen anderen Leistungsträgern, von allen Gemeinden und bei Personen, die sich im Ausland aufhalten, auch von den amtlichen Vertretungen der Bundesrepublik Deutschland im Ausland entgegengenommen.
>
> Anträge, die bei einem unzuständigen Leistungsträger, bei einer für die Sozialleistung nicht zuständigen Gemeinde oder bei einer amtlichen Vertretung der Bundesrepublik Deutschland im Ausland gestellt werden, sind unverzüglich an den zuständigen Leistungsträger weiterzuleiten. Ist die Sozialleistung von einem Antrag abhängig, gilt der Antrag als zu dem Zeitpunkt gestellt, in dem er bei einer der in Satz 1 genannten Stellen eingegangen ist."[839]

Der trotz fehlender Zuständigkeit entgegengenommene Antrag ist unverzüglich an den zuständigen Leistungsträger weiterzuleiten. Eine Ablehnung ist nicht zulässig. Der nicht zuständige Leistungsträger muss die Zuständigkeit feststellen, darf sich nicht auf fehlende Sachkenntnis berufen und muss die erforderlichen Ermittlungen zur Zuständigkeit anstellen. Im Bereich der Teilhabeleistungen ist ergänzend bestimmt:

> „Werden Leistungen zur Teilhabe beantragt, stellt der Rehabilitationsträger innerhalb von zwei Wochen nach Eingang des Antrages bei ihm fest, ob er nach dem für ihn geltenden Leistungsgesetz für die Leistung zuständig ist; bei den Krankenkassen umfasst die Prüfung

838 § 19 Abs. 1 i.V.m. § 15 SGB IX
839 § 16 Abs. 1 und 2 SGB I

auch die Leistungspflicht nach § 40 Absatz 4 des Fünften Buches. Stellt er bei der Prüfung fest, dass er für die Leistung insgesamt nicht zuständig ist, leitet er den Antrag unverzüglich dem nach seiner Auffassung zuständigen Rehabilitationsträger zu und unterrichtet hierüber den Antragsteller. Muss für eine solche Feststellung die Ursache der Behinderung geklärt werden und ist diese Klärung in der Frist nach Satz 1 nicht möglich, soll der Antrag unverzüglich dem Rehabilitationsträger zugeleitet werden, der die Leistung ohne Rücksicht auf die Ursache der Behinderung erbringt. Wird der Antrag bei der Bundesagentur für Arbeit gestellt, werden bei der Prüfung nach den Sätzen 1 und 2 keine Feststellungen nach § 11 Absatz 2a Nummer 1 des Sechsten Buches und § 22 Absatz 2 des Dritten Buches getroffen.

(2) Wird der Antrag nicht weitergeleitet, stellt der Rehabilitationsträger den Rehabilitationsbedarf anhand der Instrumente zur Bedarfsermittlung nach § 13 unverzüglich und umfassend fest und erbringt die Leistungen (leistender Rehabilitationsträger). Muss für diese Feststellung kein Gutachten eingeholt werden, entscheidet der leistende Rehabilitationsträger innerhalb von drei Wochen nach Antragseingang. Ist für die Feststellung des Rehabilitationsbedarfs ein Gutachten erforderlich, wird die Entscheidung innerhalb von zwei Wochen nach Vorliegen des Gutachtens getroffen. Wird der Antrag weitergeleitet, gelten die Sätze 1 bis 3 für den Rehabilitationsträger, an den der Antrag weitergeleitet worden ist, entsprechend; die Frist beginnt mit dem Antragseingang bei diesem Rehabilitationsträger. In den Fällen der Anforderung einer gutachterlichen Stellungnahme bei der Bundesagentur für Arbeit nach § 54 gilt Satz 3 entsprechend.

(3) Ist der Rehabilitationsträger, an den der Antrag nach Absatz 1 Satz 2 weitergeleitet worden ist, nach dem für ihn geltenden Leistungsgesetz für die Leistung insgesamt nicht zuständig, kann er den Antrag im Einvernehmen mit dem nach seiner Auffassung zuständigen Rehabilitationsträger an diesen weiterleiten, damit von diesem als leistendem Rehabilitationsträger über den Antrag innerhalb der bereits nach Absatz 2 Satz 4 laufenden Fristen entschieden wird und unterrichtet hierüber den Antragsteller."[840]

Der an zweiter Stelle angegangene Leistungsträger muss selbst dann, wenn dem Grunde nach ausschließlich andere Rehabilitationsträger zuständig sind, den Antrag entscheiden und die Leistung erbringen. Eine Ausnahme ist dann gegeben, wenn der zweitangegangene Leistungsträger ebenfalls nicht zuständig ist und er an einen zuständigen Leistungsträger mit dessen Einverständnis weiterleiten kann. Für den dritten Leistungsträger ergeben sich aber keine neuen Fristen für die Entscheidung.

Wie wird die erforderliche Hilfe ermittelt?

Die Leistungen der Teilhabe bestimmen sich nach der Besonderheit des Einzelfalles, insbesondere nach der Art des Bedarfs, den persönlichen Verhältnissen, dem Sozialraum und den eigenen Kräften und Mitteln; dabei ist auch die Wohnform zu würdigen. Die Leistungen werden regelmäßig innerhalb eines vom jeweiligen Träger der Leistungen ausgestalteten individuellen Hilfeplanverfahrens ermittelt und als Teilhabeplan[841]/Gesamtplan (Eingliederungshilfe)[842] ausgestaltet.

Das Gesetz sieht vor, dass der zuständige Träger so frühzeitig wie möglich einen Plan zur Durchführung der einzelnen Maßnahmen aufstellt. Bei der Aufstellung insbesondere des

840 § 14 Abs. 1 bis 3 SGB IX
841 § 19 SGB IX
842 §§ 117 bis 122 SGB IX

Gesamtplans und der Durchführung der Leistungen wirkt der Leistungsträger mit der behinderten Person und den sonstigen im Einzelfall Beteiligten, vor allem mit dem behandelnden Arzt, dem Gesundheitsamt, dem Landesarzt, dem Jugendamt und den Dienststellen der Bundesagentur für Arbeit, zusammen.[843] Die Umsetzung dieser Regel ist Ländersache und unterschiedlich geregelt.

Überwiegend wird die Hilfe im Rahmen einer Bedarfsermittlung konkretisiert und regelmäßig – jährlich – fortgeschrieben. Kernstück des Hilfeplanverfahrens ist das Bedarfsermittlungsinstrument/ein leitfadengestütztes Gespräch zwischen dem Leistungsberechtigten und einer fachkundigen Person seiner Wahl. Die Ergebnisse werden in den Hilfeplanbögen dokumentiert und sind die Basis für die Berechnung der zu bewilligenden Leistung.

Warum kann die bewilligte Leistung von dem im Hilfeplanverfahren ermittelten Bedarf abweichen?

Leistungsträger können bei der Entscheidung über die Leistungen von dem Ergebnis der Bedarfserhebung abweichen. Im Gesetz ist geregelt, dass die Leistungsträger den Teilhabeplan bei der Entscheidung über den Antrag zugrunde legen.[844] „Zugrunde legen" bedeutet nicht, dass der Plan eins zu eins übernommen wird. Eine vom Teilhabeplan abweichende Entscheidung ist zu begründen. In der Begründung sind die wesentlichen tatsächlichen und rechtlichen Gründe mitzuteilen, die die Behörde zu ihrer Entscheidung bewogen haben. Die Begründung von Ermessensentscheidungen muss auch die Gesichtspunkte erkennen lassen, von denen die Behörde bei der Ausübung ihres Ermessens ausgegangen ist.[845] Aus der Begründung zur Entscheidung über Teilhabeleistungen muss entsprechend erkennbar sein, warum von den im Teilhabeplan empfohlenen Leistungen abgewichen worden ist.

Welche Besonderheiten sind für den rechtlichen Betreuer im Verfahren zur Bewilligung von Teilehabeleistungen zu beachten?

Zu den Regelungen bezüglich der Vertretung im Verwaltungsverfahren lesen Sie bitte den Abschnitt 5.8.2. Das Verfahren wird oft in zwei voneinander getrennten Strängen bearbeitet. Zum einen geht es um die Bedarfsermittlung. Der zweite Strang beschäftigt sich mit den wirtschaftlichen Voraussetzungen für die Gewährung der Leistung. Oft werden beide Stränge von unterschiedlichen Personen bearbeitet.

Soweit das Verfahren zum Zeitpunkt der Bestellung der rechtlichen Betreuung noch nicht im Gange ist, kann es durch den rechtlichen Betreuer initiiert werden. Die im Verlauf des Verfahrens erforderliche betreuungsrechtliche Unterstützung ist dann abhängig von der Fähigkeit der rechtlich betreuten Person, im Verfahren mitzuwirken, und von der in der Praxis gegebenen Möglichkeit der Beratung und Unterstützung durch beispielsweise Beratungsstellen oder auch den Leistungsanbieter. Oft wird der rechtliche Betreuer auch mit der Vermögensverwaltung betraut sein und ihm liegen die erforderlichen Unterlagen zu den wirtschaftlichen Verhältnissen der rechtlich betreuten Personen vor. Diese Unterlagen wird er dann im Verfahren mit einbringen.

843 § 58 SGB XII
844 § 19 Abs. 4 SGB IX
845 § 35 Abs. 1 SGB X

Allgemein kann gesagt werden, dass der rechtliche Betreuer die rechtlich betreute Person unterstützt, um ihrem Willen und ihren Wünschen Gehör zu verschaffen. Bei der Bedarfsermittlung ist darauf zu achten, dass der Bedarf auf der Grundlage des gesetzlich Möglichen ermittelt wird. Ein Bedarf sollte auch dann beschrieben werden, wenn aus unterschiedlichen Gründen die Leistung nicht angeboten oder erbracht werden kann. Es ist kein Geheimnis, dass eine erhebliche Lücke zwischen dem gesetzlich Möglichen und dem tatsächlich Angebotenen besteht. Üblicherweise wird bei der Bedarfsermittlung das nicht Angebotene beziehungsweise das nicht Mögliche in der Beschreibung der Bedarfe nicht aufgenommen. Abgesehen davon, dass insoweit der individuelle Leistungsanspruch aufgegeben wird, ist die Erfassung von übergeordneter Bedeutung für die weitere Ausgestaltung der sozialen Infrastruktur. Ohne die Beschreibung eines Mangels kann sich das Leistungsangebot nicht weiterentwickeln.

Wie verläuft das Verfahren?

Zusammenfassend kann gesagt werden, dass Sozialleistungsverfahren nach gleichem Muster verlaufen.

1. Antrag:

   Zur Wahrung der Frist kann zunächst ein formloser Antrag gestellt werden. Dabei sollten neben einer möglicherweise konkret begehrten Leistung „alle in Betracht kommenden Leistungen" beantragt werden. Damit ist der Leistungsträger verpflichtet, umfassend zu beraten und bei der Sachverhaltsermittlung das gesamte Spektrum möglicher Leistungen zu berücksichtigen.

2. Prüfung und Feststellung des Bedarfs
3. Bescheid (Rechtsmittel)
4. Leistungserbringung

5.9.3 Schwerpunkt soziale Teilhabe

Im folgenden Abschnitt soll insbesondere die Leistung zur sozialen Teilhabe interessieren. Die Zuständigkeit der Leistungen zur sozialen Teilhabe fällt in die Zuständigkeit des Trägers der Eingliederungshilfe.

Auf Leistungen zur sozialen Teilhabe entfällt ein größter Teil der Leistungen der Eingliederungshilfe. Sie sind für rechtlich betreute Personen von besonderer Bedeutung, auch wenn die soziale Teilhabe gegenüber den anderen Leistungen der Eingliederungshilfe nachrangig ist. Andere Leistungen sind meist ausgeschöpft oder die dafür geltenden Voraussetzungen werden nicht erfüllt.

Welches Ziel haben Leistungen zur sozialen Teilhabe?

Leistungen zur sozialen Teilhabe werden erbracht, um eine gleichberechtigte Teilhabe am Leben in der Gemeinschaft zu ermöglichen oder zu erleichtern. Hierzu gehört, Leistungsberechtigte zu einer möglichst selbstbestimmten und eigenverantwortlichen Lebensführung im eigenen Wohnraum sowie in ihrem Sozialraum zu befähigen oder sie hierbei zu unterstützen.[846]

Welche Hilfe wird gewährt?

Leistungen zur Sozialen Teilhabe sind insbesondere

1. Leistungen für Wohnraum,
2. Assistenzleistungen,
3. heilpädagogische Leistungen,
4. Leistungen zur Betreuung in einer Pflegefamilie,
5. Leistungen zum Erwerb und Erhalt praktischer Kenntnisse und Fähigkeiten,
6. Leistungen zur Förderung der Verständigung,
7. Leistungen zur Mobilität,
8. Hilfsmittel und
9. Besuchsbeihilfen[847].

Das Wort „insbesondere" öffnet die Liste für weitere Leistungen, wenn zusätzliche Bedarfe auftauchen.

Muss die Hilfe beantragt werden? Seit dem 1.1.2020 besteht das Erfordernis eines Antrags. Die Leistungen werden frühestens ab dem Ersten des Monats der Antragstellung erbracht, wenn zu diesem Zeitpunkt die Voraussetzungen bereits vorlagen.[848]

Die Leistungen der sozialen Teilhabe sind Soforthilfen. Dieses Prinzip wird örtlich sehr unterschiedlich umgesetzt. In einigen Regionen haben die Leistungsträger mit den Leistungserbringern informelle oder förmliche Vereinbarungen. Auf Grund dieser Vereinbarungen agieren Leistungsanbieter als Anlaufstelle, unterstützen im Hilfeplanverfahren und können mit der Leistung beginnen, noch bevor ein förmlicher Bescheid ergangen ist.

Leider haben einige Kostenträger dieses Prinzip vergessen und ein Verfahren entwickelt, welches mühsam und zeitraubend zu durchlaufen ist. Dabei ist eine Verfahrensdauer von mehr als sechs Monaten nicht selten. Viele Personen mit chronischen und schwersten Leiden können nicht so lange warten. Wer böse denkt, sieht dahinter ein System, welches den weniger ausdauernden Hilfesuchenden ausgrenzt.

Wie ist dieses Problem in Ihrem örtlichen Tätigkeitsfeld gelöst?

Tipp

Prüfen Sie, ob die Beschleunigung des Verfahrens durch vorläufige Bewilligung oder ggf. durch Antrag auf Erlass einer einstweiligen Anordnung möglich ist.

846 § 76 SGB IX
847 § 113 SGB IX
848 § 108 SGB IX

5.9.4 Besondere Wohnformen und ambulant betreute Wohngemeinschaften

Wie sehen die Leistungen zur Unterstützung selbstständigen Wohnens aus?

Leistungen zur Wohnunterstützung werden im ambulanten, teilstationären und vollstationären Bereich angeboten. Die Betreuungsleistungen werden individuell ermittelt. Dabei gilt der Grundsatz „ambulant vor stationär". Bei der Betreuung in der Wohneinrichtung handelt es sich um eine tatsächliche und nicht wie bei der vom Amtsgericht angeordneten Betreuung um eine rechtliche Hilfe.

Welches sind die Ziele der Hilfen zu selbstbestimmtem Leben in betreuten Wohnmöglichkeiten?

Es handelt sich um ein gemeindeintegriertes Hilfeangebot, das der rechtlich betreuten Person ein selbstbestimmtes Leben in einer Wohnung in der Gemeinde ermöglicht.

Einzelziele können sein:

- die Beseitigung, Milderung oder Verhütung von Verschlimmerung einer vorhandenen Behinderung oder deren Folgen. Beispiele für die konkreten Leistungen sind die Motivierung, Begleitung und Unterstützung bei der Suche und Durchführung aller möglichen Rehabilitationsmaßnahmen;
- Erhalt oder Beschaffung einer Wohnung. Hier wird dem Leistungsempfänger Unterstützung und tatkräftige Hilfe bei der Wohnungssuche, der Haushaltsführung und dem Umgang mit den Nachbarn angeboten;
- eine möglichst selbstständige Lebensführung. Gespräche sollen helfen, eigene Vorstellungen über die Gestaltung des Alltags und die Lebensführung zu gewinnen;
- eine angemessene Tagesstruktur und Freizeitgestaltung. Hierzu zählen die Unterstützung bei einer Freizeitbeschäftigung, die Kontaktaufnahme zu Vereinen oder Gruppen. Der Leistungsanbieter ist auch gehalten, eigene Angebote in Gruppen vorzuhalten;
- Eingliederung in die Gesellschaft, insbesondere Teilnahme am Leben in der Gemeinschaft. Angebote wären unter anderem eine der Behinderung angemessene politische Bildung und Aktivität, die Begleitung und Unterstützung bei der Teilnahme am gesellschaftlichen und religiösen Leben;
- Ausübung einer angemessenen Tätigkeit/eines angemessenen Berufs. Neben der Entwicklung beruflicher Interessen sollen die Hilfeempfänger bei Problemen um und am Arbeitsplatz durch Begleitung und Gespräche unterstützt werden;
- Förderung der weitgehenden Unabhängigkeit von Betreuung. Die beste Hilfe ist die Hilfe, die mit der Zeit überflüssig wird;
- Erweiterung der Kompetenzen. Ziel ist die Unterstützung und Motivation beim Erlernen neuer oder/und vergessener Fähigkeiten;

- Mobilität und Orientierung. Hier steht im Vordergrund, der behinderten Person Mut zu machen, sich auch aus der gewohnten Umgebung herauszuwagen, um Neues kennenzulernen;
- Konflikt- und Krisenbewältigung.

Welche Formen haben die Hilfen?

Angeboten wird ein am Bedarf der Person orientiertes Betreuungsangebot, das sich auf ein breites Spektrum an Hilfestellungen im Bereich Wohnen bezieht und der sozialen Integration dient. Als Beispiele hierfür dienen die Begleitung und Hilfestellung im Umgang mit Behörden, Hilfe bei der Tagesstrukturierung und Freizeitgestaltung sowie die Förderung lebenspraktischer Fähigkeiten wie Putzen, Kochen, Waschen oder Einkaufen. Es handelt sich um eine vorwiegend aufsuchende Betreuung und Begleitung. Das Angebot in stationären Wohnformen geht bis hin zur Nachtbereitschaft.

Die Hilfe hat verschiedene Formen: das Gesprächsangebot, Telefon- oder persönliche Kontakte, Begleitung, Mithilfe, Anleitung, Übernahme, Übung, Beratung, Erinnerung, Kontrolle, Zeiten der Erreichbarkeit, Zusammenarbeit mit anderen Diensten und Institutionen. Die einzelfallbezogenen Maßnahmen können mit Gruppenangeboten kombiniert werden. Es ist immer eine direkte und tatsächliche Hilfe.

Beispiel für einen möglichen Verlauf gemäß dem Prinzip „ambulant vor stationär“:

Max J. leidet an einer Psychose und lebt seit mehr als vier Jahren im Heim. In der Vergangenheit hat er schon mehrere Jahre in einer eigenen Wohnung gelebt. Hilfe wollte er nicht annehmen. Medikamente waren tabu. Regelmäßig hat sich seine Krankheit verschlimmert und er landete im Krankenhaus auf der geschlossenen Station. Zuletzt hat er seine Wohnung völlig verwüstet und konnte nicht mehr zurück. Die vier Jahre im Heim haben ihm gezeigt, dass es möglich ist, die Krankheit in den Griff zu bekommen und ohne ständige Angst zu leben. Im Heim hat er gelernt, seinen Tag zu gestalten. In der Werkstatt für psychisch kranke Personen hat er einen Arbeitsplatz gefunden. Er plant wieder, einen eigenen Haushalt zu führen und selbstständig zu wohnen. Doch er fühlt sich unsicher. Kann er ohne den Schutz des Heims noch leben? Wer hilft, wenn es ihm schlechter geht? Mit wem kann er reden? Wie soll er seine Freizeit gestalten? Wie soll er seine Angst vor Menschenmassen beim Einkaufen bewältigen? Wo kann er Freunde finden? So richtig hat er das mit dem Geld auch nicht verstanden. Wer kann helfen?

Max J. erhält tatkräftige Unterstützung im Alltag, um sein Ziel zu realisieren. Hier hilft „Ambulant Betreutes Wohnen“. Der Sprung in die Selbstständigkeit gelingt.

5.10 Modul 10

Thema des Moduls:

Grundlagen der Kommunikation und Praxistransfer

Zeitaufwand in Zeitstunden: 30

Liste der vorgegebenen Inhalte:

- Theoretische Konzepte und Methoden der Kommunikation
- Grundhaltungen
- Techniken der Kommunikation
- Diversitätssensible Kommunikation
- Ressourcenorientierte Kommunikation
- Konfliktmanagement in der Kommunikation
- Selbst- und Machtreflexion (hierzu Abschnitt 2.1.5.)

Eine rechtliche Betreuung wird eingerichtet, weil die betroffene Person aufgrund der festgestellten Krankheit oder Behinderung ganz oder teilweise nicht in der Lage ist, in der von ihr erwarteten Art und Weise im Rechtsverkehr zu kommunizieren bzw. vorgelagerter Schritte zur Regelung ihrer rechtlichen Angelegenheiten nicht erledigen kann. Im Gespräch hinterlassen die betroffenen Personen oft einen verwirrten Eindruck und ein zielgerichtetes Gespräch scheint unmöglich zu sein. Rechtliche Betreuer müssen daher Spezialisten in Bezug auf die Kommunikation mit den von ihnen rechtlich betreuten Personen sein.

Das zentrale Anliegen der zum 1.1.2023 in Kraft getretenen Reform des Vormundschafts- und Betreuungsrechts ist, die Selbstbestimmung betreuter Personen zu stärken und ihre Wünsche in den Mittelpunkt des Betreuerhandelns zu stellen. Deshalb haben kommunikativen Kompetenzen eine herausragende Bedeutung und bilden einen Kern der vorzuhaltenden Sachkunde.

Als grundlegende Voraussetzung bedarf es einer persönlichen Haltung (siehe Abschnitt 2.2), die es ihnen ermöglicht, fremde Wünsche, Vorstellungen und Präferenzen vorbehaltlos kennenzulernen. Die darauf aufbauenden Konzepte und Methoden sind aber erlernbar und müssen regelmäßig trainiert werden. Es reicht also nicht aus, sich theoretisches Wissen anzueignen. Hier steht besonders die praktische Vermittlung der benötigten Techniken etwa durch Rollenspiele oder Simulationen im Vordergrund. Entsprechend sind in den Modulen 10 und 11 keine Selbstlernphasen vorgesehen.

5.10.1 Theoretische Konzepte und Methoden der Kommunikation

Grundsätzlich kann gesagt werden, dass es nicht das eine theoretische Konzept oder die eine theoretische Methode für die richtige Kommunikation gibt. Menschliche Kommunikation ist ein sehr vielschichtiges und sehr komplexes Thema.

Wie kann Kommunikation definiert werden?

Kommunikation ist der Austausch oder die Übertragung von Informationen, die auf verschiedene Arten und auf verschiedenen Wegen stattfinden können.

Kommunikation meint in erster Linie die Interaktion von Mensch zu Mensch. Sie erfolgt

- verbal (Lautsprache, Gebärdensprache, geschriebene Sprache)
- nonverbal (jegliche Kommunikation, die nicht verbal erfolgt)
- paraverbal (Aspekte des „Wie": Stimmlage, Betonung, Körpersprache, Stimmung ...)

Im Betreuungsrecht kann diese Definition um den Faktor Zeit erweitert werden. Bei der Ermittlung des mutmaßlichen Willens kann gesagt werden, dass dieser Vorgang als Kommunikation mit der rechtlich betreuten Person auf der Grundlage vergangener Äußerungen erfolgt.

Kommunikation ist alltäglich und verläuft scheinbar selbstverständlich. Für die meisten Situationen ist dies ausreichend. Erst wenn die Kommunikation eine besondere Aufgabe erfüllen soll, wird die Frage gestellt, wie Kommunikation erklärt werden kann; unter welchen Bedingungen sie abläuft; welche Kriterien die erfolgreiche Erfüllung der Aufgabe begünstigen.

Welche Besonderheiten der Kommunikation sind im Rechtsverkehr zu beachten?

Im alltäglichen Rechtsverkehr müssen Willenserklärungen klar und deutlich formuliert sein. Erklärungen mit besonderer Tragweite werden schriftlich formuliert und zur Herstellung größerer Verbindlichkeit notariell beurkundet. Dies entspricht dem Bedürfnis nach Sicherheit und Klarheit. Missverständnisse können vermieden werden, und später kann sich jeder auf das niedergeschriebene Wort berufen. Nicht jeder ist in der Lage, den Anforderungen zur Kommunikation im Rechtsverkehr gerecht zu werden.

Es kann gesagt werden, dass der Rechtsverkehr eine Form der Kommunikation entwickelt hat, die einen Teil der Menschen von der Teilhabe ausgrenzt. Es kann und wird darüber gestritten, ob vom Rechtsverkehr zu verlangen ist, dass er für alle Menschen gleichermaßen zugänglich ist, sodass jeder eigenverantwortlich entscheiden und handeln kann. Tatsache ist, dass das Instrument der rechtlichen Betreuung erforderlich ist, um Personen, deren Krankheit oder Behinderung ihre Fähigkeit zur Kommunikation im Rechtsverkehr einschränkt, die Teilhabe am Rechtsverkehr zu ermöglichen.

Eine rechtliche Betreuung wird eingerichtet, weil die betroffene Person aufgrund der vom Arzt festgestellten Krankheit oder Behinderung zumindest teilweise nicht in der Lage ist, ihre rechtlichen Angelegenheiten zu erledigen. Anders ausgedrückt heißt dies, dass sie nicht in der Lage ist, ihren Willen störungsfrei zu bilden und/oder ihn in der gebotenen Verbindlichkeit zum Ausdruck zu bringen.

Aus der Sicht der betreuungsrechtlichen Akteure ist die Kommunikation mit der rechtlich betreuten Person, entsprechend dem betreuungsrechtlichen Auftrag an einem Thema orientiert. In vielen Situationen treffen die betreuungsrechtlichen Akteure auf betroffene Personen, denen gerade in dem Moment ganz andere Themen wichtig sind. Es ist von besonderer Bedeutung, die Erlebniswelt des Gegenübers aufzunehmen und vorrangig zu ergründen, ob und ggf. wie er in der Lage ist, meinem Besprechungsthema in seinem Hier und Jetzt einen Platz einzuräumen. Die im Folgenden beschriebenen Aspekte der Kommunikation sollen helfen, Brücken zu errichten.

Wie lässt sich Kommunikation erklären?

Kommunikation lässt sich nicht abschließend erklären. Unterschiedliche Erklärungsversuche haben theoretische Ansätze und Modelle entwickelt, um einen tieferen Einblick in das Funktionieren von Kommunikation zu gewinnen. Die meisten wissenschaftlichen Kommunikationsmodelle wurden aus der Abbildung des Kommunikationsprozesses entwickelt. Eines dieser Modelle ist im Folgenden frei nach Friedemann Schulz von Thun beschrieben.

Die Kommunikation zweier Menschen, gleich welcher Form, setzt sich normalerweise zusammen aus mehreren aufeinanderfolgenden Beiträgen. Im Idealfall geschieht dies nacheinander im Wechsel der Rollen Redner = Sender und Zuhörer = Empfänger

Als Mittel, seine Nachricht zu transportieren, setzt der Sender die Sprache, Laute, Mimik und Gestik oder andere Formen der Kommunikation ein.

Ein Beispiel aus dem Alltag:

Die Richterin steht am Bett des bettlägerigen betreuten Menschen (Sender). Er teilt mit: „Das Bett ist nass."

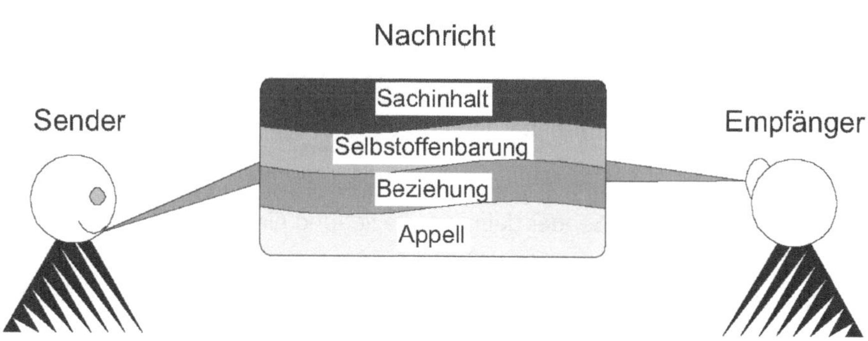

Kommunikationsmodell: Sender und Empfänger einer Nachricht

Die Nachricht hat dabei vier Botschaften. Sie enthält:

1. **Sachinhalt**

   Die vom betreuten Menschen gesendete Nachricht informiert über den Zustand des Bettes.

2. **Selbstoffenbarung**

   Jede Nachricht sagt, gewollt oder auch nicht gewollt, auch etwas über den Sender aus. Wir erfahren, dass der Sender wach ist, sprechen kann und welches Thema für ihn im Augenblick wichtig ist.

3. **Beziehungshinweis**

   Zumeist mit der Art und Weise, wie die Nachricht (Tonfall, Mimik, Gestik) übermittelt wird, bringt der Sender zum Ausdruck, wie er zum Empfänger steht und wie seiner Ansicht nach die Rollen und Sympathien verteilt sind. In dem Beispiel könnte der betreute Mensch die Richterin z.B. als mächtige Unterstützung zur Durchsetzung seiner Wünsche gegenüber dem Pflegepersonal sehen.

4. **Appell**

   Ohne es genau ausgedrückt zu haben, enthalten die meisten Nachrichten eine Aufforderung, die Einfluss auf das Handeln, Denken oder Fühlen des Empfängers nehmen will. In unserem Beispiel könnte der Sender gemeint haben: Jetzt sagen Sie der Pflege, dass die endlich das Bett machen kommen.

Die Nachricht trifft auf die Wahrnehmung (Hören, Sehen, Fühlen, Interpretieren) des Empfängers. Die Wahrnehmung des Empfängers filtert oder verstärkt die einzelnen Aspekte der Nachricht. Am Ende hat sich die Nachricht verändert.

Je nachdem, wie die Nachricht in dem Beispiel von der Richterin aufgenommen worden ist, antwortet sie z.B.:

- *Sie haben Kaffee verschüttet.*

  Hier wird der Sachinhalt besonders verstärkt.

- *Ich freue mich, dass Sie wach sind und ich mit Ihnen sprechen kann.*

  Hier wird der Bereich der Selbstoffenbarung aufgegriffen.

- *Ich kann Ihnen leider nicht helfen. Ich bin gekommen, um mit Ihnen …*

  Die Antwort geht auf die vom Sender definierte Beziehung ein, indem sie versucht, die Rollen zu klären.

- *Ich gehe jemanden holen, der das Bett richtet.*

  Der Appell hatte Erfolg.

Die einzelnen Botschaften sind weder gleichgewichtig noch klar voneinander zu trennen, wie es das Bild glauben lässt. Sie sind unterschiedlich betont und eng miteinander verflochten. Auch in diesem einfachen Beispiel ist die klare Zuordnung nur schwer möglich.

Es ist keineswegs gewährleistet, dass die einzelnen Botschaften beim Empfänger so ankommen, wie diese vom Sender verschickt worden sind. Die gelungene Kommunikation hängt davon ab, dass eine weitgehende Übereinstimmung zwischen der gesendeten und der empfangenen Nachricht besteht.

5.10.2 Grundhaltungen

Die Grundhaltung beschreibt die Aspekte der inneren Einstellung, die das Denken, Handeln, Verhalten oder Auftreten prägen. Die innere Grundhaltung ist sehr individuell ausgestaltet. Für rechtliche Betreuer ist es wichtig, die eigene innere Grundhaltung zu kennen und reflektieren zu können. Diese innere Grundhaltung bildet das Fundament der Kommunikation mit der rechtlich betreuten Person. Für den rechtlichen Betreuer muss die innere Grundhaltung gegenüber der rechtlich betreuten Person getragen sein von den im Gesetz bestimmten Grundsätzen zur Führung der rechtlichen Betreuung (siehe Abschnitt 5.2). Im Folgenden werden einige Aspekte der Grundhaltung besprochen.

5.10.2.1 Die Kraft zur Bewältigung der eigenen Angelegenheiten kommt aus dem betroffenen Menschen selbst

Diese Grundhaltung billigt jedem Menschen die grundlegende Kompetenz zur Lösung der eigenen Probleme zu. Dem liegt die Überzeugung zugrunde, dass letztlich nur jeder Mensch selbst für sich wahrnehmen kann, mit welcher Strategie die Lösung seiner Probleme herbeigeführt werden kann. Es geht darum, die rechtlich betreute Person zu unterstützen, ihre persönlichen Angelegenheiten so weit wie möglich selbstständig in ihrem Sinne und ihren Wertvorstellungen entsprechend zu besorgen.

Dagegen steht, dass der betroffene Mensch selbst oder sein Umfeld dazu neigen können, die notwendigen Entscheidungen auf andere übertragen zu wollen. Es ist verlockend, in dieser Situation die Rolle des väterlichen Ratgebers oder auch des selbstlosen Helfers anzubieten. Es ist nicht besonders schwer, Lösungsmodelle, Ratschläge oder Strategien vorzugeben, um zu dem in der Vorstellung des betreuungsrechtlichen Akteurs richtigen Ergebnis zu gelangen. Diese „Hilfe" verhindert echte Eigenverantwortung und fixiert Hilflosigkeit.

Gegen diese Grundhaltung steht auch, dass die medizinische und juristische Ausbildung überwiegend an einem Modell des Defektes orientiert ist. Der betroffene Mensch wird in Bezug auf seine gesundheitliche Störung oder ein juristisches Problem vom Fachmann informiert bzw. es wird über ihn entschieden. Ziel allen Handelns ist es, den Defekt zu behandeln und nach Möglichkeit zu beheben. Die Angebote sind professionell organisiert. Die Arbeit wird konzipiert, dokumentiert und so ausgerichtet, dass sie einer wie auch immer gearteten Überprüfung standhält.

Die oben beschriebene Grundhaltung ist entscheidend, wenn der Mensch über den Defekt hinaus in seiner Gesamtheit wahrgenommen werden will und soll. Menschen, für die eine rechtliche Betreuung eingerichtet werden soll oder für die eine rechtliche Betreuung bereits eingerichtet ist, sind in den meisten Fällen auf Dauer krank oder behindert. Die Begründung für die rechtliche Betreuung ergibt sich somit nicht direkt aus der Krankheit oder Behinderung, sondern aus der Tatsache, dass die Person auf Grund der Krankheit oder Behinderung Hilfe zur Erledigung ihrer rechtlichen Angelegenheiten benötigt. Diese Hilfe soll dazu beitragen, der rechtlich betreuten Person zu ermöglichen, am Rechtsverkehr teilhaben zu können.

Entsprechend kann sich die betreuungsrechtliche Hilfe nicht an Defekten orientieren. Sie muss vorhandene Kompetenzen aufgreifen, fördern und wenn nötig ergänzen. Die oben beschriebene Grundhaltung ist hilfreich, um das mögliche Maß der Eigenverantwortung aufzugreifen und auszubauen.

> „Wie wir alle wissen, ist Leben keine professionelle Routine mit objektiven Zielen und Regeln, sondern ein ganz subjektives ‚Happening'."[849]

Nur der Betroffene selbst kann der Experte für sein Leben sein. Wir müssen den Mut aufbringen, unsere objektiv begründeten Entscheidungen infrage zu stellen. In ganz persönlicher Weise sollten wir versuchen, die rechtlich betreute Person so gut wie möglich kennenzulernen und uns auf ihre individuelle Art und Weise, ihre Vorlieben, Charaktereigenschaften, Möglichkeiten und Beschränkungen einzulassen.

5.10.2.2 Akzeptanz (vorbehaltloses Wahrnehmen und Respektieren der rechtlich betreuten Person)

Akzeptanz meint, dass der gesprächsführende Mensch seine Wahrnehmung für sein Gegenüber öffnet. Er ist ihm freundlich zugewandt und macht durch sein Verhalten deutlich, dass er den betroffenen Menschen als eigenständige Person erlebt und ihn unvoreingenommen akzeptiert. Er sollte die Situation des betroffenen Menschen so sehen können, wie diese subjektiv von dem betroffenen Menschen erlebt wird.

Diese Fähigkeit erfordert von der gesprächsführenden Person, dass sie sich ihrer eigenen Werte und Normvorstellungen bewusst ist. Dieses Wissen ermöglicht es ihr, die Unterschiede zu ihrem Gegenüber zu erkennen und damit ihre Situation getrennt von den eigenen Vorstellungen authentisch zu sehen.

Es ist das Ziel, die Vorstellungen der rechtlich betreuten Person zum Beispiel in Bezug auf die Wertstellung zwischenmenschlicher Beziehungen, materielle Bedürfnisse, Sauberkeit und Ordnung usw. möglichst aus ihrer Perspektive kennenzulernen und zu akzeptieren.

Es erfordert viel Übung, die eigene Position verlassen zu können und die Erlebniswelt der rechtlich betreuten Person wahrzunehmen.

Gesprächsziel:

Anteilnahme, Achtung und Wärme

5.10.2.3 Empathie (emotional zugewandt sein, einfühlendes Verstehen)

Die gesprächsführende Person sollte sich nicht nur sachlich auf die Problematik des Gegenübers einstellen, sondern sich gleichermaßen öffnen für die Gefühle der rechtlich betreuten Person und versuchen, ihre Empfindungen zu verstehen und nachzuvollziehen. Dabei

849 4. Vormundschaftsgerichtstag, Bundesanzeiger Verlag 1995, S. 32 ff.

vermittelt der rechtliche Betreuer seinem Gegenüber in einer für die rechtlich betreute Person verständlichen Form, jedoch ohne eine eigene Wertung, nicht nur den verstandenen Sachverhalt, sondern auch das empfangene Gefühl. So kann er sich der Richtigkeit seiner Wahrnehmung vergewissern.

Gesprächsziel:

Wahrnehmung der emotionalen Welt des betreuten Menschen

5.10.2.4 Echtheit

Im Verlauf der rechtlichen Betreuung gewinnen die Akteure im Betreuungsrecht einen tiefen und intimen Einblick in das Leben der betroffenen Person. In der Akte finden sich Berichte und Gutachten über ihre Krankheit, Behinderung, Lebensumstände, Einkommen und Ausgaben und vieles mehr. Das Handeln der betreuungsrechtlichen Akteure hat bestimmende Wirkung auf das Leben der rechtlich betreuten Person. Sie befindet sich in einer ungleich schlechteren Position. Die für sie zuständigen Akteure des Betreuungsrechts sind ihr zumeist unbekannt und erscheinen übermächtig.

Für die Herstellung einer vertrauensvollen Kommunikation ist es – besonders zum Ausgleich des beschriebenen Ungleichgewichts – von entscheidender Bedeutung, dass die betroffene Person ihr Gegenüber als Mensch wahrnehmen kann. Für die gesprächsführende Person gilt es, die eigene Fassade abzulegen und in Übereinstimmung mit dem eigenen Erleben der rechtlich betreuten Person zu begegnen. Dazu gehört auch die Bereitschaft, dem betreuten Menschen das eigene Erleben mitzuteilen. Es geht nicht darum, Friede und Freude zu verbreiten. Eine Situation, die als unangenehm erlebt wird, muss auch als solche benannt werden.

Gesprächsziel:

Echtheit in der Selbstdarstellung; Fähigkeit zur Selbstdarstellung

5.10.2.5 Resümee

Allen für die Erklärung der Kommunikation entwickelten Modellen ist gemeinsam, dass sie nicht für die Kommunikation im Rahmen der rechtlichen Betreuung entwickelt worden sind. Die entwickelten Grundsätze und Grundannahmen müssen entsprechend auf die Kommunikation mit rechtlich betreuten Personen angepasst werden.

Bei den im Rahmen des Betreuungsverfahrens geführten Gesprächen handelt es sich nicht um Therapie- oder Arzt-/Patientengespräche. In der Regel geht es den betreuungsrechtlichen Akteuren darum, in einem vorgegebenen Zeitraum eine Situation kennenzulernen, Informationen auszutauschen, Argumente für anstehende Entscheidungen zu finden und Handlungsstrategien, nach Möglichkeit auf der Grundlage selbstbestimmter Entscheidungen, zu entwickeln.

Richter, Rechtspfleger, Verfahrenspfleger und Gutachter haben nur wenige kurze Kontakte zum betroffenen Menschen. Dabei sind die zu bearbeitenden Fragestellungen meist vorgegeben und von entscheidender Bedeutung. Es bleibt wenig Spielraum, um sich auf die aktuellen Interessen und Befindlichkeiten der betroffenen Person einzulassen.

Die Kommunikation des rechtlichen Betreuers mit der rechtlich betreuten Person hat zwei sich wechselseitig beeinflussende Ziele.

- Zum einen geht es darum, die rechtlich betreute Person bei der selbstbestimmten Entscheidungsfindung zu rechtlichen Problemen zu unterstützen. Um die betreuungsrechtliche Hilfe auszulösen, bedarf es jedoch der durch Krankheit/Behinderung begründeten Einschränkung, den Prozess der Entscheidungsfindung selbstbestimmt oder mit Unterstützung vorrangiger Hilfe zu vollziehen. Die für den allgemeinen Gebrauch entwickelten Methoden zur Gesprächsführung und zur Unterstützung bei der Entscheidungsfindung sind entsprechend im Vorfeld erfolglos geblieben.
- Zum anderen geht es darum, eine Beziehung, die einvernehmliches Zusammenwirken im Bereich rechtlicher Entscheidungen und rechtlicher Handlungen ermöglicht, zu entwickeln und aufrechtzuerhalten.

Die in der Regel für einen längeren Zeitraum erforderliche rechtliche Betreuung bietet die Möglichkeit der Entwicklung und Pflege einer vertrauensvollen Beziehung zwischen der rechtlich betreuten Person und dem rechtlichen Betreuer. Soweit die rechtliche Betreuung ehrenamtlich geführt wird, hat diese Beziehung auch private Aspekte. Dagegen hat die rechtliche Betreuung, die beruflich geführt wird, eine Arbeitsbeziehung zur Grundlage.

Die Beziehung ist nicht immer freiwillig zustande gekommen. Sie ist nicht frei von Zwängen. Der den Betreuungsrecht innewohnende Schutzgedanke kann dazu führen, dass der rechtliche Betreuer verpflichtet ist, Dinge zu erledigen, „welche die rechtlich betreute Person nicht verstehen kann". Teilweise muss er dabei gegen den Willen der rechtlich betreuten Person entscheiden. Die rechtlich betreute Person fühlt sich bevormundet. Je nachdem, wie intensiv der erforderliche betreuungsrechtliche Eingriff von der rechtlich betreuten Person empfunden wird, kann der Aufbau einer guten Beziehung, die ein einvernehmliches Zusammenwirken ermöglicht, gehindert bis unmöglich sein.

Eine gute Beziehung fördert das Vertrauen in die unterstützende Hilfe des rechtlichen Betreuers. Spürt die rechtlich betreute Person positive Auswirkungen für ihr Leben durch die Unterstützung durch den rechtlichen Betreuer, hat dies positive Auswirkungen auf die Beziehung zueinander.

5.10.3 Diversitätssensible/die Vielfältigkeit achtende Kommunikation

Die oben beschriebene Grundhaltung findet ihre Umsetzung in der Kommunikation, die der rechtlich betreuten Person trotz aller Unterschiede Wertschätzung entgegenbringt. Der rechtliche Betreuer vermeidet Diskriminierungen jeder Art und beteiligt sich nicht an der Fortführung von Vorurteilen und Stereotypen. Der rechtliche Betreuer ist aber auch nicht der Lehrer, der durch Vorbild oder Kritik die Aufgabe hat, die Art und Weise der von der rechtlich betreuten Person verwendeten Kommunikation zu beeinflussen. Es kann im Folgenden somit nur darum gehen, wie der rechtliche Betreuer der rechtlichen betreuten Person begegnet.

Schon der allgemeine Sprachgebrauch kann dazu führen, dass sich die rechtlich betreute Person hoffnungslos unterlegen fühlt oder glaubt, für eine „Idioten" gehalten zu werden, dem alles wie einem kleinen Kind erklärt werden muss.

Beispiele:

- *Die rechtlich betreute Person war zeitlebens Wissenschaftler und ist an einen wissenschaftlichen Sprachgebrauch gewöhnt. Durch ihre Erkrankung ist sie nicht mehr in der Lage, wissenschaftlich dargebotene komplexe Sachverhalte zu verstehen. Die entsprechende Erklärung hat sie nicht verstanden, fühlt sich aber im Gespräch sichtlich wohl und reagiert freundlich. Auf eine einfache ihr verständliche Erklärung reagiert sie ungehalten. Sie fühlt sie sich als wissenschaftlich gebildeter Mensch beleidigt.*
- *Die rechtlich betreute Person ist im Zahlenraum bis hundert desorientiert. Bei dem Versuch, das monatliche Haushaltsbuch mit ihr zu besprechen, weicht sie aus und spricht über andere Dinge. Die einfache Benennung des Betrages, der als Taschengeld zur Verfügung steht, wird von ihr akzeptiert.*

Es gibt also kein Wörterbuch, in dem schnell und einfach die „richtige" Sprechweise nachgeschlagen werden kann. Eine die Verschiedenheit akzeptierende Kommunikation ist aufmerksame reflektierte Kommunikation, die Vorurteile, Ungerechtigkeiten und „Misstöne" erfasst und anspricht.

Im Gespräch sollte der Mensch konkret im Mittelpunkt stehen. Es geht selten darum, wie es „uns" geht oder was „wir" machen. Regelmäßig geht es darum, wie es der rechtlich betreuten Person geht und was sie gerne machen möchte. Es kann beispielsweise auch nicht darum gehen, was „man denn so macht", was „altersentsprechend" ist oder allgemein von einer behinderten Person erwartet wird. Es geht immer darum, welche Wünsche und Ziele die rechtlich betreute Person für sich entwickelt. Das Bestreben, die Individualität der rechtlich betreuten Person zu wahren, darf aber nicht zum Selbstzweck werden und dem Wunsch der rechtlich betreuten Person, einer bestimmten Gruppe und ihren Entscheidungen zuzugehören, entgegenstehen.

Gerade zu Beginn einer rechtlichen Betreuung ist es schwierig, die richtigen Worte zu finden. Fragen Sie die rechtlich betreute Person, wie sie sich wünscht, dass von Ihnen gesprochen wird, oder wie sie wünscht, dass von ihr im Bericht an das Betreuungsgericht geschrieben wird. Mitunter fühlen sich beispielsweise Menschen mit psychischen Erkrankungen weder krank noch behindert. Auch die Herkunft der rechtlich betreuten Person kann für anstehende Entscheidungen eine Rolle spielen und kann für sie selbst von besonderer Bedeutung sein. Sie ist aber kein allumfassendes bestimmendes Element. Zu fragen ist, ob die Erwähnung in dem aktuellen Kontext sinnvoll ist.

5.10.4 Ressourcenorientierte Kommunikation

Die Überzeugung, dass der Weg zur Bewältigung der eigenen Angelegenheiten aus der betroffenen Person entspringt, erfordert es, sich ganz auf seine Kräfte zur Bewältigung der anstehenden rechtlichen Angelegenheiten zu konzentrieren. Wenn Menschen vor der Bewältigung eines Problems stehen, kreist das Denken oft um Befürchtungen, Mängel, Fehler. Insbesondere Menschen, die zu Depressionen neigen oder im Glauben sind, die Welt ohnehin nicht mehr zu verstehen, vergessen dabei ihre vorhandenen Ressourcen, Fähigkeiten, Kompetenzen.

Rechtliche Betreuer neigen dazu, sich als Verantwortliche zu sehen und Lösungen anbieten zu müssen. Eine an den Ressourcen orientierte Kommunikation fragt dagegen zunächst danach, welche Sichtweise die rechtlich betreute Person bezüglich der zu regelnden rechtlichen Angelegenheit hat. Sie fragt nach den Empfindungen der rechtlich betreuten Person. Ist sie überfordert? Benötigt sie weitere Informationen? Fühlt sie sich hilflos? Wie möchte sie, dass die rechtliche Angelegenheit geregelt wird? Wo will sie hin? Was kann sie selbst auf dem Weg zur Lösung beitragen? An welcher Stelle benötigt sie welche Unterstützung?

Techniken wie aktives Zuhören, das Führen mit lösungsorientierten Fragen, das Geben von Feedback und Würdigen kleinster Veränderungsschritte sowie ressourcenorientierter Umgang mit Widerstand müssen anhand praktischer Beispiele erlernt und trainiert werden.

5.10.5 Konfliktmanagement in der Kommunikation

Welche Bedeutung haben Konflikte für rechtliche Betreuer?

Rechtliche Betreuer sind in ihrer Arbeit konfrontiert mit Menschen, die sich in besonderen Situationen befinden und besondere zum Teil existenzielle Herausforderungen zu bewältigen haben. Eine gute Arbeitsbeziehung ist somit entscheidend, um gute Lösungen zu erzielen. In der Praxis sind Konflikte keine Seltenheit und rechtliche Betreuer sind gehalten, die konfliktträchtige Situation in eine tragfähige Arbeitsbeziehung zu wandeln.

Vielfach werden Konflikte als unerwünschte angesehen. Sie stören den normalen Ablauf, schaffen Probleme, welche dazu zwingen, sich zeitaufwendig mit ihnen auseinanderzusetzen.

Die Tätigkeit des freiberuflichen rechtlichen Betreuers unterliegt – neben den gesetzlichen Bestimmungen – dem Grundsatz der Wirtschaftlichkeit. Zentrale Aspekte der Wirtschaftlichkeit sind die aufgewendete Zeit und die psychomentale Belastung. Beide Aspekte werden durch die Eskalation und Ausbreitung von Konflikten strapaziert. Insbesondere, wenn Konflikte im betreuungsrechtlichen Verfahren ausgetragen werden und damit das Betreuungsgericht beteiligt ist, entsteht erheblicher Aufwand durch vom Betreuungsgericht angeforderte Stellungnahmen und Berichte. Hinzu kommt der Zeitaufwand für persönliche Anhörungen.

These

Jeder eskalierende und sich ausbreitende Konflikt kostet Zeit und Nerven und macht den Fall unwirtschaftlich.

Jeder freiberufliche rechtliche Betreuer lebt von seinem „guten Ruf". Das Betreuungsgericht wird keinen ungeeignet erscheinenden rechtlichen Betreuer bestellen. Konflikte in der Kommunikation können nicht vermieden werden. Zum Teil sind Sie bereits strukturell vorbestimmt. Insbesondere wenn die rechtliche Betreuung gegen den erklärten Willen der rechtlich betreuten Person beschlossen worden ist, beherrschen Konflikte den Alltag der Kommunikation. Ein gutes Konfliktmanagement ist Qualitätsmerkmal für gute rechtliche Betreuung und bleibt nicht unbemerkt.

Konflikte sind aber auch Chancen. Aus ihnen entsteht Entwicklung und Fortschritt. Konflikte machen Probleme bewusst, stärken den Willen zur Veränderung, fordern, Probleme aktiv anzugehen, können die Arbeitsbeziehung vertiefen und fördern Kreativität.

Konflikte lassen sich nicht grundsätzlich vermeiden. Es geht darum, den Konflikt frühzeitig zu erkennen, ihn aufzugreifen und die in ihm wohnende Kraft zu nutzen.

Was sind Konflikte?

Konflikte werden im Folgenden als Interessengegensätze zweier oder mehrerer Akteure verstanden. Dabei sind Konflikte nicht auf die beteiligten Parteien beschränkt. Sie haben auch Auswirkungen auf mittelbar Beteiligte. Sie sind unvermeidbar und regelmäßiger Bestandteil des Alltags eines rechtlichen Betreuers. Sie sind Bestandteil des sozialen Lebens. Konstruktiv durchlebt ermöglichen sie Fortkommen und die positiv empfundene Entwicklung auf beiden Seiten, eine Win-win-Situation. Werden Konflikte durch Nachgeben oder mit Hilfe von Zwang bearbeitet, verliert eine Seite. Konflikte haben immer sachliche und emotionale Bestandteile. Die Grundhaltung bestimmt den Umgang mit dem Konflikt.

Wie entstehen Konflikte?

Konflikte entstehen, wenn Individuen in Kontakt zueinander treten und abweichende Interessen, Meinungen und Erwartungen aufeinandertreffen. Aber nicht nur sachlich fassbare Unterschiede können zu Konflikten führen. Durch die Komplexität des Kommunikationsprozesses kann es zur Störung des Kommunikationsverlaufes kommen. Kommunikationsstörungen können beispielsweise entstehen:

- weil die verbale oder paraverbale Kommunikation nicht funktioniert (unterschiedlicher Sprachgebrauch),
- wenn bewusste oder unbewusste nonverbale Signale falsch gedeutet werden,
- wenn auf verschiedenen Ebenen gesendet und mit unterschiedlichen Ohren zugehört wird.

Unbemerkt bleibende Konflikte können eskalieren und eine Gefährdungslage nach sich ziehen. Es gilt somit, Kommunikationsstörungen rechtzeitig zu erkennen und zu bearbeiten. Die Fähigkeit, Konflikte zu erkennen, zu bewerten und zu lösen, ist eine Schlüsselqualifikation für rechtliche Betreuer. Sie müssen den möglichen Konfliktverlauf erkennen können und wissen, wie einem Konflikt zu begegnen ist.

Wie kann ich einen Konflikt erkennen?

Bevor ein Konflikt offen zutage tritt, gibt es häufig Anzeichen. Dem aufmerksam zuhörenden rechtlichen Betreuer werden die im Gespräch mitschwingenden Unstimmigkeiten nicht entgehen. Es gilt, diese Unstimmigkeiten aufzugreifen und weitere Signale richtig zu deuten. Streit, Zynismus, Ironie, Widerspruch, Ablehnung, Verschweigen von Informationen oder der häufig zu beobachtende Rückzug aus dem Gespräch sind Anzeichen, die auf einen bevorstehenden Konflikt hinweisen.

Die theoretische Vertiefung würde den hier gegebenen Rahmen überschreiten. Das theoretische Wissen lässt sich durch Studien erlernen. Entscheidend ist der geübte Umgang, welcher sich bevorzugt im Rahmen entsprechender Fachseminare erarbeiten lässt. An dieser Stelle geht es darum, für die häufig anzutreffenden Konfliktfelder zu sensibilisieren. Anhand von Beispielen sollen pragmatische Möglichkeiten des Umgangs beschrieben werden.

Welches sind die Ursachen von Konflikten?

Wie bereits oben angedeutet, können Konflikte strukturell vorbestimmt sein, weil eine rechtliche Betreuung beispielsweise gegen den erklärten Willen der rechtlich betreuten Personen beschlossen worden ist.

Es gibt eine Vielzahl möglicher Konfliktursachen, die darüber hinaus ausschlaggebend für einen Konflikt sein können. Dazu gehören beispielsweise:

- unterschiedliche Wertesysteme,
- unterschiedliche Vorstellungen zu den Aufgaben und Pflichten des rechtlichen Betreuers,
- Machtgefälle zwischen rechtlich betreuter Person und rechtlichem Betreuer,
- fehlende gegenseitige Akzeptanz,
- Geschlechterkonflikt,
- das Empfinden einer Bedrohung für das eigene Selbstbild.

Mit welchen Konfliktfeldern wird der freiberufliche rechtliche Betreuer häufig konfrontiert?

Die folgende Grafik zeigt die fünf häufigsten Konfliktfelder:

Schaubild: Konfliktfelder

Wie können Konflikte im Gespräch mit der rechtlich betreuten Person vermieden werden?

Die Methoden des Konfliktmanagements beschäftigt sich einerseits mit der Frage, wie ein konfliktträchtiger Verlauf vermieden werden kann. Der zweite Weg setzt sich mit dem Konfliktverlauf und den beteiligten Personen auseinander und versucht, stärkende Lösungen zu erzielen. Dabei hat jede Methode ihre Zeit. Der erste Schritt zur Vermeidung unnötiger Konflikte liegt in der Vorbereitung auf die Begegnung mit der rechtlich betreuten Person. Vor jedem Gespräch sollte ich mir vergegenwärtigen, welche Funktion ich bekleide und mit welcher thematischen Vorgabe ich in das Gespräch gehe. Es kann hilfreich sein, sich Stichpunkte zu notieren.

Welchen Einfluss hat die Umgebung auf das Gespräch?

Riecht es in der Wohnung unangenehm? Will ich mich nicht setzen, weil die Möbel alle verdreckt sind? Läuft das Radio oder der Fernseher? Sind zu viele Leute im Raum? Die Gespräche sollten nach Möglichkeit in der gewohnten Umgebung der betroffenen Person stattfinden. Störungen – Radio, Fernseher, laute Hintergrundgeräusche usw. – sollten vermieden werden. Im Heim ist es mitunter besonders schwierig, einen ungestörten Raum zu finden.

Wie beginne ich ein Gespräch?

Ein Gespräch nimmt seinen Verlauf über eine Anfangsphase, die Gesprächsmitte und die Endphase. Es setzt sich zusammen aus zumeist mehreren aufeinander folgenden Redebeiträgen. Lange Monologe sind nicht hilfreich.

Das Gespräch von Angesicht zu Angesicht beginnt in der Regel mit einer Begrüßung und der Vorstellung der eigenen Person. Dabei können die eigene Rolle und der Grund für das Gespräch benannt werden. Emotional wird in dieser Phase die Grundstimmung des Gesprächs festgelegt. Bestandteile der Begrüßung sind auch die jeweiligen kulturellen Begrüßungsrituale. Das Händeschütteln war hierzulande gängiges nonverbales Begrüßungsritual bis zur Corona-Pandemie. Die Reduzierung und teilweise Aufhebung von Kontaktbeschränkungen hat gezeigt, dass eine Ängstlichkeit für Begrüßungsrituale, die mit Berührung verbunden sind, verblieben ist. Andere Rituale beinhalten Verneigung, Verbeugung, Umarmung etc. Das Ausbleiben oder bewusste Weglassen gewohnter Rituale verwirrt und kann die Gesprächsatmosphäre negativ beeinflussen. Es kann z.B. nicht vorausgesetzt werden, dass der betroffenen Person die Tendenz zum Weglassen des Händeschüttelns wegen hygienischer Bedenken präsent ist. Es sollte erklärt werden.

Die Anfangsphase kann Ängsten, Unsicherheit, Hektik und Nervosität entgegenwirken. Geht die betroffene Person direkt in eine abwehrende Haltung, kann es hilfreich sein, auf einer ruhigen Begrüßung und Vorstellung zu bestehen. Die betroffene Person sollte den Besucher nicht nur in seiner Rolle als rechtlicher Betreuer, sondern auch als Mensch wahrnehmen können. Hierzu bieten sich persönliche Worte über die Umgebung oder die eigene Situation an.

Was geschieht bei Störungen?

Im direkten Gespräch ist das „Hier" und „Jetzt" von besonderer Bedeutung. Die Betonung von „Hier" und „Jetzt" meint neben der Beachtung von Störungen aus der Umgebung in erster Linie die positive Gestaltung der Atmosphäre des Gesprächs. Zur Atmosphäre des Gesprächs gehören auch die Gedanken oder Gefühle, die mit der Thematik nichts zu tun haben. Sie sollten aufgegriffen und kurz thematisiert werden, um anschließend konzentriert auf das Thema zurückführen zu können. Sie sollten nicht zum Mittelpunkt des Gesprächs werden.

Im Gespräch mit älteren Personen passiert es häufig, dass sie vom Thema abschweifen und über vergangene Ereignisse berichten. Eine gelungene Gesprächsführung kann, ohne die betroffene Person zu verärgern oder zu beschämen, zum Thema zurückfinden. Es kann hilfreich sein, einen thematischen Bezug zu den vergangenen Ereignissen herzustellen.

Wovon hängt die Verständigung ab?

Die gelungene Verständigung hängt davon ab, dass im Gespräch eine gemeinsame Sprache verwendet wird. Dabei muss sich der rechtliche Betreuer auf die Sprache jeder einzelnen rechtlich betreuten Person einstellen. Ziel ist es, sich ohne die Verwendung von Fremdwörtern oder die berufsspezifische Sprache möglichst einfach auszudrücken. Eine zu einfache Ausdrucksweise kann die Intelligenz beleidigen. Finden Sie das richtige Wort.

Die kognitiven Fähigkeiten rechtlich betreuter Personen können starken Schwankungen unterliegen. Wenn an einem bestimmten Tag aufgrund der *„Ver-rücktheit"* der Person kaum eine Verständigung möglich ist, kann das Gespräch möglicherweise zu einer anderen Zeit erfolgreich geführt werden.

Wichtig ist, die Tagesstruktur der betroffenen Person zu berücksichtigen und herauszufinden, wann die Verständigung am besten möglich ist.

Wie prüfe ich, dass ich alles richtig verstanden habe?

Von Zeit zu Zeit sollte das, was die rechtlich betreute Person mitgeteilt hat, in einfachen Worten zusammengefasst und wiedergegeben werden. Sie ist so in der Lage, mich, wenn nötig, zu korrigieren. Dabei sollte nicht versucht werden, zu interpretieren, zu deuten oder zu überreden. Die Reflexion kann der betroffenen Person helfen, ihren Standpunkt besser zu erkennen und bestehende Widersprüche zu klären.

Wie wird die Lösung gefunden?

Die Entwicklung der Lösungsstrategie stützt sich auf eine klare und möglichst einfach formulierte Fragestellung und die Qualität des vorangegangenen Informationsaustausches.

In der Regel bieten sich mehrere Lösungsmöglichkeiten an. Alle Möglichkeiten sollten zunächst ohne Bewertung benannt werden. Die Entscheidung der betroffenen Person ist grundsätzlich zu akzeptieren, wenn ihr ein freier Wille zugrunde liegt. Sie ist auch zu akzeptieren, wenn die Entscheidung keine erhebliche Gefahr für die rechtlich betreute Person oder ihr Vermögen bedeutet.

Ist die rechtlich betreute Person unschlüssig oder würde ihre Entscheidung eine erhebliche Gefahr für sie oder ihr Vermögen bedeuten, ist über den Weg der unterstützten Entscheidungsfindung der Versuch zu unternehmen, einvernehmliches Zusammenwirken zu erreichen (siehe Modul 11 Abschnitt 5.11).

Erst wenn alle Möglichkeiten ausgeschöpft worden sind, die betroffene Person bei der Suche nach einer eigenen Lösung zu unterstützen, sollten Lösungsstrategien in Form einer Auswahl von mehreren Vorschlägen angeboten werden. Führt auch dies zu keinem Ergebnis, ist ein Ergebnis aber zwingend notwendig, muss die Lösung vorgegeben werden. Die Vorgabe eines Ergebnisses ist als ersetzende Entscheidung und letztes Mittel deutlich zu benennen und zu dokumentieren.

Welche Mittel zur Konfliktlösung dürfen nicht angewendet werden?

Auch wenn es keiner hören will, kann sich niemand von den eigenen „Überredungskünsten" freisprechen. Betroffene Personen werden überredet, sich einen Katheter setzen zu lassen oder sich dem Tagesablauf im Heim anzupassen. Mit Überredung wird der psychisch Kranke dazu bewegt, „freiwillig" der Einweisung in die geschlossene Station des Krankenhauses zuzustimmen oder Medikamente zu nehmen. All dieses Überreden dient dem „Wohl" der betroffenen Person.

Überreden ist möglicherweise die einfachste Methode, schlimmere Eingriffe zu verhindern. Vordergründig wird die Arbeit erleichtert. Überreden heißt aber, den geäußerten Willen der betroffenen Person nicht zu akzeptieren. Die verbale Überlegenheit wird ausgenutzt, um die Entscheidung und Interessen anderer durchzusetzen. Der betroffenen Person wird die Möglichkeit genommen, sich gegen diese Bevormundung zu wehren. Ihr wird teilweise das sonst garantierte Rechtsmittel genommen. Gesetzlich installierte und notwendige Kontrollen werden umgangen. Vertrauensvolle Zusammenarbeit wird auf Dauer unmöglich gemacht.

Aus der Sicht einer die Selbstbestimmung unterstützenden Gesprächsführung kann Überreden kein Mittel der Arbeit sein. Auch wenn dies bedeutet, dass umständliche Genehmigungsverfahren in Gang zu setzen sind.

Zugegeben, die Grenzen zwischen Informieren und Überreden sind fließend. Die oben beschriebene Grundhaltung und die Anwendung der genannten Methoden können vor dem zu schnellen Abgleiten in die Technik des Überredens bewahren.

Wie kann der Ausweitung und Eskalation von Konflikten begegnet werden?

Schwierige Situationen, die zu Konflikten führen können, sind an verschiedenen Stellen im Buch beispielhaft zu Aufgabenkreisen und Einzelproblemen beschrieben. Zusammenfassend kann gesagt werden, dass folgende Bedingungen geeignet sind, die Ausbreitung und Eskalation von Konflikten zu begrenzen:

- eine gute, an Möglichkeiten und Lösungen orientierte Arbeitsbeziehung,
- die Möglichkeit der rechtlich betreuten Person, das Handeln des rechtlichen Betreuers subjektiv nachzuvollziehen,
- das Vertrauen der rechtlich betreuten Person auf die Wahrhaftigkeit und Echtheit des rechtlichen Betreuers,
- das Erleben, gemeinsam etwas erreicht zu haben.

Der letzte Aspekt ist in den bisherigen Ausführungen zu kurz gekommen. Für das Konfliktmanagement ist es von besonderer Bedeutung, gute Ergebnisse zu benennen und bewusst zu halten. Entscheidend ist es, Erfolge für die Erlebniswelt der rechtlich betreuten Person erfahrbar zu machen.

Beispiele:

- *Ich konnte erreichen, dass Sie jetzt ein Einzelzimmer haben.*
- *Sie brauchen sich keine Sorgen mehr wegen der Schulden zu machen. Es ist sogar ein wenig Geld für den Notfall da.*
- *Schön, dass ich den richtigen Pflegedienst für Sie finden konnte.*

Was ist zu tun, wenn ein Konflikt droht zu eskalieren?

Die Eskalation bestimmter Konflikte lässt sich nicht immer vermeiden. Insbesondere, wenn gegen den Willen der rechtlich betreuten Personen gehandelt werden muss, ist damit häufig ein Konflikt verbunden, der sich über eine längere Zeit erstrecken kann. Zeichnet sich ein dauerhafter Konflikt ab und lässt sich dieser auch nicht entspannen, ist darüber nachzudenken, ob der Wechsel der rechtlich betreuenden Person einen Neustart für die Arbeitsbeziehungen zwischen der rechtlich betreuten Person und dem rechtlichen Betreuer ermöglichen könnte. Soweit dies der Fall ist, regt der rechtliche Betreuer beim Betreuungsgericht den Wechsel des rechtlichen Betreuers an.

Doch zuvor ist zu versuchen, den Konflikt über andere geeignete Methoden zu entspannen. Die ausführliche Erörterung der Methoden zur Konfliktbewältigung bleibt den entsprechenden Fachseminaren vorbehalten. An dieser Stelle können lediglich einige Stichpunkte für den sensiblen Umgang mit Konflikten genannt werden.

Die Lösung von Konflikten liegt oft in der Kombination unterschiedlicher Methoden. Stichpunkte sind:

- **Abstand herstellen.**

  Da die Kommunikation in der aktuellen Situation zu keiner Lösung führt, kann zu einem anderen Zeitpunkt ein erneuter Versuch unternommen werden.

- **Reflektieren des Gespräches**

  Was ist gut gelaufen, woran hat sich der Konflikt entwickelt. Welche Gefühle haben sich entwickelt? Gibt es Verlierer und Gewinner? Versuchen Sie, sich in die rechtlich betreute Person hineinzuversetzen. Welche Bedürfnisse hat sie? Womit ist sie unzufrieden?

- **Ausarbeiten von Verbesserungen**

  Können Rahmenbedingen für die Besprechung verbessert werden? Welche Grundhaltung/Verhaltensweisen sind förderlich? Kann die Anwesenheit einer Vertrauensperson helfen?

- **Neuer Versuch**

  Konflikte in der Kommunikation sind selten einer kausalen Ursache zuzuordnen. Entsprechend kann es nicht die eine richtige Lösung geben. Möglicherweise bedarf es mehrerer Versuche, um zum Schluss zu einer gelungenen Kommunikation zu gelangen. Konflikte sollten angesprochen werden. Sprechen Sie offen und deutlich miteinander. Sobald die unterschiedlichen Bedürfnisse und Motive klar erkennbar sind, ist es einfacher, eine Lösung zu finden.

- **Hilfe suchen**

  Ist der Konflikt zu einer scheinbar unüberbrückbaren Auseinandersetzung geworden, wird Hilfe von außen benötigt, um zu einer Lösung zu finden.

6 Berufseinstieg

Die folgenden Abschnitte beleuchten unterschiedliche Möglichkeiten des Berufseinstiegs. Es werden allgemeine und individuelle Aspekte zur Entwicklung des eigenen Konzepts beschrieben. Aufgezeigt werden Beispiele für Einsteigerberatung und Fördermöglichkeiten. Zuvor wird aufgezeigt, welche allgemeinen und individuellen Aspekte zur Einschätzung der eigenen Marktchancen zu berücksichtigen sind.

6.1 Die Marktlage

Ist das Konzept der freiberuflichen Tätigkeit als rechtliche*r Betreuer*in noch zeitgemäß? Wie ist die Nachfrage einzuschätzen?

Ein Blick auf die Zahlen und Statistiken vermittelt einen Eindruck von der Bedeutung freiberuflich tätiger rechtlicher Betreuer*innen für die Gewährleistung rechtlicher Teilhabe im Wege der rechtlichen Betreuung.

Wie entwickelt sich die Zahl der Erstbestellungen?

In den Jahren 1992 bis 2009 ist die Zahl der Erstbestellungen eines rechtlichen Betreuers stetig bis auf den Spitzenwert von 239.962 angestiegen. Seitdem ist ein stetiger Rückgang auf 197.739 im Jahr 2015 zu verzeichnen.[850] Mit einer Verzögerung hat sich diese Entwicklung auf die Summe der zum Jahresende anhängigen Betreuungsverfahren ausgewirkt. Diese sind seit 2013 rückläufig.[851]

Wie erklärt sich der Rückgang der Erstbestellungen?

Es darf angenommen werden, dass die Maßnahmen des Gesetzgebers zur Stärkung der Vorsorgevollmacht erheblichen Anteil an der Entwicklung der Zahl der Erstbestellungen haben. Von 2009 bis 2018 hat sich die Zahl der bei der Bundesnotarkammer im Zentralen Vorsorgeregister eingetragenen Vorsorgevollmachten von 916.091 auf 4.184.450 erhöht.[852]

Für diese Annahme spricht, dass der Rückgang der Neubestellungen mit einem Rückgang der in Betreuungsverfahren bestellten Familienangehörigen bzw. ehrenamtlichen tätigen rechtlichen Betreuer*innen korreliert.

Ein weiter Grund für den Rückgang der Erstbestellungen könnte darin gesehen werden, dass die Kriterien zur Bestimmung der Erforderlichkeit der rechtlichen Betreuung enger gehandhabt werden.

850 https://www.lexikon-betreuungsrecht.de/Betreuungszahlen#Erstbestellungen_zum_Betreuer (Zugriff: 31.8.2022)
851 Horst Deinert, BtPrax 1/2016, S. 9 bis 12
852 2018, siehe unter www.vorsorgeregister.de/footer/jahresbericht-und-statistik/ (Zugriff: 4.10.2022)

Kann daraus geschlossen werden, dass weniger rechtliche Berufsbetreuer*innen gebraucht werden?

Aus der oben genannten Entwicklung könnte geschlossen werden, dass auch die Anzahl der durch rechtliche Berufsbetreuer*innen im Rahmen der Erstbestellung übernommenen Verfahren abgenommen hat. Dem ist nicht so. Ungeachtet der Gesamtentwicklung hat die Anzahl der durch rechtliche Berufsbetreuer*innen übernommenen Verfahren im Rahmen der Erstbestellung zugenommen. Im Jahr 2015 wurden in 81.504 (41,22 %) Betreuungsverfahren rechtliche Berufsbetreuer*innen bestellt.

Aus welchem Grund werden mehr rechtliche Berufsbetreuer*innen gebraucht?

Auch zu dieser Frage liegen keine aktuellen und belastbaren Untersuchungsergebnisse vor. Die nicht repräsentative Befragung von Kolleginnen und Kollegen und Mitarbeitenden von Betreuungsbehörden führte zu folgenden Thesen:

Thesen

- Im Rahmen der Vorsorgevollmacht werden überwiegend Vertrauenspersonen aus dem näheren Umfeld bevollmächtigt. Soweit hier in der Vergangenheit eine rechtliche Betreuung zu bestellen gewesen wäre, hätte das Gericht die vorhandene Vertrauensperson bestellt. Die steigende Zahl der Vorsorgevollmachten wird überwiegend Betreuungsverfahren erübrigen, in denen ohnehin kein rechtlicher Berufsbetreuer zu bestellen gewesen wäre. Vorsorgevollmachten reduzieren nicht die Erforderlichkeit beruflicher rechtlicher Betreuung.
- Die strengere Auslegung der Kriterien für die Beurteilung der Erforderlichkeit einer rechtlichen Betreuung reduziert „einfachere" Verfahren. Für „einfache" Verfahren werden bevorzugt ehrenamtliche rechtliche Betreuer*innen bestellt. Entsprechend hat ein Rückgang dieser Verfahren ebenfalls keine Auswirkungen auf die Notwendigkeit beruflich geführter rechtlicher Betreuungen.
- Die Anzahl der Betreuungsverfahren zur Kontrolle von Bevollmächtigten nimmt zu. Diese Verfahren sind mit erheblichen Schwierigkeiten verbunden und werden daher überwiegend von rechtlichen Berufsbetreuer*innen geführt.
- Die Betreuung von Personen im Rahmen der immer komplexer werdenden Sozialleistungsverfahren erfordert fachlich qualifizierte rechtliche Betreuung.
- Eine große Zahl rechtlicher Berufsbetreuer*innen der „ersten Stunde" erreicht das Rentenalter und scheidet aus dem Beruf aus. Es wird dringen Nachwuchs gesucht. Aus vielen Betreuungsbehörden wird ein Mangel geeigneter Bewerber*innen gemeldet.

Wie ist die berufliche rechtliche Betreuung organisiert?

Berufliche rechtliche Betreuung wird von Behörden, Vereinen und in der Mehrzahl freiberuflich tätigen rechtlichen Betreuer*innen angeboten. Im Jahr 2014 waren im Bundesdurchschnitt bei der Neubestellung von rechtlichen Berufsbetreuer*innen 0,29 % der Personen bei einer Behörde angestellt, 14,70 % waren bei einem Verein angestellt, 84,46 %

waren freiberuflich tätig.[853] Regionale Unterschiede erklären sich überwiegend durch den Erfolg der jeweiligen Bundesländer, ehrenamtliche rechtliche Betreuer*innen zu gewinnen, und durch gewachsene Strukturen. Im Jahr 2014 ist dies in Baden-Württemberg, Bayern, Hessen und Rheinland-Pfalz zu über 60 % gelungen.

Wie werden sich die inhaltlichen Anforderungen an rechtliche Berufsbetreuer*innen entwickeln?

Aus der praxisorientierten Betrachtung der Entwicklung der fachlichen Anforderungen seit 1992 und den zuvor genannten Thesen kann folgende Prognose abgeleitet werden:

These

Die fachlichen Anforderungen an die Arbeit rechtlichen Berufsbetreuer*innen werden zunehmen.

Gründe:

- Die Integration psychisch kranker Personen in die ambulante psychiatrische Versorgung wird schwieriger.
- Trotz aller guten Absichten zur Vereinfachung haben die Änderungen der letzten Jahre bei den Sozialleistungen und der Sozialversicherung dazu geführt, dass die Geltendmachung entsprechender Ansprüche immer differenzierter, schwieriger und zeitaufwändiger wird.
- Von Kostenträgern der Sozialleistungen verordnete enge Vorgaben zu der Art und Weise der Hilfeleistung führen zur Ausgrenzung insbesondere schwer chronisch psychisch kranker Personen.[854]

Die oben beschriebenen Aspekte befassen sich mit der Prognose der zukünftigen Nachfrage nach rechtlichen Berufsbetreuer*innen. Dem gegenüber steht die Frage, wie sich das Angebot weiter entwickeln wird. Konkret stellt sich die Frage, ob es in Zukunft ausreichend viele Personen geben wird, die berufliche Betreuung für die festgesetzte Vergütung anbieten wollen und werden.

Wie sind die Chancen für Berufseinsteiger?

Sowohl von den berufsständischen Verbänden BdB und BVfB als auch von den Wohlfahrtsverbänden, soweit sie Träger von Betreuungsvereinen sind, wird berichtet, dass derzeit ein Generationswechsel bei den beruflichen rechtlichen Betreuer*innen stattfindet.[855] Allein von den in der Altersstatistik des BdB erfassten 6.169 Mitgliedern sind 3.984 (64,58 %) über 50 Jahre alt.[856] Ein großer Teil dieser Personen (die erste Generation der freiberuflich

853 Quelle: www.btprax.de >> Downloads >> Statistik/Betreuungszahlen (Zugriff: 4.10.2022, nur mit Login)
854 Rosenow, Selbstbestimmung in Recht und Praxis der Teilhabeleistungen, BtPrax 3/2015 S. 85 ff.; Thar, Die Grenzen rechtlicher Betreuung bei Systemsprengern und das Erfordernis personenzentrierter Angebote, BtPrax 4/2015, S. 131 ff.
855 P. Winterstein, Schreiben des BGT vom 31.5.2016 an das Bundesjustizministerium zur Situation der Betreuungsvereine, siehe www.bgt-ev.de >> Kasseler Forum >> Arbeitsmaterialien (Zugriff: 4.10.2022)
856 Siebels, Viel Bewegung im Nachwuchsbereich, bdbaspekte, 2014 (102), S. 12 f.

tätigen rechtlichen Betreuer) wird in den nächsten Jahren ausscheiden. Es gibt also ausreichende Möglichkeiten für den Berufseinstieg.

Werden viele Personen den Beruf ergreifen wollen?

Insgesamt haben sich in der Vergangenheit ausreichend viele Personen gefunden, die sich als freiberuflich tätige rechtliche Betreuer*innen niedergelassen haben. Zwischenzeitlich wird von Betreuungsbehörden und Verbänden berichtet, dass der oben beschriebene Generationswechsel zu einem Fachkräftemangel führt.

Der Beruf kann nicht als sonderlich attraktiv gelten. Neben der eng bemessenen Vergütung (siehe Abschnitt 4) und den hohen Anforderungen fehlt es am gerechten Berufsprestige. Nach anfänglicher Euphorie hat sich das Ansehen freiberuflich tätiger rechtlicher Betreuer*innen verschlechtert. In den Vordergrund der öffentlichen Berichterstattung gerieten die „schwarzen Schafe" unter den Stichworten „Bereicherung an den Geldern der rechtlich betreuten Personen" oder „betrügerische Vergütungsabrechnung". Fortan waren die rechtlichen Berufsbetreuer*innen die Bösewichte und sahen sich flächendeckend dem Verdacht, dilettantisch oder gar betrügerisch zu agieren, ausgesetzt.[857] Die Diskussion zur Qualität rechtlicher Betreuung, das Registrierungsverfahren und die zwischenzeitlich flächendeckend bessere Information zu den Aufgaben rechtlicher Betreuer*innen haben eine Verbesserung des beruflichen Ansehens bewirkt.

6.2 Einsteigerberatung

Schon bei der Unternehmensgründung kann der Einsteiger den einen oder anderen Fehler machen, der später nur mit viel Mühe behoben werden kann. Aus diesem Grund sollten Sie sich fachkundig beraten lassen. Viele nützliche Informationen finden sich im Internet. Als Einstieg lohnt sich ein Blick auf die Seite des Existenzgründerportals des Bundesministeriums für Wirtschaft und Energie.[858]

Fachspezifische Einsteigerberatung wird beispielsweise von den Berufsverbänden angeboten:

- **BdB,** Bundesverband der Berufsbetreuer/innen; Schmiedestraße 2; 20095 Hamburg; Tel. 040 38629030; Fax 040 38629032; E-Mail: recht@bdbev.de; Internet: https://www.berufsbetreuung.de/.

  Der BdB ist offiziell als „fachkundige Stelle" anerkannt und stellt Existenzgründern nach Prüfung der Businesspläne und Geschäftsideen sogenannte Tragfähigkeitsbescheinigungen aus. Diese benötigen Sie z.B., um Zuschüsse der Arbeitsagentur zu erhalten. Berufseinsteiger im BdB können sich an die telefonische Fachberatung wenden. Hier erhalten sie Antworten auf ihre fachlichen und unternehmerischen Fragen. Speziell für Berufseinsteiger hat der BdB eine Weiterbildungsreihe konzipiert. Die Seminare finden in regelmäßigen Abständen bundesweit statt.

857 BT-Drucks. 13/10331, S. 265
858 Siehe unter www.existenzgruender.de/.

- **BVfB e.V.**, Bundesverband freier Berufsbetreuer; Richard-Wagner-Str. 52, 10585 Berlin; Tel. 0180 2001896; E-Mail info@bvfbev.de.; Internet: https://www.bvfbev.de/

  Mitglieder des BVfB erhalten Existenzgründungs- und Wirtschaftsberatung durch erfahrende freie rechtliche Berufsbetreuer*innen mit solider betriebswirtschaftlicher und sozialwissenschaftlicher Qualifikation sowie langjähriger beruflicher Erfahrung. Die Beratung erfolgt zentral für alle Mitglieder. Inhalt der Beratung ist die kostenlose Abgabe der fachkundigen Stellungnahme für den Antrag auf Leistungen zur Förderung der Existenzgründung nach dem SGB II und SGB III.

Neben den Verbänden lohnt sich der Blick in die eigene Gemeinde. So hat beispielsweise der Landkreis Bayreuth in Zusammenarbeit mit dem örtlichen Kreis der Berufsbetreuer Bayreuth ein Mentorenkonzept zur nachhaltigen Berufsbetreuer-Gewinnung entwickelt. Jedem rechtlichen Betreuer, der durch eine Vorauswahl der Betreuungsbehörde zum Mentorenprogramm zugelassen wird, wird ein Mentor zugeteilt.

Phase 1

Mögliche Berufsbetreuer-Interessenten (hier auch Juniorbetreuer genannt) stellen sich bei der Betreuungsbehörde vor. Es erfolgt ein Eignungsgespräch und eine Zuordnung zu einem rechtlichen Berufsbetreuer (hier auch Mentor genannt).

Nach einer Hospitationsphase wird von den Beteiligten die Eignung festgestellt. Danach erfolgt die Übertragung von drei Neufällen, die von dem Juniorbetreuer als ehrenamtlicher Ersatzbetreuer geführt werden. Der Mentor ist Hauptbetreuer, erhält für diese drei Betreuungen die Vergütung und ist gegenüber dem Gericht Hauptverantwortlicher. Der Mentor leitet den Juniorbetreuer an und steht beratend im Hintergrund. Um die Mentorenfunktion finanziell attraktiv zu machen, ist mit dem Betreuungsgericht und dem Juniorbetreuer vereinbart, dass für ein ganzes Jahr die Vergütung für die drei ersten vom Juniorbetreuer geführten Betreuungen dem Mentor zusteht.

Phase 2

Der Übergang in Phase 2 erfolgt zeitnah bei bestehender Eignung. Die Juniorbetreuer verpflichten sich, ein Curriculum zu absolvieren. Das Curriculum ist auf ein Jahr angelegt und wird meist am Wochenende durch die Betreuungsbehörde, Rechtspfleger oder Richter und Mentoren durchgeführt. Dieses Curriculum umfasst die Bereiche Büroorganisation, Verwaltung, rechtliche, soziale und medizinische Grundkenntnisse und Self-Care. Die Erfahrung hat gezeigt, dass die Juniorbetreuer das Angebot sehr positiv bewerten, da ein hoher Praxisbezug vorhanden ist und neben den Inhalten Netzwerke vor Ort aufgezeigt werden.

Nach abschließender Klärung der Eignung werden dem neuen rechtlichen Berufsbetreuer zeitnah weitere Fälle als rechtlicher Berufsbetreuer übertragen, die er nun auch selbstständig abrechnen kann. Die Bestellung zum rechtlichen Berufsbetreuer erfolgt ab der 4. Betreuung. Die ersten drei Betreuungsverfahren werden nach einem Jahr an den Juniorbetreuer übertragen.[859]

859 www.bayreuth.de/rathaus-buergerservice/leben-in-bayreuth/senioren/betreuungsstelle/das-bayreuther-modell/ (Zugriff: 31.8.2022)

6.3 Fördermöglichkeiten gemäß SGB II und SGB III

Arbeitnehmer, die durch Aufnahme einer freiberuflichen, hauptberuflichen Tätigkeit die Arbeitslosigkeit beenden, können zur Sicherung des Lebensunterhalts und zur sozialen Sicherung in der Zeit nach der Existenzgründung einen Gründungszuschuss[860] oder Einstiegsgeld[861] erhalten. Neben der Erfüllung individueller Voraussetzungen sind der Nachweis der Tragfähigkeit der Existenzgründung und der Nachweis der Kenntnisse und Fähigkeiten zur Ausübung der freiberuflichen Tätigkeit erforderlich.

Soweit die zuständige Bundesagentur für Arbeit oder das Jobcenter[862] nicht selbst über die erforderlichen Kenntnisse verfügen, muss die Tragfähigkeitsbescheinigung von einer anerkannten fachkundigen Stelle ausgestellt werden. Dies kann die Handwerkskammer, Industrie- und Handelskammer, Hausbank, ein Fachverband oder ein Steuerberater, Wirtschaftsprüfer, Unternehmensberater, ein Gründungszentrum oder eine lokale Gründungsinitiative sein.

Die Tragfähigkeitsbescheinigung ist eine individuelle Bewertung zur Person des Existenzgründers und seines Vorhabens. Im Ergebnis ergibt die Tragfähigkeitsbescheinigung eine Einschätzung zum voraussichtlichen Erfolg des Vorhabens.

Für die Tragfähigkeitsbescheinigung ist den meisten anerkannten fachkundigen Stellen Folgendes vorzulegen:

- Businessplan,
- Angaben zur beruflichen Qualifikation,
- Umsatzvorschau für drei Jahre,
- Liquiditätsplan für drei Jahre,
- Kapitalbedarfsplan.

6.4 Spezialisierung

Wie sinnvoll ist eine Spezialisierung?

Allgemein kann gesagt werden, dass durch eine bereichsspezifische Spezialisierung eine thematische Vertiefung des Wissens zu den jeweiligen Krankheitsbildern, deren Auswirkungen, Behandlungsmöglichkeiten, der damit häufig einhergehenden rechtlichen Angelegenheiten erfolgen kann. Die Erfahrung im jeweiligen Bereich nimmt schneller zu und

860 § 93 Abs. 2 Nr. 2 SGB III
861 § 16 b SGB II
862 Jobcenter ist eine gemeinsame Einrichtung der Bundesagentur für Arbeit und eines kommunalen Trägers (§ 44b, § 6d SGB II) oder die Einrichtung eines zugelassenen Kreises oder einer zugelassenen kreisfreien Stadt (§ 6a, § 6d). Es ist zuständig für die Durchführung des Bürgergeldes – der Grundsicherung für Arbeitsuchende nach dem SGB II.

kann zur schnelleren und reibungsloseren Erledigung der anstehenden Angelegenheiten genutzt werden.

Sich häufiger mit gleicher oder ähnlicher Thematik zu befassen, fördert die Kontakte zu den in der Infrastruktur damit befassten Personen und Institutionen (ambulante und stationäre medizinische Einrichtungen, Dienste, Leistungsanbieter, Behörden und Versicherungen). Das Kennen der jeweiligen Strukturen fördert das Wissen um Möglichkeiten, Nischenlösungen und Grenzen des Machbaren.

In welchen Bereichen ist eine Spezialisierung sinnvoll?

Sinnvoll ist eine Spezialisierung auf häufig vorkommende Krankheitsbilder und charakteristische Lebenssituationen.

Vorschläge zur Spezialisierung:

- die rechtliche Betreuung älterer Personen (65 Jahre und älter),
- die rechtliche Betreuung von Personen mit geistiger Behinderung,
- die rechtliche Betreuung von Personen mit chronisch psychischen Störungen.

Wie finde ich meinen Schwerpunkt?

Folgende Fragen können helfen, den eigenen Schwerpunkt zu finden:

- Mit welchem Personenkreis können Sie am leichtesten eine tragfähige Arbeitsbeziehung herstellen?
- Mit welchen betreuungsrechtlichen Themen befassen Sie sich am liebsten?
- Zu welcher Erlebniswelt rechtlich betreuter Personen haben Sie den besten Zugang?

6.5 Rechtsform

Im Folgenden werden das Einzelunternehmen, die Bürogemeinschaft, die Gesellschaft bürgerlichen Rechts (GbR) und die Partnerschaftsgesellschaft (PartG) beschrieben. Eine darüber hinausreichende ausführliche individuelle Beratung zur Rechtsform bleibt der fachkundigen Stelle vorbehalten.

Unabhängig von der Rechtsform ist beim Zusammengehen mehrerer rechtlicher Betreuer*innen darauf zu achten, dass örtlich ausreichend Bedarf für die Tätigkeit mehrerer rechtlicher Betreuer*innen besteht. Das Zusammengehen mehrerer rechtlicher Betreuer*innen an einem Ort kann nicht durch eine beliebige Ausweitung des Einzugsgebiets kompensiert werden. Die Wegstrecken zu den rechtlich betreuten Personen würden sich verlängern. Der Mehraufwand für längere Wegstrecken wird nicht extra vergütet. Eine Reduzierung der Anzahl der Besuche ist nicht zulässig. Im Ergebnis könnte die Führung einer Betreuung wegen der langen Wegstrecken unwirtschaftlich sein (siehe Abschnitt 4).

Welche Auswirkungen hat die Rechtsform?

Im Businessplan sind Angaben zur Rechtsform zu machen. Die Wahl der Rechtsform beeinflusst die Eigentumsverhältnisse, die Entscheidungsfindung und die Risikoverteilung eines

Unternehmens. Die Rechtsform wird in der Firma bzw. dem Firmennamen der Unternehmung ausgedrückt.

Freiberufliche rechtliche Betreuer*innen werden immer als natürliche Person bestellt.[863] Aus diesem Grund ist bei der Wahl der Rechtsform darauf zu achten, dass jeder Gesellschafter weiter als natürliche Person bestellt werden kann. Im Betreuungsverhältnis ergibt sich immer die persönliche Haftung. Die persönliche Haftung kann nicht durch eine Gesellschaftsform umgangen werden. Aus diesem Grund ist immer eine Vermögensschadenhaftpflichtversicherung abzuschließen (siehe Abschnitt 3.5.2).

Was ist ein Einzelunternehmer?

Überwiegend sind freiberufliche rechtliche Betreuer*innen als Einzelunternehmer tätig. Ein Einzelunternehmen entsteht automatisch, wenn Sie sich als Freiberufler*in allein selbstständig machen. Diese Rechtsform eignet sich zum Einstieg.

Rechtliche Berufsbetreuer*innen sind als Freiberufler[864] einzustufen.[865] Aus diesem Grund reicht es, beim Finanzamt eine Steuernummer zu beantragen und die Selbstständigkeit anzuzeigen. Unabhängig davon, dass freiberuflich tätige rechtliche Betreuer*innen keine gewerbesteuerpflichtigen Einkünfte erzielen, sind sie verpflichtet, ihre Tätigkeit gewerberechtlich anzuzeigen. Hierbei ist zu beachten, dass die Behörde die Anmeldung an das Finanzamt weiterleitet. Die Gründungskosten sind gering, der Einzelunternehmer behält die alleinige Entscheidungsgewalt und es besteht keine Pflicht zur Buchführung. Einzelunternehmer*innen haften für alle Geschäfte allein.

Tipp

Unter Umständen wird der zuständige Sachbearbeiter des Finanzamtes davon ausgehen, dass Sie Einkünfte aus Gewerbebetrieb erzielen. Dem ist zu widersprechen.

Welchen Sinn haben Bürogemeinschaften?

Bürogemeinschaften sind keine eigene Rechtsform. Bürogemeinschaften sind ein Zusammenschluss von mehreren rechtlichen Berufsbetreuer*innen, die weiter unter eigenem Namen als Einzelunternehmer tätig sind. Die Einzelunternehmer müssen sich entsprechend anmelden. Der Zweck der Bürogemeinschaft ist die gemeinsame Nutzung von Arbeitsmitteln (beispielsweise Räumlichkeiten, Technik, Personal) ohne gleichzeitige Aufgabe der eigenen Selbstständigkeit.

Braucht man für eine Bürogemeinschaft einen schriftlichen Vertrag?

Im Außenverhältnis einer Bürogemeinschaft handelt jede/r rechtliche Betreuer*in selbstständig. Alle sind als Einzelunternehmer angemeldet. Für eine Bürogemeinschaft braucht man keine zusätzlichen Vereinbarungen (egal ob mündlich oder schriftlich). Im Innenverhältnis teilen sich die Mitglieder der Bürogemeinschaft zumindest die Miete. Dazu braucht man zwar auch keinen schriftlichen Bürogemeinschaftsvertrag. Im Innenverhältnis bilden

863 § 1816 BGB
864 § 18 EStG
865 BFH, Urt. v. 15.6.2010 – VIII R 10/09, BtPrax 2010, 232, und VIII 14/09, FamRZ 2010, 1731

die an der Bürogemeinschaft teilhabenden Personen untereinander eine GbR = Gesellschaft bürgerlichen Rechts, aber natürlich nur für die internen Kosten und Beiträge. Diese Innen-GbR kommt „von allein" durch die Verabredung des gemeinsamen Büros zustande. Ein schriftlicher GbR-Vertrag ist aber ratsam und in vielen Fällen faktisch notwendig, um Betriebsausgaben gegenüber dem Finanzamt zu belegen.

Die Bürogemeinschaft bietet den Vorteil einer Kostenteilung für die Gemeinkosten (siehe Abschnitt 4.2). Die räumliche Nähe zu den Kollegen ermöglicht den Wissensaustausch und kollegiale Beratung und die gegenseitige Unterstützung. Die Unterstützung und der Wissensaustausch müssen ein ausgewogenes Geben und Nehmen im Blick haben. Die Gründungskosten sind gering. Die Entscheidung über gemeinsam genutzte Betriebsausstattung ist einvernehmlich zu treffen. Es besteht keine Pflicht zur Buchführung.

Für die Haftung der Kosten der Bürogemeinschaft kommt es auf die jeweiligen Verträge an. Hat nur ein Mitglied der Bürogemeinschaft die Räume gemietet, haftet nur der Mieter gegenüber dem Vermieter. Die Aufteilung der Miete ist Sache des Innenverhältnisses.

Tipp

Es ist unbedingt darauf zu achten, dass in der Außenwirkung jede Person der Bürogemeinschaft allein arbeitet, beispielsweise sind Büroschilder und Briefpapier individuell zu halten.

Was ist eine Gesellschaft bürgerlichen Rechts (GbR) oder eine eingetragene GbR (eGbR)?

Um eine Gesellschaft bürgerlichen Rechts (GbR), auch BGB-Gesellschaft genannt, handelt es sich, wenn mindestens zwei Gesellschafter*innen das Erreichen eines gemeinsamen Zwecks in einer bestimmten Weise fördern wollen.[866] Dazu reichen rechtlich schon informelle Zusammenschlüsse ohne schriftliche Vereinbarungen aus; Beispiele sind Wohn-, Tipp- oder Fahrgemeinschaften.

Eine Bürogemeinschaft wird praktisch „von allein" zur GbR, sobald die einzelnen Personen nicht mehr ausschließlich selbstständig handeln, sondern gemeinschaftlich auftreten. Dies ist beispielsweise der Fall, wenn ein gemeinsamer Kopfbogen geführt wird, Verträge nicht mehr mit Einzelpersonen, sondern mit der Gruppe abgeschlossen werden oder eine gemeinsame Firmierung verwendet wird.

Der Firmenname muss sämtliche Nachnamen der Gesellschafter und mindestens einen ihrer Vornamen enthalten. Der Zusatz „GbR" ist nicht zwingend, aber empfehlenswert.

Das Geschäft der GbR erstreckt sich auf die für die Arbeit der freiberuflichen rechtlichen Betreuer*innen erforderlichen Rahmenbedingungen. Für die Inhalte und auch für die Art und Weise, wie die einzelnen Personen ihre betreuungsrechtliche Arbeit erledigen, bleibt jede Person persönlich verantwortlich. Die räumliche Nähe ermöglicht den Wissensaustausch und kollegiale Beratung und die gegenseitige Unterstützung beispielsweise bei der Erreichbarkeit (siehe Abschnitt 5.2.6).

866 § 705 BGB

Die GbR bietet eine Kostenteilung für die Gemeinkosten und, wenn dies vereinbart wird, auch für die Einzelkosten. Alle Gesellschafter*innen einer GbR haften grundsätzlich gesamtschuldnerisch mit ihrem Privatvermögen für die Geschäfte der GbR. Ist eine Person zahlungsunfähig, haften die anderen Gesellschafter*innen für gegen die GbR gerichtete Forderungen. Hierdurch hat die GbR bei Kreditinstituten ein höheres Ansehen als ein Einzelunternehmen.

Besondere Formalitäten sind gesetzlich nicht erforderlich. Um Auseinandersetzungen zu vermeiden, ist ein schriftlicher Vertrag dringend zu empfehlen. Es ist eine gemeinsame Einnahmen-Überschuss-Rechnung zu erstellen.

Jeder Gesellschafter muss sich beim Gewerbeamt anmelden und beim Finanzamt ist eine Steuernummer für die GbR zu beantragen.

Ab dem 1.1.2024 gibt es noch eine besondere Form der GbR, nämlich die eingetragene GbR (eGbR).[867] Wenn eine GbR Eigentümer von Grundstücken oder Gesellschafter einer im Register eingetragenen Gesellschaft ist, muss sie sich eintragen lassen, ansonsten ist die Eintragung freiwillig. Für eine Berufsbetreuungs-GbR ist die Eintragung freiwillig. Der Gesellschaftsvertrag einer eGbR bedarf nicht der Mitwirkung eines Notars, anders als die Anmeldung zum Gesellschaftsregister[868] (Notarkosten ca. 100 EUR zuzüglich Gerichtskosten).

Ist die Gründung einer Partnerschaftsgesellschaft (PartG) möglich?

Diese Rechtsform ist im Partnerschaftsgesellschaftsgesetz (PartGG) geregelt. Die Partnerschaft ist eine Gesellschaft, in der sich Angehörige freier Berufe (also auch rechtliche Berufsbetreuer*innen) zur Ausübung ihrer Berufe zusammenschließen. Sie übt kein Handelsgewerbe aus. Angehörige einer Partnerschaft können nur natürliche Personen sein.[869]

Der Name der Partnerschaft muss den Namen mindestens eines Partners, den Zusatz „und Partner" oder „Partnerschaft" sowie die Berufsbezeichnungen aller in der Partnerschaft vertretenen Berufe enthalten. Die Beifügung von Vornamen ist nicht erforderlich. Die Namen anderer Personen als der Partner dürfen nicht in den Namen der Partnerschaft aufgenommen werden.[870] Zur Gründung sind ein Vertrag und die notariell beglaubigte Anmeldung beim Partnerschaftsregister vorgeschrieben.

Der Partnerschaftsvertrag bedarf der Schriftform.[871] Der Partnerschaftsvertrag muss den Namen und den Sitz der Partnerschaft, den Namen und den Vornamen sowie den in der Partnerschaft ausgeübten Beruf und den Wohnort jedes Partners sowie den Gegenstand der Partnerschaft enthalten.

Die Gesellschafter der Partnerschaft müssen die Partnerschaft im Partnerschaftsregister eintragen lassen. Auch der Ein- oder Austritt eines Partners, die Änderung des Namens

---

867 Eingeführt durch das Personengesellschaftsrechtsmodernisierungsgesetz (MoPeG), vgl. BT-Drucks. 19/27635

868 § 707 BGB

869 § 1 Abs. 1 PartGG

870 § 2 Abs. 1 PartGG

871 § 3 Abs. 1 PartGG

oder die Sitzverlegung der Partnerschaft müssen zur Eintragung ins Partnerschaftsregister angemeldet werden.[872]

Das Geschäft der Partnerschaftsgesellschaft erstreckt sich auf die für die Arbeit der freiberuflichen rechtlichen Betreuer*innen erforderlichen Rahmenbedingungen. Die rechtliche Betreuung selbst kann kein Auftrag der Partnerschaft sein. Für die Inhalte und auch für die Art und Weise, wie die einzelnen Personen ihre betreuungsrechtliche Arbeit erledigen, bleibt jede Person persönlich verantwortlich.

Im Partnerschaftsvertrag können die Befugnisse zur Geschäftsführung und die Vertretung nach außen geregelt werden.

6.6 Finanzplan

Der Finanzplan ist Bestandteil des Businessplans. Die Erstellung des Finanzplans ist individuell vorzunehmen und von einer Vielzahl sich teilweise wechselseitig bedingender Faktoren abhängig. Gründer*innen erfassen die voraussichtlichen betrieblichen Ausgaben, ermitteln die Höhe der privaten Ausgaben und können ermitteln, ob und in welcher Höhe Fremdkapital aufgenommen werden muss (zu den Kosten siehe Abschnitt 4.2).

Welches Startkapital wird benötigt?

Zu unterscheiden sind das benötigte Startkapital und das Kapital für die laufenden Kosten. Welches Startkapital für den Berufseinstieg benötigt wird, hängt entscheidend von der Planung der Existenzgründung ab. Als Grundvoraussetzungen müssen PC, Telefonanschluss, Faxgerät und schneller Internetanschluss sowie die erforderliche Mobilität (PKW) gegeben sein.

Welches Kapital wird zur Deckung der laufenden Kosten benötigt?

Für die Berechnung des benötigten Kapitals zur Deckung der laufenden Kosten ist die Zeit bis zur Rentabilität Ihrer freiberuflichen Tätigkeit einzuschätzen. Die finanziellen Reserven müssen die laufenden betrieblichen Kosten sowie die laufenden sonstigen monatlichen – privaten – Kosten wie Miete, Lebenshaltungskosten und Versicherungen abdecken.

Zur Einschätzung der Einnahmen sind die Dauer der Betreuungsverfahren und die Entwicklung der Fallzahl (siehe Abschnitt 4) zu berücksichtigen.

Nach der erfolgten Registrierung (siehe Abschnitt 3), können Sie im ersten Verfahren zur Bestellung einer rechtlichen Betreuung als Berufsbetreuer*in vorgeschlagen werden. Der Zeitraum bis zum ersten Beschluss hängt von der Verfahrensdauer des Betreuungsverfahrens, für das Sie vorgesehen sind, ab.

Erfahrungswert

Bis zur ersten Bestellung können ein bis vier Monate vergehen.

872 § 4 Abs. 1 PartGG

Wie viele Fälle Ihnen in welcher Zeit übertragen werden, ist kaum vorherzusehen. Manche Behörden und Betreuungsgerichte warten erst einmal ab, um zu erfahren, ob und wie die Ihnen übertragene Arbeit erledigt wird.

Wann kann mit den ersten Einnahmen gerechnet werden?

Der bis zu ersten Einnahmen zu überbrückende Zeitraum ergibt sich aus:

- der Zeit bis zur ersten Bestellung,
- zuzüglich drei Monate bis zum Zeitpunkt des ersten Vergütungsantrags,
- zuzüglich der Bearbeitungszeit des Vergütungsantrags,
- zuzüglich der Zeit bis zum Zahlungseingang.

Insgesamt können so neun bis zwölf Monate vergehen. Auch dann trägt sich Ihre freiberufliche Tätigkeit noch nicht. Bis eine Fallzahl erreicht ist, die eine Kostendeckung und einen Gewinn ermöglicht, wird mindestens ein weiteres Jahr vergehen.

Erfahrungswert

> Der erste bescheidene Gewinn kann bei sparsamem Wirtschaften erst zum Ende des zweiten Jahres erzielt werden.

Für die sichere Kalkulation sollten Sie davon ausgehen, dass Sie im ersten Jahr 100 % der laufenden Kosten finanzieren müssen. Alles Weitere hängt von der betrieblichen Entwicklung ab.

6.7 Businessplan[873]

Ein Businessplan dient der Vorlage bei Geldgebern. Er sollte klar gegliedert und verständlich formuliert sein. Dabei geht es nicht um die Darstellung von Details, sondern um die Vermittlung des eigenen Selbstverständnisses, der Schwerpunkte und der strukturellen Planung des Einstiegs in die freiberufliche Tätigkeit. Schreiben Sie Ihren Businessplan mit eigenen Worten selbst. Immerhin werden Sie Ihr Vorhaben den Geldgebern im persönlichen Gespräch erläutern müssen. Entscheidend ist, dass Sie selbst von Ihrem Vorhaben überzeugt sind.

873 Angelehnt an das BMWi; siehe www.existenzgruender.de (Zugriff: 31.8.2022)

Die Inhalte des Businessplans können wie folgt gegliedert ausformuliert werden:

Businessplan Gliederung

1. **Zusammenfassung**

   Beschreiben Sie darin kurz und prägnant die Geschäftsidee und die wesentlichen Erfolgs- und Risikofaktoren und Ihre Ziele für die ersten Jahre.

2. **Zu Ihrer Person**
   a. Persönliche Daten
   b. Qualifikation – bezogen auf die Einstufung in der Vergütungstabelle (siehe Abschnitt 4.1.3)
   c. Bescheid zur Registrierung
   d. bisherige Berufserfahrung

3. **Geschäftsidee/Selbstverständnis und Schwerpunkt**
   a. Rechtliche Betreuung: Was ist das?
   b. Warum wollen Sie freiberuflich rechtliche Betreuungen führen?
   c. Persönliche Fallzahlgrenze – wichtig für die Höhe der zu erwartenden Einnahmen (siehe Abschnitt 3.4.7)

4. **Markt und Wettbewerb**
   a. Für welches örtliche Gebiet wollen Sie Ihre Leistung anbieten?
   b. Für welchen Personenkreis wollen Sie Ihre Leistung anbieten?
   c. Welche Informationen haben Sie zum Bedarf? Werden rechtliche Berufsbetreuer*innen in Ihrem Einzugsgebiet gesucht? Gibt es rechtliche Berufsbetreuer*innen, die ihr Geschäft aufgeben wollen?

5. **Entwicklungsschritte und Organisation**
   a. Welche Rechtsform werden Sie haben?
   b. Gründungsdatum/beabsichtigter Beginn der Tätigkeit
   c. Entwicklungsphasen mit Zielplanung
   d. Personalplanung
   e. Büroausstattung

6. **Risiken und Chancen**
   a. Welches sind die drei größten Chancen, die die weitere Entwicklung Ihres Unternehmens positiv beeinflussen könnten?
   b. Welches sind die drei wichtigsten Probleme, die eine positive Entwicklung Ihres Unternehmens behindern könnten?
   c. Wie wollen Sie eventuellen Risiken/Problemen begegnen?

7. Finanzplan

a. Wie hoch ist der Gesamtkapitalbedarf für Anschaffungen und Vorlaufkosten für Ihren Unternehmensstart und für eine Liquiditätsreserve während der Anlaufphase (ca. zwei Jahre)?

Kapitalbedarf

b. Wie hoch ist Ihr Eigenkapitalanteil?

c. Wie hoch ist Ihr Fremdkapitalbedarf?

d. Welche Förderprogramme könnten für Sie in Frage kommen? (Siehe Abschnitt 6.3.)

e. Können Sie bestimmte Objekte leasen? Zu welchen Konditionen?

Sicherheiten

f. Welche Sicherheiten können Sie für Kredite einsetzen?

Liquiditätsplan

g. Wie hoch schätzen Sie die monatlichen Einzahlungen (verteilt auf drei Jahre)?

h. Wie hoch schätzen Sie die monatlichen Kosten (Material, Personal, Miete u.a.)?

i. Wie hoch schätzen Sie die Investitionskosten (verteilt auf die ersten zwölf Monate)?

j. Wie hoch schätzen Sie den monatlichen Kapitaldienst (Tilgung und Zinszahlung)?

k. Mit welcher monatlichen Liquiditätsreserve können Sie rechnen?

Ertragsvorschau//Rentabilitätsvorschau

l. Wie hoch schätzen Sie die erzielte Vergütung für die nächsten drei Jahre?

m. Wie hoch schätzen Sie die Kosten für die nächsten drei Jahre?

n. Wie hoch schätzen Sie den Gewinn für die nächsten drei Jahre?

Anhang

- Lebenslauf
- Aktuelle Auskunft aus dem Schuldnerverzeichnis
- Aktuelles Führungszeugnis

7 Steuern

Das Thema Steuern ist in zweifacher Hinsicht von Bedeutung. Zum einen hat der rechtliche Betreuer im Rahmen des passenden Aufgabenkreises die steuerlichen Angelegenheiten der rechtlich betreuten Personen zu erledigen.[874] Zum anderen sind die eigenen Steuern zu erledigen.

Im Allgemeinen sind freiberuflich tätige rechtliche Betreuer*innen keine steuerrechtlichen Fachleute. Im Rahme der Sachkunde werden auch keine Steuerkenntnisse verlangt. Die Beauftragung eines Steuerberaters ist daher besonders zu empfehlen.

7.1 Die Steuern der rechtlich betreuten Person

Wann ist der rechtliche Betreuer zur Abgabe der anfallenden Steuererklärungen verpflichtet?

Der rechtliche Betreuer ist gesetzlicher Vertreter im Sinne des Steuerrechts, wenn sein Aufgabenkreis die Vermögenssorge oder Steuerangelegenheiten erfasst. Je nach Auslegung kann auch der Aufgabenkreis Behördenangelegenheiten zur Abgabe der Steuererklärung verpflichten. Hier empfiehlt sich eine klarstellende Nachfrage beim Betreuungsgericht.

Worauf erstrecken sich die Pflichten des rechtlichen Betreuers?

Die Pflichten des rechtlichen Betreuers erstrecken sich auf alle möglichen Steuerarten sowie die aus dem Steuerpflichtverhältnis folgenden Mitwirkungs-, Auskunfts-, Nachweis-, Berichtigungs-, Buchführungs- und Aufzeichnungspflichten. Verletzt der rechtliche Betreuer diese von ihm zu erfüllenden Pflichten des Vertretenen, kommen abgabenrechtliche Sanktionen wie Säumnis- und Verspätungszuschläge gegen ihn persönlich in Betracht. Der rechtliche Betreuer hat insbesondere dafür zu sorgen, dass die Steuern aus den Mitteln entrichtet werden, die er verwaltet.[875] Auf der anderen Seite greift diese Verpflichtung des rechtlichen Betreuers nur so weit ein, wie er kraft seiner Befugnisse tatsächlich in der Lage ist, über die finanziellen Mittel und sonstigen Vermögenswerte der vertretenen Person zu verfügen. Es besteht ausdrücklich keine eigene Einschuss- oder Nachschussverpflichtung des rechtlichen Betreuers.[876]

Wer trägt die Kosten des Steuerberaters?

Diese Frage ist nicht eindeutig zu beantworten. Im Kern ist zu fragen, ob der rechtliche Betreuer die Steuererklärung selbst erstellen muss und diese Arbeit mit der pauschalen Vergütung abgegolten ist.

874 § 34 Abs. 1 Satz 1 AO
875 § 34 Abs. 1 Satz 2 AO
876 Deinert/Römer, Betreuung und Steuerrecht – Rechte und Pflichten des rechtlichen Betreuers nach der Abgabenordnung und dem Einkommensteuergesetz, BtPrax 5/2010, 212 ff.

Welche Umstände berechtigen den rechtlichen Betreuer dazu, die anfallenden Arbeiten an einen Steuerberater zu delegieren?

Grundsätzlich kommt es dabei nicht auf den Umfang der erforderlichen Arbeiten an.[877] Andererseits ist der rechtliche Betreuer gehalten, fahrlässige Falscherklärungen zu vermeiden und fachkundigen Rat einzuholen, um pflichtgemäß zu handeln.

Vertretbar erscheint der Standpunkt, dass lediglich einfache Steuererklärungen (Lohnsteuerjahresausgleich ohne anderweitige Einnahmen oder besondere Ausgaben) als persönliche Pflicht des rechtlichen Betreuers einzustufen sind, der nicht über spezialisierte Kenntnisse des Steuerrechts verfügt und auch nicht speziell wegen solcher Kenntnisse bestellt wurde. Darüber hinaus kann geschlussfolgert werden, dass das Beauftragen eines Steuerberaters für rechtliche Betreuer zur pflichtgemäßen Interessenwahrung der rechtlich betreuten Person vertretbar oder sogar geboten ist. Die Kosten dieses Geschäftsbesorgungsvertrags sind aus dem Vermögen des Betreuten zu zahlen.[878]

7.2 Die Steuer freiberuflich tätiger rechtlicher Betreuer*innen

Die Erledigung der für die freiberufliche rechtliche Betreuung notwendigen steuerrechtlichen Angelegenheiten sollte eigentlich keine besonderen Fachkenntnisse erfordern. Leider ist das Steuerrecht mit seinen vielen Regelungen und Ausnahmeregelungen so unübersichtlich, dass geraten werden kann, sich der Dienste eines Steuerberaters zu bedienen. Die folgenden Ausführungen sollen lediglich einen groben Überblick ermöglichen. Die beschriebenen Einzelaspekte vermitteln einen Einblick in die Vielschichtigkeit steuerrechtlicher Fragen.

Wie verhält es sich mit der Umsatzsteuer?

Mit Schreiben des Bundesministeriums für Finanzen (BMF) vom 22.11.2013 zum Urteil des Bundesfinanzhofs vom 25.4.2013 (Aktenzeichen V R 7/11) ist ein jahrelanger Rechtsstreit über die Umsatzsteuerfreiheit bzw. -pflicht von rechtlichen Berufsbetreuern beendet worden. Es besteht nunmehr Umsatzsteuerbefreiung für rechtliche Berufsbetreuer*innen, die vom Amtsgericht zur Betreuung von Personen bestellt sind.[879]

Zu beachten ist, dass die **Umsatzsteuerfreiheit nicht** für folgende Vergütungen gilt:

- Verfahrenspflegschaft,
- Verfahrensbeistandschaft,
- Nachlasspflegschaft,
- Sammlungspflegschaft sowie
- Abwesenheitspflegschaft.

877 OLG München, Beschl. v. 22.2.2008, 33 Wx 34/08, BtPrax 2008, 129
878 Deinert/Römer, a.a.O.
879 § 4 Nr. 16k UStG

Die folgenden Ausführungen beschränken sich auf die Einkünfte aus der Tätigkeit freiberuflicher rechtlicher Betreuer*innen.

Wie verhält es sich mit der Gewerbesteuer?

Der Bundesfinanzhof hat entschieden, dass rechtliche Berufsbetreuer*innen Einkünfte aus selbstständiger Tätigkeit gemäß § 18 EStG erzielen und somit nicht gewerbesteuerpflichtig sind.[880]

Bin ich Mitglied der IHK?

Zur Industrie- und Handelskammer gehören zur Gewerbesteuer veranlagte Personen.[881] Nachdem die berufliche Führung von rechtlichen Betreuungen nicht mehr als gewerblich eingestuft ist, fehlt die Grundlage für eine Mitgliedschaft.

Muss ich ein Gewerbe anmelden?

Freiberuflich tätige rechtliche Betreuer*innen müssen ein Gewerbe anmelden.[882] Hier müssen Sie beachten, dass die Stadt die Anmeldung an das Finanzamt weiterleitet. Möglicherweise wird das Finanzamt – abhängig von dem zuständigen Sachbearbeiter – davon ausgehen, dass Sie Einkünfte aus Gewerbebetrieb erzielen. Hier müssen Sie dann auf die Rechtsprechung verweisen.[883]

7.2.1 Einkommensteuer

Die Einkommensteuer ist eine private Steuer. Erfasst werden hierbei die erzielten Einkünfte.

Wie sind die Einkünfte/der Überschuss anzugeben?

Hierzu gehören natürlich auch die Einkünfte freiberuflich tätiger rechtlicher Betreuer*innen. Die Einkünfte sind der selbstständigen Tätigkeit zuzurechnen und in der Anlage „S" einzutragen. Formal ist die Einkommensteuererklärung elektronisch (via „ELSTER") zu übermitteln. Die elektronische Übertragung setzt voraus, dass eine Registrierung über das Elster-Online-Portal erfolgt ist.

Wird eine Buchführung verlangt?

Die Buchführungspflicht gilt nicht für freie Berufe.

Wie werden die Einkünfte/der Überschuss ermittelt?

Die Einkünfte aus der freiberuflichen Tätigkeit (auch Überschuss genannt) werden durch die Erstellung der Anlage EÜR (Einnahmenüberschussrechnung) ermittelt. Die Anlage EÜR ist ein von der Finanzverwaltung vorgegebenes Muster, mit dem der Überschuss ermittelt wird. Die Ausgaben sind der vorgegebenen Unterteilung entsprechend anzugeben. Durch die genauen Vorgaben soll eine bessere Vergleichbarkeit der Einkünfte erreicht werden.

---

880 BFH, Urt. v. 15.6.2010, VIII R 10/09, BtPrax 2010, 232, und VIII R 14/09, FamRZ 2010, 1731
881 § 2 Gesetz zur vorläufigen Regelung des Rechts der Industrie- und Handelskammern
882 BVerwG, Urt. v. 27.2.2013, 8 C 8/12, Rpfleger 2013, 448
883 BFH, Urt. v. 15.6.2010, VIII R 10/09, BtPrax 2010, 232, und VIII R 14/09, FamRZ 2010, 1731

Sollten die Beträge von den durchschnittlich üblichen Beträgen abweichen, fragt das Finanzamt nach.

Der Überschuss wird durch Abzug der Betriebsausgaben von den Betriebseinnahmen ermittelt. Hierbei gilt das Prinzip von Zufluss und Abfluss. Für die Erfassung der Einnahmen gilt der Zeitpunkt, an dem diese auf dem Konto eingehen. Entsprechend sind Ausgaben mit dem Datum der Zahlung zu erfassen.

Beispiel:

Der Vergütungsantrag an das Betreuungsgericht ist am 10.11.2021 gestellt worden. Die Gutschrift auf dem Konto erfolgt am 6.1.2022. Der Zufluss fällt in das Jahr 2022 und ist als Einnahme im Jahr 2022 zu versteuern.

Welche Anforderungen bestehen an die Belegführung?

Auf der Quittung muss auf jeden Fall der Name des leistenden Unternehmens stehen. Die Belege müssen dokumentenecht sein und sich für mindestens zehn Jahre aufbewahren lassen.[884]

Tipp

Belege auf Thermopapier – häufig bei Tankquittungen, Bewirtung, Porto – sollten kopiert werden.

Besonderheiten:

a) **Bewirtungsquittung**: Hier gibt es unbedingt einzuhaltende Formvorschriften. Diese Belege werden als erste bei einer Betriebsprüfung untersucht.

b) Geschenke: Auch hier gibt es einzuhaltende Formvorschriften. Anlass und Empfänger sind auf der Quittung anzugeben. Pro Person/Jahr darf der Wert des Geschenks nicht mehr als 35,00 € betragen, es sei denn, es handelt sich um ein Geschenk, das nur im Betrieb des Geschäftsfreundes genutzt werden kann (z.B. bestimmte Software). Für diesen Fall gibt es keine Beschränkung.

c) **Kfz:** Grundsätzlich können betrieblich veranlasste Fahrtkosten mit 0,30 €/km geltend gemacht werden. Bei Fahrten ins Büro sind nur 0,15 €/km abzugsfähig.

   Ab 2021: ab dem 21. Entfernungskilometer: 0,35 €//km.

   Ab 2022: ab dem 21. Entfernungskilometer: 0,38 €//km.

   Sollte der Pkw zu mehr als 50 % betrieblich genutzt werden, ist er notwendiges Betriebsvermögen. In diesem Fall sind sämtliche Kosten (Steuer, Versicherung, Tanken, Wäsche, Reparaturen, Beiträge) Betriebsausgaben. Zusätzlich ist der Privatanteil zu erfassen. Hier wird es etwas kompliziert. Es gibt zwei Möglichkeiten, den Privatanteil zu

884 Aufbewahrungspflicht: zehn Jahre

erfassen. Fiktiv kann der Privatanteil mit jährlich 12 % (monatlich 1%) vom Brutto-Listenpreis des Pkws zum Zeitpunkt der Erstzulassung erfasst werden.[885]

Zusätzlich sind noch für Fahrten zwischen Wohnung und Büro 0,03 % monatlich für jeden Entfernungskilometer anzusetzen.

Änderung ab *Kauf zum 1.1.2019*:

Zur Förderung von E-Fahrzeugen wurde der Privatanteil auf 25 % des Brutto-Listenpreises beschränkt. Wenn die Anschaffungskosten mehr als 60.000 € betragen, beträgt der Privatanteil 50% vom Brutto-Listenpreis. Der Privatanteil der Hybridfahrzeuge beträgt 40% vom Bruttolistenpreis.

Der Privatanteil kann auch durch Führen eines Fahrtenbuchs ermittelt werden. Fahrtenbücher unterliegen erfahrungsgemäß der besonderen Aufmerksamkeit bei Betriebsprüfungen. Im Fahrtenbuch sind der Anlass der Fahrt und der Kilometerstand am Anfang und Ende anzugeben. Auch Fahrten beispielsweise zur Autowäsche, zum Tanken, ins Restaurant dürfen nicht vergessen werden. Das Fahrtenbuch wird mit den vorgelegten Parkquittungen abgeglichen.

Es gibt noch eine *Besonderheit*, deren eingehende Schilderung an dieser Stelle zu weit führen würde. Der Pkw kann schon, wenn er zu mehr als 10 % betrieblich genutzt wird, als Betriebsvermögen erfasst werden. Dies ist immer dann sinnvoll, wenn die Kfz-Kosten über 0,30 €//km liegen. Auch in diesem Fall kann der Privatanteil wie oben beschrieben fiktiv oder über das Fahrtenbuch ermittelt werden.

d) **Anschaffungskosten von Wirtschaftsgütern**, die mehr als 250,00 € kosten, sind nicht sofort geltend zu machen, sondern über die vom Finanzamt festgelegte Nutzungsdauer zu verteilen. Beispielsweise beträgt die Nutzungsdauer für einen PKW sechs Jahre.

   Natürlich gibt es auch hier *Besonderheiten*, deren Komplexität Sie mit dem Steuerberater besprechen sollten.

   Bei Anschaffungskosten von 250 € bis 800 € können Sie zwischen Sofortabschreibung (GWG) oder Abschreibung über 5 Jahre (Bildung eines Sammelpostens, in den alle in diesem Jahr bis zu AK von 800 € gekauften Wirtschaftsgüter eingestellt werden) wählen.

   Für Anschaffungen zwischen 800 € und 1.000 € können Sie zwischen Poolbildung (Abschreibung 5 Jahre) oder der Abschreibung über die Nutzungsdauer der AfA-Tabelle wählen. Für die Anschaffungen im Folgejahr kann dann neu entschieden werden.

   Anschaffungen mit einem Wert über 1.000,00 € sind über die vom Finanzamt festgelegte Nutzungsdauer zu verteilen (z.B. Pkw: sechs Jahre). Darüber hinaus gibt es die Möglichkeit von Sonderabschreibungen im Jahr der Anschaffung.

885 Relativ hoher Privatanteil, da der Listenpreis und nicht der Kaufpreis maßgebend ist, zurzeit ist beim EUGH ein Verfahren anhängig.

7.2.2 Lohnsteuer

Die Lohnsteuer ist nur zu zahlen, wenn Sie Mitarbeiter*innen beschäftigen. Sie halten als Arbeitgeber*in die Steuer für Mitarbeiter*innen ein und führen diese an das Finanzamt ab. Maßgeblich für die Berechnung der Lohnsteuer ist die Steuerklasse. Die Steuerklasse wird über die zentral gespeicherten Daten abgeholt (sog. Elstam-Verfahren). In Abhängigkeit von der Höhe der Summe der abzuführenden Lohnsteuer des Vorjahres (im Gründungsjahr sind die Angaben im Fragebogen des Finanzamts entscheidend) ist die Lohnsteueranmeldung monatlich, vierteljährlich oder jährlich zu übermitteln. Die Lohnsteuer ist eine betriebliche Steuer und somit als Betriebsausgabe abzugsfähig.

8 Geschäftsaufgabe

In den nächsten Jahren werden viele rechtliche Berufsbetreuer der ersten Stunde altersbedingt ihre Tätigkeit aufgeben. Soweit sich dieser Vorgang schrittweise über einen längeren Zeitraum vollzieht, ergibt sich am Ende die Abrechnung mit dem Finanzamt.

Kann ich mein Geschäft an einen Nachfolger übergeben?

Eine zum Stichtag X vollzogene Geschäftsübergabe wird kaum möglich sein. Für jede rechtliche Betreuung ist der Wechsel des rechtlichen Betreuers einzeln zu beantragen und vom Betreuungsgericht zu prüfen. Grundsätzlich besteht ein Anspruch, aus dem Amt des rechtlichen Betreuers entlassen zu werden, wenn dieses – auch aus persönlichen Gründen – nicht mehr ausgeübt werden kann. Dagegen besteht kein Anspruch für einen vorgeschlagenen Nachfolger im Geschäft, als rechtlicher Betreuer eingesetzt zu werden. Hier sind ausschließlich der Wille der rechtlich betreuten Person, die Rangfolge der rechtlichen Betreuer und die Eignung des rechtlichen Betreuers ausschlaggebend.

Wie kann an einen Nachfolger übergeben werden?

Idealerweise hat sich ein Nachfolger für den ausscheidenden rechtlichen Betreuer gefunden und die Übergabe kann mit der notwendigen Zeit in Ruhe erfolgen. Zur Vorbereitung der gerichtlichen Entscheidung kann der ausscheidende rechtliche Betreuer mit der Kenntnis zur Person und den Verhältnissen der rechtlich betreuten Person prüfen, ob sein Nachfolger über die erforderliche Eignung zur Übernahme der rechtlichen Betreuung verfügt. Sodann sollte ein erster persönlicher Kontakt zwischen der rechtlich betreuten Person und dem Nachfolger zum Kennenlernen hergestellt werden. Sind sich alle einig, kann der Wechsel des rechtlichen Betreuers dem Betreuungsgericht vorgeschlagen werden.

Was geschieht, wenn ich mein Geschäft plötzlich aufgeben muss?

Es kann viele Gründe für die plötzlich auftretende Notwendigkeit der Einstellung der freiberuflichen Tätigkeit als rechtlicher Betreuer geben. Das Betreuungsgericht ist unmittelbar nach dem Bekanntwerden der Notwendigkeit eines Wechsels des rechtlichen Betreuers zu informieren. Verstirbt der rechtliche Betreuer, ist zu empfehlen dies von den Erben an das Gericht zu melden. Der Erbe hat keine Pflicht zur Weiterführung der Geschäfte des rechtlichen Betreuers.

Wie ist die Betriebsaufgabe steuerrechtlich zu behandeln?

Freiberuflich tätige rechtliche Betreuer*innen haben eine Einnahmen-Überschuss-Rechnung (siehe Abschnitt 7.2) zu erstellen (Zufluss-Abfluss-Prinzip). Zum Zeitpunkt der Betriebsaufgabe verlangt das Finanzamt eine Bilanz mit einer Gewinn- und Verlustrechnung. Grund hierfür ist, dass sie alle Forderungen und Verbindlichkeiten zum Zeitpunkt der Aufgabe zu erfassen sind. Wenn der Betrieb zum 31.12.2021 eingestellt wird, sind als Einnahme zum 31.12.2021 auch alle noch nicht gezahlten Umsätze (= Forderungen) zu erfassen. Weitere Forderungen könnten beispielsweise Nebenkosten-Guthaben aus der Jahresabrechnung sein. In gleicher Weise sind die Verbindlichkeiten zu erfassen. Zahlungen wie z.B. Telefon 12/2021, Strom 12/2021, Wasser 12/2021 sind Vorgänge, die den laufenden Gewinn/Überschuss betreffen und zum Datum der Auflösung zu buchen sind.

Da die Erstellung einer Bilanz sehr aufwändig ist, lohnt es sich beim Finanzamt anzurufen und nachzufragen, ob der zuständige Sachbearbeiter damit einverstanden ist, dass nur eine Einnahmen-Überschuss-Rechnung 2021 erstellt wird, in der aber alle Vorgänge aus 2022, die 2021 betreffen, miterfasst werden.

Die meisten Sachbearbeiter sind mit dieser Vorgehensweise einverstanden.

Gibt es Vergünstigungen für den Aufgabegewinn?

Für den evtl. entstandenen Aufgabegewinn steht dem Steuerpflichtigen, der das 55. Lebensjahr vollendet hat oder im sozialversicherungsrechtlichen Sinne dauernd berufsunfähig ist, ein Freibetrag von 45.00000 € zu.[886] Im Jahr der Aufgabe sind der laufende und der Aufgabegewinn zu ermitteln und zu erklären. Der Freibetrag muss im Formular beantragt werden.

Wie wird der Aufgabegewinn ermittelt?

Der Aufgabegewinn ermittelt sich wie folgt: Verkaufspreis der verkauften Wirtschaftsgüter zuzüglich gemeiner Wert[887] der Wirtschaftsgüter, die ins Privatvermögen entnommen wurden, abzüglich Aufgabe- und Veräußerungskosten und Buchwert des Betriebsvermögens.

886 § 16 Abs. 4 EStG
887 Der unter marktüblichen Umständen erzielbare Marktpreis eines Wirtschaftsgutes.

Anhang

Anhang 1 Fragen zur unterstützenden Reflexion der persönlichen Eignung und eigener Schwerpunkte

Frage zu Abschnitt 2.1.1:

Ich bin allgemein als pünktlich und zuverlässig bekannt.

Trifft zu ⇔ Trifft nicht zu

1 □ 2 □ 3 □ 4 □ 5 □ 6 □ 7 □ 8 □ 9 □ 10 □

Frage zu Abschnitt 2.1.2:

Mein Engagement, meine Neugier, meine Flexibilität und meine Motivation kann ich über lange Zeit auch bei wenig Belohnung aufrechterhalten.

Trifft zu ⇔ Trifft nicht zu

1 □ 2 □ 3 □ 4 □ 5 □ 6 □ 7 □ 8 □ 9 □ 10 □

Fragen zu Abschnitt 2.1.3:

Ich kann meinem Gegenüber ungezwungen begegnen, auch dann, wenn sie oder er nach Schweiß, Urin, Alkohol oder/und Fäkalien stinkt.

Trifft zu ⇔ Trifft nicht zu

1 □ 2 □ 3 □ 4 □ 5 □ 6 □ 7 □ 8 □ 9 □ 10 □

Ungeziefer in der Wohnung wird überbewertet.

Trifft zu ⇔ Trifft nicht zu

1 □ 2 □ 3 □ 4 □ 5 □ 6 □ 7 □ 8 □ 9 □ 10 □

Mich bringt so schnell nichts aus der Ruhe.

Trifft zu ⇔ Trifft nicht zu

1 □ 2 □ 3 □ 4 □ 5 □ 6 □ 7 □ 8 □ 9 □ 10 □

Beschimpfungen, Beleidigungen, Drohungen nehme ich nicht so schnell persönlich.

Trifft zu ⇔ Trifft nicht zu

1 □ 2 □ 3 □ 4 □ 5 □ 6 □ 7 □ 8 □ 9 □ 10 □

Aufgeregte Situationen kann ich gut entspannen.

Trifft zu ⇔ Trifft nicht zu

1 □ 2 □ 3 □ 4 □ 5 □ 6 □ 7 □ 8 □ 9 □ 10 □

Die Eskalation einer Situation kann ich kommen sehen.

Trifft zu ⇔ Trifft nicht zu

1 □ 2 □ 3 □ 4 □ 5 □ 6 □ 7 □ 8 □ 9 □ 10 □

Mir ist bewusst, dass ich Opfer von Gewalt werden kann.

Trifft zu ⇔ Trifft nicht zu

1 □ 2 □ 3 □ 4 □ 5 □ 6 □ 7 □ 8 □ 9 □ 10 □

Frage zu Abschnitt 2.1.4:

Ich verfüge über ein gutes Selbstvertrauen, ohne rechthaberisch oder missionarisch zu sein.

Trifft zu ⇔ Trifft nicht zu

1 □ 2 □ 3 □ 4 □ 5 □ 6 □ 7 □ 8 □ 9 □ 10 □

Fragen zu Abschnitt 2.1.5:

Kritik an meiner Leistung oder meiner Verhaltensweise nehme ich zum Anlass, mich selbst zu prüfen.

Trifft zu ⇔ Trifft nicht zu

1 □ 2 □ 3 □ 4 □ 5 □ 6 □ 7 □ 8 □ 9 □ 10 □

Ich bin mir meiner eigenen Werte und Vorstellung stets bewusst.

Trifft zu ⇔ Trifft nicht zu

1 □ 2 □ 3 □ 4 □ 5 □ 6 □ 7 □ 8 □ 9 □ 10 □

Ich kann eigennützige Interessen erkennen und zurückstellen.

Trifft zu ⇔ Trifft nicht zu

1 □ 2 □ 3 □ 4 □ 5 □ 6 □ 7 □ 8 □ 9 □ 10 □

Auch wenn ich selbst anders handeln würde, kann ich andere vorbehaltlos unterstützen ihren Weg zu gehen.

Trifft zu ⇔ Trifft nicht zu

1 □ 2 □ 3 □ 4 □ 5 □ 6 □ 7 □ 8 □ 9 □ 10 □

Frage zu Abschnitt 2.1.6:

Es fällt mir leicht, komplexe Sachverhalte zu durchdenken, Zusammenhänge und Strukturen zu erkennen, auch wenn sie nicht offensichtlich sind.

Trifft zu ⇔ Trifft nicht zu

1 □ 2 □ 3 □ 4 □ 5 □ 6 □ 7 □ 8 □ 9 □ 10 □

Fragen zu Abschnitt 2.2.1:

Ich kann gut zuhören.

Trifft zu ⇔ Trifft nicht zu

1 □ 2 □ 3 □ 4 □ 5 □ 6 □ 7 □ 8 □ 9 □ 10 □

Andere Personen vertrauen mir schnell ihre Probleme und Nöte an.

Trifft zu ⇔ Trifft nicht zu

1 □ 2 □ 3 □ 4 □ 5 □ 6 □ 7 □ 8 □ 9 □ 10 □

Es fällt mir leicht, andere Personen kennenzulernen.

Trifft zu ⇔ Trifft nicht zu

1 □ 2 □ 3 □ 4 □ 5 □ 6 □ 7 □ 8 □ 9 □ 10 □

Ich verstehe andere Personen auch dann, wenn nicht gesprochen wird.

Trifft zu ⇔ Trifft nicht zu

1 □ 2 □ 3 □ 4 □ 5 □ 6 □ 7 □ 8 □ 9 □ 10 □

Fragen zu Abschnitt 2.2.2:

Ich kann mich gut in andere Personen hineinversetzen.

Trifft zu ⇔ Trifft nicht zu

1 □ 2 □ 3 □ 4 □ 5 □ 6 □ 7 □ 8 □ 9 □ 10 □

Ich möchte Personen auch dann verstehen, wenn die Begegnung schwierig und mühsam ist.

Trifft zu ⇔ Trifft nicht zu

1 □ 2 □ 3 □ 4 □ 5 □ 6 □ 7 □ 8 □ 9 □ 10 □

Fragen zu Abschnitt 2.2.3:

Für welchen Personenkreis wollen Sie rechtliche Betreuung vorzugsweise anbieten?

- Ältere Personen im Heim
- Ältere Personen in ambulanter Wohnsituation
- Personen im Alter von ... bis ...
- Geistig behinderte Personen
- Personen mit psychischen Störungen
- Personen bei denen eine Suchterkrankung und eine psychiatrische Störung zusammen kommen (Doppeldiagnose)
- Personen mit Sinnesbehinderung
- Personen mit Migrationshintergrund
- Personen mit schwierigem Sozialverhalten
- Personen mit Vermögen
- Personen im Umkreis von ... km
- Weitere Kriterien ....

Welche Erfahrung verbindet Sie mit dem ausgewählten Personenkreis?

Fragen zu Abschnitt 2.2.4:

Bevor ich einen Termin habe, überlege ich mir, was ich anziehe.

Trifft zu ⇔ Trifft nicht zu

1 □ 2 □ 3 □ 4 □ 5 □ 6 □ 7 □ 8 □ 9 □ 10 □

Ich kann Konflikte kommen sehen.

Trifft zu ⇔ Trifft nicht zu

1 □ 2 □ 3 □ 4 □ 5 □ 6 □ 7 □ 8 □ 9 □ 10 □

Fragen zu Abschnitt 2.2.4:

Ich kann gut das Vertrauen anderer Menschen gewinnen.

Trifft zu ⇔ Trifft nicht zu

1 □ 2 □ 3 □ 4 □ 5 □ 6 □ 7 □ 8 □ 9 □ 10 □

Fragen zu Abschnitt 2.3.1:

Ich bin ein Organisationstalent.

Trifft zu ⇔ Trifft nicht zu

1 □ 2 □ 3 □ 4 □ 5 □ 6 □ 7 □ 8 □ 9 □ 10 □

Fragen zu Abschnitt 2.3.2:

Meine persönlichen Unterlagen sind geordnet und auf dem aktuellen Stand.

Trifft zu ⇔ Trifft nicht zu

1 □ 2 □ 3 □ 4 □ 5 □ 6 □ 7 □ 8 □ 9 □ 10 □

Ich habe schon mal Haushaltsbuch geführt.

Trifft zu ⇔ Trifft nicht zu

1 □ 2 □ 3 □ 4 □ 5 □ 6 □ 7 □ 8 □ 9 □ 10 □

Frage zu Abschnitt 2.3.3:

Mir ist Datenschutz wichtig.

Trifft zu ⇔ Trifft nicht zu

1 □ 2 □ 3 □ 4 □ 5 □ 6 □ 7 □ 8 □ 9 □ 10 □

Frage zu Abschnitt 2.3.5:

Ich halte mein Fachwissen stets auf dem neuesten Stand.

Trifft zu ⇔ Trifft nicht zu

1 □ 2 □ 3 □ 4 □ 5 □ 6 □ 7 □ 8 □ 9 □ 10 □

Fragen zu Abschnitt 2.3.6:

Rechtliche Betreuer*innen sind dem Rechtsstaat verpflichtet.

Trifft zu ⇔ Trifft nicht zu

1 □ 2 □ 3 □ 4 □ 5 □ 6 □ 7 □ 8 □ 9 □ 10 □

Rechtliche Betreuer*innen dürfen auch überreden.

Trifft zu ⇔ Trifft nicht zu

1 □ 2 □ 3 □ 4 □ 5 □ 6 □ 7 □ 8 □ 9 □ 10 □

Fragen zu Abschnitt 2.3.7:

Ich kann auch Chef*in sein.

Trifft zu ⇔ Trifft nicht zu

1 □ 2 □ 3 □ 4 □ 5 □ 6 □ 7 □ 8 □ 9 □ 10 □

Fragen zu Abschnitt 2.4.1:

Gegen mich läuft ein Vollstreckungsverfahren ja □ nein □

Ich bin in den letzten drei Jahren wegen einer Straftat verurteilt worden ja □ nein □

Fragen zu Abschnitt 2.4.2:

Ich möchte für lange Zeit rechtliche Betreuungen führen ja □ nein □

Fragen zu Abschnitt 2.4.3:

Ich kann meine Arbeits- und Urlaubszeiten nach meiner Arbeit ausrichten.

Trifft zu ⇔ Trifft nicht zu

1 □ 2 □ 3 □ 4 □ 5 □ 6 □ 7 □ 8 □ 9 □ 10 □

Ich mache gern lange und viel Urlaub.

Trifft zu ⇔ Trifft nicht zu

1 □ 2 □ 3 □ 4 □ 5 □ 6 □ 7 □ 8 □ 9 □ 10 □

Abschließende Fragen

- Was genau sind die Herausforderungen, die mich reizen?
- Was bedeutet Erfolg als rechtlicher Berufsbetreuer für mich?
- Für welche Werte will ich stehen?
- Passen meine persönlichen Stärken zu der Tätigkeit des rechtlichen Berufsbetreuers?
- Ist die Idee zur Berufstätigkeit als rechtlicher Betreuer ein Notnagel, z.B. wegen Arbeitslosigkeit, oder erfülle ich mir einen lang gehegten Wunsch?
- Steht die Gründung einer Familie an und welche Auswirkungen hat dies auf die erforderliche Zeit und Flexibilität zum Aufbau der beruflichen Existenz?
- Plane ich einen Wohnortwechsel?
- Kann ich mich vollkommen auf das geplante Unternehmen konzentrieren?
- Erlauben es meine finanziellen Verhältnisse, meine Tätigkeit über einen Zeitraum von mindestens zwei Jahren aufzubauen?

Anhang 2 Kernkompetenz und Voraussetzungen

Wo sollte meine Begabung liegen?

Bei der Fähigkeit

- mit der rechtlich betreuten Person zu kommunizieren,
- zur rechtlich betreuten Person ein tragfähiges Vertrauensverhältnis aufzubauen und über längere Zeit zu erhalten;
- der vorbehaltlosen Bereitschaft zur kritischen Selbstreflexion und Selbstkritik;
- das eigene Handeln moralisch zu reflektieren und zu begründen.

Welche persönlichen Voraussetzungen muss ich mitbringen?

- Die eigenen persönlichen und wirtschaftlichen Verhältnisse sollten beständiges und unbelastetes Arbeiten ermöglichen.
- Die freiberufliche Tätigkeit des rechtlichen Betreuers erfordert die Bereitschaft, sich langfristig an das Tätigkeitsfeld zu binden.
- Die freiberufliche Tätigkeit des rechtlichen Betreuers erfordert die Bereitschaft, Arbeitszeiten flexibel zu gestalten.

Über welche fachliche Kernkompetenz sollte ich verfügen?

Als fachliche Kernkompetenz des rechtlichen Betreuers ist die Fähigkeit zu erkennen,

- einen Kontakt zur rechtlich betreuten Person herzustellen;
- sein Handeln entlang eines Betreuungsplans gemäß den Wünschen und dem Willen und zum Schutz der rechtlich betreuten Person zu entwickeln;
- die Dynamik des Lebens in den juristischen Sprachgebrauch zu übersetzen;
- das eigene Tempo zu verlassen und sich auf die Geschwindigkeit der rechtlich betreuten Person einzulassen.

Welche fachliche Kernkompetenz muss nicht zwingend von mir, sondern kann von Mitarbeitern bereitgestellt werden?

Auf folgende Kernkompetenz sollte ich zurückgreifen können:

- die Akten ordnungsgemäß, vollständig und nachvollziehbar führen zu können;
- die Buchführung zu den Ausgaben und Einnahmen der rechtlich betreuten Person führen zu können.

Anhang 3 Fragebogen zum Fachwissen

1. Welcher Leitgedanke prägt das Betreuungsrecht?

   ____

2. Wie ist die Rechtliche Betreuung zu führen?

   □ Gemäß den Wünschen der rechtlich betreuten Person, zur Verwirklichung ihrer Selbstbestimmung, zu ihrer Unterstützung bei der eigenverantwortlichen Regelung ihrer rechtlichen Angelegenheiten und zu ihrem Schutz vor erheblichen Schäden, die sie auf Grund fehlender Eigenverantwortlichkeit droht zu erleiden.

   □ Gemäß den Wünschen des Betreuungsgerichts.

   □ Ziel ist die Vermeidung von Ärger mit Angehörigen und anderen Personen.

3. Wo finden sich die gesetzlichen Vorschriften für die Betreuung und das Verfahren?

   □ BGB □ SGB □ StPO □ FamFG □ VwVfG

4. Welches Betreuungsgericht ist an Ihrem Geschäftsort zuständig (mehrere möglich)?

   ____

5. Beschreiben Sie den Ablauf des ordentlichen Betreuungsverfahrens.

   ____

   ____

6. Darf gegen den freien Willen der betroffenen Person eine Betreuung angeordnet werden?

   □ Ja □ Nein

7. Kann eine Betreuung auch vorsorglich bestellt werden (Vorratsbetreuung)?

   □ Ja □ Nein

8. Wer kann eine Betreuung beantragen?

   □ Jeder.

   □ Nur körperlich behinderte Personen.

   □ Die nächsten Angehörigen.

9. Wie unterscheidet sich die rechtliche Betreuung von jeder anderen Hilfe?

   ____

10. Ist der rechtliche Betreuer immer am Betreuungsverfahren beteiligt?

    □ Ja □ Nein □ Nur wenn

    ____

11. Ist ein Gutachten/Attest zur Bestellung des rechtlichen Betreuers Pflicht?

    □ Ja □ Nein □ Ja, wenn kein aussagekräftiges anderes Gutachten vorliegt.

12. Muss der Gutachter die betroffene Person persönlich untersuchen?

    □ Ja □ Nein

13. Was regelt eine Betreuungsverfügung?

    ____

    ____

14. Muss der rechtliche Betreuer immer selbst über die erforderlichen Fachkenntnisse zur Regelung der anstehenden Angelegenheiten verfügen?

    □ Ja □ Nein

15. Was wird unter der Tandembetreuung verstanden?

    ____

16. Lassen sich die Aufgabenbereiche in der Tandembetreuung scharf gegeneinander abgrenzen?

    □ Ja □ Nein

17. Bleibt eine Vollmacht zur Vorsorge trotz Bestellung eines rechtlichen Betreuers wirksam?

    □ Ja □ Nein

18. Ist das Verhältnis zwischen Bevollmächtigtem und Kontrollbetreuer durch einen Verdacht belastet?

    □ Ja □ Nein

19. Welche Wirkung hat der Widerruf der Vorsorgevollmacht?

    ____

20. Muss jeder Beschluss eine Belehrung über das statthafte Rechtsmittel ausweisen?

    □ Ja □ Nein

21. Woraus ergeben sich die Befugnisse des rechtlichen Betreuers?

    ____

22. Welchen Zeitraum darf die einstweilige Anordnung einer Betreuung (ohne Verlängerung) nicht überschreiten?

    ____

23. Wann ist der Beschluss des Betreuungsgerichts rechtskräftig?

    ____

24. Wann beginnt die rechtliche Betreuung?

    ____

25. Welche Aussagen treffen auf die rechtliche Unterstützung zu?
    - ☐ Rechtliche Unterstützung versucht eigenverantwortliche Entscheidungen zu ermöglichen.
    - ☐ Rechtliche Unterstützung meint die Vertretung im Verwaltungsverfahren.
    - ☐ Rechtliche Unterstützung versucht schwierige Sachverhalte zu vereinfachen.
    - ☐ Rechtliche Unterstützung ermittelt Sachverhalte.
    - ☐ Rechtliche Unterstützung nimmt der rechtlich betreuten Person schwierige Entscheidungen ab.
26. Welche Aussagen treffen auf das im Grundgesetz verankerte Menschenbild zu?
    - ☐ Ich kann machen, was ich will.
    - ☐ Meine Würde ist unantastbar.
    - ☐ Meine Freiheit findet ihre Grenzen dort, wo die Rechte anderer verletzt werden.
    - ☐ Der Staat darf mir nichts vorschreiben.
    - ☐ Ich muss die Gesetze achten.
27. Welche Aussagen beschreiben einvernehmliches Zusammenwirken?
    - ☐ Ich habe die rechtlich betreute Person überredet. Sie macht mit.
    - ☐ Die rechtlich betreute Person versteht es nicht, aber vertraut darauf, dass ich es richtig mache.
    - ☐ Das Aufzeigen wahrscheinlicher Folgen ist keine Drohung.
    - ☐ Das Aufzeigen unwahrscheinlicher Folgen ist keine Drohung.
28. Welche Aussagen treffen auf den freien Willen zu?
    - ☐ Der freie Wille ist immer zu achten.
    - ☐ Gegen den freien Willen darf der rechtliche Betreuer nicht entscheiden
    - ☐ Der freie Wille ist die Fähigkeit, den Willen – frei von Geistesstörung – nach Abwägung des Für und Wider bei sachlicher Prüfung der in Betracht kommenden Gesichtspunkte zu ermöglichen.
    - ☐ Das Leben ist auch gegen den freien Willen immer zu schützen.
29. Welche Aussagen treffen auf den Schutzauftrag der rechtlichen Betreuung zu?
    - ☐ Der Schutz vor erheblichem Schaden steht über allem.
    - ☐ Erhebliche Gefahren sind subjektiv festzustellen.
    - ☐ Zur Freiheit der rechtlich betreuten Person gehört die Möglichkeit, im Rahmen ihrer Möglichkeiten ihr Leben nach ihren eigenen Wünschen und Vorstellungen zu gestalten.
    - ☐ Zu ihrem eigenen Schutz muss ich der rechtlich betreuten Person beibringen, was sie nicht darf.

- ☐ Zu ihrem eigenen Schutz muss ich die rechtlich betreute Person vor jeder Selbstschädigung bewahren.
- ☐ Als rechtlicher Betreuer muss ich die Sichtweise der rechtlich betreuten Person verstehen.

30. Welche Aussagen treffen auf die Beziehung zwischen der rechtlich betreuten Person und rechtlichen Berufsbetreuer*innen zu?
    - ☐ Es handelt sich um eine Arbeitsbeziehung.
    - ☐ Es handelt sich um eine private Beziehung.
    - ☐ Der rechtliche Betreuer ist verpflichtet, die Beziehung aktiv zu gestalten und zu erhalten.
    - ☐ Es sollte eine vertrauensvolle Beziehung sein.
    - ☐ Für die rechtlich betreute Person muss ich jederzeit erreichbar sein.
    - ☐ Für die rechtlich betreute Person bin ich Ersatz der Familie.
31. Kann die Akte der rechtlich betreuten Person ohne begleitende Papierakte elektronisch geführt werden?

    ☐ Ja ☐ Nein
32. Kann das Betreuungsgericht jederzeit Auskunft über die Führung der Betreuung verlangen?

    ☐ Ja ☐ Nein
33. Welche Aussagen treffen auf die Berichterstattung zu?
    - ☐ Der Anfangsbericht ist freiwillig
    - ☐ Der Bericht beschreibt die Zielsetzung.
    - ☐ Der Bericht ist verbindlich.
    - ☐ Der Bericht ist jährlich zu erstellen.
    - ☐ Der Bericht hilft bei der erforderlichen fallbezogenen Selbstreflexion.
    - ☐ Der Bericht ist Werbung und Präsentation der eigenen Fachlichkeit.
34. Welche Aussagen treffen auf den Aufgabenbereich „Gesundheitssorge" zu?
    - ☐ Eine gerichtliche Genehmigung zur Nichteinwilligung in eine ärztliche Maßnahme ist nie erforderlich.
    - ☐ Der rechtliche Betreuer muss in jede ärztliche Maßnahme einwilligen.
    - ☐ Die Patientenverfügung verliert ihre Wirksamkeit nicht.
    - ☐ Der Arzt muss den rechtlichen Betreuer genau wie den Patienten aufklären.
    - ☐ Die Patientenverfügung gilt auch für psychiatrische Erkrankungen.
35. Erstellen Sie ein Organigramm der örtlichen Anbieter der Hilfen für psychisch kranke Personen

36. Wer ist zuständig für
    - Grundsicherung für dauerhaft erwerbsunfähige Personen?

      ☐ Träger der Sozialhilfe ☐ Jobcenter ☐ Krankenkasse ☐ Rentenversicherung
    - Bürgergeld – Grundsicherung für erwerbsfähige Personen?

      ☐ Träger der Sozialhilfe ☐ Jobcenter ☐ Krankenkasse ☐ Rentenversicherung
    - Hilfe zur Pflege?

      ☐ Träger der Sozialhilfe ☐ Jobcenter ☐ Krankenkasse ☐ Rentenversicherung
    - Leistungen aus der Pflegeversicherung?

      ☐ Träger der Sozialhilfe ☐ Jobcenter ☐ Krankenkasse ☐ Rentenversicherung
    - Pflegeberatung?

      ☐ Träger der Sozialhilfe ☐ Jobcenter ☐ Krankenkasse ☐ Rentenversicherung
    - Teilhabeleistungen?

      ☐ Träger der Eingliederungshilfe ☐ Jobcenter ☐ Bundesagentur für Arbeit

      ☐ Träger der gesetzlichen Unfallversicherung ☐ Krankenkasse ☐ Rentenversicherung

      ☐ Träger der Kriegsopferversorgung und Träger der Kriegsopferfürsorge

      ☐ Träger der öffentlichen Jugendhilfe
37. Können die rechtlich betreute Person und der rechtliche Betreuer im Verwaltungsverfahren gleichermaßen berechtigt sein?

    ☐ Ja ☐ Nein
38. Welche Aussagen treffen auf die Teilnahme am Rechtsverkehr durch die rechtlich betreute Person zu?

    ☐ Die Bestellung eines rechtlichen Betreuers lässt die Geschäftsfähigkeit des Betreuten unberührt.

    ☐ Die Klärung der Geschäfts(un)fähigkeit der rechtlich betreuten Person ist immer erforderlich.

    ☐ Geschäftsunfähig ist, wer sich in einem die freie Willensbestimmung ausschließenden Zustand krankhafter Störung der Geistestätigkeit befindet, sofern nicht der Zustand seiner Natur nach ein vorübergehender ist.

    ☐ Der Einwilligungsvorbehalt kann größere Schäden für die rechtlich betreute Person nicht verhindern.

    ☐ Der Einwilligungsvorbehalt muss immer als Zwangsmaßnahme gesehen werden.
39. Welche der folgenden Rechtsgeschäfte müssen vom Gericht regelmäßig genehmigt werden?

    ☐ Abschluss eines Ehevertrags

    ☐ Vertrag mit dem Pflegeheim

    ☐ Ablehnung oder Fortsetzung der Gütergemeinschaft

- ☐ Verzicht auf Gesamtgutsanteil
- ☐ Aufhebung der Gütergemeinschaft
- ☐ Verfügungen über Forderungen und Wertpapiere
- ☐ Verfügungen bei Hinterlegung und Umschreibung von Inhaberpapieren
- ☐ Verfügungen über gesperrte Buchforderungen
- ☐ Verfügungen über Hinterlegung
- ☐ Die Auszahlung des Lebensunterhalts an die geschäftsunfähige betreute Person
- ☐ Verfügungsverpflichtungen nach Umschreibung
- ☐ Grundstücks- und Schiffsgeschäfte
- ☐ Verfügungen über das gesamte Vermögen
- ☐ Verfügungen (auch Ausschlagung) über eine angefallene oder künftige Erbschaft/
- ☐ Pflichtteil
- ☐ Verträge zum entgeltlichen Erwerb oder Veräußerung eines Erwerbsgeschäftes
- ☐ Gesellschafterverträge, die zum Betrieb eines Erwerbsgeschäftes eingegangen werden
- ☐ Pachtverträge über ein Landgut oder gewerbliche Betriebe
- ☐ Miet-, Pachtverträge oder andere Verträge, durch die die betreute Person zu wiederkehrenden Leistungen verpflichtet wird, wenn das Vertragsverhältnis länger als ein Jahr andauert
- ☐ Lehr-, Arbeits- oder Dienstvertrag, der für länger als ein Jahr abgeschlossen wird
- ☐ Aufnahme von Krediten und Darlehen, z.B. Kontoüberziehung und Ratenkäufe bei Versandhäusern
- ☐ Ausstellung einer Schuldverschreibung
- ☐ Übernahme fremder Verbindlichkeiten, insbesondere das Eingehen einer Bürgschaft
- ☐ Erteilung einer Prokura

40. Was ist als Zwang anzusehen?
    - ☐ Ausnutzen der kognitiven Überlegenheit (Plattreden), Drängen
    - ☐ Verbale Formen der Überredung
    - ☐ Das Aufzeigen wahrscheinlicher Folgen
    - ☐ Überlistung
    - ☐ Zielgerichtete Einflussnahme auf den Zugang zu Informationen
    - ☐ Unzulässiger Druck durch Androhung/Ankündigung von Nachteilen, die sich nicht als notwendige Konsequenzen ergeben
    - ☐ Entzug der Verfügung über Rechte und Mittel

- ☐ Die Demonstration wahrscheinlicher Folgen
- ☐ Maßnahme, welche die Bewegungsfreiheit einschränkt oder kontrolliert
- ☐ Sedierende Medikation
- ☐ Anwendung körperlicher Gewalt

41. Sind freiheitsentziehende Unterbringung und Zwangsbehandlung vermeidbar?

    ☐ Ja, immer ☐ Ja, wenn die geeigneten Hilfen angeboten werden. ☐ Nein

Anhang 4 Antwortbogen

1. Welcher Leitgedanke prägt das Betreuungsrecht? (Abschnitt 5.1)

   Leitgedanke ist die Fragestellung, wie die Selbstbestimmung der rechtlich betreuten Person im Rahmen betreuungsrechtlicher Rechtsfürsorge sichergestellt und verwirklicht werden kann.

2. Wie ist die Betreuung zu führen? (Abschnitte 5.2)

   ⊗ Gemäß den Wünschen der rechtlich betreuten Person, zur Verwirklichung ihrer Selbstbestimmung, zu ihrer Unterstützung bei der eigenverantwortlichen Regelung ihrer rechtlichen Angelegenheiten und zu ihrem Schutz vor erheblichen Schäden, die sie auf Grund fehlender Eigenverantwortlichkeit droht zu erleiden.

   □ Gemäß den Wünschen des Betreuungsgerichts.

   □ Ziel ist die Vermeidung von Ärger mit Angehörigen und anderen Personen.

3. Wo finden sich die gesetzlichen Vorschriften für die Betreuung und das Verfahren? (Abschnitte 5.1.1)

   ⊗ BGB □ SGB □ StPO ⊗ FamFG; □ VwVfG

5. Beschreiben Sie den Ablauf des ordentlichen Betreuungsverfahrens.

   Siehe Schema Abschnitt 5.1.2.3.

6. Darf gegen den freien Willen der betroffenen Person eine Betreuung angeordnet werden?

   □ Ja ⊗ Nein

7. Kann eine Betreuung auch vorsorglich bestellt werden (Vorratsbetreuung)?

   □ Ja ⊗ Nein

8. Wer kann eine Betreuung beantragen?

   Nur die körperlich behinderte Person. Alles andere sind Anregungen.

9. Wie unterscheidet sich die rechtliche Betreuung von jeder anderen Hilfe?

   Der rechtliche Betreuer ist gesetzlicher Vertreter.

10. Ist der rechtliche Betreuer immer am Betreuungsverfahren beteiligt?

    □ Ja □ Nein ⊗ Nur wenn sein Aufgabenkreis betroffen ist.

11. Ist ein Gutachten/Attest zur Bestellung der rechtlichen Betreuung Pflicht?

    □ Ja □ Nein ⊗ Ja, wenn kein aussagekräftiges anderes Gutachten vorliegt.

12. Muss der Gutachter die betroffene Person persönlich untersuchen?

    ⊗ Ja □ Nein

13. Was regelt eine Betreuungsverfügung?

    Die Betreuungsverfügung richtet sich an das Betreuungsgericht und enthält vorsorgliche Anordnungen für den Fall einer späteren Betreuungsnotwendigkeit.

14. Muss der rechtliche Betreuer immer selbst über die erforderlichen Fachkenntnisse zur Regelung der anstehenden Angelegenheiten verfügen?

    ☐ Ja ⊗ Nein

15. Was wird unter der Tandembetreuung verstanden? (Abschnitt 5.1.7.5)

    *Die Zusammenarbeit zwischen ehrenamtlichen rechtlichen Betreuer*innen und rechtlichen Berufsbetreuer*innen.*

16. Lassen sich die Aufgabenkreise in der Tandembetreuung scharf gegeneinander Abgrenzen?

    ☐ Ja ⊗ Nein

17. Bleibt die Vorsorgevollmacht trotz Bestellung eines rechtlichen Betreuers wirksam? (Abschnitt 5.1.3.1)

    ⊗ Ja ☐ Nein

18. Ist das Verhältnis zwischen Bevollmächtigtem und Kontrollbetreuer durch einen Verdacht belastet? (Abschnitt 5.1.8.2)

    ⊗ Ja ☐ Nein

19. Welche Wirkung hat der Widerruf der Vorsorgevollmacht?

    Erlöschen der Vollmacht

20. Muss jeder Beschluss eine Belehrung über das statthafte Rechtsmittel ausweisen? (Abschnitte 5.1.9)

    ⊗ Ja ☐ Nein

21. Woraus ergeben sich die Befugnisse des rechtlichen Betreuers?

    Aus den Aufgabenbereichen

22. Welchen Zeitraum darf die einstweilige Anordnung einer rechtlichen Betreuung (ohne Verlängerung) nicht überschreiten?

    Sechs Monate.

23. Wann ist der Beschluss des Betreuungsgerichts rechtskräftig?

    Die Rechtskraft eines Beschlusses tritt nicht ein, bevor die Frist für die Einlegung des zulässigen Rechtsmittels, des zulässigen Einspruchs, des Widerspruchs oder der Erinnerung abgelaufen ist.

24. Wann beginnt die Betreuung? (Abschnitt 5.1.8.3)

    Mit dem Moment, in dem der Beschluss des Betreuungsgerichts zu seiner Bestellung dem Rechtlichen Betreuer bekannt geworden ist oder hätte bekannt sein müssen.

25. Welche Aussagen treffen auf die rechtliche Unterstützung zu? (Abschnitt 5.2.8 & 5.11.1)

    ⊗ Rechtliche Unterstützung versucht eigenverantwortliche Entscheidungen zu ermöglichen.

    ☐ Rechtliche Unterstützung meint die Vertretung im Verwaltungsverfahren.

⊗ Rechtliche Unterstützung versucht, schwierige Sachverhalte zu vereinfachen.

⊗ Rechtliche Unterstützung ermittelt Sachverhalte.

☐ Rechtliche Unterstützung nimmt der rechtlich betreuten Person schwierige Entscheidungen ab.

26. Welche Aussagen treffen auf das im Grundgesetz verankerte Menschenbild zu?

☐ Ich kann machen, was ich will.

⊗ Meine Würde ist unantastbar.

⊗ Meine Freiheit findet ihre Grenzen, wo die Rechte anderer verletzt werden.

☐ Der Staat darf mir nichts vorschreiben.

⊗ Ich muss die Gesetze achten.

27. Welche Aussagen beschreiben einvernehmliches Zusammenwirken? (Abschnitt 5.2.1)

☐ Ich habe die rechtlich betreute Person überredet. Sie macht mit.

⊗ Die rechtlich betreute Person versteht es nicht, aber vertraut darauf, dass ich es richtig mache.

⊗ Das Aufzeigen wahrscheinlicher Folgen ist keine Drohung.

☐ Das Aufzeigen unwahrscheinlicher Folgen ist keine Drohung.

28. Welche Aussagen treffen auf den freien Willen zu? (Abschnitt 5.2.9)

⊗ Der freie Wille ist immer zu achten.

⊗ Gegen den freien Willen darf der rechtliche Betreuer nicht entscheiden.

⊗ Der freie Wille ist die Fähigkeit, den Willen – frei von Geistesstörung – nach Abwägung des Für und Wider bei sachlicher Prüfung der in Betracht kommenden Gesichtspunkte zu ermöglichen.

☐ Das Leben ist auch gegen den freien Willen immer zu schützen.

29. Welche Aussagen treffen auf den Schutzauftrag der rechtlichen Betreuung? (Abschnitt 5.2.12)

☐ Der Schutz vor erheblichem Schaden steht über allem.

⊗ Erhebliche Gefahren sind subjektiv festzustellen.

⊗ Zur Freiheit der rechtlich betreuten Person gehört die Möglichkeit, im Rahmen ihrer Möglichkeiten ihr Leben nach ihren eigenen Wünschen und Vorstellungen zu gestalten.

☐ Zu ihrem Schutz muss ich der rechtlich betreuten Person beibringen, was sie nicht darf.

☐ Zu ihrem Schutz muss ich die rechtlich betreute Person vor jeder Selbstschädigung bewahren.

⊗ Als rechtlicher Betreuer muss ich die Sichtweise der rechtlich betreuten Person verstehen.

30. Welche Aussagen treffen auf die Beziehung zwischen der rechtlich betreuten Person und rechtlichen Berufsbetreuer*innen zu? (Abschnitt 5.11.2)

    ⊗ Es handelt sich um eine Arbeitsbeziehung.

    □ Es handelt sich um eine private Beziehung.

    ⊗ Der rechtliche Betreuer ist verpflichtet, die Beziehung aktiv zu gestalten und zu erhalten.

    ⊗ Es sollte eine vertrauensvolle Beziehung sein.

    □ Für die rechtlich betreute Person muss ich jederzeit erreichbar sein.

    □ Für die rechtlich betreute Person bin ich Ersatz der Familie.

31. Kann die Akte der rechtlich betreuten Person ohne begleitende Papierakte elektronisch geführt werden?

    □ Ja ⊗ Nein, wichtige Dokumente müssen im Original verwahrt werden.

32. Kann das Betreuungsgericht jederzeit Auskunft über die Führung der Betreuung verlangen? (Abschnitt 5.1.10)

    ⊗ Ja □ Nein

33. Welche Aussagen treffen auf die Berichterstattung zu? (Abschnitt 5.1.10)

    □ Der Anfangsbericht ist freiwillig

    ⊗ Der Bericht beschreibt die Zielsetzung.

    □ Der Bericht ist verbindlich.

    ⊗ Der Bericht ist jährlich zu erstellen.

    ⊗ Der Bericht hilft bei der erforderlichen fallbezogenen Selbstreflexion.

    ⊗ Der Bericht ist Werbung und Präsentation der eigenen Fachlichkeit.

34. Welche Aussagen treffen auf den Aufgabenbereich „Gesundheitssorge" zu?

    □ Eine gerichtliche Genehmigung zur Nichteinwilligung in eine ärztliche Maßnahme ist nie erforderlich.

    □ Der rechtliche Betreuer muss in jede ärztliche Maßnahme einwilligen.

    ⊗ Die Patientenverfügung verliert ihre Wirksamkeit nicht.

    ⊗ Der Arzt muss den rechtlichen Betreuer genau wie den Patienten aufklären.

    ⊗ Die Patientenverfügung gilt auch für psychiatrische Erkrankungen.

35. Organigramm abhängig von der örtlichen Infrastruktur

36. Wer ist zuständig für

- Grundsicherung für dauerhaft erwerbsunfähige Personen?

  ⊗ Träger der Sozialhilfe[888] □ Jobcenter[889] □ Krankenkasse □ Rentenversicherung

- Bürgergeld – Grundsicherung für erwerbsfähige Personen?

  □ Träger der Sozialhilfe ⊗ Jobcenter □ Krankenkasse □ Rentenversicherung

- Hilfe zur Pflege?

  ⊗ Träger der Sozialhilfe □ Jobcenter □ Krankenkasse □ Rentenversicherung

- Leistungen aus der Pflegeversicherung

  □ Träger der Sozialhilfe □ Jobcenter ⊗ Krankenkasse □ Rentenversicherung

- Pflegeberatung?

  □ Träger der Sozialhilfe □ Jobcenter ⊗ Krankenkasse □ Rentenversicherung

- Teilhabeleistungen?

  alle genannten Träger

37. Können die rechtlich betreute Person und der rechtliche Betreuer im Verwaltungsverfahren gleichermaßen berechtigt sein? (Abschnitt 5.8.2)

    ⊗ Ja □ Nein

38. Welche Aussagen treffen auf die Teilnahme am Rechtsverkehr durch die rechtlich betreute Person zu?

    ⊗ Die Bestellung eines rechtlichen Betreuers lässt die Geschäftsfähigkeit der rechtlich betreuten Person unberührt.

    □ Die Klärung der Geschäfts(un)fähigkeit der rechtlich betreuten Person ist immer erforderlich.

    ⊗ Geschäftsunfähig ist, wer sich in einem die freie Willensbestimmung ausschließenden Zustand krankhafter Störung der Geistestätigkeit befindet, sofern nicht der Zustand seiner Natur nach ein vorübergehender ist.

    □ Der Einwilligungsvorbehalt kann größere Schäden für die betreute Person nicht verhindern.

    □ Der Einwilligungsvorbehalt muss immer als Zwangsmaßnahme gesehen werden.

888 Abhängig von den örtlichen Strukturen können die Ansprechpartner bei unterschiedlichen Stellen sitzen. Siehe auch § 98 SGB XII.

889 Jobcenter ist eine gemeinsame Einrichtung der Bundesagentur für Arbeit und eines kommunalen Trägers (§ 44b, § 6d SGB II) oder die Einrichtung eines zugelassenen Kreises oder einer zugelassenen kreisfreien Stadt (§ 6a, § 6d). Es ist zuständig für die Durchführung der Grundsicherung für Arbeitsuchende nach dem SGB II.

39. Welche der folgenden Rechtsgeschäfte müssen vom Gericht regelmäßig genehmigt werden? (Abschnitt 5.7.4 und 5.1.10.9)

⊗ Der Abschluss eines Ehevertrags

□ Der Vertrag mit dem Pflegeheim

⊗ Ablehnung oder Fortsetzung der Gütergemeinschaft

⊗ Verzicht auf Gesamtgutsanteil

⊗ Aufhebung der Gütergemeinschaft

⊗ Verfügungen über Forderungen und Wertpapiere

⊗ Verfügungen bei Hinterlegung und Umschreibung von Inhaberpapieren

⊗ Verfügungen über gesperrte Buchforderungen

⊗ Verfügungen über Hinterlegung

□ Die Auszahlung des Lebensunterhalts an die geschäftsunfähige rechtlich betreute Person

⊗ Verfügungsverpflichtungen nach Umschreibung

⊗ Grundstücks- und Schiffsgeschäfte

⊗ Verfügungen über das gesamte Vermögen

⊗ Verfügungen (auch Ausschlagung) über eine angefallene oder künftige Erbschaft/ Pflichtteil

⊗ Verträge zum entgeltlichen Erwerb oder Veräußerung eines Erwerbsgeschäftes

⊗ Gesellschafterverträge, die zum Betrieb eines Erwerbsgeschäftes eingegangen werden

⊗ Pachtverträge über ein Landgut oder gewerbliche Betriebe

⊗ Miet-, Pachtverträge oder anderen Verträge, durch die die betreute Person zu wiederkehrenden Leistungen verpflichtet wird, wenn das Vertragsverhältnis länger als ein Jahr andauert

⊗ Lehr-, Arbeits- oder Dienstvertrag, der für länger als ein Jahr abgeschlossen wird

⊗ Aufnahme von Krediten und Darlehen, z.B. Kontoüberziehung und Ratenkäufe bei Versandhäusern

⊗ Ausstellung einer Schuldverschreibung

⊗ Übernahme fremder Verbindlichkeiten, insbesondere das Eingehen einer Bürgschaft

⊗ Erteilung einer Prokura

40. Was ist als Zwang anzusehen? (Abschnitte 5.8.2)

⊗ Das Ausnutzen der kognitiven Überlegenheit (Plattreden), Drängen

⊗ Verbale Formen der Überredung

□ Das Aufzeigen wahrscheinlicher Folgen

⊗ Überlistung

⊗ Zielgerichtete Einflussnahme auf den Zugang zu Informationen

⊗ Unzulässiger Druck durch Androhung/Ankündigung von Nachteilen, die sich nicht als notwendige Konsequenzen ergeben

⊗ Entzug der Verfügung über Rechte und Mittel

□ Die Demonstration wahrscheinlicher Folgen

⊗ Maßnahme, welche die Bewegungsfreiheit einschränkt oder kontrolliert

⊗ Sedierende Medikation

⊗ Anwendung körperlicher Gewalt

41. Sind freiheitsentziehende Unterbringung und Zwangsbehandlung vermeidbar? (Abschnitt 5.4.3)

□ Ja, immer ⊗ Ja, wenn die geeigneten Hilfen angeboten werden. □ Nein

Anhang 5 Arbeitsvertrag

Name:; Vorname:; Anschrift: ....

nachfolgend Arbeitgeber,

und

Name:; Vorname:; Anschrift: ....

nachfolgend Arbeitnehmer*in,

schließen nachstehenden Arbeitsvertrag ab.

§ 1 Tätigkeit

Der/Die Arbeitnehmer*in wird zum ... zunächst im Anlernverhältnis (zwei Stufen, siehe Anlage 1) auf die Tätigkeit als Bürohilfe angestellt. Die Stufe 1 des Anlernverhältnisses endet mit dem Monat, in dem die erste betriebsinterne Kenntnisprüfung bestanden wird. Die Prüfung ist frühestens sechs Monate nach Beginn der Anstellung möglich. Die Stufe 2 des Anlernverhältnisses endet mit dem Monat, in dem die zweite betriebsinterne Kenntnisprüfung bestanden wird. Die Prüfung ist frühestens sechs Monate nach bestandener erster Prüfung möglich. Die Tätigkeit als Bürohilfe beginnt mit dem Monat, in dem die zweite betriebsinterne Kenntnisprüfung bestanden wird.

§ 2 Arbeitszeit

Stufe 1

Die regelmäßige Arbeitszeit beträgt wöchentlich ... Stunden. Die Arbeitszeit richtet sich nach den betrieblichen Regelungen. Der Arbeitgeber ist berechtigt, die tägliche Arbeitszeit nach dem anstehenden Arbeitsanfall zu bestimmen. Die/Der Arbeitnehmer*in ist mindestens einen Tag im Voraus über den Beginn der Arbeitszeit zu unterrichten. Der Arbeitgeber verpflichtet sich, den/die Arbeitnehmer*in wöchentlich fünf Stunden für Ausbildungszwecke freizustellen.

Stufe 2

Die regelmäßige Arbeitszeit beträgt wöchentlich ... Stunden. Die Arbeitszeit richtet sich nach den betrieblichen Regelungen. Der Arbeitgeber ist berechtigt, die tägliche Arbeitszeit nach dem anstehenden Arbeitsanfall zu bestimmen. Die/Der Arbeitnehmer*in ist mindestens einen Tag im Voraus über den Beginn der Arbeitszeit zu unterrichten. Der Arbeitgeber verpflichtet sich, den/die Arbeitnehmer*in wöchentlich fünf Stunden für Ausbildungszwecke freizustellen.

Bürohilfe

Die regelmäßige Arbeitszeit beträgt wöchentlich ... Stunden. Die Arbeitszeit richtet sich nach den betrieblichen Regelungen. Der Arbeitgeber ist berechtigt, die tägliche Arbeitszeit nach dem anstehenden Arbeitsanfall zu bestimmen. Die/Der Arbeitnehmer*in ist mindestens einen Tag im Voraus über den Beginn der Arbeitszeit zu unterrichten. Der/Die Arbeitnehmer*in führt eigenverantwortlich und handschriftlich ein Arbeitszeitkonto, in dem er/sie den Beginn, das Ende, den Beginn und das Ende einer Unterbrechung der Arbeitszeit sofort dokumentiert. Die Dokumentation ist für den Arbeitgeber jederzeit zugänglich am Arbeitsplatz der/des Arbeitnehmer*in zu verwahren.

§ 3 Allgemeine Pflichten

a) Der/Die Arbeitnehmer*in verpflichtet sich, die ihm/ihr übertragenen Arbeiten sorgfältig auszuführen und nach Bedarf auch andere Arbeiten zu übernehmen, die üblicherweise von einer Bürohilfe verrichtet werden oder ihm/ihr sonst zumutbar sind.

b) Der/Die Arbeitnehmer*in verpflichtet sich, Verschwiegenheit über die ihm/ihr bekanntgewordenen Angelegenheiten zu wahren.

§ 4 Arbeitsentgelt

Stufe 1

Der/Die Arbeitnehmer*in erhält ein Bruttogehalt in Höhe von ...,... €. Das Gehalt ist spätestens am letzten Werktag des Monats auszuzahlen.

Stufe 2

Der/Die Arbeitnehmer*in erhält ein Bruttogehalt in Höhe von ...,... €. Das Gehalt ist spätestens am letzten Werktag des Monats auszuzahlen.

Bürohilfe

Der/Die Arbeitnehmer*in erhält ein Bruttogehalt in Höhe von ...,... €. Das Gehalt ist spätestens am letzten Werktag des Monats auszuzahlen.

§ 5 Kündigung

Dieser Arbeitsvertrag kann von beiden Seiten zum Ende jedes Kalendervierteljahres mit einer Frist von sechs Wochen gekündigt werden. Die Kündigung bedarf der Schriftform. Bei Vorliegen eines wichtigen Grundes oder in beiderseitigem Einvernehmen kann das Arbeitsverhältnis jederzeit mit sofortiger Wirkung gekündigt werden.

§ 6 Jahresurlaub

Dem/Der Arbeitnehmer*in steht ein Jahresurlaub von ... Arbeitstagen zu. Der Urlaub ist schriftlich anzumelden und gilt erst dann als verbindlich vereinbart, wenn die Anmeldung vom Arbeitgeber gegengezeichnet ist.

§ 7 Arbeitsverhinderung und Krankheit

a) Arbeitsverhinderung ist dem Arbeitgeber möglichst frühzeitig unter Angabe der Gründe mitzuteilen.

b) Bei einer Arbeitsunfähigkeit wegen Krankheit hat der/die Arbeitnehmer*in seine/ihre Arbeitsverhinderung dem Arbeitgeber anzuzeigen und – sofern die Arbeitsunfähigkeit länger als drei Kalendertage dauert – eine ärztliche Bescheinigung über das Bestehen der Arbeitsunfähigkeit sowie deren voraussichtliche Dauer spätestens an dem darauffolgenden Arbeitstag vorzulegen. Dauert die Arbeitsunfähigkeit länger als in der Bescheinigung angegeben, so ist der/die Arbeitnehmer*in verpflichtet, eine neue ärztliche Bescheinigung vorzulegen.

c) der Arbeitgeber zahlt im Falle einer unverschuldeten Arbeitsunfähigkeit infolge Krankheit für sechs Wochen das regelmäßige Arbeitsentgelt weiter (so genannte Entgeltfortzahlung im Krankheitsfall).

§ 8 Vertragsänderungen

Nebenabreden, Änderungen und Ergänzungen dieses Vertrages bedürfen zu ihrer Wirksamkeit der Schriftform.

Anlage 1

Betriebsinterne Kenntnisprüfung Stufe 1

Lernziel

- Grundkenntnisse Betreuungsrecht;
- angeleitete Erstellung einer Akte für neue Fälle, Erstellen der Stammdaten und weitere Einträge in die betrieblich genutzte Software;
- eigenständige Erledigung der Ablage, Aktenführung;
- selbstständige Botengänge;
- selbstständiger Telefondienst inkl. der Erstellung entsprechender Notiz;
- selbstständige Erledigung des Posteingangs; Erstellen der Eingangsvermerke in der jeweiligen Akte; Inhalte in die betrieblich genutzte Software einpflegen;
- selbstständige Erledigung des Postausgangs, Erstellen der Ausgangsvermerke in der jeweiligen Akte, Inhalte in die betrieblich genutzte Software einpflegen;
- selbstständige Führung der Wiedervorlage, Erstellen der entsprechenden Aktenvermerke und Einträge in die betrieblich genutzte Software;
- Betreuung einrichten;
- angeleitete unterschriftsreife Vorbereitung von Sozialleistungs- und Sozialversicherungsanträgen;
- angeleitete Buchhaltung für die Betreuungsfälle;
- angeleitete betriebliche Buchhaltung;
- angeleitete Erledigung der Vorgänge nach dem Ende einer Betreuung;
- angeleitete Erstellung der anfallenden Vergütungsabrechnungen.

Betriebsinterne Kenntnisprüfung Stufe 2

Lernziel

- Fortgeschrittenes Betreuungsrecht;
- selbstständige Erstellung einer Akte für neue Fälle, Erstellen der Stammdaten und weitere Einträge in die betrieblich genutzte Software;
- eigenständige Erledigung der Ablage, Aktenführung;
- selbstständige Botengänge;
- selbstständiger Telefondienst inkl. der Erstellung entsprechender Notiz;

- selbstständige Erledigung des Posteingangs, Erstellen der Eingangsvermerke in der jeweiligen Akte, Inhalte in die betrieblich genutzte Software einpflegen;
- selbstständige Erledigung des Postausgangs, Erstellen der Ausgangsvermerke in der jeweiligen Akte, Inhalte in die betrieblich genutzte Software einpflegen;
- selbstständige Führung der Wiedervorlage, Erstellen der entsprechenden Aktenvermerke und Einträge in die betrieblich genutzte Software;
- Betreuung einrichten;
- selbstständige unterschriftsreife Vorbereitung von Sozialleistungs- und Sozialversicherungsanträgen;
- selbstständige Buchhaltung für die Betreuungsfälle;
- selbstständige betriebliche Buchhaltung;
- selbstständige Erledigung der Vorgänge nach dem Ende einer Betreuung;
- selbstständige Erstellung der anfallenden Vergütungsabrechnungen.

Anhang 6 Verpflichtung zur Verschwiegenheit und Verpflichtung zur Vertraulichkeit und zur Einhaltung der datenschutzrechtlichen Anforderungen nach der Datenschutz-Grundverordnung (DS-GVO) und dem § 20 Betreuungsorganisationsgesetz (BtOG)

Verpflichtungserklärung

zur Verschwiegenheit in Betriebs- und Betreuungsangelegenheiten sowie auf das Datengeheimnis:

Herr/Frau ....

Straße ....

Wohnort ....

verpflichtet sich, über die im Rahmen seiner/ihrer Aufgabenerfüllung zur Kenntnis gelangten betrieblichen oder personenbezogenen Daten gegenüber jedermann zu schweigen und personenbezogene Daten nicht unbefugt zu verarbeiten.

Erläuterung:

Die Verschwiegenheitspflicht erstreckt sich auf alles, was Ihnen hinsichtlich der Verhältnisse des Betriebes oder einer rechtlich betreuten Person anvertraut oder sonst bekannt geworden ist. Hierzu zählen auch solche Tatsachen, die keine unmittelbare Verbindung zur Berufstätigkeit haben, z.B. private Äußerungen anlässlich eines Gesprächs mit der rechtlich betreuten Person. Jeder Anschein einer Verletzung dieser Verschwiegenheitspflicht ist zu vermeiden. Dies gilt gegenüber jedermann, soweit nicht eine dienstliche Veranlassung besteht.

Die Verschwiegenheitspflicht besteht zeitlich unbegrenzt, also auch über den Zeitpunkt der Beendigung des Dienstverhältnisses hinaus.

Es wird ausdrücklich auf § 5 BDSG und § 20 BtOG hingewiesen. Demnach ist es den bei der Datenverarbeitung beschäftigten Personen untersagt, personenbezogene Daten unbefugt zu erheben, zu verarbeiten oder zu nutzen. Diese Verpflichtungserklärung gilt als eine Verpflichtung auf das Datengeheimnis gemäß § 5 BDSG. Das Datengeheimnis besteht auch nach Beendigung Ihrer Tätigkeit fort.

Personenbezogene Daten dürfen nur verarbeitet werden, wenn eine Einwilligung vorliegt oder eine gesetzliche Regelung die Verarbeitung erlaubt oder vorschreibt. Die Grundsätze der DS-GVO und des § 20 BtOG für die Verarbeitung personenbezogener Daten sind zu wahren. Sie beinhalten im Wesentlichen folgende Verpflichtungen:

Personenbezogene Daten müssen

a) auf rechtmäßige und faire Weise, und in einer für die betroffene Person nachvollziehbaren Weise verarbeitet werden;

b) für festgelegte, eindeutige und legitime Zwecke erhoben werden und dürfen nicht in einer mit diesen Zwecken nicht zu vereinbarenden Weise weiterverarbeitet werden;

c) dem Zweck angemessen und erheblich sowie auf das für die Zwecke der Verarbeitung notwendige Maß beschränkt sein;

d) sachlich richtig und erforderlichenfalls auf dem neuesten Stand sein; es sind alle angemessenen Maßnahmen zu treffen, damit personenbezogene Daten, die im Hinblick auf die Zwecke ihrer Verarbeitung unrichtig sind, unverzüglich gelöscht oder berichtigt werden;

e) in einer Form gespeichert werden, die die Identifizierung der betroffenen Personen nur so lange ermöglicht, wie es für die Zwecke, für die sie verarbeitet werden, erforderlich ist;

f) in einer Weise verarbeitet werden, die eine angemessene Sicherheit der personenbezogenen Daten gewährleistet, einschließlich Schutz vor unbefugter oder unrechtmäßiger Verarbeitung und vor unbeabsichtigtem Verlust, unbeabsichtigter Zerstörung oder unbeabsichtigter Schädigung durch geeignete technische und organisatorische Maßnahmen.

Rechtsfolgen:

Verstöße gegen diese Verpflichtung können als Ordnungswidrigkeit nach §§ 43, 44 BDSG verfolgt werden. Die Verletzung der innerbetrieblichen Geheimhaltungsvorschrift kann zivilrechtlich, strafrechtlich sowie nach den wettbewerbsrechtsrechtlichen Bestimmungen verfolgt werden. Daneben können derartige Verstöße zu arbeitsrechtlichen Sanktionen (Abmahnung, Kündigung) führen.

Ein Exemplar der Verpflichtungserklärung habe ich erhalten und zur Kenntnis genommen.

Ort, Datum Unterschrift des/der Erklärenden

Anhang 7 Arbeitsplatzbeschreibung Büroassistent*in

Arbeitsplatzbeschreibung

Stellenbezeichnung: Büroassistent*in im Betreuungsbüro

Organisatorische Eingliederung:

Der/Die Büroassistent*in ist der Geschäftsleitung untergeordnet und an deren Weisungen gebunden.

Aufgaben und Tätigkeiten:

Zu den Aufgaben und Tätigkeiten gehören

- Bearbeitung aller eingehenden Post durch Vermerk im Posteingang, Archivierung, unterschriftsreife Vorbereitung der Beantwortung;
- Bearbeitung ausgehender Post durch Vermerk im Postausgang, Archivierung, Fertigstellung zum Versand, Planung und Vermerk der Wiedervorlage;
- Informationen und Daten einholen, erstellen und aufbereiten;
- betriebliche und fallbezogenen Aktenführung;
- Erstellen und Pflege der betrieblichen und fallbezogenen Akte, auch der elektronischen Akte;
- Datensicherung;
- unterschriftsreife Bearbeitung von Anträgen, Klärung von Sachverhalten und Anforderung fehlender Dokumente und Nachweise;
- tägliche Prüfung und Führung von Wiedervorlage- und Fristenbuch;
- Erstellen von Vergütungsabrechnungen und Statistiken;
- Planung, Koordinierung von Terminen;
- Entgegennahme von Anrufen;
- Besprechungs- und Telefongesprächsnotizen sowie Sitzungsprotokolle anfertigen;
- Erledigung der betrieblichen und fallbezogenen Buchhaltung; Kontrolle von Zahlungseingängen und -Zahlungsausgängen;
- unklare und fehlende Zahlungseingänge und Zahlungsausgänge klären;
- Belege sachgerecht erfassen;
- Erstellung und Pflege fallbezogener Haushaltspläne;
- Erstellen der Rechnungslegung;
- Bestand an Büromaterial prüfen und ggf. bestellen;
- Besprechungsräume vorbereiten;
- weisungsgebundene Erledigung von Angelegenheiten im Wege der Untervollmacht;

- Ansprechpartner in der Geschäftsstelle;
- Botengänge,
- Öffnen und Schließen der Geschäftsstelle.

Kompetenzen

- Eigenverantwortliche Terminvergabe (Fahrzeiten beachten);
- Bankvollmacht zur Abfrage aller Kontoverläufe;
- Bankvollmacht zur weisungsgebundenen Abwicklung des Zahlungsverkehrs;

Stichwortverzeichnis

A

B

N

O

P

R

S

T

U

V